国际注册理财师资格认证教材

CERTIFICATE COURSE FOR RFP

（上 册）

牛淑珍 梁 辉 主编

RFP

复旦大学出版社

序 言 一

2012年,我曾为中国吉林大学出版社出版的《国际注册理财师资格认证专业教程》和《国际注册理财师资格认证高级教程》系列丛书作序并发去贺函。当时,这是第一部由美国注册财务策划师学会(registered financial planners institute,简称"RFPI")官方认可、在中国出版的中文版RFP认证培训教材,由RFPI国际标准委员会指定用于中国地区的ARFP和RFP资格认证培训和考试。

7年来,我们欣慰地看到,这两套教材对于提升中国理财师的理论水平和专业能力,发挥了重要的作用。但随着中国地区金融理财市场的日益成熟,为适应金融市场环境的变化,美国注册财务策划师学会亚洲事务暨中国发展中心(以下简称"RFP中国")在总结教材使用及教学经验的基础上,与中国的高校和出版社合作,对教材进行了修订与改版。因此,在得知《国际注册理财师资格认证教材(上、下册)》即将由复旦大学出版社出版后,我感到非常高兴。

RFP是由美国RFP学会于1983年推出,在全球范围内获得广泛认可的专业的国际理财师专业资格。RFP®于1988年在美国专利局注册为联邦商标,2003年和2010年先后成为中国香港和中国大陆的注册商标。

RFP中国经RFPI国际理事会授权于2004年在上海成立,独立进行RFPI在中国区的推广事务。在引进国际理论体系与经验、结合中国本土实际情况、制定适合中国国情的本土化课程内容的原则指导下,RFP中国从一开始的全部引进美国教材,到现在的组织专家、学者编写出版适合中国的教材,期间经

历了多次巨大的变化。RFP中国在中国地区推广RFP资格认证已经15年,这套教材完全可以看作凝结15年心血的一部杰作。

RFP学会成立30多年来,我们一直致力于促进理财师的专业能力和全球化标准。我们非常赞赏Eric Au(欧仁杰先生)及其中国团队在制定RFPI中国标准、改进本土化培训和规范资格考试等各个方面取得的成果。

最后,我非常乐意向您推荐这套教材,期待着您以及更多优秀的中国理财师加入RFP学会!

(科特·施莱伯 Kurt Schreiber:注册财务策划师学会国际标准委员会主席,美国注册财务策划师学会现任会长)

序言二

RFP 在中国

RFP,1983年创立于美国俄亥俄州;2003年落地中国香港,设立"美国注册财务策划师学会亚洲事务暨中国发展中心";2004年进入上海,成为第一个进入中国大陆的国际理财师专业资格认证,为中国建设银行、中国农业银行、中国交通银行培养了第一批国际理财师持证人。目前,中国地区已有一万多名RFP持证人活跃在金融行业。

第一财经中国理财精英评选

在中国的金融理财行业,有几项影响力巨大的评选活动都是由RFP来主办或者承办,吸引了成千上万的金融行业从业人员参加。其中一个活动是"第一财经中国理财精英评选"活动,由第一财经主办,RFP学会中国中心(RFPI CHINA,以下简称RFP中国)承办。这个活动每年都有来自全国的银行、保险、第三方财富管理公司等金融服务机构的数千人参加,评选出100多位优秀的获奖机构、团队和个人,为整个金融行业树立了标杆。

福布斯中国保险精英评选

该活动由全球知名媒体《福布斯》与RFP中国联合主办,每年在中国保险行业选出一百位最优秀的保险精英,把他们推上福布斯杂志和网站,并通过主流媒体进行宣传,助力提升他们的个人品牌和保险行业的公众形象。福布斯中国会为获奖者安排盛大的红毯仪式,举办颁奖晚宴,这已经成为中国保险行业的一项顶级盛事。

福布斯中国优选理财师评选

从2010年开始,RFP中国就与《福布斯》合作,为"福布斯中国优选理财师评选"活动提供专业技术支持。双方签约成立了"金融理财专家评审团",由RFP协助组委会设计评选流程与评审方式,提供专家评委。这项评选活动已经持续了十年,涌现了许许多多优秀的获奖者,其中有很多人已经走上领导岗位,成为中国金融理财行业的中坚力量。

RFP 中国百强精英会员评选

每年,RFP自己也会举办一次"中国百强精英会员"的评选,从会员中遴选出100位优秀的会员进行表彰,并且在"亚太金融高峰论坛"上举办隆重的颁奖典礼,由现场数千名金融从业人员见证他们的荣耀。他们的名单也被刊登在了《大众理财顾问》杂志上,成为数万名读者关注的明星理财师。

RFP 国内、国际游学活动

除了组织以上这些评选活动,RFP 中国每年都组织优秀的会员参加国内、国外的游学活动。目前已经安排过的游学地有中国的上海、香港、北京,美国,瑞士,澳大利亚等。通过实地参访知名高校和金融机构,让会员有机会深入交流学习。以 2019 年的活动为例:3 月,RFP 与中国香港传承学院联合举办"香港家族企业游学",参访了一些著名的香港地区家族企业,包括海天堂总经理徐浩然先生及夫人、大家乐前董事局主席陈裕光博士、谢瑞麟珠宝现任主席兼行政总裁谢邱安仪女士、BMO 加拿大蒙特利尔银行私行部总经理欧阳子荣先生,德勤会计师事务所傅振煌博士与学员面对面分享,圆满完成了围绕家族财富传承游学的考察之旅。5 月,RFP 与金斧子基金合作,联合举办了"北京股权投资游学",参访了国内著名的私募股权机构华兴资本和创新工场,以及国内创业企业典型代表零壹空间,和这些机构的高层面对面,聆听他们的创业故事和经营经验,并邀请了投资领域的专家讲解股权投资的专业知识,分享投资实务经验。6 月,RFP 组织了第三届"美国华尔街游学暨 MDRT 之旅",去到哈佛、耶鲁、麻省理工、普林斯顿、哥伦比亚这五所美国常春藤名校,也进入了华尔街、时代广场,安排参访了摩根斯坦利总部、福布斯总部、洛克菲勒家族庄园等知名机构,并在迈阿密组织了盛大的"MDRT 之夜"。

除了这些规模较大的公开活动,RFP 还为会员组织了名师讲堂、精英秀、辩论课程、礼仪课程、讲师培训等多种形式的活动与课程项目;还设立了一个公益计划:中国精英理财师培养计划,每周三晚上,邀请一位名师大咖或者资深专家,免费在线授课,目前已经进行了三十多期。

RFP 简介

RFP 的英文全称是 registered financial planner,中文译为"注册财务策划师"或"国际注册理财师",是一项有着 30 多年历史的理财师资格认证。"注册财务策划师"这个名称,很容易被人误解为这是一项和会计或财务管理有关的资格证书,其实不是。那 RFP 为什么会叫做注册财务策划师呢?这是因为 financial planning 和 financial planner 这两个词在 20 世纪 70 年代首先在美国被使用,2000 年被引入香港地区,香港人把 financial planning 直译为"财务策划",而从事 financial planning 工作的 financial planner 则被译为"财务策划师"。例如,很多人熟知的 CFP,全称是 certificate financial planner,虽然在大陆被翻译为"国际金融理财师",但在香港地区却被叫做"认可财务策划师",原因是,一方面,两地的习惯叫法不一样;另一方面,因为他们在中国大陆、中国台湾、中国香港由完全不同的机构来进行管理,所以使用了不同的名称。而 RFP 因为是同一家机构管理的缘故,就在中国大陆沿袭了中国香港的叫法,叫做"注册财务策划师",其实更准确的翻译应该是"国际注册理财师"。

RFP 学会

RFP 学会的全称是 registered financial planners institute,简称 RFPI,成立于 1983 年,是一个在全球金融理财行业,具有广泛影响力的国际性非营利组织,致力于提供金融理财方面的专业培训、资格认证和会员服务。目前,RFP 学会的会员遍布包括美国、加拿大、英国、瑞士、澳大利亚、日本、新加坡、中国大陆、中国香港、中国台湾等 20 多个国家和地区。RFP 学会见证了美国金融理财行业的起源与发展,它创立的理财师资格认证在全球获得广泛认可。

RFP 中国

RFP 中国,也被称为"美国 RFP 学会中国中心",简称 RFPI CHINA,于 2004 年成立,是中国大陆地区直接获得美国官方授权,提供 RFP 教育培训、资格认证及会员服务的管理机构。RFP 中国肩负着促进中国金融理财从业人员的专业性的使命,引进了国际先进的金融理财知识体系与实务经验,结合中国金融市场的实际情况,通过专业培训、认证考试、工作经验、从业执照和职业道德等各项标准来进行 RFP 资格认证与培训。同时,RFP 中国也为中国地区的会员提供优质的会员服务与专业的继续教育,积极提升会员的专业水平与地位。

RFP 的特点

RFP 的主要特点有以下三个方面。

第一是专业权威。作为代表金融理财行业最高水平的专业认证之一,取得 RFP 证书,意味着持证人可以系统地掌握理财规划所需的理论知识与专业技能,从而能够针对客户在不同人生阶段的理财需求,量身定制专属化的理财方案,真正帮助客户实现财务上的自由、自主与自在。RFP 中国很早就组建了中国地区专家委员会。这些有着二十年以上行业工作经验的企业高管或业内专家学者协助 RFP 完善认证培训课程、提升认证的价值与专业水平、维护 RFP 的专业形象和良好声誉。

第二是通行全球。RFP 资格证书由美国直接颁发,不需要跨境认证,直接通行全球。以 CFP 证书为例,中国大陆、中国香港、中国台湾均有独立的 CFP 认证机构,在一个地区考出的证书,到另一个地区并不被认可,必须重新学习后进行跨境考试与认证。而 RFP 不需要跨境认证,所有完成培训、通过考试、达到认证标准的学员,由美国直接认证,获得 RFP 专业资格证书及会员资格,在 RFP 学会的官方网站上列名,与全球持证人共享会员权益,为客户提供专业服务。

第三是注重实务。RFP 的培训强调"学以致用",注重理论与实际相结合。RFP 的授课讲师,一般由具有至少十年以上行业工作经验的,海内外金融业资深专家、理财业权威人士、企业高管,以及高校金融院系著名教授组成。RFP 的课程内容,并不拘泥于理论知识和书本内容,而是通过采取学分制,邀请行业资深人士,举办各种论坛、讲座和分享活动,学员参与都被计入学分。RFP 中国和多家机构合作,研发了一系列实用工具,如理财计算器、理财规划软件和家庭记账软件等工具用于教学辅助,帮助学员在工作中提升效率,达成工作目标。

RFP 课程

由于各国金融行业的发达程度、法律法规、产品类型以及社会保障制度的不同,一个国家的理财师资格认证培训课程肯定不适用于另一个国家。因此,无论是 CFP、RFP,还是其他国际理财师资格认证项目,均采取了本土化的策略。

2008 年,根据 RFP 学会的要求,RFP 中国开发了中文版的 RFP 认证课程,强调内容本土化和专业技能实践。中文版课程为理财师设计了"学习路径",以职业技能发展为核心设计一系列学习活动,既包括传统的课堂培训,又包括其他各种学习方式,如阅读与自学、教练与辅导、电影、E-Learning 学习、经验分享等。同时,以"任务模型"为基础构建培训体系,描绘出切实有效的学习路径图,使理财师能尽快地胜任工作。RFP 中国积极倡导"终身学习",为理财师认证培训及继续教育活动提供灵活的学习方式和便利的学习条件,从而取得最优的学习效果。

RFP 教材

2004 年刚进入中国大陆地区时,RFP 中国直接从美国引进原版教材,此后随着中国本土金融理财服务市场的发展与变化,教研团队不断总结教学经验,开发了中文版的教学大纲与课程内容,陆续推出 2006 版、2008 版、2011 版教材。2013 年,基于《理财师能力素质模型》,根据两个行业标准——国际 ISO22222:2005 和国标 GB/T 23697—2009,RFP 中国重新设计课程体系,编写了教材并由吉林大学出版社正式出版。该教材分《国际注册理财师资格认证专业教程(上、下册)》和《国际注册理财师资格认证高级教程(上、中、下册)》两个系列,RFP学会现任会长亲自为教材作序,也是过去6年中,RFP学会官方指定中国地区RFP资格认证的专门教材。

2019年8月,新一版的RFP认证教材《国际注册理财师资格认证教材(上、下册)》由复旦大学出版社正式出版。新版教材由牛淑珍和梁辉联合主编,编写过程中吸收了许多学者的最新成果,在此对他们表示敬意和感谢,同时感谢杨亮芳、高伶付出的辛勤劳动,以及潘彦、曾啸波、金彦、谢文璐、杨钰垚、肖怡欣、张仪、滕菲、王甜甜的支持,也非常感谢复旦大学出版社的编辑所给予的帮助和支持。

RFP考试

2011年以前,RFP资格认证考试一共有五门:《财务策划基础》《投资规划》《保险规划》《税务与退休筹划》《财务策划实务》。从2011年开始,随着中文版课程的全面推出,RFP资格认证考试科目更改为两门:《金融理财原理》和《个人理财实务》。并且除了笔试,还增加了机考方式。

每门科目的题目数量为150题,考试时间为150分钟,考题类型是客观单项选择题。RFP资格认证公开考试每季度举行一次,每年四次。

RFP认证

参加RFP认证的对象,一般为从事银行、保险、基金、证券、投资、第三方财富管理等金融相关行业的专业人士。其实,只要是对金融理财行业有兴趣,有志于成为理财师的人士,均可报名参加学习。但要获得认证,申请人必须具备以下基本条件:第一,申请人必须具有大专以上学历;第二,申请人必须参加由官方授权的培训机构提供的RFP认证课程,完成120学时的学习并且考试成绩合格;第三,申请人必须具有两年以上的金融行业或者相关行业的工作经验。

学习分为在线学习和线下培训两种模式,申请人可以根据自身条件进行选择。在完成120学时的线上或线下学习以后,申请人可以向RFP中国报名参加资格认证考试。如果考试没有通过,可以申请补考直至考试通过。考试通过后,如果具备大专以上学历及两年金融行业或金融相关行业的从业经验,就可以通过RFP中国向美国统一递交申请,并缴纳认证申请费及首年会员年费。经美国RFP学会批准并直接认证,可获得全球唯一的英文版证书,以及RFP中国颁发的中文版证书。

未来的期待

随着中国地区家庭财富的日益增长与理财需求的不断提升,我们希望能携手更多的金融理财服务机构、培训机构以及专业人士,一起为提升中国理财师的职业素养和服务标准而努力!我们也期待更多人加入RFP大家庭,共同推动中国金融理财行业的健康发展。

编者

2019年8月

导读　现代理财

一、财务策划与理财

（一）什么是财务策划

1. 财务策划与财务策划师

"财务策划"源自英文"financial planning",其概念在 2003 年左右才开始引进中国大陆,迄今为止经历的时间并不长。

财务策划首先出现在美国,其起源可以追溯到 1969 年。当时,一批来自不同领域的金融服务专业人士聚集在美国芝加哥俄亥俄(O'Hare)机场附近一家咖啡馆里。大家有感于金融服务领域存在的不足,以及金融产品的日益丰富与社会公众对家庭理财力不从心的矛盾,于是提出"关注客户的需求和目标比关注单一金融产品销售更重要"的服务理念和专业精神。他们试图将保险、证券、基金和银行业务中以产品为导向的服务模式,改变为以顾客需求为中心的全新服务模式,并开创一个全新的职业体系。他们希望能够探索出一种方法,把全新的客户至上的理念和职业资格的要求引入这个当时还不为人知的领域。这种全新的金融服务方式被称为"financial planning"。

1970 年,一个叫做财务策划师国际协会(international association of financial planners)的组织成立,这个组织后来更名为国际财务策划师学会(international association for financial planning,简称 IAFP)。IAFP 最初的使命是提供一个公开的论坛,把来自不同的专业领域的金融服务专业人士聚集在一起。为了培养这个体系,IAFP 在 1971 年成立了财务策划学院(college for financial planning)。这一革命性变化产生了一种新职业——财务策划师(financial planner)。财务策划师就是提供财务策划服务的专业人士。

为制定财务策划行业的基本标准、规范从业人员行为,1985 年,美国财务策划学院和 CFP 学会(institute of certified financial planners)共同设立了国际 CFP 资格认证标准和实践委员会(international board of standards and practices for certified financial planners,IBCFP)。随后,英国在 1986 年,日本在 1987 年也成立了类似的财务策划师协会。

最早将"financial planning"的概念带入中国地区的是香港财务策划师学会(the institute of financial planners of Hong Kong limited,简称 IFPHK)。

2000 年 11 月,由 30 名创会会员发起,在获得美国财务策划标准委员会(financial planning standards board,FPSB)授权后,IFPHK 在中国香港成立,目的是为香港地区的财务策划从业员制定和保持最高专业标准,实行自我监管,以确保客户获得妥善的服务,保障客户利益。IFPHK 首次将"financial planning"的中文翻译定为"财务策划",并将 certified financial planner(CFP)译为"认可财务策划师",这一中文翻译被沿用至今。

2. 理财、财务策划师与理财师的概念

如果用中文对"financial planning"进行直译,最适合的翻译应该是"财务策划"或"财务规划"。而已有的中文词汇中与其意义上最贴切的,应该是"理财"。

"理财"一词,中文里自古就有,最早见于《易·系辞下》:"理财正辞,禁民为非曰义。"这句话的意思是:"管理好财政,制定出合理的法令,制止少数人肆意妄为,这才是当权者最适宜、最合理的事。"可以看到,理财是一个范畴很广的概念。从理财的主体来说,个人、家庭、公司、金融机构、政府部门乃至国家等都有理财活动。

理财是对于财产（包含有形财产和无形财产）的经营是指个人或机构根据其当前的实际经济状况，设定想要达成的经济目标，在限定的时限内采用一类或多类金融投资工具，通过一种或多种途径达成其经济目标的计划、规划或解决方案。具体实施该规划方案的过程，也称为理财。

由于美国注册财务策划师学会亚洲事务暨中国发展中心设在中国香港，因此对 RFP(registered financial planner)资格名称沿袭了香港地区的习惯，将其译为"注册财务策划师"，而对"financial planning"，则尊重大陆的历史传统，都统一采用"理财"这一概念，并且将提供理财服务的专业人士称为"理财师"。注册财务策划师是一项理财师专业资格。

（二）财务策划的内容

1. 个人理财

个人理财，英文为 personal financial planning(PFP)或 personal finance，是对个人和家庭的收入、支出进行安排和规划，以实现规避风险、收益最大化和资产分配合理化的过程。通俗地说，就是开源节流，管好、用好个人和家庭财产的过程。

个人理财一般可以理解为是对个人和家庭的财富与风险的管理。当个人和家庭的收入大于支出时，产生储蓄，储蓄是个人和家庭投资的主要来源。当个人和家庭发生暂时的入不敷出、购置住房或汽车等大额资产，或以按揭或信用方式进行投资时，需要对外融资，融资将产生负债并有还本付息的要求。个人理财可以是安排和规划家庭成员的经常性收入和投资收入、固定支出和临时支出。个人理财也可以是运用各种金融资产和理财工具进行投资或融资，如用现金、银行存款、股票、债券、证券投资基金、衍生工具、房产、保险等进行投资，以获取投资收益，实现资产增值。个人理财还可以是针对家庭成员因发生意外事件而导致收支失衡的风险管理。个人和家庭可能会因突发的天灾人祸而出现收支不平衡，因此，需要对个人和家庭的资产进行风险管理。

RFPI 中国中心对"个人理财"的定义：

个人理财是一种综合金融服务，是指根据不同人生阶段的财务需求和财务资源，做出合理的财务管理与财务规划，通过财务平衡，达到财务自由的方法与过程。

RFPI 中国中心对于"个人理财"的定义强调了以下几点。

（1）个人理财既是一项综合性的金融服务，也是一种方法与过程。

（2）个人理财是基于客户不同人生阶段的财务需求和财务资源所提供的服务。

（3）个人理财的重点是财务管理与财务规划。

（4）个人理财的目标是通过财务平衡，达到财务自由。

2. 公司理财

公司理财，英文为 corporate finance，又称企业财务学(business finance)或管理财务学(managerial finance)，也有称企业财务管理或公司财务学。它是公司组织财务活动、处理财务关系的各项管理工作的总称，主要研究与企业的投资、筹资等财务决策有关的理论与方法，以及日常管理，其中包括战略、计划、分析与控制等。

公司理财是金融学的分支学科，用于考察公司如何有效地利用各种融资渠道，获得最低成本的资金来源，并形成合适的资本结构，还包括企业投资、利润分配、运营资金管理及财务分析等方面。通俗来说，公司理财就是公司关于投资、融资、资产管理的一系列决策。比如投资，包括选择哪些项目、在什么时候、在什么地点、怎么样投资；再比如融资，包括用什么方式、在什么时间、在什么地点、针对哪些对象进行融资、如何进行资产管理等。

（三）注册财务策划师学会

1. RFPI 学会简介

美国注册财务策划师学会(registered financial planners institute，英文缩写 RFPI)是一个独立的、非营

利性的国际理财师专业资格认证机构,成立于1983年,总部设于美国俄亥俄州。

RFPI致力于提供金融理财服务领域的专业培训、资格认证和会员服务,在全球首创并提供RFP(registered financial planner,中文译名:注册财务策划师)专业培训课程及资格认证。经过近30年的发展,RFP资格与CFP、CWM、RFC等国际理财师资格一道,成为当今全球金融理财服务行业中最权威的专业资格之一。

RFPI致力于不断提升金融理财服务的专业性,通过制定和完善RFP资格认证的国际化标准,由美国本土的专业团体逐步发展成为誉满全球的世界性组织。在过去的30多年里,RFPI一直努力推动RFP在全球的发展,积极展开课程推广活动及招募会员。到目前为止,RFPI会员遍布包括美国、加拿大、英国、瑞士、澳大利亚、日本、新加坡、中国大陆、中国香港、中国台湾等20多个国家和地区。

RFPI的会员目前普遍就职于各大银行、保险、证券、基金、信托等金融机构,独立第三方理财,房地产经纪公司,会计师事务所及律师事务所等。

2. 学会宗旨

通过专业培训、考试测评、工作经验、从业执照和职业道德等各项标准来认证资格并颁发注册财务策划师系列专业资格认证,从而促进金融理财服务的专业性,为大众利益服务。

20世纪90年代后期,RFPI开始发展亚太地区市场,在中国香港知识产权署成功注册了RFP和SRFP商标。此后,RFPI向中华人民共和国工商管理总局递交了商标注册申请,并于2010年获得批准。

2003年,RFPI首次将RFP课程引入香港地区,由此拉开了RFP专业资格进入中国的序幕。

同时,RFPI通过法律途径成功限制香港注册财务策划师协会(HKRFP)就RFP的商标侵权行为。为清除由此带来的市场误导,RFPI决意加快进入中国市场的计划,由RFPI首位华人董事欧仁杰(Eric Au)先生作为RFPI中国区授权代表,联合RFPI国际联盟中旸控股有限公司在香港进行筹备工作,并正式注册了RFPI和ARFP商标。

2004初,RFPI Asia operations and China development center(美国注册财务策划师学会亚洲事务暨中国发展中心,简称"RFPI中国中心")在中国香港政府部门进行了相关的商业登记后正式成立。

2004年4月,RFPI中国中心正式登陆中国大陆市场,并将其联络总部设在上海。同年7月1日,RFPI官方中文网站www.rfp-cn.org发布,时任RFPI国际标准委员会会长的A.J.Schreiber先生亲自为中文官网撰文致词。

2004年9月,RFPI中国中心成立RFP考试委员会在上海设立RFP考试中心。11月,registered financial planners institute of China(注册财务策划师学会中国理事会,简称RFPI China)也在中国香港注册成立。

2005年5月,RFPI中国中心网站www.rfpi.com.cn开通。

在RFPI中国中心及各推广机构的共同努力下,RFP资格认证培训相继在上海、北京、湖北、江西、陕西、福建、广东、江苏、山西、浙江、山东、新疆、甘肃等地举行,并且与中国建设银行、中国农业银行、中国银行、中国交通银行、香港友邦保险、中国太平洋人寿保险等金融机构展开了合作。

3. RFPI中国中心

2004年,美国注册财务策划师学会(RFPI)正式授权中旸控股有限公司为RFPI国际联盟,并在中国香港合作设立了RFPI Asia operations and China development center(注册财务策划师学会亚洲事务暨中国发展中心,简称RFPI中国中心)。

RFPI中国中心接受RFPI国际标准委员会的直接领导,遵循标准委员会的标准,独立进行RFP课程和培训的推广事务。在引进国际先进理论体系与经验、结合中国本土实际情况、制定适合中国国情的本土化课程内容的原则指导下,RFPI中国中心致力于为中国的金融服务从业人员提供全面、优质的专业培训,使课程不仅兼备国际化与本土化、涵盖理论与实务,而且契合中国金融服务行业发展的现况,满足了市场的需要。

RFPI中国中心的另一项重要任务是旨在为RFPI会员提供优质的会员服务与专业的持续进修课程,定期举办研讨会,出版会员通讯,积极提升会员的专业地位。RFPI中国中心努力帮助会员提升国际化的专业知识及技能，协助他们达成职业生涯内的个人事业目标，迈向更广阔的职业发展前景。

（四）注册财务策划师

1. RFP 专业资格

在欧美一些金融服务业发达的国家里，理财师早已与律师、会计师、精算师、保险经纪人士、税务师等职业一道，被社会大众广泛认可。理财师普遍任职于银行、保险、证券、基金、信托等金融机构以及独立第三方理财公司、房地产经纪公司、会计事务所、法律事务所等专业服务机构。在美国，理财师更是最受欢迎的职业之一，年收入甚至与哈佛 MBA 的薪酬水平相当。《美国职业评级年鉴》（Jobs Rated Almanac，此项评级是根据美国 250 种职业的工作环境、收入、就业前景、体力需求、工作保障及压力这六大项准则所计算出的结果进行的排名）近年来一直把理财师评为美国最佳职业之一，与生物学家及精算师等齐名。美国劳工部劳动统计局官方编写的《2006—2007 年度职业展望手册》中提到："理财师的就业机会的增长将高于其他所有行业的平均增长速度。……拥有专业认证的理财师，将拥有最好的事业发展机遇。"

近年来，中国经济持续高速发展，社会财富加速积累，人们对自身的人生规划和财富管理的需求越来越普遍。随着金融产品的不断丰富，人们在理财实践中也越来越需要专业人士的帮助，以弥补个人在金融知识缺乏及时间有限等方面的不足。与此同时，金融机构的营销模式也进入了以客户需求为导向的时代。因此，对具有国际金融理财服务专业水平和经验的人才的需求正日益迫切，特别是已取得 RFP 资格的专业人士，正逐渐成为金融机构竞相争聘的新宠。如果有志投身于这一高需求、高收入的行业，施展自己的潜能，就必须具备金融理财服务所必需的理论知识、专业能力、职业素质、工作技能，并获得权威的专业资格认证。

注册财务策划师（registered financial planners，简称 RFP），是由美国注册财务策划师学会于 1983 年推出，并在全球范围内获得广泛认可的专业的国际理财师专业资格。目前，RFP 资格证书在美国、加拿大、英国、瑞士、澳大利亚、日本、新加坡、中国大陆、中国香港、中国台湾等二十几个国家和地区获得广泛认可。

2. RFP 认证课程

RFPI 中国中心接受 RFPI 国际标准委员会的直接领导，遵循 RFPI 的标准，独立进行 RFP 课程和培训的推广事务。在引进国际先进理论体系与经验、结合中国本土实际情况、制定适合中国国情的本土化课程内容的原则指导下，RFP 中国中心自 2004 年进入中国地区以来，从一开始全部引进美国教材，到现在组织专家、学者自编适合中国的教材，期间经历了多次巨大的变化。

2004—2005 年，由于缺少适用的中文版教材，RFPI 中国中心按照 RFPI 国际标准委员会的要求，直接从美国引进了相关原版英文教材，由专家翻译后提供给讲师和学员使用。

2006 年，RFPI 中国中心组织了业内的部分专家、学者和讲师编写了第一部系统性的理财师资格认证培训教材。2006 版教材包括《财务策划基础》《投资策划》《保险计划》《税务及退休计划》《财务策划实务与策略》。

2008 年年初，RFPI 中国中心又组织专家、讲师对原有教材进行了整理、更新，推出了 2008 版教材。2008 版教材包括《财务策划基础》《投资规划》《保险规划》《税务及退休规划》《财务策划实务》。

2010 年，RFPI 中国中心有感于中国市场上理财师培训教材流于雷同，以及重理论、轻实务的弊端，在 RFPI 国际标准委员会的认可和支持下，根据中国专业理财师的现状和发展趋势，并参照行业的国际标准 ISO 22222:2005，MOD《Personal financial planning——Requirements for personal financial planners》、国家标准 GB/T 23697—2009《个人理财：理财规划师的要求》以及 RFPI 中国标准 CDC-010/2010《个人理财：注册财务策划师的要求》，构建出"理财师能力素质模型（financial planners' competence model）"。该模型包含基础理论、专业能力、职业素质和工作技能四个层级。

在"理财师能力素质模型"的基础上，RFPI 中国中心邀请专家、学者和讲师组成 RFP 中文教材编委会对教材进行了修订，由梁辉先生主编完成了 2011 版教材。

2019 年，在总结 2011 年教材使用经验的基础上，RFPI 中国中心又组织专家、讲师对原有课程体系与教材内容进行了重新梳理和精炼,并针对中国新的税改情况进行了全新研发,由牛淑珍和梁辉主编,推出了2019版教材,新版教材包括上、下两册。

根据RFPI国际标准委员会的要求,RFP学员必须完成至少120小时的专业培训课程并通过RFP资格认证考试。新版教材坚持RFP注重实务的特色,增加了职业素质和工作技能等多方面的内容,使通过系统全面培训的RFP持证人能适应更广泛的全方位的理财实际工作。

3. RFP继续教育

RFPI注重实务经验的交流与分享,更注重个人继续教育的落实,强调并要求会员每年参加规定学时数量的继续教育活动或课程,才可保持其会员资格。

根据RFP继续教育管理办法的有关条款规定:

RFPI会员资格的有效期为1年,会员完成规定的继续教育总学时是继续获得RFPI会员资格的前提。继续教育的报告期从取得会员资格的签发日开始计算。在每个年度内,会员必须完成15个继续教育学时的学习。上一年度超过的学时数不得滚动到下一年度。RFPI会员应参加RFPI授权的、有组织或其他形式的继续教育。有组织形式的继续教育包括全国性年度会员大会、地区性研讨会、各地同学会活动、专业课程进修。

若由于会员所在地的会员人数过少,以至RFPI中国中心无法在当地组织上述活动,会员可将在该年度所参加的机构内训或专业进修课程等内容以书面形式向RFPI中国中心申请认可的继续教育时数。

继续教育学时的计算标准见表1。

表1 RFP继续教育学时计算标准

继续教育形式	认可学时数	备注
RFP中国区年会暨全国性继续教育活动	15学时	RFPI中国中心出具证明
RFP全国性活动通过网络或光盘视听	10学时	RFPI中国中心出具证明
RFP地区性研讨会	7.5学时/次(天)	RFPI中国中心各地授权机构出具证明
RFP各地同学会活动	5学时/次	RFPI中国中心各地授权机构出具证明
RFPI中国中心以及各地授权机构举办的进修课程	实际课时 = 认可学时	相关课程证书
会员参加任职机构内部的相关理财或金融类培训	实际课时×75% = 认可学时	填报《继续教育学时确认申请表》并提供相关证明或加盖公章
会员参加社会公开的相关理财或金融类的专业进修课程	实际课时×50% = 认可学时	填报《继续教育学时确认申请表》并提供相关证书或证明
会员向RFPI中国中心会员通讯投稿并获采用	5学时/篇	RFPI中国中心出具证明
会员发表于各类报刊、网络等媒体的文章	5学时/篇	填报《继续教育学时确认申请表》并提供相关文章的复印件或电子文档

二、家庭

(一)家庭概述

1. 家庭的概念

家庭是指以婚姻、血缘和有继承关系的成员为基础组成的一种社会生活组织形式。它是一个成员共同享有财富、收入和支出的团体,是社会结构的基本单位,也是消费的基本单位。

一方面,家庭是社会这个综合系统的一个基本组织单位(社会细胞),它为其成员参加社会经济活动提供了基本立足点;另一方面,家庭又是社会的基本经济收支单位(经济细胞),这特别表现在家庭是消费品的基本消费单位,对市场以及市场的消费品而言,是基本的货币支出单位。世界上消费品市场的消费几乎都是以家庭为单位进行的购买活动。

2. 家庭财务的内容

(1) 家庭资产。

简而言之,家庭资产应该包括所有的资产。我们把家庭资产分为三类:财务资产、个人使用资产和奢侈资产(如表2)。

财务资产是那些能够带来收益的或是在个人退休后将要消费的。这些是在财务计划中最重要的,因为它们是决定财务目标进程的来源。除了保险和居住的房产外,大多数个人财务管理是针对这些资产的。个人使用资产是你每天生活要使用的资产——房子、汽车、衣服等。它们不会产生收入,但它们可以供个人消费。奢侈资产也是个人使用的,但它们不是家庭必需的,这一类资产取决于这个家庭认为哪些资产是必需的。奢侈资产与个人使用资产的主要区别在于变卖时奢侈资产的价值高。

表 2 个人资产清单

财务资产	个人使用资产	奢侈资产
手中的现金	居住的房产	珠宝
在金融机构的存款	汽车	度假的房产
退休储蓄计划	家具	有价值的收藏品
预期的税务返还	衣物	
养老金的现金价值	家庭用品	
股票	厨房用具、碗碟	
债券	维护设备	
共同基金	运动器材	
期权、期货、商品	电视、音响、录像机	
贵重金属、宝石		
不动产		
直接的商业投资		

(2) 家庭负债。

家庭负债应当包括所有家庭成员欠非家庭成员的所有债务。表3列出了一张方便查找的清单,共分了两个大类。

流动负债是一个月以内到期的负债。长期负债是一个月以后到期或很多年内每月要支付的负债。流动负债包括当月要支付的长期负债。这种区分方法与企业会计使用的方法相似,只是企业会计是以一年到期来区分的,而家庭的财务周期取决于他们付款的周期,可能会是按每周、每两周或每月付款。虽然选择一个月是主观确定的,但它与账单付款的周期保持着合理的一致性,因此对于决策是非常有帮助的。这种区分起初在生活的周期中最为重要,因为确保按月付账非常关键。通过列明当月应付的债务,我们可以注意使投资具有流动性以便防范当期收入不足以支付的风险。

表 3 个人负债清单

流动负债	长期负债
信用卡	消费贷款
电话费	住房按揭
电费	其他按揭
煤气、燃油费	投资贷款
修理费用	助学贷款
租金	抵押品
房产税	租赁费用
所得税	
保险金	
当期支付的长期贷款	

3. 家庭生产

(1) 家庭生产理论。

现代家庭生产理论认为:在现代社会中,家庭既是一个消费单位,同时也承担着部分生产功能。因此,家庭时间并不全是闲暇时间。家庭理论把个人的可自由支配时间划分成三部分,即闲暇时间、市场工作时间、非市场工作时间。其中,第三部分时间是指家务劳动时间。

家庭成员在进行劳动力供给决策时,不仅要考虑其他家庭成员的情况,而且要考虑自身在生命周期的不同阶段,即决定在生命周期的哪个阶段从事市场工作或较多地从事市场工作;哪个阶段从事非市场工作(或闲暇)或较多地从事非市场工作(或闲暇)。

(2) 家庭生产的三个层次。

家庭作为一个生产组织有三层含义,一层是家庭直接组织物质生产,包括面向市场的商品生产和面向家庭自身需要的自然产品生产;二层是生育生产,即繁衍种族而对他人生命的生产;三层是满足生产,即把家庭活动的最终目的——"满足"作为产品来组织生产。

在这三个层次的生产活动中,"满足"的生产反映家庭生产活动的最高层次目标,而物质生产和生育生产都带有手段层次的性质,只反映家庭生产活动的初级层次目标。总之,从这三个层次来分析,家庭活动中的消费活动和生育活动都可归纳为生产行为,家庭可以成为一个效用生产的经济组织,只是家庭生产出来的最终层次的产品——"满足"跟其他生产者的产品不同,它是无形的,是不进入市场交换的。

4. 家庭消费

家庭是社会消费的基本单位,大多数商品都是直接供家庭购买与消费的。家庭与消费活动有着最为广泛和密切的联系。家庭数量的剧增必然会引起对炊具、家具、家用电器和住房等需求的迅速增长。

此外,家庭不仅对其成员的消费观念、生活方式、消费习惯有着重要的影响,而且直接制约着消费支出的投向和购买决策的制定与实施。以家庭消费为主,人们可以按照自己的爱好和习惯选择自己的消费对象,使消费内容丰富多彩,更好地达到消费目的。

一个市场拥有家庭单位和家庭平均成员的多少以及家庭组成状况等,对市场消费需求的潜量和需求结构都有十分重要的影响。

家庭消费与个人消费、公共消费相比,有着自己的特点。

(1) 阶段性。

每一个家庭都有自身发生、发展、消亡的过程。这个过程被称为家庭的生命周期,即一个家庭从建立到解体、消亡的全部过程。在其家庭生命周期的不同阶段,消费者的购买心理与购买行为有着明显的差异。

(2) 相对稳定性。

我国大多数家庭的收入相对稳定,日常消费的支出及其他各项支出也相对均衡和稳定。同时,我国传统道德观念、法律规范的约束也能使大多数家庭维系住持久而稳定的婚姻关系,从而使家庭消费相对稳定。

(3) 传承性。

由于每一个家庭都归属于不同的群体和社会阶层,具有不同的价值观念,并受一定经济条件的制约,因此形成了不同的家庭消费特色、消费习惯和消费观念等。这些具有家庭特色的消费习惯和观念,对家庭成员的日常消费行为具有潜移默化的影响。如当子女脱离原有家庭并组建自己的家庭时,必然带有原有家庭消费特征的某些痕迹。

(二) 家庭生命周期理论

1. 家庭的生命周期

家庭生命周期是研究客户不同阶段行为特征和价值取向的重要工具,理财师可以帮助客户根据其家庭生命周期设计适合客户的理财套餐。

家庭是社会生活的基本单位,具有相当的稳定性、持久性和连续性。家庭作为一个群体担当着组织家庭成员分工合作、生产、消费、养育子女、赡养老人等各项重要功能。就家庭而言,从一对夫妻结婚建立家庭生养子女(家庭形成期)、子女长大就学(家庭成长期)、子女独立和事业发展到巅峰(家庭成熟期)、夫妻退休到夫妻终老而使家庭消灭(家庭衰老期),就是一个家庭的生命周期。

家庭生命周期,英文表示为 family life cycle,其概念源自发展学理论,在家庭生命周期的各个阶段有不同的家庭角色要扮演,不同的角色扮演有着不同的角色期待,而随着时光流逝,年岁渐增,个人观念因受外在环境影响亦不断改变。

家庭生命周期,指的是一个家庭诞生、发展直至消亡的运动过程,它反映了家庭从形成到解体呈循环运动的变化规律。家庭随着家庭组织者的年龄增长,而表现出明显的阶段性,并随着家庭组织者的寿命终止而消亡。家庭生命周期概念最初是美国人类学学者 P.C.格利克于 1947 年首先提出来的。

家庭生命周期包含了人口变动的主要内容,从结婚、生育、抚养未成年子女,直到衰老和死亡,并且把这些人口学因素有机地综合在家庭的发展过程中进行考察,而不是把这些因素分割开来孤立地分析,从而使得对人口变动过程及其运动机制的研究更加系统、深入和全面。另外,家庭生命周期也反映一个家庭从形成到解体呈循环运动的过程,其研究强调家庭随时间的各种变化,并解释家庭在不同时期的变迁,以说明家庭在不同发展阶段上的各种任务和需求。家庭生命周期的概念在社会学、人类学、心理学乃至与家庭有关的法学研究中都很有意义。例如,对家庭生命周期的分析,可以更好地解释家庭财产权、家庭与家庭成员的收入、妇女就业、家庭成员之间的关系、家庭耐用消费品的需求、处于不同家庭生命周期的人们心理状态的变化等。

2. 家庭生命周期代表理论

提出家庭生命周期理论,并且有一定影响力的有以下几位学者。

(1) 希尔(R. Hill)和汉森。

他们在 20 世纪 30 年代最早提出家庭生命周期理论,具体讨论了这一研究框架的一些特点。事实上,家庭生命周期理论是在综合许多学科的研究概念的基础上发展而来的。持这种理论的学者从农村社会学那里借来了家庭生命周期的概念,从儿童心理学和人类发展学那里引来了发展需求和发展任务的概念。从社会学家的著作中采集了关于家庭的综合概念,另外还从结构-功能和符号互动理论中借用了年龄和性角色、多元典型、功能需求条件和家庭作为一种互动组织的概念。

(2) 杜瓦尔。

她认为就像人的生命那样,家庭也有其生命周期和不同发展阶段上的各种任务。而家庭作为一个单位要继续存在下去,需要满足不同阶段的需求,包括:1.生理需求;2.文化规范;3.人的愿望和价值观。家庭的发展任务是要成功地满足人们成长的需要,否则将导致家庭生活中的不愉快,并给家庭自身发展带来困难。在学术界,她所提出的生命周期的思想更为系统,而且长期以来被广为传播、采用。

(3) 罗伊·H.罗杰斯。

罗杰斯对家庭生命周期发展阶段进行了进一步的细分。他使用了 24 个阶段循环法,将家庭生命周期具体划分为学前阶段、入学阶段、青少年阶段、青年成年阶段以及离家阶段,并将每个阶段划分出不同的子阶段。如此,不仅描述了家庭发展过程中第一个子女的成长过程,而且注意到最后一个子女的成长过程。

(4) 埃尔德。

以往家庭生命周期理论的缺点是只把家庭分成为父母、生儿育女、空巢及至家庭解体这一过程,即基本上是围绕家庭主要成员(夫妻)开展此过程,没有注意到其他家庭成员特别是子女地位的变化。正是针对这点,埃尔德提出了生命过程理论。这种理论主要是探讨家庭成员个人的发展历程,如何时成为儿童,何时成年,何时结婚,何时为人父母,晚年景况如何,在这个过程中,家庭发生了什么变化。总而言之,生命过程理论的提出,使人们注意到个人、家庭与社会三个层次变迁的关系。

3. 家庭生命周期的阶段划分

家庭生命周期是用来描绘多数家庭从结婚、子女出生到子女独立与终老凋谢的全过程。一般来说,家庭生命周期可分为形成期、成长期、成熟期、衰老期。不同时期的家庭,其生命周期会出现交集,比如自己的家庭处于成长期时,父母的家庭可能已经进入了成熟期。家庭处于生命周期的不同阶段,其资产、负债状况会有很大不同,理财需求和理财重点也将随之出现差异。因此,了解一个家庭正处于怎样的生命周期阶段,对于理财方法与策略的制定具有重要意义。

家庭生命周期理论中被普遍接受的关于家庭生命周期阶段的划分,是格利克在 1949 年的一篇论文中提出来的,他根据标志着每一阶段的起始与结束的人口事件,将家庭生命周期划分为形成、扩展、稳定、收缩、空巢与解体 6 个阶段,如表 4 所示。

表 4 家庭生命周期阶段的划分

阶段	起始	结束
形成	结婚	第一个孩子的出生
扩展	第一个孩子的出生	最后一个孩子的出生
稳定	最后一个孩子的出生	第一个孩子离开父母亲
收缩	第一个孩子离开父母亲	最后一个孩子离开父母亲
空巢	最后一个孩子离开父母亲	配偶一方死亡
解体	配偶一方死亡	配偶另一方死亡

4. 家庭财务生命周期的概念

很多人的一生大多是这样度过的:儿童时期由父母抚养,在 20—30 岁结婚,之后很快有了孩子,在接下来的 18—20 年内抚养孩子,把他们送进学校,当孩子离开去组建自己的家庭时,再一次过夫妇两人的生活,然后夫妇两人会相继离开这个世界。当然,这个典型的人生生命周期并不一定适合每一个人。

家庭财务生命周期则只关心人生生命周期中那些与财务有关的阶段和事项。在人生的不同阶段有不同的财务状况,有不同的风险承受能力,有不同的理财目标。因此,可以根据财务生命周期,来了解不同人生阶段的财务需求和财务目标,进行有目的的理财活动。

理财目标在人们的一生中根据需要而改变,尽管有一些是因为发生一些意外事件而改变的。对于大多数人来说,大部分的变化都是基于普遍的财务生命周期模式而产生的。为了更好地利用现在已有和将来可能拥有的资源,理财在一定程度上是针对人的整个财务生命周期而不是某个阶段的规划。

5. 家庭财务生命周期的划分

在尚未有工作,未获得工作收入之前,大多数人的生活费用全都依靠父母。因此,我们将工作后有了自己的收入作为家庭财务生命周期的起点。

结合家庭生命周期的理论,对于一般人来说,其财务生命周期中必须经过单身期、家庭形成期、家庭成长期、家庭成熟期、家庭衰老期五个阶段,如表 5 所示。

表 5 家庭财务生命周期

周期	定义	年龄	特征
单身期	起点:参加工作 终点:结婚	一般为 18—30 岁	自己尚未成家,在父母组建的家庭中。 从工作和经济的独立中建立自我。
家庭形成期	起点:结婚 终点:子女出生	一般为 25—35 岁	婚姻系统形成。家庭成员数随子女出生而增长(因而经常被称为筑巢期)。
家庭成长期	起点:子女出生 终点:子女独立	一般为 30—55 岁	孩子来临,加入教养孩子、经济和家务工作,与大家庭关系的重组,包括养育下一代和照顾上一代的角色。 家庭成员数固定(因而经常被形象地称为满巢期)。
家庭成熟期	起点:子女独立 终点:夫妻退休	一般为 50—65 岁	重新关心中年婚姻生涯的问题。 开始转移到照顾更老的一代。 家庭成员数随子女独立而减少(因而经常被称为离巢期)。
家庭衰老期	起点:夫妻退休 终点:夫妻身故	一般为 60—90 岁	家庭成员只有夫妻两人(因而经常被称为空巢期)。

单身期:指从参加工作到结婚时期,一般为 1—5 年。这一时期的青年人几乎没有经济负担,收入较低,承担风险的能力较强。

家庭形成期:指从结婚到新生儿诞生时期,一般为 1—5 年。这一时期是家庭的主要消费期。经济收入增加而且生活稳定,家庭已经有一定的财力和基本生活用品。为提高生活质量往往需要较大的家庭建设支出,如购买一些较高档的用品。贷款买房的家庭还须一笔大开支——每月还贷。

家庭成长期:指从小孩出生直到上大学,一般为18—25年。在这一阶段里,家庭成员不再增加,家庭成员的年龄都在增长,家庭的最大开支是生活费用、医疗保健费、教育费用。财务上的负担通常比较繁重。同时,随着子女的自理能力增强,父母精力充沛,又积累了一定的工作经验和投资经验,投资能力大大增强。

家庭成熟期:指子女参加工作到家长退休为止这段时期,一般为15年左右。这一阶段里自身的工作能力、工作经验、经济状况都达到高峰状态,子女已完全自立,债务已逐渐减轻,理财的重点是扩大投资。

家庭衰老期:指退休以后。这一时期的主要内容是安度晚年,投资的花费通常都比较保守。

三、企业

(一) 企业

1. 什么是企业

企业是指依法设立的以盈利为目的、从事商品的生产经营和服务活动的独立核算经济组织。在商品经济范畴,企业作为组织单元的多种模式之一,按照一定的组织规律,有机构成的经济实体,一般以赢利为目的,以实现投资人、客户、员工、社会大众的利益最大化为使命,通过提供产品或服务换取收入。它是社会发展的产物,因社会分工的发展而成长壮大。

企业的出现是最近二三百年的事,它是社会生产力发展到一定水平的结果,是商品生产与商品交换的产物。在资本主义社会之前,虽然也有一些手工业作坊,但生产的产品只是为了供部落、家族、奴隶主、封建皇室享用,而不是为了进行商品交换,也不发生经营活动,它们并未形成社会的基本经济单位,因此,从严格意义上讲,这些手工业作坊并不能称为企业。到了资本主义社会,随着社会生产力的提高和商品生产的发展,社会的基本经济单位发生了根本性变化,才产生真正意义上的企业。

目前,在公共媒体中出现的"企业"一词有两种不同的用法:较常见的用法指各种独立的、营利性的组织(可以是法人,也可以不是),并可进一步分为公司和非公司企业,后者如合伙制企业、个人独资企业、个体工商户等;另一种用法与组织接近,可以用来泛指公司、学校、社会团体乃至政府机构等。后一种用法主要出现在信息技术应用领域的一些专有名词中,例如企业应用(enterprise applications)、企业计算(enterprise computing)、企业集成(enterprise integration)、企业工程(enterprise engineering)、企业架构(enterprise architecture)、企业建模(enterprise modeling),等等。

2. 企业的基本职能

企业的基本职能是从事生产、流通和服务等经济活动,向社会提供产品与服务,以满足社会需要。

工业企业的基本职能:通过工业性生产活动,即利用科学技术与设备,改变原材料的形状与性能,生产社会所需要的产品。

商业企业的基本职能:通过商品实体转移或价值交换,为社会提供所需产品或服务。

3. 企业的作用

(1) 企业作为国民经济的细胞,是市场经济活动的主要参加者。

(2) 企业是社会生产和流通的直接承担者。

(3) 企业是推动社会经济技术进步的主要力量。

总之,企业对整个社会经济的发展与进步有着不可替代的作用,从一定意义上讲,企业素质的高低,企业是否适应市场经济发展的要求,直接关系着国民经济状况的好坏和社会的长治久安。

4. 企业的类型

企业种类的确定一般有两个标准,即学理标准和法定标准。学理标准是研究企业和企业法的学者们根据企业的客观情况以及企业的法定标准对企业类型所作的理论上的解释与分类。这种分类没有法律上的约束力和强制性,但学理上的解释对企业法的制定与实施有着指导和参考作用。法定标准是根据企业法规定所确认和划分的企业类型。法定的企业种类具有法律的约束力和强制性。但因企业的类型不同,法律对不同种类企业规定的具体内容与程序上的要求也有很大区别。

企业法定分类的基本形态主要是独资企业、合伙企业和公司。法律对这三种企业划分的内涵基本作了概括，即企业的资本构成、企业的责任形式和企业在法律上的地位。从我国的立法实践来看，我们基本上按所有制形式安排企业立法，划分企业类型。随着社会主义市场经济体制的逐步建立，企业改革的进一步深化，我国也将把独资企业、合伙企业和公司作为我国企业的基本法定分类。目前，我国已颁布了《中华人民共和国公司法》《中华人民共和国合伙企业法》和《中华人民共和国独资企业法》。我国的法定分类主要有独资企业、合伙企业、公司。

此外，在我国还可以按照经济类型对企业进行分类。这是我国对企业进行法定分类的基本做法。根据宪法和有关法律规定，我国目前有国有经济、集体所有制经济、私营经济、联营经济、股份制经济、涉外经济(包括外商投资、中外合资及港、澳、台投资经济)等经济类型；相应地，我国企业立法的模式也是按经济类型来安排，从而形成了按经济类型来确定企业法定种类的特殊情况。它们是国有企业，集体所有制企业，私营企业，股份制企业，联营企业，外商投资企业，港、澳、台投资企业，股份合作企业。

5. 企业法人

企业法人是指具有符合国家法律规定的资金数额、企业名称、组织章程、组织机构、驻所等法定条件，能够独立承担民事责任，经主管机关核准登记取得法人资格的社会经济组织。我国的企业法人包括全民所有制企业、集体所有制企业、内资有限责任公司、股份有限公司以及在中华人民共和国领域内设立的中外合资经营企业、中外合作经营企业和外资企业。

公司制企业是依法取得法人资格的企业，称法人企业。我国公司法规定，股份有限公司和有限责任公司是法人企业。

企业要取得法人资格，必须满足以下条件。

(1) 依法成立。

依法成立是指依照现行法律规定成立，包括在成立程序上的合法性和在成立后组织的合法性。我国公司制企业必须依《中华人民共和国公司法》成立，方能取得法人资格。

(2) 有独立的财产。

法人企业拥有独立的财产是它作为民事主体参与经济活动，享有民事权利和承担民事责任的物质基础。法人企业应具有与其经营范围、经营规模相一致的财产总额。

(3) 有自己的名称、组织机构和场所。

法人的名字是法人的字号，是它区别于其他法人的标志。企业法人是一个经济组织，组织必须有一个有序的组织机构，组织的功能才能发挥。企业法人的场所是企业进行生产经营活动的地方，也是企业作为民事主体的住所。企业法人必须有场所，一是生产经营活动的需要；二是有利于国家对企业的监督和管理。

(4) 必须独立承担民事责任。

这一条件包括三层含义：一是必须承担民事责任；二是只能由它自己承担；三是有能力承担。企业能否独立承担民事责任是以其是否拥有独立财产为基础的。公司制企业由多个投资主体(包括自然人和其他法人)出资，依法定程序设立，所有投资主体的出资形成公司独立的法人财产，并与投资主体的其他未投入的财产相分离，公司以它拥有的全部财产独立享有民事权利和承担民事责任，具有与自然人一样的民事权利能力和民事行为能力。

四、个人理财

(一) 个人理财服务

1. 以产品为导向的个人理财服务和以服务为导向的个人理财服务

以产品为导向的个人理财模式主要是通过理财服务向客户销售金融产品，理财师的收入主要来自于销售这些产品，从产品的提供者手中获得的佣金。而向客户提供的理财服务，很多时候是不收费的，即使收费也是客户所愿意的。

以服务为导向的个人理财模式是体现服务价值的服务。从盈利模式来讲，理财师的收入将不仅限于金融产品建议和销售的佣金，也意味着其提供的理财服务必须能让客户感受到其中的价值并愿意付费。特别是在一个可服务范围内为一个客户群提供长期的服务，持续收入是理财师在这个行业生存和发展的关键。同时，因为理财师必须确保自己的服务是值得客户付费的，从而必须处处以客户的利益为中心，客户在此过程中能够得到真正有价值的服务。

2. 局部理财和综合理财

在局部理财中，理财师一般只考虑客户财务活动的某一个方面，比如保险规划、投资规划、退休规划等。

综合理财作为一项完整的向顾客提供理财服务和理财产品的服务更受到人们的接受和尊重。综合理财是一种更为细致、全面的理财方式，涵盖了现金规划、子女教育规划、保险规划、投资规划、税务筹划、退休规划、遗产传承规划等方面。

（二）个人理财的目标

1. 个人理财的总体目标

人生的目标多种多样，个人理财主要解决的是在个人财务资源有限的前提下，在财务方面实现个人生活目标的问题，即个人理财目标的实现。每个人的理财目标千差万别，即使是同一个人在不同阶段的理财目标也不一定相同，但从一般角度而言，理财的目标可以归结为两个层次：实现财务安全和追求财务自由。

（1）实现财务安全。

保障财务安全是个人理财要解决的首要问题，只有实现财务安全，才能达到人生各阶段收入支出的基本平衡。所谓财务安全，是指个人或家庭对自己的财务现状有充分的信心，认为现有的财富足以应对未来的财务支出和其他生活目标的实现，不会出现大的财务危机。对于每个客户来说，具体的财务安全标准要根据其个人的实际情况来决定。

（2）追求财务自由。

个人理财是一个人一生的财务计划，它是一种良好的习惯，是理性的价值观和科学的理财计划的综合体现。同时，理财又是动态的，不是一成不变的，通过不断调整计划来实现人生财务目标的过程，也就是追求财务自由的过程。所谓财务自由，是指个人或家庭的收入主要来源于主动投资而不是被动工作。财务自由主要体现在投资收入可以完全覆盖个人或家庭发生的各项支出，个人从被迫工作的压力中解放出来，用财富为工具创造更多的财富。这时，个人或家庭的生活目标相比财务安全层次下有了更强大的经济保障。

2. 个人理财的具体目标

在理财实际工作中，财务安全和财务自由目标集中表现为以下九个方面。

（1）必要的资产流动性。

为了满足日常开支、预防突发事件，个人有必要持有流动性较强的资产，以保证有足够的资金来支付短期内计划中和计划外的费用。但个人又不能无限地持有现金类资产，因为过强的流动性会降低资产的收益能力。理财师进行理财时，既要保证客户资金的流动性，又要考虑现金的持有成本，通过现金规划使短期需求可用手头现金来满足，预期的现金支出通过各种储蓄或短期投资工具来满足。

（2）合理的消费支出。

个人理财目标的首要目的并非个人价值最大化，而是使个人财务状况稳健合理。在实际生活中，减少个人开支有时比寻求高投资收益更容易达成理财目标。个人（家庭）大额消费支出如购房、购车往往对家庭生活影响较大，甚至成为家庭一定时期内最沉重的负担，有人还因此沦为债务负担沉重的"房奴"。巨大的还贷压力严重影响了家庭生活，这与缺乏有效的消费规划不无关系。

（3）实现教育期望。

随着市场对优质人力资本的需求增大，接受良好的教育成为提高自身本领和适应市场变化的重要条件，因此，人们对接受更高教育的要求越来越强烈。近年来，教育费用持续上升，教育开支的比重占家庭总支出的比重越来越大。同时,教育规划本身又缺乏时间和费用弹性。因此,人们理应及早对教育费用进行规划。通过合理的财务计划,理财师可以确保客户将来有能力支付自身及子女的教育费用,充分达到个人和家庭的教育期望。

(4) 完备的风险保障。

在人的一生中,风险无处不在,比如过早死亡、丧失劳动能力、失业、意外事故、疾病或事故产生的医疗护理费用、财产和责任损失等,都不同程度地影响着个人和家庭的生活。为抵御这些风险带来的损失,必须通过风险管理与保险规划做出适当的财务安排,将风险事件带来的损失降到最低限度。同时,还应注重对非保险类的风险进行管理,以更好地保护我们的生活。

(5) 积累财富。

个人财富的增加既可以通过减少支出来实现,也可以通过增加收入来实现。薪金类收入毕竟有限,投资收入则完全具有主动收益的特质。正确的财富积累方式,是根据理财目标、个人可投资额以及风险承受能力进行资产配置,确定有效的投资方案,使投资收入占家庭总收入的比重逐渐提高,带给个人或家庭的财富越来越多,并逐步成为个人或家庭收入的主要来源,最终达到财务自由。

(6) 合理的纳税安排。

纳税是每个公民的法定义务。财富的增长和收入来源的多样化,使得人们越来越多地面对税收问题。纳税人往往希望将自己的税负降到最小。合理的纳税安排是指纳税人在法律允许的范围内,通过对纳税主体的经营、投资等经济活动的事先筹划和安排,充分利用政策优惠和差别待遇,适当减少或延缓税负支出,达到整体税后收入最大化。

(7) 安享晚年。

中国已经跨进了老龄化社会的门槛。人口老龄化对社会保障覆盖面、现行的家庭养老模式、中国的养老金支付能力都提出了严峻挑战。传统的社会保障与家庭养老模式已被打破,所以有必要在青壮年时期进行财务规划,使人们到晚年能过上"老有所养,老有所终,老有所乐"的有尊严的、自立的老年生活。

(8) 婚姻生活相关的财产分配。

家庭关系是最重要的社会关系。近年来,全国法院审理婚姻家庭、继承纠纷的案件总量逐年增长,其中很多是由于财产而引发的。通过个人理财可以对相关财产事先约定,规避家庭财务风险,减少财产分配过程中的支出,协助客户对财产进行合理分配,满足家庭成员在家庭发展的不同阶段产生的各种需要,避免财产分配过程中可能发生的纠纷,促进家庭关系的和谐。

(9) 遗产传承。

伴随个人和家庭财富的积累,个人财产如何传承备受关注:留给谁(继承人问题)、怎么留(继承方式问题)、继承成本(遗产税问题)以及流动性、可变性、由谁清算和捐赠等。理财师要选择适当的遗产管理工具和制定遗产分配方案,确保在被继承人去世或丧失行为能力时,按照被继承人的意志做出遗产安排,以较低的成本传承财产,减少纠纷。

(三) 个人理财的内容

1. 实现人生的收支平衡

在人的一生中,收入与支出的平衡是最基本的财务问题。图 1 给出了人生的收入支出曲线,其中:①代表人生的生命线,从出生到死亡的人生过程;②代表人生的支出线,支出贯穿整个生命线;③代表人生的收入线,对大多数人来说,收入主要发生在从参加工作到退休前这一阶段。

在人生的不同阶段,收入和支出并不总能保持平衡——实际上多数情况下是不平衡的。这种失衡既可能是收支数量上的不平衡,即收入小于支出,或者收入大于支出;也可能是收支时间上的不匹配,即收入的实现迟于支出的发生,或者收入的取得早于支出的发生,从而产生流动性的问题。

我们在图 1 中看到了上述收支失衡的发生,在教育期和养老期,收入小于支出,为净支出阶段;而在奋斗期,收入大于支出。因此,要靠奋斗期的收入来准备自己和上一代养老期的支出,同时为下一代准备教育期的支出。

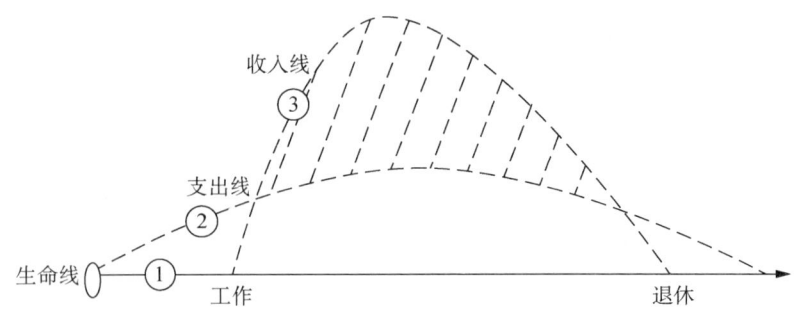

图1 人生的收入支出曲线图

那么,如何度过收不抵支的教育期和养老期——尤其是退休以后的养老期,追求一生收支的平衡,就成为人们最基本的理财问题和最基本的理财需要。

2. 从理财目标的角度

理财师的工作目标是通过向客户提供理财服务,满足客户人生不同阶段的财务需求,帮助客户保证生活品质,避免财务问题,即使到年老体弱或收入锐减的时候,也能保持自己所设定的生活水准。因此,从理财目标的角度来看,理财的内容应该包括客户整个生命周期内与财务相关的所有规划,如职业生涯规划、现金规划、消费规划、教育规划、居住规划、子女养育规划、退休规划以及遗产规划等。

(1) 职业生涯规划。

职业生涯就是表示这样一个动态过程,它指一个人一生在职业岗位上所度过的、与工作活动相关的连续经历,并不包含在职业上成功与失败或进步快与慢的含义,也就是说,不论职位高低,不论成功与否,每个工作着的人都有自己的职业生涯。职业生涯不仅表示职业工作时间的长短,而且内含着职业发展、变更的经历和过程,包括从事何种职业工作、职业发展的阶段、由一种职业向另一种职业的转换等具体内容。从个人的角度讲,职业生涯规划就是一个人对自己所要从事的职业、要去的工作组织、在职业发展上要达到的高度等做出规划和设计,并为实现自己的职业目标而积累知识、开发技能的过程。

(2) 现金规划。

现金规划可以帮助客户更有效地控制其财务状况。对于很多人而言,这意味着更好地控制其每月的现金流量。客户往往希望在节省大部分收入的同时,保持其生活方式不变。有些客户现金流量的问题很严重,如负债过多,储蓄过少或零储蓄,现金流量波动过大等。其他客户关心的是,怎样拥有足够的财力,为其退休提供资金以及怎样控制开销,以免资产消耗过快。因此,这些客户的理财目标是与现金规划具体联系在一起的。现金规划有两个主要目的。

第一,收入和支出管理,包括建立及维护现金准备或近似现金等价物,以满足发生意外或紧急事件时的需求,如患病、受伤、死亡或突然失业等;

第二,系统的实现及维护现金盈余,以进行资本投资。

该领域所解决的问题,对于提高客户的能力,实现更广泛的理财目标,都非常重要。

(3) 消费规划。

消费规划主要是基于在一定的财务资源下,对家庭消费水平和消费结构进行规划,以达到适度消费,稳步提高生活质量的目标。家庭消费规划主要包括住房消费规划、汽车消费规划以及信用卡与个人信贷消费规划等。在收入一定的情况下,如何做好消费支出规划对一个家庭整个财务状况具有重要的影响。

(4) 教育规划。

教育规划是指在收集客户的教育需求信息、分析教育费用的变动趋势并估算教育费用的基础上,为客户选择适当的教育费用准备方式及工具,制定并根据因素变化调整教育规划方案。教育规划可以分为两类:自身的教育规划和对子女的教育规划。对子女的教育规划又可以分为基础教育规划和高等教育规划。大多数国家的高等教育都不属于义务教育的范畴,因而子女的高等教育费用,通常是所有教育费用项目中花费最高的一项。

统计显示,教育投资目前已经成为我国个人或家庭的主要支出之一,在家庭总支出中所占的比例不断上升。

(5) 居住规划。

在衣食住行中,居住是人们最基本的一种需求,而且往往是在消费支出中所占的比例最大的一项。我国在住房货币化改革以后,人们对于住房的规划需求更加强烈。住房不仅可以用于个人消费,还有显著的投资价值。

(6) 子女养育规划。

子女养育是大多数个人生命周期必将经历的阶段,它从受孕到子女成年,需要经历将近19年的长期的时间跨度。目前,子女养育的费用正在随着社会经济的发展而逐渐上涨,甚至大大超过了社会经济发展的速度。

(7) 退休规划。

退休是每个人都不可回避的问题。退休以后,人们将失去占个人收入主要部分的工薪收入。但是,由于人们退休以后普遍还会持续生活几十年,如何在退休后保持一个特定的生活水平,就成为每个人都要面对的现实问题。一方面,社会日益趋于老龄化;另一方面,尽管中国有养儿防老的传统观念,但随着社会的进步,随着计划生育政策的实施和子女负担不断加重,这种养老模式也逐渐难以延续。退休养老越来越成为一个突出的问题。为了使退休生活更有保障,人们需要未雨绸缪,必须提前制订退休计划,将退休后各种不确定因素对生活的影响程度降到最低。退休规划要在分析客户未来退休需求和收入状况的基础上,帮助客户合理地制订其退休后的生活计划和财务安排。合理而有效的退休规划不但可以满足退休后漫长生活支出的需要,保障自己的生活品质,抵御通货膨胀的影响,同时也显著提高个人的净财富。

(8) 遗产规划。

遗产规划是将个人财产从一人转移给其他人,更典型的是从一代转移给另一代,从而尽可能实现个人为其家庭(也可能是他人)所确定的继承目标而进行的一种合理安排。在大多数西方国家,税负最小化通常是遗产计划的一个重要动机,但节税并不是遗产规划的唯一目标。对于理财师而言,遗产规划的主要目标是帮助客户高效率地管理遗产,并将遗产顺利地转移到受益人的手中。理财师在进行财产传承规划时,主要是帮助客户设计遗产传承的方式,以及在必要时帮助客户管理遗产,并将遗产顺利地传承到受益人的手中。

2. 从理财工具运用的角度

从理财工具运用的角度看理财内容,主要是理财师如何运用保险、证券等金融工具、财务管理工具以及税务筹划工具,来实现客户的理财目标。包括财务管理、保险规划、投资规划、税务筹划。

(1) 财务管理。

家庭财务管理包括记账、家庭财务报表制作、家庭预算、家庭财务分析。家庭财务分析是理财的一项基础工作,包括了解客户家庭的基本财务状况、资产负债分析、收支分析、现金流量分析。通过家庭财务分析,理财师可以帮助客户了解现有的财务资源供给情况,与理财目标进行比较以后,确定资源与目标之间的缺口。如果资源大于目标需求,说明可以实现各项理财目标,并可能提高理财目标;如果资源小于目标需求,应该采用降低目标、延长目标实现时间或增加收入等方法进行调整,以确保实现理财目标。理财规划的制订必须建立在充分、准确的家庭财务分析的基础之上。

(2) 保险规划。

在现实生活中,风险无处不在。风险管理是组织或个人用以降低风险负面影响的决策过程。风险管理通过对风险的识别、衡量和评价,并在此基础上选择与优化组合各种风险管理技术,对风险实施有效控制和妥善处理风险所致损失的后果,以尽量小的成本去争取最大的安全保障和经济利益。"天有不测风云。"所以人们需要对个人及自己的家庭进行风险管理和保险规划,如购买保险来满足自己的安全需要。在理财中,经常使用的商业保险产品包括意外伤害保险、人寿保险、医疗保险、财产保险等。除了专业的保险公司按照市场规则提供的商业保险之外,由政府的社会保障部门所提供的社会保险(包括社会养老保险、社会医疗保险、社会失业保险、社会工伤保险、社会生育保险)、雇主提供的雇员团体保险,都是个人或家庭风险管理的工具。保险产品除了具有基本的转移风险、减小损失的功能之外,还具有融资、投资等功能。

(3) 投资规划。

这里的"投资规划"主要指狭义的金融投资。投资规划是根据客户投资理财目标和风险承受能力,为客户制订合理的资产配置方案,构建投资组合来帮助客户实现理财目标的过程。合适的投资规划是为不同客户或同一客户不同时期的理财目标而设计的,不同的理财目标要借助于不同的理财产品来实现。理财师在为客户进行投资规划时,要充分了解客户的风险偏好,确定合适的投资回报率,在注重安全性和流动性的前提下,获得合理的回报。

(4) 税务筹划。

出于对自身利益的考虑,纳税人往往希望将自己的税负减到最小。在合法的前提下尽量减少税负就成为每个纳税人十分关注的问题。税收筹划是指在纳税行为发生之前,在不违反法律法规(税法及其他相关法律、法规)的前提下,理财师通过对纳税主体(法人或自然人)的经营活动或投资行为等涉税事项做出事先筹划和安排,充分利用税法提供的优惠和差别待遇,达到减轻税负或递延纳税目标的一系列谋划活动。国外比较常用的个人税务筹划策略包括收入分解转移、收入递延、投资于资本利得、选择资产销售时机、杠杆投资、充分利用税负抵减等。

(四) 理财师

1. 理财师的来源

随着个人理财业务兴起,理财师职业也悄然发展起来。我国人力资源和社会保障部公布的第五批53项职业标准中,将理财师作为一种新认定职业名列其中。

目前,国内冠以"理财师"的名义,向客户提供金融理财服务或者相关服务的人士主要有三类。

第一类是保险公司的行销顾问。这些行销顾问在销售保险业务的时候,会根据客户的风险偏好、可投资资产总额、未来可流入净现金流量、对投资回报的心理预期、不同投资品种的风险度和收益水平等因素,以自己的专业知识告诉客户应该如何合理地分配自己的资产,并根据新情况及时调整自己的资产结构。比如,中国平安保险股份有限公司经过严格的培训,对通过培训的部分优秀业务员授予"个人理财顾问式行销专员"证书,配备公司开发的财务安全规划软件,并且有公司的PAI8综合理财服务网的理财工具箱、理财建议书以及理财专家作支持,更好地为客户提供理财服务。

第二类是银行配备的专、兼职的个人理财人员。这些理财人员主要是依托本银行开发的有关理财工具和提供的理财服务品种,为客户提供理财建议。比如,招商银行配备专业人才,设立个人理财服务柜台,提供理财专门工具"金葵花卡"。中国农业银行设立金融超市,配备专业人才给客户提供综合理财服务。

第三类是证券市场的理财咨询专业人士。这部分专业人才主要是以股评人士的身份出现,并且咨询服务内容以股票、可上市债券、基金、可转换债券、期货等流通证券为主,基本不涉及其他可投资品种,服务面相对比较窄,服务也是免费的。但是,证券公司、基金公司、私募基金、投资公司提供的资产管理等委托理财服务,就不是咨询策划服务,而是代为操作投资,收取手续费、管理费以及投资收益提成。目前,证券市场的理财咨询专业人士要多于银行的相关人员,但数量远少于保险公司的行销顾问。

2. 理财师的分类

狭义的理解,理财师是在金融机构从事产品销售和咨询服务的业务人员,但在房地产、会计、律师、税务等行业,同样存在理财师。

理财师来自各个领域,拥有各种执照和称号。总体来说,理财师和证券投资及保险业存在着密切联系。近70%的理财师资格证书的持有人也同时持有证券或保险执照。

从事保险、基金、证券、投资、银行、会计、律师、房地产及金融服务相关行业的专业人士,都可以成为理财师。

从提供的服务内容来看,理财师可以分为提供局部理财服务的理财师和提供综合理财服务的理财师。提供局部理财服务的理财师只考虑客户生活的一个方面,如保险、投资或退休金等。提供综合理财服务的理财师,其所提供的综合理财是一种更为细致、全面的理财方式,要考虑到影响客户生活的各个财务因素,如现金流量、教育、保险、投资、税务、退休金及房地产等。

从理财师服务的机构来看,理财师可以分为两大类:金融机构服务的理财师和提供第三方独立理财服务的理财师。

第一类主要是以银行、保险、证券投资、基金等金融机构为中心,为机构的客户提供理财服务的理财师。这些金融机构所提供的产品一般是能满足客户理财需求的某一部分,因此,金融机构的主要目标是通过理财师的服务,扩大本公司产品销售;针对顾客复杂多样的需求,兜售自己公司的商品。为了使顾客购买本公司的产品,拥有包括其他公司商品情况的广博知识体系是必要的。并且,对于顾客需求提出合理的建议也是理财师必须做到的。例如,推销商品,有关保险、遗产继承、养老金等相关知识是不可缺少的。

第二类是以律师、税务师、会计师事务所为中心的"独立理财师",以及近年来出现的专业的第三方理财服务公司。对于提供独立的理财服务的理财师,是把理财本身作为一项业务,为客户提供综合的理财服务。以律师、税务师、会计师事务所为中心的理财师,往往是结合自己的专业领域,提供与自己专业领域有关的理财服务。而第三方理财服务公司,往往是提供一种中介服务或者咨询服务,可以得到理财策划报告书制作费用、理财咨询费用等收入及保险商品、不动产等中介服务费。最近,独立的理财法人业务已经由以中介服务为主,转向以理财策划制作、咨询服务为主。

3. 理财师的特点

一般来说,理财师都有着以下的特点。

(1) 宽广深厚的知识结构和丰富的从业经验。

身为理财师,不仅要具备银行从业经验,同时需广泛涉猎证券、保险、信托、房地产等专业投资知识。从业者除具备渊博的专业知识,娴熟的投资理财技能外,还要熟悉股票、基金、债券、外汇等金融业务领域常识。一名合格的理财师还应该具有三年以上的相关行业的工作经验。

(2) 出色的沟通能力。

一名优秀的理财师需要与客户建立充分信任的关系,了解客户的家庭背景、收支情况、财产结构、远期理财需求,从而为客户打造合适的理财方案,因此出色的沟通能力就显得尤为重要了。

(3) 相对独立性。

目前的理财师从业者,因为本身隶属某金融证券机构,在与客户沟通时往往会推销本机构的产品,不能完全做到从客户角度出发。在国外有许多成熟、独立的理财机构,他们的理财师可以做到一切以客户为中心。

4. 理财师的作用

理财师的作用主要表现在以下几个方面。

(1) 帮助客户了解目前的财务状况。

(2) 帮助客户制订合理可行的长远理财目标并将其量化。

(3) 确定理财指标(客户所需的投资报酬率、长期储蓄率等)。

(4) 以书面形式分析和评估客户的财务状况和生活状况(如家庭财产流动性状况、负债状况、家庭风险管理状况、目前的资产配置状况及其存在的风险等),并提出具体建议(债务管理、遗嘱订立、税务安排、保险建议、所需投资报酬率等)。

(5) 提出投资建议(介绍理性的、正确的长期投资理念,并根据客户达到目标所需的投资报酬率,进行资产配置)。

(6) 向客户推荐合乎需求的各类金融产品。

(7) 帮助客户实施其他有关理财的细节。

5. 理财师的需求

短期内对理财师的市场需求量还不是很大,但从中、长期来看,市场需求量将会很大,市场前景十分广阔,理由如下。

个人投资者的投资理财理念将逐步由自主理财转变为委托理财,这需要专业人士参与。根据有关机构的调查显示,绝大部分个人投资者在如何合理配置自己的资产,即如何在保险、储蓄、股票、债券、房产等多个品种中分配自己的资金时,主要还是自己决定,比较少咨询理财师等相关专业人士的意见。西方发达国家个人投资者的投资理念从自主投资已经逐步转移到了委托投资,中国的个人投资者必然也将实现这个转变。要进行委托投资,理财师的投资咨询建议就有不可替代的作用。

个人投资者可投资资产的不断扩大也促使投资者在进行理财时,需要更多地借鉴专业人士的意见。从储蓄存款可以看出,我国国民的可投资资产的增长速度超过了 GDP 的增长速度,也就是说,到 2020 年,GDP 预计比 2000 年翻两番,那么居民可投资资产可能要翻几番。居民手上的钱多了,专业人士的理财建议就显得更加重要了。

投资品种的极大丰富将使得个人投资者在选择投资品种时,如果能吸收理财师的专业意见,对确定合适的投资品种,降低投资风险,提高投资收益,肯定是大有裨益的。即使你仅仅只选择储蓄存款这样的最传统的方式,也存在着诸如选择哪些品种、存多长时间、新增资金怎么存、存哪个银行、今后利率市场化后如何处理、如果今后银行仿照国外做法对存款收取费用怎么办等一系列需要规划决策的问题。对于一个理性的个人投资者来说,储蓄存款也并不简单,学问很大。

当然,目前中国在个人理财方面还没有树立起基本的形象,有些金融机构甚至信誉不佳,要使个人理财成为社会普遍接受的金融方式,金融机构必须下大力气改进服务,提供多元化的周到的服务,树立形象,加大宣传。同时,政府必须通过制定一系列法律法规来规范个人理财行为,使金融机构有规范约束,避免无序竞争。当然,中国老百姓也必须改变传统的保守的观念,要顺应社会分工的必然趋势,将自己的财富交由专业机构进行打理,实现自己财富的增值。

五、公司理财

(一) 公司理财概述

1. 公司理财功能的演化

公司理财在企业管理中所发挥的作用经历了从核算型财务到管理型财务、从管理型财务到战略型财务、从战略型财务到价值型财务的演化过程。在此过程中,财务的功能得到不断提升。

(1) 从核算型财务到管理型财务。

所谓核算型财务,即把财务的功能等同于会计,其主要任务是以核算为中心,算账、出报表。此时的财务部实际上就是会计部。

显然,当企业发展到一定阶段后,财务的单一核算功能不能满足企业经营决策的需要。因此,从核算型财务转变为管理型财务就成为必然。财务部变成了管理部门,即财务的职责要超出会计的范畴,融入公司的管理和控制过程中。

(2) 从管理型财务到战略型财务。

战略型财务是以公司发展战略为中心,从战略的角度思考公司财务的功能定位,通过财务决策的制定和财务资源的配置,确保公司达成战略目标。为此,财务部门可以成为公司的"冷静头脑",质疑所要实施的各种投融资决策,积极主动地管理公司的业务结构、资本结构和债务政策。

管理型财务向战略型财务转化意味着"两化"的实现,即财务人员的非财务化和非财务人员的财务化。首先,财务人员的非财务化意味着财务人员在公司的角色转换,从只负责具体的数据核算分析到主动与业务管理人员建立合作关系,指导、建议和支持各部门做出正确的决策,并且协助制定和执行公司战略。其次,非财务人员的财务化意味着各级管理层必须充分了解理财的基本原理和方法,学会从财务的视角审视管理中遇到的问题。

(3) 从战略型财务到价值型财务。

从本质上讲,公司理财和公司战略研究的是同一个问题,即如何使得公司价值最大化。因此,财务与战略的融合是必然的,其结果就是所谓的价值型财务。价值型财务以价值创造为中心,强调从战略和全局的高度整合公司的财务资源,以获得持续的竞争优势。因此,它是战略型财务的进一步升华。

2. 公司理财的对象

现代市场经济中,商品生产和交换所形成的错综复杂的经济关系,均以资金为载体,资金运动成为各种经济关系的体现。公司理财全部围绕资金运动而展开。现金是企业资金运动的起点和终点,其他资产都是现金在流转中的转化形式,现金运动是企业资金运动的动态表现,因此公司理财的对象也可以说是现金及其流转。

3. 公司理财的特点

公司理财具有三大特点:开放性、动态性、综合性。

(1) 现代市场经济以金融市场为主导,金融市场作为企业资金融通的场所和联结企业资金供求双方的纽带,对企业财务行为的社会化具有决定性影响。金融市场体系的开放性决定了企业财务行为的开放性。

(2) 公司理财以资金运动为对象,而资金运动是对企业经营过程一般的与本质的抽象,是对企业再生产运行过程的全面再现。于是,以资金管理为中心的公司理财活动是一个动态管理系统。

(3) 公司理财围绕资金运动展开,资金运动作为企业生产经营主要过程和主要方面的综合表现,具有最大的综合性。掌握了资金运动,犹如牵住了企业生产经营的"牛鼻子","牵一发而动全身"。综合性是理财的重要特征。

4. 公司理财的一般步骤

(1) 科学的投资决策。确定最佳投资方向和流量,以期获得最佳的投资效益——筹资决策的基础。

(2) 科学的筹资决策。合理选择筹资方式、规模和结构,对比分析预期筹资效益与筹资成本,以期最优化企业的资本结构,又提高企业的盈利水平。

(3) 科学的收益分配决策,正确确定企业利润留存与分配的比例和合理的股利政策。

(二) 公司理财的目标

公司理财目标是指企业进行财务活动所要达到的根本目的,是企业经营目标在财务上的集中和概括,是企业一切理财活动的出发点和归宿。理财目标制约着财务运行的基本特征和发展方向,是财务运行的一种驱动力。不同的理财目标,会产生不同的理财运行机制;科学地设置理财目标,对优化理财行为,实现理财的良性循环,具有重要意义。

1. 企业的目标及其对理财的要求

企业是营利性组织,其出发点和归宿都是获利。企业一旦成立,面临竞争,并始终处于生存和倒闭、发展和萎缩的矛盾之中。只有不断发展才能求得生存。因此,企业管理的目标可以概括为生存、发展和获利。

(1) 生存。

企业只有生存,才可能获利。企业生存的"土壤"是市场。它包括商品市场、金融市场、人力资源市场、技术市场等。企业在市场上生存下去的一个基本条件是以收抵支。企业一方面付出货币,从市场上取得所需的资源;另一方面提供市场需要的商品或服务,从市场上换回货币。企业从市场获得的货币至少要等于付出的货币,以便维持继续经营,这是企业长期存续的基本条件。因此,企业的生命力在于它能不断创新,以独特的产品和服务取得收入,并且不断降低成本,减少货币的流出。如果出现相反的情况,没有足够的货币从市场换取必要的资源,企业就会萎缩,直到无法维持最低的运营条件而终止。如果企业长期亏损,扭亏无望,就失去了存在的意义。

企业生存的另一个基本条件是到期偿债。企业为扩大业务规模或满足经营周转的临时需要,可以向其他个人或法人借债。国家为维持市场经济秩序,通过立法规定债务人必须"偿还到期债务",必要时"破产偿债"。企业如果不能偿还到期债务,就可能被债权人接管或被法院判定破产。

因此,企业生存的主要威胁来自两个方面:一个是长期亏损,它是企业终止的内在原因;另一个是不能偿还到期债务,它是企业终止的直接原因。亏损企业为维持运营被迫进行偿债性融资,借新债还旧债,如不能扭亏为盈,迟早会因借不到钱而无法周转,从而不能偿还到期债务。营利企业也可能出现"无力支付"的情况,主要是借款扩大业务规模,冒险失败,为偿债必须出售不可缺少的厂房和设备,使生产经营无法继续下去。

(2) 发展。

企业是在发展中求得生存的。企业的生产经营如逆水行舟,不进则退。在科技不断进步的现代经济中,产品不断更新换代,企业必须不断推出更好、更新、更受顾客欢迎的产品,才能在市场中立足。在竞争激烈的市场上,各个企业此消彼长、优胜劣汰。一个企业如不能发展,不能提高产品和服务的质量,不能扩大自己的市场份额,就会被其他企业排挤出去。企业发展的停滞是其死亡的前奏。

企业的发展集中表现为扩大收入。扩大收入的根本途径是提高产品的质量,扩大销售的数量,这就要求企业不断地更新设备、技术和工艺,并不断地提高人员的素质,也就是要投入更多、更好的物质资源、人力资源,并改进技术和管理。在市场经济中,各种资源的取得都需要付出货币。企业的发展离不开资金。因此,筹集发展所需的资金是对公司理财的第二个要求。

(3) 获利。

企业必须能够获利,才有存在的价值。建立企业的目的是盈利。已经建立起来的企业,虽然有改善职工收入、改善劳动条件、扩大市场份额、提高产品质量、减少环境污染等多种目标,但是,增强盈利能力是最综合性的目标。盈利不但体现了企业的出发点和归宿,而且可以据此衡量其他目标的实现程度,并有助于其他目标的实现。

从财务上看,盈利就是使资产获得超过其投资的回报。在市场经济中,没有"免费使用"的资金,资金的每项来源都有其成本。每项资产都是投资,都应当是生产性的,要从中获得回报。例如,各项固定资产要充分地用于生产,要避免存货积压,尽快收回应收账款,利用暂时闲置的现金等。财务主管人员务必使企业经营产生的和从外部获得的资金能以产出最大的形式加以利用。

因此,通过合理、有效地使用资金使企业获利是对公司理财的第三个要求。

综上所述,企业的目标是生存、发展和获利。企业目标的实现要求公司理财完成筹措资金,并有效地投放和使用资金的任务。企业的生存以至于成功,在很大程度上取决于它过去和现在的财务政策。公司理财不仅与资金的获得及合理使用的决策有关,而且与企业的生产、销售管理发生直接联系。

2. 公司理财的整体目标

公司理财的目标,从总体上说,是公司经营目标在财务上的集中和概括,根据现代企业理财的理论和实践,最具代表性的公司理财的整体目标主要有以下几种观点。

(1) 产值最大化。

在传统的集权管理模式下,企业的财产所有权与经营权高度集中,企业的主要任务就是执行国家下达的总产值目标,企业领导人职位的升迁,职工个人利益的多少,均由完成的产值计划指标的程度来决定,这就决定了企业必然要把总产值作为企业经营的主要目标。但随着时间推移,人们逐渐认识到这一目标存在如下缺点。

① 只讲产值,不讲效益。在产值目标的支配下,有些投入的新增产值小于新增成本,造成亏损,减少利润,但因为能增加产值,企业仍愿意增加投入;

② 只讲数量,不求质量。追求总产值最大化决定了企业在生产经营过程中只重视数量而轻视产品质量和种类,因为提高产品质量,试制新产品会妨碍产值的增加;

③ 只抓生产,不抓销售。在总产值目标的驱动下,企业只重视增加产值,而不管产品是否能销售出去,因此往往出现"工业报喜,商业报忧"的情况;

④ 只重投入,不讲挖潜。总产值最大化目标还决定了企业只重视投入,进行外延扩大再生产,而不重视挖掘潜力、更新改造旧设备、进行内涵扩大再生产。

由于总产值最大化目标存在上述缺点,因此,把总产值最大化作为财务管理的目标是不符合财务运行规律的。

(2) 利润最大化。

利润是企业生存和发展的必要条件。因此,持利润最大化观点者认为:企业经营活动的主要目的是为了获取利润,利润代表了企业新创造的财富,利润越多则企业的财富增加得越多,追求利润最大化应是财务管理的根本目的。如果每个企业都以利润最大化为目标,全社会财富的增长就可以达到最大化,同时由于资金具有追逐利润的特性,在充分的资本市场条件下,资金总会流向利润高的企业,从而有利于社会资源的最佳配置。所以,以利润最大化为目标与社会利益是一致的。

然而实践证明,如果片面地以财务报表上表现的利润最大化为财务管理的目标是不恰当的。原因如下。

① 利润最大化只是利润绝对额的最大化,没有反映出所得利润同投入资本之间的投入产出关系,因而不能科学地说明企业经济效益水平的高低。

② 利润最大化中的利润是一定时期内实现的利润,它没有考虑货币的时间价值。

③ 利润最大化没有考虑风险的影响。一般说来,报酬越高,风险越大,追求利润最大化也可能会使企业不顾风险大小而一味追求更多的利润。

④ 利润最大化可能导致企业侧重短期行为,忽视在科技开发、产品开发、人才开发、生产安全、技术装备、履行社会责任等方面的投入,对企业长期健康发展造成不良影响。

(3) 每股收益最大化或资本利润率最大化。

每股收益是税后收益与普通股股数的比值。资本利润率是税后收益与资本额的比率,把公司的收益和投入的资本联系起来考察,能够说明公司的盈利率,可以在不同资本规模的公司或公司不同期间之间进行比较,揭示盈利水平的差异。

但是,它们存在以下缺陷。

① 仍然没有考虑投入资本或股本以及获取利润的时间性和持续性。

② 仍然没有考虑风险因素。对企业来说,要提高资本利润率或每股收益的最简单方法是利用负债经营减少资本或股本数额,而这样做的结果必然增加企业的财务风险。

(4) 公司价值最大化或股东财富最大化。

公司价值也称公司财富,它是指公司当前所具有的价值或所拥有的财富,体现在其在永续经营中不断获取现金流量的能力。以公司价值(财富)最大化为目标就是要通过公司的合理经营,采用最优的财务政策,在考虑资金时间价值和风险报酬的情况下,不断增加公司财富,使公司总价值达到最大,从而使股东的财富达到最大。

以公司价值(财富)最大化作为目标也存在一些问题。比如,如何客观准确地对未来公司价值进行计量仍然是一个难题。但公司价值(财富)最大化有利于体现公司理财的总体目标,更能揭示市场认可的公司价值,而且它还比较充分地考虑了资金的时间价值和风险因素。所以,公司价值(财富)最大化通常被认为是一个较为合理的理财目标。

(三) 公司理财的内容

公司理财是对公司财务活动所进行的管理。它主要是根据资金的运动规律,对公司生产经营活动中资金的筹集、使用和分配,进行预测、决策、计划、控制、核算和分析,提高资金运用效果,实现资本保值增值的管理工作。

公司的财务活动包括筹资活动、投资活动、资金营运活动和资金分配活动四个部分。

1. 筹资活动

公司要进行生产经营活动,必须首先筹集一定量的资金。筹资是指为了满足生产经营活动的需要,从一定渠道,采用特定的方式筹集资金的过程。筹资要解决的问题是如何取得企业所需要的资金,包括向谁筹资,在什么时候筹资,筹集多少资金。筹资决策的关键是决定各种资金来源在总资金中所占的比重,即确定资本结构,以使筹资风险和筹资成本相配合。筹资是公司理财的一项最基本、最原始的职能。

在市场经济条件下,公司所需的资金可以通过吸收直接投资、发行股票等方式从投资者那里筹集权益资金,也可以通过向银行借款、发行债券和应付款项等方式筹集债务资金。公司筹集来的资金,一般是货币形态的资金,也可以是实物、无形资产形态,对实物和无形资产要通过资产评估确定其货币金额。

2. 投资活动

公司筹集资金的目的是为了投资,投资是为了实现企业的经营目标。投资有广义和狭义之分。广义的投资是指将公司筹集的资金投入使用的过程,包括企业内部使用资金的过程和企业对外投资的过程,前者如购置固定资产、无形资产、流动资产等;后者如投资购买其他公司的股票、债券,或与其他企业联营,或投资于外部项目。狭义的投资是指公司采用一定的方式以现金、实物或无形资产对外或其他单位进行投资。

在投资过程中,必须考虑投资规模,即为确保获取最佳投资收益,公司应投入的资金数额;同时还必须通过投资方向和投资方式的选择,来确定合适的投资结构,提高投资效益,降低投资风险。

3. 资金营运活动

为满足公司日常营业活动的需要而垫支的资金,称为营运资金。资金营运活动是指公司在正常生产经营过程中所发生的资金收付活动。营运资金在公司全部资金中占有相当大的比重,且具有周转的短期性、实物形态的易变性、数量的波动性和来源的灵活多样性等特点。营运资金管理的主要内容包括根据公司生产经营状况合理确定营运资金需求量、节约使用资金、加速资金周转、提高资金使用效果等。

4. 资金分配活动

公司在经营过程中所取得的产品销售收入,要用以补偿生产耗费,并按规定缴纳税金,其余部分为营业利润,同时也可能会因对外投资而分得利润。利润要按规定的程序进行分配。首先,要依法纳税;其次,要用来弥补亏损,提取公积金、公益金;最后,向投资者分配利润。公司从经营中收回的货币资金,还要按计划向债权人还本付息。用以分配投资收益和还本付息的资金,就从企业资金运动过程中退出。资金分配是一次资金运动过程的终点,又是下一次资金运动过程开始的前奏。

股利分配是资金分配活动的重要内容之一。股利分配是指在公司赚得的利润中,有多少作为股利发放给股东,有多少留在公司作为再投资。过高的股利支付率,影响企业的再投资能力,会使未来收益减少,造成股价下跌;过低的股利支付率,可能引起股东不满,股价也会下跌。股利政策的制定受到多种因素的影响,包括税法对股利和出售股票收益的不同处理,未来公司的投资机会,各种资金来源及其成本,股东对当期收入和未来收入的相对偏好等。根据自己的具体情况确定最佳的股利政策,是财务决策的一项重要内容。

(四) 首席财务官

1. 什么是首席财务官

首席财务官(chief financial officer,简称 CFO),是现代公司中最重要、最有价值的顶尖管理职位之一,是掌握着企业的神经系统(财务信息)和血液系统(现金资源)的灵魂人物。在一个大型公司运作中,CFO是一个穿插在金融市场操作和公司内部财务管理之间的角色。担当 CFO 的人才大多是拥有多年在金融市场驰骋经验的人。

在一个现代化的企业中,首席财务官(CFO)是管理职位仅次于首席执行官(CEO)的一位高级管理者,其主要职责有三个。

(1) 明确 CEO 关于企业发展的战略考虑及其核心措施。
(2) 对企业发展过程中隐含的各种风险进行预测和规避。
(3) 科学地运作资金,保证企业发展战略的顺利实施。

在这个过程中,CFO 最为紧要的素质就是要冷静地对 CEO 所提出的发展战略进行周密而科学的判断,并以财务技术量化企业的未来图景,提出有针对性的财务规划、并敦促企业各个管理部门按照规划运作,保障企业经营目标的实现。在一个企业中,CEO 可以是胸怀大志、无所顾忌的天才,甚至没有经过任何正规的教育,只是依靠其自身的优势、发挥他的管理智慧;但作为企业家左膀右臂的 CFO,他必须要经过严格的学术训练,具有科学的财务管理理念,掌握现代化的理财技术,这是一个企业能否取得成功的主要因素之一。

2. CFO 的标准

中国许多人及一些企业对 CFO 的理解其实并不准确,至少是不全面。美国只有上市公司才设 CFO,

很多 CFO 并不专门管财务,财务部只是他们负责的一个部门而已,是最基本的功课。其价值体现的关键是要在战略里起主导作用。

由此可判断出一个优秀 CFO 的标准是:独立的判断,超强的商业意识,对业务的透彻了解,在资本市场游刃有余的运作以及战略性的眼光。

3. CFO 的工作责任

在战略和经营层面,首席财务官将会在以下几个方面发挥重要的作用。

(1) 信息管理。

随着信息技术的发展,人们能以一种前所未有的方式广泛获取信息,信息也因此日益成为对企业发展至关重要的一种资源。企业必须以信息为基础,分析数据背后的经济意义,进而掌握市场变化和需求特点,分析对手的竞争优势、弱点,制定竞争战略,提高综合竞争能力,开拓市场空间;同时,看清本企业的生存空间和竞争优势,在此基础上制定和形成自己的发展战略。

作为企业高级管理层中的一员,首席财务官更应注重对信息的管理。首先,搜集信息并对搜集来的繁杂无序的大量信息进行筛选过滤以及加工合成,确保所搜集信息的客观性以及决策相关性;其次,向企业有关人员及时、客观地传递并解释相关信息,以满足不同决策人员的信息需求以及公司上下交流沟通的需要;最后,防止自身信息的过度外露。信息技术的发展,即时信息通道的出现,使得信息向外传递的方式越来越直接,这样很容易造成信息的过度外露,因此,首席财务官必须进行信息监控,保证信息安全,警惕信息超载。

在信息技术得到广泛运用的今天,对首席财务官而言,进行信息管理,最重要的是设计信息系统背后的流程,并进行有效的流程管理。信息系统高效运行的挑战并不是在于技术本身,而是其背后的流程设计以及管理。首席财务官要合理设计内部信息流程,在一定意义上充当流程管理者的角色,确保信息技术能够在公司内部得到充分利用,并通过合理的流程设计以及有效的管理,使得公司内部的每个部门或者个人都能够及时提供或取得客观的信息。

(2) 战略制定。

就著名的大型跨国公司而言,其首席财务官的职责正在发生这样一种变革:首席财务官将其关注的焦点由交易的过程和控制转向提供决策支持,以及更深入地参与制定全球战略。今天的跨国公司关注的焦点是经营管理全球化、股东价值最大化,并拓展整个公司的核心竞争力。

为此,首席财务官应完成自身职责的转变,积极参与到企业战略制定中来。财务和管理会计委员会(FMAC)的调查显示,微软、西门子等十家大型跨国公司的首席财务官们大多认为将来首席财务官投入战略制定的时间和精力会增加,而用于财务核算和日常财务收支管理的时间和精力会减少。他们中的大部分认为,首席财务官在战略制定方面发挥的作用将会增强。首席财务官凭借其深厚的专业理财知识以及对于企业经营环境的准确理解,将会越来越多地参与到企业的战略制定工作中去,不仅仅是充当高级管理层的助手和参谋,而是要成为企业战略决策层的重要组成部分,以一种真正的战略伙伴关系与企业的首席执行官一起制定企业发展战略,为企业的长远计划和战略提供预测性的财务数据分析和财务服务支持,并对战略决策中涉及财务方面的问题发表意见。

在企业的战略制定过程中,首席财务官必须要利用其更能纵览公司整体状况的能力为企业确定发展的战略重点,并通过分析指出每一份规划的利弊。资源配置是首席财务官在参与战略制定时必须考虑的一个重要战略问题,比如,投资组合中要素继续持有或者剥离的决策,投资重点的确定,投资组合中各个要素对股东价值以及现金流量的影响的判断等。此外,并购、公司形象的塑造等也都将成为未来首席财务官的重要工作内容。

(3) 风险管理。

在全球化的经济环境下,企业面临的经营环境更为复杂多变,竞争也更为激烈,因此,经营风险随之加剧。风险管理正在成为现代企业经营发展中的一个核心环节,首席财务官必须在风险管理方面发挥重要作用。首先,首席财务官要建立和完善风险管理体系,进行风险和风险因素的识别、确认和评估。由于信息的获取途径越来越多,其流动速度也日趋加快,风险及风险因素的识别和确认并非易事。其次,对于企业风险,首席财务官要根据公司自身的实际情况以及商品市场、资本市场的状况,选择合适的避险工具。避险工具日趋复杂,首席财务官必须了解在不加大企业风险的前提下,利用每一种避险工具给企业带来的影响。

(4) 预警职责。

随着企业经营的日趋国际化,其面临的经营环境更为复杂,首席财务官在时刻关注企业经营过程中隐藏的风险和缺陷的基础上,要实施危机预警职能,充当"报警人"的角色。企业其他高级管理人员也希望首席财务官能有效履行其预警职责,对可能发生的差错以及潜在的风险预先发出警报,从而使管理团队中的其他人员对生产经营中可能存在的风险保持应有的警觉,将可能发生的损失降到最低。与公司管理层中的其他人员相比,首席财务官在这方面具有显著的优势,他们更能全面、及早地注意到公司潜在的问题与矛盾,在事情出现偏差之前及时指出,对于已经发生的问题,在事态发展尚未超出控制范围的时候做出说明并采取有效可行的措施加以控制和纠正。

(5) 投资者关系。

处理公司与投资者之间的关系,也是首席财务官一项重要职责。在这个问题上,首席财务官的职责在于更加重视股东价值的提高以及与投资者的沟通交流和满足投资者的信息需求。

在全球化的大背景下,很多公司都不再局限于在一个国家或地区进行经营,其投资者也遍及世界各地。满足这些现有或者潜在投资者的信息需求是首席财务官的一项重要工作,将公司的经营情况和财务报告传达给投资者,让投资者了解公司的实际运作情况。从这个意义上来看,首席财务官实际上充当了公司与投资人之间的沟通桥梁。由于全球范围内会计准则的协调一致尚在进行当中,因此,对于大型的国际化公司而言,按照不同的会计标准向不同国家和地区的投资者提供会计信息成为首席财务官的一项重要工作。

(6) 融资管理。

在不同的经济环境下,融资管理有着不同的特点。在经济日益全球化的趋势下,企业面临的筹资环境更为复杂和多变,在这种情况下,首席财务官的融资管理职责对企业发展的重要性更为突出。必须事先考虑潜在的财务危机,经常性地关注企业的现金流量,以适当的融资方式及时筹得企业经营和发展所需要的资金,尤其是在宏观经济状况困难的情况下这一点显得更为重要。对于新设公司,要注意的是,在他们需要资金的时候,资本市场并不一定能够随时满足其资金需求,因此,对于这些公司的首席财务官而言,融资职责会更为重要。

4. 对未来 CFO 的素质要求

在财务数据加工、处理、报告以及日常财务收支管理等传统职责下,人们比较重视首席财务官的分析以及处理具体业务的能力。当经济和社会的发展使首席财务官的职责发生变化的时候,相应地,对其素质和业务能力也提出了新的要求。

(1) 广泛的市场和文化知识。

未来的公司将处在一个真正全球化的经营环境中,竞争加剧,企业经营所在国家的文化传统多样,因此,除了要具备会计以及财务方面的专业知识之外,首席财务官还必须具备广泛的市场和文化知识,深刻了解企业所面临的理财环境、企业的经营运作模式,从而满足全球化环境下国际化经营的需要,实现其在新的经济环境下的职责。

(2) 战略规划和组织能力。

将来首席财务官的职责会更加侧重于战略层面,因此,首席财务官要具备一定的战略规划和组织能力,真正具备成为企业的高级管理决策人员的主观条件。这主要表现在以下方面。

① 对宏观政策、产业发展、金融市场敏锐的嗅觉和分析判断能力。"首席财务官的作用还在于其应成为公司在市场上的触角","首席财务官必须对市场变化和政府调控的影响非常机敏"。

② 首席财务官作为价值管理的设计者,应该具备战略型的思维,善于利用财务分析技术,对市场、生产、销售等多方面进行专业判断和宏观决策。

③ 为实现价值目标和风险控制,首席财务官要能够按照既定的财务计划目标和确定的标准对企业的

财务活动进行监督、检查。

(3) 交流沟通能力。

财务管理是一种综合性的价值管理,几乎覆盖了企业经营活动的方方面面。因此,作为企业财务工作的组织者和领导者,首席财务官要具有很强的交流沟通能力,从而调动企业中的各个部门和全体人员参与财务管理的积极性。团队协作精神、谈判协调能力对首席财务官而言也将会非常重要。此外,首席财务官还必须具有充分的自信和勇气对抗管理层中不正确的意见。比如,当一项并没有什么意义的并购被提议时,首席财务官必须能够清晰而明白地说明理由,并且坚持自己的立场。

(4) 应变能力。

决策和管理本身往往并不都像黑与白那样分明,而且,各国的会计准则包括国际会计准则也不可能事无巨细地对企业可能遇到的每一种情形都做出规定。因此,首席财务官必须具备很强的应变能力,善于处理不确定事项,进行合理的职业判断。这要求首席财务官具备复合型的知识结构,对企业经营的业务以及所处的经营环境具备全面深入的了解。

可以预计,随着全球化进程的推进、信息技术的发展,首席财务官的职责会越来越侧重于战略层面。然而,需要指出的是,尽管当今首席财务官在战略层面的职责受到人们越来越多的关注和强调,这却并不意味着其传统职责就可以被忽视。作为首席财务官的传统职责,如数据加工、处理和报告以及财务收支日常管理,其基础地位不可动摇。近几年来大公司会计丑闻事件的迭起,暴露出公司诚信缺失的问题严重,首席财务官的传统职责又重新成为被关注的焦点。

目录

第一章 经济学基础 ··· 1
本章导读 ··· 1
第一节 经济学概述 ··· 2
一、什么是经济学 ··· 2
二、经济学的研究内容 ··· 2
第二节 价格理论 ··· 5
一、需求 ··· 5
二、供给 ··· 6
三、均衡价格 ··· 8
四、价格弹性 ··· 8
五、价值规律 ··· 9
六、价值悖论 ··· 9
第三节 消费理论 ··· 10
一、效用 ··· 10
二、边际效用递减 ··· 10
三、替代效应和收入效应 ··· 10
四、消费者均衡 ··· 11
五、消费者剩余 ··· 12
第四节 生产理论 ··· 12
一、生产要素 ··· 12
二、规模经济 ··· 12
三、机会成本 ··· 13
四、边际成本 ··· 14
五、边际报酬递减规律 ··· 14
第五节 市场理论 ··· 15
一、市场 ··· 15
二、完全竞争市场 ··· 15
三、完全垄断市场 ··· 15
四、寡头垄断市场 ··· 16
五、博弈论 ··· 16
六、马太效应 ··· 17
七、帕累托法则 ··· 17
八、信息不对称 ··· 18
第六节 国民收入理论 ··· 18
一、GDP 与 GNP ··· 18

二、恩格尔系数 ··· 19
　　三、消费者物价指数（CPI） ··· 20
　　四、基尼系数 ··· 20
　　五、人均可支配收入 ··· 22
　　六、幸福指数 ··· 22
第七节　宏观经济政策 ··· 23
　　一、宏观调控 ··· 23
　　二、财政政策 ··· 23
　　三、财政赤字 ··· 24
　　四、货币政策 ··· 24
第八节　经济周期理论 ··· 25
　　一、经济周期 ··· 25
　　二、通货膨胀 ··· 26
　　三、通货紧缩 ··· 26
　　四、失业 ··· 26
　　五、人力资本 ··· 27
第九节　国际贸易 ··· 27
　　一、国际贸易的概述 ··· 27
　　二、汇率 ··· 28
　　三、国际收支 ··· 29
　　四、贸易顺差与逆差 ··· 30
　　五、倾销与反倾销 ··· 31
　　六、世界贸易组织WTO ·· 31
　　七、热钱 ··· 31
第十节　消费经济学 ··· 32
　　一、消费需要与消费需求 ··· 32
　　二、消费结构与消费方式 ··· 34
　　三、消费心理与消费者行为 ··· 37
　　本章小结 ··· 40
　　关键术语 ··· 41

第二章　金融学基础 ··· 42
　　本章导读 ··· 42
第一节　货币与货币制度 ··· 43
　　一、货币 ··· 43
　　二、人民币 ··· 44
　　三、电子货币 ··· 45
　　四、货币制度 ··· 47
　　五、中国的货币制度 ··· 50
第二节　信用 ··· 50
　　一、信用及其种类 ··· 50
　　二、信用经济 ··· 51
　　三、信用形式 ··· 53
第三节　利息和利率 ··· 56

　　　　一、利息 ·· 56
　　　　二、利率 ·· 57
　　第四节　金融市场 ·· 59
　　　　一、金融市场概述 ·· 59
　　　　二、货币市场 ·· 61
　　　　三、资本市场 ·· 64
　　　　四、外汇市场和黄金市场 ··· 65
　　　　五、国际金融市场 ·· 66
　　第五节　金融机构 ·· 67
　　　　一、金融机构概述 ·· 67
　　　　二、金融机构体系的组成 ··· 68
　　　　三、金融监管机构 ·· 101
　　第六节　国际金融 ·· 103
　　　　一、国际金融概述 ·· 103
　　　　二、国际金融的构成 ··· 103
　　　　三、国际金融体系 ·· 104
　　　　四、国际金融机构 ·· 105
　　　　五、离岸金融 ·· 108
　　　　本章小结 ·· 109
　　　　关键术语 ·· 109

第三章　投资学基础 ··· 110
　　本章导读 ·· 110
　　第一节　投资概述 ·· 111
　　　　一、什么是投资 ··· 111
　　　　二、投资的基本原则 ··· 113
　　　　三、投资的种类 ··· 113
　　　　四、投资工具 ·· 114
　　第二节　货币的时间价值 ··· 115
　　　　一、货币时间价值概述 ·· 115
　　　　二、单利和复利 ··· 116
　　　　三、现值与终值 ··· 118
　　　　四、年金 ·· 119
　　第三节　投资收益与风险 ··· 120
　　　　一、投资收益 ·· 120
　　　　二、投资风险 ·· 125
　　　　三、投资组合收益和风险的测定 ·· 130
　　　　本章小结 ··· 134
　　　　关键术语 ··· 135

第四章　财务管理基础 ·· 136
　　本章导读 ··· 136
　　第一节　会计基础知识 ·· 137
　　　　一、会计概述 ·· 137

二、会计要素及其内容 ·· 140
　　三、会计方法 ·· 143
　　四、会计核算 ·· 145
第二节　财务管理基础知识 ·· 149
　　一、财务管理概述 ·· 149
　　二、财务管理的目标 ··· 153
　　三、财务管理的对象与内容 ··· 153
本章小结 ·· 155
关键术语 ·· 155

第五章　风险管理基础 ·· 156
本章导读 ·· 156
第一节　风险 ·· 157
　　一、风险概述 ·· 157
　　二、风险的构成要素及其关系 ····································· 159
　　三、风险的度量 ·· 160
第二节　家庭风险分析 ·· 161
　　一、家庭的财产风险分析 ··· 162
　　二、家庭的责任风险分析 ··· 163
　　三、家庭的人身风险分析 ··· 165
第三节　风险态度与风险承受能力 ······································· 170
　　一、风险态度 ·· 170
　　二、风险承受能力 ··· 171
第四节　风险管理 ··· 177
　　一、风险管理概述 ··· 177
　　二、风险管理技术 ··· 179
　　三、风险管理程序 ··· 181
第五节　保险 ·· 181
　　一、保险概述 ·· 181
　　二、保险的分类 ·· 187
　　三、保险的基本原则 ·· 189
本章小结 ·· 201
关键术语 ·· 201

第六章　法律基础 ·· 202
本章导读 ·· 202
第一节　法律概述 ··· 203
　　一、什么是法律 ·· 203
　　二、法的形式与分类 ·· 204
　　三、法律体系 ·· 206
第二节　民法基础知识 ·· 207
　　一、民法概述 ·· 207
　　二、物权法 ··· 213
　　三、合同法 ··· 215

　　　　四、婚姻法 ··· 219
　　　　五、继承法 ··· 225
　　　　六、民事诉讼法 ··· 228
　　第三节　经济法基础知识 ··· 232
　　　　一、经济法概述 ··· 232
　　　　二、企业法 ··· 233
　　　　三、公司法 ··· 234
　　　　四、反不正当竞争法 ··· 236
　　　　五、消费者权益保护法 ·· 236
　　　　六、社会保障法律制度 ·· 238
　　　　本章小结 ·· 240
　　　　关键术语 ·· 241

第七章　税收基础 ··· 242
　　本章导读 ··· 242
　　第一节　税收基础知识 ··· 243
　　　　一、税收概论 ··· 243
　　　　二、税收的分类 ··· 245
　　　　三、税收基本术语 ·· 247
　　第二节　常见税种介绍 ··· 254
　　　　一、个人所得税 ··· 254
　　　　二、增值税 ··· 261
　　　　三、房产税 ··· 266
　　　　四、城镇土地使用税 ··· 267
　　　　五、车辆购置税 ··· 268
　　　　六、车船税 ··· 269
　　　　七、印花税 ··· 270
　　　　八、契税 ·· 273
　　　　九、消费税 ··· 274
　　　　十、资源税 ··· 276
　　　　十一、城市维护建设税 ·· 277
　　　　本章小结 ·· 278
　　　　关键术语 ·· 279

第八章　房地产基础 ·· 280
　　本章导读 ··· 280
　　第一节　房地产概述 ·· 281
　　　　一、什么是房地产 ·· 281
　　　　二、房地产市场 ··· 283
　　第二节　房屋建筑知识 ··· 285
　　　　一、土地相关知识 ·· 285
　　　　二、建筑相关知识 ·· 288
　　　　三、房屋相关知识 ·· 291
　　第三节　房地产交易知识 ··· 294

　　　　一、房地产产权 ·· 294
　　　　二、房地产价格 ·· 296
　　　　三、房地产交易与合同 ··· 302
　　第四节　房地产金融知识 ·· 306
　　　　一、房地产交易税费 ·· 306
　　　　二、房地产贷款 ·· 308
　　　　三、房地产保险 ·· 313
　　第五节　物业管理知识 ··· 314
　　　　一、物业与物业管理 ·· 314
　　　　二、物业管理公司 ·· 316
　　　　三、业主与业主大会 ·· 317
　　　　本章小结 ·· 319
　　　　关键术语 ·· 319

第九章　信托基础 ··· 320
　　本章导读 ·· 320
　　第一节　信托基本原理 ··· 321
　　　　一、信托概述 ·· 321
　　　　二、信托的设立、变更和终止 ··· 323
　　第二节　信托业务与信托机构的管理 ······································· 325
　　　　一、中国信托业务的类型和业务范围 ····································· 325
　　　　二、信托机构的设立 ·· 327
　　　　三、信托公司的业务管理 ·· 327
　　　　四、信托公司的风险监管 ·· 328
　　　　五、信托公司风险管理的重点 ··· 328
　　　　本章小结 ·· 329
　　　　关键术语 ·· 330

第一章
经济学基础

本章导读 >>>

在我们的日常生活中,经常会遇到一些经济现象和经济问题,常常要做出许多选择。如为什么房价越来越高,但买房的人却越来越多?为什么一些人辛辛苦苦工作一个月却挣得很少,而明星拍个广告就日进斗金?为什么会出现通货膨胀?为抑制通货膨胀,政府会提高利率和银行准备金率,但失业率却提高了,如何看待政府经济政策的利弊?我们要选择学什么专业?工作还是读研?……这些问题都可以从经济学中找到答案。掌握一些经济学的基础知识,可以帮你理解经济现象、解决经济问题,使你变得更加精明,让你能更好地决策。

本章主要介绍经济学基础知识,分为十节。第一节主要阐述经济学概念和研究内容;第二节至第五节介绍了微观经济学内容,包括价格理论、消费理论、生产理论和市场理论;第六节至第九节介绍了宏观经济学内容,包括国民收入理论、宏观经济政策、经济周期理论、国际贸易;第十节介绍了研究消费关系的经济学分支学科——消费经济学。

本章重点要掌握价格理论、消费理论、生产理论、市场理论、国民收入理论、宏观经济政策、经济周期理论。

第一节 经济学概述

一、什么是经济学

(一) 经济学的定义

自古以来,人类社会就为经济问题所困扰。从古代的抢夺奴隶的战争和农民起义,到现代社会的石油危机、贫富悬殊、国际冲突、通货膨胀、债务危机等,都是社会经济问题的直接表现形式,或与经济问题密切相关。

在中国古汉语中,"经济"一词是"经邦"和"济民""经国"和"济世",以及"经世济民"等词的综合和简化,含有"治国平天下"的意思。"经济"的内容不仅包括如何管理国家财富、如何管理各种经济活动,而且包括如何处理国家政治、法律、教育、军事等方面的问题。

经济学是研究人类社会在各个发展阶段上的各种经济活动和各种相应的经济关系,及其运行、发展的规律的科学。

经济活动是人们在一定的经济关系的前提下,进行生产、交换、分配、消费以及与之密切关联的活动。在经济活动中,存在以较少耗费取得较大效益的问题。经济关系是人们在经济活动中结成的相互关系,在各种经济关系中,占主导地位的是生产关系。经济学是对人类各种经济活动和各种经济关系进行理论的、应用的、历史的以及有关方法的研究的各类学科的总称。

经济学就是研究个人、团体及社会如何分配其已有的、稀缺的资源,并以此使用、生产或提供物品和服务,以满足人们的无限欲望的社会学科。或者说,经济学就是研究如何节约资源和选择资源用途的科学。经济学的研究对象正是由此决定的。简单一句话,经济学就是研究如何在各种不同的用途中对稀缺的资源进行配置、以最大限度地满足人类无限多样的欲望和需要的一门社会科学。

经济学的第一个核心思想是资源的稀缺性,这是建立经济学的基石,经济学的第二个核心思想是效率,这是建立经济学的第二块基石。既然物品和资源是稀缺的,那么社会必须有效地加以利用。事实上,正是由于存在稀缺性和人们追求效益的愿望,才使经济学成为一门重要的学科。鉴于人的欲望的无限性,就一项经济活动而言,最重要的事情当然就是最有效地利用其有限的资源。这使我们不得不面对效率这个关键性的概念。效率是指最有效地使用社会资源以满足人类的欲望和需要。如果一旦产生那种"无法遏制的垄断""恶性无度的污染""没有制衡的政府干预"等,那么生产的经济物品就必然会减少或者是不适销对路的,这样的经济必定是低效率的、无效率的甚至是负效率的。这些问题都是资源未能有效配置所造成的。

(二) 经济学与经济制度

不同的社会选择在不同的经济制度下组织不同的经济活动,经济学家都很重视经济制度的作用。尽管各个社会都存在资源的稀缺性,但解决稀缺性的方法并不同。

经济制度就是一个社会做出选择的方式,或者是解决资源配置与资源利用的方式。当前世界解决资源配置与资源利用的经济制度基本有两种。

(1) 市场经济制度,即通过市场上价格的调节来决定生产什么,如何生产与为谁生产。

(2) 计划经济制度,即通过中央计划来决定生产什么,如何生产与为谁生产。计划经济制度配置资源的主体是政府,政府的产品生产计划决定了生产什么,生产要素分配计划决定了怎样生产,劳动力分级及工资计划决定了为谁生产。

市场经济是组织经济活动的一种好方式,已成为绝大多数人的共识。但市场经济并非完美无缺。因此,政府还需要用各种干预手段来纠正市场经济的失灵。经济学家把这种以市场调节为基础,又有政府适当干预的经济制度称为混合经济。

二、经济学的研究内容

经济学研究的对象是资源的配置和利用,内容相当广泛,其中研究资源配置的微观经济学与研究资源利用的宏观经济学是基础。如果说微观经济学研究的是森林中的树木,宏观经济学研究的则是森林整体。微观经济学是宏观经济学的基础,微观经济学与宏观经济互相补充。

(一) 微观经济学

微观经济学的开山鼻祖是英国的经济学家亚当·斯密,他在1776年发表的《国民财富的性质和原因的研究》(简称《国富论》)确立了微观经济学的基础。

微观经济学又称个体经济学、小经济学,是宏观经济学的对称。微观经济学是研究社会中单个经济单位的经济行为,以及相应的经济变量的单项数值如何决定的经济学说。微观经济学的中心理论是价格理论。

微观经济学关心社会中的个人和各组织之间的交换过程,它研究的基本问题是资源配置的问题,其基本理论就是通过供求来决定相对价格的理论。

在理解微观经济学定义时,要注意以下四点。

(1) 微观经济学的研究对象是单个经济单位的经济行为。单个经济单位是指组成经济活动的最基本单位:居民户与厂商。居民户又称家庭,是经济活动中的消费者。厂商又称企业,是经济活动中的生产者。

(2) 微观经济学解决的中心问题是资源配置。资源配置就是生产什么、如何生产和为谁生产的问题。解决资源配置就是要使资源配置达到最优化。

(3) 微观经济学的中心理论是价格理论。在市场经济中,居民户和厂商的行为受价格的支配,生产什么、如何生产和为谁生产都由价格决定。价格像一只看不见的手,调节着整个社会的经济活动。通过价格的调节,社会资源的配置实现了最优化。

(4) 微观经济学的研究方法是个量分析法。

(二) 微观经济学的内容

微观经济学的内容相当广泛,主要内容如下。

1. 价格理论

这是微观经济学的核心。该理论从研究商品的需求和供给入手,进一步研究价格的形成机制以及价格如何调节整个经济的运行。

2. 消费者行为理论

该理论从欲望和效用入手,研究消费者在既定收入的约束下实现效用最大化,即消费者均衡。

3. 生产者行为理论

该理论从生产要素与生产函数入手,研究生产者如何合理地投入生产要素,即生产要素的最佳组合以及规模经济等一系列问题。

4. 成本理论

该理论从短期成本和长期成本分析入手,研究生产要素投入量与产量之间的关系、成本与收益的关系以及利润最大化等问题。

5. 市场理论

该理论也称为厂商均衡理论,它从完全竞争市场、完全垄断市场、垄断竞争市场以及寡头垄断市场这四种市场类型入手,研究上述市场类型的基本特征、均衡条件以及对这四种市场类型的评价。

6. 分配理论

该理论从生产要素的需求与供给入手,分别考察研究工资、利率、地租和利润的一般性质、形成机制、各种要素价格的决定及其在经济中的作用。

7. 微观经济政策

任何经济理论都是为经济政策和决策提供理论依据的,微观经济学也不例外。按照微观经济学的理论,市场机制能使社会资源得到有效配置,但事实上,市场机制的作用并不是万能的。例如,个体经济单位对社会经济造成负面效应、如公共物品的提供和信息不对称、外部性、垄断等一系列问题。正因为如此,才需要相应的微观经济政策进行调整。

(三) 宏观经济学

宏观经济学又称总量经济学、大经济学，是微观经济学的对称。宏观经济学是以国民经济总过程的活动为研究对象，着重考察和说明国民收入、就业水平、价格水平等经济总量是如何决定的、如何波动的，故又被称为总量分析或总量经济学。它研究的变量包括国内生产总值、总需求、总供给、总储蓄、总投资、总就业量、货币供给量及物价水平等。

宏观经济学通过研究国民经济中各有关总量的决定及其变化，来说明资源如何才能得到充分利用。

在理解宏观经济学的定义时，我们要注意以下四点。

（1）宏观经济学研究的对象是整个国民经济。它所研究的不是经济中的个体，而是由这些个体所组成的整体——整个经济的运行方式和规律。

（2）宏观经济学解决的问题是资源利用。宏观经济学把资源配置作为既定的，研究现有资源未能得到充分利用的原因、达到充分利用的途径以及如何实现增长等问题。

（3）宏观经济学的中心理论是国民收入决定理论。宏观经济学把国民收入作为最基本的总量，以国民收入的决定为中心来研究资源利用问题，分析整个国民经济的运行。

（4）宏观经济学的研究方法是总量分析法。

(四) 宏观经济学的内容

宏观经济学的内容相当广泛，主要内容如下。

1. 国民收入决定理论

国民收入是衡量一国经济资源利用情况和整个国民经济状况的基本指标。国民收入决定理论就是从总需求和总供给的角度出发，分析国民收入决定及其变动的规律。这是宏观经济学的核心理论。

2. 失业与通货膨胀理论

失业和通货膨胀是当今世界各国经济中最为突出的问题，没有一个国家不为此感到头痛。宏观经济学把失业与通货膨胀这两个棘手的问题与国民收入联系起来，分析其产生的原因以及两者之间的关系，以便找出解决这两个问题的有效途径。

3. 经济周期与经济增长理论

经济周期是指国民收入的短期波动，经济增长是指国民收入的长期增长趋势。这一理论主要分析国民收入短期波动的原因以及长期增长的源泉问题，以期实现经济的可持续发展。

4. 开放经济理论

当今世界是一个开放的世界，一国经济的变动会影响到别国，同时也会受到别国经济变动的影响。开放经济理论主要分析国际贸易、国际收支、汇率等基本问题以及开放经济条件下一国宏观经济的运行与调节。

5. 宏观经济政策

宏观经济政策以宏观经济为依据，主要为国家干预经济服务。宏观经济政策包括政策目标、政策工具和政策效应。

(五) 微观经济学与宏观经济学的区别

1. 研究对象不同

微观经济学的研究对象是单个经济单位，如家庭、厂商等。正如美国经济学家 J. 亨德逊（J. Henderson）所说"居民和厂商这种单个单位的最优化行为奠定了微观经济学的基础"。而宏观经济学的研究对象则是整个经济，研究整个经济的运行方式与规律，从总量上分析经济问题。正如萨缪尔逊所说，宏观经济学是"根据产量、收入、价格水平和失业来分析整个经济行为。"美国经济学家 E·夏皮罗（E. Shapiro）则强调"宏观经济学考察国民经济作为一个整体的功能。"

2. 解决的问题不同

微观经济学要解决的是资源配置问题，即生产什么、如何生产和为谁生产的问题，以实现个体效益的最大化。宏观经济学则把资源配置作为既定的前提，研究社会范围内的资源利用问题，以实现社会福利的最大化。

3. 研究方法不同

微观经济学的研究方法是个量分析,即研究经济变量的单项数值如何决定。而宏观经济学的研究方法则是总量分析,即对能够反映整个经济运行情况的经济变量的决定、变动及其相互关系进行分析。这些总量包括两类,一类是个量的总和,另一类是平均量。因此,宏观经济学又称为"总量经济学"。

4. 基本假设不同

微观经济学的基本假设是市场出清、完全理性、充分信息,认为"看不见的手"能自由调节实现资源配置的最优化。宏观经济学则假定市场机制是不完善的,政府有能力调节经济,通过"看得见的手"纠正市场机制的失灵。

5. 中心理论和基本内容不同

微观经济学的中心理论是价格理论,还包括消费者行为理论、生产理论、分配理论、一般均衡理论、市场理论、产权理论、福利经济学、管理理论等。宏观经济学的中心理论则是国民收入决定理论,还包括失业与通货膨胀理论、经济周期与经济增长理论、开放经济理论等。

第二节 价格理论

一、需求

(一) 需求的定义

人生活在这个世界上,每天都需要许多东西进行消费,不管是穷人还是富人都是如此,无限的需要产生于无限的欲望。人类的欲望往往与其富裕程度有关,但并不完全取决于其富裕程度。世界上某些地区的贫民们虽然食不果腹、衣不蔽体,但他们想要吃好的、穿好的,甚至也会想要住高楼、拥有私人轿车。一般说来,随着收入水平的提高,人们的消费欲望会随之增强。在低收入水平下,人们对某些商品的消费欲望是潜在的;当收入水平提高以后,这种欲望往往就会显现出来、强化起来。但潜在的欲望也是人们的需要,在此意义上,需要是无限的。

是不是人们的需要就是需求呢?答案是否定的。经济学所指的需求是指消费者在一定时期内,在各种可能的价格水平下愿意而且有能力购买的该商品的数量。经济学家所关心的不仅仅是人们所想要的,而是在他们的收入所限定的支出和各种商品价格已知的条件下所能够购买的商品数量。可见,需求是支付意愿与支付能力的统一,两者缺一不可。人们的需要只有在具备了支付能力的情况下才会形成现实的市场需求,否则只是意念中的主观愿望,是无法实现的。

(二) 影响需求的因素

是什么因素影响消费者对一种商品的需求呢?在市场经济中,影响一种商品的需求数量的因素往往有许多,并因商品特性的不同而有所不同,但最主要的因素有:该商品的价格、消费者的收入水平、相关商品的价格、消费者的偏好、消费者对该商品的预期、人口的数量与结构以及商品的市场饱和程度等。它们各自对商品的需求数量的影响如下。

1. 该商品的价格

商品价格是影响商品需求数量的最主要因素。一般而言,商品价格越高(提高),人们对该商品的购买量就越少(减少);反之,商品价格越低(降低),则购买量越多(增加)。商品价格与需求量之间的这种关系对于经济中的大部分商品都是正确的,这一特点在经济学中称为需求定理,即在其他条件不变时,一种商品价格上升,该商品的需求量下降;价格下降,该商品的需求量就会增加,二者是负相关关系。

2. 消费者的收入水平

一般来说,收入与商品需求量是正相关的。随着人们收入的提高,他们对大多数商品的需求量将增加,这类商品称为正常品。因为较高的收入代表了较高的购买能力和支付能力,而需求是受支付能力约束的。然而,也有一些例外,随着人们越来越富裕,收入水平提高,对某些商品的需求越小,在这些商品上的花费越少,这类商品被称为低档品。

3. 相关商品的价格

各种商品之间存在着不同的关系,因此,其他商品价格的变动也会影响某种商品的需求量。在相关商品中,有两类商品的价格对某种商品的需求影响最大。一是互补品,即两种商品放在一起消费才能满足同一种需求,它们之间是相互补充的,如录音机和磁带,汽车和汽油等。如果汽油价格上升很多,对汽车的需求就会下降。这种有互补关系的商品,当一种商品的价格上升时,对另一种商品的需求就会减少;反之,当一种商品的价格下降时,对另一种商品的需求就会增加。二是替代品,即两种商品可以互相替代来满足同一种需求,如馒头和米饭,鸡肉和鱼肉等。如果鸡肉的价格暴涨,人们就会少吃鸡肉而多吃鱼肉。因此,当两种商品是替代品时,如果一种商品的价格上升,另一种商品的需求就会增加。

4. 消费者的偏好

消费者的偏好除了与消费者的个人爱好和个性有关,还和整个社会风俗、习惯和时尚有关。比如亚洲经合组织在上海召开会议时,各国元首都穿上了唐装,结果,在中国甚至于全世界的华人圈都开始流行起唐装来,可见社会时尚改变了,需求就会发生巨大的变化。如果消费者对一种产品的偏好变得更为强烈,也就是说,在一定价格水平上,消费者将愿意比以前购买得多一些,这样,商品的需求就会增加。

5. 消费者对未来的预期

消费者对未来的预期会影响对商品的现在的需求,如预期商品未来的价格上升,就会增加现在对商品的需求;反之,如果预期商品未来的价格下降,就会减少对商品的现在需求。

6. 人口数量与结构的变动

人口数量的多寡决定着市场规模的大小,从而对商品的需求产生影响。拥有13亿人的中国对苹果的需求要远远大于斯里兰卡对苹果的需求。另外,人口结构的变动会影响需求的构成,从而影响某些商品的需求,如中国正在步入老龄化社会,这会增加对保健用品等商品的需求。

7. 商品的市场饱和程度

市场饱和程度对于耐用消费品具有重要意义。当某种家用电器刚刚在市场上出现时,普及率还很低,其市场潜力就很大;但如果像电视机那样达到80%甚至90%以上的普及率,那么其市场需求的数量就不会很大,此时的需求将主要来自新建的家庭和消费者已有电视机的替换和更新。

8. 其他特殊因素

另外还有许多因素会影响到需求,如政府的消费政策、历史传统、地理气候、经济开放程度等都会不同程度地影响着消费者对商品的需求。

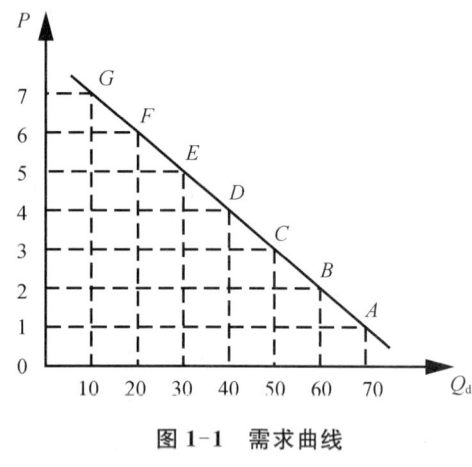

图1-1 需求曲线

(三) 需求定理

需求定理反映商品本身价格和商品需求量之间的关系。对于正常商品来说,在其他条件不变的情况下,商品价格与需求量之间存在着反方向的变动关系,即一种商品的价格上升时,这种商品的需求量减少,相反,价格下降时需求量增加,这就是需求定理。某商品的需求量与价格之间呈反方向变动,即需求量随着商品本身价格的上升而减少,随商品本身价格的下降而增加。

(四) 需求曲线

需求曲线是一条表示商品价格与其需求量关系的曲线。根据习惯,纵轴表示商品的价格,横轴表示商品的需求量,由此把价格与需求量联系在一起的向右下方倾斜的曲线被称为需求曲线(如图1-1)。

二、供给

(一) 供给的定义

供给与需求是相对应的概念,需求来自消费者,而供给来自企业。供给是指企业在一定时期内在各种可能的价格下愿意而且能够提供出售的商品的数量。供给同样是生产意愿与生产能力的统一。

（二）影响供给的因素

一种商品的供给数量取决于多种因素，其中主要的因素有：该商品的价格、生产的成本、相关商品的价格和企业对未来的预期。他们各自对商品的供给量的影响如下。

1. 该商品的价格

一般来说，一种商品的价格上升，供给量就会增加。相反，商品的价格下降，供给量就会减少，也就是说某种商品的供给量与价格是正相关的。价格与供给量之间的这种关系被称为供给规律：在其他条件相同时，一种商品价格上升，该商品的供给量就会增加；价格下降，该商品的供给量就会减少。

2. 生产成本

在商品价格不变的情况下，生产成本越高，企业获得的利润越少，随着成本上升，企业会削减生产，供给将会减少。将既定的资源转向生产成本没有上涨幅度较小的其他产品或行业，以期获得更大的利润。

3. 生产技术水平

在一般的情况下，生产技术水平的提高可以大大降低生产成本、增加企业的盈利，企业会提供更多的产品。

4. 其他相关商品的价格

如果一种商品的价格不变，而其他相关商品的价格发生变动，那么这种商品的供给就会发生变动。如宝洁公司生产飘柔、海飞丝、潘婷等不同品种的洗发液，如果市场对飘柔的需求增加、价格上升，而其他洗发液的价格不变，他们就会多生产飘柔而减少其他品种的洗发液的生产，这样，其他品种的洗发液的供给就有可能下降。

如果两种商品是联合供给商品，当生产一种商品时，另一种商品也同时生产出来。比如，在提炼原油以生产汽油时，其他等级的燃料也被生产出来，如柴油和石蜡。如果由于汽油的需求及其价格上升导致汽油的生产越多，那么柴油和石蜡的供给也会增加。

5. 企业对未来的预期

与消费者一样，企业对未来的市场价格也有预期。如果预期价格上升，企业会暂时减少它们的销售数量、增加它们的库存，在价格上升时再投放到市场上。同时，它们会购置新的设备，或雇用更多的劳动，以便在价格上升之后，能增加供给。如果预期未来价格下降，则企业就会尽量增加现在的供给，同时在制订生产计划时就会减少未来的产量。

6. 其他因素

还有许多因素会影响供给，如气候条件会对农业供给有重要的影响，政府的政策也会影响到供给。

影响供给的因素要比影响需求的因素复杂得多，在不同的时期，在不同的市场上，供给要受多种因素的综合影响。

（三）供给定理

供给定理也被称为供给法则，反映商品本身价格和商品供给量之间的关系。对于正常商品来说，在其他条件不变的情况下，商品价格与供给量之间存在着同方向的变动关系，即一种商品的价格上升时，这种商品的供给量增加，相反，价格下降时供给量减少。供给定理是说明商品本身价格与其供给量之间关系的理论。其基本内容是在其他条件不变的情况下，一种商品的供给量与价格之间呈同方向变动，即供给量随着商品本身价格的上升而增加，随商品本身价格的下降而减少。

（四）供给曲线

供给曲线表示在影响某种商品的生产者想出售多少的各种因素都保持不变时，一种商品的价格与供给量之间关系的曲线。横轴表示供给量，纵轴表示价格，供给曲线向右上方倾斜。意味着价格越高，生产者愿意提供而且能够提供的商品数量越多（如图1-2）。

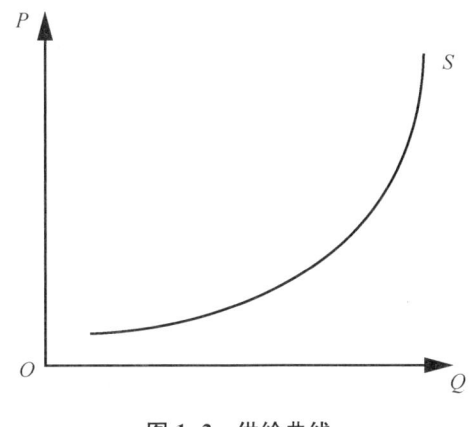

图1-2 供给曲线

三、均衡价格

在市场上，由于供给和需求力量的相互作用，市场价格趋向于均衡价格。如果市场价格高于均衡价格，则市场上出现超额供给，超额供给使市场价格趋于下降；反之，如果市场价格低于均衡价格，则市场上出现超额需求，超额需求使市场价格趋于上升直至均衡价格。因此，市场竞争使市场稳定于均衡价格。均衡价格是相对于一定的交易量，供求双方都能够接受的交易价格；是消费者为购买一定商品量所愿意支付的价格与生产者为提供一定商品量所愿意接受的供给价格一致的价格。均衡数量则是相对于一定的交易价格，供求双方都能够接受的交易量。

均衡价格由市场竞争自发地形成：供过于求，价格下降；供不应求，价格上升；供求均衡，均衡价格和均衡数量形成。

供求均衡是当市场上供给和需求这两股相反的力量达到势均力敌时的一种状态。在供求曲线图上表现为供求曲线的交点。

供求均衡的条件是假定供给和需求都不发生变动，即假定除商品自身的价格外，其他一切影响供给量和需求量的因素均不变。一旦供给关系或需求关系发生变化，供求均衡就被破坏，均衡价格就会出现波动，均衡数量也会发生变化。

四、价格弹性

（一）需求价格弹性

需求价格弹性，简称为价格弹性或需求弹性，需求价格弹性是指需求量对价格变动的反应程度，是需求量变化率对商品自身价格变化率反应程度的一种度量，等于需求量变化的百分比除以价格变化的百分比。

用公式表示为

$$需求价格弹性 = \frac{需求量变动的百分比}{价格变动的百分比}$$

例如，如果鸡蛋的价格上涨了10%，使得人们想买的鸡蛋数量减少了5%，需求价格弹性就是5%除以10%，即0.5。

（二）需求价格弹性的基本类型

如果弹性系数等于0，则称需求完全无弹性，此时价格变动不会对需求量产生影响。

如果0<弹性系数<1，则称需求缺乏弹性，此时需求量的变化比例小于价格的变化比例。

如果弹性系数等于1，则称需求为单一弹性，它表明价格和需求量以相同比例变化。

如果1<弹性系数<+∞，则称需求富有弹性，这意味着需求量变化的比例大于价格变化的比例。

如果弹性系数=+∞，则称需求具有完全弹性，此时价格的微小变动都将引起需求量极大的变化。

（三）影响需求价格弹性的因素

影响需求价格弹性的因素包括以下几项。

(1) 商品是生活必需品还是奢侈品。必需品弹性小，奢侈品弹性大。

(2) 商品的可替代性。可替代的物品越多，性质越接近，弹性越大，反之则越小。如毛织品可被棉织品、丝织品、化纤品等替代。

(3) 商品支出在收入中所占比重的大小。购买商品的支出在人们收入中所占的比重大，弹性就大；比重小，弹性就小。

(4) 商品用途的广泛性。一种商品的用途越广泛，它的需求弹性越大，反之小。

(5) 时间因素。同样的商品，长期看弹性大，短期看弹性小。因为时间越长，消费者越容易找到替代品或调整自己的消费习惯。

（四）供给价格弹性

供给价格弹性是指供给量相对价格变化做出的反应程度，即某种商品价格上升或下降一个百分点时，对该商品供给量增加或减少的百分比。供给量变化率是对商品自身价格变化率反应程度的一种度量，等于供给变化率除以价格变化率。

供给规律表明,价格上升供给量增加。供给价格弹性衡量供给量对价格变动的反应程度。如果供给量对价格变动的反应很大,可以说这种物品的供给是富有弹性的,反之,供给是缺乏弹性的。

供给价格弹性取决于卖者改变他们生产的物品产量的伸缩性,例如,海滩土地供给缺乏弹性是因为几乎不可能生产出土地,相反,汽车这类制成品供给富有弹性。

大多数市场上,供给价格弹性关键的决定性因素是所考虑的时间长短。在长期中的弹性通常都大于短期。在短期中,企业不能轻易地改变工厂规模来增加或减少一种物品的生产。在长期中,企业可以建立新工厂或关闭旧工厂,此外,新企业可以进入一个市场而旧企业可以关门,因此在长期供给中供给量可以对价格作出相当大的反应。

(五)供给价格弹性的种类

供给价格弹性可以根据 e_s 值的大小分为五种类型。

(1) $e_s > 1$ 表示供给富于弹性;

(2) $e_s < 1$ 表示供给缺乏弹性;

(3) $e_s = 1$ 表示供给单一弹性或单位弹性;

(4) $e_s = \infty$ 表示供给完全弹性;

(5) $e_s = 0$ 表示供给完全无弹性。

现实经济生活中,大多数商品的供给不是富于弹性就是缺乏弹性。供给单一弹性、供给完全无弹性和供给完全弹性比较少见,例如一些不可再生性资源(如土地)的供给,以及那些无法复制的珍品的供给价格弹性等于零,而在劳动力严重过剩地区劳动力供给曲线具有完全弹性(无穷大弹性)的特点。

(六)影响供给弹性大小的主要因素

1. 增加产量所需追加生产要素费用的大小

一般地说,若增加产量的投资费用较小,则供给弹性大;反之供给弹性小。

2. 时间的长短

一般在短时期内,厂商只能在固定的厂房设备下增加产量,因而供给量的变动有限,这时供给弹性就小。在长期内,厂商能够通过调整规模来扩大产量,这时供给弹性将大于同种商品在短期内的供给弹性。

五、价值规律

价值规律是商品生产和商品交换的基本经济规律。即商品的价值量取决于社会必要劳动时间,商品按照等价交换的原则互相交换。价值是商品的社会属性,由商品的社会必要劳动时间决定。价格是价值的货币表现,价格以价值为基础并受到供求关系等的影响上下波动。

价值规律的基本内容如下。

(1) 商品的价值量是由生产这种商品的社会必要劳动时间决定的。

(2) 商品交换要以价值量为基础,实行等价交换。

一般情况下,影响价格变动的最主要因素是商品的供求关系。在市场上,当某种商品供不应求时,其价格就可能上涨到价值以上;而当商品供过于求时,其价格就会下降到价值以下。同时,价格的变化会反过来调整和改变市场的供求关系,使得价格不断围绕着价值上下波动。

价格围绕价值上下波动正是价值规律作用的表现形式。因商品价格虽然时升时降,但商品价格的变动总是以其价值为轴心。另外,从较长时期和全社会来看,商品价格与价值的偏离有正有负,可彼此抵消。因此总体上商品的价格与价值还是相等的。

实际上,商品的价格与价值相一致是偶然的,不一致却是经常发生的。这是因为,商品的价格虽然以价值为基础,但还受到多种因素的影响,使其发生变动。

六、价值悖论

价值悖论是这样一种悖论:许多生活必需品的使用价值很高,市场价值(价格)却很低,而许多奢侈品的使用价值很低,但市场价格很高。这种强烈的反差就构成了这个悖论。

200多年以前,亚当·斯密在《国富论》中提出了著名的"水-钻石"价值悖论:

众所周知,钻石对于人类维持生存没有任何价值(使用价值),然而其市场价值(价格)非常高。相反,水是人类生存的必需品,其市场价值(交换价值)却非常低。

对于这种现象,我们生活中还有很多:明星的收入高达几十万、几百万,甚至上千万;而一个大学教授一年也不过几万、几十万;文物、名人画作的价格居高不下……

那么,价格究竟是由什么来决定的?供求决定价格,而不是价值决定价格。这样就能解释水为什么比钻石便宜。因为水在平常的供给量太多了,以至于有时候都可以免费得到;而钻石或文物市场需求量极大,供给量却是相当有限,价格当然高了。但如是在沙漠中,一杯救命的水,可能就是无价之宝了。

第三节 消费理论

一、效用

效用是指消费者从消费某种物品或劳务中所得到的满足程度。效用是一种心理感受而不是客观用途。同一商品效用的大小因人、因时、因地而不同。

在经济学概念中,效用是用来衡量消费者从消费某种物品或劳务中获得的幸福或者满足的尺度。有了这种衡量尺度,我们就可以在谈论效用的增加或者降低的时候有所参考,因此,我们也可以在解释一种经济行为是否给消费者带来好处时有了衡量标准。

二、边际效用递减

边际效用是消费者每增加一单位某种商品的消费量或拥有量所得到的追加的满足。

当消费者消费某一物品的总数量越来越多时,其新增加的最后一单位物品的消费所获得的效用增加(即边际效用)通常会呈现越来越少的现象(递减),称之为边际效用递减法则。

例如,当一个人极度口渴的时候十分需要喝水,他喝下的第一杯水是最解燃眉之急、最畅快的,但随着口渴程度降低,他对下一杯水的渴望值也不断减少,当喝到完全不渴的时候,再喝下去甚至会感到不爽,再继续喝下去会越来越感到不适(负效用)。

在一定时间内,其他条件不变的情况下,当开始增加消费量时,边际效用会增加,即总效用增加幅度大,但累积到一定消费量后,随消费量增加,边际效用会逐渐减少;若边际效用仍为正,表示总效用持续增加,但增加幅度逐渐平缓;消费量累积到饱和,边际效用递减至0时,表示总效用不会再累积增加,此时总效用达到最大;若边际效用减为负,表示总效用亦会逐渐减少。

一般而言,消费者偏好某物而未能获得,或拥有数量不够大时,增加消费量则其满足感大增(边际效用增加);但拥有数量足够时,再增加消费量则其满足感增加幅度逐渐平缓(边际效用递减);拥有数量太多时,再增加消费量则反而感觉厌恶(边际效用减为负且继续递减,累积之总效用因此,亦减少)。在正常状况下,消费者拥有足够数量而边际效用递减后,会将有限资源配置转移以满足其他欲望,不至于消费同一商品过量到感觉厌恶。

三、替代效应和收入效应

一种商品的名义价格发生变化后,将同时对商品的需求量发生两种影响:一种是因该种商品名义价格变化,引起其相对价格的变动而导致的消费者所购买的商品组合中,其需求量的变动。该商品与其他商品之间的替代,称为替代效应。比如,当某一种物品的价格下降时,消费者以更多购买这种物品来替代另一种物品。另一种是在名义收入不变的条件下,因一种商品名义价格变化而导致消费者实际收入变化,从而使消费者所购商品总量发生变化,称为收入效应。比如,当某一种物品的价格下降时,消费者的相对收入增加,实际购买力增强了,他就可以买更多的该种商品。

(一)正常商品的替代效应和收入效应

正常物品是指需求量与收入呈同方向变化的商品。对于正常物品来说,替代效应与价格呈反方向的变动,收入效应也与价格呈反方向的变动,在它们的共同作用下,总效用必定与价格呈反方向的变动,正因为如此,正常物品的需求曲线是向右下方倾斜的。

(二)低档商品的替代效应和收入效应

低档物品是指需求量与收入呈反方向变化的商品。

对于低档物品来说,当某低档物品的价格下降导致消费者的实际收入水平提高时,消费者会减少对低档物品的需求量。即低档物品的收入效应与价格呈同方向变动。

总之,低档物品的替代效应与价格成反方向的变动,收入效应与价格呈同方向的变动,而且,在大多数的场合,收入效应的作用小于替代效应的作用,所以,总效应与价格呈反方向的变动,相应的需求曲线是向右下方倾斜的(但也会出现收入效应大于替代效应的情况,就是吉芬物品)。

(三)吉芬商品的替代效应和收入效应

吉芬物品是以经济学家吉芬的名字命名的一种特殊商品,随着价格的上升,市场对其的需求量反而会增加。其需求曲线向右上方倾斜。对于这种违反需求规律的商品,经济学家用收入效应和替代效应来加以解释。

吉芬物品是一种特殊的低档物品。作为低档物品,吉芬物品的替代效应与价格呈反方向变动,收入效应则与价格呈同方向的变动。吉芬物品的特殊性就在于,它的收入效应的作用很大,以至于超过了替代效应的作用,从而使总效应与价格呈同方向变动。这也就是吉芬物品的需求曲线呈现出向右上方倾斜的特殊情况的原因。

1845 年,爱尔兰发生灾荒,土豆价格上升,但是土豆需求量反而增加了。这一现象在当时被称为"吉芬难题"。消费者平时需要购买肉和土豆。此时土豆价格上升,人们相对变穷了。然而,由于土豆是人们必需的食物,并且它相对肉来说是低档品,因此土豆的价格上升会产生很强的收入效应,而人们对于生活水平下降的反映是削减奢侈品——肉,从而更多的购买土豆这种主食。因此,可以认为土豆的价格上升实际引起了土豆需求量的增加。

四、消费者均衡

在消费者的收入和商品的价格既定的条件下,当消费者选择商品组合获取了最大的效用满足,并将保持这种状态不变时,称消费者处于均衡状态,简称为消费者均衡。

消费者均衡的实现条件如下。

1. 消费者的偏好既定

这就是说,消费者对各种物品效用的评价是既定的,不会发生变动。也就是消费者在购买物品时,对各种物品购买因需要程度不同,排列的顺序是固定不变的。比如一个消费者到商店中去买盐、电池和点心,在去商店之前,对商品购买的排列顺序是盐、电池、点心,这一排列顺序到商店后也不会发生改变。这就是说先花第一元钱购买商品时,买盐在消费者心目中的边际效用最大,电池次之,点心排在最后。

2. 消费者的收入既定

由于货币收入是有限的,货币可以购买一切物品,所以货币的边际效用不存在递减问题。因为收入有限,需要用货币购买的物品很多,但不可能全部都买,只能买自己认为最重要的几种。因为每一元货币的功能都是一样的,消费者在购买各种商品时,每增加一元钱消费都会希望增加同样的满足程度,否则消费者就会放弃不符合这一条件的购买量组合,而选择自己认为更合适的购买量组合。

3. 物品的价格既定

由于物品价格既定,消费者就要考虑如何把有限的收入分配于各种物品的购买与消费上,以获得最大效用。由于收入固定,物品价格相对不变,消费者用有限的收入能够购买的商品所带来的最大的满足程度也是可以计量的。因为满足程度可以比较,所以对于商品的不同购买量组合所带来的总效用可以进行主观上的分析评价。

五、消费者剩余

消费者剩余是消费者为取得一种商品所愿意支付的价格与他取得该商品而支付的实际价格之间的差额。消费者剩余是买者在购买过程中从市场上得到的收益。产生消费者剩余的原因是消费者根据对具体产品或服务边际效用的评价而愿意支付的价格，经常高于他们实际支付的由市场供求关系决定的市场价格。

消费者剩余 ＝ 买者的评价 － 买者的实际支付

以买电脑为例，假如甲乙丙丁都知道威力公司的笔记本电脑质量和性能不错，但是愿意支付的价格却各有差异：甲愿意出9 000元的价格；乙愿意出8 700元；丙愿意出8 300元；丁愿意出8 000元。假如现在威力公司就只有1台笔记本电脑可卖，由4位买者竞价，最后的胜出者肯定是甲，当他以8 750元买到这台电脑的时候，他的额外收益是多少呢，相对于他的心理价位9 000元，他还得到了250元的"消费者剩余"。

假如现在有4台威力公司的笔记本电脑以8 000元的价格卖出，结果会是怎样的呢？我们可以发现，除了丁没有得到消费者剩余之外，其他几个人都不同程度地得了消费者剩余。其中最多的当然是甲，他获得了1 000元的消费者剩余，乙获得了700元的消费者剩余，就连丙也获得了300元的消费者剩余。

第四节　生产理论

一、生产要素

生产要素指进行物质生产所必需的一切要素及其环境条件。一般而言，生产要素至少包括人的要素、物的要素及其结合要素，劳动者和生产资料之所以是物质资料生产的最基本要素，是因为不论生产的社会形式如何，两者始终是生产不可缺少的要素，前者是生产的人身条件，后者是生产的物质条件。但是，当劳动者和生产资料处于分离的情况，两者成为生产要素只是一种可能，而要成为现实的生产要素就必须结合起来。劳动者与生产资料的结合，是人类进行社会劳动生产所必需具备的条件，没有两者的结合，就没有社会生产劳动。在生产过程中，劳动者运用劳动资料进行劳动，使劳动对象发生预期的变化。生产过程结束时，劳动和劳动对象结合在一起，劳动物化了，对象被加工了，形成了适合人们需要的产品。如果对整个过程从结果的角度加以考察，劳动资料和劳动对象表现为生产资料，劳动本身则表现为生产劳动。

生产要素包括劳动、资本、土地和企业家才能四大类，但长期以来我们只强调劳动在价值创造和财富生产中的作用，而其他生产要素的作用及其对国民收入的分配则要么被忽视了，要么重视不够，因而一直只强调劳动参与收入分配的问题。而按生产要素分配理论，就是要在继续凸显劳动作用的同时，给资本、技术和管理等生产要素以足够的重视，使它们也合理合法地得到回报。这其中特别要强调两种要素的作用和回报。

（1）人力资本。资本包括物质资本和人力资本两种形式。各国的经济发展实践表明，人力资本的作用越来越大，教育对于国民收入增长率的贡献正在大幅攀升，人的素质和知识、才能等对经济发展越来越具有决定性意义。因此，如何使人力资本得到足够的回报，对于经济的持续发展以及国民收入的分配变得非常重要。

（2）土地以及资源性财产。它们对于财富生产的作用早已为人们所认识，但对于它们参与收入分配的必要性却一直存在模糊认识，这表现在我国的土地和自然资源在很多情况下是被免费或低价使用的。在我国，土地和自然资源属于国有或集体所有，它们的免费或低价使用，意味着它们的收益被少数人侵占了。这也是我国收入差距急剧扩大的一个重要原因。因此，土地和资源性要素如何参与分配，是在完善收入分配制度时应认真加以考虑的问题。

二、规模经济

规模经济又称"规模利益"，是指扩大生产规模引起经济效益增加的现象。规模经济反映的是生产要素的集中程度同经济效益之间的关系。由于一定的产量范围内,固定成本变化不大,那么新增的产品就可以分担更多的固定成本,从而使总成本下降。

经济学中,规模经济的定义很简单:长期平均成本随产量增加而减少则存在规模经济。如果长期平均成本随产量增加也增加,就是规模不经济。

人们根据生产要素组合方式变化规律的要求,自觉地选择和控制生产规模,求得生产量的增加和成本的降低,而取得最佳经济效益。规模经济或生产要素规模的经济性,就是确定最佳生产规模的问题。

规模经济主要有3种类型。

(1) 规模内部经济。指一经济实体由自身内部规模扩大所引起的收益增加。

(2) 规模外部经济。指整个行业(生产部门)规模变化而给个别经济实体带来的收益增加。如:行业规模扩大后,可降低整个行业内各公司、企业的生产成本,使之获得相应收益。

(3) 规模结构经济。各种不同规模经济实体之间的联系和配比,形成一定的规模结构经济:企业规模结构、经济联合体规模结构、城乡规模结构等。

三、机会成本

只要资源是稀缺的,并且稀缺的资源有多种用途,人们对于稀缺资源的使用会进行选择,就必然会产生机会成本。某种资源一旦用于某种物品的生产就不能同时用于另一物品的生产,选择了一种机会就意味着放弃了另一种机会。

将一定量的资源用于生产某种产品时,所必须放弃的生产其他产品可能带来的最大收益,就是这一定量的资源用于生产该产品的机会成本。机会成本是指为了得到某种东西而要放弃另一些东西的最大价值。

由于个人、企业乃至一个国家所拥有的资源都是有限的,因此由个人、企业、国家所做出的选择都存在着机会成本。以个人为例,一个人将其既定的收入用于购买某种消费品或用于某一项投资,就不能将这笔收入用于购买另一种消费或用于另一项投资;人们对于时间的选择也存在着机会成本,一个人将某一段时间用于从事某一种活动,就不能同时将这一段时间用于从事另一项活动。机会成本产生于任何一种选择行为。

比如,进行一项投资时不得不放弃另一些投资,被放弃的这些投资的最大获利就是该项投资的机会成本。选择投资和放弃投资之间的收益差是可能获取收益的成本。如投资者仅有一份资金,投资股票时必须放弃国债与基金。假如国债投资收益为1万元,基金投资收益为2万元,而股票投资收益为3万元,则股票投资的机会成本是2万元,国债投资的机会成本为3万元,基金投资的机会成本也是3万元。

 专栏1-1 懂得选择才幸福

《拉·封丹寓言》中有一头著名的布利丹毛驴,它面对两捆干草不知该吃哪一捆好。最后竟然饿死了。

布利丹毛驴面临的是经济学家所说的选择问题。经济学家所说的选择是,人的欲望是无限的,但用于满足欲望的资源是有限的,所以,要决定用什么资源去满足哪些欲望。这就是资源配置问题。经济学的目标正是要实现资源配置的最优化。其实每个人也和布利丹毛驴一样,面临在两捆干草之间做出选择的问题。

布利丹毛驴做不出选择而饿死说明做出选择并不是一件容易的事。其根源在于在资源有限的情况下有所得必有所失。为了得而失去的东西称为机会成本。就布利丹毛驴而言,它选择一捆干草必须放弃另一捆干草。放弃的干草就是得到的干草的机会成本。经济学家常说世界上没有免费的午餐,就是指任何选择行为都有机会成本。

经济学家在谈资源的稀缺性时,往往指客观存在的物质资源,如劳动、资本、自然资源,等等。因此,选择就是要实现有限资源下的最大化。在按照这种思路做出选择时,人们往往把收入最大化、利润最大化,或其他物质利益的最大化作为目标。忘记了个人的能力——包括创造财富的能力和享受财富的能力——也是有限的。

每个人都面临着从事什么职业的选择。从政当官,有地位有权利,但不能发财;从商当企业家,有钱,但无权无地位;从文当学者,有地位,但无钱。这是摆在每个人面前的三捆干草,每捆都诱人。但人的能力有限,只能从事一种职业。只选一种者可以成为成功的政治家、企业家或学者,若类似布利丹毛驴者往往一事无成。

每个人面临的另一个重要选择是事业与家庭生活幸福。这种选择不同于布利丹毛驴在两捆干草之中选一捆的选择,而是要在两捆干草中求得一种平衡。人的时间和精力是有限的(资源稀缺),对事业和家庭幸福的期望是无限的(欲望无限)。正确的原则不是为了一个而放弃另一个,而是在两者之间选择一种平衡。

资料来源:梁小民,《小民经济学》,北京联合出版公司,2015年出版。

四、边际成本

在经济学中,边际成本指的是每一单位新增生产的产品(或者购买的产品)所带来的总成本的增量。这个概念表明每一单位的产品的成本与总产品量有关。比如,仅生产一辆汽车的成本是极其巨大的,而生产第101辆汽车的成本就低得多,而生产第10 000辆汽车的成本就更低了。

$$边际成本 = \frac{总成本的变化量}{产量变化量}$$

随着产量的增加,边际成本会先减少,后增加:当产量很小时,可以理解为企业的设备没有得到充分利用,因而产量很小,随着企业雇佣更多的员工进行生产,生产设备的利用率也开始变大,假设增加的第一个工人对产量的贡献是10,那么增加的第二个工人对产量的贡献可能是15甚至更高,第三个会是30……。随着员工增加到一定程度时,企业变得拥挤,这时候每增加一个员工依然会提高生产设备的利用率,但是这个利用率的提高会慢慢减慢下来,当员工增加到某一程度,再增加一个员工时,这个员工对产量的贡献将会是0,即边际产量为0,在这一阶段,产量的增加速率从最大值逐渐减小到零,而成本的增加速率(每个员工的费用加上每单位产品的成本)大于产量的增加速率,从而边际成本增大。

边际成本和单位平均成本不一样,单位平均成本考虑了全部的产品,而边际成本忽略了最后一个产品之前的成本。例如,每辆汽车的平均成本包括生产第一辆车的很大的固定成本(在每辆车上进行分配)。而边际成本根本不考虑固定成本。

边际成本定价是销售商品时使用的经营战略。其思想就是边际成本是商品可以销售的最低价,这样才能使企业在经济困难时期维持下去。因为固定成本几乎沉没,理论上边际成本可以使企业无损失的继续运转。

五、边际报酬递减规律

边际报酬递减规律又称边际收益递减规律,是指在其他条件不变的情况下,如果一种投入要素连续地等量增加,增加到一定产量后,每增加一单位可变要素的投入,所带来的产量的增加量开始下降,即可变要素的边际产量会递减。这就是经济学中著名的边际报酬递减规律。

边际报酬递减规律存在的原因:随着可变要素投入量的增加,可变要素投入量与固定要素投入量之间的比例在发生变化。在可变要素投入量增加的最初阶段,相对于固定要素来说,可变要素投入过少,因此,随着可变要素投入量的增加,其边际产量递增,当可变要素与固定要素的配合比例恰当时,边际产量达到最大。如果再继续增加可变要素投入量,由于其他要素的数量是固定的,可变要素就相对过多,于是边际产量就必然递减。

或者说是因为对于任何一种产品的生产来说,可变要素投入量和不变要素投入量之间都存在一个最佳的组合比例。

边际报酬递减规律表明了一个很基本的关系:当一种投入如劳动被更多地追加于既定数量的土地、机器和其他投入要素上时,每单位劳动所能发挥作用的对象越来越有限。土地和机器会被过度地使用,从而劳动的边际产量会下降。

第五节 市场理论

一、市场

市场是社会分工和商品经济发展到一定程度的产物。

传统观念的市场是商品交换的场所。如商店、集市、商场、批发站、交易所等等。

狭义的市场是买卖双方进行商品交换的场所。

广义的市场是指由那些具有特定需要或欲望，愿意并能够通过交换来满足这种需要或欲望的全部顾客所构成的。

市场虽为交易行为的总称，但交易行为不一定是自由的，尤其是在提供商品或选择交易对象时，会因外部的干扰如法条、公约等加以限制。可以自由提供商品与选择交易对象的称为自由市场，反之则为非自由市场。

市场上各种商品的交换关系，形式上表现为物与物的交换，实质上体现着交换双方当事人之间的经济利益关系，因而反映一定的社会关系。市场上商品交换关系的性质，决定着市场的社会性质。在资本主义市场经济条件下，生产资料私有制的性质决定了市场的实现首先是为资本家实现其剩余价值，商品运动受剩余价值规律、资本积累规律的驱使，因而决定了市场的资本主义性质；在社会主义市场经济条件下，生产资料公有制的性质决定了市场上所发生的交换关系是作为公有制主人的广大劳动者之间的平等互助的关系，市场的实现首先是为满足广大人民群众的物质和文化生活需要，因而决定了市场的社会主义性质。

市场类型的划分是多种多样的。按产品的自然属性划分，可分为商品市场、金融市场、劳动力市场、技术市场、信息市场、房地产市场等；按市场范围和地理环境划分，可分为国际市场、国内市场、城市市场、农村市场等；按消费者类别划分，可分为中老年市场、青年市场、儿童市场、男性市场、女性市场等。

二、完全竞争市场

完全竞争又称纯粹竞争，是一种不受任何阻碍和干扰的市场结构。

完全竞争是这样一种市场结构，在市场中同质的商品有很多买者和卖者，没有一个卖者或买者能控制价格，进入很容易并且资源可以随时从一个使用者转向另一个使用者。例如，许多农产品市场就具有完全竞争市场这些特征。

这种情况在下述条件下发生。

(1) 市场上有许多生产者和消费者；
(2) 他们都只是价格的接收者，竞争地位平等；
(3) 生产者提供的产品是同质的(无区别的)；
(4) 资源自由流动；
(5) 市场信息畅通；
(6) 厂商的进入和退出壁垒基本没有，厂商加入或者退出市场完全自由；
(7) 在这样的条件下，所有企业面对的是一条水平的或完全弹性的需求曲线。

三、完全垄断市场

完全垄断是指整个行业中只有一个生产者的市场结构。这种市场结构形成的主要条件：一是厂商即行业，整个行业中只有一个厂商提供全行业所需要的全部产品；二是厂商所生产的产品没有任何替代品，不受任何竞争者的威胁；三是其他厂商几乎不可能进入该行业。在这些条件下，市场中完全没有竞争的因素存在，厂商可以控制和操纵价格。这与完全竞争的含义和形成条件是不同的。

完全垄断条件下，由于厂商即行业，它提供了整个行业所需要的全部产品，厂商可以控制和操纵市场价格,所以不存在有规律性的供给曲线,也无行业需求曲线和行业供给曲线,这些与完全竞争条件下是不相同的。

四、寡头垄断市场

寡头垄断市场又称为寡头市场,它是指少数几家厂商控制整个市场的产品的生产和销售的这样一种市场组织。寡头市场被认为是一种较为普遍的市场组织,西方国家中不少行业都表现出寡头垄断的特点,例如,美国的汽车业、电气设备业、罐头行业等,都被几家企业所控制。

形成寡头市场的主要原因:某些产品的生产必须在相当大的生产规模上进行才能达到最好的经济效益;行业中几家企业对生产所需的基本生产资源的供给的控制;政府的扶植和支持等等。由此可见,寡头市场的成因和垄断市场是很相似的,只是在程度上有所差别而已。寡头市场是比较接近垄断市场的一种市场组织。

五、博弈论

博弈论,有时也称为对策论,或者赛局理论,是应用数学的一个分支,目前在生物学、经济学、国际关系、计算机科学、政治学、军事战略和其他很多学科都有广泛的应用。主要研究公式化了的激励结构(游戏或者博弈)间的相互作用;是研究具有斗争或竞争性质现象的数学理论和方法;也是运筹学的一个重要学科。

博弈论考虑游戏中的个体的预测行为和实际行为,并研究它们的优化策略。其中一个有名有趣的应用例子是囚徒困境。

囚徒困境是博弈论的非零和博弈中具有代表性的例子,反映个人最佳选择并非团体最佳选择。虽然困境本身只属模型性质,但现实中的价格竞争、环境保护等方面,也会频繁出现类似情况。

囚徒困境最早是由美国普林斯顿大学数学家曾克于1950年提出来的。他当时编了一个故事向斯坦福大学的一群心理学家们解释什么是博弈论,这个故事后来成为博弈论中最著名的案例。

经典的囚徒困境如下。

警方逮捕甲、乙两名嫌疑犯,但没有足够证据指控两人入罪。于是警方分开囚禁嫌疑犯,分别和两人见面,并向双方提供以下相同的选择:

若一人认罪并作证检举对方(相关术语称"背叛"对方),而对方保持沉默,此人将即时获释,沉默者将判监10年。

若两人都保持沉默(相关术语称互相"合作"),则两人均判监半年。

若两人都互相检举(相关术语称互相"背叛"),则两人均判监2年。

用表格概述如表1-1所示。

表1-1 囚徒困境

	甲沉默(合作)	甲认罪(背叛)
乙沉默(合作)	两人均服刑半年	甲即时获释;乙服刑10年
乙认罪(背叛)	甲服刑10年;乙即时获释	两人均服刑2年

如同博弈论的其他例证,囚徒困境假定每个参与者(即"囚徒")都是利己的,即都寻求自身利益最大,而不关心另一参与者的利益。参与者某一策略所得利益,如果在任何情况下都比其他策略要低的话,此策略称为"严格劣势",理性的参与者绝不会选择。另外,没有任何其他力量干预个人决策,参与者可完全按照自己意愿选择策略。

囚徒到底应该选择哪一项策略,才能将自己个人的刑期缩至最短?两名囚徒由于隔绝监禁,并不知道对方选择;而即使他们能交谈,还是未必能够尽信对方不会反口。就个人的理性选择而言,检举背叛对方所得刑期,总比沉默要来得低。试设想困境中两名理性囚徒会如何作出选择:

若对方沉默、背叛会让我获释,所以会选择背叛。

若对方背叛指控我,我也要指控对方才能得到较低的刑期,所以也会选择背叛。

两人面对的情况一样,所以两人的理性思考都会得出相同的结论——选择背叛。背叛是两种策略之中的支配性策略。因此,这场博弈中唯一可能达到的纳什均衡,就是双方参与者都背叛对方,结果两人均服刑2年。

六、马太效应

马太效应,指强者愈强、弱者愈弱的现象,广泛应用于社会心理学、教育、金融以及科学等众多领域。其名字来自圣经《新约·马太福音》中的一则寓言:"凡有的,还要加给他叫他多余;没有的,连他所有的也要夺过来。""马太效应"与"二八法则"有相似之处,是十分重要的自然法则。

《新约全书》中马太福音第25章的寓言(合本译文):一个国王远行前,就叫了仆人来,把他的家业交给他们。按着各人的才干,给他们银子。一个给了五千,一个给了两千,一个给了一千。就往外国去了。那领五千的,随即拿去做买卖,另外赚了五千。那领两千的,也照样另赚了两千。但那领一千的,去掘开地,把主人的银子埋藏了。

过了许久,那些仆人的主人来了,和他们算账。那领五千银子的,又带着那另外的五千来,说:"主啊,您交给我五千银子,请看,我又赚了五千。"主人说:"好,你这又善良又忠心的仆人。你在不多的事上有忠心,我把许多事派你管理。可以进来享受你主人的快乐。"那领两千的也来说:"主啊,您交给我两千银子,请看,我又赚了两千。"主人说:"好,你这又良善又忠心的仆人。你在不多的事上有忠心,我把许多事派你管理。可以进来享受你主人的快乐。"

那领一千的,也来说:"主啊,我知道您是忍心的人,没有种的地方要收割,没有散的地方要聚敛。我就害怕,去把您的一千银子埋藏在地里。请看,您的原银在这里。"主人回答说:"你这又恶又懒的仆人,你既知道我没有种的地方要收割,没有散的地方要聚敛。就当把我的银子放给兑换银钱的人,到我来的时候,可以连本带利收回。于是夺过他这一千来,给了那有一万的仆人。"

1968年,美国科学史研究者罗伯特·莫顿(Robert K. Merton)提出这个术语用以概括一种社会心理现象:"相对于那些不知名的研究者,声名显赫的科学家通常得到更多的声望,即使他们的成就是相似的。同样的,在同一个项目上,声誉通常给予那些已经出名的研究者,例如,一个奖项几乎总是授予最资深的研究者,即使所有工作都是一个研究生完成的。"

罗伯特·莫顿将"马太效应"归纳为任何个体、群体或地区,一旦在某一个方面(如金钱、名誉、地位等)获得成功和进步,就会产生一种积累优势,就会有更多的机会取得更大的成功和进步。

此术语后为经济学界所借用,反映贫者愈贫,富者愈富,赢家通吃的经济学中收入分配不公的现象。社会心理学上也经常借用这一名词。

"马太效应"是个既有消极作用又有积极作用的社会心理现象。其消极作用是:名人与未出名者干出同样的成绩,前者往往上级表扬,记者采访,求教者和访问者接踵而至,各种桂冠也一顶接一顶地飘来,结果往往使其中一些人因没有清醒的自我认识和没有理智态度而居功自傲,在人生的道路上跌跟头;而后者则无人问津,甚至还会遭受非难和妒忌。其积极作用是:一来,可以防止社会过早地承认那些还不成熟的成果或过早地接受貌似正确的成果;二来,"马太效应"所产生的"荣誉追加"和"荣誉终身"等现象,对无名者有巨大的吸引力,促使无名者去奋斗,而这种奋斗又必须有明显超越名人过去的成果才能获得向往的荣誉。

七、帕累托法则

帕累托法则,又称为80/20法则、二八法则、帕累托定律、最省力法则或不平衡原则、犹太法则。这个法则最初是意大利经济学家维弗雷多·帕累托在1906年对意大利20%的人口拥有80%的财产的观察而得出的,后来管理学思想家约瑟夫·朱兰和其他人把它概括为帕累托法则。

帕累托法则认为原因和结果、投入和产出、努力和报酬之间本来存在着无法解释的不平衡。

一般情形下,产出或报酬是由少数的原因、投入和努力所产生的。原因与结果、投入与产出、努力与报酬之间的关系往往是不平衡的。若以数学方式测量这个不平衡,得到的基准线是一个80/20关系;结果、产出或报酬的80%取决于20%的原因、投入或努力。例如,世界上大约80%的资源是由世界上15%的人口所耗尽的;世界财富的80%被25%的人所拥有;在一个国家的医疗体系中,20%的人口与20%的疾病,会消耗80%的医疗资源。80/20原则表明在投入与产出、原因与结果以及努力与报酬之间存在着固有的不平衡。这说明少量的原因、投入和努力会有大量的收获、产出或回报。

80/20关系提供了一个较好的基准。一个典型的模式表明,80%的产出源自20%的投入;80%的结论源自20%的起因;80%的收获源自20%的努力。

80/20这一数据仅仅是一个比喻和实用基准。真正的比例未必正好是80%：20%。80/20原则表明在多数情况下该关系很可能是不平衡的,并且接近于80/20。

八、信息不对称

信息不对称指交易中的各人拥有的资料不同。一般而言,卖家比买家拥有更多关于交易物品的信息,但相反的情况也可能存在。前者例子可见于二手车的买卖,卖主对该卖出的车辆比买方了解。后者例子比如医疗保险,买方通常拥有更多信息。

今天,信息经济学逐渐成为新的市场经济理论的主流,人们打破了自由市场在完全信息情况下的假设,才终于发现信息不对称的严重性。1996年,詹姆士·莫里斯和威廉姆·维克瑞;2001年,乔治·阿克尔洛夫、迈克尔·斯宾塞和约瑟夫·斯蒂格利茨,他们都因为对信息经济学的研究而获得诺贝尔经济学奖。

信息经济学认为,信息不对称造成了市场交易双方的利益失衡,影响社会的公平、公正的原则以及市场配置资源的效率,并且提出了种种解决的办法。但是,可以看出,信息经济学是基于对现有经济现象的实证分析得出的结论,对于解决现实中的问题还处于尝试性的研究之中。例如,买者对所购商品的信息的了解总是不如卖商品的人,因此,卖方总是可以凭信息优势获得商品价值以外的报酬。交易关系因为信息不对称变成了委托—代理关系,交易中拥有信息优势的一方为代理人,不具信息优势的一方是委托人,交易双方实际上是在进行无休止的信息博弈。

信息经济学的价值不在于揭示了信息不对称,而在于说明了信息和资本、土地一样,是一种需要进行经济核算的生产要素。在商品经济中,信息主要反映在价格上,价格信息是经济信息的中心,其他信息都是为价格信息服务的。市场经济的本质是用价格信号对社会资源进行配置,社会资源的分配和再分配过程实际上是人们围绕价格进行资源博弈的过程,对任何一种资源的优先占有都可以在博弈中获得相关的利益,信息也是这样。

第六节　国民收入理论

一、GDP 与 GNP

GDP即国内生产总值(gross domestic product)的缩写,是指经济社会(即一个国家或地区)在一定时期内运用生产要素所生产的全部最终产品(物品和劳务)的市场价值总和。它是对一国(地区)经济在核算期内所有常驻经济体生产的最终产品总量的度量,常常被看成是衡量一个国家(地区)经济状况的一个重要指标。从价值形态看,是生产过程中新的增加值,包括劳动者新创造的价值和固定资产的磨损价值,但不包含生产过程中作为中间投入品的价值;在实物构成上,是当期生产的最终产品,包含用于消费、积累及净出口的产品,但不包含各种被其他部门消耗的中间产品。

GDP是宏观经济中最受关注的经济统计指标,因为它被认为是衡量国民经济发展情况最重要的一个指标。一般来说,国内生产总值有三种形态,即价值形态、收入形态和产品形态。从价值形态看,它是一国(地区)范围内所有常驻经济体在一定时期内生产的全部物品和服务价值与同期投入的全部非固定资产物品和服务价值的差额,即所有常驻经济单位的增加值之和;从收入形态看,它是所有常驻单位在一定时期内直接创造的收入之和;从产品形态看,它是国内最终物品和服务的使用减去进口的货物和服务的总量。

GDP 反映的是国民经济各部门的增加值的总额。

 专栏1-2　GDP指标的局限性

越来越多的人包括非常著名的学者,对GDP衡量经济增长的重要性发生了怀疑。斯蒂格利茨曾经指出,如果一对夫妇留在家中打扫卫生和做饭,这将不会被列入GDP的统计之内,假如这对夫妇外出工作,另外雇人做清洁和烹调工作,那么这对夫妇和佣人的经济活动都会被计入GDP。说得更明白一些,如果一名男士雇佣一名保姆,保姆的工资也将计入GDP。如果这位男士与保姆结婚,不给保姆发工资了,GDP就会减少。需要进一步指出的是,国内生产总值其中所包括的外资企业虽然在我们境内从统计学的意义上给我们创造了GDP,但利润却是汇回他们自己的国家的。一句话,他们把GDP留给了我们,把利润转回了自己的国家,这就如同在天津打工的安徽民工把GDP留给了天津,把挣的钱汇回了安徽一样。看来GDP只是一个"营业额",不能反映环境污染的程度,不能反映资源的浪费程度,看不出支撑GDP的"物质"内容。在当今中国,资源浪费的亮点工程,半截子工程,都可以算在GDP中,都可以增加GDP。

上述分析不难看出目前在评价经济状况经济增长趋势及社会财富的表现时,使用最为广泛的国民经济核算所提供的GDP指标,不能完全反映自然与环境之间的平衡,不能完全反映经济增长的质量。这些缺陷使传统的国民经济核算体系不仅无法衡量环境污染和生态破坏导致的经济损失,相反还助长了一些部门和地区为追求高的GDP增长而破坏环境、耗竭式地使用自然资源的行为。可以肯定的是,目前GDP数字里有相当一部分是靠牺牲后代的资源来获得的。有些GDP的增量用科学的发展观去衡量和评价,不但不是业绩,反而是一种破坏。我们要加快发展、加速发展,但不能盲目发展。

尽管GDP存在着种种缺陷,但这个世界上本来就不存在一种包罗万象、反映一切的经济指标,在我们现在使用的所有描述和衡量一国经济发展状况的指标体系中,GDP无疑是最重要的一个指标。正因为有这些作用,所以我说,GDP不是万能的,但没有GDP是万万不能的。

资料来源:庞猛,GDP的局限性,经济观察网,2011.5。

国民生产总值(gross national product,简称GNP),也称国民生产毛额、本地居民生产总值,是指一个国家(地区)所拥有的生产要素在一定时期内生产出来的全部最终产品和劳务的市场价值总和。

国内生产总值和国民生产总值这两个统计指标在统计思想上反映了按国土原则还是国民原则进行统计的区分。按国民原则进行统计,凡是本国公民(指常住居民,包括本国公民以及常住外国但未加入外国国籍的居民)所创造的收入,无论生产要素是否在国内,都计入到本国的国民生产总值(GNP)中。这样在按国民原则计算GNP时,要在GDP的基础上加上国外要素支付净额(本国公民和企业在国外取得的要素收入减去外国公民和企业在本国取得的要素收入)。例如,中国企业在国外的子公司的利润收入,应该计入中国的国民生产总值,而外国公司在中国的子公司的例如不应该计入中国的GNP中。按国土原则进行统计,凡是在本国领土上创造的收入,不管是否为本国公民所创造,都应计入本国的GDP中。根据这一原则,外国公司在中国的子公司的利润就应该计入中国的GDP,而中国企业在国外子公司的利润收入就不应该被计入中国的GDP。

国民生产总值与社会总产值、国民收入有所区别,一是核算范围不同,社会总产值和国民收入都只计算物质生产部门的劳动成果,而国民生产总值对物质生产部门和非物质生产部门的劳动成果都进行计算。二是价值构成不同,社会总产值计算社会产品的全部价值;国民生产总值计算在生产产品和提供劳务过程中增加的价值,即增加值,不计算中间产品和中间劳务投入的价值,国民收入不计算中间产品价值,也不包括固定资产折旧价值,即只计算净产值。

国民生产总值反映一个国家的经济水平。按可比价格计算的国民生产总值,可以用于计算不同时期不同地区的经济发展速度(经济增长率)。

二、恩格尔系数

恩格尔系数(Engel's coefficient)是食品支出总额占个人消费支出总额的比重。19世纪德国统计学家恩格尔根据统计资料,对消费结构的变化得出一个规律:一个家庭收入越少,家庭收入中(或总支出中)用来购买食物的支出所占的比例就越大,随着家庭收入的增加,家庭收入中(或总支出中)用来购买食物的支出比例则会下降。推而广之,一个国家越穷,每个国民的平均收入中(或平均支出中)用于购买食物的支出所占比例就越大,随着国家的富裕,这个比例呈下降趋势。

恩格尔系数是根据恩格尔定律得出的比例数,是表示生活水平高低的一个指标。其计算公式如下:

$$食物支出金额 \div 总支出金额 \times 100\% = 恩格尔系数$$

恩格尔系数是国际上通用的衡量居民生活水平高低的一项重要指标,一般随居民家庭收入和生活水平的提高而下降。改革开放以来,我国城镇和农村居民家庭恩格尔系数已由1978年的57.5%和67.7%分别下降到2005年的36.7%和45.5%。

2017年,我国居民恩格尔系数为29.39%,首次低于30%。其中城镇居民家庭食品消费支出占家庭消费总支出的比重即恩格尔系数为28.6%;农村居民家庭为31.2%。

国际上常常用恩格尔系数来衡量一个国家和地区人民生活水平的状况。根据联合国粮农组织提出的标准,恩格尔系数在59%以上为贫困,50%—59%为温饱,40%—50%为小康,30%—40%为富裕,低于30%为最富裕。

三、消费者物价指数(CPI)

消费者物价指数(consumer price index,简称CPI),是反映与居民生活有关的商品及劳务价格的统计得出的物价变动指标,通常作为观察通货膨胀水平的重要指标。消费者价格指数是对消费者所购买的一篮子物品和劳务的消费品价格的衡量标准,主要反映消费者支付商品和劳务的价格变化情况,也是一种度量通货膨胀水平的工具,以百分比表达。我国称之为居民消费价格指数。居民消费价格指数可按城乡分别编制城市居民消费价格指数和农村居民消费价格指数,也可按全社会编制全国居民消费价格总指数。消费者物价指数追踪一定时期的生活成本以计算通货膨胀。如果消费者物价指数升幅过大,表明通货膨胀已经成为经济不稳定因素,央行会采取紧缩货币政策和财政政策的措施,从而造成经济前景不明朗。因此,该指数过高的升幅往往不受市场欢迎。

一般说来,当CPI>3%的增幅时,就是通货膨胀;而当CPI>5%的增幅时,就是严重的通货膨胀。

CPI是一个滞后性的数据,但它往往是市场经济活动与政府货币政策的一个重要参考指标。CPI稳定、就业充分及GDP增长往往是最重要的社会经济目标。

消费者物价指数的作用,主要有以下几点。

1. 反映通货膨胀状况

通货膨胀的严重程度是用通货膨胀率来反映的,它说明了一定时期内商品价格持续上升的幅度。通货膨胀率一般以消费者物价指数来表示。

$$通货膨胀率 = [(报告期消费者物价指数 - 基期消费者物价指数)] / 基期消费者物价指数 \times 100\%$$

2. 反映货币购买力变动

货币购买力是指单位货币能够购买到的消费品和服务的数量。消费者物价指数上涨,货币购买力则下降;反之则上升。消费者物价指数的倒数就是货币购买力指数。

$$货币购买力指数 = (1 / 消费者物价指数) \times 100\%$$

3. 反映对职工实际工资的影响

消费者物价指数的提高意味着实际工资的减少,消费者物价指数的下降意味着实际工资的提高。因此,可利用消费者物价指数将名义工资转化为实际工资,其计算公式为

$$实际工资 = 名义工资 / 消费者物价指数$$

四、基尼系数

基尼系数(Gini coefficient)是意大利经济学家基尼(Corrado Gini,1884—1965)于1912年提出的,用

于定量测定收入分配差异程度的指标。

其经济含义是：在全部居民收入中，用于进行不平均分配的那部分收入占总收入的百分比。基尼系数最大为"1"，最小等于"0"。前者表示居民之间的收入分配绝对不平均，即100%的收入被一个单位的人全部占有了；而后者则表示居民之间的收入分配绝对平均，即人与人之间收入完全平等，没有任何差异。但这两种情况只是在理论上的绝对化形式，在实际生活中一般不会出现。因此，基尼系数的实际数值只能介于0—1之间。

目前，国际上用来分析和反映居民收入分配差距的方法和指标很多。基尼系数由于给出了反映居民之间贫富差异程度的数量界线，可以较客观、直观地反映和监测居民之间的贫富差距，预报、预警和防止居民之间出现贫富两极分化，因此得到世界各国的广泛认同和普遍采用。

基尼系数，按照联合国有关组织规定：

若低于0.2表示收入绝对平均；

0.2—0.3表示比较平均；

0.3—0.4表示相对合理；

0.4—0.5表示收入差距较大；

0.5以上表示收入差距悬殊。

经济学家们通常用基尼系数来表现一个国家和地区的财富分配状况。这个指数在0和1之间，数值越低，表明财富在社会成员之间的分配越均匀；反之亦然。

通常把0.4作为收入分配差距的"警戒线"。一般发达国家的基尼系数在0.24到0.36之间，美国偏高，为0.4。中国大陆和香港地区地区的基尼系数都接近0.5。

 专栏1-3　　中国居民收入基尼系数已超警戒线

当前，中国居民消费正呈现出一种"分级"态势：一面是高铁爆满、五星级酒店客房入住率上升、境外人均购物消费额领先全球的消费升级；另一面是能在家做饭绝不去下馆子、能骑自行车尽量不打车的消费降级。之所以会出现这种升降并存的现象，根源在于居民之间存在着较大的收入差距，进而造成了不同收入群体边际消费倾向的迥异。那么，国人的收入差距到底有多大呢？

1. 居民收入基尼系数已超警戒线

在衡量居民收入差距时，有一个国际通用的指标是基尼系数。通常把0.4作为贫富差距的警戒线，倘若基尼系数大于这一数值，便有出现社会问题的潜在风险。

Wind数据显示，我国居民收入的基尼系数自2000年首次超过警戒线0.4以来，总体呈现出先攀升后稳定的态势。但值得注意的是，2003年至今，基尼系数从未低于0.46，而最近三年，更是逐年增大，由2015年的0.462升至2017年的0.467(参见图1-3)。

2. 不同行业的工资收入差距较大

按照《中国统计年鉴》中对行业的划分标准，可以清晰地看到，自改革开放以来，人均工资最高的行业包括电力煤气、采掘、金融与信息计算机软件业，而近些年又以金融业以及信息计算机软件业为主。这些行业大体呈现出两个特征：一是属于知识与资本密集领域，二是带有垄断性和资源性。相比之下，农林牧渔业的平均工资几乎始终为所有行业中的最低，这可能与农产品的低附加值与劳动密集型特点有关。

从工资差距看，1978年人均工资最高的电力煤气业与人均工资最低的社会服务业的工资差距仅为458元。然而，随着时间的推移，人均工资水平最高与最低行业的差距越拉越大。到了2017年，人均工资水平最高的信息计算机软件业，比人均工资水平最低的农林牧渔业多出96 646元，这意味着一个拿着平均薪资的金融从业者，一年可以比一个农民多赚近10万元，而且这种差距还有继续加大的趋势。

3. 城乡人均可支配收入差距渐增

1978年，我国城乡居民的人均可支配收入分别为343.4元和133.6元；到了2017年，城乡居民的人均可支配收入各自上涨至36 396元和13 432元，分别是1978年的106倍和100.5倍。

总体上看，我国城乡发展仍旧不平衡，二元经济结构问题依然严峻，农村生产力水平长期低于城镇，且户籍制度对农村人口向城镇流动造成了制约;同时,受限于农业本身的特点,农产品附加值要低于工业与服务业产品,致使农民增收相对缓慢。

4. 不同地区的居民收入差距明显

国家统计局数据显示,2017年全国各地区居民人均可支配收入最高的前5个省市分别为上海、北京、浙江、天津和江苏,而最低的5个省(区、市)分别为西藏、甘肃、贵州、云南和青海。其中,人均可支配收入最高的上海为58 987.96元,最低的西藏仅为15 457.9元,仅比上海的四分之一略高,收入差距可见一斑。

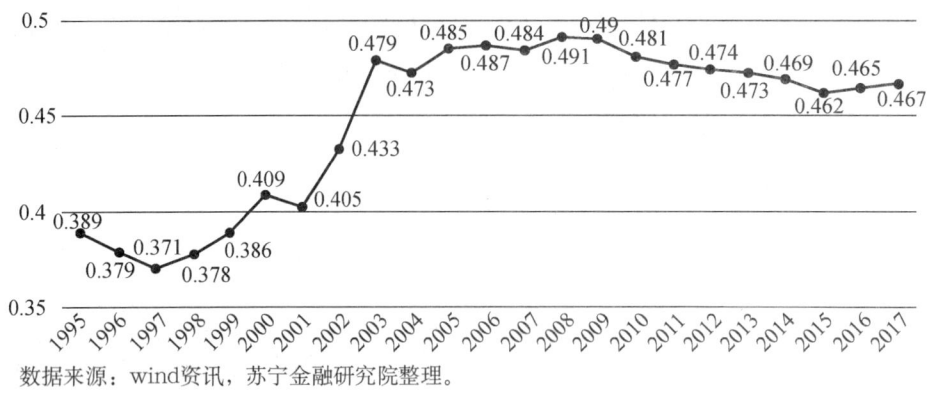

数据来源:wind资讯,苏宁金融研究院整理。

图1-3 我国居民收入基尼系数变化情况

居民收入差距过大对国民经济的长期发展都是不利的,它不仅会造成内需不足,还可能影响经济结构的进一步优化。因此,我国有必要在调节国民收入分配方面再多下点功夫,比如优化再分配环节、合理运用财税工具、加快城镇化步伐、推进基本公共服务均等化等等。

摘自:付一夫,《数据告诉你:中国人收入差距有多大》,新浪财经,2018.8.6。

五、人均可支配收入

个人可支配收入用PDI表示,是指个人在一年内实际得到的可用于消费和储蓄的收入总和,由个人收入扣除向政府缴纳的个人所得税、遗产税和赠与税、不动产税、人头税、汽车使用税以及交给政府的非商业性费用等以后的余额得到。

个人可支配收入是从个人收入派生出来的一项指标。个人可支配收入被认为是消费开支的最重要的决定性因素。因而,常被用来衡量一国生活水平的变化情况。个人可支配收入构成实际购买力。

在一定时期内,由于物价上涨的因素,使得相同的货币所能购买到的生活消费品和社会服务的数量与基期相比相应减少,造成货币的购买力下降,货币贬值。因此,计算人均可支配收入的实际增长时,必须要扣除价格因素的影响。

一般来说,人均可支配收入与生活水平成正比,即人均可支配收入越高,生活水平则越高。

六、幸福指数

GDP(国内生产总值)、GNP(国民生产总值)是衡量国富、民富的标准,那么幸福指数是衡量人们对自身生存和发展状况的感受和体验,即人们的幸福感的一种指数。

对于人的主观幸福感的测量在20世纪60年代晚期到80年代中期,成为心理学的一个热点研究领域。心理学家对于主观幸福感的探讨更多地来自生活质量、心理健康和社会老年学三个学科领域。由于社会学家和经济学家加入幸福感研究的行列,幸福感的丰富内涵和表现形式得到了更多的揭示。

应该说,作为社会心理体系一个部分的幸福感,受到许多复杂因素的影响,主要包括:经济因素,如就业状况、收入水平等;社会因素,如教育程度、婚姻质量等;人口因素,如性别、年龄等;文化因素,如价值观念、传统习惯等;心理因素,如民族性格、自尊程度、生活态度、个性特征、成就动机等;政治因素,如民主权利、参与机会等。

此外,对主观幸福的理解还涉及许多分析层面,主要包括认知与情感、个体与群体、横向与纵向、时点与时段,等等。在主观幸福感与社会心理体系诸多因素和层面之间的密切联系中,以下几点是十分独特而重要的。

(1) 心理参照系。就社会层面而言,其成员的幸福感将受到他们心理参照系的重大影响,例如在一个封闭社会中,由于缺乏与其他社会之间的比照,尽管这个社会的物质发展水平不高,但由于心理守常和习惯定势的作用,其成员便可能知足常乐,表现出不低的幸福感;而一个处在开放之初的社会,面对外来发达社会的各种冲击,开始了外在参照,因此,其成员的幸福感便可能呈现下降之势,因为此时他们原有的自尊受到了创伤。

(2) 成就动机程度。人们的成就需要决定他们的成就动机程度,成就动机程度又决定其预期抱负目标。其中人们对于自身成就的意识水平是一个重要环节,因为如果人们意识到的自身成就水平高于他们的预期抱负目标,那么,便会产生强烈的幸福感;反之,如果人们意识到的自身成就水平低于他们的预期抱负目标,那么,则不会有幸福感可言。

(3) 本体安全感。它指的是个人对于自我认同的连续性、对于生活其中的社会环境表现出的信心。这种源自人和物的可靠感,对于形成个体的信任感是极其重要的,而对于外在世界的信任感,既是个体安全感的基础,也是个体抵御焦虑并产生主观幸福感的基础。因此,人的幸福感有时与其经济状况或收入水平之间并未呈现出简单的正相关,在现实生活中,一些经济状况不佳的人,其幸福感却不低,而有些百万富翁却整日忧心忡忡。

因此,我们就可以理解,为什么中国人的幸福感在过去 10 年中先升后降,表现出与经济发展轨迹之间的非同步性。其中主要原因在于,改革开放和现代化建设初期,物质发展成效明显地呈现出来,那时社会分化程度还不大,社会成员在心理上更多是作纵向比较,与过去的生活水平相比,较容易产生满足感。

最近 10 年,社会结构转型加速,各个领域的体制改革日益全面触及深层利益,社会分化程度加大,尤其是贫富差距凸显;在社会心理方面,随着生活条件逐渐改善,人们需求层次日益提升,且呈现出多样化态势,因此,需求能被满足的标准相对提高了;而由于资源相对短缺和竞争加剧以及现代生活节奏加快,人们的各种压力感大大增加,这一切都强有力地影响了人们的幸福感。

第七节 宏观经济政策

一、宏观调控

宏观调控(macro-economic control)亦称国家干预,是政府对国民经济总体的管理,是一个国家政府特别是中央政府的经济职能。它是中央政府在经济运行中,为了促进市场发育、规范市场运行,对社会经济总体进行的具有全局性意义的调节与控制。宏观调控的过程是国家依据市场经济的一系列规律,实现宏观(总量)平衡,保持经济持续、稳定、协调增长,而对货币发行总量、财政收支总量、外汇收支总量和主要物资供求的调节与控制。它是政府运用调节手段和调节机制,实现资源的优化配置,为微观经济运行提供良性的宏观环境,使市场经济正常运行和均衡发展的过程。

政府的宏观调控主要表现为国家利用经济政策、经济法规、计划指导和必要的行政管理,对市场经济的有效运作发挥调控作用。宏观调控的手段主要有以下三种。

(1) 法律手段与经济政策,如:调整税率、金融、财政补贴等;
(2) 计划指导,如:国家大的投资规划,或在某些行业和领域实行配额制度;
(3) 行政手段,如利用工商、商检、卫生检疫、海关等部门禁止或限制某些商品的生产与流通。

二、财政政策

财政政策是指国家根据一定时期政治、经济、社会发展的任务而规定的财政工作的指导原则,通过财政支出与税收政策来调节总需求。增加政府支出，可以刺激总需求，从而增加国民收入，反之则抑制总需求，减少国民收入。税收对国民收入是一种收缩性力量，因此，增加政府税收，可以抑制总需求从而减少国民收入，反之，则刺激总需求增加国民收入。它由国家制定，代表统治阶级的意志和利益，具有鲜明的阶级性，并受一定的社会生产力发展水平和相应的经济关系制约。

财政政策是国家宏观经济政策的重要组成部分，同其他经济政策有着密切的联系。财政政策的制定和执行，应与相应地金融政策、产业政策、收入分配政策等其他经济政策的协调配合。

财政政策一般有以下三种。

（1）扩张性财政政策（又称积极的财政政策）是指政府通过增加政府支出、减税等财政分配活动来增加和刺激社会的总需求进而增加就业和国民收入的政策。实施扩张性财政政策一般会通过增加国债、减税，支出大于收入，出现财政赤字等来实现。

（2）紧缩性财政政策与扩张性财政政策正好相反，它是在通货膨胀时期采用的政策。是指政府通过减少政府支出、增加税收等财政分配活动来减少和抑制社会总需求的政策。

（3）中性财政政策是指财政的分配活动对社会总需求的影响保持中性。

三、财政赤字

财政也就是一国政府的收支状况。财政赤字是财政支出大于财政收入而形成的差额，由于会计核算中用红字处理，所以称为财政赤字。财政赤字是财政收支未能实现平衡的一种表现，是一种世界性的财政现象。

理论上说，财政收支平衡是财政的最佳情况，在现实中就是财政收支相抵或略有节余。但是，在现实中，国家经常需要大量的财富解决经济社会中存在的各种问题，会出现入不敷出的局面。这是出现财政赤字不可避免的一个原因。不过，这也反映出财政赤字的一定作用，即在一定限度内，可以刺激经济增长。在居民消费不足的情况下，政府通常的做法就是加大政府投资，以拉动经济的增长，但是这绝不是长久之计。

一国之所以会出现财政赤字，有许多原因。有的是为了刺激经济发展而降低税率或增加政府支出，有的则因为政府管理不当，引起大量的逃税或过分浪费。当一个国家财政赤字累积过高时，就好像一家公司背负的债务过多一样，对国家的长期经济发展而言，并不是一件好事，对于该国货币亦属长期的利空，且日后为了要解决财政赤字只有靠减少政府支出或增加税收，这两项措施，对于经济或社会的稳定都有不良的影响。一国财政赤字若加大，该国币值会下跌，反之，若财政赤字缩小，表示该国经济运行良好，该国币值会上扬。

财政赤字的大小对于判断财政政策的方向和力度是至关重要的。财政政策是重要的宏观经济政策之一，而财政赤字则是衡量财政政策状况的重要指标。因此，正确衡量财政赤字对于制定财政政策具有十分重要的意义。非常遗憾的是，对于如何正确衡量财政赤字，经济学家并没有达成共识。一些经济学家认为，目前通常意义上的财政赤字并不是财政政策状况的一个好指标。这就是说，他们认为按照目前公认的方法衡量的财政赤字既不能准确地衡量财政政策对目前经济的影响，又不能准确地衡量给后代纳税人造成的负担。

四、货币政策

货币政策是指政府或中央银行为影响经济活动所采取的措施，尤指控制货币供给以及调控利率的各项措施。通过货币政策的使用以达到特定或维持政策目标——抑制通货膨胀、实现充分就业、实现经济持续稳定的增长。

狭义货币政策：指中央银行为实现既定的经济目标（稳定物价，促进经济增长，实现充分就业和平衡国际收支）运用各种工具调节货币供给和利率，进而影响宏观经济的方针和措施的总合。

广义货币政策：指政府、中央银行和其他有关部门所有有关货币方面的规定和采取的影响金融变量的一切措施。（包括金融体制改革，也就是规则的改变等）

两者的不同主要在于后者的政策制定者包括政府及其他有关部门，他们往往是影响金融体制中的外生变量，改变游戏规则，如硬性限制信贷规模、信贷方向，开放和开发金融市场。前者则是中央银行在稳定的体制中利用贴现率、准备金率，公开市场业务达到改变利率和货币供给量的目标。

中央银行通过调节货币供应量，影响利息率及经济中的信贷供应程度来间接影响总需求，以达到总需求与总供给趋于理想的均衡的一系列措施。货币政策分为扩张性货币政策和紧缩性货币政策的两种。

扩张性的货币政策是通过提高货币供应增长速度来刺激总需求，在这种政策下，取得信贷更为容易，利息率会降低。因此，当总需求与经济的生产能力相比很低时，使用扩张性的货币政策最合适。

紧缩性的货币政策是通过削减货币供应的增长率来降低总需求水平，在这种政策下，取得信贷较为困难，利息率也随之提高。因此，在通货膨胀较严重时，采用紧缩性的货币政策较合适。

货币政策调节的对象是货币供应量，即全社会总的购买力，具体表现形式为流通中的现金和个人、企事业单位在银行的存款。流通中的现金与消费物价水平变动密切相关，是最活跃的货币，一直是中央银行关注和调节的重要目标。

货币政策工具是指中央银行为调控货币政策中介目标而采取的政策手段。

货币政策是涉及经济全局的宏观政策，与财政政策、投资政策、分配政策和外资政策等关系十分密切，必须实施综合配套措施才能保持币值稳定。

第八节　经济周期理论

一、经济周期

经济周期（business cycle）也称商业周期、景气循环，它是指经济运行中周期性出现的经济扩张与经济紧缩交替更迭、循环往复的一种现象。是国民总产出、总收入和总就业的波动，是国民收入或总体经济活动扩张与紧缩的交替或周期性波动变化。过去把它分为复苏、繁荣、衰退和萧条四个阶段，现在一般也称衰退、谷底、扩张和顶峰四个阶段。

在市场经济条件下，企业家们越来越多地关心经济形势，也就是"经济大气候"的变化。一个企业生产经营状况的好坏，既受其内部条件的影响，又受其外部宏观经济环境和市场环境的影响。一个企业，无力决定它的外部环境，但可以通过内部条件的改善，来积极适应外部环境的变化，充分利用外部环境，并在一定范围内，改变自己的小环境，以增强自身活力，扩大市场占有率。因此，作为企业家对经济周期波动必须了解、把握，并能制订相应的对策来适应经济周期的波动，否则将在波动中失去生机。

经济周期的含义如图1-4所示。

（1）复苏阶段。该阶段开始时是前一周期的最低点，产出和价格均处于最低水平。随着经济的复苏、生产的恢复和需求的增长，价格也开始逐步回升。

（2）繁荣阶段。该阶段是经济周期的高峰阶段，由于投资需求和消费需求的不断扩张超过了产出的增长，刺激价格迅速上涨到较高水平。

（3）衰退阶段。该阶段出现在经济周期高峰过去后，经济开始滑坡，由于需求的萎缩，供给大大超过需求，价格迅速下跌。

（4）萧条阶段。该阶段是经济周期的谷底，供给和需求均处于较低水平，价格停止下跌，处于低水平上。在整个经济周期演化过程中，价格波动略滞后于经济波动。

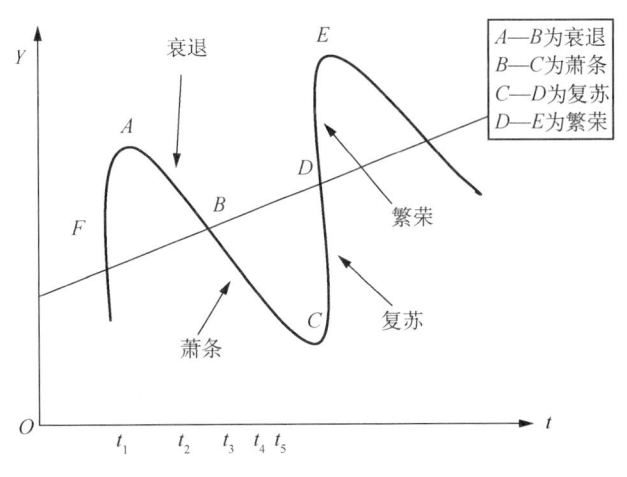

图1-4　经济周期图

二、通货膨胀

通货膨胀是指在纸币流通条件下,因货币供给大于货币实际需求,即现实购买力大于产出供给能力,导致货币贬值,而引起的一段时间内物价持续而普遍的上涨现象。其实质是社会总需求大于社会总供给(供远小于求)。

纸币流通规律表明,纸币发行量不能超过它象征地代表的金银货币量,一旦超过了这个量,纸币就要贬值,物价就要上涨,从而出现通货膨胀。通货膨胀只有在纸币流通的条件下才会出现,在金银货币流通的条件下不会出现此种现象。因为金银货币本身具有价值,作为贮藏手段的职能,可以自发地调节流通中的货币量,使它同商品流通所需要的货币量相适应。而在纸币流通的条件下,因为纸币本身不具有价值,它只是代表金银货币的符号,不能作为贮藏手段,因此,纸币的发行量如果超过了商品流通所需要的数量,就会贬值。例如:商品流通中所需要的金银货币量不变,而纸币发行量超过了金银货币量的一倍,单位纸币就只能代表单位金银货币价值量的1/2,在这种情况下,如果用纸币来计量物价,物价就上涨了一倍,这就是通常所说的货币贬值。此时,流通中的纸币量比流通中所需要的金银货币量增加了一倍,这就是通货膨胀。纸币发行量超过流通中实际需要的货币量,是导致通货膨胀的主要原因之一。

三、通货紧缩

通货紧缩是指货币供应量少于流通领域对货币的实际需求量而引起的货币升值,从而引起的商品和劳务的货币价格总水平的持续下跌现象。当市场上流通货币减少,人们的货币所得减少,购买力下降,物价水平下跌,造成通货紧缩。长期的货币紧缩会抑制投资与生产,导致失业率升高及经济衰退。

通货紧缩对经济与民生的伤害力比通货膨胀还要厉害。多位学者认为,通货紧缩是未来世界经济所必定面临的严峻课题。

通货紧缩主要有以下类型。

(1) 按通货紧缩持续的时间分为"长期性通货紧缩"和"短期性通货紧缩"。

(2) 按通货紧缩和经济增长的关系分为"伴随经济增长率减缓的通货紧缩"和"伴随经济增长率上升的通货紧缩"。

(3) 按通货紧缩和货币政策的关系分为"货币紧缩政策情况下的通货紧缩""货币扩张政策情况下的通货紧缩"和"中性货币政策情况下的通货紧缩"。

四、失业

(一) 什么是失业

失业(unemployment)是指在劳动范围内,有就业能力并且有就业要求的人口没有就业机会的经济现象。

没有劳动能力的人不存在失业问题。有劳动能力的人虽然没有职业,但自身也不想就业的人,不属于失业者。对失业的规定,在不同的国家往往有所不同。在美国,年满16周岁而没有正式工作或正在寻找工作的人都称为失业者。

(二) 失业的种类

1. 自愿失业与非自愿失业

失业有很多种类,根据主观意愿就业与否,可分为自愿失业与非自愿失业。

自愿失业,是指工人所要求的实际工资超过其边际生产率,或者说不愿意接受现行的工作条件和收入水平而未被雇用所造成的失业。由于这种失业是由于劳动人口主观不愿意就业而造成的,所以被称为自愿失业,无法通过经济手段和政策来消除,因此不是经济学所研究的范围。

非自愿失业,是指有劳动能力、愿意接受现行工资水平但仍然找不到工作的现象。这种失业是由于客观原因所造成的,因而可以通过经济手段和政策来消除。经济学中所讲的失业是指非自愿失业。

2. 摩擦性失业、结构性失业和周期性失业

非自愿失业又可以分为摩擦性失业、结构性失业和周期性失业。

摩擦性失业是指生产过程中难以避免的、由于转换职业等原因而造成的短期、局部失业。这种失业的性质是过渡性的或短期性的。它通常起源于劳动的供给一方,因此被看作一种求职性失业,即一方面存在职位空缺,另一方面存在着与此数量对应的寻找工作的失业者,这是因为劳动力市场信息的不完备,厂商找到所需雇员和失业者找到合适工作都需要花费一定的时间。摩擦性失业在任何时期都存在,并将随着经济结构变化而有增大的趋势,但从经济和社会发展的角度来看,这种失业存在是正常的。

结构性失业是指劳动力的供给和需求不匹配所造成的失业,其特点是既有失业,也有职位空缺,失业者或者没有合适的技能,或者居住地点不当,因此无法填补现有的职位空缺。结构性失业在性质上是长期的,而且通常起源于劳动力的需求方。结构性失业是由经济变化导致的,这些经济变化引起特定市场和区域中的特定类型劳动力的需求相对低于其供给。

特定市场中劳动力的需求相对较低可能由以下原因导致:第一是技术变化,原有劳动者不能适应新技术的要求,或者是技术进步使得劳动力需求下降;第二是消费者偏好的变化。消费者对产品和劳务的偏好的改变,使得某些行业扩大而另一些行业缩小,处于规模缩小行业的劳动力因此而失去工作岗位;第三是劳动力的不流动性。流动成本的存在制约着失业者从一个地方或一个行业流动到另一个地方或另一个行业,从而使得结构性失业长期存在。

周期性失业是指经济周期中的衰退或萧条时,因社会总需求下降而造成的失业。当经济发展处于一个周期中的衰退期时,社会总需求不足,因而厂商的生产规模也缩小,从而导致较为普遍的失业现象。周期性失业对于不同行业的影响是不同的,一般来说,需求的收入弹性越大的行业,周期性失业的影响越严重。

五、人力资本

人力资本是指存在于人体之中的具有经济价值的知识、技能和体力(健康状况)等质量因素之和。20世纪60年代,美国经济学家舒尔茨和贝克尔首先创立了比较完整的人力资本理论,这一理论有两个核心观点:一是在经济增长中,人力资本的作用大于物质资本的作用;二是人力资本的核心是提高人口质量,教育投资是人力资本投资的主要部分。

人力资本,比物质、货币等硬资本具有更大的增值空间,特别是在当今后工业时期和知识经济初期,人力资本将有着更大的增值潜力。因为作为"活资本"的人力资本,具有创新性、创造性,具有有效配置资源、调整企业发展战略等市场应变能力。对人力资本进行投资,对GDP的增长具有更高的贡献率。

人力资本理论主要包括以下内容。

(1)人力资源是一切资源中最主要的资源,人力资本理论是经济学的核心问题。

(2)在经济增长中,人力资本的作用大于物质资本的作用。人力资本投资与国民收入成正比,比物质资源增长速度快。

(3)人力资本的核心是提高人口质量,教育投资是人力投资的主要部分。不应当把人力资本的再生产仅仅视为一种消费,而应视为一种投资,这种投资的经济效益远大于物质投资的经济效益。教育是提高人力资本最基本的主要手段,所以也可以把人力投资视为教育投资问题。生产力三要素之一的人力资源显然还可以进一步分解为具有不同技术知识程度的人力资源。高技术知识程度的人力带来的产出明显高于技术程度低的人力。

(4)教育投资应以市场供求关系为依据,以人力价格的浮动为衡量符号。

第九节 国际贸易

一、国际贸易的概述

(一)什么是国际贸易

国际贸易是指不同国家(或地区)之间的商品、服务和生产要素等方面的交换活动。是不同国家或地区在国际分工基础上相互联系的主要形式,反映了世界各国在经济上的相互依存关系。也被称之为世界贸易。从国家角度可称对外贸易;从国际角度可称国际贸易。

国际贸易由进口贸易和出口贸易两部分组成,故有时也称为进出口贸易。

(二) 国际贸易的分类

1. 按商品移动的方向国际贸易划分

(1) 进口贸易:将外国的商品或服务输入本国市场销售。

(2) 出口贸易:将本国的商品或服务输出到外国市场销售。

(3) 过境贸易:甲国的商品经过丙国境内运至乙国市场销售,对丙国而言就是过境贸易。由于过境贸易对国际贸易的阻碍作用,目前,WTO成员之间互不从事过境贸易。

2. 按商品的形态国际贸易划分

(1) 有形贸易:有实物形态的商品的进出口。

(2) 无形贸易:没有实物形态的技术和服务的进出口。例如,机器、设备、家具等都是有实物形态的商品,这些商品的进出口称为有形贸易。专利使用权的转让、旅游、金融保险企业跨国提供服务等都是没有实物形态的商品,其进出口称为无形贸易。

3. 按生产国和消费国在贸易中的关系国际贸易划分

(1) 直接贸易:指商品生产国与商品消费国不通过第三国进行买卖商品的行为。贸易的出口国方面称为直接出口,进口国方面称为直接进口。

(2) 间接贸易和转口贸易:指商品生产国与商品消费国通过第三国进行买卖商品的行为,间接贸易中的生产国称为间接出口国,消费国称为间接进口国,而第三国则是转口贸易国,第三国所从事的就是转口贸易。

例如,战后的伊拉克有一些商机,但是风险也很大。我国有些企业在向伊拉克出口商品时,大多是先把商品卖给伊拉克的周边国家,再由伊拉克的周边国家转口到伊拉克。

二、汇率

汇率亦称"外汇行市或汇价"。一国货币兑换另一国货币的比率,是以一种货币表示的另一种货币的价格。由于世界各国货币的名称不同,币值不一,所以一国货币对其他国家的货币要规定一个兑换率,即汇率。

汇率是国际贸易中最重要的调节杠杆。因为一个国家生产的商品都是按本国货币来计算成本的,要拿到国际市场上竞争,其商品成本一定会与汇率相关。汇率的高低也就直接影响该商品在国际市场上的成本和价格,直接影响商品的国际竞争力。

例如,一件价值100元人民币的商品,如果美元对人民币汇率为8.25,则这件商品在国际市场上的价格就是12.12美元。如果美元对人民币汇率涨到8.50,也就是说美元升值,人民币贬值,则该商品在国际市场上的价格就是11.76美元。商品的价格降低,竞争力增强,商品的需求增加,从而刺激该商品的出口。反之,如果美元对人民币汇率跌到8.00,也就是说美元贬值,人民币升值,则该商品在国际市场上的价格就是12.50美元。商品价格的提高使需求减少,必将影响该商品的出口。同样,美元升值而人民币贬值就会制约商品对中国的进口,反过来美元贬值而人民币升值却会大大刺激进口。

(一) 汇率标价方法

汇率既可以用本国货币来表示外国货币的价格,也可以用外国货币来表示本国货币的价格,因此就产生了两种不同的标价方法。

1. 直接标价法

直接标价法是以一定单位的外国货币为标准,用折算成若干本国货币来表示汇率的标价方法。即外币不动本币动,用本币数量的增减来表示外币价格的升降。在直接标价法下,单位外币所能换取的本国货币数量增加,即汇率上升,说明外国货币升值,本国货币贬值,反之亦然。除英国、美国和欧元区以外,世界上大多数国家都采用直接标价法来公布汇率。我国人民币也采用直接标价法。

2. 间接标价法

间接标价法是以一定单位的本国货币为标准,用折合多少外国货币来表示汇率的标价方法。即本币不变外币变,用外币数量的增减来表示本币价格的升降。在间接标价法下,单位本币所能换取的外国货币数量增加,说明本国货币升值,外国货币贬值;反之亦然。目前世界上采用间接标价法的主要是英镑、美元以及欧元等。

外汇买卖一般均集中在商业银行等金融机构,它们买卖外汇的目的是为了追求利润,方法就是贱买贵卖,赚取买卖差价,商业银行等机构买进外币时所依据的汇率叫"买入汇率",也称"买价";卖出外币时所依据的汇率叫"卖出汇率",也称"卖价",买入汇率与卖出汇率相差的幅度一般在千分之一至千分之五,各国不尽相同,两者之间的差额,即商业银行买卖外汇的利润。

在外汇市场上挂牌的外汇牌价一般均列有买入汇率与卖出汇率。在直接标价法下,一定外币后的一个本币数字表示"买价"即银行买进外币时付给客户的本币数;后一个本币数字表示"卖价",即银行卖出外币时向客户收取的本币数。在间接标价法下,情况恰恰相反,在本币后的前一外币数字为"卖价",即银行收进一定量的(1个或100个)本币而卖出外币时,它所付给客户的外币数;后一外币数字是"买价",即银行付出一定量的(1个或100个)本币而买进外币时,它向客户收取的外币数。

(二)汇率制度

汇率制度是指一国货币当局对本国汇率变动的基本方式所做的一系列安排或规定。一种汇率制度应包含以下几个内容:第一,汇率确定的基础;第二,汇率波动的界限;第三,汇率应该如何调整;第四,维持汇率应采取的措施。

按照汇率变动的幅度,汇率制度可分为固定汇率制度和浮动汇率制度。固定汇率制是指一国货币与它国货币的汇率基本固定,只能在一定的范围内小幅度的波动。浮动汇率制则是不规定本国货币与它国货币的官方汇率,由外汇市场的供求关系自发的决定。

(三)影响汇率波动的因素

影响汇率波动的最基本因素主要有以下四种。

1. 国际收支及外汇储备

所谓国际收支是指一个国家的货币收入总额与付给其它国家的货币支出总额的对比。是影响汇率变动的直接因素,起主导作用。如果货币收入总额大于支出总额,便会出现国际收支顺差;外汇收入增多,国际储备增加,外汇市场对该国货币的需求将增加,该国汇率将上升;反之,则是国际收支逆差,该国的货币有贬值的趋势,汇率将下跌。

2. 利率

利率作为一国借贷状况的基本反映,对汇率波动起决定性作用。利率水平直接对国际间的资本流动产生影响,会直接引起国际间套利资本的流动,高利率国家发生资本流入,低利率国家则发生资本外流;资本流动会造成外汇市场供求关系的变化,从而对外汇汇率的波动产生影响。一般而言,一国利率提高,将导致该国货币升值;反之,该国货币贬值。

3. 通货膨胀

一般而言,通货膨胀会导致本国货币汇率下跌,通货膨胀的缓解会使汇率上浮。通货膨胀影响本币的价值和购买力。当通货膨胀缓解时,人民币汇率上升,人民币增值,会引发出口商品竞争力减弱、进口商品增加,还会引发对外汇市场产生心理影响,削弱本币在国际市场上的信用地位。这三方面的影响都会导致本币贬值。

4. 政治局势

一国及国际间的政治局势的变化,都会对外汇市场产生影响。政治局势的变化一般包括政治冲突、军事冲突、选举和政权更迭等,这些政治因素对汇率的影响有时很大,但影响时限一般都很短。

三、国际收支

(一)国际收支的概念

国际收支分为狭义的国际收支和广义的国际收支。

狭义的国际收支指一国在一定时期(通常为1年)内对外收入和支出的总额。

广义的国际收支不仅包括外汇收支,还包括一定时期的经济交易。

国际货币基金组织对国际收支的定义为一定时期内,一国居民与非居民之间经济交易的系统记录。

理解国际收支时应把握以下内容。

(1) 国际收支是一个流量概念。

(2) 所反映的内容是经济交易,包括商品和劳务的买卖、物物交换、金融资产之间的交换、无偿的单向商品和劳务的转移、无偿的单向金融资产的转移。

(3) 记载的经济交易是居民与非居民之间发生的。

(二) 国际收支不平衡的经济影响

1. 国际收支逆差的不利影响

持续的、大规模的国际收支逆差对一国经济的影响表现为以下两个方面。

(1) 不利于对外经济交往。在浮动汇率制下,存在国际收支持续逆差的国家会增加对外汇的需求,而外汇的供给不足,会促使外汇汇率上升,本币贬值,本币的国际地位降低,可能导致短期资本外逃,从而对本国的对外经济交往带来不利影响。

(2) 如果一国长期处于逆差状态,不仅会严重消耗一国的储备资产,影响其金融实力,而且还会使该国的偿债能力降低,如果陷入债务困境不能自拔,这又会进一步影响本国的经济和金融实力,并失去在国际上的信誉。如20世纪80年代初期爆发的国际债务危机在很大程度上就是因为债务国出现长期国际收支逆差,不具备足够的偿债能力所致。

2. 国际收支顺差的不利影响

持续的、大规模的国际收支顺差也会对一国经济带来不利的影响,具体表现在以下几个方面。

(1) 不利于本国商品的出口。持续性顺差会使一国所持有的外国货币资金增加,或者在国际金融市场上发生抢购本国货币的情况,这就必然产生对本国货币需求量的增加,由于市场法则的作用,本国货币对外国货币的汇价就会上涨,会影响本国商品的出口,对本国经济的增长也会产生不良影响。

(2) 会导致一国通货膨胀压力加大。因为如果国际贸易出现顺差,那么就意味着国内大量商品被用于出口,可能导致国内市场商品供应短缺,带来通货膨胀的压力。另外,出口公司将会出售大量外汇兑换本币收购出口产品,从而增加了国内市场货币投放量,带来通货膨胀压力。如果资本项目出现顺差,大量的资本流入,该国政府就必须投放本国货币来购买这些外汇,从而也会增加该国的货币流通量,带来通货膨胀压力。

(3) 容易引起国际摩擦,不利于国际经济关系的发展。因为一国国际收支出现顺差也就意味着其他一些国家的国际收支出现逆差,从而影响这些国家的经济发展,他们要求顺差国调整国内政策,以调节过大的顺差,这就必然导致国际摩擦。如20世纪80年代以来愈演愈烈的欧、美、日贸易摩擦,就是因为欧共体国家、美国、日本之间国际收支状况不对称所导致的。

可见,一国国际收支持续不平衡时,无论是顺差还是逆差,都会给该国经济带来危害,政府必须采取适当的调节,以使该国的经济得到健康的发展。

四、贸易顺差与逆差

贸易顺差就是在一定的单位时间里(通常按年度计算),贸易的双方互相买卖各种货物,互相进口与出口,甲方的出口金额大过乙方的出口金额,或甲方的进口金额少于乙方的进口金额,其中的差额,对甲方来说,就叫做贸易顺差;反之,对乙方来说,就叫做贸易逆差。一般就贸易双方的利益来讲,其中得到贸易顺差的一方是占便宜的一方,而得到贸易逆差的一方则是吃亏的一方。可以这么看,贸易是为了赚钱。而贸易顺差的一方,就是净赚进了钱;而贸易逆差的一方,则是净付出了钱。

贸易顺差越多并不一定好,过高的贸易顺差是一件危险的事情,意味着本国经济的增长比过去几年任何时候都更依赖于外部需求,对外依存度过高。巨额的贸易顺差也带来了外汇储备的膨胀,给本国货币带来了更大的升值压力,也给国际上贸易保护主义势力以口实,认为巨额顺差反映的是本国货币被低估。这无形中增加了本国货币的升值压力和金融风险,为汇率机制改革增加了成本和难度。比较简单的对策就是拉动国内消费。

贸易逆差是指一国在特定年度内进口贸易总值大于出口总值,俗称"入超",反映该国当年在对外贸易中处于不利地位。同样,一国政府当局应当设法避免长期出现贸易逆差,因为大量逆差将致使国内资本外流,对外债务增加。这种状况同样会影响国民经济正常运行。

五、倾销与反倾销

倾销(dumping)是一种价格歧视,即出口厂商在国际市场上,以明显低于市场价格的价格销售商品,对进口国的某些工业造成重大损害或重大威胁,是一种不正当的贸易行为。

国际倾销是指一个国家或地区的出口经营者以低于国内市场正常或平均价格甚至低于成本价格向另一国市场销售其产品的行为,目的在于击败竞争对手,夺取市场。并因此给进口国相同或类似产品的生产者带来损害。被视为一种"不公平"的贸易手段。

按照倾销进行的方式分类主要有商品倾销、外汇倾销等形式。

反倾销(anti-dumping)是指进口国主管当局根据受到损害的国内工业的申诉,按照一定的法律程序对以低于正常价值的价格在进口国进行销售的、对进口国生产相似产品的产业造成法定损害的外国产品,进行立案、调查和处理的过程与措施。

六、世界贸易组织 WTO

WTO 是世贸组织的英文简称,是一个独立于联合国的永久性国际组织。1995 年 1 月 1 日正式开始运作,负责管理世界经济和贸易秩序,总部设在瑞士日内瓦莱蒙湖畔。世贸组织是具有法人地位的国际组织,在调解成员争端方面具有更高的权威性。世贸组织与世界银行、国际货币基金组织一起,并称为当今世界经济体制的"三大支柱"。

1996 年 1 月 1 日,WTO 正式取代关贸总协定临时机构(前身是 1947 年订立的关税及贸易总协定)。与关贸总协定相比,世贸组织涵盖货物贸易、服务贸易以及知识产权贸易,而关贸总协定只适用于商品货物贸易。目前,世贸组织的贸易量已占世界贸易的 95% 以上。

世贸组织被认为是多边贸易体制的代表,其核心是世贸组织的各项协定。这些协定是由世界上绝大多数国家和地区通过谈判达成并签署的,已经各成员立法机构的批准。这些协定包含了国际贸易通行的法律规则,一方面保证各成员的重要贸易权利,另一方面对各成员政府起到约束作用,使它们的贸易政策保持在各方议定且符合各方利益的限度之内,这样做是为了向产品制造者和服务提供者提供帮助,并便利进出口业务的开展。

世贸组织的首要目标是帮助开展平稳、自由、公平的贸易。实现这些目标的途径包括:管理世贸组织协定、处理贸易争端、监督各国贸易政策、为发展中国家提供技术援助和培训、与其他国际组织开展合作等。

2001 年 12 月 11 日,中国正式加入世界贸易组织,成为其第 143 个成员。

七、热钱

热钱(hot money),又称游资(refugee capital)或叫投机性短期资本,只为追求最高报酬以最低风险而在国际金融市场上迅速流动的短期投机性资金。国际间短期资金的投机性移动主要是逃避政治风险,追求汇率变动、重要商品价格变动或国际有价证券价格变动的利益,而热钱即为追求汇率变动利益的投机性行为。当投机者预期某种通货的价格将下跌时,便出售该通货的远期外汇,以期在将来期满之后,可以较低的即期外汇买进而赚取此一汇兑差价的利益。由于此纯属买空卖空的投机行为,故与套汇不同。在外汇市场上,由于此种投机性资金常自有贬值倾向,货币转换成有升值货币倾向的货币,增加了外汇市场的不稳定性,因此,只要预期的心理存在,唯有让升值的货币大幅波动或实行外汇管制,才能阻止这种投机性资金的流动。

热钱流入中国的渠道多达十余种,主要渠道有以下方面。

(1) 虚假贸易。在这一渠道中,国内的企业与国外的投资者可联手通过虚报价格、预收货款、伪造供货合同等方式,把境外的资金引入。

(2) 增资扩股。既有的外商投资企业在原有注册资金基础上,以"扩大生产规模""增加投资项目"等理由申请增资,资金进来后实则游走他处套利;在结汇套利以后要撤出时,只需另寻借口撤消原项目合同,这样热钱的进出都很容易。

(3) 货币流转与转换。市场有段顺口溜可说明这一热钱流入方式:"港币不可兑换,人民币可兑换,两地一流窜,一样可兑换"。国家外汇管理局在检查中发现,通过这样的货币转换和跨地区操作的办法,也使得大量热钱"自由进出"。

(4) 地下钱庄。地下钱庄是外资进出最为快捷的方式。很多地下钱庄运作是这样的:假设你在香港地区或者境外某地把钱打到当地某一个指定的账户,被确认后,内地的地下钱庄自然就会帮你开个户,把你的外币转成人民币了,根本就不需要有外币进来。

(5) 货柜车夹带现金。这种做法主要集中在珠三角地区的来料加工企业。企业以发员工工资等名义,通过货柜车夹带港币进出粤港两地。如果一个企业有十部八部货柜车,一部车跑一两趟很普遍,每趟夹带50万港币,即便被海关检查也很好解释。2006年以来,随着资金进出需求增多,一些类似的企业慢慢地拓展业务,成了变相的"地下钱庄",大批量帮别人夹带现金。

(6) 赡家款。海外华侨对国内亲属汇款被称为"赡家款",这几年这个数字大幅增加。此间真正用于"赡家"用途的款项堪疑,相当多的热钱是通过这种渠道进来炒股、买房的。

第十节 消费经济学

一、消费需要与消费需求

(一) 消费需要

1. 消费需要的定义

消费需要在经济活动中有着重要的地位,是一切经济活动的出发点和归宿。消费需要是指消费者通过物品和劳务的消费使其物质生活和精神生活得到满足的需要。它是消费者的消费欲望、愿望和要求,或者说是指消费者生理和心理上的匮乏状态,即感到缺少些什么,从而想获得它们的状态。

2. 消费需要的类型

消费需要根据不同的划分标准可以有不同的分类,主要有以下几种。

(1) 根据需要的对象划分。

① 生理需要。属于典型的消费需要。比如最基本的吃饭、穿衣等。

② 精神需要。除了对物质的需要的满足外,人们还需要某种心理的、精神的、感情的满足感。旅游、教育、培训、卫生、保健、参观、娱乐、运动等都是常见的精神需要。

③ 社会需要。个人从事社会活动、社会交往的各种需要。比如参加宴会、沙龙等。

(2) 根据需要的时间特征划分。

① 现实需要和未来需要。现实需要指必须立即采取行动予以满足的需要,比如饥饿了需要立即吃饭;未来需要指消费者已经意识到并可以做些准备,但在未来才会要求满足的需要。对于刚结婚的年轻夫妇来说,现实需要可能是租房,未来需要则可能就是买房以及子女教育等。

② 短期需要和长期需要。短期需要指短时期内产生的并要求立即予以满足的需要,可能以后就不再重复出现;长期需要指在一个较长时期内都会持续或反复出现的需要。短期需要,如意外支出、短期租房等;长期需要,如对日用必需品等的需要。

(3) 根据需要满足的途径划分。

① 个人消费需要。即劳动者及家庭的消费,这是维护自身及家庭成员的生存、发展和繁衍后代而对

物质生活方面的消费需要。在市场经济条件下,个人消费是通过人的货币收入,自由选购商品和劳务,使个人及家庭的消费需要得到满足。例如对衣、食、住、行、用等个人方面的需要。

② 公共消费需要。公共消费包括国家行政管理和国防支出,科学、教育、文化、卫生事业的支出,社会救济和劳动保险方面的支出等等。例如,学校、医院、广场、公园、图书馆、环境保护等公用事业方面的物质消耗。公共消费是实现社会稳定和国家安全,提高劳动者的素质,以及保证社会再生产正常进行所必需的。

(4) 根据需要满足的层次划分。

① 生存需要。是人的最基本的需要。例如,肚子饿了会产生对食物的需要,口渴了会产生对水的需要;普通老百姓开门七件事"柴、米、油、盐、酱、醋、茶",还有休息、健康、安全等,这些就是基本的生存需要。

② 享受需要。在生存需要基本得到满足的前提下形成的一种旨在提高生活质量,优化生存条件的需要。比如要求吃好、穿好,对于高级家具、高级音响设备、房屋的豪华装修或者是别墅等需要。

③ 发展需要。为了自身的完善和文明程度的提高、为了增强人的自由个性而产生的需要,使人们的才能、智力和体力、个性获得充分发展的需要。比如为提升学历而继续深造,职务晋升等。

(5) 根据需要的显现程度划分。

① 显现需要。已经在市场上表现出来的消费需要,表现为消费者既有欲望,又有一定的购买能力。比如现在的电视机、电脑对每个家庭来说,已经是显现需要。

② 潜在需要。指消费者没有明确意识到的欲望,或者说是朦胧的欲望,由于各种原因还没有表现出来的需要。比如现在的优质理财服务对广大中国家庭来说,尚是潜在需要。

需要注意的是,显现需要和潜在需要往往都是不断变化的,现在的显现需要是先前的潜在需要,现在的潜在需要是将来的显现需要。比如电脑,上世纪80年代对中国家庭来说是个潜在需要,但现在已经成了显现需要。

(二) 消费需求

1. 消费需求的定义

西方经济学中的消费需求是指消费者在一定价格水平下愿意而且能够购买的商品或服务的数量。消费需求必须具备两个条件,即购买意愿与购买能力。购买能力是社会消费者拥有的能够购买商品和劳务的货币支付能力。"需"是指需要,消费欲望;"求"是指满足需要的能力,即购买能力。这两个环节共同决定消费需求是否充分。如果对某种商品的消费不会增加消费者的效用,或消费者缺少足够的收入,消费需求都会不足。

2. 影响消费需求的主要因素

(1) 消费者的收入水平。

收入是消费的基础,因为收入是影响消费需求的最根本的因素。当收入变化时,消费者对某种商品的消费需求乃至消费支出结构都会发生变化。这里的收入变化,主要是指消费者的实际收入水平的变化。因为实际收入与名义收入并不是完全一致的。因此,决定其购买力的是实际收入。消费者的收入还可以进一步细分为可支配的个人收入和可随意支配的收入两种。其中,可支配的个人收入是指消费者的货币收入扣除各种税金后的收入,可随意支配的收入是指由可支配的个人收入再扣除衣、食、住等基本生活开支后所构成的收入。

(2) 利率。

传统观点认为,提高利率可以刺激储蓄,但现代西方经济学家认为,提高利率是否会增加储蓄、抑制当前消费,要根据利率变动对储蓄的替代效应和收入效应而定。所谓利率变动对储蓄的替代效应,是指利率提高时,人们会认为减少目前消费、增加将来消费比较有利,从而增加储蓄。因此,利率的提高使储蓄增加是利率变动的替代效应。所谓利率变动对储蓄的收入效应,是指利率提高使储蓄者将来的利息收入增加,会使他认为自己变得更富有了,以至于增加目前消费,结果反而使储蓄减少。这种储蓄的减少是利率对储蓄的收入效应。

利率如何影响储蓄,需视替代效应与收入效应的总和而定。就低收入者而言,利率的提高主要会导致替代效应(因为他们没有太多的钱可存款收取利息,利率提高也不会增加他们将来的收入),故利率提高会增加储蓄,减少当前消费。就高收入者而言,利率的提高,主要会导致收入效应,从而可能会减少储蓄。就全社会总和而言,利率的提高究竟会增加储蓄还是减少储蓄,则由这些人增加和减少储蓄的总和正负净额来决定。

(3)对收入和价格的预期。

如果某种商品的价格被预期上涨,即使当前价格不变,人们对它的需求量也会增加;反之,如果某种商品价格被预期下降,在现行价格下,它的需求量将会减少。此外,消费者的收入预期对消费需求也有着重要影响。

收入预期是指消费者对自己未来收入水平的预期。虽然它的变化不会直接影响消费者当前的消费,但它能够调节消费者在现期消费与未来消费之间的选择。如果消费者预期收入提高,那么他就会提高现期消费支出的水平,从而增加消费需求;如果预期收入降低,那么他就会增加储蓄,以支持未来的消费水平。由于市场经济体制下周期性经济波动的存在,消费者的收入水平会随着经济的波动而变化,因而收入预期成为影响消费水平的重要因素。

(4)消费者的偏好和消费观念。

若消费者对某一商品的爱好减弱了,即使该种商品价格不变,其需求量也会减少,反之则会增加。消费者的爱好受多种因素的影响,例如广告宣传、电视媒体等。

消费观念属于社会意识的范畴,是人们关于市场、货币、消费等经济生活现象的比较系统、稳定的见解和看法,是世界观和人生观的组成部分。随着人们年龄的增长和思想的成熟,人们的消费观也逐渐形成。消费观的形成,受家庭和社会经济环境以及民族传统文化、个人文化素质、宗教信仰等非经济因素的强烈影响。消费观念是一个历史的范畴,不同的时代和社会,有着不同的消费观念;不同阶级和国家,其消费观念相差甚远。处在同一时代和社会以及同一国家的人们,其消费观念也是不同的。而不同的消费观念,对消费需求会产生不同影响。

(5)居民储蓄及消费信贷。

当消费者的收入一定时,储蓄数量越大,现实支出数量就越小,从而影响购买力。同时,居民储蓄越多,潜在购买力越强,未来的消费需求就越大。

消费者信贷也是影响购买力的一个重要因素。因为消费者不仅以其货币收入购买所需要的商品,而且可用个人信贷来购买商品。消费信贷也是影响消费者未来消费需求的重要因素。

(6)国家消费政策。

在特定的历史时期,国家的消费政策对人们的消费观念也会产生重大的影响,如目前我国政府提出的扩大内需、鼓励消费政策和鼓励消费信贷政策等。

(7)民族传统、消费习惯、消费心理等。

由于民族传统、消费习惯、消费心理的不同,在不同的国家、同一国家的不同地区甚至同一地区的人们表现出来的消费需求也是不一样的。比如,在西方,有的家庭陈设的家具,是不用油漆、未经过多次加工的原材料制成的。而在中国,人们对家具和一些日常用品的选择,却比较看重造型、色调、光泽。

除了以上因素之外,还有一些因素也会影响消费需求,如消费者的年龄结构、收入分配的平等程度、广告宣传、消费观念等等。当然,在微观经济分析中,价格与需求量之间的关系是主要的研究内容。

二、消费结构与消费方式

(一)消费结构

人们的消费,总要以一定的消费资料(包括劳务,下同)为对象,人们要满足自身存在和发展的需要,满足物质和文化生活的需要,就要消费各种不同类型的消费资料。在一定的社会经济条件下,人们(包括各种不同类型的消费者和社会集团)在消费过程中所消费的各种不同类型的消费资料的比例关系,就是消费结构。譬如,在居民家庭消费总额中,由食品、服装、住房、水电、燃料、交通、教育及文化等各项支出所占份额而构成的比例状态,就是家庭消费结构。

1. 消费结构的类型

(1) 按人们实际消费支出的不同方面或消费的具体形式划分。

可以分成吃、穿、住、用、行等不同形式的消费结构。这种形式的划分比较具体和直观,也适用于经济统计。目前,我国和世界大多数国家主要采取这种分类方法。按这种方法,还可以把吃、穿、用等进一步细分。例如:对吃,可细分为主食和副食,还可以列出具体的食品,如水果、蔬菜、肉、蛋、禽、奶等;对穿,可细分为化纤织品、棉织品、毛织品等;对用,可细分为一般日用品、文化用品、保健用品、高档耐用品等。

(2) 按满足消费需要的层次划分。

可以形成生存资料、享受资料和发展资料的消费结构。生存资料一般是指维持劳动力简单再生产、保持劳动者体力、脑力所必需的生活资料;享受资料是人们在满足了基本生活需要以后,能给人们带来舒适、安逸、愉快和幸福的生活资料;发展资料的消费能使人们增长知识、陶冶情操、提高素质,使人们的日常生活向较高的层次递进。生存资料是人们最基本的消费资料,而享受资料和发展资料是较高层次的消费资料。人们在满足了生存需要后,会逐步要求满足享受需要和发展需要。在实际生活中,这三种资料往往是相互交错的。例如,有的消费资料既可作为享受资料,也可作为发展资料;有的消费资料,在一定时期内是享受资料,但在另一时期内又成为生存资料。消费结构的这种划分,对分析人们消费水平的提高,对描述不同阶段、阶层和社会集团的消费状况起着重要作用。

(3) 按消费品能够提供的消费形态划分。

可以分成实物消费、劳务消费和精神消费的消费结构。实物消费是有形产品的消费;劳务消费一般是通过接受活动方式提供的消费服务,随着社会经济的发展,劳务消费在人们社会消费中的地位越来越重要;精神消费是人们为满足心理需要、陶冶情操、提高身心健康而接受精神产品的消费形式,如知识、信息、理念、心理体验与审美情趣等的获得。高层次的精神消费不仅对人的发展,而且对促进社会经济的发展、生产方式的改进起着十分重要的作用。对消费结构的这种划分有利于全面分析人们的消费状况,有利于根据实物消费、劳务消费和精神消费的发展变化趋势促进第三产业的发展。

消费结构还可分为其他类型,如自给性消费和商品性消费;家庭消费与非家庭消费等。

2. 影响消费结构的因素

影响消费结构的变量很多,可从微观和宏观两个层面来分析。就微观层面而言,主要有家庭就业人口及收入、家庭类型、家庭消费目标及消费功能等影响消费结构;而影响消费结构的宏观变量主要有收入、价格、产业结构、人口状况和社会文化等。

下面就简要列举其中的几个因素并加以说明。

(1) 收入。

收入是影响消费结构最重要、最基本的因素。人均国民收入的变化,不仅影响消费水平,而且影响消费结构。譬如,随着收入的提高,人们在吃的方面,由吃饱向吃好转化,越来越讲究营养、味美和方便;在穿的方面,由单调向多样化转化,越来越讲究花色、品种和式样;在用的方面,由一般日用品向高档耐用消费品转化,越来越讲究方便、多功能和精美;在住的方面,由满足基本住的需要向居住舒适化方面转化,越来越讲究宽敞和室内外环境优美等。过去没有能力消费的消费品,现在可以消费了;过去的收入水平只能满足最基本的消费需要,现在可以满足较高层次的消费需要了。

收入对消费结构的影响还表现在消费品的需求收入弹性方面。收入水平提高后,某些消费品的需求弹性变化幅度增大(如奢侈品),而有些消费品的需求收入弹性变化可能不大(如低档品),通过分析收入水平变化对不同消费者需求收入弹性的影响作用,可以看出消费结构的变化情况。

(2) 价格。

价格的变化对消费结构有着重要影响。在其他条件不变的情况下,消费品价格总水平的高低影响消费水平,进而影响消费品的供求和消费结构。不同消费品的价格会发生不同的变化。比如,有的价格上涨,有的价格下降。价格的高低影响消费品的供求,因而必然影响消费结构。在收入水平一定的条件下,消费者购买力的大小就直接取决于价格的高低,也就是说,消费者以同样的货币能购买多少不同类型的消费品,取决于这些消费品的价格状况。一般说来,某种消费品的价格上升,其需求会减少,同样,消费也会减少,反之亦然。特别是需求价格弹性大的消费品更是如此。当然,在某些消费者群体中也有逆反的心理,买涨不买跌。但从总体来说,价格的变化对消费结构的影响是非常直接的。

(3) 产业结构。

人类历史上的产业结构及其分化经历了以农业为标志的第一次产业结构变迁、以工业为标志的第二次产业结构变迁、以服务业为标志的第三次产业的结构变迁过程。在收入提高的同时,满足人们服务需要的第三产业不断发展,提高了人们消费结构中劳务支出的比例,从而使消费结构产生变化。第三产业中的生活服务业是人们生活中不可或缺的部分,在消费结构中占据越来越大的比例,对提高人民的消费水平具有越来越重要的作用。研究表明,现在正经历着以新兴的信息产业为标志的第四次产业结构的分化过程。随着科学技术的发展,知识和信息产业脱颖而出,导致新的消费品不断出现,人们的消费领域不断拓宽,将使消费结构进一步产生重大变化。

(4) 社会文化。

文化有广义和狭义之分。广义的文化包括生活方式、价值观念、风俗习惯、道德规范、宗教信仰、人类社会创造的精神产品等。广义的文化实质上泛指人类在社会实践过程中创造的物质财富和精神财富的总和。社会文化是使消费者产生消费偏好的最重要的背景和直接动力,是导致消费行为和其他各种行为的根源之一,会对消费结构产生极大影响。消费文化则是狭义的文化,是指人们的消费观念、消费习惯、消费偏好等,它更直接影响人们的消费结构。

(二) 消费方式

1. 消费方式的形式

消费方式是指消费能力在特定消费关系中的实现形式。消费方式作为一个科学的概念,它要解决的主要问题是通过选择合理的消费本位,使消费者主体与消费对象在最佳本位上结合,以便消费能力在最大限度上得到实现,并达到消费规模效益的优化。

消费方式有两种形式,一种是消费的自然方式,另一种是消费的社会方式。

消费的自然方式指的是消费者同消费资料之间自然的、技术的结合方式。它是由消费资料本身自然的、技术的特性所决定的。各种消费资料是生产分工的产物,各自有特定的使用价值,分别满足不同的消费需要。例如,食品用于吃,衣服用于穿,房屋用于住等等。吃、穿、住、听、看,都属于不同的消费方式。即便是同一种消费,由于消费的工具、消费的设备不同,也会显示出不同的消费方式。如吃这种消费方式,又分生吃与熟吃,用手抓饭吃与用各种餐具吃。再者,消费资料品质的优劣不同,消费方式也存在差异。

消费的社会方式就是消费者同消费资料相结合所采取的一定社会形式,简言之,消费的社会方式就是消费的社会组织形式,是个体消费,还是群体消费;是市场化消费,还是非市场化消费;是经济合理的消费,还是浪费性消费;是文明、健康、科学的消费,还是不文明、不健康、不科学的消费。如此等等,都属于消费的社会方式。

2. 影响消费方式的因素

影响消费方式的因素很多,主要有以下几个方面。

(1) 自然地理因素。

自然地理因素包括地理环境、气候及自然条件等。地理环境对消费方式的影响,从某种程度上来说,是在不断减弱。比如,随着发达的市场条件的形成,地理环境对消费可选择对象的限制大为减弱;随着水资源的不断开发,地理环境对居民生活用水的限制也在减弱等等。但必须肯定,地理环境始终是影响消费方式的一个不可忽视的因素,北方与南方、沿海与内地、山区与湖区地理环境的不同,必然造成消费方式的差异性。如,我国不同地域的消费者在"吃"的消费上,有"南甜、北咸、东辣、西酸"的差别;湖南、四川等地常年潮湿,因而当地人在饮食上多吃辛辣以驱寒祛湿。此外,我国南北方气候和温度差别较大,形成南北方消费者在服饰、取暖、纳凉等方面的不同消费方式。从资源条件上,沿海居民、江南水乡周围的居民对水产品的消费非常讲究,而蒙古族人更多地食用牛羊肉,藏族人喝青稞酒,这些都构成不同地域和民族的独特的消费方式。

（2）经济因素。

经济因素包括经济发展状况（GDP增长率）、储蓄及投资水平、财政收支及金融状况、物价水平、工资水平、就业水平（就业率、失业率）、利率等。它通常会对整个消费者市场产生全面影响，从而成为影响消费方式的基本因素。

（3）社会因素。

社会因素包括民族传统的生活方式、风俗习惯、伦理道德、消费观念等。其中，民族传统的生活方式、伦理道德和风俗习惯是一个国家或民族历经多年形成、固定和沿袭下来的，因而具有继承性，其本质的特征不会在短时间内发生大的变化。即使人们的经济收入增加，在传统习惯的影响和约束下，消费方式也难以发生较大的变化。

（4）政策制度因素。

政策制度因素指影响消费者行为的制度、政策、法规、行政措施等方面的因素，这些因素往往对消费者的消费方式也具有导向性作用。比如，针对汽车市场，国家出台了一系列的法律、法规和有关政策，引导这个污染性产业走向清洁。如在北京实施的国III标准，其中某些指标甚至比一向重视环保的欧III更加严格，从短期来看，这是为2008年奥运会创造一个更加清新的环境；从长期来看，国III标准的实行是对整个汽车行业重新定位。因此，消费者也越来越感受到环保的重要性，比之前更愿意购买排放标准高、经济环保的汽车或相关产品。再如，政府行为对房地产业积极干预，就会对人们住房消费产生重大影响。政府取消福利分房、出台有关促进消费的政策以及制定保护置房业主利益的法律法规等，在一定程度上将引导、鼓励和促进消费者的居家消费。

（5）消费者自身因素。

人们的消费观念是越来越倾向于表现个性还是越来越倾向于表现同一性，是越来越追求豪华、典雅还是越来越追求实惠，都直接影响着人们的消费行为，从而影响或改变着人们的消费方式。现代生活消费的巨大变化不断地带动和促进人们消费观念的更新，从而对消费方式的转变起了推动作用。

三、消费心理与消费者行为

（一）消费心理

1. 消费心理的定义

消费心理是指消费者在处理与消费有关的问题时所发生的心理活动，以及由此推动的行为动作，包括消费者观察商品、搜集商品信息、选择商品品牌、决策购买、使用商品形成心理感受和心理体验、向生产经营单位提供信息反馈等。

消费者心理受到消费环境、消费引导、消费者购物场所等多方面因素的影响。企业往往通过对消费者心理的影响，制定相应的营销策略。

2. 消费者决策过程

在复杂的购买行为中，消费者决策过程由引起需求、搜集信息、比较评价、购买决策四个阶段构成。

（1）引起需求。

引起需求是消费者购买决策过程的起点，这种需求，可能源于内在刺激，如消费者生理上感到饥饿和口渴等，就会刺激消费者想要食物和饮料；也可能源于外部刺激，如消费者看到亲戚、朋友购买了某一商品，自己也想购买，或者消费者看到一则商品推销广告，唤起了购买的欲望等。

（2）搜集信息。

消费者的需求被唤起以后，有的不一定能立刻得到满足。这种尚未满足的需求会造成一种心理的紧张感，促使消费者乐于接受想要商品的信息，甚至会促使消费者主动地搜集相关信息。消费者的信息来源主要有以下四种：个人来源，来自家庭、朋友、邻居、同事等；商业来源，来自广告、推销员、经销商、商品包装、展销会等；公共来源，来自大众传播媒介、消费者团体组织等；经验来源，来自购买、使用、维护产品的经验等。由于商品种类和消费者个人特征的不同，各类信息来源的影响力也不同。一般来说，商业来源通常起告知的作用，个人来源和公共来源则具有评价的作用，经验来源往往能起评判商品是否有价值的作用。

(3) 比较评价。

消费者从各种信息来源中获取资料后,将会进行整理、分析,对各种可能选择的商品和品牌进行比较、评价,从而确定自己所偏好的品牌。

(4) 购买决策。

消费者通过对商品反复的比较评价后,已形成指向某品牌的购买意向,但从购买意向到购买决策之间,还会受两个因素的影响:①其他人的态度,即消费者周围的人对消费者偏好的品牌所持的意见和看法。一般说来,反对的态度越强烈,或与消费者的关系越密切,其影响力就越大,消费者改变购买意图的可能性也越大;②意外出现的情况,消费者购买意图是在预期的家庭收入、预期的商品价格和预期的购买满足感等基础上形成的,如果出现了失业、涨价及听到该产品令人失望的信息等意外情况,则消费者很可能会改变购买意图。

此外,消费者的购买意向是否能转化为购买决策,还受所购商品价格的高低、购买风险的大小和消费者自信心的强弱等因素影响。

(二) 消费者行为

消费者行为是指消费者为获取、使用、处置消费物品或服务所采取的各种行动,包括先于且决定这些行动的决策过程。消费者行为多种多样,而且非常复杂。多样性表现为不同消费者在需求、偏好以及选择产品的方式等方面各有侧重、互不相同;同一消费者在不同时期、不同情境、不同产品的选择上,其行为也呈现出很大的差异性。对于消费者行为的复杂性,一方面可以通过它的多样性、多变性反映出来,另一方面也体现在它受很多内、外因素影响,而且其中很多因素既难识别,又难把握。消费者行为不仅受动机的影响,而且还受到文化的、经济的、个体的因素影响。

具体来说,消费者行为包括消费者购买的方式、方法、过程及其变化。研究消费者行为,就要研究五"W",即谁在购买(who)、何时去购买(when)、到何处去购买(where)、购买何物(what)以及为什么要购买(why)。显而易见,前三个"W"比较容易回答,而后两个"W"即购买何物和为什么要购买,却比较复杂。而消费者行为主要表现为购买行为。因此,研究消费者行为,主要是研究消费者为什么要购买以及怎样购买的问题。

1. 消费者行为的主要类型

消费者行为按照不同的标准可以有不同的划分。

(1) 按购买目标的确定程度划分。

① 全确定型。此类消费者在进入商店前,就已有明确的购买目标;对商品的名称、商标、型号、规格、样式、颜色以及价格等都有明确的要求。他们进入商店后,可以毫不迟疑地买下商品。

② 半确定型。此类消费者进入商店前,已有大致的购买目标,但具体要求还不甚明确。这类消费者进入商店后,一般不能向营业员明确地提出所需产品的各项要求。实现其购买目的,需要经过比较和评定的过程。

③ 不确定型。此类消费者在进入商店前没有明确的或坚定的购买目标,进入商店后一般漫无目的地浏览,或随便了解一些商品的销售情况,碰到感兴趣的商品也会购买。

(2) 按消费者的购买态度和要求划分。

① 习惯型。此类消费者往往根据过去的购买经验和使用习惯采取购买行为,或长期惠顾某商店,或长期使用某个品牌、商标的产品。

② 慎重型。此类消费者的购买行为以理智为主、情感为辅。他们喜欢收集商品的有关信息,在购买过程中,往往要经过对商品细致的检查、比较,反复衡量各种利弊因素后,才做出购买决定。

③ 价格型(即经济型)。此类消费者在选购商品时多从经济角度考虑,对商品的价格非常敏感。例如有人从价格昂贵确认产品的质优,从而选购高价商品。

④ 冲动型。此类消费者心理反应敏锐,易受产品外部质量和广告宣传的影响,以直观感觉为主,新产品、时尚产品对其吸引力较大,一般能快速做出购买的决定。

⑤ 感情型。此类消费者兴奋性较强,情感体验深刻,想象力和联想力丰富,审美感觉也比较敏锐,因

而在购买行为上容易受感情的影响,也容易受销售宣传的引诱,往往以产品的品质是否符合其感情的需要来确定购买决策。

⑥ 疑虑型。此类消费者具有内向性,善于观察细小事物,行动谨慎、迟缓、体验深而疑心大。他们在选购商品时从不仓促地做出决定,在听取营业员介绍和检查商品时,也往往小心谨慎,疑虑重重。他们挑选商品时动作缓慢,费时较多,还可能因犹豫不决而中断,购买商品需要"三思而后行",购买后仍放心不下。

⑦ 不定型。此类消费者多属于新购买者。由于缺乏经验,购买心理不稳定,往往是随意购买或奉命购买商品。他们选购商品时大多没有主见,一般都渴望得到营业员的帮助,乐于听取营业员的介绍,并很少亲自去检验和查证商品的质量。

(3) 按消费者在购买现场的情感特征划分。

① 沉默型。此类消费者在购买活动中往往沉默寡言,情感不外露,举动不明显,不屑与营业员讨论无关商品内容的话题。

② 温顺型。此类消费者选购商品时往往尊重营业员的介绍和意见,做出购买决定较快,并对营业员的服务比较放心,很少亲自重复检查商品的质量,较快地做出购买决策。

③ 健谈型。此类消费者在购买商品时,能很快与人们接近,愿意与营业员和其他顾客交换意见,兴趣广泛,并富有幽默感,喜爱开玩笑,有时甚至谈得忘记选购商品。

④ 反抗型。此类消费者在选购中,往往不能接受别人的意见和推荐,对营业员的介绍和推荐异常警觉,抱有不信任的态度。

⑤ 激动型。此类消费者选购商品时表现出不可遏制的劲头,在言语表情上显得傲气十足,甚至用命令的口气提出要求。对商品品质和营业员的服务要求极高,稍不如意就可能发脾气。这类消费者虽然为数不多,但营业员要用更多的注意力和精力接待好这类顾客。

2. 影响消费者行为的因素

影响消费者行为的因素很多,总体来说,消费者行为取决于生产力的发展水平和生产关系的性质。具体来说,影响消费者行为的因素主要有三大类:消费者自身的因素、经济因素、环境因素。

(1) 消费者自身的因素。

消费者自身的因素包括消费者的生理因素,如消费者的性别、年龄、健康状况和生理特征等;心理因素,如个性和认知因素等,是影响消费者行为的内在因素;行为因素,消费者行为过程主要包括认识问题、信息收集、产品评价、购买决策和购后行为,消费者已经发生或正在发生的外在行为影响其后续行为。就个性和认知心理因素而言,兴趣对消费者有十分稳定且显著的影响,兴趣能促使消费者去积极地认识消费对象,有助于消费者作出消费决策,为购买活动做好准备,并能促使消费者经常从事有关消费活动,进行长期性、重复性购买。消费者的气质特点主要反映在他们购买商品前的决策速度、购买时的行为特点和情绪反映强度、购买后消费商品的体验等方面。一般情况下,多血质和胆汁质消费者的决策速度快一些,与售货员接触比较主动,相处比较容易;而黏液质和抑郁质消费者则相反,但他们在消费体验方面更深刻些。不同性格的消费者,其消费者行为差异也表现在消费观念的陈旧与更新,消费情绪的乐观与忧郁,消费决策的果断与犹豫,消费态度的节约与奢华,购买行为的冷静与冲突等方面;由于消费能力的差异,每个人可能在某一方面或某类商品的消费上表现出充分的信心,而对另一种商品的消费又表现为缺乏信心;消费者对商品的感知辨别力、分析评价能力以及选购决策能力直接影响消费效果。

(2) 经济因素。

经济因素是制约消费者行为的一个基本因素。经济因素包括宏观经济因素和微观经济因素。微观经济因素主要涉及消费者的以往经济状况、现有经济状况、预期经济状况、经济地位等一系列因素。宏观经济因素是指整体的经济环境,这与经济周期有关。当经济处于繁荣时期,人们的经济状况良好,可以有更多可支配的收入,消费水平也相对高;当经济处于衰退时期,人们的收入减少,可能会节省可支配收入,消费水平就会降低。

经济因素对消费者行为的影响主要集中于收入和价格对消费者行为的约束上。

随着家庭收入的增加,人们在食品方面的支出在收入中所占的比例(即恩格尔系数)就越小,用于文化、娱乐、卫生、劳务等方面的费用支出所占的比例就越大。根据恩格尔系数划分的消费结构水平代表了一个国家或一个家庭的生活水平,并可以据此分析消费者的消费者行为与消费趋势。

商品价格也是影响消费者行为的非常重要而且很敏感的因素。商品价格具有衡量商品价值和品质,显示社会价值和社会地位,传达市场信息和引导消费方向等许多功能,直接影响消费者行为。不同商品的价格需求弹性是不同的。企业通常通过营销战略、产品策略、价格策略、渠道策略和促销策略等营销因素直接或间接作用于商品价格,从而影响消费者对商品的选择和态度等。

(3) 环境因素。

环境因素指消费者外部世界的所有物质和社会要素的总和,包括有形的物质实体,如商品和商场;空间关系,如消费者与商场的空间距离、商场的位置及商品在商场中的位置;其他人的社会行为,如周围是什么样的人,他们在想什么、做什么等。根据环境因素的空间覆盖范围和影响人数的多少,环境因素可分为微观环境因素和宏观环境因素两个层次。

微观环境因素指消费者直接接触到的、具体的物质因素和社会因素的总和。如商场的购物环境,人流的多少,售货员的服务技能和态度,家人和朋友对某商品的看法等,这些看似较小的因素都会影响消费者的特定行为。

宏观环境因素指大规模的、具有普遍性的、影响广泛的物质环境和社会环境的总和,包括人口因素、经济因素(这里仅指宏观经济环境)、政治法律因素、社会文化因素、自然因素和科学技术因素

本章小结

本章主要介绍了经济学的研究对象、理论体系、基本原理和基本方法。

经济学就是研究如何在各种不同的用途中对稀缺的资源进行配置、以最大限度地满足人类无限多样的欲望和需要的一门社会科学。经济学的第一个核心思想是资源的稀缺性,这是建立经济学的基石;经济学的第二个核心思想是效率,这是建立经济学的第二块基石。经济学主要包括微观经济学和宏观经济学两大内容。微观经济学的中心理论是价格理论,在微观经济学里,任何商品的价格都由商品的供给与需求这两方面的因素共同决定。通过研究需求曲线和供给曲线的基本特征,分析了商品的均衡价格的决定及其变动、供求弹性。价值规律是商品生产和商品交换的基本经济规律,但也存在价值悖论。

效用是指消费者从消费某种物品或劳务中所得到的满足程度。效用具有边际效用递减法则。一种商品的名义价格发生变化后,将同时对商品的需求量发生两种影响:即替代效应和替代效应。消费者均衡的实现需要消费者的偏好既定、收入既定、物品的价格既定三个条件。消费者剩余是消费者为取得一种商品所愿意支付的价格与他取得该商品而支付的实际价格之间的差额。

生产要素包括劳动、资本、土地和企业家才能四大类。规模经济是指扩大生产规模引起经济效益增加的现象,即产量增加而长期平均成本减少。成本有机会成本、边际成本等概念。收益具有边际报酬递减规律。

市场有完全竞争市场、完全垄断市场、寡头垄断市场。帕累托法则认为原因和结果、投入和产出、努力和报酬之间本来存在着无法解释的不平衡。信息不对称造成了市场交易双方的利益失衡,影响社会的公平、公正的原则以及市场配置资源的效率。

GDP、GNP是国民经济核算的重要指标。恩格尔系数是国际上通用的衡量居民生活水平高低的一项重要指标。消费者物价指数(CPI)是观察通货膨胀水平的重要指标。基尼系数用于定量测定收入分配差异程度。

宏观经济政策主要有财政政策和货币政策。

经济周期有复苏、繁荣、衰退、萧条四个阶段。在纸币流通条件下,存在着通货膨胀和通货紧缩现象。

国际贸易是商品、服务和生产要素的国际转移。汇率有两种不同的标价法:直接标价法和间接标价

法。国际收支是一种统计报表,系统地记载了在一定时期内经济主体与世界其他地方的交易。大部分交易在居民与非居民之间进行。无论是国际贸易顺差还是逆差,过大都不利于一国经济的发展。

消费具有消费需要、消费需求、消费结构、消费方式、消费心理、消费者行为等相关问题。

关键术语

经济活动 经济学 经济制度 微观经济学 宏观经济学 需求 需求定理 供给 供给定理 需求价格弹性 均衡价格、供给价格弹性 价值规律 价值悖论 效用 边际效用 边际效用递减法则 替代效应 收入效应 吉芬商品 消费者均衡 消费者剩余 生产要素 规模经济 机会成本 边际成本 边际报酬递减规律 完全竞争市场 完全垄断市场 寡头垄断市场 博弈论 马太效应 帕累托法则 信息不对称 GDP GNP 恩格尔系数 CPI 基尼系数 人均可支配收入 幸福指数 宏观调控 财政政策 货币政策 财政赤字 经济周期 通货膨胀 通货紧缩 失业 摩擦性失业 结构性失业 周期性失业 人力资本 国际贸易 汇率 直接标价法 间接标价法 汇率制度 固定汇率 浮动汇率 国际收支 国际贸易 贸易顺差 贸易逆差 倾销 反倾销 WTO 热钱 消费需要 消费需求 消费结构 消费方式 消费方式 消费心理 消费者行为

第二章 金融学基础

本章导读 >>>

现代经济作为金融经济,其资产和财富的形式、各种交易方式和手段、经济关系和理念等,无不体现金融化的特征。金融不仅是经济的"一部分",更主要的是"核心部分"。通过本章的学习,使学生了解和掌握金融学的基本理论和基本知识,并能运用其原理、方法和工具,解决为客户进行理财规划服务中遇到的实际问题,提高分析问题和解决问题的能力。

本章分为六节,第一节为货币与货币制度,全面介绍了货币的形态、职能、发展及货币制度;第二节为信用,系统阐述了信用形式和信用工具;第三节为利息和利率,分析了利息的计算、利率的类型及其决定因素;第四节为金融市场,主要介绍了货币、资本、外汇、黄金四类市场;第五节为金融机构,阐述了金融机构体系,重点介绍了商业银行业务及客户管理;第六节为国际金融,主要介绍了国际金融体系和国际金融机构。

本章重点要掌握信用形式、利息和利率、货币市场、资本市场、商业银行业务、国际金融体系。

第一节 货币与货币制度

一、货币

所谓货币,通常被认为是在商品劳务交易中或债务清偿中被社会普遍接受、充当一般等价物的东西,是价值尺度和流通手段的统一。也就是说,凡具有普遍的接受性而作为支付工具的东西就是货币。货币是商品交换发展到一定阶段的产物。货币的本质就是一般等价物。

(一) 货币的形态

货币的形态包括以下几种。

(1) 实物货币。

实物货币是最早的货币。是由普通商品充当的,基本保持原有形态,且在交易过程中不固定的充当交易媒介的货币。中国最早的货币是贝,古代欧洲以牛为货币,其他地区以盐、烟草等为货币。

(2) 金属货币。

金属货币价值比较高,易于分割,便于携带,如金、银等贵金属为币材的货币即为金属货币。实物货币与金属货币统称为商品货币,因为它们既可以作为货币使用,也可以作为商品使用。

(3) 代用货币。

代用货币是金属货币的代表物,它通常是由政府或银行发行代替金属货币流通使用的纸币。这种代用货币事实上是一种可流通的实质货币收据,如早期的银行券。银行券由银行发行,以金、银为发行保证,可以随时兑换为金银。

(4) 信用货币。

信用货币是代用货币的进一步发展物,只作为信用关系的产物,不再作为金属货币的代表物,不能与金属货币相兑换,是纯粹的货币价值符号,因而它是一种债务型货币。信用货币的形式主要有商业票据、银行券和存款货币,主要以银行券、汇票、支票等形式存在。存款货币(可签发支票的存款),是指现代银行签发,可用于转账、结算,与银行券同时发挥着货币的作用。

(5) 电子货币。

电子货币,是指用一定金额的现金或存款从发行者处兑换并获得代表相同金额的数据,通过使用某些电子化方法将该数据直接转移给支付对象,从而能够清偿债务。

(二) 货币的职能

1. 价值尺度

货币在衡量和表现其他一切商品和劳务的价值时执行价值尺度的职能。衡量商品的价值就是评价计算商品包含多少社会劳动,而表现商品的价值就是把社会承认的劳动表现为一定数量同质的货币。价值尺度的表现为价格:把商品的价值表现为一定数量的货币,即价格是它们在质的方面相同,在量的方面相比。

2. 流通手段

也称交易媒介,指货币在交易中充当交易的媒介。由原始的物物直接交换变为以货币为媒介的间接交换。商品流通是以货币为媒介的商品交换。货币流通是以货币作为购买手段不断地离开起点,从一个商品所有者手里转到另一个商品的所有者手里。其特点是作为流通手段的货币可以是代用品,并不一定是价值十足的货币。

3. 支付手段

货币作为独立的价值形式单方面运动时执行支付手段的职能,如清偿债务。支付手段的产生源于商业信用,有两个作用:(1)扩大商品流通,可以赊欠;(2)节约现金流通,债权、债务可以抵冲。其范围包括:①大宗交易;②财政收支,银行存贷;③工资、佣金、房租、地租、水电费等。支付手段的特点是可能先买后卖,而流通手段的特点则只能先卖后买。

4. 贮藏手段

货币暂时退出流通领域处于相对静止状态时执行价值储藏功能。贮藏的原因一是存储购买力,二是存储财富。凡是货币,不论是足值的金属货币还是不足值的纸币,都具有存储价值的职能,只是前者更多的是存储财富,后者是存储购买力。

5. 世界货币

当货币超出国界发挥职能时,这个货币就有了世界货币的地位。在金属货币阶段,执行世界货币的是货币金属块或条,而不是哪国铸币形式或单位。在信用货币制度下,部分国家的货币充当世界货币的职能。一般说来,除了军事(武力征服,强制推行)这个途径外,一国货币充当世界货币往往有这样几个条件:①一国进出口贸易额占世界进出口贸易额的比率很高;②一国货币价值比较稳定;③该国货币是自由兑换货币。由于历史的原因,并不要求满足所有这三个条件(但第三个条件应该看成是必要条件,从长期来看第二个条件也很必要)。

因此,价值尺度和流通手段是货币的基本职能,具有货币质的规定性。存储手段和支付手段是货币的派生职能。

(三) 货币的计量

世界各国的货币当局都必须通过对货币的控制实现对整个经济进程的干预和调节,这就需要对货币供应量进行比较精确的计量。在实际操作中,还需要根据统计的要求,对货币进行精确定义,从而可以确认哪些资产可以作为货币统计起来,哪些资产还不能纳入货币的口径。此外,还要对纳入货币统计范畴的资产进行进一步的区分,以便于货币政策的操作。

在具体操作中,人们往往选择流动性指标,作为计量货币的标准。流动性是指迅速转换成现实购买力而不致遭受损失的能力。流动性的大小取决于如下几个因素。

(1) 资产变现的难易程度。

(2) 变现时发生的交易成本大小。

(3) 资产价格的稳定性。资产价格的波动幅度越大,资产的流动性越差。流动性实际上反映了资产作为流通手段和支付手段的方便程度;流动性较高,在流通中周转起来就比较便利,形成购买力的能力也比较强;反之,则较弱。根据流动性这个标准计量出来的货币供应量,对于观察经济状况、实施宏观调控有重要意义。

国际货币基金组织的货币供应量采用三个层次:通货、货币和准货币。通货即是流通中的现金;货币等于通货加上私人部门的活期存款,相当于各国通常采用的 M_1;准货币相当于定期存款、储蓄存款与外币存款之和。货币加上准货币,相当于各国通常采用的 M_2。

我国 1994 年 10 月份正式向社会公布货币供应量统计。货币供应量分为以下三个层次:M_0 = 流通中现金;狭义货币 $M_1 = M_0 +$ 单位活期存款;广义货币 $M_2 = M_1 +$ 储蓄存款和企业定期存款。2001 年 6 月份第一次修订货币供应量,将证券公司客户保证金计入 M_2;2002 年初,第二次修订货币供应量,将在中国的外资、合资金融机构的人民币存款业务,分别计入到不同层次的货币供应量;2003 年 12 月就修订货币供应量统计分类向社会公开征求意见:在原 M_0、M_1、M_2 三个层次的基础上,增加一个新的分层 M_3。

现阶段我国货币供应量划分为如下层次:

M_0 = 流通中现金,即我们习称的现金;

$M_1 = M_0 +$ 活期存款;

$M_2 = M_1 +$ 定期存款 + 储蓄存款 + 其他存款 + 证券公司客户保证金;

$M_3 = M_2 +$ 金融债券 + 商业票据 + 大额可转让定期存单。

其中,M_1 称为狭义货币量;M_2 称为广义货币量;$M_2 - M_1$ 称为货币。

二、人民币

人民币是指中国人民银行成立后于 1948 年 12 月 1 日首次发行的货币,中华人民共和国成立后为中华人民共和国法定货币,至 1999 年 10 月 1 日启用新版为止共发行五套,形成了包括纸币与金属币、普通纪念币与贵金属纪念币等多品种、多系列的货币体系。人民币在 ISO4217 简称为 CNY(China Yuan),不过更常用的缩写是 RMB(Ren Min Bi);在数字前一般加上"￥"表示人民币的金额。

"￥"是人民币的符号。我国 1948 年 12 月 1 日开始发行人民币,是以"元"为单位,而"元"的汉语拼音为 Yuan。取"元"的拼音的第一个字母,再添加两横,组成"￥",规定为人民币的符号。

中国人民银行是国家管理人民币的主管机关,负责人民币的设计、印制和发行。目前,市场流通的人民币券别分别为 1、2、5 角,1、2、5、10、20、50、100 元。硬币有 1、2、5 分,1、2、5 角和 1 元。按照法律规定,人民币中元币以上为主币,角币、分币为辅币(但现在分币几乎退出流通)。形成主辅币三步进位制,即 1 元=10 角=100 分。按照材料的自然属性划分有金属币(亦称硬币)、纸币(亦称钞票)。无论纸币、硬币,均等价流通。

《中华人民共和国中国人民银行法》第三章第十六条规定:"中华人民共和国的法定货币是人民币"。自 1948 年 12 月 1 日中国人民银行成立时开始发行第一套人民币,到目前为止已经发行了五套人民币,形成了包括纸币与金属币、普通纪念币与贵金属纪念币等多品种、多系列的货币体系。目前第一、二、三套人民币都已经停止流通,市场上流通的人民币以第五套为主,还有少量第四套人民币。

第一套人民币是 1948 年 12 月 1 日至 1953 年 12 月陆续发行;

第二套人民币是 1955 年 3 月 1 日至 1962 年 4 月 20 日陆续发行;

第三套人民币是 1962 年 4 月 20 日至 1974 年 1 月 5 日陆续发行;

第四套人民币是 1987 年 4 月 27 日至 1988 年 9 月 22 日陆续发行;

第五套人民币是 1999 年 10 月 1 日至 2004 年 7 月 31 日陆续发行。

除了五套人民币以外,中国人民银行还发行过普通纪念币。普通纪念币是具有特定主题、限量发行的人民币。中国人民银行从 1984 年开始发行第一套普通纪念币,这些纪念币选题丰富多彩,设计独具匠心,规格材质多种多样,图案新颖美观,面额有 1 角、1 元、5 元、10 元、50 元、100 元不等,将中华人民共和国 50 多年的辉煌成就及重大历史事件浓缩于纪念币的方寸之间。这些纪念币是人民币系列的重要组成部分,丰富和完善了中国货币制度,弘扬了中国货币文化,并不断探索和创新,为促进商品流通和经济发展、扩大对外交流发挥了积极作用。

三、电子货币

(一) 什么是电子货币

20 世纪以来,电子商务在世界范围内悄然兴起,作为其支付工具的电子货币也随之产生和发展。电子货币的产生被称为是继中世纪法币取代铸币以来,货币形式发生的第二次标志性变革,并在电子商务活动中占有极其重要的地位,它的应用与发展不仅会影响电子商务的进行,而且会影响全球的金融体系。

所谓电子货币,是指用一定金额的现金或存款从发行者处兑换并获得代表相同金额的数据,通过使用某些电子化方法将该数据直接转移给支付对象,从而能够清偿债务。

电子货币是由消费者(及相对的特约商户)占有的,存储在一定电子装置中,代表一定的货币价值的"储值"或"预付价值"的产品。具体而言,这里所讲的电子装置通常包括两种形态:以 IC 卡为媒质的智能卡和以计算机为基础的电子货币载体。电子货币的货币价值以数字信息的方式存储在电子装置载体中,表现为各种各样的储值卡、智能卡,以及利用计算机网络进行支付的货币形态。电子货币不是纸质的,也不像电子资金划拨一样涉及银行,这种新的货币形态可以离开银行的中介作用,在交易过程中不用同存款发生密切联系。就其现阶段而言还只是一种新的支付形式,还要以现有存款为基础。

(二) 电子货币的特性

1. 电子货币是以计算机技术手段为依托,通常以各类电子设备(如智能卡)及计算机存储器为价值载体的货币

电子货币主要有卡类和计算机两种载体。以卡类为载体的电子货币,卡中的芯片能够根据事先存储在里面的程序和外部销售终端或其他设备(如电子钱包)的指令存储和处理信息。借助特殊的设备和终

端,卡中代表金钱的信息可以被识别,并且按照指令进行转移。而以计算机为载体的电子货币进行交易时,需要借助个人计算机和互联网,交易前要先下载或从发行人那里获得专门的软件,通过特殊的软件和计算机的处理能力,实现电子货币数额的计算和转移。这种强大的存储和处理能力是传统的提款卡所不具备的。提款卡主要是通过输入密码同中央数据库相联系,通过中央数据库增减相应的金额,卡本身不存在代表电子货币信息的增减。

2. 电子货币是一种信息货币

电子货币说到底不过是观念化的货币信息,它实际上是由一组含有用户的身份、密码、金额、使用范围等内容的数据构成的特殊信息,因此也可以称其为数字货币。人们使用电子货币交易时,实际上交换的是相关信息,这些信息传输到开设这种业务的商家后,交易双方进行结算,要比现实银行系统的方式更省钱、更方便、更快捷。

3. 电子货币价值传送的无纸化

电子货币是现实货币价值尺度和支付手段职能的虚拟化,是一种没有货币实体的货币。电子货币是在电子化技术高度发达的基础上出现的一种无形货币。一般来说,电子货币的价值通过销售终端从消费者手里传送到货物销售商家手中,商家再回赎其手里的货币。商家将其手里持有的电子货币传送给电子货币发行人从其手里回赎货币,或者传送给银行,银行在其账户上借记相应金额,银行再通过清算机构同发行人进行结算。整个过程是无纸化的。所谓无纸化是与票据、信用卡相比较而言。而且,电子货币可以在各个持有者之间直接转移货币价值,不需要第三方如银行的介入,这也是电子货币同传统的提款卡和转账卡的本质区别。电子货币在这一点上,很类似于真正货币的功能。

4. 电子货币是可以进行支付的准通货

电子货币能否被称为通货,关键在于电子货币能否独立地执行通货职能。就目前而言,电子货币可以起到支付和结算的作用,但电子货币只是蕴涵着可能执行货币职能的准货币。首先,电子货币缺少货币价格标准,因而无法单独衡量和表现商品的价值和价格,也无法具有价值保存手段而只有依附于现实货币价值尺度职能和价值储藏职能;其次,由于电子货币是以一定电子设备——智能卡和计算机为载体,其流通和使用必须具备一定的技术设施条件及软件的支持。因此,尚不能真正执行流通手段的职能。最后,尽管目前电子货币最基本的职能是执行支付手段,但是现有的各种电子货币中的大多数,并不能用于个人之间的直接支付,而且向特约商户支付时,商户一方还要从发行电子货币的银行或信用卡公司收取实体货币后,才算完成了对款项的回收,电子货币不能完全独立执行支付手段的职能。可见现阶段的电子货币是以既有通货为基础的新的货币形态或是支付方式。

(三) 电子货币的种类

电子货币就其具体的表现形式来讲通常有两种情形:电子资金转账和电子现金。电子资金转账,是以各种各样的电子工具为基础访问银行存款,从银行存款中提取现金,或进行其他银行转账业务。这些工具中我们比较熟悉的有银行发行的借记卡。凭借借记卡,持卡人可以通过银行柜台、自动提款机、POS机、电话银行、网上银行等对自己的银行账户进行操作,或提取现金,或进行消费,或转账结算。这种形式的电子货币需要银行或中央银行作为服务的中介。为此,银行必须拥有高处理能力的计算机和连接各金融机构的通信网络。

而电子现金,可以称为电子钱包。它实际上是一种可以再次装入资金的多用途预付卡,比如说我们经常会使用到的各种储值卡。电子钱包是不记名的,人们在使用电子现金时,不需要访问自己的银行账户,既可直接从买方的电子钱包向卖方的特殊终端进行转账,也可以从一张卡向另一张卡进行转账。目前各大学普遍使用的食堂餐卡就是一种电子钱包。

无论哪种情况的电子货币,持有者都必须预先以央行货币向发行机构支付电子货币价值,而其价值都以电子形式储存。与纸币、硬币、支票等支付工具相比,电子货币的主要优点在于电子货币不用借助有形的货币实体进行交换,从而可以简化异地支付费用,节省流通费用,特别是可以节省处理现金和支票所耗费的人力物力。因此,电子货币深受消费者、商家和金融机构的欢迎,甚至开始逐渐取代现金、支票等传统货币。然而,电子货币的安全性是电子货币无法回避的一个问题。

四、货币制度

货币的形态经过数千年的发展,经历了商品货币、代用货币、信用货币、电子货币这几个阶段的演变。但无论货币采取怎样的形态,客观上都要求货币的形式统一、币值稳定,形成一个有秩序的、稳定的交易环境,为经济的发展提供有利的客观环境。因此,各个国家在货币问题上都制定了种种法令,从不同程度、不同角度对货币进行控制,试图建立符合自己政策目标的货币制度。例如,中国古代秦国统一六国之后,在经济上实施的一个重要政策就是统一六国货币,把秦国的圆形方孔钱,作为统一的货币全国通行,这对促进各民族各地区的经济交流十分有利。

国家以法律形式所确定的货币发行和流通的结构与组织形式,称为货币制度,简称币制。

货币制度是国家对货币的有关要素、货币流通的组织与管理等加以规定所形成的制度,完善的货币制度能够保证货币和货币流通的稳定,保障货币正常发挥各项职能。依据货币制度作用的范围不同,货币制度包括国家货币制度、国际货币制度和区域性货币制度;根据货币的不同特性,货币制度分为金属货币制度和不兑现的信用货币制度。

(一) 货币制度的主要内容

不同国家的货币制度之间往往存在各种各样的差异,但总的来看,货币制度都会涉及如下几个方面的内容:货币材料的确定、货币单位的确定、流通中货币种类的确定、对不同种类货币的铸造和发行的管理、对不同种类货币的支付能力的规定等,所有这些方面也被称为货币制度的构成要素。

1. 规定货币材料

规定货币材料就是规定币材的性质,确定不同的货币材料就形成不同的货币制度。但是哪种物品可以作为货币材料不是国家随心所欲指定的,而是对已经形成的客观现实在法律上加以肯定。目前各国都实行不兑现的信用货币制度,对货币材料不再做明确规定。

2. 规定货币单位

货币单位是货币本身的计量单位,规定货币单位包括两方面:一是规定货币单位的名称;二是规定货币单位的值。在金属货币制度条件下,货币单位的值是每个货币单位包含的货币金属重量和成色;在信用货币尚未脱离金属货币制度的条件下,货币单位的值是每个货币单位的含金量;在黄金非货币化后,确定货币单位的值表现为确定或维持本币的汇率。

3. 规定流通中货币的种类

规定流通中货币的种类主要指规定主币和辅币,主币是一国的基本通货和法定价格标准,辅币是主币的等分,是小面额货币,主要用于小额交易支付。金属货币制度下主币是用国家规定的货币材料按照国家规定的货币单位铸造的货币,辅币用贱金属并由国家垄断铸造;信用货币制度下,主币和辅币的发行权都集中于中央银行或政府指定机构。

4. 规定货币法定支付偿还能力

货币法定支付偿还能力分为无限法偿和有限法偿。无限法偿指不论用于何种支付,不论支付数额有多大,对方均不得拒绝接受;有限法偿指在一次支付中有法定支付限额的限制,若超过限额,对方可以拒绝接受。金属货币制度下,一般而言主币具有无限法偿能力,辅币则是有限法偿;在信用货币制度条件下,国家对各种货币形式支付能力的规定不是十分的明确和绝对。

5. 规定货币铸造发行的流通程序

货币铸造发行的流通程序主要分为金属货币的自由铸造与限制铸造、信用货币的分散发行与集中垄断发行。自由铸造指公民有权用国家规定的货币材料,按照国家规定的货币单位在国家造币厂铸造铸币,一般而言主币可以自由铸造;限制铸造指只能由国家铸造,辅币为限制铸造。信用货币分散发行指各商业银行可以自主发行,早期信用货币是分散发行,目前各国信用货币的发行权都集中于中央银行或指定机构。

6. 规定货币发行准备制度

货币发行准备制度是为约束货币发行规模维护货币信用而制定的,要求货币发行者在发行货币时必须以某种金属或资产作为发行准备。在金属货币制度下,货币发行以法律规定的贵金属作为发行准备,在现代信用货币制度下,各国货币发行准备制度的内容比较复杂,一般包括现金准备和证券准备两大类。

(二)货币制度的演进

历史上至今曾经出现过的货币制度可以分为两类,即金属本位与纸币本位。

1. 银本位制

银本位制是指以白银为本位货币的一种货币制度。在货币制度的演变过程中银本位的历史要早于金本位。银本位制的运行原理类似于金本位制,主要不同点在于以白银作为本位币币材。银币具有无限法偿能力,其名义价值与实际含有的白银价值一致。银本位分为银两本位与银币本位。

2. 复本位制

复本位制指一国同时规定金和银为本位币。在复本位制下金与银都如在金本位制或银本位制下一样,可以自由买卖,自由铸造与熔化,自由输出输入。

复本位制,从表面上看能够使本位货币金属有更充足的来源,使货币数量更好地满足商品生产与交换不断扩大的需要,但实际上却是一种具有内在不稳定性的货币制度。

"劣币驱逐良币"的现象,即金银两种金属中市场价值高于官方确定比价不断被人们收藏时,金银两者中的"贵"金属最终会退出流通,使复本位制无法实现。这一现象被称为"格雷欣法则"。"劣币驱逐良币"的根本原因在于金银复本位与货币作为一般等价物具有排他性、独占性相矛盾。

3. 金本位制

金本位制是指以黄金作为本位货币的货币制度。其主要形式有金币本位制、金块本位制和金汇兑本位制。

(1) 金币本位制。

金币本位制是以黄金为货币金属的一种典型的金本位制。其主要特点有:①金币可以自由铸造、自由熔化;②流通中的辅币和价值符号(如银行券)可以自由兑换金币;③黄金可以自由输出输入。在实行金本位制的国家之间,根据两国货币的黄金含量计算汇率,称为金平价。

(2) 金块本位制。

金块本位制是指由中央银行发行、以金块为准备的纸币流通的货币制度。它与金币本位制的区别在于:①金块本位制以纸币或银行券作为流通货币,不再铸造流通金币,但规定纸币或银行券的含金量,纸币或银行券可以兑换为黄金;②规定政府集中黄金储备,允许居民持有本位币的含金量达到一定数额后兑换金块。

(3) 金汇兑本位制。

金汇兑本位制是指以银行券为流通货币,通过外汇间接兑换黄金的货币制度。金汇兑本位制与金块本位制的相同处在于规定货币单位的含金量,国内流通银行券,没有铸币流通。但规定银行券可以换取外汇,不能兑换黄金。本国中央银行将黄金与外汇存于另一个实行金本位制的国家,允许以外汇间接兑换黄金,并规定本国货币与该国货币的法定比率,从而稳定本币币值。

4. 纸币本位制

(1) 纸币本位制又称作信用本位制,因为从国家法律而论,纸币已经无需以金属货币作为发行准备。

(2) 纸币制度的主要特征是在流通中执行货币职能的是纸币和银行存款。

(3) 纸币给政府通过调节货币数量影响经济活动创造了条件。

(4) 纸币制度自实行之日起就存在着不同的争论。

主张恢复金本位的人认为只有使货币能兑换为金,才能从物质基础上限制政府的草率行为,促使政府谨慎行事。赞同纸币本位制的人则认为,在当今的经济社会中,货币供应量的变化对经济的影响十分广泛,政府通过改变货币供应量以实现预定的经济目标,已经成为经济政策的不可或缺的组成部分。

(三)国际货币制度

国际货币制度是支配各国货币关系的规则以及国际间进行各种交易支付所依据的一套安排和惯例。理想的国际货币制度能够促进国际贸易和国际经济活动的发展,保持国际货币秩序的稳定,提供足够的国际清偿能力并保持对国际储备资产的信心,保证国际收支失衡得到有效而稳定的调节。迄今为止,国际货币制度经历了从国际金本位制到布雷顿森林体系再到牙买加体系的演变过程。

1. 国际金本位制

历史上第一个国际货币体系是国际金本位体系。金本位制并非国际金本位体系,只有当西方国家普遍采用金本位制时,国际金本位体系才能够建立起来。19世纪80年代,英国、拉丁货币联盟(包括法国、比利时、意大利、瑞士)、荷兰、若干北欧国家及德国和美国逐渐采用金本位制,国际金本位体系建立,大约30年后,在第一次世界大战爆发时崩溃。

国际金本位体系的特点如下。

(1) 黄金是最终清偿手段,充当国际货币。各国均实行金本位制,实际上都是使用黄金作为货币,黄金自然可以充当国际货币,作为国际贸易的最终清偿手段。

(2) 各国货币之间的汇率固定,变化很少。在金本位制下,各国货币都具有黄金含量,两国之间的汇率取决于两国货币含金量之比——金平价。当然,汇率并非总是等于金平价,外汇供求也会对汇率产生影响。但是,由于黄金可以自由输出和输入国境,因此外汇供求变化引起的汇率波动十分有限,波幅不会超过黄金输送点。黄金输送点是国际金本位体系下汇率波动的界限,其值等于金平价加上黄金在两国间运输的费用。一旦汇率波动的幅度超过黄金输送点,黄金将取代外汇直接在两国之间流动,最终使得汇率回到黄金输送点的范围之内。这样,各国货币之间的比价就能够维持在一个比较稳定的水平上。在国际金本位体系盛行的35年间,英国、美国、法国、德国等主要资本主义国家间汇率十分稳定,从未发生过升贬值波动。

(3) 能够自动调节国际收支不平衡。如果各国都严格遵循金本位制的规则,那么国际金本位体系下的国际收支不平衡问题就能得到自动解决。这是因为,一旦一国出现国际收支逆差,直接后果是黄金外流、货币供应量减少。于是物价下降,本国出口品的竞争力加强,进口品的竞争力减弱,出口扩大、进口减少,国际收支转为顺差,黄金回流。

(4) 国际金本位体系比较松散,没有常设机构来规范和协调各国的行为。国际金本位体系下,各国通行金本位制,遵守金本位制的原则和惯例,汇率稳定,国际收支自动平衡,因此各国利益比较容易协调,不需要专门机构来负责规范各国行为。

虽然在名义上国际金本位体系要求由黄金充当国际货币,但黄金运输不便,而且储备黄金不仅不能生息,还要支付保管费用,于是在英国国力的支撑下,英镑代替黄金成为了事实上的国际货币。当时国际贸易的80%以上都是用英镑计价和支付。

国际金本位体系是一种比较稳定的货币制度,对稳定汇率、平衡国际收支、促进国际贸易的发展和促进国际资本流动都起了积极的作用。然而,国际金本位制也有无法避免的缺点。在此体系下,货币数量的增长主要依赖于黄金产量的增长,但是世界黄金产量无法跟上世界经济的增长,国际清偿力严重不足。另一方面,英国、美国、法国、德国、俄国五个国家利用自己的经济实力,积存了大部分的黄金,这就使得其他国家国内的金本位制难以为继。国际金本位体系在经历了资本主义高速发展的黄金时代之后,终于在1929—1933年的资本主义经济大危机之后瓦解了。

2. 布雷顿森林体系

布雷顿森林体系是以1944年7月在"联合国联盟国家国际货币金融会议"上通过的《布雷顿森林协定》为基础建立的以美元为中心的资本主义货币体系。主要内容是:①以美元作为最主要的国际储备货币,实行"双挂钩"的国际货币体系;②实行固定汇率制;③国际货币基金组织通过预先安排的资金融通措施,保证向会员国提供辅助性储备供应;④会员国不得限制经常性项目的支付,不得采取歧视性的货币措施。

布雷顿森林体系对第二次世界大战后资本主义经济发展起过积极作用。首先美元作为国际储备货币等同于黄金,弥补了国际清偿能力的不足。其次固定汇率制使汇率保持相对的稳定,为资本主义世界的贸易、投资和信贷的正常发展提供了有利条件。最后国际货币基金组织的活动促进了国际货币合作和世界经济的稳定增长。

布雷顿森林体系也存在种种缺陷：①美国利用美元的特殊地位，操纵国际金融活动。②美元作为国际储备资产具有不可克服的矛盾。若美国国际收支持续出现逆差，必然影响美元信用，引起美元危机。美国若要保持国际收支平衡，稳定美元，则会断绝国际储备的来源，引起国际清偿能力的不足。③固定汇率有利于美国输出通货膨胀，加剧世界性通货膨胀，而不利于各国利用汇率的变动调节国际收支平衡。1974年4月1日国际协定正式排除货币与黄金的固定关系，以美元为中心的布雷顿森林体系彻底瓦解。

3. 牙买加体系

布雷顿森林体系崩溃之后，国际货币基金组织成立了一个由20个国家代表组成的临时委员会，开始着手国际货币体系的改革工作。经过近三年的理论探讨和实践总结，1976年1月，临时委员会在牙买加首都金斯顿达成了一个协议，称之为"牙买加协议"。牙买加协议在1976年4月经国际货币基金组织理事会表决通过，于1978年4月1日起生效。从此，国际货币体系进入了一个新的阶段——牙买加体系。

牙买加体系的主要内容有：①国际储备货币多元化；②汇率安排多样化；③多种渠道调节国际收支；④通过国际协调来解决国际收支平衡问题；⑤通过外汇储备的增减来调节。牙买加体系对维持国际经济运转和推动世界经济发展发挥了积极的作用，但仍存在着一些缺陷，国际货币制度仍有待于进一步改革和完善。

五、中国的货币制度

我国现行的货币制度是一种"一国多币"的特殊货币制度，即在大陆实行人民币制度，而在香港地区、澳门地区、台湾地区实行不同的货币制度。表现为不同地区各有自己的法定货币，各种货币各限于本地区流通，各种货币之间可以兑换，人民币与港币、澳门元之间按以市场供求为基础决定的汇价进行兑换，澳门元与港币直接挂钩，新台币主要与美元挂钩。

人民币是我国大陆的法定货币，人民币主币"元"是我国货币单位，具有无限法偿能力；人民币辅币与主币一样具有无限法偿能力。人民币由国家授权中国人民银行统一发行与管理。人民币是不兑现的信用货币，并以现金和存款货币两种形式存在，现金由中国人民银行统一发行，存款货币由银行体系通过业务活动进入流通。

人民币汇率1994年以前一直由国家外汇管理局制定并公布，1994年1月1日人民币汇率并轨以后，实施以市场供求为基础的单一的、有管理的浮动汇率制，中国人民银行根据前一日银行间外汇市场形成的价格，公布人民币对美元等主要货币的汇率，各银行以此为依据，在中国人民银行规定的浮动幅度内自行挂牌。

中国人民银行对人民币发行与流通的管理，主要体现在发行基金计划的编制、发行基金的运送管理、反假币及票样管理和人民币出入境管理等方面。

第二节 信 用

一、信用及其种类

(一) 信用

"信用"作为一个人们在日常生活中所广泛使用的词汇，具有道德层面和经济层面的双重属性。作为道德层面的信用，往往是指信任、声誉、遵守诺言等；作为经济学范畴的信用，是指借贷行为，包含价值运动的两个侧面，即以偿还为条件的获得，或以收回为条件的付出。经济层面的信用与道德层面的信用有着紧密的联系，作为价值运动特殊形式的信用，其基础恰恰是道德层面的相互信任。

信用是以偿本付息为条件的价值运动的特殊形式。如赊销商品、贷出货币，买方和借方要按约定日期偿还货款并支付利息。马克思说："这个运动——以偿还为条件的付出——一般地说是贷和借的运动，即货币或商品只是有条件的让渡的这种独特形式的运动。"由此可见，信用与商品买卖不同，商品买卖是商品价值与货币价值双向等量转让运动，信用是定期的单方面转让有价值物，到期再偿还。

在社会化生产和商品经济发展中，信用形式也不断发展，主要形式有商业信用、银行信用、国家信用、消费信用等。

按照借贷对象的不同信用,可以分为两种形态:实物借贷和货币借贷。实物借贷在生产力发展不够充分的自然经济时代是较为常见的借贷方式,实物借贷形式因其借贷对象的物质特性,其规模与范围受到限制。随着自然经济向商品经济的过渡,货币在经济生活中广泛存在。货币具有价值统一、被人普遍接受的特点,在借贷关系中实物借贷逐渐丧失了其广泛存在的基础,逐渐被货币借贷所取代。在现代经济生活中,货币借贷成为借贷关系的主导形式,但是在经济结构二元化的国家和地区,由于货币化水平的局限性,实物借贷形式依然广泛存在。

(1) 信用的优点。

① 可提高生活水平。通过借入资金,个人可为购买融资,否则这种购买就不得不被推迟或取消。

② 需要时的帮助。在紧急情况下,人们可以借入资金来满足必要的支出。

③ 便利性。利用信用减少了人们获得及携带现金的需求。此外,如果不用信用卡作为一种安全的存款方式,一些交易很难完成。例如,许多汽车租赁机构与旅馆要求使用信用卡办理预订。

④ 记录保管。信用服务向借款人提供了购买与支付的记录。借款人可将这些记录用于预算、法律及税收等目的。

⑤ 预算工具。贷款的有规律偿还对一些人来说可以作为一种预算工具。例如,对贷款需做有计划的偿还能约束人们利用借贷筹资的购买。

⑥ 税收优惠。在美国,人们可以将偿还某些贷款(如抵押贷款、学生贷款)的利息从他们的收入中扣除,从而削减其所得税责任。

(2) 信用的缺点。

信用服务对于贷款机构(贷款人)与借款人来说也存在一些潜在的缺点。

① 对于贷款人,贷出资金的主要风险是违约风险,即借款人未能偿还贷款的风险。贷款违约使得贷款人损失部分或全部本金,丧失利息款项带来的收入,还可能收不回提供贷款服务的费用。

② 对于借款人,信用服务的主要不利之处在于借钱要支付成本,因为借款人必须向贷款人支付利息与费用。从长期来说,利用贷款购买要比用现金购买昂贵得多,除非借款人在账户收取利息之前就付清余额。

(二) 信用与金融

作为经济范畴,信用与金融既有联系又有区别。

金融的对象是货币,现代信用的主要对象也是货币。事实上,以信用货币为载体的信用关系就是金融,可见两者之间的内在联系是非常紧密的。

但是信用较之金融历史更为悠久,两者的内涵与外延存在着差异。如前所述,信用是借贷行为,表现为一种债权债务关系。实物借贷和货币借贷是信用的两种形式。在信用发展的早期阶段,实物借贷是信用的主要形式,此时信用作为价值运动的特殊形式并不必然与货币相连。在现代经济生活中,货币借贷是信用的重要形式。而金融是指资金的融通,其形成必定以货币为载体。同时,资金的融通既可以表现为源于借贷而形成的债权债务关系,也可以表现为发行股票而形成的所有权关系。可见信用与金融两者内涵不同,外延也不能完全覆盖对方。

需要特别指出的是,在货币制度的演进过程中,信用的发展起到了很大的推动作用。在金属铸币时期,货币借贷使不流通的贮藏货币变成流动性的,从而加快了货币流通的速度;而且信用关系的展开也使当时金属货币不足制约经济增长的矛盾通过信用流通工具的创造得以缓解。信用货币制度确立之后,现代信用活动更是与货币运动联为一体。任何货币的运动同时都是信用活动,信用活动借助于货币运动延伸到社会经济生活的方方面面、涉及各个经济行为主体,信用活动的普遍性达到前所未有的水平。同时任何以货币为载体的信用活动也同时都是货币的运动。信用的扩张意味着货币供给的增加,信用收缩意味着货币供给的减少,信用资金的调剂则时时影响着货币流通速度与货币供给在部门之间、地区之间和微观经济行为主体之间的分布。

二、信用经济

(一) 现代经济是信用经济

在现代经济生活中信用已经贯穿于社会生活的各个方面,社会生产过程的每一个环节,包括生产、流通、分配、消费等各个环节,它又是商品经济赖以生存发展的制度基础。在现代信用货币制度之下,信用货币无处不在,信用关系也随之被带到经济生活的每一个角落。无论是发达国家,还是发展中国家,债权债务关系都普遍存在。经济越发达,信用越发达,反之,信用越发达,经济也越发达,现代经济被称为信用经济、负债经济。

1. 信用经济的特点

(1) 信用关系无处不在。

整个经济生活中,所有的经济行为主体之间处于错综复杂、相互交织的债权债务关系网络之中。无论是在国际经济交往还是在国内经济交往之中,居民、企业、政府部门等非金融机构之间直接的信用联系,以及金融机构之间所形成的间接信用联系,使得信用关系遍及整个社会经济生活之中。

(2) 信用规模呈现不断扩张趋势。

经济规模的加速扩张决定了信用规模的不断扩张,而且信用规模通常是以超过实质经济规模的速度在扩张,因此,债台高筑是现代经济发展的必然结果。当信用扩张超过经济增长的一定界限时就表现为出现信用泡沫,缺乏实质经济支撑的信用泡沫积累到一定程度就会破灭,信用关系的破灭会对实质经济运行产生负面影响。经济发展需要信用关系的扩张来拉动,但是要防止扩张过度而导致泡沫过多和破裂。金融危机来临时,支撑信用关系存在的人们的信心丧失了,泡沫破裂,信用工具消失了,实质经济最终会受到严重的伤害。

(3) 信用结构日趋复杂化。

信用结构包含工具结构、机构结构与市场结构三个方面。在经济发展需要推动以及科技发展带来技术平台不断拓展的条件下,信用工具不断复杂化。信用工具由原生工具,如股票、债券等发展到衍生工具股票价格指数、股票期权等,再发展到衍生的衍生工具,如股票价格指数期货等形态。信用机构也不断创新并呈现复杂化趋势,由传统的金融中介机构,如商业银行占主导,发展到投资银行、保险公司、基金公司等各类金融机构并存,机构更趋多元化,分工更趋专业化。信用市场也日益复杂化,信用关系相互交叉,市场不断向纵深和横向拓展。随着金融工具不断地创新,市场的结构与层次出现多样化趋势;同时,在金融全球化浪潮下,金融市场的一体化使信用关系跨出国界,信用资金在全球范围内实现优化配置。

2. 现代经济是信用经济

现代经济是信用经济,这个问题可以从三方面来分析。

(1) 现代经济运作的特点。

现代经济是一种具有扩张性质的经济,需要借助于负债去扩大生产规模、更新设备,需要借助于各种信用形式去筹措资金,改进工艺、推销产品。其次,现代经济中债权债务关系是最基本、最普遍的经济关系。经济活动中的每一个部门、每一个环节都渗透着债权债务关系。经济越发展,债权债务关系越紧密,越成为经济正常运转的必要条件。另外,现代经济中信用货币是最基本的货币形式。各种经济活动形成各种各样的货币收支,而这些货币收支最终都是银行的资产和负债,都体现了银行与其他经济部门之间的信用关系。所以信用就成为一个无所不在的最普遍经济关系。

(2) 从信用关系中的各部门来分析。

信用关系中的个人、企业、政府、金融机构、国际收支这些部门的任何经济活动都离不开信用关系。表现在:个人通过在银行储蓄或取得消费贷款与银行形成了信用关系,个人购买国债、企业债券与政府、企业形成了债权债务关系;企业在信用关系中既是货币资金的主要供给者,又是货币资金的主要需求者;政府通过举债、放贷形成与居民、企业、金融机构或其他机构之间的信用关系;金融机构作为信用中介从社会各方面吸收和积聚资金,同时通过贷款等活动将其运用出去;国际收支的顺差、逆差的调节也离不开信用。这说明信用关系已成为现代经济中最基本最普遍的经济关系。

(3) 从信用对现代经济的作用来分析。

信用对现代经济发展的推动作用主要表现在:信用保证现代化大生产的顺利进行,即信用活动从资金上为现代化大生产提供条件;在利润率引导下,信用使资本在不同部门之间自由转移,导致各部门利润率趋向相同水平,从而自然调节各部门的发展比例;在信用制度基础上产生的信用流通工具代替金属货币流通,节约流通费用,加速资本周转;信用为股份公司的建立和发展创造了条件,同时,信用聚集资本,扩大投资规模的作用通过股份公司的形式也得到了充分发挥。

(二)信用在现代经济中的作用

信用在现代经济中的作用既有积极的一面,也有消极的一面。

信用对经济的积极作用主要表现在:①现代信用可以促进社会资金的合理利用。通过借贷,资金可以流向投资收益更高的项目,可以使投资项目得到必要的资金,资金盈余单位又可以获得一定的收益。②现代信用可以优化社会资源配置。通过信用调剂,让资源及时转移到需要这些资源的地方,就可以使资源得到最大限度的运用。③现代信用可以推动经济的增长。一方面通过信用动员闲置资金,将消费资金转化为生产资金,直接投入生产领域,扩大社会投资规模,增加社会就业机会,增加社会产出,促进经济增长;另一方面,信用可以创造和扩大消费,通过消费的增长刺激生产扩大和产出增加,也能起到促进经济增长的作用。

信用对经济的消极作用主要表现在信用风险和经济泡沫的出现。信用风险是指债务人无法按照承诺偿还债权人本息的风险。在现代社会,信用关系已经成为最普遍、最基本的经济关系,社会各个主体之间债权债务交错,形成了错综复杂的债权债务链条,这个链条上有一个环节断裂,就会引发连锁反应,对整个社会的信用联系造成很大的危害。经济泡沫是指某种资产或商品的价格大大地偏离其基本价值,经济泡沫的开始是资产或商品的价格暴涨,价格暴涨是供求不均衡的结果,即这些资产或商品的需求急剧膨胀,极大地超出了供给,而信用对膨胀的需求给予了现实的购买和支付能力的支撑,使经济泡沫的出现成为可能。

三、信用形式

信用可以表现为多种形式。在信用经济发展的推动下,信用形式也逐渐由低级向高级、由简单向复杂不断向前演进,信用活动日趋频繁与深化。信用按照不同的标准可以划分为不同形式。如按照期限划分,信用可分为短期信用与长期信用;按照信用发生的地域来划分,可分为国内信用与国际信用;按照主体来划分,可以分为商业信用、银行信用、国家信用和消费信用。

(一)商业信用

商业信用是以赊账方式出售商品(或提供劳务)时买卖双方之间相互提供的信用。以这种方式买卖商品,在商品转手时,买方不立即支付现金,而是承诺在一定时期后再支付。这样,双方形成一种债务关系,卖方是债权人,买方是债务人。卖方所提供的商业信用,相当于把一笔资本贷给买方,因而买方要支付利息。赊销的商品价格一般要高于现金买卖商品的价格,其差额就形成赊购者向赊销者支付的利息。

典型的商业信用是工商企业以赊销方式对购买商品的工商企业所提供的信用。比如,一个工厂,它所生产的产品需要通过商业网进行销售,当销售其产品的商店如果缺乏购买这部分产品所需的货币资金时,那就可以采取赊销方式,即约定经过一定期限,如3个月、半年等,由该商店归还赊销的货款。这种方式对双方都有好处:①对于缺乏购货资金的商店,利用这种信用方式,可以购入货物,进行推销并取得商业利润。假如在约定还款期限之前可将商品销售出去,这个商店甚至不必准备自有资金。②对于工厂来说,虽然当时没有收入货款,但产品毕竟销售出去了,只是推迟到约定的期限才能收款。所以产品能否销售具有关键的意义。若不能销售,工厂必须考虑是否继续再生产;若销售出去,虽不能立即收到货款,但这展现出该产品有销售的前景,那就可以设法筹集资金继续生产。而产品有销售前景的工厂也易于取得贷款者的信任,因为它们有归还贷款的潜力。

商业信用,像是以商品提供信用,其实不然。在典型的商业信用中实际包括两个同时发生的经济行为买卖行为和借贷行为。就上例来说,工厂向商店提供商业信用一方面是工厂向商店卖出了自己的产品;另一方面则是商店欠了工厂的货款——以一定货币金额表示的货款,从而发生了债权债务关系。就买卖行为来说,在发生商业信用之际就已完结,即该产品从工厂所有变成商店所有,就与通常现款买卖一样;而在此之后,它们之间只存在一定货币金额的债权债务关系,这种关系不会因已经属于商店的这批货物的命运如何——比如能否销售出去——而发生变化。

1. 商业信用的工具是商业票据

商业票据是债权人为了确保自己的债权,要求债务人出具的书面债权凭证。它分为期票和汇票两种。期票是债务人向债权人开出的,承诺在一定时期支付款项的凭证。汇票是由债权人向债务人发出命令,要求债务人向第三者或持票人支付一定款项的凭证。商业票据可以在一定范围内流通。

在商业信用中,赊销商品的企业为了保证自己的权益,需要掌握一种能够受到法律保护的债务文书,在这种文书上说明债务人有按照规定金额、期限等约定条件偿还债务的义务。这种文书称之为票据。在商品经济发展的国度中,颁布有票据法,以保护商品信用中有关当事人的权益。

票据曾经是很重要的一种流通手段。比如织布厂从纺纱厂赊购棉纱作为原料,而当纺纱厂需要购入棉花继续生产却缺乏货币资金时,它就可以用织布厂签发的票据支付给棉花商人,并在票据的背面签上自己的名字,即所谓"背书"。棉花商虽未取得货款,但是有以下好处:①他卖出了棉花;②他可以在票据所载日期从织布厂取得货币;③若织布厂付不了款,纺纱厂要付,因为任何签字人都对还款义务负有连带责任。

这就是商业票据可以广泛流通的原因。在马克思从事研究资本主义的年代及其以前,票据流通曾达到很大的规模。对于票据,马克思曾这样估价:"它们形成真正的商业货币。"

2. 商业信用的局限性

商业信用的局限性有两方面。一方面是这种信用形式存在于工商企业之间,所以它的规模大小是以产业资本的规模为度,其最大作用是产业资本的充分利用;另一方面是其严格的方向性。比如说,纺织印染厂可向服装厂提供商业信用,而服装厂则不能向纺织印染厂提供商业信用,因为后者的生产不是以服装为材料。一般来说,是上游产品企业向下游产品企业提供信用,是工业向商业提供信用,因而有些企业很难从这种形式取得必要的信用支持。

商业信用的局限性也决定了票据流通的局限性,它只能在彼此有经常往来而且相互了解的工商企业之间流通。此外,每张票据的金额都是不同的,支付期限也不同,用以支付很不方便。

(二) 银行信用

银行信用是银行或货币资本所有者向工商及农业企业提供贷款而形成的借贷关系。它是为适应产业资本循环周转或再生产运动的需要而产生的。在再生产过程中,各个企业之间会出现货币资本余缺不均的状况。为了保证社会再生产正常进行,需要企业之间进行货币余缺的调剂。银行通过借贷关系,将再生产中游离出来的闲置货币资本和社会上的闲置货币集中起来,再把它们贷给需要货币的企业。

1. 银行信用的特点

(1) 银行能把社会上各种闲置资金集中起来,形成巨额借贷资本,因此,银行信用不受个别资本的数量和周转的限制。

(2) 银行信用的对象不是商品资本,而是货币资本。

(3) 银行信用的债务人是工商及农业企业,债权人是银行。

2. 银行及银行业务

银行信用主要由银行来办理。银行是专门经营货币资本的企业,是借款人和贷款人的信用中介。银行的业务分为两个方面:负债业务和资产业务。

在银行信用中,银行等金融机构是信用活动的中间环节,是媒介。从聚集资金角度来说,它们是货币资金所有者的债务人;从贷放资金角度来说,它们是货币资金需求者的债权人。至于货币资金的所有者同货币资金的需求者,两者之间并不发生直接的债权债务关系。所以,这种资金筹集方式称为间接融资或间接金融。

与之相对应的是直接融资或直接金融,是指公司、企业在金融市场上从资金所有者那里直接融通货币资金,其方式是发行股票或债券。股票或公司债券的发行者,售出股票、债券,取得了货币资金;资金所有者,买进股票、债券,付出了货币资金。在这个过程中,资金所有者和资金需求者,两者之间直接建立金融联系,而不需要中介者既扮演债务人角色又扮演债权人角色的这个环节。在现代经济生活中,这种直接融资,连同前文中提及的商业信用形式的直接融资(如商业票据的发行)都是资金融通的极其重要的方式。

银行依据票据提供贷款首先靠的是它们所集聚的货币资金。当这些集聚起来的货币资金不足以应付货币需求时,银行则发现可以签发自己的票据来代替企业家个人的票据。由于银行家较之一般工商企业主有更大的信用,从而他们签发的票据可以较广泛地为人们所接受;同时银行家发现签发不定期的票据更为人们所欢迎,大多不会立即要求银行兑付金银币。这就使银行家有更大的余地采用签发自己的票据来代替工商企业家的票据。由银行家签发的这种票据就是在上一章中所提到的银行券。马克思说:"银行券无非是银行家开出的、持票人随时可以兑现的、由银行家用来代替私人汇票的一种汇票。"随着银行业务的发展,银行券也日益不限于用来代替商业票据而被更广泛地用于各项其他贷款业务之中。

(三) 国家信用

国家信用是指国家直接向公众进行的借贷活动。国家在这种信用关系中处于债务人的地位。国家信用在国内的基本形式是国债,它通常以发行公债券和国库券的形式来实现。公债券是由政府发行的一种长期债券,发行公债筹措的资金,主要用于弥补财政赤字和其他非生产性开支。国库券是由国库直接发行的一种短期公债,主要是为了解决短期的国库开支急需。

国家信用是一种古老的信用形式,或许伴随着国家机器的形成,它就产生了。传说,东周的周赧王还不起债,逃到一个高台上去躲避,因此后人把这个台叫债台,"债台高筑"的成语就是从这里来的。在中国史书上,明确记有朝廷借债的事。如汉安帝永初四年对羌人作战,军费不断增大,曾有"官负人责(债)数十亿万"的记载;顺帝永和六年,"诏贷王侯国租一岁"和"诏假民有赀者户钱一千",即向王侯预征1年租税和向有钱的百姓每户借钱一千。资本主义关系发展起来后,国家信用的最早典型事例是伦敦城的一群商人为了向当时英国国王威廉三世贷款而成立了英格兰银行。由于向政府提供贷款支持,使得1694年成立的这家私人银行日后变成了英国的中央银行。1844年,在它日益明确成为中央银行之际,根据1 400万英镑的国家债务发行无黄金保证的银行券成为这家银行的特权。

在现代社会中,从国内筹款是内债,从国外筹款是外债。不论内债或外债,在经济生活中都是不可忽视的重要因素。

国家信用的主要工具是国家债券。我国自1981年开始发行国库券,到1996年,国内债券共累积发行5 901.41亿元,1997年开始就全部采用凭证式和证券市场网上无纸化发行。美国是一个大量发行公债的国家,美国财政部2008年政府财政报告显示,美国联邦政府债务总额高达65.5万亿美元,是美国国内总产值的4倍还多,并超过了全球各国年度国内生产总值(GDP)之和。

(四) 消费信用

消费信用是工商企业、银行或其他信用机构向缺乏货币购买力的消费者提供贷款的活动。消费信用的形式主要有赊账、分期付款和发放消费信贷等。

1. 赊账

赊账是利用结账信用卡,凭信用卡先购后支付。银行和其他金融机构对个人提供信用卡,客户只需持信用卡,便可以在接受该种信用卡的商店购买商品,定期与银行结账。

信用卡(credit card)是授权持卡人取得敞口式信用贷款限额的一种塑制卡片。大多数信用卡账户所具有的两个特点使它们成为消费者购物融资极为便利的方式:①不需要担保;②不必为每笔购物分别申请贷款。

然而,这两个特征也增加了发行信用卡金融机构面临的违约风险,因为这种信用对借款人来说使用如此方便。

信用卡账户的违约风险相对要高于大多数其他类型信用的违约风险。增大的风险与提供敞口信用服务相对较高的成本导致对信用卡余额一般收取比其他类型贷款更高的利率。

(1) 信用卡账户的类型。

信用卡账户可分为两大类。

① 零售信用卡账户。这是一种由特定单位,通常是零售商提供的敞口信用账户。零售信用卡通常只被发卡单位或其关联企业接受。零售信用卡账户的例子包括百货商店与石油公司发行的卡。通常,与零售商有关联的金融公司是信用资金的来源。

② 银行信用卡账户。这是由特定金融机构提供的敞口信用账户。尽管金融机构是贷款资金的来源,这些信用卡的电子网络由维萨、万事达、迪斯卡佛等机构提供。但不同于零售商发行的卡,银行信用卡被

设计成可为大量的企业所接受的卡。

(2) 信用卡的管理。

信用卡发行者不限制持卡人使用卡进行交易的次数,但每个信用卡账户包含一个信用额度(credit limit),即持卡人可得的最大信用金额。信用额度根据发卡人对持卡人的资信评估而变化。通常额度范围从 5 000 美元到 25 000 美元,但也可能更高或更低。

大多数银行信用卡协议允许持卡人借取现金或进行采购。预借现金(cash advance)是从信用卡的发行人处借得的现金。预借现金额度(cash advance limit)是持卡人可用的最大现金数额,可能少于或等于信用额度。多数金融机构对持卡人预借现金收取比进行采购更高的利率。

金融机构通常要评估信用卡账户所收的利率与账户费用。账户费用可以包括下列中的任何一种或全部:申请费、每月收账费用、交易费用、逾期费用与服务年费。贷款人一般不对每次购买收取交易费。然而,一些贷款人却对预借现金按每笔交易收费,通常使用固定金额或预借现金额的一定比例,取两者中较大者。

在各个付账期的期末(通常是 21 天—30 天),贷款人向持卡人发出账户报告。报告中列出自上一付账期以来的余额、从持卡人处收到的付款额、卡上新发生的费用、财务费用、期间利率、年度百分比利率。当对账户余额收取财务费用时,贷款人必须通知信用卡持卡人。一些贷款人给予持卡人宽限期(grace period),即购买日和贷款人开始收取利息日之间的一段时间,在此期间内不计利息。贷款人也必须向借款人披露用来计算未偿还余额的方法,它将影响财务费用的金额。这些方法包括:

① 每日平均余额法——将付账期内每天余额加总,然后将总数除以付账期的天数。在计算余额时考虑了付账期内的支付,采购可能包括或不包括在内。

② 前期余额法——将前一个付账期期末的账户余额作为本付账期的未偿还余额,而不包括本付账期的支付或新的采购。

③ 调整余额法——将前一个付账期期末的余额扣除本付账期的支付,但余额不加上本付账期的新采购。

2. 分期付款

分期付款是消费者购买商品后,先支付部分现款,然后根据签订的合同,分期加息支付余下的货款。在货款未付清前,商品所有权属于卖者。

3. 消费信贷

消费信贷是银行和其他金融机构直接贷款给个人用以购买耐用消费品、住房以及支付旅游费用等等。根据受贷的对象不同分成两类:一类是买方信贷,银行直接对商品消费者发放贷款;另一类是卖方信贷,银行对销售商品的企业发放贷款。消费信贷是推销商品、扩大销路的一种手段。它虽然在一定时期内,可以刺激消费和促进生产发展,暂时缓解生产过剩的矛盾,但是,消费信用使消费者提前动用了未来的收入,会使将来的购买力缩小,加深了生产与消费的矛盾。

商品经济的信用体系中,商业信用和银行信用是基本的信用形式。银行信用在信用体系中居主导地位,商业信用是银行信用乃至整个信用体系的基础。

第三节 利息和利率

一、利息

(一) 利息的概念

利息是债权人因贷出货币资金而从债务人处获得的报酬,即多于本金的部分;从债务人的角度来看就是为取得货币资金的使用权所花费的代价,即比本金多还的部分。

或者说,利息是资金所有者由于借出资金而取得的报酬,它来自生产者使用该笔资金发挥营运职能而形成的利润的一部分。是指货币资金在向实体经济部门注入并回流时所带来的增值额。

(二) 利息的计算公式

利息的多少取决于三个因素：本金、存款期限和利息率水平。

利息的计算公式为

$$利息 = 本金 \times 利息率 \times 存款期限$$

(三) 利息在市场经济运行中的作用

1. 影响企业行为的功能

利息作为企业的资金占用成本已直接影响企业经济效益水平的高低。企业为降低成本、增进效益，就要千方百计减少资金占压量，同时在筹资过程中对各种资金筹集方式进行成本比较。全社会的企业若将利息支出的节约作为一种普遍的行为模式，那么，经济成长的效率也肯定会提高。

2. 影响居民资产选择行为的功能

在中国居民实际收入水平不断提高、储蓄比率日益加大的条件下，出现了资产选择行为，金融工具的增多为居民的资产选择行为提供了客观基础，而利息收入则是居民资产选择行为的主要诱因。居民重视利息收入并自发地产生资产选择行为，无论对宏观经济调控还是对微观基础的重新构造都产生了不容忽视的影响。从中国目前的情况看，高储蓄率已成为中国经济的一大特征，这为经济高速增长提供了坚实的资金基础，而居民在利息收入诱因下做出的种种资产选择行为又为实现各项宏观调控做出了贡献。

3. 影响政府行为的功能

由于利息收入与全社会的赤字部门和盈余部门的经济利益息息相关，因此，政府也能将其作为重要的经济杠杆对经济运行实施调节。例如：中央银行若采取降低利率的措施，货币就会更多地流向资本市场，当提高利率时，货币就会从资本市场流出。如果政府用信用手段筹集资金，可以用高于银行同期限存款利率来发行国债，将民间的货币资金吸收到政府手中，用于各项财政支出。

二、利率

(一) 利率的概念

利率是借入者（或借方）为在一定期限内使用某种资源而付给借出者（贷方）价格的一种度量。由贷方让渡给借方的数额称为本金，对其使用而付出的价格通常表示为单位时间内（多以年付）一定本金百分比的形式，即利率。简单讲，利率就是借出者在借贷期内所获得的利息额与借贷资金的比率。

利率就其表现形式来说，是指一定时期内利息额同借贷资本总额的比率。利率是单位货币在单位时间内的利息水平，表明利息的多少。

(二) 利率的计算公式

从借款人的角度来看，利率是使用资本的单位成本，是借款人使用贷款人的货币资本而向贷款人支付的价格；从贷款人的角度来看，利率是贷款人借出货币资本所获得的报酬率。如果用 i 表示利率、用 I 表示利息额、用 P 表示本金，则利率可用公式表示为

$$i = I/P$$

(三) 利率的分类

1. 年利率、月利率和日利率

按计算利息的时间长短，利率分为年利率、月利率和日利率。

年利率一般按本金的百分之几表示；月利率是按本金的千分之几表示；日利率是按本金的万分之几表示。在实际工作中，利率需要相互换算，即年、月、日利率可互相换算，换算方法为

$$年利率 = 月利率 \times 12 = 日利率 \times 360$$

2. 市场利率和官方利率

按利率是否随市场规律自由变动，利率分为市场利率和官方利率。

市场利率是指由资金供求关系和风险收益等因素决定的利率。一般来说，当资金供给大于需求时，市场利率会下降；当资金供给小于需求时，市场利率会上升。当运用资金的收益较高而运用资金的风险也较

大时,市场利率也会上升;反之,则相反。市场利率可能会大于、等于或小于实际利率,取决于家庭和企业预期一般物价水平的上升、不变或下跌。实际利率约等于市场利率和一般物价水平变动的差。

官方利率是政府货币管理当局或中央银行确定发布的,各级金融机构都必须执行的各种利息率。由于在市场经济体制下,利率对资金活动的规模、趋势、效率等影响极大,甚至直接影响国家的货币金融政策的贯彻执行,因此成为一种调节经济活动的重要杠杆。例如中央银行的再贴现率就是典型的官方利率。

市场利率必然会受到官方利率的干预和影响,但是市场利率的变动主要还是取决于借贷资金的供求关系,这样市场利率和官方利率之间往往存在一定的差距,两者不可能完全保持一致。同时,中央银行在确定官方利率时,总是以市场利率作为重要依据。

3. 固定利率和浮动利率

按利率在借贷期内是否调整,利率分为固定利率和浮动利率。

固定利率是指利息率在整个借款期内固定不变,不随借贷资金的供求状况和市场利率的波动而发生变化。固定利率在借款期间不发生变化,因而它的主要优点是容易计算借款成本,简便易行,比较适宜于短期借款或市场利率变化不大的情况。

浮动利率又称可变利率,是指利息率随着市场利率的波动而定期调整变化的利率。浮动利率在借款期内随着市场利率的变化而定期调整,因而借款人在计算借款成本时比较困难、繁杂,利息负担可能减轻,也可能加重。但借贷双方可以共同承担利率变化的风险,这种利率比较适宜于中长期贷款。在我国,浮动利率还有另一种含义,即是指金融机构在中央银行规定的浮动幅度内,以基准利率为基础自行确定的利率。

4. 名义利率和实际利率

所谓名义利率,是央行或其他提供资金借贷的机构所公布的为调整通货膨胀因素的利率,即利息(报酬)的货币额与本金的货币额的比率。例如,张某在银行存入100元的一年期存款,一年到期时获得5元利息,利率则为5%,这个利率就是名义利率。

名义利率并不是投资者能够获得的真实收益,而是与货币的购买力有关。如果发生通货膨胀,投资者所得的货币购买力会贬值,因此投资者所获得的真实收益必须剔除通货膨胀的影响,这就是实际利率。实际利率是指物价水平不变,从而货币购买力不变条件下的利息率。

例如,如果银行一年期存款利率为2%,而同期通胀率为3%,则储户存入的资金实际购买力在贬值。因此,扣除通胀成分后的实际利率才更具有实际意义。仍以上例,实际利率为2%-3%=-1%,也就是说,存在银行里是亏钱的。在中国经济快速增长及通胀压力难以消化的长期格局下,很容易出现实际利率为负的情况,即便央行不断加息,也难以消除。所以,名义利率可能越来越高,但理性的人士仍不会将主要资产以现金方式在银行储蓄,只有实际利率也为正时,资金才会从消费和投资逐步回流到储蓄。

名义利率与实际利率的计算公式可以写成:

$$r = i + p$$
$$i = r - p$$

其中,r为名义利率,i为实际利率,p为借贷期内物价水平的变动率,它可以为正,也可能为负。较为精确的计算公式可以写成:

$$r = (1+i)(1+p) - 1$$
$$i = (1+r)/(1+p) - 1$$

(四)影响利率变动的因素

决定和影响利率变动的因素如下。

1. 社会平均利润率

决定利息率高低的利润率不是单个企业的利润率,而是一定时期内一国的平均利润率。一般来说,平均利润率是利息率的最高界限,当然,在一般情况下,利率也不会低于零。如果利率小于零,就不会有人出借资金了。因此利率通常在平均利润率与零之间波动。

2. 借贷资金的供求状况

决定某一时期某一市场上利率水平高低的是借贷资金的供求关系。当借贷资金供大于求时,利率会下降;当借贷资金的供小于求时,利率会上升。

3. 央行的货币政策

自从 20 世纪 30 年代凯恩斯主义问世以来,各国政府都加强了对宏观经济的干预。政府干预经济最常用的手段是中央银行的货币政策。中央银行采用紧缩政策时,往往会提高再贴现率或其他由中央银行所控制的基准利率;而当中央银行实行扩张的货币政策时,又会降低基准利率。

4. 预期通货膨胀

在信用货币制度下,通货膨胀是一种特有的经济现象。通货膨胀会给债权人带来损失,为了弥补这种损失,债权人往往会在一定的预期通货膨胀率的基础上确定利率,以保证本金和实际利息额不受到损失。当预期通货膨胀率提高时,债权人会要求提高贷款利率;当预期通货膨胀率下降时,利率一般也会相应下调。

5. 国际利率水平及汇率

在开放的经济条件下,国际间的资本可以自由流动,国际利率水平会对国内利率水平产生重要的影响。当国内利率水平高于国际利率水平时,外国资本就会流入国内,使市场上资金供给增加而利率下降;当国内利率水平低于国际利率水平时,国内资金流向国外,市场上资金供给减少,利率上升。汇率的变动也会影响利率的变动。当外汇汇率上升,本币贬值时,国内居民对外汇的需求就会增加,同时,对本币的供给增加而需求减少,因此本币利率水平就会降低。

6. 微观因素

微观因素主要包括借贷期限、风险程度、担保品、借款人的信用等级、放款方式以及社会经济主体的预期行为等。

第四节 金融市场

一、金融市场概述

金融市场是指资金供应者和资金需求者双方通过信用工具进行交易而融通资金的市场,广而言之,是实现货币借贷和资金融通、办理各种票据和有价证券交易活动的市场。

金融市场又分为广义的金融市场和狭义的金融市场。广义的金融市场是指包括直接融资和间接融资活动的金融市场;狭义的金融市场仅包括直接融资活动的场所。一个有效的金融市场能够在社会生产的各部门之间自动、迅速、合理地配置资金,从而推动经济持续快速地发展。

(一)直接融资与间接融资

金融市场是资金融通的市场。所谓资金融通,是指在经济运行过程中,资金供求双方运用各种金融工具调节资金盈余的活动,是所有金融交易活动的总称。在金融市场上交易的是各种金融工具,如股票、债券、储蓄存单等。金融市场对经济活动的各个方面都有着直接的深刻影响,如个人财富、企业的经营、经济运行的效率,都直接取决于金融市场的活动。

金融市场为资金需求者融通资金提供了有效的途径。根据资金融通时有无中介机构直接参与,在金融市场上,资金的融通可以分为直接融资和间接融资两种方式。

1. 直接融资

直接融资是指资金需求者通过一定的金融工具直接向资金供给者融通资金的行为。

直接融资一般是由金融中介机构帮助资金需求者向资金供给者发行证券。但是金融中介机构并不同于资金需求者或资金供给者形成债权与债务关系或直接参与所有权的让渡。比较典型的直接融资方式,包括工商企业通过证券公司向投资者发行股票或债券。资金供给者通过在金融市场上购买资金需求者发行的证券来完成资金的融通,其所买卖的证券包括非金融机构、政府、工商企业或个人发行或签署的公债、国库券、债券、股票、抵押契约以及各种形式的票据。直接融资的过程就是资金供求双方通过直接协议或在公开市场上买卖证券的过程。

由于资金需求者直接向资金供给者发行证券,金融中介机构只是起辅助作用,所以直接融资的筹资成本较低、投资收益较大。而且,在直接融资过程中,由于一个资金需求者可以同时向多个资金供给者发行证券,所以直接融资可以获得数额较大的资金,工商企业通过股权融资还可以扩大公司的资本金规模。

当然,直接融资也有一定的缺点。由于直接融资需要一定的发行成本,所以资金需求者通常要一次性地筹集较大数额的资金,这样就缺乏一定的灵活性。另外,在直接融资过程中,资金供给者所承担的风险较大。

2. 间接融资

间接融资是指资金供给者与资金需求者通过金融中介机构间接实现资金融通的行为。在间接融资的过程中,资金供给者将多余的资金先提供给金融中介机构,再由这些金融中介机构将资金提供给资金需求者。在这种方式下,金融中介机构发挥了重要作用,它通过自己发行证券向资金供给者筹集资金,再通过购买资金需求者发行的证券来提供资金。充当资金融通中介的金融机构可以是商业银行、保险公司、信托公司、投资公司和互助基金等,其发行的证券包括银行券、银行票据、可转让存单、人寿保单、金融债券和各种借据等金融证券。

由于金融中介机构直接参与间接融资,所以它可以利用自身的专业知识,尽可能地降低由于信息不对称造成的信用风险。而且,多样化的金融工具可以方便地满足资金供需双方的融资需求。另外,由于金融中介机构的规模相对较大,所以能够采用多样化的投资策略来分散风险。

(二)金融市场的特点

与一般的商品市场相比较,金融市场具有以下几个特点:①在金融市场上,市场参与者之间的关系不是一种单纯的买卖关系,而是一种借贷关系或委托代理关系,是以信用为基础的资金的使用权和所有权的暂时的分离或有条件让渡;②市场交易的场所既可以是有形的,也可以是无形的;③市场交易的对象是一种特殊的商品,即货币资金。

(三)金融市场的基本要素

一个完备的金融市场,应包括以下四个基本要素。

1. 交易对象

金融市场中的交易对象是一种特殊的商品即货币资金。货币能够作为价值的一般形态,充当一般等价物的职能;货币也能够作为资本投入资本循环进行自身的增值。金融市场上之所以会发生货币资金的借贷和有条件的让渡,是因为当其转化为资本使用时能够增值。

2. 交易主体

金融市场中的交易主体包括:①自然人;②工商企业;③金融机构;④政府部门;⑤中央银行,在我国即中国人民银行。

在金融市场中,投资者主要是自然人,而筹资者主要是工商企业和政府部门。不过,随着个人理财观念的变化,很多消费者为了购买住房、汽车等商品开始从金融市场上筹集资金。政府部门包括中央政府和各级地方政府,通过发行财政部债券和地方政府债券来筹集资金(目前我国不允许地方政府发行债券)。金融机构在金融市场中充当交易的中介,但是,金融机构也可能从事自营业务,成为重要的交易主体,例如我国商业银行在国债以及国债回购交易中具有重要地位,证券公司在股票自营业务方面也投入了大量资金。

中央银行在金融市场中处于一种特殊的地位,它既是金融市场中的交易主体,也是金融市场的监管者。从中央银行参与金融市场的角度看:中央银行充当最后贷款人的角色,从而成为金融市场资金的提供者;中央银行的公开市场操作也会影响到金融市场上资金的供求和其他交易主体的行为。

此外,专门的金融监管机构对金融市场的正常运行具有重要作用。通常,监管机构分为政府监管机构和自律性组织,前者如中国银行保险监督管理委员会、中国证券监督管理委员会,后者如各种行业协会、交易所等等。

3. 交易工具

金融市场中的交易工具是各种金融工具,如贴现借款、支票、国库券、债券、股票、外汇等等。理论上金融市场主体进行金融交易是为了资金融通。资金融通是建立在信用关系的基础上的,而信用关系的建立和终止都是通过金融工具的交易来完成的。

金融工具的数量和质量是决定市场效率的重要因素。市场上的金融工具的数量、种类越多,就越能为实体经济提供足够的资金支持,越能满足不同的投资者和筹资者的偏好,从而越能充分发挥金融市场的资金融通的功能。

金融工具之间的各种差别主要表现在三个不同的方面:收益性、风险性和流动性。收益性是指金融工具能够带来价值的增值。风险性是指由于不确定性因素导致的金融工具的价值发生损失的可能性。流动性是指金融工具可以进行交易,投资者可以卖出金融工具获得现金。一种金融工具的流动性越高,风险性越低,收益性就越低,反之亦然。金融市场上的交易主体可以从自己的偏好出发选择适合自己的金融工具。

4. 交易价格

金融市场的价格通常表现为各种金融工具的价格。金融工具的价格与其收益性是密切相关的,同一种金融工具,若价格越低,则该金融工具到期收益率越高。因此可以说,金融工具的价格和收益性是一个问题的两个方面。金融工具的价格要受其本身的流动性和风险性等因素的影响。在其他条件相同的情况下,某种金融工具的流动性越强,价格就越高;而风险性越强,则价格就越低。另外,金融工具的价格也受各种宏观经济因素的影响。中央银行扩大货币供给后,市场上充裕的资金将会导致各种金融资产价格的上升。价格机制在金融市场中发挥着重要的作用。在一个有效的金融市场上,金融资产的价格必须能及时、准确地反映该资产的价值,从而能够在社会生产各部门中有效地配置资金。

二、货币市场

货币市场是指交易期限在一年以内的金融市场。货币市场的主要功能是满足短期流动性需求。投资者可以很方便地将这个市场中的金融工具转换为现实中的货币。它的存在,一方面满足了筹资者短期的资金需求,另一方面也为暂时闲置的资金找到了投资途径。货币市场的重要性在于,它是整个金融体系调剂流动性的重要渠道,为中央银行实施公开市场操作提供了场所。另外,货币市场利率在整个利率体系中也具有重要地位。

货币市场的业务主要包括银行短期信贷、短期证券买卖及票据贴现。由于各国的传统和习惯不同,货币市场上的中介机构及其地位和作用也不同。一般来说,货币市场的中介机构包括商业银行、票据承兑行、贴现行、证券交易商和证券经纪人。

(一) 短期信贷市场

主要是指银行间的市场。该市场提供 1 年或 1 年以内短期信贷,目的在于解决临时性的资金需要和头寸调剂。贷款的期限最短为 1 天,最长为 1 年,也提供 3 天、1 周、1 月、3 月、半年等期限的资金;通常利率以伦敦银行同业拆放率为基准;交易通常以批发形式进行,少则几十万英镑,多则几百万、几千万英镑;交易简便,不需担保和抵押,完全凭信誉和电话电传进行。

(二) 短期证券市场

这是国际间进行短期证券交易的场所,期限不超过 1 年。

其中,国库券是西方各国财政部为筹集季节性资金需要,或是为了进行短期经济和金融调控而发放的短期债券,期限一般为 3 个月或半年,利率视情况而定,通常以票面金额打折扣和拍卖的方式推销。

银行存单是存户在银行的定期存款凭证,可以进行转让和流通。20 世纪 60 年代初,美国开始发行这种存单,定额为 100 万美元或 100 万美元以上,最少也有 50 万美元;英国于 60 年代末发行这种存单,金额从 5 万至 50 万英镑不等。存单利率与伦敦银行同业拆放利率大致相同,到期后可向发行银行提取本息。

银行承兑汇票和商业承兑汇票都是一种信用支付工具,前者由银行承兑,后者由商号或个人承兑,承兑后可背书转让,到期可持票向付款人取款。由于银行信誉较高,银行承兑汇票比商业承兑汇票的流动性强。

(三) 贴现市场

所谓贴现,是指将未到期的信用票据打个折扣,按贴现率扣除从贴现日到到期日的利息后向贴现行换取现金的一种方式。贴现市场就是对未到期的票据按贴现方式进行融资的场所。贴现交易使持票人提前取得票据到期时的金额(扣除支付给贴现行的利息),而贴现行则向要求贴现的持票人提供了信贷。贴现业务是货币市场资金融通的一种重要方式。贴现的票据主要有国库券、银行债券、公司债券,银行承汇兑票据和商业承兑票据,贴现率一般高于银行利率。贴现行或从事贴现的银行可以用经贴现后的票据向中央银行要求再贴现,中央银行利用这种再贴现业务来调节信用、调节利率、进而调控宏观金融。

(四) 银行间同业拆借市场

传统上,银行间同业拆借市场是商业银行调剂超额准备金余缺形成的市场。一般而言,同业拆入、拆出资金从长期看应该保持平衡。可是,从目前国内商业银行的操作实践看,越来越多的银行把同业拆借作为补充经常性短期流动资金的一个重要来源,大的货币中心银行通常具有庞大的净拆入余额。

1996年1月,我国统一的同业拆借市场开始运行,同时由中国人民银行各大区行主持,形成全国同业拆借的二级网络。同年6月同业拆借市场实现了利率的市场化。目前,不仅中外商业银行可以进入银行同业拆借市场调剂资金余缺,证券公司、保险公司以及其他经过批准的金融企业也可以进入银行间同业拆借市场。

(五) 商业票据市场

根据1996年1月1日起施行的《中华人民共和国票据法》,我国境内的票据包括汇票、本票和支票。商业票据市场主要是以商业汇票的发行、承兑、转让和贴现形成的市场。商业汇票是出票人(企业)签发的,委托付款人在见票时或者在指定日期无条件支付确定的金额给收款人或者持票人的票据。

商业汇票是一种古老的商业信用工具,产生于18世纪,最初是随着商品和劳务交易而签发的一种债务凭证。后来,商业票据与商品、劳务相分离,成为一种专供在货币市场上融资的短期工具。

商业票据的发行分为直接发行和金融机构承销两种方式,发行条件主要包括贴现率、发行价格、发行期限、兑付和手续费。为了保证商业票据的顺利发行,通常发行企业要通过一定的评级程序。商业票据的信用等级不同,发行的难易程度及发行利率水平也各不相同。票据贴现是指持票人为了资金融通的需要而在票据到期前以贴付一定利息的方式向银行出售票据。对于贴现银行来说,就是收购没有到期的票据。票据贴现的贴现期限都较短,一般不会超过6个月,而且可以办理贴现的票据也仅限于已经承兑并且尚未到期的商业汇票。一般而言,票据贴现可以分为贴现、转贴现和再贴现。贴现是指客户(持票人)将未到期的票据卖给贴现银行,以便提前取得现款。一般地,工商企业向银行办理的票据贴现就属于这一种。转贴现是指银行以贴现购得的未到期的票据向其他商业银行所作的票据转让。转贴现一般是商业银行间相互拆借资金的一种方式。再贴现是指贴现银行持未到期的已贴现汇票向中国人民银行进行贴现,通过转让汇票取得中国人民银行再贷款的行为。再贴现是中央银行的一种信用业务,是中央银行为执行货币政策而运用的一种货币政策工具。

(六) 可转让定期存款单市场

1961年,大额可转让定期存款单(CDs)由美国花旗银行首先发行,其后许多银行纷纷效仿,成为一种非常流行的货币市场工具。可转让定期存款单是银行发给存款人的按一定期限和约定利率计算,到期前可以在二级市场上流通转让的证券化存款凭证。把可转让定期存款单归类为货币市场工具是一种传统惯例,事实上,很多商业银行发行的定期存款单期限跨度很大,例如美洲银行就提供最长10年期的存款单。

可转让定期存款单与一般的银行定期存款不同:①它有规定的面额,传统上具有较大的面额(10万美元以上),故一度被称为"大额可转让定期存款单",不过,现在很多银行已经推出最低面额为500美元的存款单,而普通的定期存款金额由存款人决定;②它可以在二级市场上转让,具有较高的流动性,而普通的定期存款只能在到期后提款,提前赎回要支付一定的罚息;③可转让定期存款单的利率通常高于同期限的定期存款利率,可以获得接近于金融市场的利息收益,另外,还有的可转让定期存款单按照浮动利率计息;④通常只有规模较大的货币中心银行才能发行可转让定期存款单;⑤在实行存款保险制度的国家,可转让定期存款单与储蓄存款具有相同的保障(美国为单一账户10万美元以内全额受保)。

可转让定期存款单的发行一般通过银行柜台方式进行,也可以通过承销商代理发行。可转让定期存款单的认购者绝大多数是非金融性公司,还包括政府机构、外国政府和外国企业,也有部分金融机构和富裕的个人投资者。可转让定期存款单市场是买卖已发行定期存款单形成的市场,通常通过柜台交易方式进行。在二级市场上买卖存单的主要是一些证券经营机构和大银行,它们不仅为自己买卖,也充当中介人,是可转让定期存款单市场的主要交易商。我国一些商业银行也曾经发行过可转让定期存款单,但未能形成一定的规模。

(七) 短期债券市场

短期债券市场是指所交易债券剩余期限在1年以内的市场。这些债券包括两种情况:一种是债券的原始期限就在1年以内;另一种是债券的原始期限在1年以上,但随着到期日的临近,剩余期限已经不足1年。

最重要的短期债券是短期国债。短期国债是中央政府债券的一种,期限在1年以内,通常包括3个月、6个月和12个月三个品种。在大多数国家的货币市场上,短期国债都是第一大交易品种。

中央政府发行短期国债主要是解决政府的短期流动性问题,即解决国库先支后收造成的短期差额问题。我国财政部最早于1994年发行过期限为1年的记账式短期国债,1994年还发行过半年期记账式短期国债,2003年首次发行一年期凭证式短期国债。目前,短期国债已经成为我国财政部的一种重要财政政策工具,发行频率逐步加大。

短期国债通常采用贴现方式招标发行,不付息、不记名。短期国债的二级市场流通一般在有组织的证券交易所或以OTC方式在银行间国债市场上进行。OTC方式是指银行间外汇市场交易主体以双边授信为基础,通过自主双边询价、双边清算进行的即期外汇交易。

短期市政债券由地方政府的税收能力作为担保,一般情况下,违约风险很小,还可以享受免除地方税收的优惠,很受投资者的欢迎。但是,与中央政府债券相比,短期市政债券没有货币发行权作为担保,出现信用风险的例子依然存在,如1994年,美国橙县(Orange Country)的市政债券就曾经发生过违约案例。

短期融资券是我国为解决货币市场工具短缺问题而推出的一种在银行间债券市场发行和交易,约定在一定期限内还本付息的短期债券。2004年10月18日,中国人民银行发布《证券公司短期融资券管理办法》,允许符合条件的证券公司在批准的循环额度内,发行91天以内的短期融资券。2005年5月23日,中国人民银行又发布《短期融资券管理办法》,允许符合条件的非金融企业经审批后在银行间市场发行和交易短期融资券,期限不超过365天,实行余额管理。

(八) 债券回购市场

债券回购交易和逆回购交易是指债券买卖双方在成交的同时就约定于未来某一时间以约定价格再进行反向交易。债券回购交易实质上是一种以有价证券作为抵押品拆借资金的信用行为债券的持有方(资金需求方、回购方)以持有的债券作抵押,获得一定期限内的资金使用权,期满后归还所借用的资金,并支付一定的利息;资金供给方(逆回购方)则暂时放弃资金的使用权,从而获得卖出回购方的债券抵押权,并于期满后归还对方抵押的债券,收回资金和利息。

根据回购期内获得债券抵押权的一方是否可以动用该笔债券,回购交易分为开放式回购(买断式回购)和封闭式回购(质押式回购)。

债券回购交易一般在证券交易所进行,目前我国不仅在上海、深圳两个证券交易所开展了回购交易,全国银行间同业拆借市场也开展该项业务。目前,上海证券交易所实行标准券制度的债券质押式回购分为1、2、3、4、7、14、28、91、182天9个品种。深圳证券交易所实行标准券制度的债券质押式回购有1、2、3、4、7、14、28、63、91、182、273天11个品种,实行标准券制度的质押式企业债回购有1、2、3、7天4个品种。

(九) 中央银行票据市场

中央银行票据(以下简称央行票据)即中国人民银行发行的短期债券。中央银行在理论上具有创造自身负债(法偿货币)的无限能力,不存在为筹资而发行债券的需要。事实上,中国人民银行发行央行票据是在中国公开市场操作工具短缺情况下的一种创新,通过央行票据的发行可以回笼基础货币,央行票据到期则体现为投放基础货币。2002年9月,中国人民银行首次将未到期正回购转为中央银行票据,又于2003年4月22日直接向商业银行发行中央银行票据。2004年全年,中国人民银行共发行105期中央银行票据,发行总量达到15 072亿元,年末余额为742亿元。2009年全年累计发行中央银行票据4万亿元,年末中央银行票据余额为4.2万亿元。截止至2010年7月29日,中国人民银行已在2010年度发行了65套中央银行票据。

中央银行票据期限从3个月到3年不等,对公开市场一级交易商(包括符合规定的商业银行、保险公司和证券公司)招标发行,通常1年期以内的票据按贴现方式发行,1年期以上的按固定票面利率发行。

三、资本市场

资本市场是指交易资产期限在一年以上或者没有到期期限的金融市场。参与者有银行、公司、证券商及政府机构。高度发达的资本市场具有风险定价的功能,从而能够引导资本的配置、促进新资本的形成。从广义上说,资本市场包括两部分:银行中长期存贷款市场和有价证券市场。狭义的资本市场指的是证券市场,即债券市场和股票市场。在我国,通常说的资本市场是指狭义的资本市场。

(一)信贷市场

信贷市场是政府机构(包括国际经济组织)和跨国银行向客户提供中长期资金融通的市场。

政府贷款的基本特征是期限长、利率低并附带一定的条件。政府贷款的期限最长可达30年,利息最低可到零,附加条件一般为限制贷款的使用范围,例如规定贷款只能用于购买授贷国的商品,或规定受贷国必须在经济政策或外交政策方面做出某些承诺或调整。因此,政府贷款属于一种约束性贷款。

银行贷款一般是一种无约束的贷款,贷款利率视市场行情和借款人的信誉而定。对于数额比较巨大的贷款,银行一般采用联合贷款或辛迪加贷款的方式以分散风险。所谓联合贷款或辛迪加贷款,是指几家甚至十几家银行共同向某一客户提供贷款,由一家银行做牵头行,若干家银行做管理行,其余银行做参与行。牵头行通常也是管理行,收取牵头费和管理费,并与其他管理行一起承担贷款的管理工作。辛迪加贷款在20世纪80年代上半期因债务危机而一度下降,但自1986年起走出低谷,其规模在以后的几年里得到迅速增长。

(二)股票市场

股票是股份公司发给股东作为其投资入股的证书和索取股息红利的凭证。未上市公司首次发行股票称为初次发行(IPO),已上市公司再次发行股票称为增发。公开发行股票一般都通过承销商来进行,承销商由证券公司来担任。承销商承销股票的方式一般有三种:包销、代销和备用包销。

投资者在一级市场认购了股票后可以在二级市场上交易。目前,在我国流通股主要在交易所交易,还没有场外市场。交易实行T+1制度,买入的股票当天不能卖出,从第二个交易日开始才可以卖出。过去国有股和法人股不能在交易所交易,只能通过行政划拨、协议转让、拍卖等方式进行场外交易。2005年进行了股权分置改革,解决了国有股和法人股不能在交易所流通的问题,实现了全流通。

按上市企业类型的不同,可以将股票市场分为主板市场和二板市场。主板市场上上市的企业主要是大型成熟企业,纽约证券交易所(NYSE)、我国的沪市就属于主板市场。二板市场是相对于主板市场而言的,又称为"第二交易系统"或创业板市场,主要面对中小企业,比如纳斯达克(NASDAQ)和我国深圳市的中小企业板。二板市场对公司的历史业绩要求不严,主要看公司是否有发展前景以及高成长性,企业上市的标准也比较低。由于上市企业的规模小,资产与业绩评估的难度也比较高,所以为了保护投资者利益,二板市场的监管更加严格。二板市场的出现,为中小型创新企业的融资提供了便利,为风险投资提供了退出渠道,完善了资本市场结构,有助于更好地发挥资本市场的功能。

股票的市场价格瞬息万变,为了反映市场总体价格走势,需要编制股票价格指数。股票价格指数反映股票价格平均水平及变动趋势,是以计算期样本股市价总值除以基期市价总值再乘上基期指数而得到的。通行的做法是由专门的指数编制公司负责编制和发布股票价格指数,在证券交易所、证券经营机构的各种金融类媒体上公开发布。根据所选取成分股的不同,目前各国股票价格指数分为综合指数和成分指数两种。前者包括全部上市股票,后者则从上市股票中选择一些具有代表性的上市公司编制。我国的上海证券综合指数和深圳证券综合指数均属综合指数,而上证180指数、上证50指数与深证成分股指数、深证100指数则为成分指数;国际上比较著名的道·琼斯工业平均数、S&P500指数、日经225指数、英国金融时报100种股票价格指数也都是成分指数。

(三) 债券市场

期限在1年以上的债券也是资本市场的重要工具。债券是债务人依照法律手续发行的向债权人承诺将按约定的利率和日期偿本付息的有价证券。根据发行主体的不同,债券可以划分为政府债券、公司债券和金融债券三大类。

1. 政府债券

政府债券包括中央政府债券和地方政府债券。政府机构债券是经批准的政府机构发行的债券。中央政府债券包括短期国债、国库票据和国库债券。三者之间的区别是:短期国债的期限在1年以内,属于货币市场工具;国库票据的期限在1年以上、10年以下;国库债券的期限在10年以上,通常为15年或20年。有的国家还发行无限期国债。我国在1994年以前不加区分,把所有期限的中央政府债券都称为国库券,1995年起又全部改称国债。

我国发行的国债包括普通型国债和特殊型国债。普通型国债包括记账式国债、无记名国债和凭证式国债。记账式国债以电脑记账形式记录债券,通过无纸化方式在交易所和银行间债券市场发行和交易,可以记名、挂失。无记名(实物)国债以实物券的形式记录债权,不记名,不挂失,可上市流通。无记名国债既可以在交易所系统申购,也可以通过承销机构柜台申购。无记名债券可以在柜台卖出,也可以经托管后在交易所卖出。凭证式国债是一种储蓄债券,可以记名、挂失,以"凭证式国债收款凭证"记录债权,也可以提前兑付,但不能上市流通。目前,凭证式国债由承销银行各网点销售和兑付。特殊型国债包括定向国债等,一般面向商业银行等金融机构发行。

地方政府债券是实行财政联邦制国家的州以及州以下地方政府发行的债券,我国不允许地方政府举债。目前,我国发行的一些建设债券(如三峡建设债券),实质上属于政府机构债券。

2. 公司债券

公司债券是由非金融类企业发行的债务工具。公司债券中,还有一类称为可转换债券,持有人可按事先约定的价格(或转换比率)在转换期内将债券转换为发行人的普通股,实质上是一种混合型金融工具。

发行公司债券是企业融资的一个重要渠道。在美国,公司债券一般要由几个投资银行组成的承销团进行承销。债券的发行分为公募和私募两种方式,中等规模的公司多采用私募的方式发行债券,而信誉良好的大公司大多采用公募的方式发行债券。私募债券的流动性较差,有些私募债券按法律是不能转让的,所以私募债券的收益率要高于公募债券。

3. 金融债券

金融债券是金融类企业(尤其是商业银行)发行的债券,它既是商业银行负债管理的重要内容,同时,根据《巴塞尔协议》,对于期限较长且清算顺序排在存款和其他债务之后的次级债券,可以列入商业银行的第二级资本,又是商业银行提高资本充足率的一种有效方法。2003年12月,中国银监会发布《关于将次级定期债务计入附属资本的通知》,允许商业银行将符合规定条件的次级定期债务计入银行附属资本。目前,国内很多商业银行、保险公司、证券公司均有次级债券发行。

四、外汇市场和黄金市场

(一) 外汇市场

外汇市场是兑换和交易各国货币的场所。它的参与者由买卖货币的所有机构和个人组成,主要包括中央银行、商业银行、外汇经纪人、经营外汇的公司等。

关于外汇市场的界定,有广义和狭义之分。狭义的外汇市场是指进行外汇交易的有形的固定场所,一般采用交易中心方式,参与交易的各方在每个营业日的规定时间,通过计算机网络进行交易和清算交割;广义的外汇市场还包括没有特定交易场所,通过电话、电报、电传和计算机网络等方式进行的外汇交易,是指由各国中央银行、外汇银行、外汇经纪商和客户组成的外汇经营业以及由它们形成的外汇买卖关系的总和。而当今的外汇市场主要是无形市场,具有空间的统一性和时间的连续性。

外汇市场交易包括即期交易、远期交易、期货交易、期权交易。伦敦是世界外汇交易的最大中心,占世界外汇市场交易总额的1/3。全世界外汇年交易额是世界贸易额的10多倍。纽约、苏黎世、法兰克福、东京、香港地区、新加坡等是世界重要的外汇市场所在地。随着电子通讯技术的发展,外汇买卖越来越多地通过传真和电话来进行,交易主要发生在银行之间,因此,外汇市场实际上主要是银行之间的货币买卖市场。外汇交易的绝大多数是投机活动,利用异地异时微小的汇率差异进行盈利性交易。通过电子手段,全世界各大时区的外汇市场已紧密地联系在一起,24小时不间断地运作。

目前,中国外汇市场可以分为以下三个层次。

第一个层次是企业外汇结售汇市场。根据1993年12月28日《中国人民银行关于进一步改革外汇管理体制的公告》,境内所有企事业单位、机关和社会团体的各类外汇收入必须及时调回境内,大部分外汇收入须按银行挂牌汇率,全部结售给外汇指定银行,其余部分可以存入在外汇指定银行开立的现汇账户。境内企事业单位、机关和社会团体对外支付用汇,经批准后,用人民币到外汇指定银行办理兑付。

第二个层次是银行间外汇市场。中国外汇交易中心于1994年4月4日开始运行,其基本职能是组织全国银行间外汇交易,办理外汇交易的清算交割,提供外汇市场的信息服务,开展经中国人民银行批准的其他业务。外汇市场实行会员制的组织形式,凡经国家外汇管理局批准可经营外汇业务的金融机构及其授权分支机构提出申请,经外汇交易中心核准后,即可成为会员。截至2005年5月底,外汇交易中心共有外汇市场会员354家,采用会员自主分别报价、计算机撮合成交、集中清算的运行方式。各会员通过交易系统设在各城市的交易大厅集中交易,也可以将交易终端移至会员各自的交易室的计算机上进行远程交易。目前,我国银行间外汇市场的交易品种有人民币兑美元、欧元、港币和日元4个币种的即期交易。自2005年6月8日起,银行间外汇市场又推出外币之间的远期交易。

第三个层次是居民个人交易市场。分为实盘外汇买卖、外汇结构化产品和外汇衍生交易三个市场。实盘外汇买卖,即俗称的"外汇宝"交易。这是指个人客户在银行规定的交易时间内,通过柜面服务人员或其他电子金融服务方式,对所持有的外币账户内的外汇进行的实盘买卖。交通银行1993年最先通过银行报价电脑系统与路透报价系统联网,实现了"外汇宝"自动与国际外汇市场同步报价。"外汇宝"的交易币种包括美元、日元、欧元、英镑、澳大利亚元、瑞士法郎、加拿大元和港币等10个币种。除外汇即时交易外,客户还能进行挂盘交易等。外汇结构化产品是商业银行以理财计划形式提供的复合产品,2002年以来,几乎所有商业银行均推出该类产品。部分商业银行还以"期权宝""两得宝"等名目推出个人外汇衍生品交易。

期权宝业务,就是客户根据自己对外汇汇率走势的判断,选择看涨或看跌货币并根据中国银行的报价支付一笔期权费,同时提供和期权面值金额相应的外币存款作为担保;到期时,如果汇率走势同客户预期相符,客户就可以获得额外的投资收益。

两得宝即个人外汇期权业务——卖出期权。"两得宝"也称卖出期权,是指客户在外汇市场横盘整理的时候,在存入一笔定期存款的同时,根据自己的判断向银行卖出一份期权,客户除收入定期存款利息收入之外还可得到一笔可观的期权费。期权到期时,银行有权根据汇率变动对银行是否有利,选择是否将客户的定期存款按原协定汇率折算成相对应的挂钩货币。

(二) 黄金市场

布雷顿森林体系瓦解之后,黄金的非货币化趋势已经不可阻挡,其金融特性也日渐淡化。但是,到目前为止,黄金市场仍被视为金融市场的重要组成部分,黄金的金融工具地位也还将在相当长时间内得以继续保持。

我国长期对黄金的生产和流通实施管制,除金饰品和金银纪念币允许个人投资买卖之外,基本不存在公开的黄金市场。2002年,我国放开了对黄金的管制,同年10月上海黄金交易所正式开业,黄金成为可批量交易的大宗金融产品。在此基础上,商业银行也推出了个人黄金产品,中国黄金市场开始逐步走向成熟。

五、国际金融市场

国际金融市场是指各种国际金融交易活动的场所,大多数都没有固定的交易地点,属于无形市场。而国际金融市场又可以按交易对象所在的区域和交易的币种分为在岸国际金融市场和离岸国际金融市场。

(一) 在岸国际金融市场

在岸国际金融市场是指居民与非居民之间进行资金融通以及相关金融业务的场所，比较典型的在岸市场是外国债券市场和国际股票市场。

国际债券一般可以分为外国债券和欧洲债券两种。欧洲债券是指借款人在本国境外市场发行的，不以发行市场所在国的货币为面值的国际债券。

外国债券是指外国借款人在某国发行的，以该国货币标示面值的债券。外国债券的面值货币是债券市场发行所在国的货币。比如，外国人在美国发行的美元债券称为"扬基债券"(Yankee bond)；在英国发行的英镑债券称为"猛犬债券"(Bull-dog bond)；在日本发行的日元债券称为"武士债券"(Samurai bond)。熊猫债券是外国机构在华发行的人民币债券。2005年10月，中国人民银行批准国际金融公司和亚洲开发银行在全国银行间债券市场分别发行熊猫债券11.3亿元和10亿元，期限均为10年。这是中国债券市场首次引入外资机构发行主体。熊猫债券的发行，标志着我国金融市场的国际化走出了重要的一步。

国际股票是指由一家或几家大型的国际投资银行承销，对发行公司所在国家以外的投资者销售的股票，国际股票市场就是发行、流通国际股票的国际金融市场。

(二) 离岸国际金融市场

离岸国际金融市场是经营境外货币存储和贷放业务的市场，是新型的国际金融中心。离岸金融市场又称为"境外金融市场"，是非居民之间从事国际金融业务的场所，其最大的特点是不受所在国法规和税赋的限制。离岸金融市场基本不受市场所在国金融监管机构的管制，并可享受税收优惠，资金出入境自由。离岸金融市场是一个无形市场，从广义上看，它只存在于某一城市或地区而不存在于一个固定的交易场所，由所在地的金融机构与金融资产的国际性交易共同组成。离岸市场是目前最主要的国际金融市场。所有的离岸市场结合成整体，就是通常所说的欧洲货币市场。欧洲货币是在发行国以外存储、贷放和流通的货币的总称。而欧洲货币市场实际上是在货币发行国境外进行的该国货币存储与贷放的市场。

欧洲货币市场很少受所在国金融与外汇法规的约束。由于贷款没有准备金要求，再加上竞争激烈的缘故，欧洲货币市场的存款利率略高，贷款利率略低，存贷款利差较小。

今天的欧洲货币市场已经成为全球化的金融市场。在这个市场上，交易可以连续24小时在全球所有的金融交易中心进行。伦敦和纽约是主要的欧洲货币交易中心。另外，新加坡和中国香港地区也是比较重要的欧洲货币交易中心。

第五节 金融机构

一、金融机构概述

(一) 金融机构

金融机构也叫金融组织，是指专门从事货币信用活动的中介组织。

它的作用在于解决资金需求者和提供者之间的信息不对称，提高金融市场的效率。以银行为例，银行吸收存款和发放贷款，贷款者和存款者并不需要直接的接触，只要到银行那里就可以使资金的供给和需求相互满足。通过银行，双方都节省了寻找对方的成本，银行在这个过程中通过利差而获利。与其他类型的机构相比较，金融中介的资产和负债的特点是金融性的资产与负债占据了重要的位置，更能说明金融中介的主要社会作用是合理调节社会资源的分配，达到效率的最大化。

在一个国家的金融体系中，一般商业银行是主体。其他非银行金融机构比如证券公司、保险公司、信用社、共同基金、养老基金、信托投资公司或投资银行等也是金融体系中的重要组成部分，而中央银行以及其他监管机构则负责金融体系的监管。

金融机构的基本运作内容是在金融市场上进行各种金融工具的交易，为金融工具的交易者提供买卖中介服务。具体地说，金融机构主要承担的任务如下。

(1) 转化客户的金融资产活动工具为其他一种或多种金融工具。
(2) 为客户设计金融工具并帮助把他们推销给其他参与者。
(3) 为自己买卖金融工具。
(4) 向顾客提供咨询服务。
(5) 为顾客管理证券资产。

(二) 金融机构的功能

金融机构通常提供以下一种或多种金融服务。

(1) 在市场上筹资从而获得货币资金,将其改变并构建成不同种类的更易被接受的金融资产,这类业务形成金融机构的负债和资产。这是金融机构的基本功能,行使这一功能的金融机构是最重要的金融机构类型。
(2) 代表客户交易金融资产,提供金融交易的结算服务。
(3) 自营交易金融资产,满足客户对不同金融资产的需求。
(4) 帮助客户创造金融资产,并把这些金融资产出售给其他市场参与者。
(5) 为客户提供投资建议,保管金融资产,管理客户的投资组合。

上述第一种服务涉及金融机构接受存款的功能;第二和第三种服务是金融机构的经纪和交易功能;第四种服务被称为承销功能,提供承销的金融机构一般也提供经纪或交易服务;第五种服务则属于咨询和信托功能。

(三) 我国的金融机构

我国的金融机构,按地位和功能可分为四大类。

第一类,中央银行,即中国人民银行。

第二类,银行。包括政策性银行、商业银行。

第三类,非银行金融机构。主要包括国有及股份制的保险公司、城市信用合作社、证券公司(投资银行)、财务公司等。

第四类,在境内开办的外资、侨资、中外合资金融机构。

以上各种金融机构相互补充,构成了一个完整的金融机构体系。

二、金融机构体系的组成

(一) 中央银行

中央银行是一个由政府组建的机构(在美国是联邦储备体系),负责控制国家货币供给、信贷条件,监管金融体系,特别是商业银行和其他储蓄机构。中央银行作为金融主管当局,是代表政府管理金融机构、制定和执行货币政策的特殊金融机构。

中央银行在一个国家的金融体系中发挥着重要的作用,它既是金融市场的主体,又是金融市场的监管者。我国的中央银行是中国人民银行。

1. 中央银行的职能

首先,中央银行是发行银行。中央银行垄断了货币发行权,因此中央银行可以控制货币供应量。货币供应量必须与经济生活中需要的水平相适应,如果银行系统中的货币供应量大大超过实际的需要量,就会发生严重的通货膨胀。

其次,中央银行是银行的银行。这一职能是指中央银行服务于商业银行和整个金融机构体系,履行维持金融稳定、促进金融业发展的职责。这一职能表现在三个方面:①中央银行负责保管商业银行法定存款准备金和一部分超额准备金。②中央银行充当最后贷款人,向资金周转困难的商业银行提供流动资金,补充其流动性的不足。③中央银行是全国资金划拨与清算中心,中央银行在全国范围内,对商业银行各应收应付款项进行清算,同时对商业银行调拨资金提供划转服务。

最后,中央银行是国家的银行。中央银行对一国政府提供金融服务,同时中央银行代表国家从事金融活动,实施金融监管。中央银行是国家的银行具体从以下几方面表现出来:中央银行代理国库收支;中央银行向政府融资;中央银行制定汇率政策;中央银行保管国家黄金外汇储备;中央银行是重要的金融监管部门。

中央银行的主要业务包括货币发行、集中存款准备金、贷款、再贴现、证券、黄金占款和外汇占款、为商业银行和其他金融机构办理资金的划拨清算和资金转移的业务等。

中央银行通过向商业银行发放贴现贷款或者在公开市场上买进国债的方式向银行体系提供资金。中央银行向银行体系提供的资金经银行体系的货币创造过程后可以产生更多的货币供应量。

存款准备金是为保证客户提取存款和资金清算的需要而准备的资金。法定存款准备金率,是金融机构按规定向中央银行缴纳的存款准备金占其存款的总额的比率。超额准备金是金融机构持有的存款准备金中超过法定准备金的部分。超额准备金率是超额准备金占金融机构存款的比率。

制定和执行货币政策是中央银行的重要任务,中央银行实现货币政策的目标主要是通过控制货币供应量来实现的。从银行体系的货币创造看,其主要的政策工具有三个:调整法定存款准备金率、贴现政策、公开市场操作。

当中央银行提高法定存款准备金率时,商业银行可运用的资金减少,贷款能力下降,货币乘数变小,市场货币流通量便会相应减少。反之亦然。但由于货币乘数的作用,法定存款准备金率的作用效果十分明显,人们通常认为这一政策工具效果过于猛烈,因此,中央银行对法定存款准备金率的调整都持谨慎态度。

中央银行可以调整再贴现率,从而影响基础货币和利率水平。但再贴现贷款额只能由商业银行自身决定,所以这一工具的作用效果受到一定的限制。

公开市场操作是中央银行最主要的政策工具。中央银行可以通过在公开市场上买卖证券来控制货币供给量。运用这一政策工具,中央银行处于主动地位,而且这一工具比较灵巧,适于微调,操作及时,也易于反向操作。

2. 中国人民银行

中国人民银行(简称央行或人行)是中华人民共和国的中央银行,中华人民共和国国务院组成部门之一。中国人民银行根据《中华人民共和国银行法》的规定,在国务院的领导下依法独立执行货币政策,履行职责,开展业务,不受地方政府、各级政府部门、社会团体和个人的干涉。中国人民银行总行位于北京,2005年8月10日在上海设立中国人民银行上海总部。

1948年12月1日,在原解放区的华北银行、北海银行、西北农民银行的基础上在石家庄正式成立了中国人民银行,同时发行了第一套人民币。随后,各解放区银行逐步合并改组为中国人民银行的分行。中华人民共和国成立后,采取有效措施,接管了敌伪金融机构,没收了官僚资本银行,取缔了外国资本银行在华的一切特权,整顿改造了民族资本银行,并在全国各地设立了中国人民银行的分支机构。中国人民银行作为发行的银行和政府的银行成为中华人民共和国的中央银行。

1978年底以前,我国实际上只有中国人民银行一家银行,虽然也出现过一些专业银行和金融机构,如中国农业银行、中国银行、中国人民保险公司,但时间都不长,它们也没有真正意义上的金融业务。中国人民银行同时具有中央银行和商业银行的双重职能,既执行中央银行职能如发行货币、代理国库、管理金融等,又从事一般商业银行业务如信贷、储蓄、结算、外汇等,并在金融业中具有高度垄断性。因此,这一时期的中国银行体系被称为"大一统"的银行体系。

党的十一届三中全会以后,随着经济体制和金融体制改革的不断深入,各专业银行以及其他金融机构相继恢复和建立。1979年2月,原中国人民银行农村业务部和国外业务部分别独立出去,成立了中国农业银行和中国银行。1980年1月1日,中国人民保险公司从中国人民银行中独立出来,并恢复了中断20年之久的国内保险业务。同时还成立了信托投资公司和城市信用社等其他金融机构,中国人民银行的经营性业务逐渐减少,双重职能开始逐步剥离,中央银行职能逐步增强。1983年国务院做出《关于中国人民银行专门行使中央银行职能的决定》,对中国人民银行的基本职能、组织机构、资金来源及其与其他金融机构的关系做出了比较系统的规定,以利于中央银行职能的强化。

1984年1月1日,中国工商银行正式成立,承办原来由中国人民银行办理的城市工商信贷和储蓄业务。至此,我国结束了复合的中央银行体制,转而实行单一的中央银行制度。1986年1月7日,国务院发布《中华人民共和国银行管理暂行条例》，首次以法规形式规定了中国人民银行的性质、地位与职能。1995年3月18日，第八届全国人民代表大会第三次会议通过了《中华人民共和国中国人民银行法》，标志着中国现代中央银行制度正式形成并进入了法制化发展的新阶段。这一阶段，中国人民银行的基本特征包括以下两点。

一是有了明确的货币政策目标及宏观金融调节手段。彻底改变了过去中国人民银行货币政策模糊的状况，明确提出了"稳定币值、发展经济"的货币政策目标，并根据经济发展状况，于1995年将货币政策目标修订为"保持货币币值稳定，并以此促进经济的增长"。同时还先后实行了存款准备金制度、再贴现等宏观金融控制手段。

二是宏观调控方式逐渐由直接控制转向间接控制。过去由于中国人民银行"一身二任"，所以金融控制主要依赖严格的计划管理指标进行直接控制，随着经济体制改革和对外开放的推进，中国人民银行的宏观调控更多地使用经济手段和法律手段，更好地发挥市场机制的作用，从而实现以直接控制为主向以间接控制为主的转变。

《中华人民共和国中国人民银行法》经第十届全国人民代表大会常务委员会第六次会议于2003年12月27日通过修改，并自2004年2月1日起施行。

(二) 政策性银行

所谓政策性银行，主要是指由政府创立或担保、以贯彻国家产业政策和区域发展政策为目的、具有特殊的融资原则、不以盈利为目标的金融机构。我国政策性银行的金融业务受中国人民银行的指导和监督。

在经济发展过程中，常常存在一些商业银行从盈利角度考虑不愿意融资的领域，或者其资金实力难以达到的领域。这些领域通常包括那些对国民经济发展、社会稳定具有重要意义，投资规模大、周期长、经济效益见效慢、资金回收时间长的项目，如农业开发项目、重要基础设施建设项目等。为了扶持这些项目，政府往往实行各种鼓励措施，各国通常采用的办法是设立政策性银行，专门对这些项目融资。这样做，不仅是从财务角度考虑，而且有利于集中资金，支持重大项目的建设。

1994年，我国组建了三家政策性银行，即国家开发银行、中国进出口银行、中国农业发展银行，均直属国务院领导。这三家政策性银行的分工是：国家开发银行主要为国家重点项目、重点产品和基础产业提供金融支持；中国进出口银行主要为扩大我国机电产品和成套设备出口提供政策性金融服务；中国农业发展银行主要为农业基本建设、农副产品、农业发展等提供资金支持。

1. 国家开发银行

国家开发银行于1994年3月正式成立，总行设在北京，2015年3月，国务院明确将国开行定位为开发性金融机构。目前在中国内地设有37家一级分行和3家二级分行，境外设有10家代表处。

国家开发银行贯彻"既要支持经济建设，又要防范金融风险"的方针。主要任务是：按照国家有关法律、法规和宏观经济政策、产业政策、区域发展政策，筹集和引导境内外资金，重点向国家基础设施、基础产业和支柱产业项目以及重大技术改造和高新技术产业化项目发放贷款；从资金来源上对固定资产投资总量和结构进行控制和调节。

国家开发银行按照国家宏观经济政策和开发银行信贷原则独立评审贷款项目、发放贷款。其资金主要靠以市场方式向国内外发行金融债券筹集，资金运用领域主要包括：制约经济发展的"瓶颈"项目；直接关系增强综合国力的支柱产业中的重大项目；重大高新技术在经济领域应用的项目；跨地区的重大政策性项目等。

国家开发银行的贷款分为两部分。一是软贷款，即国家开发银行注册资本金的运用。其主要按项目配股需要贷给国家控股公司和中央企业集团，由其对企业参股、控股。二是硬贷款，即国家开发银行借入资金的运用。国家开发银行在项目总体资金配置的基础上，将借入资金直接贷给项目，到期收回本息。目前国家开发银行的贷款主要是硬贷款。

2. 中国进出口银行

中国进出口银行于1994年4月正式成立，总行设在北京，截至2018年末，在境内设有32家分行，境外设有5家分行及代表处。中国进出口银行注册资本金为33.8亿元，由国家财政全额拨付。

中国进出口银行实行自主、保本经营和企业化管理的经营方针。主要任务是：执行国家产业政策和外贸政策，为扩大我国机电产品和成套设备等资本性货物出口提供政策性金融支持。

中国进出口银行依据国家有关法律、法规、外贸政策、产业政策和自行制定的有关制度，独立评审贷款项目。其资金主要靠以市场方式向国内外发行金融债券筹集，业务范围主要是为成套设备、技术服务、船舶、单机、工程承包、其他机电产品和非机电高新技术的出口提供卖方信贷和买方信贷支持。同时，该行还办理中国政府的援外贷款及外国政府贷款的转贷款业务。

3. 中国农业发展银行

中国农业发展银行于1994年4月正式成立，总行设在北京，目前，共有31个省级分行、339个二级分行和1816个县域营业机构。中国农业发展银行注册资本金为570亿元人民币，由国家财政全额拨付。

中国农业发展银行实行独立核算，自主、保本经营，企业化管理的经营方针。主要任务是：按照国家有关法律、法规和方针、政策，以国家信用为基础，筹集农业政策性信贷资金，承担国家规定的农业政策性金融业务，代理财政性支农资金的拨付。

目前，中国农业发展银行依据国家有关法律、法规、产业政策，实行"库贷挂钩、钱随粮走，购贷销还、封闭运行"的信贷原则。即发放的收购贷款额要与收购的粮棉油库存值相一致，销售粮棉油收入中所含贷款要全部收回，防止收购资金被挤占挪用，保证收购资金及时、足额供应，保护农民的生产积极性，促进粮棉油生产和粮食购、销、调、存等方面工作的顺利开展。

中国农业发展银行的资金主要来源于中央银行的再贷款。其业务范围主要是向承担粮棉油收储任务的国有粮食收储企业和供销社棉花收储企业提供粮棉油收购、储备和调销贷款。此外，还办理中央和省级政府财政支农资金的代理拨付，为各级政府设立的粮食风险基金开立专户并代理拨付。

(三) 商业银行

1. 商业银行概述

(1) 什么是商业银行。

商业银行是以经营存、放款，办理转账结算为主要业务，以盈利为主要经营目标的金融企业。

我国《商业银行法》第2条所指的商业银行是"依照中华人民共和国商业银行法和公司法设立的吸收公众存款、发放贷款、办理清算等业务的企业法人"。

商业银行概念是区分于中央银行和投资银行的，是一个以盈利为目的，以多种金融负债筹集资金、多种金融资产为经营对象、具有信用创造功能的金融机构。

一般的商业银行没有货币的发行权，但是香港地区的几家发钞行仍然是商业银行，传统商业银行的业务主要集中在经营存款和贷款（放款）业务，即以较低的利率借入存款，以较高的利率放出贷款，存贷款之间的利差就是商业银行的主要利润。

近年以来，由于资本市场的高度发展，个人和企业的投资、融资渠道都大大增加，传统的存贷款业务受到了一定影响。信用等级较高的企业倾向于在资本市场上直接发行金融工具以筹集资金，有闲置资金的个人或企业也可以在资本市场上投资以获得较高的回报。鉴于存贷款业务的萎缩，大部分商业银行开始大力发展非利差业务，如信用卡、私人财富管理、财务顾问、金融产品销售代理乃至投资银行等。

(2) 商业银行的特征。

① 商业银行具有普通企业的一般特征。商业银行与一般工商企业一样，是企业性质的法人，因此它应当有自己独立于投资人的资产，自行承担经营风险，以追求最大利润为经营目标和发展动力。和普通企业一样，商业银行要依法纳税缴费，按照合同的约定支付存款的本金、利息和到期收贷。当商业银行不能支付到期债务或资不抵债时，同样适用破产还债的法律处置方法。

② 商业银行是公司制的企业法人。商业银行不是一般的企业法人，它是依照我国公司法设立的公司企业。它的组织形式、权力机构的组成、企业的治理、利润的提取和分配必须严格按照公司法规定的内容和程序运作。例如股份有限公司形式的商业银行必须设立股东会和监事会。对外须表明全称，商业银行的增资扩股、利润分配、董事长的选任等事项必须经过股东大会表决通过方为有效。银行股东仅以自己的

出资股份对银行承担有限责任。

③ 商业银行是特殊的货币信用服务企业。商业银行是不同于一般工商企业的特殊企业。其特殊性具体表现于经营对象的差异。工商企业经营的是具有一定使用价值的商品,从事商品生产和流通;而商业银行是以金融资产和金融负债为经营对象,经营的是特殊商品——货币和货币资本。首先,商业银行是经营货币信用及服务的金融企业,也是我国唯一能吸收公众存款并创造一般账面等价物——存款货币的公司企业;其次,商业银行能经营贷款、转账结算等众多面向社会公众的金融服务。同一般工商企业的区别,使商业银行成为一种特殊的企业——金融服务企业。

④ 商业银行是综合性的金融服务企业。与专业银行相比,商业银行的业务更综合,功能更全面,经营一切金融"零售"业务(门市服务)和"批发业务"(大额信贷业务),为客户提供所有的金融服务。而专业银行只集中经营指定范围内的业务和提供专门服务。随着西方各国金融管制的放松,专业银行的业务经营范围也在不断扩大,但与商业银行相比,仍差距甚远;商业银行在业务经营上具有优势。

(3) 商业银行的作用。

商业银行在一国经济活动中居于重要的信用中介和支付中介地位,作用显著。

① 为国民经济发展筹集融通资金。我国建设资金除企业自行积累和财政少量拨款外,主要依靠银行间接筹集和贷款。尽管这几年企业通过发行股票、公司债券等形式自行筹集了部分项目投资款,但各商业银行每年的存款总额仍大幅度增长,数十万亿元的各类存款余额绝大多数都通过银行投向了国民经济各部门。

② 引导资金流向。为促进国民经济稳定快速发展和贯彻国家宏观经济产业政策及货币政策,商业银行经常运用浮动利率杠杆和金融工具来调整贷款结构并引导资金流向符合政策导向的行业。商业银行已成为中央银行货币政策执行的重要阵地和微观基础。

③ 引进外资,加强国际经贸联系。商业银行是社会资本运动的中心,每天与国内外客户有大量的业务往来。由于商业银行信誉较高,外国投资者很多都是通过自己的开户银行来华直接或间接投资,并通过商业银行与国内的工商企业进行联系与合作。

④ 为客户提供转账、结算、金融理财等服务。除投资、融资外,商业银行还向社会各行各业及个人提供多种金融服务,而且服务范围不断扩大、深度逐步增强,提供的金融中介服务也愈加方便,从早期的提供往来账户结算和代收付公用事业费,发展到代发工资、电话银行、网上银行、POS机转账查询、异行通存通兑、外汇投资、代理保险和人民币理财、代销代兑国债,甚至还代售水票、交通卡、储值卡等业务。其中间业务的发展除法律限制的以外几乎无所不包,今后客户进入商业银行大厅就像走进一家金融百货商店。即使足不出户,也能享受商业银行提供的多种实时便利优质的金融服务。

(4) 商业银行的发展趋势。

20世纪80年代以来,商业银行随着金融全球化、电子网络技术的发展、竞争程度的加剧以及金融结构的变迁,其业务范围、资金来源方式、资产运用方向、技术手段、服务地域也都发生了深刻的变化,不断朝着全能化、集中化、电子化和国际化的方向发展。

① 全能化。在商业银行发展的早期阶段,政府部门对于商业银行的经营范围并没有做明确的法律界定。许多商业银行可以经营包括证券业务在内的综合性业务。1929—1933年的大危机造成银行大量倒闭破产,货币供给量急剧减少,酿成了历史上最大的一次货币信用危机。大危机之后,以美国为代表的许多国家认为危机的发生源于商业银行业务范围过宽而导致风险过大,逐步以立法的形式将商业银行的经营范围做出了限制。

1933年危机之后,美国通过了《格拉斯-斯蒂格尔法》,规定商业银行不能从事投资银行业务。大危机及其之后各国所采取的不同的银行管理办法,形成了商业银行发展的两种模式:全能型和职能分工型模式。

全能型商业银行又称综合性商业银行。其基本特点是法律允许商业银行可以混业经营,即可以经营一切金融业务,没有职能分工的限制。这种类型的商业银行,不仅可以经营工商业存款、短期抵押放款、贴现、办理转账结算、汇兑、现金出纳等传统业务,而且可以涉及多种金融业务领域,如信托、租赁、代客买卖有价证券、代收账款、代客保管财产、咨询、现金管理、自动化服务等,因此被称为"金融百货公司"或"金融超级市场"。这种模式以德国、奥地利以及瑞士为代表。

职能分工型商业银行又称分离型商业银行,主要存在于实行分业经营体制的国家。其基本特点是法律规定银行业务与证券、信托业务分离,商业银行不得兼营证券业务和信托业务,不能直接参与工商企业的投资。采取这种模式的国家以美国、英国、日本为代表。

自20世纪80年代以来,伴随着金融自由化和金融创新的浪潮,商业银行不断利用金融创新绕开管制,从事更为广泛的业务活动,并逐渐渗透到证券、保险等行业之中。1986年英国开始允许商业银行进入投资银行领域,加拿大于1987年取消了银行、证券业务分离制度,日本在1998年实施了全面的金融改革,进一步放松对金融机构业务范围的限制。1999年10月美国通过了《金融服务现代化法案》,允许商业银行混业经营,法定业务范围被大大拓展。因此,从全球范围来看,上述全能型与职能分工型两种模式的业务分工以及之间的界限越来越模糊,商业银行逐步趋向全能型、综合化的运作模式。这已成为一个不可阻挡的趋势。

② 集中化。第二次世界大战以后,银行业的集中趋势就已经显现,许多国家的银行业已主要由少数几家大银行所控制。德国的银行业主要集中在德意志银行、德累斯顿银行、商业银行三大银行手中,英国的国民西敏寺、米兰、巴莱克和劳合社四大银行所吸收的存款则占全国存款的一半以上。即使在一贯强调自由竞争的美国,1953—1978年的25年间,被合并的银行也达3 819家之多。

20世纪90年代以来,国际银行业的兼并、收购风起云涌,这种兼并浪潮直接导致银行业向高度集中的方向发展。美国银行业从20世纪80年代以后就开始了放松金融管制的浪潮。以此为契机,美国出现了银行业并购的热浪。在欧洲和日本,并购浪潮也盛况空前,国际银行业出现了一些巨型并购案。例如,1997年12月,瑞士联合银行、瑞士银行合并成立瑞士联合银行;1998年4月,美国花旗公司与旅行者集团宣布合并成立花旗集团;1998年12月,德意志银行收购信孚银行的全部股权;2000年10月日本第一劝业银行、日本兴业银行、富士银行合并成立瑞穗金融控股集团,成为日本第一大金融集团公司。银行业的并购不但使银行业趋于高度集中,银行的规模越来越大,而且实现了业务方式的多样化,产生了"金融百货公司"的运行方式。

③ 电子化。在网络和通讯技术的推动之下,金融电子化在短短十几年间席卷全球,网络银行已成为全球金融市场一种崭新的运作模式,引导着银行业走向新的制度变迁之路。商业银行的组织结构、经营理念、运作模式、服务方式、企业文化以及业务流程都随着电子化的进程而发生了深刻的变化。现代商业银行已不再单纯地追求铺点设摊式的外延扩张,而是更加重视和依靠现代信息技术和网络环境提供更为高质量的金融服务。商业银行的电子化趋势扩大了其市场覆盖范围,拓展了市场业务领域。优化了商业银行的市场组织机构体系,创新了支付工具,扩大了客户群体,降低了服务成本,也使得银行之间的竞争更为激烈,银行业的监管面临新的挑战。

④ 国际化。第一次世界大战至20世纪60年代,由于各国政府对国际资本流动的限制,尤其是对货币兑换的管制,大大制约了国际银行业的发展。20世纪60年代以后,银行业务的国际化速度明显加快。以美国为例,在1960年,美国只有8家商业银行在国外设有124家分支机构;到20世纪90年代初已经有100多家美国银行在国外设立了近1 000家分行或者附属机构。与此同时,其他发达国家商业银行的国际化步伐也在加快。

银行业国际化发展的原因在于:第一,由于国际贸易与国际投资的迅速发展,商业银行要不断追随其客户跨国公司在全球范围活动的足迹,满足其融资与其他金融服务的需要而向国外拓展,否则就会面临被客户淘汰的危险;第二,商业银行竞争压力的加大以及规避金融管制的现实需要使得商业银行不得不实行一种国际分散和扩张的战略,以提升其核心竞争能力;第三,欧洲货币市场的发展也为商业银行开拓国际业务提供了环境和机遇。由于欧洲货币市场不受政府的管制,存款利率比较高而贷款利率比较低,这样对存款者和贷款者都比较具有吸引力,许多的国内资金也转移到欧洲货币市场上。银行为了竞争资金来源便竞相在各大国际金融中心,如纽约、伦敦、东京等设立分支机构,从而加快了银行业的国际化步伐。

2. 商业银行的职能和经营

(1) 商业银行的职能。

商业银行的职能是由它的性质所决定的,主要有以下五个基本职能。

① 信用中介职能。信用中介是商业银行最基本、最能反映其经营活动特征的职能。这一职能的实质是通过银行的负债业务,把社会上的各种闲散货币集中到银行里来,再通过资产业务,把它投向经济各部门;商业银行是作为货币资本的贷出者与借入者的中介人或代表,来实现资本的融通并从吸收资金的成本与发放贷款利息收入、投资收益的差额中,获取利益收入,形成银行利润。商业银行成为买卖"资本商品"的"大商人"。商业银行通过信用中介的职能实现资本盈余和短缺之间的融通,并不改变货币资本的所有权,改变的只是货币资本的使用权。

② 支付中介职能。商业银行除了作为信用中介,融通货币资本以外,还执行着货币经营业的职能。通过存款在账户上的转移,代理客户支付,在存款的基础上,为客户兑付现款等,成为工商企业、团体和个人的货币保管者、出纳者和支付代理人。以商业银行为中心,形成经济运行过程中无始无终的支付链条和债权债务关系。

③ 信用创造功能。商业银行在信用中介职能和支付中介职能的基础上,产生了信用创造职能。商业银行是能够吸收各种存款的银行,用其所吸收的各种存款发放贷款,在支票流通和转账结算的基础上,贷款又转化为存款,在这种存款不提取现金或不完全提现的基础上,就增加了商业银行的资金来源,最后在整个银行体系,形成数倍于原始存款的派生存款,长期以来,商业银行是各种金融机构中唯一能吸收活期存款,开设支票存款账户的机构,在此基础上产生了转账和支票流通,商业银行可以通过自己的信贷活动创造和收缩活期存款,而活期存款是构成货币供给量的主要部分,因此,商业银行就可以把自己的负债作为货币来流通,具有了信用创造功能。

④ 金融服务职能。随着经济的发展,工商企业的业务经营环境日益复杂化,银行间的业务竞争也日益剧烈,银行由于联系面广,信息比较灵通,特别是电子计算机在银行业务中的广泛应用,使其具备了为客户提供信息服务的条件,咨询服务、对企业"决策支援"等服务应运而生,工商企业生产和流通专业化的发展,又要求把许多原来的属于企业自身的货币业务转交给银行代为办理,如发放工资,代理支付其他费用等。个人消费也由原来的单纯钱物交易,发展为转账结算。现代化的社会生活,从多方面给商业银行提出了金融服务的要求。在强烈的业务竞争下,各商业银行也不断开拓服务领域,通过金融服务业务的发展,进一步促进资产负债业务的扩大,并把资产负债业务与金融服务结合起来,开拓新的业务领域。在现代经济生活中,金融服务已成为商业银行的重要职能。

⑤ 调节经济职能。调节经济是指商业银行通过其信用中介活动,调剂社会各部门的资金短缺,同时在央行货币政策和其他国家宏观政策的指引下,实现经济结构、消费比例投资、产业结构等方面的调整。此外,商业银行通过其在国际市场上的融资活动还可以调节本国的国际收支状况。

商业银行因其广泛的职能,使得它对整个社会经济活动的影响十分显著,在整个金融体系乃至国民经济中位居特殊而重要的地位。随着市场经济的发展和全球经济的一体化发展,现在的商业银行已经凸现了职能多元化的发展趋势。

(2) 商业银行经营原则。

商业银行是金融市场上影响最大、数量最多、涉及面最广的金融机构。商业银行的经营一般至少应当遵守下列原则。

第一,盈利性、安全性、流动性原则。商业银行作为企业法人,盈利是其首要目的。但是,盈利是以资产的安全性和流动性为前提。安全性又集中体现在流动性方面,而流动性则以效益性为物质基础。商业银行在经营过程中,必须有效地在三者之间寻求平衡。

第二,依法独立自主经营的原则。这是商业银行作为企业法人的具体体现,也是市场经济机制运行的必然要求。商业银行依法开展业务,不受任何单位和个人的干涉。作为独立的市场主体,有权依法处理其一切经营管理事务,自主参与民事活动,并以其全部法人财产独立承担民事责任。

第三,保护存款人利益原则。存款是商业银行的主要资金来源,存款人是商业银行的基本客户。商业银行作为债务人,是否充分尊重存款人的利益,严格履行自己的债务,切实承担保护存款人利益的责任,直接关系到银行自身的经营。如果存款人的合法权益得不到有效的尊重和保护,他们就选择其他银行或退出市场。

第四,自愿、平等、诚实信用原则。商业银行与客户之间是平等主体之间的民事法律关系。因此,商业银行与客户之间的业务往来,应以平等自愿为基础,公平交易,不得强迫,不得附加不合理的条件,双方均应善意、全面地履行各自的义务。

(3) 商业银行的接管和终止。

① 银行的接管。商业银行已经或者可能发生的信用危机,严重影响存款人的利益时,中国人民银行可以对该银行实行接管。中央银行接管出现信用危机的商业银行的目的是保护存款人的利益,稳定金融市场的秩序,维护社会的安定。接管由中国人民银行决定,并组织实施。中国人民银行的接管决定应当载明下列内容:被接管的商业银行名称;接管理由;接管组织;接管期限。

接管决定由中国人民银行予以公告。接管可以由中国人民银行自己进行,也可以委托其他机构实行。接管期限最长不超过2年。接管因下列原因可终止:第一,接管决定规定的期限已经届满或者中国人民银行决定的接管延期时间届满;第二,接管期限届满前,该银行已经恢复正常的经营能力;第三,接管期限届满前,该银行被合并或者被依法宣告破产。

② 银行的终止。第一,银行因解散而终止。银行解散程序包括:申请解散;中国人民银行批准解散。第二,银行因撤销而终止。第三,银行因破产而解散。第四,银行的清算。其程序为首先支付清算的费用;其次清偿所欠职工的工资;再次支付个人储蓄存款的本金和利息;然后依次支付有优先权的债权人的利息、偿还其他一般债权人的债务、股东分配剩余财产。

(4) 我国的商业银行。

我国的商业银行可分为国家控股商业银行、股份制商业银行、城市商业银行和外资商业银行。另外,农村信用合作社虽然不是商业银行,但也属于储蓄存款机构,在广大农村地区起着重要的作用。

我国截至2015年底有5家国家控股商业银行(中、农、工、建、交)、12家股份制商业银行(中信、华夏、招商、光大、民生、平安、浦发、渤海、广发、兴业、浙商、恒丰)、133家城市商业银行、1 311家村镇银行以及农村商业银行和乡村银行。

尽管目前我国商业银行的组织形态各异,但是各类商业银行都是以商业银行法为从业的基本依据。1995年,全国人大通过了《中华人民共和国商业银行法》,明确了我国商业银行的性质、经营原则及业务范围。该法指出我国商业银行的性质是吸收公众存款、发放贷款、办理结算等业务的企业法人,以效益性、安全性、流动性为经营原则,实行自主经营、自担风险、自我约束。

 专栏2-1　2017年中国银行业发展概况分析

根据银监会2015年报,截至2015年底,我国共有银行业金融机构4 000余家,其中包括3家政策性银行、5家大型商业银行、12家股份制商业银行、133家城市商业银行、859家农村商业银行、1 373家农村信用社、71家农村合作银行、1家邮政储蓄银行、5家民营银行、40家外资法人金融机构及1 311家村镇银行。

近年来,在宽松货币政策和经济高速增长的共同推动下,我国金融市场整体上运行稳健,银行业保持了快速发展的势头。根据中国银监会和中国银行业协会发布的数据显示,2006—2016年我国银行业金融机构资产规模稳步增长,截至2016年末,我国银行业金融机构资产总额达到232万亿元,比上年同期增长15.8%。以下为2006—2016年我国银行业金融机构资产增长示意图(图2-1)。

当前,中国经济发展正在步入新常态,经济增长主要是靠深化改革和创新驱动。随着中国经济步入新常态,中国银行经营环境正发生深刻变革,中国银行业的发展也正在进入一种"新常态",这意味着增长方式和经营模式的深刻变革,商业银行已经告别了主要依靠规模扩张实现业绩高速增长的发展模式。根据统计的2015年中国16家A股上市银行财务数据显示,银行业整体净利增速下滑成为不争的事实,其中,中国工商银行、中国农业银行、中银行、中国建设银行和交通银行等五大国有商业银行净利增速都已降至个位数甚至以下,分别为0.52%、0.70%、1.25%、0.28%和1.21%。从整体银行角度看,正在面临着宏观经济转型、金融市场的变化、监管收紧和技术创新等挑战。随着利率市场化进程的加速,中国银行业传统

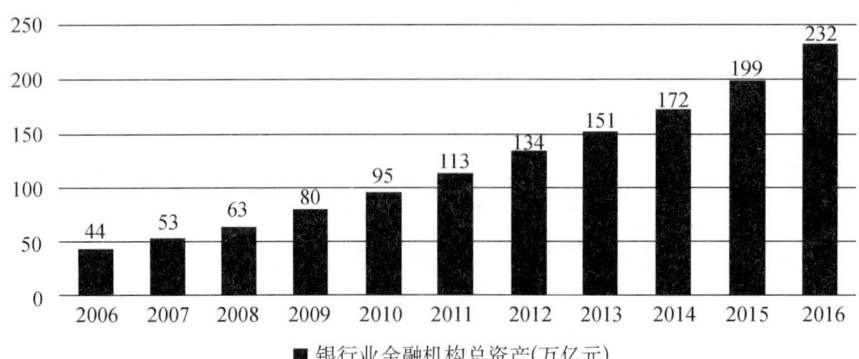

图 2-1　2006—2016 年我国银行业金融机构资产增长示意图
资料来源：公开资料、智研咨询整理。

的息差收入模式正在面临越来越严峻的考验。未来传统银行将不得不面临存款增速和净息差双双下降的压力，转型与创新将是未来中国银行业的主旋律。

目前，我国银行的渠道拓展业务正处于高速发展期，伴随着利率市场化的深入，民营银行的发展，商业银行在经营模式转型方面将投入更多的资源。互联网由于具有极佳的客户体验、业务便捷性和低费率等特点，将成为未来银行的重要渠道之一。

资料来源：中国产业信息网（http://www.chyxx.com/industry/201706/534048.html），2017 年 6 月 20 日。

（5）我国商业银行的业务范围。

根据《中华人民共和国商业银行法》的规定，我国商业银行可以经营下列业务：吸收公众存款、发放贷款；办理国内外结算、票据贴现、发行金融债券；代理发行、兑付、承销政府债券，买卖政府债券；从事同业拆借；买卖、代理买卖外汇；提供信用证服务及担保；代理收付款及代理保险业务等。按照规定，商业银行不得从事政府债券以外的证券业务和非银行金融业务。

3．商业银行的业务

（1）商业银行的资产负债表。

资产负债表是商业银行最重要的财务报表，它综合反映了商业银行在某一时点上资金来源与运用的情况。对商业银行的资产负债表的考察能反映商业银行资产与负债业务的规模及其结构。

下面我们以上海银行为例，说明商业银行资产负债表的构成及其所体现的各类业务。

表 2-1　上海银行资产负债表

2017 年 12 月 31 日　　　　　　　　　　　　　　　　单位：亿元

资产		负债和股东权益	
现金及存放央行款项	1 360.64	向央行借款	816.05
存放同业	387.9	同业存款	3 286.54
拆出资金	971.78	拆入资金	518.01
计入当期损益的金融资产	115.54	衍生金融负债	13.59
衍生金融资产	8.39	卖出回购金融资产款	785.73
买入返售金融资产	258.09	吸收存款	9 235.85
应收利息	76.80	应付职工薪酬	29.80
发放贷款和垫款	6 431.91	应交税费	41.44
可供出售的金融资产	4 206.85	应付利息	165.71
持有至到期	2 642.63	已发行债务证券	1 681.48
应收款项类投资	1 367.01	递延所得税	0.56

(续表)

资产		负债和股东权益	
长期股权投资	3.95	其他负债	28.50
固定资产	43.95	负债合计	16 603.26
无形资产	5.11	股本	78.06
递延所得税资产	77.83	其他权益工具	193.86
其它资产	119.29	资本公积	284.52
		盈余公积	264.35
		一般风险准备	257.80
		未分配利润	391.26
		少数股东权益	4.56
		股东权益合计	1 474.41
资产总计	18 077.67	负债和股东权益合计	18 077.67

资料来源：2017年上海银行年报。

资产负债表是商业银行的主要会计报表之一，包括三大类项目：资产、负债和所有者权益（或股东权益）。它们满足下列关系：

$$资产＝负债＋所有者权益$$

商业银行通过负债业务取得资金，再将这些资金运用出去形成其资产业务之间的差额构成商业银行的利润来源。考察商业银行资产负债表的各个项目可以帮助我们分析商业银行的各类业务。对于那些在资产负债表中不能反映出来的业务我们将其称为表外业务。

(2) 商业银行的负债业务。

商业银行的负债业务是指形成其资金来源的业务。商业银行的全部资金来源包括两部分：自有资本和外来资金，其中外来资金又包括存款和借入款。银行有资金来源才能有资金运用，因此，负债业务决定资产业务，负债规模制约着资产规模。

① 自有资本。商业银行作为金融企业也与一般企业一样，在设立之初必须有一定数额的原始资金，即资本金，它是银行得以成立和发展的前提与基础，主要部分有成立时发行股票所筹集的股份资本、公积金以及未分配的利润。商业银行作为具有较强外部性的特殊企业，各国都采取高额注册资金要求的方式来提高该行业的准入门槛。

银行自有资本的大小，体现银行的实力和信誉，有利于增强客户对银行的信心；同时，资本金也是银行自身吸收外来资金的基础，是银行抵御损失风险的最后屏障。

关于自有资本的构成，《巴塞尔协议》对股份制商业银行有明确的规定。该协议将自有资本划分为核心资本和附属资本两大类。

第一类，核心资本。核心资本包括股本和公开储备，其中股本包括普通股和优先股。股本等于股票发行数量乘以每股面值，是股东行使所有权的依据。公开储备是指通过保留盈余或其他盈余的方式在资产负债表上明确反映的储备，如股票发行溢价、未分配利润和公积金等。

第二类，附属资本。附属资本包括未公开储备、重估储备、普通准备金、混合资本工具，例如可转换债券工具、永久性债务工具，以及长期附属债务等。

《巴塞尔协议》的核心思想就是，商业银行的最低资本额由银行资产结构的风险程度所决定，资产风险越大，最低资本额越高；银行最低资本额为银行风险资产的8%，其中核心资本不能低于风险资产的4%。

② 存款类负债。吸收存款是商业银行与生俱来的基本特征，是其他业务展开的基础，没有存款的吸收也就谈不上贷款与投资的展开，甚至不可能有以此为基础的其他各类服务性业务。存款类负债是商业

银行最传统的负债形式,直到今天仍然是银行最基本的资金来源。因此,任何商业银行总是千方百计地设法吸收存款,以此为基础扩大其他的业务形式来实现利润。一般而言,存款可以分为交易账户和非交易账户两种类型。

第一类,交易账户。所谓交易账户是指个人或企业为了交易目的而开立的支票账户,客户可以通过支票、汇票、电话转账、自动出纳机等提款或对第三方进行款项支付。它包括活期存款、可转让支付命令账户、货币市场存款账户、自动转账制度等种类。

交易账户是为支付而使用的账户,是商业银行吸收存款类资金来源中成本最低的一类存款。交易账户的存款户可以随时开出支票命令银行对第三者进行支付而不用事先通知银行,因此其交易和流通速度极高,银行需要用相当多的人力、物力来处理业务。所以在绝大多数国家,银行对活期存款惯例上不付利息。在有些国家,甚至对活期存款的客户征收手续费,以补偿银行为存款户所提供的服务。所以,银行在吸收活期存款时,不能以利率作为竞争工具,只能以提高服务质量来争取客户。

活期存款主要是指可由存款户随时存取和转让的存款,它没有确切的期限规定,银行也无权要求客户取款时做事先的书面通知。持有活期存款账户的存款者可以用各种方式提取存款,如开出支票、本票、汇票、电话转账、使用自动柜员机或其他各种方式等手段。

作为商业银行主要资金来源的活期存款有以下几个特点:一是具有很强的派生能力。由于活期存款存取频繁,流动性大,在非现金结算的情况下,银行将吸收的原始存款中的超额准备金用于发放贷款,客户在取得贷款后,若不立即提现,而是转入活期存款账户,这样银行一方面增加了贷款,另一方面增加了活期存款,创造出派生存款。二是流动性大、存取频繁、手续复杂、风险较大。由于活期存款存取频繁,而且还要提供多种服务,因此活期存款成本也较高,因此活期存款较少支付或不支付利息。三是活期存款相对稳定部分可以用于发放贷款。尽管活期存款流动性大,但在银行的诸多储户中,总有一些余额可用于对外放款。四是活期存款是密切银行与客户关系的桥梁。商业银行通过与客户频繁的活期存款的存取业务建立比较密切的业务往来,从而争取更多的客户,扩大业务规模。

第二类,非交易账户。非交易账户包括储蓄存款和定期存款。储蓄存款一般是个人为积蓄货币和取得利息收入而开立的存款账户。储蓄存款一般不能签发支票,包括活期、定期等不同种类。

定期存款是指客户与银行预先约定存款期限的存款。存款期限通常为3个月、6个月和1年不等,期限最长的可达5年或10年。利率根据期限的长短不同而存在差异,但都要高于活期存款。定期存款的存单可以作为抵押品取得银行贷款。由于定期存款期限长,到期前一般不能提取,所以银行给予较高的利息。为了获得稳定的资金来源,银行特别注意吸收定期存款。

定期存款具有以下特点:一是定期存款带有投资性。由于定期存款利率高,并且风险小,因而是一种风险最小的投资方式。对于银行来说,由于期限较长,按规定一般不能提前支取,因而是银行稳定的资金来源。二是定期存款所要求的存款准备金率低于活期存款。因为定期存款有期限的约束,有较高的稳定性,所以定期存款准备金率就可以要求低一些。三是手续简单,费用较低,风险性小。由于定期存款的存取是一次性办理,在存款期间不必有其他服务,因此除了利息以外没有其他的费用,因而费用低。同时,定期存款较高的稳定性使其风险性较小。

储蓄存款主要是指个人为了积蓄货币和取得一定的利息收入而开立的存款。储蓄存款也可分为活期存款和定期存款。储蓄存款具有两个特点:一是储蓄存款多数是个人为了积蓄购买力而进行的存款。二是金融监管当局对经营储蓄业务的商业银行有严格的规定。因为储蓄存款多数属于个人、分散于社会上的各家各户,为了保障储户的利益,各国对经营储蓄存款业务的商业银行有严格的管理规定,并要求银行对储蓄存款负有无限清偿责任。除上述各种传统的存款业务以外,为了吸收更多存款,打破有关法规限制,西方国家商业银行在存款工具上有许多创新。如可转让支付命令账户、自动转账账户、货币市场存款账户、大额定期存单等等。

③ 借入类负债。商业银行在自有资金和存款不能满足其放款需要的时候,就要考虑通过借入资金的方式来满足日益增长的放款需要,以扩大其经营规模。商业银行主要通过以下途径来弥补资金来源的不足。

第一,同业拆借。银行同业拆借是指银行之间相互的资金融通,借入的目的主要是用以解决本身临时资金周转困难,期限一般较短,有的只是今日借,明日还。

同业拆借的利率水平一般较低。同业拆借一般通过各银行在中央银行的存款账户进行,即通过中央银行把款项从拆出行账户划到拆入行账户。

第二,回购协议。所谓回购协议是指银行在向他人出售证券的同时,同意在某一时间以商定的价格购回这批证券。大多数回购协议以政府债券作担保,从形式上来看是证券的买卖行为,而实际上是银行以证券作为担保资金的借贷行为。

第三,向中央银行的贴现或借款。当银行资金来源不足时,也可向中央银行借款。一般情况下,商业银行向中央银行借款的主要原因在于缓解本身资金暂时不足的情况,而非用来放贷营利。向中央银行借款主要采取再贴现和直接借款两种形式。再贴现就是把自己办理贴现业务时买进的未到期的票据,转卖给中央银行;直接借款则是通过有价证券的抵押向央行取得抵押贷款。

第四,在公开市场上发行金融债券和存单。商业银行可以在公开市场上通过发行大额定期存单以及发行金融债券等方式来筹集资金,这是典型的主动负债方式。商业银行的规模以及信誉会直接影响其在公开市场上融资的价格。

第五,结算过程中的短期资金的占用。商业银行在为客户办理转账结算等业务中可以占用客户的资金。每笔资金占用的时间很短,但由于资金周转数额巨大,因而占用的资金数量也就相当可观,从时点上看,总会有那么一些处于结算过程中的资金,构成商业银行合法运用的资金来源。

(3) 商业银行的资产业务。

商业银行的资产业务就是将自己通过负债业务聚集起来的货币资金加以运用的业务。这是商业银行取得收益的重要渠道。商业银行的资金运用主要有以下用途:现金资产、贷款、证券投资及其他资产。

① 现金资产。现金资产是商业银行资产中最具有流动性的部分,属于一级储备资产,基本上不给银行带来收益。银行管理从本质上就是解决利润最大化与资产流动性之间的矛盾,现金资产是直接满足流动性需求的资产,其虽然不给银行直接带来收益,但是对商业银行的正常运转至关重要。现金资产包括库存现金、在央行的存款、存放同业的资金以及托收中的现金。正是因为现金资产并不给银行带来利润,因此,商业银行总是在流动性能够得到保证的情况下,尽量压低现金资产在总资产中的比例。

② 贷款。贷款是商业银行作为贷款人按照一定的贷款原则和政策,以还本付息为条件,将一定数量的货币资金提供给借款人使用的一种借贷行为。贷款是商业银行最大的资产业务,大致要占其全部资产业务的 60% 左右。贷款与其他业务相比较风险较大,但是利率较高,是银行获取收益的主要来源之一。贷款业务可以密切银行与企业的关系,有利于稳定存款和拓展其他业务方式。

贷款业务按照不同的分类标准,有以下几种分类方法:一是按贷款期限划分,可分为活期贷款、定期贷款和透支贷款三类;二是按照贷款的保障条件分类,可分为信用放款、担保放款和票据贴现;三是按贷款用途划分非常复杂,若按行业划分有工业贷款、商业贷款、农业贷款、科技贷款和消费贷款;按具体用途划分又有流动资金贷款和固定资金贷款。四是按贷款的偿还方式划分,可分为一次性偿还和分期偿还。五是按贷款质量划分有正常贷款、关注贷款、次级贷款、可疑贷款和损失贷款等。对于任何一笔贷款,都必须遵循以下基本程序,即贷款的申请、贷款的调查、对借款人的信用评估、贷款的审批、借款合同的签订和担保、贷款发放、贷款检查、贷款收回。

③ 证券投资。商业银行的证券投资业务是商业银行将资金用于购买有价证券的活动。主要是通过证券市场买卖股票、债券进行投资的一种方式。商业银行从事证券业务的目的主要有三个:第一,获取收益。成功的投资策略有助于商业银行将暂时闲置的资金利用起来,增加收益。证券投资的收益包括利息收益和资本收益。第二,分散风险。证券投资可选择的投资对象广泛,不像贷款那样受到地域与行业的限制。银行可以在全球金融市场上进行证券投资组合,有利于风险分散。而且,证券有较好的二级市场,比贷款的流动性强。第三,补充流动性。银行为了维持流动性而保留过多的现金资产将会直接损害盈利性,证券的流动性介于现金资产和贷款之间,证券投资为商业银行保持流动性与盈利性的平衡提供了可能,银行所进行的短期的证券投资由于可以迅速变现,具有较强的流动性,因而被视为商业银行的二级储备

资产。

银行购买的有价证券包括债券和股票,债券又包括国库券、公债券和公司债券。目前各国商业银行的投资主要用于购买政府债券,还有一些评级级别较高的公司债券。对于股票的购买各国一般多加限制,这一方面是为了限制银行对企业的控制,防止出现垄断;另一方面也是为了防止商业银行投资风险过大。在实施混业经营的国家,一般对商业银行投资股票会有一些具体数量上的限定,而在实施分业经营的国家更是严格限制银行涉足证券买卖和持有股票。

商业银行其他资产业务还包括租赁业务等。

(4) 商业银行表外业务。

商业银行的表外业务是指商业银行所从事的不列入资产负债表的业务。表外业务有狭义与广义之分。狭义的表外业务是指银行所从事的虽然没有列入资产负债表却存在风险的金融活动,主要是担保、备用信用证、商业跟单信用证、承诺以及和利率及汇率相关的金融衍生业务等。狭义表外业务是指那些在一定条件下会转化为现实的资产与负债的或有资产与负债。广义的表外业务除风险类狭义表外业务之外,还包括提供金融服务获取手续费收益的无风险类表外业务。在金融创新的发展与金融管制放松的浪潮推动之下,近年来国际商业银行的广义表外业务发展迅速,其所带来的收入在商业银行总收入中所占的比重不断攀升,譬如,1999年美国银行表外业务收入占总收入的比重达42%,瑞士为53.4%,德国为60%。表外业务在带来巨额收益的同时,也为商业银行带来了很大的风险。为此各国都加强了对表外业务的监管力度。

在我国习惯上称表外业务为中间业务,其发展以没有风险的表外业务为主导,狭义有风险的表外业务的发展起步较晚,发展速度缓慢。为了支持我国商业银行表外业务的发展,完善中国银行业的金融服务功能,中国人民银行在2001年发布了《商业银行中间业务的暂行规定》。该规定不仅列出商业银行可以开办的无风险的表外业务,如结算类、代理类和其他无风险的中间业务类型,而且还列出了银行可以从事的有风险的中间业务,如担保类、承诺类和交易类等中间业务,它的发布对于我国商业银行表外业务发展起到了积极的推动作用。

商业银行表外业务有以下种类。

① 支付结算类业务。支付结算类业务是指银行为客户办理因债权债务关系引起的与货币支付、资金划拨有关的收费业务。结算业务是由商业银行的存款业务派生出来的一种业务。结算业务通过结算工具来完成。结算工具是银行用于结算的各种票据,主要包括汇票、本票和支票。汇票是由出票人签发的,委托付款人在见票或在指定日期无条件支付确定金额给收款人或持票人的票据。本票是由出票人签发,承诺自己在见票时无条件支付确定金额给收款人或者持票人的票据。支票是由出票人签发的委托办理支票存款业务的银行或其他金融机构在见票时无条件支付确定金额给收款人或持票人的票据。根据结算方式的不同,结算业务可以分为同城结算和异地结算两种。在同城结算中,银行主要采用支票结算的方式;在异地结算中,银行主要采取汇款、托收、信用证和电子资金划拨等方式。

② 银行卡类业务。银行卡是由经授权的金融机构,主要是商业银行向社会发行的具有消费信用、转账结算、存取现金等全部或部分功能的信用工具。银行卡的功能包括转账结算、储蓄、汇兑以及消费贷款等。银行卡按照不同的分类标准可以分为多种类型。根据清偿方式的不同可以分为贷记卡、准贷记卡和借记卡;按照结算币种的不同可以分为人民币卡、外币卡;按照发放对象的不同可以分为消费者个人卡、公司卡;按照从属关系可以分为主卡、附属卡等。银行卡使用范围的扩大,不仅可以减少现金和支票的流通,还将使银行业务突破时间和空间的限制,发生根本性变化。

③ 代理类业务。代理类业务是指商业银行接受客户委托代为办理指定的经济事务,提供金融服务并收取一定费用的业务,包括多种类型。其中,代理政策性银行业务是指商业银行接受政策性银行委托,办理后者无法办理的业务;代理央行业务包括代理财政性存款、代理国库;代理银行业务是指代理行之间互为代理的业务;代理证券业务是指银行接受委托,办理代理发行、兑付、买卖各类有价证券的业务,还包括接受委托、代办债券还本付息、代发红利、资金清算(国债、公司债、金融债券、股票);代收代付业务是指代理各项公用事业收费、行政事业性收费、学费、行政性收费,代发工资;代理保险业务是指商业银行接受保

险公司的委托,代办保险业务,包括代售体系、代拨保险费;以及其他代理业务等。

④ 基金托管业务。基金托管业务指有托管资格的商业银行接受基金管理公司的委托安全保管所托管的基金资产。具体来说包括办理基金清算、会计核算、基金估价及监督管理基金投资运作。托管资格由中国人民银行审定。

⑤ 咨询顾问类业务。咨询顾问类业务是指商业银行依靠自身在信息、人才、技术、信誉等方面的优势,搜集和整理有关信息,并通过对这些信息以及银行与客户资金运动的记录和分析,形成系统的资料和方案,提供给客户,满足客户业务经营与发展的需要。咨询顾问类业务包括以下几类业务:资产管理顾问业务,即为机构投资者或个人投资者提供全面的资产管理服务,包括投资组合建议、投资分析、税务服务、信息提供和风险控制;财务顾问业务,为大型建设项目的顾问业务、企业并购的顾问业务、融资结构、融资安排等方面提供方案;现金管理业务,帮助企业合理科学地管理现金或头寸,以此达到提高投资流动性和收益性的目的等。

⑥ 担保类业务。担保类业务是商业银行为客户清偿能力提供担保、承担客户违约风险的业务,包括:银行承兑汇票,即由收款人、付款人(统称为承兑申请人)签发的,由他们向开户银行申请,经银行审查通过并承兑的商业汇票;备用信用证,是一种特殊形式的光票信用证,是银行开出的具有担保性质的支付承诺,以保证申请人履行某种合约规定的义务,并在该申请人没有履行该义务时,向受益人支付一定金额的款项;贷款担保,是担保银行应借款人的要求,向贷款人出具的一份保证借款人按照贷款人协议的规定偿还贷款本息的书面保证文件;履约担保,是银行应客户要求向受益人开立的保证申请人履行某项合同的书面保证文件;投标保证书,是银行为客户开立的保证投标人履行招标文件所规定的各项义务的书面担保文件等等。

⑦ 承诺类业务。承诺类业务是商业银行在未来某一日期按事先约定的条件向客户提供信用的业务。这类业务可分为可撤销的承诺和不可撤销的承诺两种。可撤销的承诺是指附有客户在取得贷款之前客户必须履行的特定条款,在商业银行承诺期内,客户没有履行相应条款时,商业银行就可以撤销承诺;不可撤销的承诺是指商业银行不经过客户允许,不得随意取消承诺,承诺具有法律约束力。承诺类业务具体包括信用额度、循环贷款承诺、票据发行便利等形式。信用额度是银行与老客户之间的一种非正式信贷协议,在某一额度之内,银行将随时根据企业需要放款。循环贷款承诺是指银行与客户之间的一种较为正式的贷款协议,根据协议,银行有义务根据约定的利率、期限等条件向客户提供可循环使用的信贷额度。票据发行便利是指一种具有法律约束力的中期周转票据发行融资的承诺,在该承诺之下,银行允许在一定期间内为其客户的票据融资提供各种便利条件。银行从事票据发行便利业务,是利用自身在票据发行中的优势帮助客户售出短期票据以实现筹集资金的目的。

⑧ 交易类业务。交易类业务是指商业银行为满足客户价值或自身风险管理等方面的需要,利用各种金融工具进行的资金交易活动。主要包括金融衍生产品的交易服务,例如远期合约、金融期货、互换、期权等。交易类表外业务是随着金融工具的不断创新而发展起来的,商业银行从事金融衍生产品交易是为客户同时也是为自身规避风险的需要,此类业务对于银行进行风险管理和增加收益都有积极的意义。

⑨ 其他类。除了以上的各种业务之外,商业银行也积极开展其他类型的表外业务,例如保管箱服务、信托业务以及租赁业务等。

(5) 银行产品的特点。

① 无形性。与其他服务产品一样,银行产品在交付客户使用之前,没有一个具体的形态可供客户触摸和视听。即使已经使用了银行产品,客户也仍说不出它是方还是圆,它只能给客户一种感觉,这种感觉是客户在使用过程中,通过银行产品的功能和银行服务的优劣来评判它的好坏。人们有时会把银行卡、存折等实物误以为是银行产品,其实这些实物不过是银行提供服务的一种载体或手段,它不能代表银行产品,但可以造成部分银行产品视觉上的形象化。客户为减少购买银行产品的风险,通常会从有形的环境、人员、设备、沟通资料、价格等方面做出服务质量的判断。因此,理财师所面对的一个重要挑战就是"化无形为有形",在抽象产品上增加有形证据,也就是说使服务的内涵尽可能地附着在某些实物上。如银行的信用卡,虽然信用卡本身没有什么价值,但它代表着银行为客户提供的各种服务。信用卡的作用,使得服

务同服务出售在某种程度上分离开来,持卡的顾客不仅可以在非银行之外的机构享用有关服务,而且还可以在更广泛的范围内乃至全球接受服务。

② 可变性。银行产品的无形性,决定了它在质量标准方面没有一个统一的规格和尺寸来衡量,只能靠银行在售出产品和售后服务时所提供的产品服务评判它的优劣。而银行向客户提供的服务场所和人员不同,就很容易造成同一种产品在不同的场所、不同的时间因为人员的不同而表现出不同的质量水平。如一个人在一个网点存款享受到的服务可能比另外一个网点的好,他就会认为前者是优良产品,后者是劣质产品。

③ 增值性。一般产品在使用过程中逐渐消耗直到完全报废,而银行产品却能够为客户带来比购买产品更大的价值。客户购买一般产品是为了获得产品的使用功能,而购买银行产品是为了获得产品的增值,这是银行产品区别于其他服务的一个显著特点。例如,存款是为了获得利息。

④ 不可分性。与一般产品不同,银行产品的生产者和销售者是不可分的,它没有批发和零售商,客户想要购买产品只能通过银行。但随着社会的发展,银行产品的这个特点有弱化的趋势。如近年来,国外有些银行实行消费贷款批发。银行将贷款以低于零售的价格出售给中间批发商,批发商与其他产品的销售商(如商店)签订合同,在客户无力支付产品价格时,可以选择购买批发商的消费贷款。这一过程减少了客户直接向银行贷款的手续,并且实现了全天候融资服务,刺激了客户购买金融产品的欲望。

⑤ 相似性。银行产品一般没有专利,容易被同行或其他金融机构模仿,并且模仿时间快、普及面广。因此,不同的银行给客户提供的产品往往具有相似性,那么,理财师在为客户做理财规划时,就必须深入了解不同银行在产品提供上的行为差别,尤其是银行的服务水平、创新能力以及未来发展趋势等,从而使得客户能够从不同银行相似的银行产品消费中得到最好的服务和效用。

4. 商业银行客户概述

(1) 商业银行客户的内涵。

客户是客户经理的工作对象。如何正确识别客户并对客户进行科学分类,成为客户经理开展工作、完成任务的前提条件与基础。

商业银行的客户指商业银行产品的使用者或服务的接受者,是出于满足自身金融需要而购买商业银行产品的消费者。它包括现实的银行客户和潜在的银行客户。

这个涵义包含了两层意思:首先,客户是指有金融需求的主体,满足需求是客户的出发点,这是客户购买的动因;其次,客户有确定的购买行为,即购买是结果,银行必须有满足客户需求的产品,并引导和促成其使用产品。客户经理不仅要对现实客户进行服务与维护,同时还要不断地寻找和开发潜在客户。现实客户是指已使用本银行产品或服务的客户,而潜在客户则是指有金融需求,但尚未使用本银行产品的客户,这部分客户可以通过客户经理的接触和推销转化为银行的现实客户。

(2) 商业银行客户对银行的意义。

银行的资金来源于客户,又运用于客户:银行通过充当客户之间的资金融通中介,并提供相关的专业服务,以获取利差收入和手续费收入。可以说,银行客户对银行的生存与发展有着极其重要的意义。

① 客户是银行生存的基础。银行是提供金融产品和金融服务的企业,其经营的货币商品的来源和流向皆对应着客户,在这一点上,银行与其他企业有着本质的不同,因此,银行的生存更依赖于客户。随着我国银行的竞争和资本市场的扩大,银行服务能力出现结构性的供过于求:传统产品相对过剩,而客户新的需求却没有足够的产品供应,在这种市场态势下,对优质客户资源的争夺更是银行生存的关键。

② 客户是银行利润的主要来源。在目前分业经营的情况下,银行的主要利润源于银行产品的销售,而银行产品的最终使用者是客户,客户对产品的认可度,以及对银行产品的持续购买,都为银行带来了收入。因此,客户经理必须坚持以客户为中心,为客户提供多层次、多品种、相互配套的产品和优质高效的服务,才能为银行获取更多的利润。

③ 客户是银行创新的推动力。创新是企业持续发展的源泉,银行只有不断开发和推出适应客户需求的产品,才能在市场竞争中立于不败之地,并不断地获得客户,提高市场份额。正是客户的需求,不断地推动着银行创新和发展。因此,客户经理要不断地关注和研究客户的需要,并及时反馈客户的需求,为银行

的产品创新提供信息。

④ 客户是银行价值的体现。银行与客户之间是互为选择的,在相互了解的基础上,双方的关系是相对稳定的。对银行来说,如果其客户相对固定在比较集中的几个行业领域,则银行会逐渐形成对这几个行业服务的竞争优势,并最终形成银行的特点。可以说,银行选择客户和建立客户结构的过程就是银行形成经营的过程。从银行拥有的客户结构和客户层次,就可以了解到银行的市场地位。

(3) 客户的分类。

作为一名客户经理,要对银行客户有个总体的认识,并在此基础上进一步对客户群体进行细分。

① 按客户主体划分。银行客户可分为两大类,即个人客户和公司客户。在银行进行客户开发与管理时,还需要将个人客户和公司客户进一步细分,将有大致相同需求的客户归并为一类,从中选择目标客户,并用不同的营销手段满足这些目标客户的需求。

个人客户。个人客户是指与银行发生业务关系的个人或家庭。银行对个人客户的业务主要是以合理安排客户的个人金融需求为手段,为之提供存取款、小额贷款、代客投资理财、信息咨询及其他各类中介服务,由此为客户取得收益并帮助其防范风险,同时提高银行自身效益。通常,银行将个人客户或潜在的个人客户划分为具体的群体,每一群体内部的成员在使用银行的产品和服务时可能得到相同的利益,也可能得到不同的利益。每一群体的金融需求,总有一部分是该群体的基本需求,基本需求部分是将该群体与其他群体区别开来的标志。当然,也可以以其在社会中担当的角色来确定每一个目标消费群,这一划分是十分普遍的,是大众传播专家对社会人群的分类。

公司客户。公司客户主要指与银行发生业务关系的各企事业单位及政府机关,其中以企业单位为主体。公司客户的业务对于商业银行至关重要,其重要性在于它不像银行个人客户业务,不需要占用过多的人力资源,银行公司业务部门的少数雇员就能服务于大量的公司客户。尽管这部分客户相比银行个人客户要少得多,但却能为银行带来大量的存款、贷款和收费业务,并成为银行利润的重要来源。

② 按客户价值分类。客户价值是指客户在一个会计期内为银行所带来的综合收益。客户价值是随着客户本身收入水平、对银行的选择及对银行产品消费偏好的变动而变动的。根据客户为银行带来的价值大小,银行客户可以分为高价值客户、微利客户、保本客户及亏损客户。

第一,高价值客户是指为银行带来高收入、高效益的客户,其为银行带来的收益远远超过银行客户平均收益,是银行盈利的主要来源。银行客户经理应当高度关注这类客户,为这类客户提供量身定做的个性化产品,提供"一对一、面对面"的优质服务,培育客户忠诚度,充分满足客户的需求,促使这部分客户成为银行的终身客户。

第二,微利客户也可以说是有增值潜力的客户,是指为银行带来微利并具有发展潜力的客户。这一客户群体应当是银行的基础客户。银行客户经理应重视这类客户,为这类客户提供合适的理财产品,通过优质服务,促使这类客户向高价值客户转化,以达到银行、客户双赢的目的。

第三,保本客户是指为银行带来的收入与银行投入的成本基本持平的客户。这一客户群体目前在银行的客户中所占比例较大。据某银行统计,这类客户所占比例达到了30%。银行应当区别对待这类客户,对那些没有潜力的保本客户,银行提供大众化的银行产品即可;而对那些主要账户不在本行的保本客户,应当通过优质、高效的服务,促使其将主要账户转移到本行来。

第四,亏损客户是指为银行带来的收入不足以弥补银行为其投入成本的客户。这类客户占用了银行宝贵的经营资源,降低了银行的盈利水平。银行应当尽可能采取措施,降低这类客户的比重,如对长期未使用的个人活期存款账户进行清理,对亏损的公司客户采取退出机制等办法,以提高银行的总体盈利水平。

按客户价值对客户进行分类,是银行提高管理水平的必由之路,只有在这一分类的基础上对客户进行分层管理和服务,才能解决银行资源的有限性与客户需求之间的矛盾,才能集中资源,对目标客户和高价值客户进行重点服务,最大限度地满足这一客户群体的需求。

(4) 商业银行个人客户。

① 商业银行个人客户的概念。所谓个人客户,是指在业务活动中直接以个人身份出现,在法律关系

上以自然人为资格条件,与商业银行进行业务往来的客户。个人客户是市场上各种客户中最基本的单位,因而也可称为市场上的"终极客户"。由于个人客户与公司(或企业)、政府机关、事业单位、社会组织机构等其他客户相比,其金融需求的内容、范围以及行为活动的形式、特点等都有着较大的差异,因而要求商业银行客户经理在营销、拓展个人客户的活动中,必须注意把握重点,做到有的放矢。

② 商业银行个人客户的特点。一般来说,商业银行拥有的个人客户在数量上要远远大于其他类型客户。从总体上看,个人客户与其他类型客户相比,较为明显的不同之处可归纳为以下几点。

第一,个体化。任何个人客户与商业银行交易、往来,都是直接以个人身份来进行的。而任何一个个人,在经济社会中又都是独一无二的,是不可复制也不可再进一步细分的;因此,个人客户也就相应地成为商业银行最小也是最为基本的客户单位。个体化这一特点,使个人客户在市场上有着突出的表现:首先,经济规模小,实力相对较弱,因而更容易受到来自其他客户或银行本身的排挤甚至歧视;其次,数量庞大,但居住分散,遍布城乡,流动频繁;再次,个性突出。

第二,有生命、有感情。人是有生命、有感情的高级动物,人生的每个阶段都有不同的金融需求。所以,对个人客户的成长或发展性的研究和分析,也就变得异常重要。比如,就业前与就业后的个人客户对银行营销的产品与服务的要求就有较大的差别,而成长、发展潜力不同的个人客户对银行营销价值的贡献也不同。这都需要银行相应地采取不同的营销策略与组合。珍视人的生命价值,促进人的发展和人生成功,已成为当今对个人客户进行成功营销最为重要的经营理念。

第三,依存性和群体性。任何个人客户都是生长或生活于特定社会关系或环境中的个人,其个性要求与行为无疑会受到社会行为规范、价值标准及传统文化等多方面的制约。只有这样,个人才能顺应社会秩序,成为合格的社会成员。这种依存社会、顺应群体的显著特点反映在个人客户与商业银行的业务往来关系上有以下三种表现:一是不同的与相同的社会或环境(国家、地区、社区)中的个人客户,在金融需求与行为特征等方面有着相应的不同与相同,比如,对分别生长在美国和中国的个人客户来说,前者已习惯于借贷消费,而后者更愿意储蓄消费;二是商业银行的产品和服务,尤其是形象与品牌的塑造,因个人客户的社会或群体性不同而效果不同,因此差异化的营销就十分必要;三是在尊重人的个性、促成个人的发展与成功的业务活动中,商业银行必须考虑社会整体与长远性的要求,努力求得个人、银行与社会利益的和谐和统一。

(5) 个人客户的分类。

根据前述个人客户的涵义,以及对个人客户特点所进行的有关分析,并结合国内外商业银行个人金融业务营销的一般做法,可以把个人客户按照多种因素加以分类。以下介绍的是商业银行个人客户类型划分中最为常见也是最为重要的几种情况。

① 按经济收入进行分类。经济收入分为总收入、可支配收入和可任意支配收入三种,其中最后一种与银行关系最为密切。按收入的多少,一般可将个人客户划分为三个层次。一是高收入阶层,包括演艺界、体育界明星;政府机构及公司等高层官员;特殊职业或技能者,如证券分析师、律师、注册会计师、资产评估师等;部分政府及公司的高级雇员等。二是中等收入阶层,主要指工薪阶层,比如,政府、公司、事业单位或组织的一般雇员;无特殊专长或技能的职业从业者;以体力和一般智力谋生者等。三是低收入阶层,在我国,主要是城镇下岗、待业人员,农村中的进城打工人员及在家务农的农民等。

根据我国国家统计局在2002年9月发布的《首次中国城市居民家庭财产调查总报告》所披露的信息资料,10%的高收入户占全部城市户财产总量的45%,10%的低收入户仅占城市户财产总量的1.4%,两者的差距为32倍,这也基本反映出我国城市居民家庭间的收入差距。

② 按年龄结构进行分类。年龄结构反映个人所处生命周期的不同阶段,以及由此所决定的个人在人生不同阶段的价值取向、行为特征、收入与财富状况、支出偏好等多方面的差异,这是商业银行对个人客户分类的一种重要依据。一是青少年型,包括少年儿童、在校大中专院校学生以及工作不久的年轻人;二是中年型,其年龄大多在35—55岁之间,他们年富力强,事业有成;三是老年型,主要包括离退休后领取养老金安度晚年的个人客户。

③ 按心理动机进行分类。心理动机是指决定并推动人们行为活动的心理性因素。不同客户间,只要

有类似的心理动机,一般就会有类似的行为;而同一客户,出于不同的心理动机,则会有不同的行为。所以,分清心理动机的异同,是有效增强对个人客户营销的重要条件。一是求利型,即客户与银行交往的主要目的是为了获得经济收益,为此他们常常注重走访了解各家银行网点,通过分析对比做出最佳选择。二是求便型,即注重银行业务效率,希望得到就近、简便、快捷的服务。三是求稳型,即主要关注银行保安措施是否严格,经办手续是否严密,也就是说,是否使客户无论是进行资金的借贷,还是汇兑或兑换等,都感觉到稳妥安全。四是求密型,即有强烈而严格的保密要求。

④ 按对银行的利润贡献进行分类。由于利润是反映商业银行经营状况的综合性指标之一,因而按利润贡献对客户进行分类,实际上也就是一种混合多种涉及银行经营与管理因素的综合分类,所以在对客户进行分类时,除考虑利润这一个因素外,往往还需结合其他因素,如客户业务量、客户的收入状况等。一是贵宾客户(也可简称VIP客户),指为本行带来长期稳定且较大利润贡献的个人客户。贵宾客户的标准可从多种角度或条件来加以认定,比如个人存款、卡消费额以及个人消费贷款额等。二是目标客户,指有较大利润贡献潜力的本行个人客户,或其他行的个人贵宾客户。目标客户的标准同样可从多种角度或条件来加以定,比如,个人的收入状况、职业、经营能力等。三是大众客户,即对本行利润贡献一般或较少,又无较大发展潜力的个人客户。这类客户无论从哪个角度或条件来看都很一般,比如,收入处于一般水平,接受本行产品与服务的品种有限且发生额也不大等,但他们往往占个人客户总数中的最大比例。四是负效客户,即对银行没有实际利润贡献的个人客户。这类客户的业务表现是发生额很小,发生频率很低,由于占用银行有限的柜台、网络资源导致经营与管理成本的提高。从确保实现利润目标这一角度上看,这类客户属于限制或淘汰之列。

(6) 个人客户的金融需求。

银行想要获得持久性的盈利增长,就要强调一切从客户需求出发,以顾客为服务导向。按服务主体来分,银行的客户包括个人、公司、机关及事业单位、社会团体客户等等,对于所有客户,银行应该针对他们不同的需求来提供与开发产品,从而更广泛地吸引客户,扩大产品销售,不断占领新市场。

不管在哪个国家,个人都是金融机构的基本客户。影响个人客户需求差异性的因素错综复杂,不同个性、不同时期、不同区域、不同社会经济环境,人们对金融产品的购买行为不尽相同。从总体上讲,个性因素和时间因素是判断个人金融产品需求的重要依据。

一般来讲,个人参与金融交易的原始动力往往多种多样,他们可能出于各种需要同银行发生业务关系。主要的个人金融需求可以分为以下几类。

① 融资的需求。银行可以在客户需要资金时提供融资,这意味着一旦当个人面临紧急情况(如住院或发生重大灾难),试图改进生活方式(如集中消费、改善老住宅、购置新住宅或汽车)或开办家庭企业时可以向银行申请贷款。因此通过包括信用卡透支、分期偿还贷款与抵押贷款等方式获得资金成为他们的一个重要的需求。

② 资产保障的需求。个人获得财产后存在金融损失的可能,比如,自然灾害或人为的事故可能摧毁一个人的住宅,不当的投资可能会使人失去原有的金融财富。因此,如何保全自己已有的财产成为客户的一个基本金融需求。银行的很多产品,特别是储蓄业务可提供这方面的保障。

③ 资产积累与分配的需求。人们可能出于各种原因积累资产,并希望在不同时期实现合理配置。比如,为孩子未来准备的教育准备资金,为使自己能在退休后有钱维持生活,为了给后代留下遗产(即在活着的时候为后代积累资产)。银行业务可以更好地满足他们的需求。

④ 资产增值的需求。由于个人的收入一般总是大于支出,所以,个人总是社会资金的盈余部门。为了使自己的财富不断增长,个人通过银行实现保值与增长的目的就十分明显了。目前,人们投资活动的领域已相当广泛,既有短期投资,也有长期投资;既涉及货币市场,也光顾资本市场。但由于个人或家庭可运作的资金额度较小,投资可能会受到很大限制,另外个人投资者的专业知识可能也不足,因此他们就产生了对银行理财业务的需求。

银行产品可以为个人提供开支、融资、保障、积累与分配资产等服务以满足客户的财务目标。通过银行专业人员的规划,个人能够实现对资产更加合理与科学的管理。

(7) 不同人生阶段对银行业务的需求。

在人生的不同阶段,有不同的金融需求,如表2-2所示。

① 提前支出阶段。这一阶段的个人没有收入或收入较少,需要依靠别人才能维持正常的生活开支。

② 成长期。这一阶段的个人会有相对稳定的收入来源,但住房、交通、教育的支出往往超过收入,使投资者的债务增加,净资产值较小。

③ 成熟期。这时个人的收入超过了支出,投资者开始减少债务,积累资产,为未来的退休提供保障。

④ 衰老期。这一阶段的个人不再有薪水或工资收入,其生活费用由先前积累的收入或社会保障来补偿。

(8) 影响商业银行个人客户金融需求实现的因素。

客户购买行为总的来说是由购买动机所推动发生的,刺激购买动机的原因很多,归纳起来有四种因素:文化因素、社会因素、个人因素和心理因素。这四种因素属于不同的层次,对购买行为的影响程度各不相同。影响最深远的是文化因素,它影响到社会的各个阶层和家庭,进而影响到每个人的心理及行为。而影响购买行为最直接并具有决定性的因素,是个人及心理因素。

① 文化因素。社会文化是构成客户观念偏好、道德标准、风俗习惯的基础,文化因素对客户的购买行为具有最广泛和最深远的影响。

文化。文化是人类欲望和行为最基本的决定因素。它是人类社会历史实践过程中所创造的物质财富和精神财富的总和,也是人类不断创造的共同的具有特色的生活方式和环境适应方式,如价值观、信仰、道德、习俗、哲学等。这些对人的世界观、价值观、思维方式等都有极其深刻的影响。在不同的文化氛围中经营,就必须了解并适应这种文化。

表 2-2 不同人生阶段的金融需求

不同人生阶段的金融需求			
客户对象	年龄	生活方式	对银行业务的需求
学生	18岁以下	主要靠父母资助,经济来源非常有限	• 简单方便的储蓄账户
年轻人	18—23岁	接受高等教育或离开学校开始工作,收入水平较低	• 现金传递业务 • 履行贷款 • 透支或信贷 • 简单方便的储蓄账户
年轻夫妇	23—28岁	已结婚,双方都有工资收入,生活稳定,为家庭各项开支制订计划,准备积蓄	• 共同基金 • 保险 • 预算贷款 • 旅行贷款 • 储蓄账户 • 消费信贷
有子女家庭	28—45岁	工资收入不断增加,已有子女或子女已长大成人,购买耐用品、住房和高价消费品	• 共同基金 • 抵押和住房贷款 • 为子女接受教育准备长期储蓄 • 保险 • 消费借款 • 为子女设立储蓄账户
中老年人	45—60岁	退休前,工资收入高,个人可支配收入增加	• 储蓄和投资 • 非经常性贷款 • 重置抵押或更换住房贷款 • 财务投资、咨询服务
退休老人	60岁以上	有可观的财产、养老金	• 现金收入管理 • 信托服务 • 财务咨询

亚文化。在同一文化中，又存在着一些大同小异的亚文化，亚文化反映同一社会中各种群体的不同特征，它以地理区域、血缘关系、宗教信仰、志趣爱好等因素为基础，为群体成员提供更具体的认同感。亚文化对人的行为影响更为深刻、细致而且直接。例如，传统的伊斯兰文化认为对本金收取利息是"罪恶"的，《古兰经》明确表明，放贷者在贷款到期时只能收回本金，而不能有任何的增值。这种强烈的宗教文化对伊斯兰的银行和客户产生了巨大的影响。

社会阶层。社会阶层即社会等级，是由于社会中存在价值观、信仰、学识、职业、收入、权力与地位等因素的差别而形成的等级。社会阶层是一个复合指数，很难用单一标准划分。人们所处的社会等级与其态度、行为、消费模式、投资意识等密切相关，因此，作为银行产品的营销者，客户经理要重视客户所处的社会阶层。

② 社会因素。社会因素包含以下方面。

第一，参照群体。人是社会的基本组成单元，但社会并非个人的简单组合。那些对金融客户的态度、行为有直接或间接影响或起诱导和带动作用的群体被称为参照群体。参照群体主要有：初级群体，即与客户生活和感情联系密切的群体，如家庭、朋友、同事等；次级群体，即客户可能接触的和参与的各种社会组织，如学会、职业团体、教会等，多属于正式团体；向往群体，即与客户有一定的空间和心理距离，但其行为令客户非常羡慕并渴望成为其中一员的群体，如影视明星、社会名人等。对客户而言，初级群体的成员往往是金融交易行为决策的直接参与者或建议者，次级群体可能在信息方面发挥重要影响，而向往群体的行为可能为其金融交易行为提供信誉、安全方面的参考。

第二，家庭。家庭是最基本的社会群体，对客户的购买行为有着重要的影响。人们的兴趣爱好、价值观、审美观和生活习惯都是先从家庭生活中形成的。客户的购买行为最容易受家庭影响，这不仅因为家庭本身是一种在血缘关系上构成的组织，各成员之间更值得信赖，而且在生活方式、爱好习惯、经济关系上相当一致；一个家庭成员在决定自己的消费开支、信用行为时，往往征求家人的意见，甚至其选择是由家庭成员民主协商产生的。

第三，角色和地位。一个人的社会生活总是在不断地变化，其所处环境、场合、群体不同，所扮演的角色和地位就不同，所承担的社会责任也不同，因而客户对购买行为方式会做相应的调整。例如，当客户是未成年人时，他的购买行为影响主要来自父母；当客户已独立但未成家时，其购买决定部分来自经济因素，部分取决于心理因素；当客户结婚、有了孩子后，随着角色发生转变，其购买行为也会发生变化。

③ 个人因素。个人因素还与以下内容相关。

第一，年龄与生命周期。人的一生随着年龄的不同，参与金融交易的意向与能力也会发生变化。金融市场的营销者，应当重视客户所处的年龄阶段，要特别关注那些有稳定收入来源而且有一定闲置资金的成年人，这一阶段的客户参与金融交易的愿望和能力相对较高。

第二，职业。从事不同职业的客户，往往在兴趣爱好、生活方式、消费特点上存在一定的差异，对参与金融交易的愿望、信息的了解、产品和风险的认识也有所不同。同时，职业的不同还与其收入水平密切相关，而收入是金融需求大小的重要决定因素。例如，收入高的客户相对于收入低的客户，更倾向于购买期限较长、利率较高的银行产品。此外，就业稳定的客户对金融服务的需求也较稳定，而工作流动性较大的客户，随时有可能更换银行或被迫中断与银行的业务关系。

第三，生活方式。生活方式是一个人所表现的活动、兴趣和看法的生活模式。人们由于所处的社会阶层及个性的原因，所表现出来的购买行为也不同，例如，有的人喜欢生活放纵、随心所欲；有些人则喜欢有条不紊地安排生活。不同的生活方式会对金融产品的各种属性的要求表现出较大的差异性。

④ 心理因素。客户的购买行为除受上述因素影响外，还受心理因素的影响，心理因素由人的行为动机、知觉、态度等组成。

第一，动机。动机是购买行为的推动力并决定行为的方向，使行为得到强化。金融客户的动机就是为了满足自己的特定需要而产生的在金融市场上购买某种产品的想法或念头。

第二，知觉。知觉是个体通过其感官对外在刺激和被感知对象形成整体印象的过程。人对客观事务的知觉并不是消极的、被动的，而是积极的、主动的。因而，银行在产品促销工作中，应注意几个知觉问题：

一是形象知觉,即客户对银行企业形象的感知结果。银行企业形象对于营销有着十分重要的作用,因此有必要认真设计、塑造银行的企业形象。同时,银行还要密切关注自身所努力塑造的形象与客户感受到的形象之间的差异,并采取措施,及时弥合与矫正。二是信誉知觉,即客户对银行服务质量和交易信誉的认知。对于银行来说,信誉就是生命,为维护信誉,银行应认真做好每项业务,切实履行承诺,并处理好客户的意见。三是产品知觉,即客户对银行提供的产品的可交易性的认知。银行要提高客户对产品可交易性的认知,就必须认真做好沟通、宣传、咨询与引导工作,以保证产品销售的成功。四是风险知觉,即客户对金融交易中存在的不确定性的感知。对于风险,客户往往会主动寻求防范办法,以使风险降到最低限度。

第三,信念和态度。信念是客户在思想上对某种刺激物的信任程度,而态度是客户对某种刺激物的倾向性评价和行为。客户对某一金融产品的信念和态度不同,会导致不同的购买行为。例如,有的客户认为银行仅仅是一个盈利组织,并不把客户的利益放在心上。客户的这种态度在一定程度上会限制银行业务的拓展。因此,在市场营销工作中,客户经理应采取适当的方式,促使客户对银行产品形成积极肯定的态度,避免产生反感情绪。

(9)个人客户的营销策略。

随着居民个人和家庭在经济社会中的地位与重要性的不断加强,商业银行个人业务发展的重要性日益显现出来,商业银行围绕个人客户进行的竞争更加激烈。制定和实施有效的营销策略与措施,推进商业银行快速地赢得市场,建立并保持个人业务的竞争优势,已成为国内外商业银行营销与管理者们普遍关心的重要问题。

① 差异化营销。差异化营销是指在对个人客户进行细分的基础上,对不同层次的客户,采取不同的营销策略。从国内外商业银行个人业务营销活动的实践发展来看,差异化营销已成为对个人客户进行有效营销最为重要的策略之一。

第一,个人客户分层。商业银行个人客户众多,金融需求复杂多样,因而必须依据一定的参考标准加以分层、分类,将有限的银行资源合理配置,也只有这样,才能确保各个层次个人客户的金融需求都能得到满足,从而保证商业银行自身效益目标的圆满实现。

对个人客户的分层,通常可按照前述对个人客户分类的各种方法来进行,而其中最为重要的则是以个人客户对银行的利润贡献为基础,并结合其他涉及个人客户与银行的有关因素而加以混合或综合的分层方法,将个人客户划分为贵宾客户、目标客户、大众客户和负效客户这四个主要的层次类型。

第二,差异化营销策略及组合。商业银行对个人客户的差异化营销策略是:强力拓展贵宾客户,大力培植目标客户,巩固或稳定大众客户,限制或淘汰负效客户。

对待贵宾客户和目标客户,一是优先服务,如优先提供大额取款、办理个人贷款等,有条件的支行、网点应提供预约上门服务;二是优惠服务,如信用卡免收年费等;三是结合授信服务,给予客户更大的产品与服务的选择范围和空间;四是专门化、个性化服务,如提供贵宾业务室、个人客户经理的"一对一""面对面"服务,等等。

对大众个人客户,主要采取旨在提高业务运作与处理效率的营销策略。一是有效利用营业柜台,推行规范化的服务标准、程序与质量,提供更为方便、快捷的产品服务;二是合理兴办金融超市、理财中心、信用卡中心、个人信贷中心等新型机构和网点,适当分流与集中一部分个人客户,进一步提高业务效率和经营效益;三是充分发挥各种自助型银行机器与设备的功能和作用,提高设施的使用率;四是开发、运用直接邮递、网上交易等银行新的营销途径,进一步拓展对大众客户的营销范围和空间。

对负效客户,要在合法合规的前提下,寻求有利的时机,采取妥当的方法加以限制或淘汰。

第三,评定等级,实行动态管理。由于个人客户的自身因素以及社会与家庭因素都可能发生较大的变化,因而个人客户的层次类型相应地也可能发生改变,因此,差异化营销必须重视对个人客户的等级评定工作,实行动态的客户关系管理。一是建立个人客户资信信息调研机制;二是完善个人资信等级评估系统;三是形成并完善银行个人客户等级管理委员会这一类的组织机构;四是严密设计与严格执行个人等级评定与动态管理的制度和办法。如对贵宾客户的评级,坚持一年一次,不搞终身制,同时按规定的比率使负效客户逐步退出。

② 服务营销。这里所指的服务,是泛指包括产品在内的、商业银行与个人客户发生接触、联系并完成交易等各种业务活动的形式、内容与过程等。而服务营销是指将所有影响到个人客户接受银行产品的可控因素全部纳入到营销范畴的营销策略与方法。

由于银行产品在功能与价格等方面存在趋同性或同质化特点,这就决定了个人客户在任何银行购买类似产品而得到的价值或效用基本相当,而不同银行在满足个人客户的个性化、情感化等方面的差异主要取决于银行非产品性的服务因素。正因为如此,商业银行个人客户间的业务竞争越来越从产品与价格的竞争转向服务的竞争,通过有效的服务竞争,进一步强化、提升个人客户对银行的信任感、亲和力及满意度,因而服务营销已发展成为商业银行个人客户营销的重要策略。

服务营销要求商业银行对涉及个人客户接受银行产品的所有可控制的因素加以全面分析和衡量,以此为基础对银行个人业务的各个方面和层面加以统一规划和衔接协调。一般地讲,服务营销对商业银行的营销要求主要包括以下方面。

第一,强化服务意识。一切以"客户满意"为标准,在员工中树立"客户第一、服务第一、信誉第一"的服务观念。所有员工都要重视产生服务问题的严重性。

第二,健全服务体系。既要组织专职的个人客户经理队伍,又要重视柜台服务的重要作用,还要健全"家庭银行""电话银行""网上银行"等自助银行服务体系。

第三,优化服务队伍。开展持证上岗培训、职业继续学习培训等活动,不断提高员工的业务知识与技能水平;开展"星级""达标"等业务活动,不断提高员工的服务质量;开展各种职业道德教育活动,不断提高员工的思想道德素质。

第四,改进服务方式。变被动服务为主动服务,变单项服务为系列服务,变一般服务为精品服务,变静态服务为动态服务。通过不断地改进服务方式,为个人客户提供更满意的服务。

第五,创新服务技术。实现全省、全国性大联网,优化网上作业;加强对 ATM、POS 等机器的保养和维护;大力发展"一本通""一卡通""一柜通"和"一网通"等技术,为个人客户提供完善高效的服务。

第六,拓展服务功能。为个人客户介绍市场(如股市、汇市等)行情,宣传和普及金融知识、提供保险和投资理财咨询建议等多种服务,通过服务功能的不断拓展,为个人客户提供更加完善的金融服务。

第七,增加服务附加。服务附加指开展承诺服务、限时服务、大堂服务、外语服务、哑语服务、兑换零钞硬币服务以及提供伞具借用、报刊阅读、茶水饮用等,通过有效的服务附加,大力提升个人客户的满意度。

第八,完善服务设施。如自动点钞机、自动票据传输机、排队取号机、假钞鉴别器、咨询电脑、录像监控器、休息用沙发与桌椅、无障碍通道、老花镜等。

第九,规范服务行为。强化按程序、规范和标准办理服务;杜绝不文明、欠修养的业务用语;按社交、礼仪要求重视服务形象的改善。

第十,提炼服务文化。对在业务经营与市场营销活动中发现与创造的文化现象及优秀事迹,加以提炼和升华,同时结合现代银行企业文化之精华,形成具有银行特色的服务文化,以指导和激励员工不断地改进服务质量,提高服务水平。

第十一,美化服务环境。加快网点与营业机构改造,做到宽敞明亮、朴实大方、温馨和谐、安全可靠、布局合理。

第十二,加强内部服务。在全行范围内形成"一线为客户服务,机关为一线服务,领导为群众服务,上级为下级服务"的服务新格局。

明确服务规范,保证服务质量,是服务营销与管理中非常重要的工作任务。为此,商业银行一是导入 ISO9000 质量管理认证体系,健全以 ISO9000 为主体的个人业务运作质量保证体系;二是制定全行统一的柜台服务行为规范,为个人客户提供文明、优质的服务"窗口";三是加强检查力度,促进规章制度的全面执行。

③ 综合营销。所谓综合营销,是指商业银行以全面有效地满足客户为前提,以对所掌握的有限资源加以充分整合与合理配置为条件,以各部门相互配合、系统联动、全员参与为手段的营销策略与方法的总称。综合营销的主要策略与措施如下。

第一,健全和完善个人客户综合营销的组织体系。为了保证对个人客户综合营销工作的顺利进行,商业银行应该健全和完善市场营销的组织体系。

不断提升营销层次。一是淡化过去传统的经营行与管理行的划分,从营销角度看,各级行都是经营行。总分行客户部门除承担必要的系统管理职能外,要把主要精力放在开发市场和客户上。二是积极探索"管营合一"模式,按部门模拟经营业绩。三是二级分行要加快推进扁平化改革,率先在城区实行直接经营。

综合协调内部营销关系。为整合经营资源,提升整体市场竞争力,要综合性地协调与处理好个人客户营销中的内部关系。这里主要涉及前台部门之间的关系、前后台部门之间的关系、上下级行之间的关系、同级行之间的关系、境内外行之间的关系及各项个人业务之间的关系等。

实行个人客户经理制。对贵宾客户和重要的目标客户,推行个人客户经理的"一对一""面对面"式服务,通过其优质、高效的服务,有力地增强对贵宾客户和重点目标客户的营销与拓展的竞争能力。为此,要加强对个人客户经理队伍的动态选拔与管理。此外,对专业性强的个人业务,要建立个人产品经理制。

第二,个人客户的综合性开发、维护与管理。对个人客户的综合性开发、维护与管理,通常需要从三个层次上来统一和协调。

源头或汇集营销。对个人客户涉及诸多社会环节、领域才能得以满足和实现的金融需求,从初始的环节、领域着手,牢牢地抓住需求的源头或汇集点,集中力量,强力营销。比如,为抢抓个人一手房、商用房按揭贷款源头,银行应积极介入到当地政府的土地使用制度改革和土地招标拍卖活动,通过建立从土地储备贷款开始,到随后的房地产开发企业贷款、房地产开发企业的项目贷款,直到最后的个人住房按揭贷款这样四位一体的房地产信贷的综合营销架构,最终赢得个人一手房、商用房市场竞争的主动权。再比如,充分利用机构、网点优势,为个人客户及其主管部门(如财税部门等)提供资金汇总、归口的集中账户服务,通过代收、代缴个人税款、养老金、手续费等业务,增强对个人客户进行营销、拓展的竞争实力。

群体或批量营销。对金融需求的特点与要求相类似的个人客户群体,如同一系统的政府机关公务员,同一集贸市场或专业"一条街"的个体经营户,同一乡镇赴同一外地的打工者等,对一系列的产品与服务加以充分整合后进行集中性、批量式营销,通过统一调查与宣传、统一条件和要求、统一授信等措施,增强服务的针对性和有效性,提高营销的质量和效率。比如,选择有利时机,以产品现场演示的方式直接面向众多的个人客户推荐个人外汇实盘买卖、个人汽车消费信贷等产品,对个人客户进行成群、成片的批量营销。

组合或"捆绑"营销。对同一个客户,尤其是高价值的个人贵宾客户和具有较大潜力价值的个人目标客户,如果其金融需求较为复杂、广泛,银行必须提供"一揽子"的组合产品与服务策略,才能有效地满足其需要,赢得他们的满意和忠诚。当前,一是要抓紧开发与运用个人基本综合账户,使银行对个人客户提供便捷高效的全方位、多层次的综合营销开发与服务具有现实可能性;二是健全完善个人客户资信信息综合系统,为银行深度挖掘个人客户价值潜力创造良好的条件;三是加快对现有产品与服务的整合与优化,推出适应客户需求变化的产品与服务"套餐"的新组合;四是重视对以个人基本综合账户基础上的"一卡通"技术系统的持续开发和运用,推进个人业务的不断融合,尽量促使个人客户的各种支出全部集中到一张卡上,从而高度地锁定客户。

第三,个人客户服务品牌的综合塑造。在个人客户竞争中,优良、强势的服务品牌已成为推动商业银行成功营销的最有力手段之一,以至于品牌营销已发展成为个人客户营销中非常重要的策略和手段。为此,按照品牌综合营销的要求,商业银行在从事个人客户服务品牌的塑造过程中,对凡是涉及自身品牌、形象的一切信息,无论以什么样途径、方式向个人客户进行传递和宣传,都必须让个人客户得到相同一致的认识和感受,形成对品牌涵义明确而一致的、深刻而持久的印象。

通过广播、电视、报刊等大众性宣传媒介传递一致性信息。

通过广义的媒介——雇员媒介(如服务台接待员、电话接线员等)传递更有力的信息。

产品与服务。作为满足个人客户需求的载体,产品与服务可以使个人客户对银行信息所表达的品牌涵义有具体而切身的感受,对银行品牌表达的价值涵义印象深刻。

其他辅助手段。比如方便、可靠的机器设备,简单明了的语言提示,清晰的自助终端使用说明以及赏心悦目的网页页面设计等,都有助于向个人客户传递银行的信息,提升银行品牌的价值。甚至是洗手间的位置与卫生、艺术张贴画的设计等,都可能加深或诠释银行试图表达的品牌价值。

品牌综合营销还强调在商业银行内部,以共同的客户导向型经营理念来统一员工言行,使个人客户感到商业银行在经营理念、视觉识别和银行行为三方面和谐统一,从而留下更好、更深的印象,塑造价值更高的品牌形象。

(8) 商业银行公司客户。

为了适应金融竞争,商业银行纷纷设立了公司业务部门,专门为公司客户提供服务。公司客户可分为广义和狭义两种。广义的公司客户,是指除个人客户之外的所有客户,包括企业法人、事业法人、政府机构及其他经济组织;狭义的公司客户,是指企业客户,即进行自主经营、实行独立经济核算的经济组织。

① 公司客户分类。对公司客户进行细分,有利于客户经理从更多方面了解公司客户的特点,并针对性地根据客户的需求进行市场营销。公司客户的分类方法有很多,在实际工作中,主要是按照以下三种分类标准进行划分的:产权归属、企业的盈利状况、企业的法律形态。

第一,按照企业产权的归属进行划分,公司客户可分为国有企业、集体企业、私营企业、外资企业和股份制企业。

国有企业。国有企业是指由国家财政出资设立的企业,其产权归属国家。国有企业是我国国民经济中的重要力量,也是各家银行应该特别关注的客户群体。随着我国经济体制改革的不断推进,现代企业制度逐步建立,国有企业的管理制度逐步完善,企业经营出现明显好转。在这样一种背景下,客户经理在选择国有企业时,应着重了解企业的资产质量、管理状况、所在行业发展前景以及相关行业政策。有些国有企业尽管目前遇到一定困难,但由于原有的销售市场及商业信誉仍然存在,只要找出问题,积极解决,加上银行的资金支持,还是能很快走出困境,成为有竞争能力的企业。

集体企业。集体企业是指由企业的全部或部分成员共同投资、管理的企业,其产权归属集体。集体企业的存在,是带有一定的历史色彩的,这种企业在现代经济市场中所占的比重越来越小。集体企业一般规模较小,产品单一,但同时,也由于它规模小、经营灵活,所以往往能抓住机遇,在激烈的竞争中找到市场空隙。随着我国公司制度的逐步完善,集体性质的企业也逐步改制。

私营企业。私营企业是指由境内居民个人投资设立的企业,其产权归属居民个人。随着中国经济体制的改革及对个人投资的逐步放宽,越来越多的私营企业出现了。私营企业是中国企业的一个重要补充形式,其比重根据地区经济发展程度、经济政策环境的不同而有很大差异。比如在温州,私营企业在企业总数中所占比重达到了96%以上,其产值占该地区国民生产总值的94%。一般来说,私营企业大多数实行家族式管理,这种管理模式有一定的局限性,因此,客户经理在选择这类客户时,应重点了解客户的管理水平及存在的薄弱点。

外资企业。外资企业是指资本金全部来自境外投资而设立的企业,其产权归属境外投资人。外资企业由于其资本的独立性,公司结构和经营管理的先进性,决定了其在市场营销和市场占有率上的优越性。外资企业一般均具有突出的经营绩效、规范的管理制度和良好的银行信誉,是银行重点争夺的客户。

股份制企业。股份制企业是指由股东共同出资、共享收益、共担风险,并以公司的全部资产对公司的债务承担责任的企业。其产权归属股份持有人。股份制企业是建立在现代企业管理制度上的,这类企业一般规模较大,经营业绩相对较好,是银行积极争取的客户。由于股份制企业的筹资渠道较多,对银行的资金需求依赖度相对较小,因此,银行要想与其建立业务关系,就必须从提高结算效率和服务质量上入手,加强与企业的沟通,充分运用顾问咨询式的服务技巧来获得客户的信赖。

第二,按企业的盈利状况划分,公司客户可以分为景气企业、一般企业和亏损企业。

景气企业。景气企业是指企业正处在上升发展时期,或由于技术革新,企业产品更新换代,或由于国家总体经济、行业、市场需求发生变化而带来良好销售机遇,企业的产量迅速提高,销量增加,市场占有率上升。这类企业由于业务迅速发展,对银行的贷款和服务的需求也增多,良好的经济效益使企业具有较好的还款能力,信用水平相对较高。

一般企业。一般企业是指经过一定时期的发展,企业与其所在的行业都进入了相对成熟的阶段,产品与服务的行业标准形成,行业技术水平提高并已成熟,企业面临的竞争趋于激烈,市场需求增长趋缓。对于此类企业来说,加强成本控制、加大市场营销和强化售后服务等成为击败竞争对手的主要手段。

亏损企业。亏损企业往往自身在经营管理方面存在较为严重的问题,这类企业的资金成本巨大,为扭转局面,企业急需银行的贷款支持。但由于其效益下降甚至亏损,还款能力下降,信誉风险很大,因此,银行要及时调整原有的合作关系,适时回避该类客户。

第三,按企业的法律形态划分,可以划分为个体企业、合伙企业和公司。

个体企业。个体企业是由个人出资并直接经营的企业,收入归个人所有,风险由个人承担。个体企业是企业的最初经营形式,主要适用于小型企业。个体企业所有权与经营权集于一体,经营灵活,决策迅速,开业和关闭的手续简单,产权可以自由转让。但是,这种企业存续时间短,信誉度有限;规模小,结构简单,财力不大;由于受偿债能力的限制,取得贷款的能力有限,难以从事投资规模较大的产业。个体企业是数量最多的企业组织,但由于规模小,在经济中仅占次要地位。

合伙企业。合伙企业是由两个以上的人通过签订合伙协议共同经营的企业。合伙企业可以通过正式订立书面协议进行合伙经营,也可以通过口头协议进行合伙经营。合伙企业的主要优点是容易组建,开办费用低。不足之处是合伙人对企业负债要承担无限责任;企业的经营寿命是有限的,企业所有权转移非常困难,不容易筹集大额资本。

公司。公司是依法定程序设立的,以盈利为目的的法人组织。公司是现代企业最重要的组织形式。首先,公司是以盈利为目的的经济实体,以盈利为目的反映了公司在经济上的特征。其次,公司必须是法人,公司作为一种特殊的企业形式,有区别于其他组织形式存在的企业特征,即公司具有法人地位。再次,公司是以股东投资行为为基础而设立的集合体性质的经济组织。根据股东的财产责任和股份的形式划分,公司可分为有限公司、股份有限公司、两合公司和无限公司。

② 公司客户的特点。公司客户是银行业服务的主要对象,他们对于银行产品的需求也是多种多样的。

第一,行业类别不同。对于经济中的行业分类,各国有不同的标准。根据我国的《国民经济行业分类标准》,国民经济中的行业分为20个门类、98个大类。这些行业主要包括农、林、牧、渔业,采矿业,制造业,电力、燃气及水的生产和供应业,建筑业,交通运输、仓储和邮政业,信息传输、计算机服务和软件业,批发和零售业,住宿和餐饮业、房地产业。租赁和商务服务员业等。

第二,公司经济行为不同。不同行业类别具有不同的经济活动性质,而同一企业内部也具有不同的经济行为。从总体上说,公司的经济行为包括生产性活动、投资性活动与贸易性活动三大类。

生产性活动是指通过运用现代生产技术进行社会化生产,从事工、农业生产经营活动,为社会提供产品。这种活动具有广泛的外部联系和灵活的适应性,内部一般要进行明确的分工,并要求紧密协作,同时受到技术装备水平与资金的限制。

投资性活动。企业投资是企业经营活动的核心之一,有时会对企业价值产生决定性的影响。企业投资活动有丰富的形式,根据投资与生产的关系分为直接投资和间接投资。直接投资是指投资者将货币资金直接投入投资项目,形成实物资产或者购买现有企业;间接投资是指投资者以其资本购买公债、公司债券、金融债券或公司股票等,以期获取一定的收益;根据投资回收时间长短分为长期投资(1年以上)与短期投资(1年以内);根据资金投出的方向分为对内投资和对外投资;根据投资在再生产过程中的作用分为初创投资和后续投资;根据投资的时间顺序分为先决投资和后决投资。企业应将资金用到效率最高的投资项目上。当然,企业作为投资的主体,应对风险性与收益性进行权衡。一般地,投资者使用投资收益的期望值和方差或标准差来衡量投资的收益和风险。投资的基本原则:对于有相同的预期收益的两个投资组合,应选择标准差小的那个;对于相同收益标准差的两个投资组合,应该选择预期收益高的那个;如果一个投资组合比另一个有更小的收益标准差和更高的预期收益,它更为可取;如果一个投资组合的收益标准差和预期收益都高于另一组合,要根据企业的风险态度来选择。

贸易性活动。在市场经济时代,企业要实现生存、发展和获利,必然会发生大量的贸易行为,比如,企业生产出产品之后要将其销售出去,这便涉及商品贸易,而流通性企业则更是专门从事贸易活动。贸易活动包括批发、零售、贸易经纪与代理等活动。具体的商品流通活动则包括采购、存储、运输、配送、销售等各个环节，它们是环环相扣的业务流程。企业必须实时地、准确地掌握整个贸易活动中的商流、物流、信息流和资金流的流向和变化，协调一致、相互配合，才能取得最大经济效益。

作为银行的客户，企业既可以是资金的供应者，也可能是资金的需求者。在资本市场上，企业可能以一定的方式筹集所需要的资本金，比如，企业通过向银行取得贷款，满足生产、贸易的需要；再如，股份有限公司可在资本市场通过公募或私募等方式发行证券而取得资金，这时企业都是资金的需求者。另一方面，企业有了闲置资金时，为充分利用资源，可以通过存入银行、产权交易或购买有价证券的形式而成为资金的供给者。

当然，企业的金融需求也与企业规模有很大的关系。企业规模包括企业的年营业额、职工人数、资产规模等方面的衡量标准，由此可以细分企业市场的不同类型，分析客户对银行产品的不同需求。例如，对于小型企业，金融需求可能集中在个人金融服务、房产购买计划、开业贷款、小企业贷款担保、租赁等方面。而大、中型企业的金融服务需求则可能更多地集中在结算支付、代理业务、信用卡与长期资金贷款、进出口服务等方面。

③ 企业生命周期及其金融需求。许多管理学家把企业生命周期形象地比作人的成长与老化。早期的研究把企业生命周期与产业生命周期密切联系，将企业生命周期波动的原因归于外在因素，后来人们则更偏重于研究企业经营周期与劳动生产率对企业的影响。

一般来讲，一家企业的发展包括六个阶段，即研究开发阶段、创业阶段、早期成长阶段、加速成长阶段、稳定成长阶段、成熟阶段。

在企业生命周期每一阶段，由于企业规模、资金需求量及风险等级、市场开拓以及成长模式等方面都有明显的差异，金融需求也大有不同。

第一，研究开发阶段。在该阶段，主要是通过一定的研究以确定企业在技术和商业上的可能性。因为企业没有投入正常的生产经营，资金的需求量不大，一般可以个人积蓄、创业者自筹资金或私人投资者资本为主，对银行产品的需求可能会在咨询业务上。

第二，创业阶段。进入这一阶段后，企业对资金的需求量显著增加，主要用于设备的采购与人员的招纳，并满足产品的市场需求。企业可能会要求银行给予融资。由于企业的获利能力较差，银行给予贷款的可能性较小，即使能得到贷款，也都是短期贷款，数额不大。故而企业要以出让股权等方式获得长期资本。

第三，早期成长阶段。在早期成长阶段，企业已经确立了一定的技术优势，并开始拓展市场，企业的风险得到一定的释放。这时，需要大量的资金来增加设备，进一步扩大市场规模。但由于企业的风险仍然较大，因此主要以吸引风险资本为主。

第四，加速成长阶段。在加速成长阶段的企业已经初具规模，技术风险较低，经营风险和市场风险逐渐降低，企业基本形成了核心竞争力，盈利也不断增加。此时的企业主要致力于产品质量和经济效益的提高与管理的完善等问题，需要大量的资金投入。

第五，稳定成长阶段。这时，企业已确定了自己的主导产品，并不断提高产品的市场占有率，形成了企业的核心竞争力，经营业绩稳步上升，管理日趋完善，工作效率得到提高。企业被银行等各方面普遍接受，能够采取各种融资方式在资本市场和产权市场上开展活动，如通过发行股票并上市、通过银行贷款融资、杠杆融资和再生融资等方式对企业进行进一步优化。

第六，成熟阶段。当企业进入成熟期，产品在市场上占有较大的份额，经营业绩稳定，公司的价值得到进一步确认。企业常常通过兼并与收购以实现企业更快的增长。该阶段企业的融资主要依靠债务融资，特别是银行的信贷资金。当然，企业也可以在证券市场通过发行企业债券或可转换债券、增发新股、新股配售等融资方式，获得持续的资金供给。

④ 其他客户的金融需求。机关与事业单位及其金融需求。政府机关与事业单位往往是金融市场的大客户。它们可作为金融市场的资金供应者，也可能是资金的需求者。作为资金供给者，政府部门的收入和各种预算经费在短期内成为闲置资金，会存入银行，由于此类资金的数额较大，可以成为银行短期运作的重要资金来源。作为资金需求者，政府或政府部门为了弥补财政赤字或公共工程建设，常常通过发行政

府债券的方式筹集所需资金,这又为银行或投资者提供了投资的机会。当然,在金融市场上,政府不仅作为客户需要银行为其提供金融服务,而且也是金融市场活动的调节者。为了规范金融交易、引导资金流向,政府部门除了直接颁布某些限制性的政策法规之外,还可以通过一定的金融工具来加以影响与调节,例如通过国债发行速度与数量的控制、通过中央银行的货币政策和公开市场业务操作来改变市场货币的供应量与银根松紧,从而对银行的活动产生较大的影响。

社会团体及其金融需求。社会团体包括研究机构、党群组织、各种具有活动经费的协会、基金会等。它们一般是社会资金的盈余部门,主要的金融需求是如何实现财产的保值与增值。它们会把一些闲置资金用于银行短期存款或在证券市场购买短期证券,有些长时间闲置资金的组织,也委托银行等金融机构参与中长期投资。

⑤ 公司客户金融需求特点。作为银行的客户,企业既可能是资金的供应者,也可能是资金的需求者。在金融市场上,企业的金融需求主要与以资金融通为目的的资金余缺密切相关。当企业有剩余或闲置资金时,为了充分发挥资金效益,可以将资金存入银行或购买有价证券;当企业因周转需要而缺乏资金时,可以向银行融资。无论何种类型的公司客户,对银行的需求主要有两方面:一是对银行提供的金融产品的需求;二是对银行金融服务的需求。前者包括资产类、负债类和中间业务产品,后者主要是功能服务,包括资信评价、项目评估、信息咨询等。

公司客户的金融需求呈现以下几个特征。

A. 理性。公司客户以追求利润最大化为经营目标,其一切经营活动都是围绕这个目标开展的,因此,其需求并非随意的、情感性的、冲动性的,而是理性的。与购买生活消费品不同,公司客户决定参与某种金融交易应该有明确目的,而且是在对比分析的基础上选择较佳的方案,以达到自身目的。

B. 组合性。企业的经营活动需要银行提供各种各样的金融服务,从货币兑换到信用中介再到高度电子化的现代金融服务。随着公司客户自身的发展,其金融需求会不断增加,需要银行成为可以提供任何商品的"金融百货公司"。较之其他类型的客户,公司客户的需求往往不局限于一种产品或一种服务,更具有组合性,需要银行提供的服务更加多样化。例如,一家集团性企业,当其有闲置资金时,会将其存入银行,如果企业想争取更大的效益,会要求银行提供理财服务;当其为加强集团内部资金的运作与管理时,会要求银行提供即时的资金汇划;当其要了解子公司账务往来时,会要求银行提供网上查询;当其投资或周转资金不足时,会要求银行提供授信,在授信项目下还包括中长期贷款、短期贷款、承兑汇票、信用证、打包贷款等;当其发行债券时,需要银行提供担保;当其发生零售业务的收入或支付行为时,会要求银行进行代收代付业务服务;当其企业的员工购房、购车或发生其他消费行为时,会要求银行提供消费信贷。

C. 个性化。总体而言,银行对企业提供的产品和服务具有非歧视性和无差异性的特征。但是银行作为特殊的企业,开展营销活动的目的是向客户推销金融产品和提供各种服务以获取更多的收益,其营销战略作为营销活动的指导,必须要符合客户的各种需求。为此,银行应进一步细分市场,对不同客户采取不同的营销策略。一些银行提出了差别服务的策略。对单一客户而言,银行通过与客户的日常接触或者组织人员对市场进行全面调研,及时了解客户的要求与想法,发现其需求变化,适时调整营销战略。一旦发现客户已不满足于现有的服务时,银行就应立即采取新的市场战略,向其提供更为优惠、先进的服务。这就产生了个性化的服务需求。各类客户都存在个性化的需求,但个人客户产品的无差异性更加明显,产品定价空间有限,个性化需求往往体现在服务的质量上。对于公司客户而言,银行会在政策规定的范围内,根据客户信用水平和经营状况,通过产品组合、合理定价、增值服务等手段,满足客户的个性化需求。

D. 选择性。在市场经济中,银行和企业都以独立的货币、商品经营者身份出现。银行根据金融市场的变化融通资金,企业根据商品市场变化组织生产经营。企业有权选择银行,银行也有权选择企业,即银行与企业之间可以双向选择。同时,银企之间的关系还存在交易性和效益性,双方公平交易,追求利润最大化。企业在选择银行时,往往会根据业务性质选择更有利于自身发展的银行。例如,零售业、旅馆、饭店等服务业和以现金出纳和存款为主的企业,会选择距驻地近、设施好、存取方便的银行;以生产工业消费品为主的企业,由于其市场辐射范围大,资金往来结算范围广,会选择分支机构多、网络大、结算方便的银行;从事进出口业务的贸易商和拥有进出口权的生产企业,会选择擅长国际金融业务、有较多国外分支机构的银行;企业需要银行对其投资项目进行信贷支持时,要选择对投资项目最了解的银行,最好是曾经对类似项目支持过的银行,这样银企双方对项目的风险和收益的判断容易达成一致,合作会比较顺利。需要指出的是,随着商业银行金融服务系统的不断发展完善,各银行的服务功能和管理经验逐步趋同,公司客户选择银行时,更注重的是服务效率、服务质量和产品定价。

⑥ 公司客户的营销方法。公司客户是银行客户中的主要构成部分,其存款是银行低成本资金的主要来源。因此,如何利用市场营销方法,创造客户价值,提高客户满意度,是客户经理必须关心的问题。公司客户的营销方法很多,不同的公司客户的金融需求也不同。这里主要针对公司客户的特点介绍以下几种营销方法。

A. 直接营销。直接营销是指总、分行客户部门直接组织客户开发,受理、调查(评估)金融需求提供金融产品和服务并维护和监管客户的营销方式。直接营销的服务对象主要是大型企业。直接营销的工作流程如下。

(a) 直接营销行客户部门自行搜集或通过下级行获得客户信息,通过分析宏观、区域、行业状况,确定目标客户。

(b) 根据目标客户情况成立客户服务小组或指定客户经理,研究营销策略,制定有差别的营销方案。

(c) 根据营销方案,接触客户,了解客户需求,推介适用的金融产品,直接受理客户的金融需求。

(d) 根据客户需求与相关部门或相关行会商。

(e) 客户经理或客户服务小组调查(评估)客户需求,针对客户的综合需求研究制订金融服务方案,如有必要,签订银企合作协议。客户部门将银企合作协议或具体业务交有关部门按程序审批。

(f) 直接营销行确定操作行并组织实施金融服务。

(g) 操作行进行客户日常管理、维护与风险监测,并将相关信息及时反馈给直接营销行客户部门。

(h) 直接营销行客户部门对客户、服务方案及实施效果进行后评价,根据客户合理需求及时调整服务方案。

B. 联合营销。联合营销是指由某一级行受理、多级行共同组织客户开发,调查(评估)金融需求并提供金融产品和服务的营销方式。联合营销的服务对象主要是大型客户及其上、下游客户或集团性客户。联合营销的工作流程如下。

(a) 受理行客户部门确定目标客户,需下级行参与联合营销时通知下级行客户部门及其他参与部门。如需上级行联合营销,则向上级行客户部门提出书面申请。

(b) 被邀请的最高级别行客户部门根据客户情况决定是否采取联合营销方式。对确有必要的,该行即为联合营销的牵头行,由客户部门明确各参与行及部门。

(c) 牵头行客户部门与各参与行及部门会商,成立由相关参与行、相关部门共同参加的客户服务小组。

(d) 客户服务小组调查(评估)客户需求,针对客户的综合需求研究制订金融服务方案。如有必要,签订银企合作协议。银企合作协议由牵头行按有关程序审批,具体业务按权限审批。

(e) 受理行确定操作行并组织实施金融服务。

(f) 操作行进行客户日常管理、维护与风险监测,并将相关信息及时反馈给上级行客户部门。

(g) 牵头行组织受理行对客户、服务方案及实施效果进行后评价,根据客户的合理需求及时调整服务方案。

C. 协助营销。协助营销是指协办行(业务涉及的各区域行)在管理行(总、分行)的协调下,对主办行提供业务协助的营销方式。协助营销的服务对象主要是跨地区的大客户。协助营销的工作流程如下。

(a) 主办行客户部门确定目标客户,需协助营销的,向管理行客户部门提出书面申请。管理行客户部门根据客户情况决定是否采取协助营销方式,对确有必要的,要明确各协办行。

(b) 管理行客户部门与各部门会商,协调主办行和各协办行,明确相关责任人,必要时成立由各行参加的客户服务小组。

(c) 管理行组织主办行及必要的协办行调查(评估)客户需求,针对客户的综合需求研究制订金融服务方案。如有必要,签订银企合作协议。银企合作协议由管理行按有关程序审批,具体业务按权限审批。

(d) 管理行负责组织业务协调,必要时召开业务协调会议。

(e) 主办行与协办行共同组织实施金融服务,各行要密切配合,及时交换信息。

(f) 主办行及协办行共同进行客户日常管理、维护与风险监测,并将相关信息及时反馈给管理行客户部门。

(g) 管理行组织主办行和协办行对客户、服务方案及实施效果进行评价后,根据客户合理需求及时调整服务方案。

(四)保险公司

1. 保险公司概述

保险公司是通过收取保费来建立保险基金,对发生保险事故进行经济补偿的金融机构。保险公司是采用公司组织形式的保险人,经营保险业务。根据我国《保险法》第二条的规定,保险是指投保人根据合同约定,向保险人支付保险费,保险人对于合同约定的可能发生的事故因其发生所造成的财产损失承担赔偿保险金责任;或者是被保险人死亡、伤残、疾病或者达到合同约定的年龄、期限时承担给付保险金责任的商业保险行为。

保险是通过合同的形式,运用商业化的经营原则,由保险经营者向投保人收取保费,建立保险基金,当发生保险责任范围内的事故时,或保险条件实现时,保险人对财产的损失进行补偿、对人身伤亡或年老丧失劳动能力者进行给付的一种经济保障制度。对于社会而言,保险有利于经济的稳定运行;保险基金可用于投资,在社会范围内起到资金融通的作用;另外,保险也是国民收入再分配的一种方式。保险公司是经营保险业务的金融机构,也以追求利润最大化为目标,保险公司的收入主要来源于保费收入和保险基金的投资收益。主要的成本是保费支出。

在我国,保险公司是依照保险法和公司法设立的经营商业保险业务的金融机构,是专门从事经营商业保险业务的企业。保险公司的组织形式有股份有限公司和国有独资公司两种。

按业务范围划分,保险公司可以划分为人身保险公司和财产保险公司。保险公司的业务范围由保险监督管理机构依法核定。保险公司只能在被核定的业务范围内从事保险经营活动。保险公司不得兼营保险法及其他法律、行政法规规定以外的业务。同一保险人不得同时兼营财产保险业务和人身保险业务;但是,经营财产保险业务的保险公司经保险监督管理机构核定,可以经营短期健康保险业务和意外伤害保险业务。

2. 中国的保险公司

现阶段,中国的保险公司主要有国有独资保险公司、股份制保险公司、合营(资)保险公司以及外资保险公司等。

目前我国有三家国有独资商业保险公司:中国人民保险公司、中国人寿保险公司和中国再保险公司。其中,中国人民保险公司是国内最大的财产保险公司;中国人寿保险公司是国内最大的寿险公司;中国再保险公司是中国唯一一家专业再保险公司。所谓再保险,是指一个保险人把原承保的部分或全部保险转让给另外一个保险人。我国的股份制保险公司有中国太平洋保险公司、平安保险公司、新华人寿保险股份有限公司、泰康人寿保险有限公司、华泰财产保险股份有限公司、华安财产保险股份有限公司、永安财产保险股份有限公司等。

在我国,除了国有独资保险公司、股份制保险公司以外,还有几家合营保险公司,专营海外业务,如兼营财险和寿险的中国保险公司、太平保险公司和专营寿险的中国人寿保险公司、太平人寿保险公司。这4家公司在中国香港、新加坡、中国澳门等地开展业务,是中保集团的主要成员。

(五)信托投资公司

1. 信托的定义

信托,是指委托人基于对受托人的信任,将其财产权委托给受托人,由受托人按委托人的意愿以自己的名义,为受益人的利益或者特定目的,进行管理或者处分的行为。

信托业务主要包括委托和代理两个方面的内容。前者是指财产的所有者为自己或其指定人的利益,将其财产委托给他人,要求按照一定的目的,代为妥善的管理和有利的经营;后者是指一方授权另一方,代为办理的一定经济事项。信托业务的关系人有委托人、受托人和受益人三个方面。转移财产权的人,即原财产的所有者是委托人;接受委托代为管理和经营财产的人是受托人;享受财产所带来的利益的人是受益人。受益人是在信托中享有信托受益权的人。受益人可以是自然人、法人或者依法成立的其他组织。委托人可以是受益人,也可以是同一信托的唯一受益人。受托人可以是受益人,但不得是同一信托的唯一受益人。

2. 信托机构的分类

信托投资公司是以代人理财为主要经营内容,以受托人的身份经营现代信托业务的代理性金融企业。它与银行信贷、保险并称为现代金融业的三大支柱。

在我国,信托投资公司是指依照《中华人民共和国公司法》和根据《信托投资公司管理办法》规定设立的主要经营信托业务的金融机构。设立信托投资公司,必须经金融主管部门批准,并领取《信托机构法人许可证》;未经金融主管部门批准,任何单位和个人不得经营信托业务,任何经营单位不得在其名称中使用"信托投资"字样。信托投资公司市场准入条件较严,注册资本不得低于人民币3亿元,并且其设立、变更、终止的审批程序都必须按照金融主管部门的规定执行。

根据国务院关于进一步清理整顿金融性公司的要求,我国信托投资公司的业务范围主要限于信托、投资和其他代理业务,少数确属需要的经中国人民银行批准可以兼营租赁、证券业务和发行一年期的专项信托受益债券,用于进行有特定对象的贷款和投资,但不准办理银行存款业务。信托业务一律采取委托人和受托人签订信托契约的方式进行,信托投资公司受托管理和运用信托资金、财产,只能收取手续费,费率由中国人民银行会同有关部门制定。

我国现有的信托投资机构可分为两类。

(1) 银行系统的信托投资机构,如中国工商银行、中国银行、中国农业银行等都设有独立核算的信托投资机构。根据金融分业经营和管理的原则,国务院要求国有商业银行在人、财、物等方面与信托业脱钩,真正实行分业经营。

(2) 其他方面主办的信托投资公司包括全国性的信托投资公司,如中国国际信托投资公司、中国光大国际信托投资公司等,以及地方开办的信托投资公司。

3. 信托投资公司的业务范围

根据信托投资公司管理方法,信托投资公司可以申请经营下列部分或全部业务。

① 受托经营资金信托业务,即委托人将自己合法拥有的资金,委托信托投资公司按照约定的条件和目的,进行管理、运用和处分。

② 受托经营动产、不动产及其他财产的信托业务,即委托人将自己的动产、不动产以及知识产权等财产、财产权,委托信托投资公司按照约定的条件和目的,进行管理、运用和处分。

③ 受托经营法律、行政法规允许从事的投资基金业务,作为投资基金或者基金管理公司的发起人从事投资基金业务。

④ 经营企业资产的重组、购并及项目融资、公司理财、财务顾问等中介业务。

⑤ 受托经营国务院有关部门批准的国债、政策性银行债券、企业债券等债券的承销业务。

⑥ 代理财产的管理、运用和处分。

⑦ 代理保管业务。

⑧ 信用见证、资信调查及经济咨询业务。

⑨ 以固有财产为他人提供担保。

⑩ 受托经营公益信托。

⑪ 中国人民银行批准的其他业务。

(六) 证券机构

证券机构是指从事证券业务的非银行金融机构,包括证券公司、证券交易所、证券登记结算公司、基金管理公司等。它们在证券市场上扮演着不同的角色,从事不同的业务,发挥着重要的作用。

国际上,日本的证券公司、美国的投资银行、英国的商人银行,都是以证券承销和经纪业务为主,并且着重在企业的收购、兼并等方面提供服务。

证券交易所是为证券集中交易提供场所和设施,组织和监督证券交易,实行自律管理的法人。证券交易所有公司制和会员制之分。我国的证券交易所是不以营利为目的,仅为证券的集中和有组织的交易提供场所、设施,并履行国家有关法律、法规、规章、政策规定的职责,实行自律性管理的会员制的事业法人。目前,我国有两家证券交易所,即1990年12月设立的上海证券交易所和1991年7月设立的深圳证券交易所。证券交易所的设立和解散,由国务院决定。

证券登记结算机构是为证券交易提供集中登记、存管与结算服务、不以营利为目的的法人。设立证券登记结算机构,必须经国务院证券监督管理机构批准,并应具备下列条件:①自有资金不少于人民币2亿元;②具有证券登记、托管和结算服务所必需的场所和设施;③主要管理人员和业务人员必须具有证券从业资格;④国务院证券监督管理机构规定的其他条件。证券登记结算机构的名称中应当标明证券登记结算字样。

1. 证券公司

证券公司是专门从事证券经营业务的金融机构。证券公司在美国又称为投资银行,而美国所说的证券公司是经纪公司,只能为客户提供买卖证券服务而没有融资功能。证券公司在股票、债券的发行、交易过程中发挥着重要的作用。

证券公司是证券市场上重要的参加者和中介机构,在证券市场上起着不可替代的作用。工商企业发行的股票、债券,一般由一个或几个证券公司联合承销。另外,证券公司在二级市场上也协助投资者买卖证券,或者充当做市商,为市场提供流动性。总之,证券公司是专门从事各种有价证券经营及其相关业务的金融企业。证券公司按业务范围可划分为综合类证券公司和经纪类证券公司。综合类证券公司的注册资本不低于5亿元,不仅可以从事经纪业务,而且可以从事证券的承销和自营业务。经纪类证券公司的注册资本不低于5 000万元,只能从事经纪业务。

(1) 证券公司的业务。

① 发行业务。发行业务又称为承销业务。证券公司帮助发行人发行证券,从市场上募集资金,并从中收取一定的费用。在证券的公募发行中,证券公司作为承销商有3种承销方式:包销、代销和备用包销。其中,包销的风险较大。包销是指承销商以低于发行定价的价格把公司发行的股票全部买进,再转卖给投资者。在这种情况下,承销商能够赚取买卖差价,但也承担了股票价格下跌的全部风险。代销,即"尽力销售",指承销商许诺尽可能多地销售股票,但不保证能够完成预定销售额,在承销期间内未出售的股票可以退回给发行人,承销商不承担风险。备用包销通过认股权来发行股票,并不需要投资银行的承销服务,但投资银行要购买发行期间未能出售的剩余股票,发行人为此要向投资银行支付备用费。我国目前股票发行一般采用余额包销的方式,新发行的股票首先由投资者认购,发行期间未能出售的股票由承销商购买,承销商为此收取一定的费用。在证券的私募发行中,证券公司往往担任顾问的角色。

② 证券交易。在证券交易中,证券公司可以通过为客户执行交易获得佣金,称为经纪业务。在有做市商制度的市场上,还可以充当做市商。做市商低买高卖某种证券,为其提供流动性,并在一定范围内维持该证券价格的稳定。在做市商制度中,做市商靠买卖差价获取利润。

③ 资产证券化。证券公司为资产证券化服务获得收入。所谓的资产证券化是指依托某些资产,以资产的收益为基础来发行的流动性证券。美国的许多住房抵押贷款就已经证券化了。

④ 兼并与收购。证券公司也参与收购与兼并,从中收取费用。在并购活动中,证券公司从事的主要业务有寻找购并对象、为购并活动提供咨询、为收购公司提供融资服务等。

除此之外,证券公司还从事资产管理、商人银行等业务。资产管理是为投资者进行资产管理服务。商人银行业务是指证券公司运用自有资金对企业进行股权或债权投资。

(2) 我国的证券公司。

截至2017年年底,国内共有证券公司131家,其中已上市券商42家,开展的业务主要有经纪业务、证券承销与保荐业务、财务顾问业务、投资咨询业务、资产管理业务、自营业务等。随着我国经济结构的调整,证券公司的业务范围会进一步扩大,如跨区域、跨行业的并购重组不断增加,企业客户对财务顾问、多品种融资等专业化需求日益增多,证券公司的业务竞争已由传统的股债承销服务,延伸至覆盖企业成长路径的财务顾问、IPO、融资、并购、产业整合、资产证券化等综合服务,大型券商将有更广阔的发展空间。

2. 基金管理公司

投资基金是这样的金融机构:把许多投资者的不同的投资份额汇集起来,交由专业的投资经理进行操作,所得的收益由投资者按出资比例分享。投资基金本质上是一种金融信托。

我国的证券投资基金,是通过公开发售基金份额的方式募集的,由基金管理人管理,基金托管人托管,为基金份额持有人的利益进行证券投资活动。基金管理人由依法设立的基金管理公司担任,一般一个基金管理公司都管理数只基金。基金托管人由依法设立并取得基金托管资格的商业银行担任。

投资基金具有规模效益的优点。投资基金将中小投资者零散的资金巧妙地汇集起来,交给专业机构投资于各种金融工具,以谋取资产的增值。因为基金对投资的最低限额要求不高,投资者可以根据自己的经济能力决定购买数量。因此,基金可以最广泛地吸收社会闲散资金,汇成规模巨大的投资资金。在参与证券投资时,资本越雄厚,优势越明显,而且可能享有大额投资在降低成本上的相对优势,从而获得规模效益的好处。

不仅如此,投资基金还能够分散风险。基金可以凭借其雄厚的资金,在法律规定的投资范围内进行科学的组合,分散投资于多种证券,实现资产组合多样化。

专家管理也是投资基金的优点之一。基金实行专家管理制度,这些专业管理人员都经过专门训练,具有丰富的证券投资和其他项目投资经验。对于那些没有时间或投资经验的中小投资者来说,投资于基金,实际上就可以获得专家们在市场信息、投资经验、金融知识和操作技术等方面所拥有的优势,从而尽可能地避免盲目投资带来的失败。

(七) 财务公司

财务公司是为企业技术改造、新产品开发及产品销售提供金融服务,以中长期金融业务为主的非银行机构。各国的名称不同,业务内容也有差异。但多数是商业银行的附属机构,主要吸收存款。中国的财务公司不是商业银行的附属机构,是隶属于大型集团的非银行金融机构。

我国的财务公司都是由企业集团内部集资组建的,其宗旨和任务是为本企业集团内部各企业筹资和融通资金,促进其技术改造和技术进步。

财务公司经营的金融业务,大体上可以分为融资、投资和中介这三大块。

(1) 融资业务:经批准发行财务公司债券;从事同业拆借。

(2) 投资业务:承销成员单位的企业债券;对金融机构的股权投资;成员单位产品的消费信贷、买方信贷及融资租赁;对成员单位办理贷款及融资租赁。

(3) 中介业务:对成员单位办理财务和融资顾问、信用鉴证及相关的咨询、代理业务;协助成员单位实现交易款项的收付;经批准的保险代理业务;对成员单位提供担保;对成员单位办理票据承兑与贴现;办理成员单位之间的内部转账结算及相应的结算、清算、方案设计。

(八) 信用合作组织

合作制是分散的小商品生产者为了解决经济活动中的困难,获得某种服务,按照自愿、平等、互利的原则组织起来的一种经济组织形式。

1. 信用合作的类型

信用合作组织,一般可分为农村信用合作社和城市信用合作社两大类。这两类合作社,因为社员的职业、经济与社会环境的不同,因此合作社的构成、业务经营都有很大差别。另外,在美国、加拿大等国,还盛行一种以储蓄为目的,同时也对社员融通消费资金的储蓄信用合作社,为储蓄合作社。也可以算得上是信用合作社的一类。

① 农村信用合作社:一般是以农民为社员,以农村为业务区域,并且是以融通农业所需资金为主的信用合作社。

② 城市信用合作社:以城市为其业务区域的信用合作组织。

③储蓄信用合作社:是以储蓄为目的,服务于在同一工厂、学校、机关的工作人员专门设立的信用合作组织。

信用合作社的成立一般是基于社员的需要而成立的。其组织的机关分为三种:一是社员大会,属权力机关;二是理事会,属执行机关;三是监事会,属监察机关。信用合作社联合社是基于使每个信用社能充分发扬合作精神为标准,以联合组织的范围能充分发挥经济效用为原则而设立。

2. 中国的信用合作组织

(1) 城市信用社。

城市信用社是我国经济和金融体制改革的产物,是我国金融机构体系的一个组成部分。我国城市信用社是在改革开放后出现的。20世纪70年代末,随着我国经济体制改革的逐步开展,一些地区出现了少量的城市信用社。1986年以前,城市信用社的数量约为1 300家,总资产约为30亿元。1986年1月,国务院下发《中华人民共和国银行管理暂行条例》,明确了城市信用社的地位。同年6月中国人民银行下发《城市信用合作社管理暂行规定》,对城市信用社的性质、服务范围、设立条件等作了规定。

至2000年底,对城市信用社的全国性清产核资工作全部结束。据清产核资的统计结果,2000年底全国共有城市信用社1 689家,资产总额为1 823亿元。根据有关规定,城市信用社的主要业务有:吸收社员存款及中国人民银行规定限额以下的非社员的公众存款;发放贷款;办理结算业务;办理票据贴现;代收代付款项及受托代办保险业务;办理经中国人民银行批准的其他业务。服务对象主要是中小企业,特别是城市信用社社员。城市信用社贷款在同等条件下,应优先满足社员的资金需要。

(2) 农村信用社。

农村信用社是由农民自愿入股组成,由入股社员民主管理,主要为入股社员服务的具有法人资格的合作金融机构。农村信用社实行自主经营、独立核算、自负盈亏。农村信用社入股组成农村信用合作联社,主要为入股的农村信用社提供服务,同时对农村信用社实行管理、监督和协调。

1996年,根据《国务院关于农村金融体制改革的决定》,全国农村信用社与中国农业银行脱离行政隶属关系(俗称"脱钩"),农村信用社的业务管理和金融监管分别由县联社和中国人民银行承担。脱钩以来,中国人民银行制定并颁发了《农村信用合作社管理规定》等一系列规章制度,规范了农村信用社的经营行为,强化了金融监管责任制,有效防范和化解了局部地区出现的农村信用社支付风险。同时,通过发放支农再贷款等措施,支持、帮助农村信用社发展业务,改善经营状况,改进支农服务。

农村信用社的业务主要包括:个人储蓄;农户、个体工商户及农村经济组织存款、贷款、结算业务;代理其他金融机构的金融业务;代理收付款项;买卖政府债券以及其他经中国人民银行批准的业务。

(九) 金融公司

金融公司是以支持小企业和消费者贷款为主的金融机构。金融公司的资金来源主要是借款。其中,短期借款主要是向银行借入,长期借款主要是通过发行债券和大额定期存单来取得资金。此外,金融公司还可以通过在公开市场上卖出商业票据来融入一部分资金。

金融公司的资金主要用于向中小企业发放贷款和向消费者发放消费贷款,如汽车贷款、住房贷款和耐用消费品贷款等。在发达国家,有的金融公司还兼营证券业务,如包销和代销证券;有的还经营外汇业务,提供金融咨询服务等业务。金融租赁公司就是金融公司的一种。

金融租赁公司是指专门办理融资性租赁业务的专业金融企业。我国的金融租赁公司的主要业务如下。

① 融资租赁业务,包括大型机械设备、运输工具、动产及附带的先进技术的租赁、转租及出租资产的残值处理,与租赁业务有关的进出口业务,咨询调查、咨询服务。

② 吸收人民币资金,财政部门的委托投资,企业主管部门委托的信托基金,以及劳动保险机构的劳动保险基金。

③ 中国人民银行批准的人民币债券发行业务。

④ 办理外汇业务:经批准办理境内外外币信托存款,境外外币存款,国内外发行或代理发行外币证券,担保业务。

⑤ 其他经中国人民银行等监管部门批准的业务。

我国的金融租赁公司大多在20世纪80年代后期成立。其中,中国租赁公司是规模较大的一家金融租赁公司。

三、金融监管机构

在我国,目前主要由中央银行和中国证监会、中国银保监会这3个机构执行金融监管职能。

(一)中国证券监督管理委员会

中国证券监督管理委员会简称证监会,是国务院证券委员会的监管执行机构,是全国证券期货市场的主管部门,按照国务院授权履行行政管理职能,依照法律、法规对全国证券、期货业进行集中统一监管,维护证券市场秩序,保障其合法运行。

1992年10月,国务院证券委员会和中国证券监督管理委员会宣告成立,标志着中国证券市场统一监管体制开始形成。国务院证券委员会是国家对证券市场进行统一宏观管理的主管机构,中国证监会是国务院证券委员会的监管执行机构,依照法律法规对证券市场进行监管。1998年4月,根据国务院机构改革方案,决定将国务院证券委员会与中国证监会合并组成国务院直属正部级事业单位。经过改革,进一步明确中国证监会为国务院直属事业单位,是全国证券期货市场的主管部门,进一步强化和明确了中国证监会的职能。

中国证监会设在北京,现设主席1人,副主席级5人;主席助理3人;内设16个职能部门,3个中心。根据《证券法》第14条的规定,中国证监会还设有股票发行审核委员会,委员由中国证监会专业人员和所聘请的会外有关专家担任。中国证监会在省、自治区、直辖市和计划单列市设立了36个证券监管局,以及上海、深圳证券监管专员办事处。

1. 中国证监会的基本职能

① 建立统一的证券期货监管体系,按规定对证券期货监管机构实行垂直管理。

② 加强对证券期货业的监管,强化对证券期货交易所、上市公司、证券期货经营机构、证券投资基金管理公司、证券期货投资咨询机构和从事证券期货中介业务的其他机构的监管,提高信息披露质量。

③ 加强对证券期货市场金融风险的防范和化解工作。

④ 负责组织拟定有关证券市场的法律、法规草案;研究制定有关证券市场的方针、政策和规章;制定证券市场发展规划和年度计划;指导、协调、监督和检查各地区、各有关部门与证券市场有关的事项;对期货市场试点工作进行指导、规划和协调。

⑤ 统一监管证券业。

2. 中国证监会的主要职责

① 研究和拟定证券期货市场的方针政策、发展规划;起草证券期货市场的有关法律、法规;制定证券期货市场的有关规章。

② 统一管理证券期货市场,按规定对证券期货监督机构实行垂直领导。

③ 监督股票、可转换债券、证券投资基金的发行、交易、托管和清算;批准企业债券的上市;监管上市国债和企业债券的交易活动。

④ 监管境内期货合约上市、交易和清算;按规定监督境内机构从事境外期货业务。

⑤ 监管上市公司及其有信息披露义务股东的证券市场行为。

⑥ 管理证券期货交易所;按规定管理证券期货交易所的高级管理人员;归口管理证券业协会。

⑦ 监管证券期货经营机构、证券投资基金管理公司、证券登记清算公司、期货清算机构、证券期货投资咨询机构;与中国人民银行共同审批基金托管机构的资格并监管其基金托管业务;制定上述机构高级管理人员任职资格的管理办法并组织实施;负责证券期货从业人员的资格管理。

⑧ 监管境内企业直接或间接到境外发行股票、上市;监管境内机构到境外设立证券机构;监督境外机构到境内设立证券机构、从事证券业务。

⑨ 监管证券期货信息传播活动,负责证券期货市场的统计与信息资源管理。

⑩ 会同有关部门审批律师事务所、会计师事务所、资产评估机构及其成员从事证券期货中介业务的

资格并监管其相关的业务活动。

⑪ 依法对证券期货违法行为进行调查、处罚。

⑫ 归口管理证券期货行业的对外交往和国际合作事务。

⑬ 国务院交办的其他事项。

（二）中国银行保险监督管理委员会

中国银行保险监督管理委员会简称银保监会，对全国银行业和保险业实行统一监督管理。

我国于1998年11月成立了中国保监会，负责监督管理全国保险市场，维护保险业的合法、稳健运行；于2003年3月设立中国银行业监督管理委员会，负责监管银行、资产管理公司、信托投资公司及其他存款类金融机构。至此，"一行三会"的分业监管格局形成。然而，在随后的金融市场化道路上，我国却逐渐形成混业经营的现实，银行同业业务快速膨胀，影子银行鬼魅般飘忽不定，信托资金大走通道，保险公司也变相高息揽储。过度的混业造成一系列金融乱象，名目繁多的中国特色衍生品令人眼花缭乱，同业、通道、嵌套、资金池、庞氏融资性的万能险、P2P、非标、现金贷等层出不穷、相互叠加，结果是不断抬高资金成本，加剧了实体经济困难。同时，风险传染的渠道极不透明。分业监管的割裂与失效暴露无遗。因此，为了充分发挥监管的作用，严控金融风险，我国于2018年3月，合并银监会和保监会，组建了新的银保监会。

中国银行保险监督管理委员会主要职责包括以下方面。

（1）依法依规对全国银行业和保险业实行统一监督管理，维护银行业和保险业合法、稳健运行，对派出机构实行垂直领导。

（2）对银行业和保险业改革开放和监管有效性开展系统性研究。参与拟订金融业改革发展战略规划，参与起草银行业和保险业重要法律法规草案以及审慎监管和金融消费者保护基本制度。起草银行业和保险业其他法律法规草案，提出制定和修改建议。

（3）依据审慎监管和金融消费者保护基本制度，制定银行业和保险业审慎监管与行为监管规则。制定小额贷款公司、融资性担保公司、典当行、融资租赁公司、商业保理公司、地方资产管理公司等其他类型机构的经营规则和监管规则。制定网络借贷信息中介机构业务活动的监管制度。

（4）依法依规对银行业和保险业机构及其业务范围实行准入管理，审查高级管理人员任职资格。制定银行业和保险业从业人员行为管理规范。

（5）对银行业和保险业机构的公司治理、风险管理、内部控制、资本充足状况、偿付能力、经营行为和信息披露等实施监管。

（6）对银行业和保险业机构实行现场检查与非现场监管，开展风险与合规评估，保护金融消费者合法权益，依法查处违法违规行为。

（7）负责统一编制全国银行业和保险业监管数据报表，按照国家有关规定予以发布，履行金融业综合统计相关工作职责。

（8）建立银行业和保险业风险监控、评价和预警体系，跟踪分析、监测、预测银行业和保险业运行状况。

（9）会同有关部门提出存款类金融机构和保险业机构紧急风险处置的意见和建议并组织实施。

（10）依法依规打击非法金融活动，负责非法集资的认定、查处和取缔以及相关组织协调工作。

（11）根据职责分工，负责指导和监督地方金融监管部门相关业务工作。

（12）参加银行业和保险业国际组织与国际监管规则制定，开展银行业和保险业的对外交流与国际合作事务。

（13）负责国有重点银行业金融机构监事会的日常管理工作。

（14）完成党中央、国务院交办的其他任务。

（15）职能转变。围绕国家金融工作的指导方针和任务，进一步明确职能定位，强化监管职责，加强微观审慎监管、行为监管与金融消费者保护，守住不发生系统性金融风险的底线。按照简政放权要求，逐步减少并依法规范事前审批，加强事中事后监管，优化金融服务，向派出机构适当转移监管和服务职能，推动银行业和保险业机构业务和服务下沉，更好地发挥金融服务实体经济功能。

第六节 国际金融

一、国际金融概述

国际金融是指国家或地区之间由于经济、政治、文化等联系而产生的货币资金的周转和运动。

国际金融与一国的国内金融既有密切联系，又有很大区别。国内金融主要受一国金融法令、条例和规章制度的约束，而国际金融则受到各个国家互不相同的法令、条例以及国际通用的惯例和通过各国协商制订的各种条约或协定的约束。由于各国的历史、社会制度、经济发展水平各不相同，它们在对外经济、金融领域采取的方针政策有很大差异，这些差异有时会导致十分激烈的矛盾和冲突。

国际金融由国际收支、国际汇兑、国际结算、国际信用、国际投资和国际货币体系构成，它们之间相互影响，相互制约。譬如，国际收支必然产生国际汇兑和国际结算；国际汇兑中的货币汇率对国际收支又有重大影响；国际收支的许多重要项目同国际信用和国际投资直接相关等等。

二、国际金融的构成

（一）国际收支

按照国际货币基金组织的定义，国际收支即"一国和其他国家之间的商品、债务和收益的交易以及债权债务的变化"。国际收支一般按一年、半年或一个季度计算。一国的国际收支不但反映它的国际经济关系，而且反映它的经济结构和经济发展水平。

长期以来，国际收支的主要问题是许多国家国际收支不平衡，各国为调节、改善国际收支状况常常产生许多矛盾和斗争。一国国际收支不平衡是经常现象，要做到收支相抵、完全平衡十分困难。但是，无论是逆差还是顺差，如果数额巨大且又长期持续存在，都会引起一系列不良后果。因此，各国政府大都会采取各种干预措施，力求改善国际收支不平衡状况。一国采取措施往往会引起其他有关国家相应采取对抗和报复行动，从而减弱或抵消该国调节措施的作用。而且，有时调节国际收支的办法又同发展国内经济的要求背道而驰。例如，提高利率，若恰逢经济复苏时期，这一措施就会大大影响经济的恢复；而经济复苏受阻，又会影响国际贸易的增长。

一国的国际收支与一国的国际收支平衡表有所区别。国际收支是一国对外国的货币资金收付行为，国际收支平衡表则是将一国一定时期（一年、半年或一个季度）的国际收支情况分别按不同项目编制的记录和统计表。国际收支平衡表可以综合反映一国同外国在一定时期内货币资金往来的全面情况，因此各国都很重视国际收支平衡表的编制工作。

（二）国际汇兑

国际汇兑是指因办理国际支付而产生的外汇汇率、外汇市场、外汇管制等安排和活动的总和。

外汇一般指充当国际支付手段、国际流通手段和购买手段的外国货币以及外币支付凭证。金银成为货币后，作为国际支付的主要手段是贵金属。票据出现后，作为信用工具也可用来办理国际支付。汇率是以一国货币表示的另一国货币的价格。实行金本位制时，各国货币汇率波动不大，处于相对稳定状态。1929—1933 年世界经济危机后，金本位制彻底崩溃，从此开始了不能兑换黄金的纸币制度。由于通货膨胀长期存在，纸币不断贬值，各国汇率不稳定的状态日趋严重。第二次世界大战后，主要资本主义国家建立了以美元为中心的国际货币体系，美元与黄金挂钩，各国货币与美元挂钩，据此订出各国货币的固定汇率。固定汇率制对战后世界经济的发展起到了一定的积极作用。1973 年，以美元为中心的固定汇率制完全解体，各国纷纷实行浮动汇率制。此后，由于不再有固定汇率制的限制，汇率波动频繁，波幅较大，对各国的对外贸易影响极大。为此，世界各国均对本国汇率的动态实行某种程度的控制或干预。

外汇管制是一个国家为维护本国经济权益和改善国际收支，对本国与外国的国际汇兑、国际结算等实施的限制和管理。当代几乎所有国家都不同程度地实行有利于本国的外汇制度，只是方式、方法和具体内容有所不同而已。

(三) 国际结算

国际结算是指国际间办理货币收支调拨,以结清不同国家中两个当事人之间的交易活动的行为。它主要包括支付方式、支付条件和结算方法等。

国际结算所采用的方式方法是在各国经济交往中自发产生的,汇款、托收、信用证等主要国际结算方式都是历史的产物。20世纪60—80年代,由于广泛采用电子计算机、电传、电视转账等现代化手段,结算的技术水平大大提高。

国际结算是一项技术性很强的国际金融业务,且涉及许多复杂的社会、经济问题。社会制度不同、经济发展水平相异的国家或国家集团,对国际结算方式的要求和选择,经常发生各种矛盾和冲突。各国都力争采用对本国最为有利的结算方式。

(四) 国际信用

国际信用是国际货币资金的借贷行为。最早的票据结算就是国际上货币资金借贷行为的开始,经过几个世纪的发展,现代国际金融领域内的各种活动几乎都同国际信用有着紧密联系。没有国际借贷资金不息的周转运动,国际经济、贸易往来就无法顺利进行。国际信用主要有国际贸易信用、政府信贷、国际金融机构贷款、银行信用、发行债券、补偿贸易、租赁信贷等。

国际信用同国际金融市场关系密切。国际金融市场是国际信用赖以发展的重要条件,国际信用的扩大反过来又推动国际金融市场的发展。国际金融市场按资金借贷时间长短可分为两个市场,一是货币市场,即国际短期资金借贷市场;二是资本市场,即国际中长期资金借贷市场。国际金融市场中规模最大的是欧洲货币市场,这个市场上的借贷资本是不受各国法令条例管理的欧洲货币。在欧洲货币市场中占主要地位的是欧洲美元,其次是欧洲马克。此外还有亚洲美元市场。欧洲货币市场是巨额国际资金的供求集散中心,它和由其延伸出来的其他众多国际金融市场及离岸金融市场,将世界各地的金融活动都纳入庞大的金融网络,使借贷资金的国际化有了更深入的发展。

(五) 国际投资

各国官方和私人对外国进行的投资,其总体就是全球范围的国际投资。国际投资是货币资本从一国转移到另一国,以获取更多利润为目的的活动。第二次世界大战前,国际投资几乎全都是资本主义国家的资本输出。战后,苏联、东欧国家开始对发展中国家进行投资。与此同时,一些发展中国家也开始参加对外投资活动,其中主要是石油输出国。到20世纪80年代初,对外投资较多的发展中国家已有40余个。

(六) 国际货币体系

国际货币体系是指自发或协商形成的有关国际交往中所使用的货币以及各国货币之间汇率安排的国际制度。这是国际金融领域的重要组成部分。最初的国际货币制度是金本位制,第二次世界大战后,资本主义世界建立了以美元为中心的国际货币体系。这个体系一方面通过固定汇率制促进了资本主义国家战后经济和世界贸易的恢复和发展,另一方面使美元取得了等同于黄金的地位。美元的优越地位使它成为各国普遍接受的国际支付手段、国际流通手段和购买手段,并成为许多国家外汇储备的重要组成部分。后来,随着其他资本主义国家经济的恢复和发展,这些国家的货币也相继开始发挥与美元不相上下的作用。1973年美元再度贬值以后,布雷顿森林会议建立的国际货币体系崩溃。浮动汇率制取代了固定汇率制。

20世纪60年代以来,国际社会多次讨论国际货币体系的改革问题,并于1969年和1978年两次修改国际货币基金协定。但由于各国间的矛盾和冲突,国际货币制度存在的困难和缺陷始终未能得到解决。

三、国际金融体系

(一) 国际金融体系概述

国际金融体系,是对调节各国货币在国际支付、结算、汇兑与转移等方面所确定的规则、惯例、政策、机制和组织机构安排的总称。国际金融体系是国际货币关系的集中反映,它构成了国际金融活动的总体框架。在市场经济体制下,各国之间的货币金融交往,都要受到国际金融体系的约束。

国际金融体系是随着国际经济交往的不断扩大而产生与发展的。由于各国之间商品劳务往来、资本转移日趋频繁,速度也日益加快,这些活动最终都要通过货币在国际间进行结算、支付,因此,就产生了在国际范围内协调各国货币关系的要求。国际金融体系正是在协调众多国家货币制度、法律制度及经济制度这一基础上形成的。

(二) 国际金融体系的主要内容

国际金融体系是一个十分复杂的体系,从广义上讲,其构成要素几乎包含了整个国际金融领域,包括国际汇率体系、国际收支和国际储备体系、国别经济政策与国际间经济政策的协调等。但从狭义上讲,国际金融体系主要指国际间的货币安排,具体包括国际汇率体系、国际收支和国际储备体系、国别经济政策与国际间经济政策的协调等。

1. 国际收支及其调节机制

即有效地帮助与促进国际收支出现严重失衡的国家通过各种措施进行调节,使其在国际范围能公平地承担国际收支调节的责任和义务。

2. 汇率制度的安排

由于汇率变动可直接地影响到各国之间经济利益的再分配,因此,形成一种较为稳定的、为各国共同遵守的国际间汇率安排,成为国际金融体系所要解决的核心问题。一国货币与其他货币之间的汇率如何决定与维持;一国货币能否成为自由兑换货币;是采取固定汇率制度,还是采取浮动汇率制度,或是采取其他汇率制度等等,都是国际金融体系的主要内容。

3. 国际储备资产的选择与确定

即采用什么货币作为国际间的支付货币;在一个特定时期如何确定中心储备货币,以维护整个储备体系的运行;世界各国如何选择储备资产,以满足各种经济交易的要求。

4. 国际间金融事务的协调与管理

各国实行的金融货币政策,会对相互交往的国家乃至整个世界经济产生影响,因此如何协调各国与国际金融活动有关的金融货币政策,通过国际金融机构制定若干为各成员国所认同与遵守的规则、惯例和制度,也构成了国际金融体系的重要内容。

5. 国际金融体系的发展与作用

从历史的发展过程来看,现代国际金融体系大致经历了三个发展阶段,每个阶段均有一定特点。

第一阶段是国际金本位制时期:从1816年英国实行金本位制开始,到第一次世界大战爆发而结束。

第二阶段是布雷顿森林体系时期:始于二战结束后的1945年,终止于1973年。

第三阶段是牙买加货币体系时期:始于1976年1月IMF临时委员会的《牙买加协议》的正式签订。

不同历史时期的国际金融体系,有它产生的背景,同时也有它重要的作用。

① 确定了国际收支调节机制与各国可遵守的调节政策,为各国纠正国际收支失衡状况提供了基础。

② 建立了相对稳定的汇率机制,很大程度上防止了不公平的货币竞争性贬值。

③ 创造了多元化的储备资产,为国际经济的发展提供了足够的清偿力,同时借此抵御区域性或全球性金融危机。

④ 促进各国经济政策的协调,在统一的国际金融体系框架内,各国都要遵守一定的共同准则,任何损人利己的行为都会遭到国际间的指责,因而各国经济政策在一定程度上可得到协调与相互谅解。当然任何一个国际金融体系都有它的缺陷,因此,国际金融体系仍然需要改革,并在此基础上寻求发展。

四、国际金融机构

(一) 全球性国际金融机构

1. 国际货币基金组织

国际货币基金组织(IMF)根据1944年7月在美国布雷顿森林召开的联合国货币金融会议上通过的《国际货币基金协定》,于1945年12月正式成立,总部设在美国首都华盛顿,它是联合国的一个专门机构。

国际货币基金组织成立的宗旨是帮助会员国平衡国际收支,稳定汇率,促进国际贸易的发展。其主要任务是通过向会员国提供短期资金,解决会员国国际收支暂时不平衡和外汇资金需要,以促进汇率的稳定和国际贸易的扩大。

按照《国际货币基金协定》,凡是参加1944年布雷顿森林会议,并在协定上签字的国家,称为创始会员国。在此以后参加基金组织的国家称为其他会员国。两种会员国在法律上的权利和义务并无区别。国际货币基金组织成立之初,只有44个会员国,至1997年底,已发展到184个会员国。我国是创始会员国之一。

参加基金组织的每一个会员国都要认缴一定的基金份额。基金份额的确定,与会员国利益密切相关,因为会员国投票权的多寡和向基金组织取得贷款权利的多少取决于一国份额的大小。

国际货币基金组织的最高权力机构是理事会,由各会员国委派理事和副理事各1人组成。执行董事会是负责处理基金组织日常业务的机构,共由23人组成。

国际货币基金组织的资金来源,除会员国缴纳的份额以外,还有向会员国借入款项和出售黄金所获得的收益。国际货币基金组织的主要业务是:发放各类贷款;商讨国际货币问题;提供技术援助;收集货币金融情报;与其他国际机构的往来等。

国际货币基金组织于1980年4月17日正式恢复我国的合法席位。我国向基金组织委派理事、副理事和正、副执行董事。当时,我国在基金组织的份额为12亿特别提款权,后随着中国对国际金融影响力的增强,特别提款权也随之增加。

2. 世界银行

世界银行,是1944年与国际货币基金组织同时成立的另一个国际金融机构,也是属于联合国的一个专门机构。它于1946年6月开始营业,总行设在美国首都华盛顿。世界银行的宗旨是通过提供和组织长期贷款和投资,解决会员国战后恢复和发展经济的资金需要。

根据协定,凡参加世界银行的国家必须是国际货币基金组织的会员国,但国际货币基金组织的会员国不一定都参加世界银行。世界银行建立之初,有39个会员国,到目前为止,已增至181个会员国。凡会员国均须认购世界银行的股份,认购额由申请国与世界银行协商,并经理事会批准。一般情况下,一国认购股份的多少是根据其经济和财政实力,并参照该国在基金组织缴纳份额的大小而定。世界银行会员国的投票权与认缴股本的数额成正比例。

世界银行的最高权力机构是理事会,由每一会员国委派理事和副理事各一名组成。理事会每年9月同国际货币基金组织联合举行年会。执行董事会是世界银行负责组织日常业务的机构,它由21人组成。

世界银行的资金来源除会员国缴纳的股份以外,还有向国际金融市场借款、出让债权和利润收入。其主要业务活动是提供贷款、技术援助和领导国际银团贷款。

我国是世界银行创始会员国之一。世界银行1980年5月5日正式恢复了我国的代表权。

我国向世界银行缴纳的股份大约占世界银行股金总额的三分之一。1987年底,我国政府与世界银行达成协议,共同开展对我国企业改革、财税、住宅、社会保险和农业等方面的项目研究。

3. 国际开发协会

国际开发协会是世界银行的一个附属机构,成立于1960年9月,总部设在美国首都华盛顿,凡是世界银行会员国均可参加该机构。到目前为止,国际开发协会共有160个会员国。

国际开发协会的宗旨是,专门对较贫困的发展中国家提供条件极其优惠的贷款,加速这些国家的经济建设。国际开发协会每年与世界银行一起开年会。

国际开发协会的资金来源除会员国认缴的股本以外,还有各国政府向协会提供的补充资金、世界银行拨款和协会的业务收入。

我国在恢复世界银行合法席位的同时,也自然成为国际开发协会的会员国。

4. 国际金融公司

国际金融公司也是世界银行的一个附属机构,1956年7月成立。1957年,它同联合国签订协定,成为联合国的一个专门机构。参加国际金融公司的会员国必须是世界银行的会员国。到目前为止,已有174个会员国。

国际金融公司的宗旨是,鼓励会员国(特别是不发达国家)私人企业的增长,以促进会员国经济的发展,从而补充世界银行的活动。

国际金融公司的资金来源主要是会员国缴纳的股金,其次是向世界银行和国际金融市场借款。其主要业务活动是对会员国的私人企业贷款,不需政府担保。

我国在恢复世界银行合法席位的同时,也成为国际金融公司的会员国。20世纪90年代以来,我国与国际金融公司的业务联系不断密切,其资金已成为我国引进外资的一条重要渠道。

5. 多边投资保证机构

多边投资保证机构是1988年新成立的世界银行附属机构。

多边投资保证机构共有151个会员国。其宗旨是,为发展中国家的外国私人投资提供政治风险和非商业风险的保险,并帮助发展中国家制定吸引外国资本直接投资的战略。

(二)区域性国际金融机构

1. 国际清算银行

国际清算银行是根据1930年1月20日在荷兰海牙签订的海牙国际协定,于同年5月,由英国、法国、意大利、德国、比利时和日本六国的中央银行,以及代表美国银行界利益的摩根银行、纽约花旗银行和芝加哥花旗银行三大银行组成的银团共同联合创立,行址设在瑞士的巴塞尔。

国际清算银行成立之初的宗旨是,处理第一次世界大战后德国赔款的支付和解决对德国的国际清算问题。1944年,根据布雷顿森林会议决议,该行应当关闭,但美国仍将它保留下来,作为国际货币基金组织和世界银行的附属机构。此后,该行的宗旨转变为,增进各国中央银行间的合作,为国际金融业务提供额外的方便,同时充当国际清算的代理人或受托人。

国际清算银行的最高权力机构是股东大会,由认缴该行股金的各国中央银行代表组成,每年召开一次股东大会。董事会领导该行的日常业务。董事会下设银行部、货币经济部、秘书处和法律处。

国际清算银行的资金来源主要是会员国缴纳的股金,另外,还有向会员国中央银行的借款以及大量吸收客户的存款。其主要业务活动是:办理国际结算业务;办理各种银行业务,如存、贷款和贴现业务;买卖黄金、外汇和债券;办理黄金存款;商讨有关国际货币金融方面的重要问题。国际清算银行作为国际货币基金组织内的十国集团(代表发达国家利益)的活动中心,经常召集该集团成员和瑞士中央银行行长举行会议,会议于每月第一个周末在巴塞尔举行。

2. 欧洲投资银行

欧洲投资银行是在1957年3月25日,根据《欧洲共同体条约》(即罗马条约)的有关条款组成的欧洲金融机构。它的成员都是欧洲共同体的会员国,行址设在卢森堡。欧洲投资银行的宗旨是,为了欧洲共同体的利益,利用国际资本市场和共同体本身的资金,促进共同市场平衡而稳定地发展。该行的主要业务活动是,在非盈利的基础上,提供贷款和担保,以资助欠发达地区的发展项目,改造和使原有企业现代化以及开展新的活动。其资金来源主要是向欧洲货币市场借款。

3. 亚洲开发银行

亚洲开发银行是1965年3月根据联合国亚洲及远东经济委员会(即联合国亚洲及太平洋地区经济社会委员会)第21届会议签署的《关于成立亚洲开发银行的协议》而创立的。1966年11月,在日本东京正式成立,同年12月开始营业,行址设在菲律宾首都马尼拉。亚洲开发银行的宗旨是,为亚太地区的发展计划筹集资金,提供技术援助,帮助协调成员国在经济、贸易和发展方面的政策,与联合国及其专门机构进行合作,以促进区域内经济的发展。其资金来源主要是会员国缴纳的股金、亚洲开发基金和在国际金融市场上发行债券。

4. 非洲开发银行

非洲开发银行在联合国非洲经济委员会的赞助下,于1964年9月正式成立,1966年7月开始营业,行址设在象牙海岸首都阿比让。非洲开发银行的宗旨是,为会员国的经济和社会发展提供资金,协调各国发展计划,促进非洲经济一体化。其资金来源主要是会员国认缴的股本以及向国际金融市场借款。

5. 泛美开发银行

泛美开发银行于1959年12月30日正式成立,1960年11月1日开始营业,行址设在美国首都华盛顿。泛美开发银行的宗旨是,动员美洲内外资金,为拉丁美洲国家的经济和社会发展提供项目贷款和技术援助,以促进拉美经济的发展。其资金来源主要是会员国认缴的股金、向国际金融市场借款和较发达会员国的存款。

五、离岸金融

(一) 离岸金融概述

离岸金融(off shore finance)是指设在某国境内但与该国金融制度无甚联系,且不受该国金融法规管制的金融机构所进行的资金融通活动。例如,一家信托投资公司将总部设在巴哈马群岛,其业务活动却是从欧洲居民或其他非美国居民那里吸收美元资金,再将这些资金投放于欧洲居民或非美国居民的活动。从严格意义上讲,离岸金融也就是不受当局国内银行法管制的资金融通,无论这些活动发生在境内还是在境外。如美国的国际银行业设施(IBF)和东京离岸金融市场的业务活动等,均属离岸金融。

离岸银行又称离岸单位,是设在离岸金融中心的银行或其他金融组织。其业务只限于与其他境外银行单位或外国机构往来,而不允许在国内市场经营业务。

(二) 离岸金融市场

离岸金融市场又称境外金融市场。采取与国内金融市场隔离的形态,使非居民在筹集资金和运用资金方面不受所在国税收和外汇管制及国内金融法规影响,可进行自由交易的市场。

离岸金融业务的发展始于 20 世纪 60 年代。当时,一些跨国银行为避免国内对银行发展和资金融通的限制,开始在特定的国际金融中心经营所在国货币以外的其他货币的存放款业务。20 世纪 70 年代,以美元计价的离岸存款急剧增长。到 20 世纪 80 年代,随着国际银行业设施和东京离岸金融市场的建立,离岸金融业务将所在国货币也包括进来。区别在于这种货币存放仅限于非居民。

离岸金融业务迅速发展的主要原因是:①离岸银行不必持有准备金,其经营成本低于国内银行;②离岸银行不受利率上限的约束,即它们对存款户支付的利率可高于银行对国内存款户支付的利率,而且可以对活期存款支付利息;③离岸金融享受税收上的优待。

离岸金融市场 70 年代以来获得迅猛发展。从伦敦、巴黎、法兰克福、苏黎世、卢森堡等欧洲地区扩展到新加坡、巴拿马、巴哈马等国。80 年代以来,又在纽约、东京等国家和地区出现新的离岸金融中心,到 90 年代,离岸金融市场已遍布世界各地。

(三) 离岸金融市场的种类

按性质划分,离岸金融市场大致有三种类型。

1. 伦敦型

属于"自然形成"的市场。伦敦离岸市场始于 50 年代末,它既经营银行业务,也经营证券业务。非居民除获准自由经营各项外汇、金融业务外,其吸收的存款也不需缴纳法定准备金。过去,这类市场业务因受外汇管制等限制,而与国内业务截然分开,但自从 1979 年 10 月外汇管制取消后,对外汇金融业务的管理与国内金融业务同等对待,"离岸"本身的含义便发生了变异,伦敦离岸市场实际上已经成为兼具境内和离岸业务的"内外一体式"金融市场。香港自从 1972 年废除外汇管制后,也逐渐演变成亚太地区一个主要的伦敦型离岸市场。

2. 纽约型

其最大特点在于"人为创设"和"内外分离",而且没有证券买卖。1981 年 12 月,美国联邦储备委员会同意设立国际银行业设施(又称国际银行便利)之后,纽约离岸金融业务迅速发展。它的主要交易对象是非居民。筹资只能吸收外国居民、外国银行和公司的存款,但开办国际银行业设施的不限于外国银行,任何美国的存款机构、"爱治法"公司和外国银行在美分行皆可申请开办。存款不受美国国内银行法规关于准备金比率和存款比率的限制。贷款必须在美国境外使用。该"设施"可使用包括美元在内的任何一种货币计价。由于美元是最主要的国际通货,而该离岸市场主要交易货币也是欧洲美元,所以纽约离岸市场以本国货币作为主要交易货币。1986 年开放的东京离岸市场也属这一类型。

3. 巴哈马型

只有记账而没有实质性业务的离岸金融中心,又称"逃税型"离岸市场,这类市场实际上是"逃税港"。由于在某些国家或地区开展金融业务可以逃避银行利润税及营业税等,同时在这些地方开办分行的成本与费用也远较伦敦低,所以离岸金融市场纷纷在这些地方开辟。拿骚、开曼群岛和巴林等地皆属此类。

离岸金融业务的发展和离岸金融市场的迅速扩张,促进了国际性银行的发展和国际信贷、国际融资的增长,但由于离岸存款不受各国国内法规的各种限制,它对存款所在国的货币供应量、银行管制与货币政策的实施都产生了一定的影响。

本章小结

本章介绍了货币、信用、利息、利率、金融市场、金融机构、国际金融等金融学基础知识。

货币是商品交换发展到一定阶段的产物,货币的本质就是一般等价物。货币发展经历了实物货币、金属货币、代用货币、信用货币、电子货币等形式。货币具有价值尺度、流通手段、支付手段、贮藏手段、世界货币的职能。国际货币基金组织的货币供应量采用三个层次:通货、货币和准货币。中华人民共和国的法定货币是人民币。电子货币,是指用一定金额的现金或存款从发行者处兑换并获得代表相同金额的数据,通过使用某些电子化方法将该数据直接转移给支付对象,从而能够清偿债务。国家以法律形式所确定的货币发行和流通的结构与组织形式,称为货币制度;历史上至今曾经出现过的货币制度可以分为两类,即金属本位与纸币本位;国际货币制度经历了从国际金本位制到布雷顿森林体系再到牙买加体系的演变过程。

信用是以偿本付息为条件的价值运动的特殊形式,主要形式有商业信用、银行信用、国家信用、消费信用等。

利息是债权人因贷出货币资金而从债务人处获得的报酬。利率就是借出者在借贷期内所获得的利息额与借贷资金的比率。

金融市场是指资金供应者和资金需求者双方通过信用工具进行交易而融通资金的市场,广而言之,是实现货币借贷和资金融通、办理各种票据和有价证券交易活动的市场。一个完备的金融市场,应包括交易对象、交易主体、交易工具、交易价格四个基本要素。金融市场主要有:货币市场、资本市场、外汇市场、黄金市场;金融机构体系由中央银行、政策性银行、商业银行、保险公司、信托投资公司、证券机构等银行及非银行金融机构组成,其中商业银行是其主要组成部分;商业银行业务主要有负债业务、资产业务、表外业务;银行的客户可分为个人客户和公司客户,两者在金融需求和营销策略方面皆不同;金融监管机构我国目前主要有中央银行、中国证监会、中国银保监会。

国际金融是指国家或地区之间由于经济、政治、文化等联系而产生的货币资金的周转和运动。国际金融机构有全球性国际金融机构和区域性的国际金融机构。离岸金融(off shore finance)是指设在某国境内但与该国金融制度无甚联系,且不受该国金融法规管制的金融机构所进行的资金融通活动。离岸金融市场又称境外金融市场,采取与国内金融市场隔离的形态,使非居民在筹集资金和运用资金方面不受所在国税收和外汇管制及国内金融法规影响,可进行自由交易的市场。

关键术语

货币 实物货币 金属货币 信用货币 存款货币 电子货币 货币制度 有限法偿 无限法偿 金本位制 银本位制 复本位制 格雷欣法则 纸币本位制 布雷顿森林体系 牙买加体系 信用 商业信用 银行信用 国家信用 消费信用 利息 利率 市场利率 官方利率 固定利率 浮动利率 名义利率 实际利率 金融市场 直接融资 间接融资 货币市场 商业汇票 票据贴现 可转让定期存款单 债券回购 央行票据 资本市场 股票 股票价格指数 债券 国库券 公司债券 金融债券 外汇市场 在岸金融市场 离岸金融市场 欧洲债券 外国债券 法定存款准备金率 超额准备金 政策性银行 商业银行 核心资本 附属资本 定期存款 储蓄存款 同业拆借 再贴现 表外业务 客户价值 个人客户 公司客户 保险 保险公司 信托 证券交易所 证券公司 投资基金 财务公司 金融公司 国际金融 国际汇兑外汇 国际结算 国际信用 国际投资 国际货币体系 国际货币基金组织 世界银行 离岸金融

第三章
投资学基础

本章导读 >>>

随着社会经济的发展,国民财富的增加,越来越多的人希望通过投资实现财富的保值和增值,但任何投资既有收益,又有风险。投资学就是研究如何把个人、机构的有限资源分配到诸如股票、债券、不动产等(金融)资产上,以获得合理的现金流量和风险/收益率,更科学地进行投资活动。

本章分为三节,第一节概述了投资的种类和工具;第二节介绍了投资的理论基础——货币的时间价值;第三节研究了投资的核心问题——收益和风险。

本章重点要掌握货币的时间价值、投资收益和风险的衡量。

第一节 投资概述

一、什么是投资

(一) 投资的内涵

投资是市场经济中普遍存在的经济现象,如购买股票、债券、房地产和保险等。

那么,究竟什么是投资呢?诺贝尔经济学奖获得者威廉·夏普将投资定义为"为了将来可能的不确定的消费而牺牲现在的消费的价值。"美国著名的投资学家德威尔在《投资学》中将投资定义为"广义的投资是指以获利为目的的资本使用,包括购买股票和债券,也包括运用资金以建筑厂房、购置设备和原材料等从事扩大生产流通事业;狭义的投资指投资人购买各种证券,包括政府公债、公司股票、公司债券和金融债券等。"

从经济学上说,投资与储蓄、消费、收益和风险是密不可分的。进行投资必须有资金来源,广义上说,全部投资来源于储蓄,而储蓄来自于消费剩余或消费牺牲。牺牲消费的目的是为了得到回报和收益,获得更大的价值或资产。正是有牺牲,才有回报,有投资收益。因此,很多情况下,人们往往把能够带来报酬的支出行为称为投资。这里的"支出"行为,实际上是牺牲了现在的一定消费,"报酬"则是将来的消费增加,即投资者运用自己持有的资本,用来购买实际资产或金融资产或取得这些资产的权利,以在一定时期内预期获得资产增值和一定收入。

因此,投资是经济主体为了获得未来的预期收益,预先垫付一定量的货币或实物以经营某项事业的经济行为。对投资的定义我们可以从以下几个方面来认识。

(1) 投资是现在投入一定价值量的经济活动。从静态的角度来说,投资是现在垫付一定量的资金;从动态的角度来说,投资则是为了获得未来的报酬而采取的经济行为。

(2) 投资具有时间性,即投入的价值或牺牲的消费是现在的,而获得的价值或消费是将来的。也就是说,从现在投入到将来获得报酬,在时间上或长或短,总要经过一定的间隔。这表明投资是一个行为过程,这个过程越长,发生不可预测事件的可能性就越大,未来报酬的获得就越不稳定,风险就越大。

(3) 投资的目的在于得到报酬(即收益)。投资活动是以牺牲现在价值为手段,以赚取未来价值为目标。未来价值超过现在价值,投资者方能得到正报酬。投资的报酬可以是各种形式的收入,如利息、股息;可以是价格变动的资本利得;也可以是本金的增值;还可以是各种财富的保值或权利的获得。

(4) 投资具有风险性,即不确定性。现在投入的价值是确定的,而未来可能获得的收益是不确定的,这种收益的不确定性即为投资的风险。

总之,投资是个人或机构对自己现有资金的一种运用,其来源或是延期消费,或为暂时闲置,用以购买实际资产或金融资产或取得这些资产的权利,为的是在一定时期内预期获得与风险成正比例的适当收入和本金的升值,或者是为了保持现有财富的价值。

(二) 投资与风险

由于收入是未来的价值,而未来的世界是不可预知的,受政治、经济、社会、科技和心理等诸多因素的影响,投资的收益很难事先确定,因而,风险是投资过程中不可避免的。风险的大小与投资的时间长短有关,时间越长,不确定性越大;风险也和投资的预期报酬有关,预期收益越高,所含风险越大。风险与收益往往呈现相同的趋势,即高收益往往隐含着高风险,而高风险又会给投资者带来高收益。但是,收益和风险之间关系复杂,两者不一定成正比例关系,额外的风险,不一定有额外的收益;具有相同的风险,也不一定具有相同的收益。因此,作为投资者而言,投资的基本目标是在一定的限制条件下,取得最大可能的收益。为此,就必须尽可能地将风险置于控制之下,这就需要在证券投资的实务中,采取一系列措施,使风险降低到最低程度,即在风险相同的条件下,追求收益的最大化,或者在收益既定的情况下,寻求风险最低的投资。

(三) 投资与投机

在中国人的传统思维里,投资与投机是两个截然不同的概念,投资是正常行为,投机则是不正当甚至非法行为。从经济学意义上讲,投机几乎与投资同义,投机就是寻找和掌握投资的机会。正是千百万人在市场上寻找投资机会,才能形成市场的均衡价格和社会平均利润。可以说,投机是投资的一种手段或方式。

在使用投资与投机概念时,人们习惯于用以下方式将投资与投机加以区别。

1. 以投资时间长短来划分

投资时间短,在市场上频频买入或卖出有价证券的为投机;长期保留证券,不轻易换手,按期坐收资本收益的为投资。

2. 以投资风险大小来划分

投资风险大的为投机,投机为高风险投资;投资风险相对小的为投资,投资是稳健的投机。

3. 以是否重视证券实际价值来划分

投资者着重对各种证券所代表的实际价值、公司的业绩和创利能力进行分析,然后选择投资对象;而投机者主要注重市场的变化,注意证券市场行情的变化,频繁买进卖出,以获市场差价为主。投资者注重证券的内在价值,而投机者则注重证券的市场价格。

正常的投机对平衡证券价格,增强证券的流动性,加速资金周转,维持证券市场正常运转具有积极作用。从某种意义上说,没有投机就没有证券市场。但过度投机会对市场乃至经济造成危害。过度投机行为容易造成盲目性,出现各种风潮。因此,我们应当禁止不正当的、非法的投机。

(四) 投资的要素

投资由时间、风险和收益三个基本要素组成。

1. 时间

一方面,投资需要牺牲当前消费以获得期望的未来消费,另一方面,任何投资都必须经过一定的时间才能取得收益。一般而言,投资期限越长,收益就越高,但风险也越大。

2. 风险

要获取一定的收益,就必须承担一定的风险。一般而言,收益与风险成正比,风险越大,收益越高,但并不是每个冒高风险的投资者都一定能取得高收益。

3. 收益

任何投资的目的都是为了获取一定的收益,如果投资成功将获得比投入更大的回报。比如,证券投资的收益包括利息、股息等经常收益和由证券价格的涨跌所带来的资本利得两部分。

(五) 投资的当事人

政府、企业和个人是投资活动的主要参与者,他们既可以作为资金供给者又可以作为资金需求者。为了实现资源的合理配置从而使经济繁荣发展,资金必须流向有效率的个人、企业或政府。否则,就会导致政府购买、企业生产和个人消费的萎缩,使经济发展减慢。

1. 政府

政府是指中央政府和地方政府。中央政府为弥补财政赤字或筹措经济建设所需资金,在证券市场上发行国库券、财政债券、国家重点建设债券等国债;地方政府为本地方公用事业的建设发行地方政府债券。各级政府需要资金为长期项目融资,如公共设施的建设、维持政府运行等。有时,政府也提供资金进行一些短期投资以获得收益。总的来说,政府是资金的净需求者——它对资金的需求大于供给。

2. 个人

个人是资金需求者,他们需要贷款买车、买房、接受教育。但总的来说,他们是资金的净供给者,其投入金融体系的资金远多于提出的数目。

以上所指的个人是相对于政府与企业而言的。根据管理资金者的不同,可以把投资过程中的投资者划分为两种类型:个人投资者和机构投资者。个人投资者自己管理资金以实现其投资目标,他们通常是为了获得闲散资金收益、建立退休收入来源或为未来家庭开支提供保障。缺乏时间或专业性来进行投资的个人通常雇佣机构投资者,即专门从事管理他人资金并收取报酬的投资机构,他们为个人、企业或政府进行大宗的证券交易。机构投资者包括各种金融机构,如银行、保险公司、共同基金或抚恤基金等。

二、投资的基本原则

涉及投资的不同范畴和方面,都有一些属于所谓"原则"的问题,这里就个人投资理财的总的原则简要介绍一下。

(一) 善于观察市场,把握进入时机

投资市场的重要特征之一就是波动性。任何一个投资市场都有涨有落,都是在风云变幻的起伏中发展的。也正是这种波动与起伏,使理财与投资活动充满了诱惑与魅力。在波动的市场中恒定的投资准则就是"贱买贵卖",但要把握这一点却是异常艰难,其重要原因在于很难判断哪一个价位与时点是"高",哪一个价位与时点是"低",因此要成为一个成功的投资者就必须善于观察市场,把握进入市场的时机。这几乎成了最重要的原则。

观察市场主要着眼于把握市场行情,包括以下几个方面。

(1) 资本市场乃至整个商品市场价格的变动轨迹和趋势。市价的变化,直接关系到个人与家庭资产的现实价值多少,以及投资时机的好坏。因此,不仅需要获取相关信息,而且必须时时刻刻注视着它的走向。

(2) 资本市场乃至整个商品市场供求状况。投资市场的供给和需求这两股力量,直接影响着价格的变动。对此,个人与家庭需主要了解参与交易成员的状况、市场需求是否强劲、潜力有多大等。

(3) 金融机构及各种投资品交易机构的营运状况。它们直接影响着投资者是否愿意买进或卖出的决策。所以,及时获取这方面信息,便可及早作出决策,选择最佳时机进出市场。

(二) 敢于冒险,切忌优柔寡断

进行理财投资活动必须具有良好的风险观念,对于投资的风险既不能无视其存在而盲目投资,也不能由于害怕风险而畏首畏尾。

投资要综合估算风险与收益,并以"风险与收益"相平衡作为投资决策的准则,在承受较大风险的同时,必须要有较高的预期收益。当然我们这里说的"风险与收益"并不是说每次投资都要有相应的回报,而是从概率角度计算投资活动整体风险与收益相平衡。我国居民在投资理财方面趋于保守,承受风险的心理较弱,过分强调投资理财的安全性,缺乏冒险精神。而投资理财必然面对收益与风险的矛盾,收益越大,风险越大。因此,既要敢冒风险,追求收益最大化,又要时刻防范风险,确保资金安全。

面对风险,要"该出手时就出手",不能优柔寡断。这种果断是建立在自己获得的信息、市场的经验、抗风险能力等基础上,而且敢于在风险中寻求更大收益。

面对风险,投资者还应估算自己的"风险承受能力"。"风险承受能力"可以用所能承受损失的绝对额与受损状态维持的时间长短等指标表示。风险承受能力强的人可在市场低迷情况下捕捉机会,因而获得收益的可能性要大得多;而风险承受能力弱的人恰恰相反,很难通过市场自身的调整与波动,减少损失,争得收益。

(三) 重视合法的扩张机会,要懂法、守法

投资理财的兴起需要完善的法律、法规予以保证。完善、健全的市场应当是公平、公开和公正的,应当对每一个投资者都是平等的。作为投资者一定要熟悉投资市场的"游戏规则",及时、敏锐地发掘扩张投资的机会,在法律框架之内取得合法收益。

目前我国在投资理财方面的法律、法规还有许多不完善之处,这一方面为投资者提供了大量的"套利""打擦边球"机会,同时这也给投资者带来了巨大的道德风险和政策性风险。认真学习研究投资理财方面的法律法规,利用政策机会获利,保障自身合法的权益,并且善于规避道德风险和政策性风险,是成功投资者的必备素质之一。

三、投资的种类

当人们进行投资时,投资对象(公司或政府实体)用提供未来预期收益的方式换取人们现在拥有的资

金并加以利用。人们把资金投入到他们认为能提供最多收益的机构。不同投资者对收益的判断不同,因此便出现了各种类型的投资。投资的选择取决于投资者的资源、目标和性格。按不同的分类标准,投资有以下几种。

(一) 实物资产投资和金融资产投资

实物资产大多指有形资产,即我们能够看见资产本身及资产的作用,如房地产、建筑物、机器设备等。金融资产经过发展,已经能够代表这种实物资产的要求权。这种要求权可能是对所有权的要求(如普通股),也可能是对债权的要求(如信用交易、银行贷款、债券、票据等),还可能是对其他金融资产价值的要求(如可转换债券、期货、期权等)。

(二) 按照投资性质的不同,投资分为债权性投资、权益性投资与衍生证券投资

1. 债权性投资

债权性投资是指为取得债权所做的投资,如购买国库券、公司债券等。债券是一种金融契约,它以契约的形式明确规定投资者与被投资企业的权利与义务。无论被投资企业有无利润,投资者均享有定期获取利息和到期收回本金的权利。投资者进行债权性投资,一般是为了取得高于银行存款利率的利息,并保证按期收回本息。

2. 权益性投资

权益性投资是指为获取企业的净资产所有权所做的投资,包括普通股、优先股、认股权与认股证等。权益性证券的持有者一般拥有在股东大会上的表决权和领取股利的权利,但此类证券一般无还本日期,股东若无意继续持有,可依法转让给他人而收回投资。

3. 衍生证券投资

衍生证券投资是指对那些价值由其他资产价值决定或者由其他资产价值衍生出来的证券的投资,包括期权、可转换债券、期货、互换等。期权是给予持有者在一定时期内按某预定价格买入或卖出一定数量金融资产的权利的法律契约;可转换债券是一种可以把债券转换为股票的公司债券,其实质是附着于买入期权的债券;期货是使投资者必须在未来某一具体日期以规定价格买入或卖出一定量资产的证券;互换是指在未来某一时点互换特定资产的协议,可看作具有多个交割日期的期货合约的组合。

四、投资工具

投资工具的种类很多,它们在期限、成本、收益、风险、税收等各方面都有所不同。下面对证券市场上主要的投资工具进行简单介绍。

(一) 短期投资工具

短期投资工具,也叫货币市场工具,是指期限为一年或一年以下的投资工具。其主要品种有短期国库券、商业票据、大额存单、银行承兑汇票、回购协议等。这些工具的共同特点是风险小、期限短、流动性好、收益水平还不错。通常,在投资长期工具之前,闲散的资金被用来进行这些短期投资以获取一定收益。这些投资工具能提供很好的流动性,即可以迅速转换成现金而很少或不会有价值损失。短期投资工具是保守投资者的主要投资对象。

(二) 普通股

股票是股份制公司发给出资并承担经营风险的股东的股份资本所有权的凭证。普通股股票代表股份制公司中的所有权份额,代表股票所有者对公司财产与盈利的要求权,所有者可以凭股票定期获得公司分配的收益。投资于普通股股票的收益有两个来源:股利与资本利得。股利是股份公司根据盈利状况或承诺而对股东定期或不定期分配的利润;资本利得是指金融工具资产卖出价格高于买入价格所形成的差价收益。

(三) 固定收益证券

固定收益证券是定期提供固定收益的投资工具。它们的共同特点为期限较长、收益固定和投资风险较低,是追求长期、稳健收益的投资者或基金投资的主要投资对象。固定收益证券的主要种类如下。

(1) 债券是由公司或政府发行的长期债务工具。债券持有者在债券到期日(通常在 20 年与 40 年之

间)获得债券的票面值和约定的利息收益。1926年以来,美国长期公司债券的平均年收益率为6.2%左右,风险较小的长期政府债券平均年收益率为5.8%左右。

(2) 可转换证券是一种特殊的固定收益证券,它允许投资者在特定时间内将其转换为一定数目的普通股股票。投资者既获得债券的固定利息收入,又获得股票的升值收益。

(3) 优先股股票是一种既有股权性质又有债权性质的投资工具。与普通股股票相同,优先股股票代表投资者对公司的所有权;与普通股不同的是,优先股有固定水平的红利,并且在收取股利时有先于普通股持有者的优先权。

(四) 投资基金

共同基金是指将众多散户的资金集中起来,交由专职的投资专家进行证券投资,风险由投资者承担、收益由投资者分享,基金组织根据资金规模定期获得一定比率管理费的投资机构。

(五) 衍生证券

衍生证券是指价值由其他资产的价值决定,或者由其他资产的价值衍生出来的证券,包括远期合约、期货、期权、互换等。因为收益的不确定性和市场价值的不稳定性,衍生证券通常有较高的风险。然而,它们也有较高水平的期望收益。

远期合约是交易双方当前达成的在未来某一时间以某一价格交换某一数量的某种资产的合约。投资者可以通过远期合约达到控制成本、消除或降低风险、进行套利等目的。

期货实质上是标准化的远期合约。期货的种类很多,主要分为两大类,即商品期货和金融期货。商品期货的对象主要包括各种农畜林产品、矿产品、钢材、有色金属、贵金属和石油等;金融期货主要包括股票期货、股指期货、货币期货和利率期货等。

期权是期货的发展,约定未来买入的合约称为看涨期权或买入期权;约定未来卖出的合约称为看跌期权或卖出期权。与期货不同的是,期权投资者可以行使在某一时刻以一定价格买入或卖出合约的权利,也可以放弃该权利。

(六) 其他投资工具

除了以上几种投资工具之外,投资者经常使用的投资工具还有房地产、有形资产等。所谓房地产是指土地、建筑物和固着在土地、建筑物上不可分离的部分及其附带的各种权益。房地产投资的收益包括租金收入、税收减免和价值增值。有形资产是指除房地产之外的其他投资资产,包括黄金和其他贵金属,诸如硬币、邮票、艺术品和古董等收藏品。投资者对这类有形资产投资是为了获得价值增值。

第二节 货币的时间价值

一、货币时间价值概述

货币时间价值是指货币随着时间的推移而发生的增值,也称为资金时间价值。简单来说,货币的时间价值就是指当前所持有的一定量货币比未来获得的等量货币具有更高的价值。从经济学的角度而言,现在的一单位货币与未来的一单位货币的购买力之所以不同,是因为要节省现在的一单位货币不消费而改在未来消费,则在未来消费时必须有大于一单位的货币可供消费,作为弥补延迟消费的贴水。

例:现在的100元(本金)在利率10%的条件下,一年之后就成为110元(本利和)。反过来,一年以后的110元,也只相当于现在的100元。在这个意义上现在的100元同一年后的110元是"等价"的,如图3-1所示。

这里,年初与年末的差额10元即为利息,它是在一定的利率下随着时间的不同而变化,因而使整个货币价值量发生变化。所以,因时间的变化而引起的货币资金价值量的变化,我们就称之为货币时间价值。

货币时间价值与商品生产、商品周转密切相关。当货币作为资本或资金投入生产、流通过程时,其价值就会随着时间的持续不断增长,这是一种客观的经济现象。企业资金循环和周转的起点是投入货币资金,企业用它来购买所需的资源,然后生产出新的产品,产品出售时得到的货币量大于最初投入的货币量。

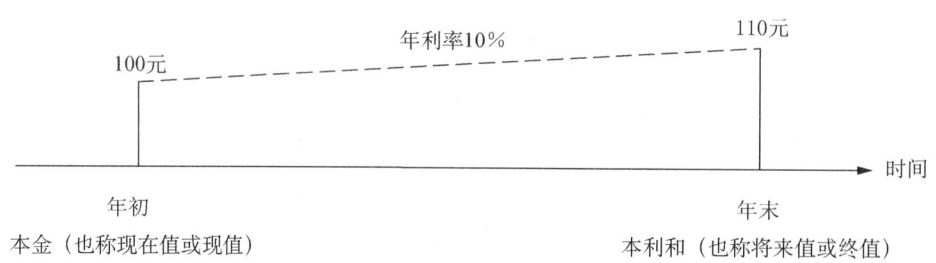

图 3-1 货币时间价值示意图

资金的循环和周转以及因此实现的货币增值,需要或多或少的时间,每完成一次循环,货币就增加一定数额,周转的次数越多,增值额也越大。因此,随着时间的延续,货币总量在循环和周转中按几何级数增长,使得货币具有时间价值。

从另外一个角度来看,货币的时间价值是没有风险和没有通货膨胀条件下的社会平均资金利润率。在激烈的市场竞争下,市场经济中各部门投资的利润率趋于平均化。每个企业在投资某项目时,至少要取得社会平均的利润率,否则不如投资于另外的项目或行业。因此,货币的时间价值成为评价投资方案的基本标准。

理财对货币时间价值的研究主要是为了将来某一特定时刻回收一定数量的资金,现在应该投放多少资金。由于货币随时间的延续而增值,现在的 1 元钱与将来的 1 元多钱甚至是几元钱在经济上是等效的。换一种说法,就是现在的 1 元钱和将来的 1 元钱经济价值不相等。由于不同时间单位货币的价值不相等,所以,不同时间的货币收入不宜直接进行比较,需要把它们换算到相同的时间基础上,然后才能进行大小的比较和比率的计算。

二、单利和复利

(一) 单利

单利是指按照固定的本金计算利息。按照单利计算方法,在计算利息额时,不论期限长短,永远在初始本金上计算利息。

单利的计算公式为

$$利息:I = P \times i \times n$$
$$本息和:S = P \times (1 + i \times n)$$

其中,以符号 I 代表利息,P 代表本金,n 代表时间,i 代表利率,S 代表本利和。

例:某企业有一张带息期票,面额为 1 200 元,票面利率 4%,出票日期 6 月 15 日,8 月 14 日到期(共 60 天),则到期时利息为

$$I = 1\,200 \times 4\% \times 60/360 = 8(元)$$

在计算利息时,除非特别指明,给出的利率是指年利率。对于不足一年的利息,以一年等于 360 天来折算。

(二) 复利

复利是与单利相对应的经济概念。单利的计算不用把利息计入本金;而复利恰恰相反,它的利息要并入本金中重复计息。复利就是复合利息,它是指每年的收益还可以产生收益。具体是将整个借贷期限分割为若干段,前一段按本金计算出的利息要加入到本金中,形成增大了的本金,作为下一段计算利息的本金基数,直到每一段的利息都计算出来,加总之后,就得出整个借贷期内的利息,简单来说就是俗称的"利滚利"。有人甚至称其为"世界第八大奇观"。

从定义上可以看出复利的要素有三个:初始本金、报酬率和时间。

复利计算的特点:把上期末的本利和作为下一期的本金,在计算时每一期本金的数额是不同的。

复利计算的公式:

$$本息和:S = P \times (1+i)^n$$
$$利息:I = S - P$$

其中,以符号 I 代表利息,P 代表本金,n 代表时间,i 代表利率,S 代表本利和。

复利的报酬惊人,比方说拿 10 万元去买年报酬率 20% 的股票,约 3 年半的时间,10 万元就变成 20 万元。复利的时间乘数效果,更是其中的奥妙所在。

复利的力量是巨大的。印度有个古老故事,国王与象棋国手下棋输了,国手要求在第一个棋格中放上一粒麦子,第二格放上两粒,第三格放上四粒,即按复利增长的方式放满整个棋格。国王以为这个棋手可以得到一袋麦子,结果却是用全印度的麦子都不足以支付。

所以,追逐复利的力量,正是资本积累的动力。

(三) 名义利率与实际利率

若计息周期不是年,如何将其转化为年利率?在普通复利计算以及技术经济分析中,所给定或采用的利率一般都是年利率,即利率的时间单位是年,而且在不特别指明时,计算利息的计息周期也是以年为单位,即一年计息一次。在实际工作中,所给定的利率虽然还是年利率。由于计息周期可能是比年还短的时间单位,如半年、一个季度、一个月、一周或者一天等等,因此一年内的计息次数就相应为 2 次、4 次、12 次、52 次或 365 次等等。这样,一年内计算利息的次数不止一次了,在复利条件下每计息一次,都要产生一部分新的利息,因而实际的利率也就不同了(因计息次数而变化)。

假如按月计算利息,且月利率为 1%,通常称为"年利率 12%,每月计息一次"。这个年利率 12% 称为"名义利率"。也就是说,名义利率等于每一计息周期的利率与每年的计息周期数的乘积。若按单利计算,名义利率与实际利率是一致的;但是,按复利计算,上述"年利率 12%,每月计息一次"的实际年利率则不等于名义利率,应比 12% 略大些,为 12.68%。

例如,本金 1 000 元,年利率为 12%,若每月计息一次,一年后本利和为

$$F = 1\,000 \times (1 + 0.12/12)^{12} = 1\,126.8(元)$$

实际年利率 i 为

$$i = [(1\,126.8 - 1\,000)/1\,000] \times 100\% = 12.68\%$$

这个 12.68% 就是实际利率。

计算一笔投资的收益率,用不同的复利计算期可以使计算结果不一致。设 r 表示年利率,n 表示一年中计算复利的次数,则实际利率就可以通过下列方程进行计算。

$$(1 + r/n)^n = 1 + i$$

例如,某银行宣布 10 年期存款的每年利息率为 7.75%,若银行每半年支付一次利息,对 7.75% 的利息按每半年计算一次复利可得:

$$(1 + 0.077\,5/2)^2 = (1 + 0.038\,75)^2 = 1.079\,00$$

则实际年利率为 7.9%。

若银行每季度支付一次利息,按每季度计算一次复利可得:

$$(1 + 0.077\,5/4)^4 = (1 + 0.019\,38)^4 = 1.079\,80$$

则实际年利率为 7.980%。

(四) 连续复利

随着复利计算期限的不断缩短,计算复利的次数(n)就会不断增加,实际利率 re 也会不断增加。

根据微积分学中的极限理论,可以证明当 n 不断增加时,$(1+r/n)^n$ 的极限值就会不断趋近于 e^r,e 的固定值为 2.718 28。在本例中 $e^{0.077\,5} = 1.080\,6$,这说明实际年利率为 8.06%。

我们可以从上面这个例子中归纳出连续复利计算的一般公式。设年度利率为 r,连续计算复利,n 年以后 P 元投资将增加为 F_n 元,则 P、r 和 F_n 之间的关系如下:

$$F_n = P \times e^{r \cdot n}$$

不同计息周期情况下的实际利率的计算比较如表3-1所示。

表3-1 不同计息周期下的实际利率表

计息周期	一年内计息周期数(m)	年名义利率(r)%	期利率(r/m)%	年实际利率(i)%
年	1	12.00(已知)	12.00	12.000
半年	2	12.00(已知)	6.00	12.360
季度	4	12.00(已知)	3.00	12.551
月	12	12.00(已知)	1.00	12.683
周	52	12.00(已知)	0.230 8	12.736
日	365	12.00(已知)	0.032 88	12.748
连续计息	∞	12.00(已知)	→0	12.750

从表3-1中可知,复利计息周期越短,年名义利率与年实际利率差别越大,年实际利率越高。

三、现值与终值

把不同时期的收支价值换算成同一时间点上的价值,其换算方法有多种,这要根据实际需要而定。在以后时间点上发生的收支数额(一笔金额或一系列金额)折算成等价的同一个较早的时间点(不一定是现在的时间)上的价值,然后在这个现在值的基础上作分析比较,这种方法称为现在值计算,也称现值计算;把较早发生的收支价值(一笔金额或一系列金额)换算成以后某一时间点上的金额,再在这个将来值的基础上作分析比较,这种方法就称为将来值计算,也称终值计算。

在现值与终值的换算过程中,必有一定的差额,这便是通常所遇到的利息。现值、终值和利息是货币时间价值的三个要素,它们之间的关系可用如下简式表示:

现值(现在值或本金)+利息=终值(将来值或本利和)

终值-利息=现值

(一)单利终值

单利终值即现在的一定资金在将来某一时点,按照单利方式计算的本利和。其计算公式为

$$S = P + P \times i \times n = P \times (1 + i \times n)$$

例:某企业有一张带息期票,面额为1 200元,票面利率4%,出票日期6月15日,8月14日到期(共60天),如票据到期,出票人应付的本利和,即票据终值为

$$S = 1\,200 \times (1 + 4\% \times 60/360) = 1\,208(元)$$

(二)单利现值

在现实经济生活中,有时需要根据终值来确定其现在的价值即现值。例如,在使用未到期的票据向银行申请贴现时,银行按一定利率从票据的到期值中扣除自借款日至票据到期日的应计利息,将余额付给持票人,该票据则转归银行所有。贴现时使用的利率称为贴现率,计算出来的利息称贴现息,扣除贴现息后的余额称为现值。

单利现值的计算公式为

$$P = S - I = S - S \times i \times n = S \times (1 - i \times n)$$

例:某企业有一张带息期票,面额为1 200元,票面利率4%,出票日期6月15日,8月14日到期(共60天)。企业因急需用款,凭该期票于6月27日到银行办理贴现,银行规定的贴现率6%。因该期票8月14日到期,贴现期为48天。银行付给企业的金额为

$$P = 1\,208 \times (1 - 6\% \times 48/360) = 1\,208 \times 0.992 = 1\,198.34(元)$$

(三)复利终值与复利终值系数

复利是一种本金持续累积生息的过程。很多的情况下,复利观念对于估计资金未来的价值相当有用。例如你可能会想知道退休时,你所拥有的资金价值会是多少?或者是5年后当你想购买房屋时,银行存款里会累积多少钱?所以,通过单笔金额终值的观念,我们便能够衡量未来特定时点所能累积的存款价值,并判断是否有能力购买汽车或支付房屋首付款。

复利终值是指本金在约定的期限内获得利息后,将利息加入本金再计利息,逐期滚算到约定期末的本金之和。

若每期都复利计息,计息期数为n,则终值FV的计算公式为

$$FV = PV(1+i)^n$$

其中,FV代表终值,PV代表现值(或其他投资的金额),i代表利率(或投资报酬率),n代表时间(或投资期间)。

例如:本金为100 000元,利率或者投资回报率为20%,投资年限为5年,那么,5年后所获得的收入,按复利计算公式来计算就是:

$$FV = 100\,000 \times (1 + 20\%)^5 = 248\,830$$

$(1+i)^n$被称为复利终值系数,可以利用终值系数求算资金的终值(终值=现值×终值系数)。终值系数是指可用以计算目前存款在未来特定时点价值的乘数因子。影响终值系数的因素是利率与期间。所以,当你想知道目前存款在未来特定时点的价值时,只要将终值系数乘上目前的存款金额,即可求得。上题中,利率为20%的5期复利终值的系数为2.488 3。因此,用复利终值系数来计算就是:

$$FV = 100\,000 \times 2.488\,3 = 248\,830$$

(四)复利现值与复利现值系数

复利现值是指在计算复利的情况下,要达到未来某一特定的资金金额,现在必须投入的本金。

很多时候,你可能会想知道究竟要存入多少或投资多少钱,才能在特定时点累积到特定金额的资金。这种由现金流量转换成现值的过程称为折现。假设你想在3年后攒够买房首付款2万美元,那么为了达成此目标,你现在应该投资多少钱?换句话说,就是你想知道3年后的2万美元在目前的价值。

若每期都复利计息,计息期数为n,则现值PV的计算公式为

$$PV = FV(1+i)^{-n}$$

其中,FV代表终值,PV代表现值,i代表利率,n代表时间。

例:某人拟在5年后获得本利和10 000元,假设投资报酬率为10%,他现在应投入多少元?按复利计算公式来计算就是:

$$PV = 10\,000 \times (1 + 10\%)^{-5} = 6\,210$$

$(1+i)^{-n}$被称为复利现值系数。可以利用现值系数求算资金的现值(现值=终值×现值系数)。现值系数是指可用以计算未来特定金额在目前时点价值的乘数因子。同样的,影响现值系数的因素也是利率与期间。上题中,利率为10%的5期复利现值的系数为0.621。因此,用复利现值系数来计算就是:

$$PV = 10\,000 \times 0.621 = 6\,210$$

四、年金

(一)年金的概念

年金是指等额、定期的系列收支。例如,分期付款赊购、分期偿还贷款、发放养老金、分期支付工程款、每年相同的销售收入等,都属于年金收付形式。年金是每年都发生的等额现金流量形式。

一般来说，每年的年金现金流的利息也具有时间价值，因此，年金终值和现值的计算通常采用复利的形式。

年金按其每次收付款项发生的时点不同，可以分为普通年金、即付年金、即期年金、延期年金、永续年金等类型。

1. 普通年金

普通年金是指从第一期起，在一定时期内每期期末等额收付的系列款项，又称为后付年金。

2. 即付年金

即付年金是指从第一期起，在一定时期内每期期初等额收付的系列款项，又称先付年金。即付年金与普通年金的区别仅在于付款时间的不同。

3. 即期年金

即期年金是在合同签发日后从第二个年金期间开始提供定期收入支付的一种年金类型。年金期间是一系列定期收入支付的付款之间的时间间隔。提供一系列年度定期收入支付的年金具有一年的年金期间，被称年度年金。提供一个月的年金期间的年金合同被称为月度年金。定期收入支付也可以按季度或半年度进行。

4. 延期年金

延期年金是定期收入支付在合同签发日后超过一个年金期间之后才开始。从合同签发日到合同定期收入支付开始日之间的这段时间称为累积期间。给付期间是应对受款人进行定期收入支付的期间。

5. 永续年金

永续年金是指无限期等额收付的特种年金。它是普通年金的特殊形式，即期限趋于无穷的普通年金。

第三节 投资收益与风险

一、投资收益

(一) 收益的概念

投资的收益和风险并存，且呈同方向变化的趋势。投资者在投资过程中对收益和风险的及时确认和准确衡量是实现投资目标的重要保证。对投资收益和风险进行衡量的理论意义在于它是一系列投资理论、方法和应用原理的基础。投资的根本目的是获利。利润是预期在未来实现的，投资目标能否实现存在着诸多的不确定因素；投资者购买公司股票，买的是公司未来预期的盈利，风险越高越要求得到更高的投资收益。从研究的应用价值来看，对投资收益和风险的把握有利于实现追求效益、控制风险的理财要求；有利于在既定风险的情况下提高投资收益，或在既定收益的情况下降低投资风险。

所谓收益，是指进行投资获得的利润，即投资的回报。假如投资者把1 000美元存入年利率为5%的储蓄账户，则一年的收益为50美元=（1 000×0.05）；如果把这些钱借给商业合伙人，则收益取决于双方约定的利率水平。对于前一种投资来说，收益是确定的；但对于后一种投资来说收益的确定性则相对较低。预期收益的大小及确定性是选择投资工具的重要因素。

(二) 收益的组成部分

投资收益不止一个来源，最常见的来源是定期支付的股利或利息等，另外一个来源是价值增值，即投资工具的卖价高出其最初买入时价格的差额。我们把这两种收益来源分别称作当期收入和资本利得/损失。其中，当期收入的形式为股票的股利、债券的利息或共同基金的红利。它是以现金或其他很容易兑现形式存在的收入；资本利得是指由于投资工具卖出价格超出买入价格而获得的收入，卖价低于买价时则产生资本损失。不同有价证券投资的收益形式如下所述。

1. 股票投资的收益形式

股票投资的收益形式包括：分配收益形式，主要是现金股利和股票股利；公积金转增股本带来的资本增值收入；优先认股权的转让价值和买卖差价收入。

2. 债券投资的收益形式

债券投资的收益形式包括：利息收入；特殊权益性收益；偿还差益、偿还差损或买卖差价。

3. 基金投资的收益形式

（1）现金收益分配或红利再投资。封闭式基金规定收益分配必须采取现金的方式，每年至少分一次，且分配比例不得低于可分配基金净收益的90%；开放式基金规定基金收益分配可以采取现金的方式，基金持有人也可以选择红利再投资，把当前的基金收益转换成基金单位。

（2）买卖差价或认购价、申购价和赎回价格的差额。投资收益在不同时间、不同类型的投资之间都会不同。通过对过去很长一段时期的收益进行平均，可以消除时间影响而使投资者更清楚地看到不同投资工具之间收益的比较。表3-2提供了1926年1月1日—2005年12月31日，80年间美国不同投资工具的平均年收益率。

表3-2 不同投资工具的年收益率与同期通货膨胀率的比较

投资工具	平均年收益率（%）
大公司股票	12.3
小公司股票	17.4
长期公司债券	6.2
长期政府债券	5.8
美国国库券	3.8
通货膨胀率	3.1

（三）资金的时间价值

资金的时间价值可以被用来衡量一项投资是否可取。忽略风险，合意的投资是指收益的现值不低于成本现值的投资。由于投资的成本在开始时就已经产生，所以成本与成本现值相同。三种不同的收益-成本关系如下：

（1）如果收益的现值等于成本，则投资者获得的收益率等于贴现率。

（2）如果收益的现值高于成本，则投资者获得的收益率高于贴现率。

（3）如果收益的现值低于成本，则投资者获得的收益率低于贴现率。

理性的投资者会选择前两种投资，而放弃第三种。对收益现值的计算如表3-3所示。

表3-3 投资收益现象的计算

年	收益	贴现因子	现值
2008	90	0.926	83.34
2009	100	0.857	85.70
2010	110	0.794	87.34
2011	120	0.735	88.20
2012	100	0.681	68.10
2013	100	0.630	63.00
2014	1 200	0.583	699.60
收益净现值			1 175.28

通过以上计算，得出在8%的贴现率下该投资的净现值为1 175.28美元。如果该投资的成本不超过1 175.28美元，则说明该投资是有价值的，即投资者至少可以获得8%的收益率；反之，当投资的成本高于1 175.28美元时该投资是不可取的，因为投资者获得的收益率低于8%。

（四）收益的衡量

前面介绍的历史收益和预期收益的计算是简单化了的，要比较不同投资工具的收益需要考虑资金的时间价值等多种因素。

1. 收益衡量的标准

收益衡量的标准一般有如下几种。

(1) 按度量单位分类。

① 收益额。指投资者持有有价证券过程中投入成本与回收金额的差额。

② 收益率。指投资者投资获得的收益值与投入成本的比值,一般收益的衡量都使用收益率以便对不同投资工具进行比较。

(2) 按度量时间长短分类。

由于投资期限具有不确定性,因此收益率的衡量可以分为日收益率、周收益率、月收益率、年收益率,其中最常用的是年收益率。值得注意的是,不同时间周期收益率的换算问题,如果已知长时间周期的收益率,可以直接除以上述时间周期的倍数,求得短期收益率。例如,已知年收益率是12%,则月收益率就是1%,依次类推。但是,把短期收益率指标换算成长期收益率指标则不能简单相乘,应按以下公式计算:长期收益率 $=(1+$短期收益率$)^n-1$,其中 n 代表长期和短期相差的倍数。例如,已知月收益率是1%,则:

$$年收益率=(1+1\%)^{12}-1=12.68\%$$

(3) 按研究对象分类。

① 单个资产收益率。指投资某个具体的股票、债券或基金所获得的收益率。

② 组合资产收益率。指投资于若干个有价证券,组成一个有效的证券投资组合所获得的收益率,它取决于构成组合的单个证券的收益率和组合中每个证券的投资比例。

③ 市场收益率。指证券交易所内全部上市证券按照每只证券市值所占市场总市值的比例构成一个最大的投资组合所获得的收益率,是投资者必要收益率的参照标准。

(4) 按度量时间前后分类。

① 历史收益率。反映金融资产在过去实际交易中的真实收益情况。

② 当前收益率。本期持有某种金融资产所获得的收益率。

③ 预期收益率。投资者现在持有的某种金融资产期望在今后持有期内获得的收益。在投资实践中,投资者更关注预期收益率的高低。

(5) 按计算方法分类。

① 单期收益率。只计算特定某一期间持有证券获得的收益情况。

② 多期收益率。在有价证券整个投资期内所获得的全部收益情况。

③ 平均收益率。当投资期为多期时按照一定的方法所计算的每一期的平均收益率,有算术平均、几何平均和加权平均三种方法。

(6) 按是否扣除通货膨胀的影响分类。

① 名义收益率。指没有考虑物价变动情况的收益指标。

② 实际收益率。指扣除了物价变动对收益率影响后的指标,投资者在投资时由于有时间价值的存在,应该关注由于物价的变化给实际的购买力所造成的影响。

2. 实际收益率、无风险收益率和必要收益率

理性投资者会选择收益能够完全补偿风险的投资。风险越大,投资者要求的收益越大。能完全补偿投资风险的收益率被称为必要收益率,为了更好地了解必要收益率,有必要研究其构成。对于任何一项投资,其必要收益率包括三个基本部分:实际收益率、预期通货膨胀贴水和风险贴水。

$$必要收益率=实际收益率+预期通货膨胀贴水+风险贴水$$

(1) 实际收益率是指在一个所有结果都已知,即没有风险的理想世界中的收益率,它随着经济情况、投资者偏好的变化而变化。实际收益率在过去相对稳定且通常在0.5%—2%的范围内波动,为方便起见,假设实际收益率为2%。

(2) 预期通货膨胀贴水表示对未来通货膨胀预期的平均水平。由于预期通货膨胀影响所有的收益率,把它与实际收益率相加就形成无风险利率,即不存在风险的投资所能得到的收益率,通常以三个月的

美国短期国库券利率表示。无风险利率的计算公式为

$$无风险利率 = 实际收益率 + 预期通货膨胀贴水$$

(3) 风险贴水由特定的发行特征和发行者特征决定。发行特征包括投资工具的种类(股票、债券或其他)、到期日(两年、五年或无期)和其他特点(是否可赎回等);发行者特征是指行业或公司的情况,如财务状况等。发行和发行者特征使投资者要求在无风险利率上加上风险贴水,得到必要收益率。

$$必要收益率 = 无风险利率 + 风险贴水$$

3. 持有期收益率

持有期收益率衡量的是某项投资在某一持有期内的收益水平,即持有期内总收益(包括当期收入和资本利得/损失)与初始投资额的比率。对不同投资的收益率进行比较时必须使用相同长度的持有期,持有期不同会导致错误的投资决策。通常使用一年的持有期作为衡量收益率的标准。

(1) 收益的组成。

正如前面所说,投资收益包括当期收入和资本利得(损失)。投资者在持有期内收到的当期收入称为实现收益。并不是所有的当期收入都是实现的,如零息债券的利息在征税时被计为当期收入,但只在债券卖出或到期时才得以实现;与之相反,资本利得只有在持有期结束、投资工具卖出的时候才得以实现。在此之前,资本利得被称为账面收益。然而,即使如此,资本利得也必须计入收益。

值得注意的是,当期收入和资本利得都可以为负。当期收入为负是指投资者被要求交纳一定现金以满足某项合约,这种情况比较少,通常发生在各种财产投资中。而资本损失则可以发生在任何投资工具中,如股票、债券、共同基金、期权、期货、房地产和黄金等都可以在某一持有期内发生市值损失。

(2) 持有期收益率的计算。

持有期收益率的计算公式为

$$持有期收益率 = \frac{持有期当期收入 + 持有期资本利得/损失}{初始投资}$$

其中,持有期资本利得/损失 = 期末价值 − 初始价值。

持有期收益率为衡量持有期内已实现的总收益或估计预测收益提供了简便的方法。表 3-4 总结了 2017 年四种投资工具的收益状况,当期收入和资本利得/损失分别为(1)、(3),两者加总得到总收益(4)。总收益除以年初投资总额(2)即为持有期收益率(5)。可以看出,普通股股票的持有期收益率最高,为 12.25%;储蓄账户的持有期收益率最低,为 6.00%。

表 3-4 持有期收益率 (单位:美元)

	储蓄账户	普通股	债券	房地产
现金收入				
第一季度	15	10	0	0
第二季度	15	10	70	0
第三季度	15	10	0	0
第四季度	15	15	70	0
(1) 当期收入总和	60	45	140	0
投资价值				
年末	1 000	2 200	970	3 300
(2) 年初投资总额	1 000	2 000	1 000	3 000
(3) 资本利得/损失	0	200	−30	300
(4) 总收益(1)+(3)	60	245	110	300
(5) 持有期收益率(4)/(2)	6.00%	12.25%	11.00%	10.00%

从以上计算中我们可以看出,计算持有期收益率需要知道投资在期初与期末的市场价值和持有期的当期收入。持有期收益率既可以为正,也可以为负;既可以使用历史数据进行计算(如上例),也可以使用预测数据进行计算。

持有期收益率同时考虑了当期收入和资本利得/损失,便于对不同投资进行比较,是进行投资决策的一个简便的工具。如表3-4所示,表面看来房地产投资最有利可图,其总收益额最高。但其要求的投资额也最高(3 000元),于是得到其持有期的收益率其实不如普通股股票。由于收益率反映了每美元获得的收益的高低,因此持有期收益率是比较不同收益水平,尤其是一年或一年以内的收益水平的有效方法。

4. 内部收益率

由于持有期收益率不考虑资金的时间价值,所以它在衡量一年以上投资的收益时是不准确的,与投资者对投资的持有期超过一年时,通常使用另一种收益衡量工具,即内部收益率。所谓内部收益率是指在考虑了资金时间价值情况下,使一项投资在未来产生的收益现金流的现值刚好等于当前投资成本的收益率。只有在内部收益率大于或等于行业基准收益率时,投资项目才有利可图。

在使用内部收益率时,一个重要的假设是持有期内获得的当期收入也同样计息,即利息的利息。例如,某投资者购买1 000美元的利率为8%、期限为20年的长期国债,假设所有的支付都会如数按期实现,则投资者每年可以收到80美元的利息,并在20年后收到1 000美元的本金。但为了获取8%的收益率,投资者必须把每年80美元的利息进行再投资。该投资的收益分解如图3-2所示。

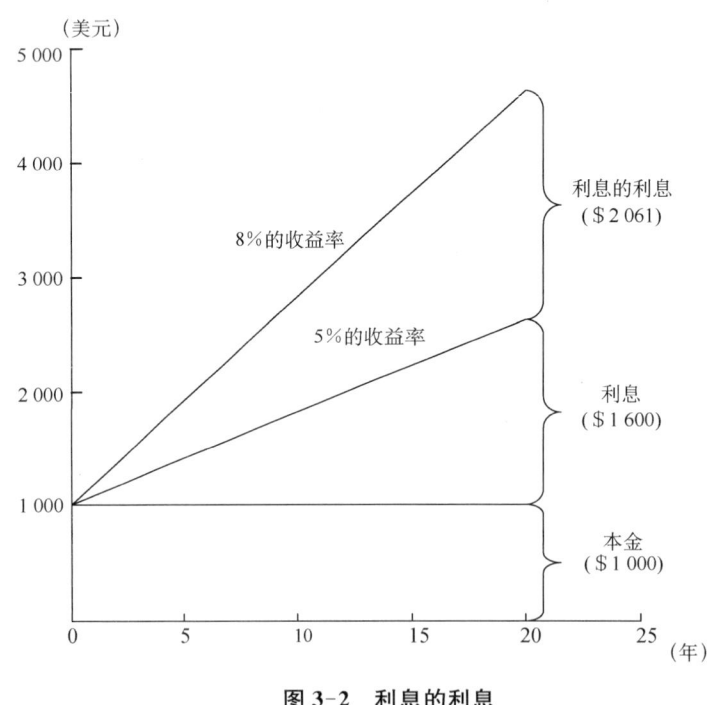

图3-2 利息的利息

如果投资者不把每年80美元的利息进行再投资,即每年以现金的形式提取利息,则其收益率为5%;20年后投资者拥有2 600美元即1 000美元本金加1 600美元利息。现在1 000美元的现金流20年后价值2 600美元,通过计算得到其收益率为5%。要想实现8%的收益率,投资者必须将每年的利息进行再投资,则20年后拥有4 661美元——利率为8%时1 000美元本金加每年80美元年金在20年后的未来值(1 000+80×45.762)。现在1 000美元的现金流20年后价值4 661美元,则计算得出其收益率为8%。通过对利息进行再投资,投资的未来价值增加了2 061美元(=4 661-2 600),这部分就是利息的利息。

值得注意的是,如果进行一项收益率为8%的投资,利息再投资的收益率也必须为8%,这样才能保证该投资实现8%的收益率。如果利息再投资的收益率低于8%,则该投资的收益率也会相对减少。利息的利息对当期收入较高的投资来说是一个很重要的因素,对收益进行连续再投资对实现必要收益率起着重要的作用。

二、投资风险

（一）风险与收益的权衡

投资风险是指从某项投资中获得的实际收益与预期不符的可能性。对某项投资来说，风险与预期收益直接相关。一般来说，收益的可能性范围越广，投资风险越大。高风险的投资必须提供更高水平的收益才足以补偿风险，吸引投资者。在既定的收益水平下，投资者试图使风险最小化；在既定的风险水平下，投资者试图使收益最大化。风险与收益之间的关系被称为风险-收益的权衡。

投资者通常不会把自己的全部资金投放在某一项资产上，同时持有多项资产。这种多项资产构成的集合，称为资产组合。如果同时持有的资产均为有价证券，则称为证券资产组合或证券组合。

证券投资者最关注的是投资收益的稳定性问题，如果投资者将资金分散投资到不同的证券上进行组合投资，各种证券在风险水平上和收益率水平上就能相互填平、补齐，使风险得以分散，能提高组合收益率的稳定性，这就是证券组合投资规避风险机理。

（二）系统风险与非系统风险

单独持有一项资产时，资产的风险状况由其实际收益水平围绕期望收益的波动大小来衡量，波动越大，风险越高。然而，当一项资产纳入一个由众多资产组成的风险充分分散的资产组合中后，情况就起了变化。这时，投资者关心的不再是每一项资产本身的收益波动状况，而是整个资产组合的收益波动状况。每一资产的风险根据其能否被分散掉可分为两个部分——系统风险和非系统风险。

1. 系统风险

系统风险即个别资产的风险中无法在资产组合内被分散、抵消掉的那一部分风险。系统风险的大小取决于两个方面：一是每一资产的总风险的大小；二是这一资产的收益变化与资产组合中其他资产收益变化的相关关系（由相关系数描述）。系统风险无法通过投资多样化的证券组合而加以避免，也称为不可分散风险。

在总风险一定的前提下，一项资产与市场资产组合收益变化的相关关系越强，系统风险越大；相关关系越弱，系统风险越小。

系统风险包括如下方面。

(1) 价格风险。价格风险是由于市场利率上升而使证券价格普遍下跌的可能性。

(2) 再投资风险。再投资风险是由于市场利率下降而造成的无法通过再投资而实现预期收益的可能性。

(3) 购买力风险。购买力风险是由于通货膨胀而使货币购买力下降的可能性。

系统风险主要由经济形势、政治形势的变化引起的，将对绝大多数企业或资产的收益和价值产生影响。

2. 非系统风险

非系统风险是指那些通过资产组合的风险分散效应可以消除掉的风险。非系统风险只与个别企业或少数企业相联系，是由每个企业自身的经营状况和财务状况所决定的，并不对大多数企业产生普遍的影响。非系统风险可以通过持有证券的投资多样化来抵消，也称为可分散风险。

从公司内部管理的角度考察，公司特有风险的主要表现形式是公司经营风险和财务风险。经营风险是指某个企业或企业的某些投资项目的经营条件发生变化对企业盈利能力和资产价值产生的影响。经营风险可以进一步分解为内部原因和外部原因。内部原因是指由于企业本身经营管理不善造成的盈利波动，如决策失误、管理不善造成产品成本上升，质量下降；职工素质不高；管理人员水平低，缺乏应变能力等等。外部原因是指由于企业外部的某些因素变化对企业经营收益的影响，如政府产业政策的调整；竞争对手的壮大；顾客购买偏好的转移等等。财务风险是指企业因借入资金而造成的经营收益的不确定性的增加。

从公司外部证券市场投资者的角度考察，公司经营风险和财务风险的特征无法明确区分，公司特有风险是以履约风险、变现风险、破产风险等形式表现出来的。履约风险是指证券发行者无法按时兑付证券利息和偿还本金的可能性；变现风险是证券持有者无法在市场上以正常的价格平仓出货的可能性；破产风是在证券发行者破产清算时投资者无法收回应得权益的可能性。

投资的风险报酬的大小并不是与证券的全部风险的大小相关联的。而是在一定程度上与证券资产所含的系统风险的大小相关联。也就是说证券投资的期望收益主要依赖于其所含的系统风险,与其非系统风险无关。这是因为在证券投资中通过持有由多种证券构成的证券资产组合来分散投资风险是一项成本很低的活动。因此,人们可以通过成本很低的风险分散活动来消除每一资产的非系统风险。既然这些非系统风险可以很容易消除,那么,承担这类风险也就不会得到什么报酬。与此相反,系统风险是无法通过风险分散的方法来消除的。它是投资者所必须承担的风险。为了鼓励人们承担风险进行投资就必须给予风险承担者相应的报酬。这就是系统风险报酬原则。

(三)投资风险的来源

投资风险的来源很多,谨慎的投资者在进行投资决策时会综合考虑这些风险。下面的各种风险将会以投资风险贴水的形式存在,影响投资者的必要收益率。

1. 利率风险

利率风险是指由市场利率变动而导致的投资风险,分为两种情况:一是由于市场利率水平的变动,使投资收益率降低而产生的风险;二是由于投资收益率相对低于市场利率水平所带来的损失风险。投资者选择投资对象,一般以追逐最大利润为原则。正因为某项投资的收益率高于市场的平均利率水平,所以投资者才会进行该投资。如果投资的收益水平低于市场利率水平,就会给投资者带来损失。

2. 购买力风险

购买力风险是指由于通货膨胀的影响而使投资者承担的风险。例如,当投资者的股票价格、行情看好,取得了收益,而同时正遇上居高不下的通货膨胀率,由于货币贬值,无形中就使投资者损失了获利中的一部分价值。也就是说,投资者货币收入的实际购买力可能下降,这就是购买力风险。由于通货膨胀的存在,使得投资者在股市收入即使有所增加的情况下,也不一定能够获利。因为他的实际收益率还要扣除通货膨胀率所带来的损失。当然,通货膨胀的存在,并不意味着投资者不购买股票就能避免损失;若要减少这一损失,投资者只能去选择收益率高的投资对象。

3. 财务风险

财务风险是指公司的资金困难和资本结构调整引起的风险。一个上市公司财务风险的大小,可以通过该公司借贷资金的多少来反映,债务负担重的公司比起没有借贷资金的公司,其风险更大。

4. 信用风险

金融活动中,可能会遭受到信用风险,亦称违约风险,这是指借款人无法及时偿还借款而导致的风险。借款人可能延迟付款甚至可能不履行信用。在这种情况下,投资人将只能收回部分投资的金额,或者完全无法收回资金。当公司破产时,遭受损失最重的是普通股股东,其次是优先股股东,最后才是债权人。

许多货币市场投资皆无信用风险之虑,例如,商业银行或存款机构中的存款皆向美国联邦存款保险公司(FDIC)承保了高达 10 万美元的保险,政府票券也有联邦政府作为靠山。但也确实有些货币市场基金有信用风险之虑,因为他们投入了高额的资金于金融机构之中,而那些金融机构只为其投资人投保最高 10 万美元的存款,并且将资金投资于私人公司所发行的短期票券。

5. 市场风险

市场风险是指由那些影响投资市场总体、而不针对任何特定投资的市场因素造成的风险。出现市场风险的原因,主要是证券交易市场受整个国家经济周期变化的影响。经济周期分萧条、复苏、高涨和危机几个阶段,在各个不同的阶段,证券市场的变化是非常复杂的。在高涨时期,一般投资活跃、交易频繁、获利大增;而在危机阶段,投资则呈萎缩乃至暴跌之势,从而给投资者造成巨大损失。因此,要尽量减小市场风险程度,投资者应当了解经济周期发展变化的规律,从而把握时机、减少损失、获取收益。

6. 经营风险

经营风险是由企业经营性质所引起的收入现金流的不确定性。一家企业收入现金流的不确定性越强,其投资者的收入现金流的不确定性就越强。因此,投资者将根据企业基本经营所带来的不确定性来要求风险溢价。例如,一家食品公司某个经营期间内会呈现非常稳定的销售和收益增长,这与汽车行业中的企业相比应具有较低的经营风险。相对而言,汽车行业中的企业销售和收益在经济周期中显著波动,隐含着高的经营风险。

7. 流动性风险

流动性代表的是应付短期现金不足的能力,也就是说,能轻易转换为现金的投资才具有流动性。而有些投资项目在转成现金时易于遭受损失,所以流动性风险就是投资项目转换成现金时可能遭受的损失。例如,零售的可转让定期存单具有流动性风险,因为它无法在次级市场上卖出,在到期之前要想先行赎回在金融机构所投资的可转让定期存单,便会遭受提前赎回的罚款。

投资项目的流动性风险也会受次级市场的影响。在次级市场中交易活跃的债券通常会比交易疲软的债券较快出手且折价较少,就像短期公债在次级市场中总是可以轻易脱手。正因如此,短期公债的流动性优于可转换定期存单。

8. 汇率风险

汇率风险是指投资者获得以外币为标价的收益时的不确定性。当投资者在全球范围内投资(相对于仅在他们自己国家买卖资产)时,出现汇率风险的可能性在变大。购买以日元标价的日本股票的美国投资者,不仅要考虑日元标价的收益的不确定性,还要考虑日元相对于美元汇率的任何变化。即除了考虑所投资的日本企业的经营风险、财务风险和证券的流动性风险外,该投资者还必须考虑当日元转换成美元时汇率的不确定性。举一个外汇风险的例子,假设你在汇率为 100 日元等于 1 美元时,以 1 050 日元每股的价格购买 100 股日本东芝公司的股票。这项投资的美元成本是每股 10.50 美元。一年以后,当汇率是 110 日元等于 1 美元时,你以每股 1 200 日元卖出这些股票,当你计算这次投资的收益率时,结果为 14%,但这只是以日元计算的结果。因为这期间的日元贬值了约 10%,所以美国投资者获得非常低的收益率,结果应该是 4%,而对于日本投资者来说则是 14%。很明显,汇率也有可能向另外一个方向变动,即美元对日元贬值,那么这时美国投资者的收益率将会大于 14%,高于日本本国投资者的收益率。

9. 国家风险

国家风险,也被称为是政治风险,是一个国家政治或经济环境发生重大变化时可能导致的收益率的不确定性。由于其政治和经济体制的稳定性,美国被认为是世界上国家风险最小的国家。俄罗斯因其自 1992 年以来政治和经济的不稳定性而被包括在高风险国家的行列之中。在具有不稳定政治和经济体制的国家进行投资的个人,当确定其必要收益率时应该加上相应的国家风险溢价。

(四) 衡量风险的指标

对风险的衡量有助于投资者比较不同的投资工具并做出投资决策,投资者既可以对单独一项投资的风险进行衡量,也可以对投资组合的风险进行衡量。下面首先介绍两种衡量标准,一种是绝对衡量标准,即标准差;另一种是相对衡量标准,即方差系数。

1. 标准差

标准差是对一项资产的风险进行衡量的最主要标准,它表示该资产的收益与其平均收益或期望收益的偏离度。其计算公式为

$$标准差 = \sqrt{\frac{\sum_{j=1}^{n}(现金流\,j\,的收益率 - 平均或期望收益率)^2}{现金流个数 - 1}}$$

$$s = \sqrt{\frac{\sum_{j=1}^{n}(r_j - \bar{r})^2}{n-1}}$$

表 3-5 给出了两种投资在最近几年的收益率。通过计算,可以得出六年期间两种投资的平均收益率都为 15.0%,但是也可以看到,投资 A 的收益率变动比投资 B 小得多。表 3-6 分别计算了两种投资的标准差,投资 A 的收益标准差远小于投资 B,这说明 B 具有更大的风险。

2. 方差系数

方差系数是对一项资产收益的相对离散度的衡量,它被用于比较具有不同平均收益或期望收益的资产的风险。与标准差一样,方差系数越大,投资风险越大。方差系数的计算公式为

$$方差系数 = \frac{标准差}{平均或预期收益率}$$

$$CV = \frac{s}{\bar{r}}$$

根据表 3-7 中的数据,我们可以计算出两种投资的方差系数:投资 A 的方差系数为 0.099(1.49%/15%);投资 B 的方差系数为 0.349(5.24%/15%)。投资 B 的方差系数大于投资 A 的方差系数,说明投资 B 的风险更大。

表 3-5 投资 A 与投资 B 的收益率

年份	收益率	
	投资 A	投资 B
2013	15.6%	8.4%
2014	12.7%	12.9%
2015	15.3%	19.6%
2016	16.2%	17.5%
2017	16.5%	10.3%
2018	13.7%	21.3%
平均值	15.0%	15.0%

表 3-6 投资 A 与投资 B 的标准差

投资 A				
年份(j)	收益率 r_j (1)	平均收益率 $\bar{r}$ (2)	$r_j - \bar{r}$ (3)=(1)-(2)	$(r_j - \bar{r})^2$ (4)=(3)^2
2013	15.6%	15.0%	0.6%	0.36%
2014	12.7%	15.0%	-2.3%	5.29%
2015	15.3%	15.0%	0.3%	0.09%
2016	16.2%	15.0%	1.2%	1.44%
2017	16.5%	15.0%	1.5%	2.25%
2018	13.7%	15.0%	-1.3%	1.69%

$\sum_{j=1}^{6}(r_j - \bar{r})^2 = 11.12$ $S_A = \sqrt{\dfrac{\sum_{j=1}^{6}(r_j - \bar{r})^2}{n-1}} = \sqrt{\dfrac{11.12}{6-1}} = 1.49\%$

投资 B				
年(j)	收益率 r_j (1)	平均收益率 $\bar{r}$ (2)	$r_j - \bar{r}$ (3)=(1)-(2)	$(r_j - \bar{r})^2$ (4)=(3)^2
2013	8.4%	15.0%	-6.6%	43.56%
2014	12.9%	15.0%	-2.1%	4.41%
2015	19.6%	15.0%	4.6%	21.16%
2016	17.5%	15.0%	2.5%	6.25%
2017	10.3%	15.0%	-4.7%	22.09%
2018	21.3%	15.0%	6.3%	39.69%

$\sum_{j=1}^{6}(r_j - \bar{r})^2 = 137.16$ $S_A = \sqrt{\dfrac{\sum_{j=1}^{6}(r_j - \bar{r})^2}{n-1}} = \sqrt{\dfrac{137.16}{6-1}} = 5.24\%$

由于以上两种投资的平均收益是相同的,所以对方差系数的比较与对标准差的比较结果是完全一样的。方差系数的作用在于对期望收益不同的资产的比较,比如投资 X 与投资 Y,两者的平均收益率、标准差、方差系数如表3-7所示。

如果仅对标准差进行比较,投资者会选择标准差比较小的投资 X,但是对方差系数进行比较后,就会发现选择投资 X 其实是错误的:X 的方差系数,即收益的相对离散度,也就是风险,比投资 Y 大。

表 3-7 平均收益率、标准差、方差系数

指　标	投资 X	投资 Y
平均收益率	12%	20%
标准差	9%	10%
方差系数	0.75	0.50

(五) 风险评估

不同的投资具有不同的风险-收益特征:有些具有高风险和高收益;有些则具有低风险与低收益。总的来说,忽略到期日的不同,主要投资工具的风险-收益特征如图3-3所示。国库券的风险几乎为零,因此通常把国库券利率作为市场的无风险利率;其他的投资工具——定期存单、债券、优先股、可转换证券、共同基金、普通股、实物投资、期权、期货等,投资风险依次增加,因而其对应的预期收益水平也依次增加。

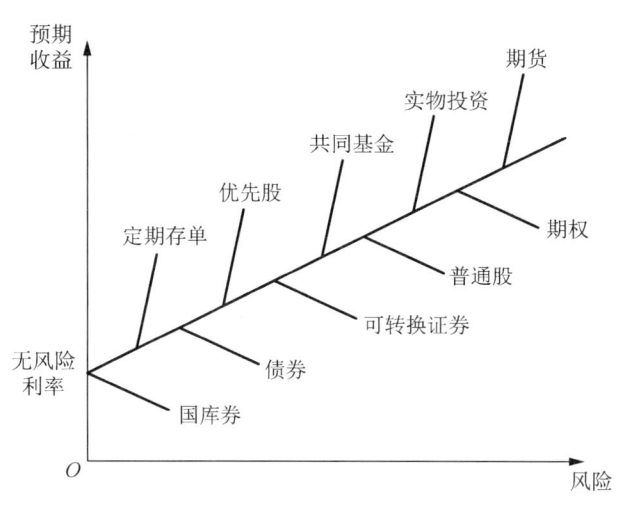

图 3-3 不同投资工具的风险-收益特征

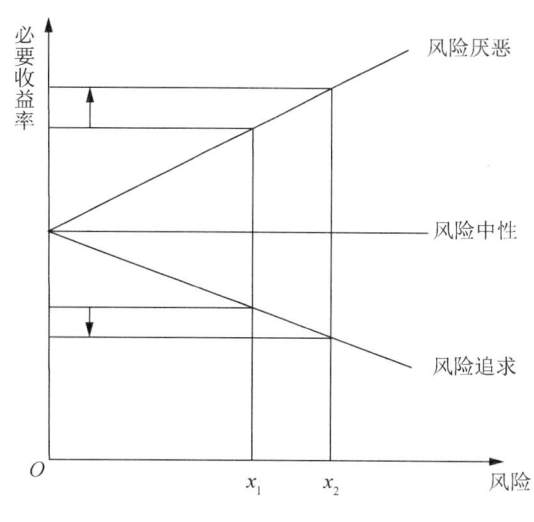

图 3-4 风险偏好

根据对风险偏好程度的不同,投资者可分为三种类型,如图3-4所示。

所谓风险中性投资者,是指当风险增加时,他所要求的收益率没有增加,即他所要求的必要收益率不受风险因素影响;所谓风险厌恶投资者,是指对所承担的风险要求更高的收益率作为补偿,当风险由 x_1 增加到 x_2 时,要求的收益率也增加;与风险厌恶者相反,风险追求投资者在风险增加时要求收益率反而减小,他们在理论上是追求风险的,为了更多的风险可以放弃部分收益。

大多数的投资者都是风险厌恶者:当风险增加时,要求更高的收益率水平。对于特定数量风险的增加,每个投资者的必要收益率的增加数量取决于他们厌恶风险的程度(图3-4中直线的斜率)。在风险面前投资者通常是保守的,投资者保守程度越高,对多余风险要求的收益率补偿就越大。

(六) 收益与风险的结合

在进行投资决策时,需要把收益与风险结合起来进行综合考虑,具体步骤如下。

(1) 利用历史或预期收益数据对某一投资在某持有期的收益率进行预测,注意考虑资金的时间价值。

(2) 利用历史或预期收益数据预测投资相关风险。进行风险评估时可以利用收益的标准差与方差系数,也可以采用更复杂的衡量指标,如风险贝塔。

(3) 评价每种投资的风险-收益特征以确保在综合风险水平下预期收益的合理性。如果存在其他某

种投资,其风险更低但收益却不低于该投资,那么该投资就是不可取的。

(4) 选择在期望的风险水平下能提供收益最高的投资工具。

以上步骤中最困难的一步是对风险的评估。除了收益与风险外,其他一些因素,如投资组合、税收、流动性等也影响投资决策。

三、投资组合收益和风险的测定

(一) 单一证券收益率的测定

证券投资者在一定时期内投资于某一证券的收益率测定公式为

$$R = \frac{W_1 - W_0}{W_0}$$

式中: R 代表收益率; W_0 代表期初证券市价; W_1 代表期末证券市价与投资期内投资者所获收益的总和,包括股息和红利。

例:某投资者购买 100 元股票,该股票向投资者支付了 7 元现金股利,一年后股票价格上涨到 106 元,请计算投资收益。

计算如下:

$$R = \frac{W_1 - W_0}{W_0} = \frac{106 + 7 - 100}{100} = 13\%$$

由于证券收益是不确定的,投资者只能估计各种可能发生的结果(事件)及每一种结果发生的可能性(概率),因而通常用预期收益率来表示,即持有股票可能得到的预期收益。如果收益率为离散性随机变量,其概率密度为 P,则预期收益率公式为

$$E(R) = \sum_{i=1}^{n} P_i R_i$$

式中: $E(R)$ 代表预期收益率; R_i 是第 i 种可能的收益率; P_i 是收益率发生的概率; n 是可能性的数目。

例:某投资者投资某种股票的投资收益率和概率如表 3-8,请计算该股票的预期收益率。

表 3-8 某股票投资收益率与概率

收益率(%)	组中值(R_i)(%)	概率(P_i)
7.5—8.5	8	0.05
8.5—9.5	9	0.10
9.5—10.5	10	0.20
10.5—11.5	11	0.30
11.5—12.5	12	0.20
12.5—13.5	13	0.10
13.5—14.5	14	0.05
合计		1.00

该股票的预期收益率为

$$E(R) = \sum_{i=1}^{7} P_i R_i = 8\% \times 0.05 + 9\% \times 0.10 + 10\% \times 0.20 + 11\% \times 0.30 \\ + 12\% \times 0.20 + 13\% \times 0.10 + 14\% \times 0.05 = 11\%$$

计算结果表明该股票的平均收益率为11%。

(二) 双证券投资组合收益率的测定

投资者将资金投资于 A、B 两种证券, 其投资权重分别为 $x_A, x_B, x_A + x_B = 1$, 则双证券投资组合的预期收益率 R_P 等于单个预期收益率的加权平均数, 用公式表示如下:

$$R_P = x_A R_A + x_B R_B$$

式中: R_P 代表两种证券投资组合预期收益率; R_A, R_B 分别代表 A、B 两种证券的预期收益率。

例: 表3-9是国库券和股票的资料, 假定其投资比例各占一半, 计算投资组合的收益率。

表 3-9 国库券与股票资料表

项目	国库券		股票	
	牛市	熊市	牛市	熊市
收益率(%)	8	12	14	6
概率(%)	0.5	0.5	0.5	0.5
期望值(%)	8×0.5+12×0.5=10		14×0.5+6×0.5=10	

$$R_P = 0.5 \times 10\% + 0.5 \times 10\% = 10\%$$

计算结果表明, 两种证券投资组合的期望收益率同国库券期望收益率和股票期望收益率一样均为10%。

(三) 多种证券投资组合收益率的测定

证券投资组合的预期收益率就是组成该组合的各种证券的预期收益率的加权平均数, 权数是投资于各种证券的资金占总投资额的比例, 用公式表示如下:

$$R_P = \sum_{i=1}^{n} x_i P_i$$

式中: R_P 代表证券投资组合的预期收益率; x_i 是投资于 i 证券的资金占总投资额的比例或权数; P_i 是证券 i 的预期收益率; n 是证券组合中不同证券的总数。

例1: 利用表3-10的数据计算证券投资组合的预期收益率。

表 3-10 证券投资组合的预期收益率

证券组合	期初投资值/元	期末投资值/元	权重/%
第一种证券	1 000	1 400	18
第二种证券	400	600	6
第三种证券	2 000	2 000	39
第四种证券	1 800	3 000	37

计算各种证券的预期收益率如下:

$$E(R_1) = \frac{1\,400 - 1\,000}{1\,000} = 40\%$$

$$E(R_2) = \frac{600 - 400}{400} = 50\%$$

$$E(R_3) = \frac{2\,000 - 2\,000}{2\,000} = 0$$

$$E(R_4) = \frac{3\,000 - 1\,800}{1\,800} = 67\%$$

计算各种证券投资组合的预期收益率如下：

$$R_P = \sum_{i=1}^{n} x_i P_i = 18\% \times 40\% + 6\% \times 50\% + 39\% \times 0 + 37\% \times 67\% = 29.21\%$$

（四）单个证券投资风险的测定

风险是指投资者投资于某种证券的收益的不确定性，即遭受损失的可能性。实际发生的收益率与预期收益率的偏差越大，投资于该证券的风险也就越大。

单一证券的投资风险由预期收益率的方差或标准差来表示，标准差公式为

$$\sigma = \sqrt{\sum_{i=1}^{n} [R_i - E(R)]^2 P_i}$$

式中：σ 代表风险；R 代表所观察到的收益率；$E(R)$ 代表收益率的期望值，即预期收益率；P 代表各个收益率 R 出现的概率。

方差 σ^2 的计算公式为

$$\sigma^2 = \sum_{i=1}^{n} [R_i - E(R)]^2 P_i$$

（五）双证券投资组合风险的测定

双证券投资组合的风险不能简单地等于单个证券风险以投资比重为权数的加权平均数，因为两个证券的风险具有相互抵消的可能性。这就需要引进协方差和相关系数的概念。

1. 协方差

协方差是表示两个随机变量之间关系的变量，它是用来确定证券投资组合收益率方差的一个关键性指标。若以 A、B 两种证券组合为例，则其协方差为

$$COV(R_A, R_B) = \frac{1}{m} \sum_{i=1}^{m} [R_{Ai} - E(R_A)][R_{Bi} - E(R_B)]$$

式中：R_A 代表证券 A 的收益率；R_B 代表证券 B 的收益率；$E(R_A)$ 代表证券 A 的收益率的期望值；$E(R_B)$ 代表证券 B 的收益率的期望值；m 代表证券种类数；$COV(R_A, R_B)$ 代表 A、B 两种证券收益率的协方差。

如果 $COV(R_A, R_B)$ 是正值，则表明证券 A 和证券 B 的收益有相互一致的变动趋向，即一种证券的收益高于预期收益，另一种证券的收益也高于预期收益；一种证券的收益低于预期收益，另一种证券的收益也低于预期收益。

如果 $COV(R_A, R_B)$ 是负值，则表明证券 A 和证券 B 的收益有相互抵消的趋向，即一种证券的收益高于预期收益，则另一种证券的收益低于预期收益；反之亦然。

2. 相关系数

相关系数也是表示两种证券收益变动相互关系的指标。它是协方差的标准化。其公式为

$$r_{AB} = \frac{COV(R_A, R_B)}{\sigma_A \sigma_B} \times 100\%$$

$$COV(R_A, R_B) = r_{AB} \sigma_A \sigma_B$$

从上式中可以看出，协方差除以 $\sigma_A \sigma_B$，实际上是对 A、B 两种证券各自平均数的离差，分别用各自的标准差进行标准化。这样做的优点在于：首先，A、B 的协方差是有名数（即有单位的数），不同现象变异情况不同，不能用协方差大小进行比较。标准化后，就可以比较不同现象的大小了。其次，A、B 的协方差的数值是无界的，可以无限增多或减少，不便于说明问题，经过标准化后，绝对值不超过 1。

相关系数的取值范围介于 -1 与 +1 之间，即当取值为 -1 时，表示证券 A、B 的收益变动完全负相关；当取值为 +1 时，表示完全正相关；当取值为 0 时，表示变动完全不相关；当 $0 < r_{AB} < 1$ 时，表示正相关；

当 $-1<r_{AB}<0$ 时，表示负相关。

双证券组合的方差公式为

$$\sigma_P^2 = x_A^2\sigma_A^2 + x_B^2\sigma_B^2 + 2x_Ax_B COV(R_A, R_B)$$

由 $COV(R_A, R_B) = r_{AB}\sigma_A\sigma_B$ 可得：

$$\sigma_P^2 = x_A^2\sigma_A^2 + x_B^2\sigma_B^2 + 2x_Ax_Br_{AB}\sigma_A\sigma_B$$

3. 相关系数的讨论

根据相关系数的性质：就 A、B 两种证券所构成的投资组合在两种证券的相关系数分别为 +1、0 和 -1 三种情况时进行讨论。

例 2：假设 $\sigma_A=3\%$，$\sigma_B=5\%$，投资于这两种证券的比例 x_A，x_B 各 50%，证券组合的方差可上述公式求得：

完全正相关（$r_{AB}=+1$）：

$$\begin{aligned}\sigma_P^2 &= x_A^2\sigma_A^2 + x_B^2\sigma_B^2 + 2x_Ax_Br_{AB}\sigma_A\sigma_B = (x_A\sigma_A + x_B\sigma_B)^2 \\ &= (50\%)^2 \times (3\%)^2 + (50\%)^2 \times (5\%)^2 + 2 \times 50\% \times 50\% \times 1 \times 3\% \times 5\% \\ &= 0.16\%\end{aligned}$$

$$\begin{aligned}\sigma_P &= x_A\sigma_A + x_B\sigma_B \\ &= 50\% \times 3\% + 50\% \times 5\% \\ &= 4\%\end{aligned}$$

完全负相关（$r_{AB}=-1$）：

$$\sigma_P^2 = x_A^2\sigma_A^2 + x_B^2\sigma_B^2 - 2x_Ax_Br_{AB}\sigma_A\sigma_B = (x_A\sigma_A - x_B\sigma_B)^2$$

$$\begin{aligned}\sigma_P &= x_A\sigma_A - x_B\sigma_B \\ &= 50\% \times 3\% - 50\% \times 5\% \\ &= -1\%\end{aligned}$$

由此可以看出，在完全负相关的情况下，风险可以大大降低，甚至可以通过改变 x_A 和 σ_B 的值，使风险达到最小为 0。在本例中，当 $x_A=62.5\%$、$\sigma_B=37.5\%$ 时，$\sigma_P=0$。

完全不相关（$r_{AB}=0$）：

$$\sigma_P^2 = x_A^2\sigma_A^2 + x_B^2\sigma_B^2$$

$$\begin{aligned}\sigma_P &= (x_A^2\sigma_A^2 + x_B^2\sigma_B^2)^{\frac{1}{2}} \\ &= [(50\%)^2 \times (3\%)^2 + (50\%)^2 \times (5\%)^2]^{\frac{1}{2}} \\ &= 2.9\%\end{aligned}$$

由此可以看出，在证券投资组合中，证券间的相关系数为 0，投资组合的风险可以因此而降低。

4. 影响证券投资组合风险的因素

从 σ_P 的计算公式中，得出影响证券投资组合风险大小的三个因素：

① 每种证券所占的比例。当 $r_{AB}=-1$ 时，由例 2 中的式子可推出 A 证券的最佳结构为（$\sigma_P=0$）：

$$x_A = \frac{\sigma_B}{\sigma_A + \sigma_B}$$

代入例 2 中的数据，可以算出国库券（A 证券）投资的比例为

$$x_A = \frac{4\%}{2\% + 4\%} = \frac{2}{3}$$

在这种比例的配置下，两种证券投资组合的风险为 0，即完全消除了风险。

② 证券收益率的相关性。当证券投资组合所含证券的收益完全正相关,即,$r_{AB}=+1$ 时,证券组合并未达到组合效应的目的;当证券投资组合所含证券的收益完全负相关,即 $r_{AB}=-1$ 时,证券组合通过其合理的结构可以完全消除风险。

③ 每种证券的标准差。各种证券收益的标准差大,那么组合后的风险相应也大一些。组合后的风险如果还是等同于各种证券的风险,那么就没有达到组合效应的目的。一般来说,证券组合后的风险不会大于单个证券的风险,至少是持平。

(六)系统性风险的测定

由于非系统性风险可以通过有效的证券组合来消除,所以当一个投资者拥有一个有效的证券组合时,就要测定系统性风险,这就是 β 系数。

β 系数是指证券的收益率和市场组合收益率的协方差,再除以市场组合收益率的方差,即单个证券风险与整个市场风险的比值。

公式:

$$\beta_i = \frac{\sigma_{iM}}{\sigma_M^2}$$

式中:β_i 代表 i 种证券的 β 系数;σ_{iM} 代表 i 种证券收益率与市场组合收益率的协方差;σ_M^2 代表市场组合收益率的方差。

由于系统性风险无法通过多样化投资来抵消,因此,一个证券组合的 β 系数 β_P 等于该组合中各种证券的 β 系数的加权平均数,权重为各种证券的市值占整个组合总价值的权重 x_i,其公式为

$$\beta_P = \sum_{i=1}^{n} x_i \beta_i$$

例:假定四种股票的系统性风险分别是:$\beta_1=0.9$,$\beta_2=1.6$,$\beta_3=1.0$,$\beta_4=0.7$,四种证券在证券组合中的比重相等。计算 β_P:

$$\beta_P = \sum_{i=1}^{n} x_i \beta_i = 25\% \times 0.9 + 25\% \times 1.6 + 25\% \times 1.0 + 25\% \times 0.7 = 1.05$$

这个数值稍大于1,说明这个证券组合的波动也比市场的波动稍大。如果投资者改变投资比例,$x_1=30\%$,$x_2=20\%$,$x_3=10\%$,$x_4=40\%$,则证券组合的风险程度小于市场风险。

$$\beta_P = \sum_{i=1}^{n} x_i \beta_i = 30\% \times 0.9 + 20\% \times 1.6 + 10\% \times 1.0 + 40\% \times 0.7 = 0.97$$

运用 β 系数说明单个证券系统性风险与市场组合系统性风险之间的关系。

$\beta=1$ 说明该证券系统风险与市场组合风险一致;

$\beta>1$ 说明该证券系统风险大于市场组合风险;

$\beta<1$ 说明该证券系统风险小于市场组合风险;

$\beta=0.5$ 说明该证券系统风险只有整个市场组合风险的一半;

$\beta=2$ 说明该证券系统风险是整个市场组合风险的两倍;

$\beta=0$ 说明没有系统性风险。

本章小结

投资是经济主体为了获得未来的预期收益,预先垫付一定量的货币或实物以经营某项事业的经济行为。投资具有收益和风险密不可分的两个方面,收益的不确定性即为投资的风险。理性的投资者会在风险相同的条件下,追求收益的最大化,或在收益既定的情况下,寻求风险最低的投资。投资工具主要有短

期投资工具、股票、固定收益证券、投资基金、衍生证券、其他投资工具等。

货币时间价值是指货币随着时间的推移而发生的增值,也称为资金时间价值。从另外一个角度来看,货币的时间价值是没有风险和没有通货膨胀条件下的社会平均资金利润率。单利是指按照固定的本金计算利息,复利则是计算利息带来的利息。年金是每年都发生的等额现金流量形式。年金可以分为普通年金、即付年金、即期年金、延期年金、永续年金等类型。

投资的收益包括两个方面:利息收入、资本利得或损失。衡量收益的指标主要有收益额、收益率、实际收益率、无风险收益率、必要收益率等。

风险包括系统性风险与非系统性风险。投资风险的衡量用标准差(σ),系统性风险的衡量用β系数。

关键术语

投资　风险　投机　股票　债券　优先股　投资基金　远期合约　期货　期权　货币的时间价值　单利复利　现值　终值　年金　普通年金　即付年金　即期年金　延期年金　永续年金　必要收益率　持有期收益率　内部收益率　系统性风险　非系统性风险　风险中性投资者　风险厌恶投资者　风险追求投资者　β系数

第四章

财务管理基础

本章导读 >>>

　　财务管理是企业管理的核心内容,它从资金的角度研究怎样组织企业的财务活动、处理企业的财务关系。会计核算是财务管理的基础,任何社会经济的发展都离不开会计。经济越发展,生产力水平越高,生产规模越大,人们对经济管理的要求就越高,会计也就越重要。

　　本章共分为两节。第一节主要阐述会计核算的基本理论和基本知识,侧重于说明会计的确认、计量、记录和报告的基本原理和基本方法。第二节着重介绍了财务管理的对象、内容、原则及方法。

第一节 会计基础知识

一、会计概述

(一) 什么是会计

会计是对一个单位的经济活动进行确认、计量和报告,做出预测,参与决策,实行监督,旨在实现最佳经济效益的一种管理活动。

会计是以货币为主要计量单位,以提高经济效益为主要目标,运用专门方法对企业、机关、事业单位和其他组织的经济活动进行全面、综合、连续、系统的核算和监督,提供会计信息,并随着社会经济的日益发展,逐步开展预测、决策、控制和分析的一种经济管理活动。会计是经济管理活动的重要组成部分。

会计是经济的语言。会计通过一系列的确认、计量和报告程序,为政府、投资人、债权人等提供有关单位财务状况、经营成果和现金流量的重要信息。对于不同的人,会计信息的作用是不一样的。会计信息是政府部门据以进行经济决策和宏观经济管理的重要依据;会计信息有助于企业股东考核企业管理者的经济责任的履行情况;会计信息有助于企业内部管理人员加强经营管理、提高经济效益。

对于理财师来说,会计既是获得信息的渠道,又是进行分析的工具。例如,理财师在选择投资对象的时候,要通过会计报告和其他有关会计信息,来了解投资对象的经营状况和财务情况。只有对会计有了深入的了解之后,才可能通过会计信息,透视企业经营的实际情况。有时候,通过一些分析手段,甚至可以发现会计报告中的疑点和问题,防止投资的失误。有时候,理财师为了向客户提出有说服力的理财建议,需要对客户的财务情况进行系统的分析。会计报告的方法也为理财师提供了分析工具。理财师可以根据客户的资产状况、收入状况和消费状况,按照会计的基本方法,为客户建立个人资产负债表和现金流量表,并以这些报表为基础进行分析和判断。

(二) 会计的分类

会计可分财务会计和管理会计。

财务会计的工作主要是编制财务报表,为企业内部和外部用户提供信息。财务会计的信息是提供给广泛的用户的。其重点在于报告财务状况和营运状况。

管理会计的工作主要是对企业的管理层提供信息,作为企业内部各部门进行决策的依据。管理会计没有标准的模式、不受会计准则的控制。

财务会计不同于管理会计,两者的区别主要在于:

(1) 财务会计服务的对象是与企业有利害关系的外部信息使用者,包括国家、投资者、债权人与潜在的投资人等;同时也向企业内部的管理部门提供有关的财务及其他经济信息。管理会计的服务对象是企业内部的管理部门。

(2) 财务会计的加工对象是已经发生或者已完成的交易、事项所产生的财务数据。而管理会计是预计未来的经济行为。由此可见,财务会计提供的主要是历史信息,管理会计提供的是未来的信息。

(3) 财务会计必须遵循《企业会计准则》《企业会计制度》的规范要求,而管理会计则不受任何形式的规范约束。

(4) 财务会计由固定的确认、计量、记录和报告等程序组成,而管理会计则无固定的程序。

(5) 财务会计报告必须经过注册会计师审计,管理会计形成的信息则无需经过注册会计师审计。

(三) 会计的职能

会计的基本职能包括会计核算和会计监督。

会计核算主要是指对经济活动进行确认、计量和报告的功能,也就是通过对经济活动进行连续、系统、全面的记录和计算,确认经济活动的归属期,以价值形式反映经济活动的全过程,并在一定时期报告经济活动的状况及其成果。

会计监督主要是指会计在进行核算的同时对经济活动实行检查监督,有效地控制各项经济业务的正常进行。

会计的核算职能和监督职能有着密切的联系。会计核算是会计监督的基础,而实行会计监督又是正确进行会计核算的保证。必须在进行会计核算的同时,实行严格的会计监督;在实行严格会计监督的前提下,进行全面的会计核算。会计除了核算和监督的基本职能之外,还包括会计对经济活动的预测、决策、计划、分析等职能,但这些职能都要在发挥会计基本职能的前提下才能得以实现,会计职能的综合运用形成了完备的会计管理。

(四) 会计的四个基本前提

1. 会计主体

会计主体又称为会计实体、会计个体,是指会计信息所反映的特定单位或者组织,它规范了会计工作的空间范围。会计反映特定对象的信息,只有明确规定会计核算的对象,将会计所要反映的对象与其他经济实体区别开来,才能保证会计核算工作的正常开展。

《企业会计准则》规定:"本准则适用于设在中华人民共和国境内的所有企业。"这实质上就是说,凡实行独立核算的企业都是会计主体,其对企业发生的各项财务收支及其他经济业务进行会计核算。

需要注意的是,一般的企业会计中,企业是会计主体;而对于个人理财的需要,我们可以将个人或家庭的财务收支作为核算对象,将个人或家庭作为会计主体。

2. 持续经营

就企业而言,持续经营是指在可以预见的将来,企业将会按当前的规模和状态继续经营下去,不会停业,也不会大规模削减业务。除非有反面例证,否则就能够认为企业的经营活动将无限地经营下去。只有在这一前提下,企业的再生产过程才能得以进行;企业资本才能正常循环周转;会计才能以历史成本来确认、计量资产要素;所有资产才能按照预定的目标在正常的生产经营过程被消耗、售卖等等。

持续经营核算前提是和会计主体相联系的,因为在明确了会计主体之后,接下来所面临的问题就是这个主体能存在多久。如果会计主体不能持续正常地经营下去,那么对各项资产就不能一贯地采用历史成本计价,至少在企业破产清算的情况下要选用清算时的资产市价来计价,同时对于机器设备、厂房等固定资产也不能按照预计的使用年限计提折旧。如果企业存续的时间比固定资产预计的使用年限短的话,固定资产就应该按照企业存续的时间来计提折旧,这无疑将会从根本上动摇现有的很多会计理论和方法。

《企业会计准则》规定:"会计核算应当以企业持续、正常的生产经营活动为前提",而不考虑企业是否将破产清算。该准则明确了会计工作的时间范围。

就个人理财而言,就需要假定个人的财务收支活动是一个持续不断的过程,这样才有进行规划的必要。

3. 会计期间

同样,对于企业而言,会计分期是指可以将企业不断的经营活动分割为若干个较短时期,据以结算账目和编制会计报表,提供有关财务状况、经营成果的会计信息。会计分期假设本身是对持续经营假设的一种补充,它存在的原因与会计管理职能直接相联系。会计分期假设要求计算期间损益、定期编制会计报表,以此来找出存在的问题,以利于下个周期的生产经营。

会计分期核算前提是和持续经营相联系的,因为企业会持续正常地经营下去,所以会计不能等到企业破产清算时再计算其盈亏、考核其业绩。为了充分发挥会计管理的能动作用,及时向投资者、债权人、政府部门及企业内部管理者提供有关企业财务状况和经营成果的信息,就必须要人为地把持续不断的企业经营活动划分为一个个相等的会计期间,以便确定每一个会计期间的收入、费用和利润,确定每个会计期间、期初和期末的资产、负债和所有者权益数额,并编制对外报告的会计报表。会计分期核算前提对会计核算有着重要的影响和作用。正是会计期间的划分和确定才产生了本期和非本期的区分,才产生了权责发生制和收付实现制这两种会计记账的基础。

会计期间通常为一年,称为会计年度。会计年度可以与日历年度一致,也可以不一致。在我国会计实务中,通常以日历年度作为企业的会计年度,即从公历1月1日起至12月31日止为一个会计年度。此外,企业还需要按季度、月份结算账目并编制会计报表,所以季度和月份也是会计期间的一种形式。

《企业会计准则》规定:"会计核算应当划分会计期间,分期结算账目和编制会计报表。会计期间分为年度、季度和月份,年度、季度和月份的起讫日期采用公历日期。"

对于个人理财也是如此,通过分期可以进行阶段性的总结,将长期规划细化,使其更具有可操作性。

4. 货币计量

货币计量是指会计主体在会计核算过程中采用货币作为计量单位,计量、记录和报告会计主体的生产经营活动。

一般来说,计量单位有货币量度、实物量度和劳动量度三种,在这三种计量单位中,实物量度(如吨、公斤、米等)和劳动量度(如小时、分钟等)均不能一贯地执行计量职能,即用实物量度和劳动量度计量的资产等并不能汇总相加。如将10吨甲材料和150米乙材料相加并没有经济意义。然而,货币量度却不同,由于货币是商品的一般等价物,是衡量一般商品的共同尺度,因此,尽管企业的生产要素在实物上形态各异,计量单位也各不相同,无法予以综合、汇总反映,但它们在价值上都具有同质性,完全可以采用统一的货币计量单位。当会计核算采用货币计量以后,就使得会计核算的对象即企业的经济活动统一地表现为货币运动,从而能够全面反映企业的财务状况和经营成果,实现会计核算的目的。

在会计核算中,可能涉及多种货币,由于各种货币单位之间的汇兑率是不断变化的,这就要求企业会计必须确立一种为记账用的货币单位,其他所有的货币、实物、债权债务等,都可以通过它来度量、比较和稽核。这一货币单位称之为"记账本位币"。

《企业会计准则》规定:"会计核算以人民币为记账本位币。"同时还规定:"业务收支以外币为主的企业,也可以选定某种外币作为记账本位币,但编制的会计报表应当折算为人民币反映。"

(五) 会计职业与会计规范

1. 会计职业

在我国,有数以千万计的会计人员。这么多会计人员,他们是怎样分类的呢?会计职业可分为私人会计师和公共会计师两大类。

(1) 私人会计师。

私人会计师(private accountant)或企业、事业单位会计师,服务于某一具体的会计主体。这一会计主体可能是营利组织,也可能是非营利组织;可能是各种企业,也可能是学校或政府部门。在我国,私人会计分为会计员、助理会计师、会计师、高级会计师等职称等级。会计人员要取得各级会计资格,需通过全国会计专业技术资格统一考试。私人会计人员的主要工作内容如下。

① 对本单位的各项经济活动发生的资产、负债、权益、收入、费用、利润增减变动,按照规定的程序和方法进行确认、计量、记录;

② 定期清查财产,计算成本和费用,确定利润;

③ 根据要求,定期编制会计报告;

④ 做好各项会计预测、决策、规划、控制、核算和分析工作,加强资金和费用的预算管理。

(2) 公共会计师。

公共会计师也称为注册会计师,是具有一定的会计专业水平,经国家或特定组织考试合格,由政府指定的机构发给证书,可以接受当事人委托,从事会计、审计等方面业务的会计执业人员。注册会计师是一项超然独立的专门性职业。它和律师、医师一样,以向当事人提供专业性服务、收取报酬为业。

公共会计师的工作内容主要有:

① 审计;

② 税务咨询,或称企业税务筹划;

③ 管理咨询。

2. 会计规范

会计工作应遵循一定的规范。我国的会计法律规范体系已基本上形成了以《中华人民共和国会计法》为中心、《企业会计准则》为基础的相对比较完整的法规体系。我国的企业会计法律规范体系包括三个层次:

第一个层次是由全国人民代表大会常务委员会通过、国家主席签署命令颁布的《中华人民共和国会计法》,属于法律。

第二个层次是由国务院常务委员会通过、以国务院总理令公布的《企业财务会计报告条例》,属于行政法规。

第三个层次是由国务院主管部门的财政部以部长令公布的《企业会计准则》及《会计准则应用指南》,属于部门规章和规范性文件。

(1)《中华人民共和国会计法》。

《中华人民共和国会计法》(以下简称《会计法》),于1985年1月21日通过,自同年5月1日起施行。1993年12月29日,对《会计法》作了部分修改。1999年10月31日再次修订《会计法》,并于2000年7月1日起施行,此次修改后的《会计法》,在内容上的重大变化有:

① 突出了规范会计行为、保证会计资料质量的立法宗旨。

② 突出强调了单位负责人对本单位会计工作和会计资料真实性、完整性的责任。

③ 进一步完善了会计核算规则。

④ 对公司、企业会计核算作出了特别的规定。

⑤ 进一步加强了会计监督制度。

⑥ 规定国有大中型企业必须设置总会计师。

⑦ 对会计从业资格管理作出了规定。

⑧ 对法律责任作了较大修改。

(2)《企业财务会计报告条例》。

《企业财务会计报告条例》于2000年6月21日由国务院发布,并于2001年1月1日开始施行。该条例规范了企业会计要素的基本概念;规定了财务会计报告的构成内容;规定了财务会计报告的编制和对外提供的要求;对违反该条例,不提供真实、可靠的会计报告应承担的法律责任作出了规定。

(3)《企业会计准则》。

在我国企业会计准则体系中,基本准则属于部门规章,是财政部以部长令的形式签署公布的;具体会计准则、应用指南和解释属于规范性文件,由财政部以财会字文件印发。会计准则作为法规体系,具有强制性的特点,要求企业必须执行,否则属于违规行为。《企业会计准则——基本准则》发布于1992年11月30日,于1993年7月1日起在全国所有企业施行,随后制定并发布了一些具体会计准则。2006年2月15日,我国修订了《企业会计准则》,修订和制定了38个具体会计准则,并于2007年1月1日起执行。基本准则规定了会计核算的一般原则(会计信息质量要求)、会计要素、会计计量属性以及财务会计报告的基本要求。具体准则是根据基本准则制定的有关企业会计核算的具体要求。

会计准则应用指南和解释对具体会计准则的应用做了详细的解释和说明。

二、会计要素及其内容

(一)会计要素

会计核算的过程是一个确认、计量、记录和报告经济业务的过程,为了正确地、系统地核算和监督各项经济业务,必须对经济业务的发生及其结果进行科学的分类。所谓会计要素,是构成会计内容的必要因素,是对会计对象所做的基本分类,是设定报表结构和内容的依据,也是进行确认和计量的依据。

企业会计要素分为六大类,即资产、负债、所有者权益、收入、费用和利润。其中,资产、负债和所有者权益三项会计要素主要反映企业的财务状况;收入、费用和利润三项会计要素主要反映企业的经营成果。

事业单位会计要素分为五大类,即资产、负债、净资产、收入和支出。

就个人及家庭理财而言,会计要素就不需要太复杂。根据个人理财的特点,可以将其会计要素分为资产、负债、净资产、收入和支出五大类,并以此来编制个人财务报表。

1. 资产

资产是指企业过去的交易或者事项形成的、由企业拥有或者控制的、预期会给企业带来经济利益的资源。

企业从事生产经营活动必须要有一定的物质条件作为基础,这些物质条件包括货币资金、厂房、设备、原材料、辅助材料等。它们一方面是企业的经济资源,另一方面又是企业资金的具体占用形态。在经济生活中,人们往往把这种经济资源或资金的占用形态称为资产池。当然,资产还不仅仅是以有形的物质形态出现的,它们还可以是没有物质形态的资金占用,如专利权、商标权、著作权等无形资产。此外,企业在生产经营过程中还可能以股权或债权的形式形成对其他单位的投资,这些投资也是企业资金的一种占用形态,因而也是本企业的资产。

资产应该具有以下一些特征。

① 资产是由企业过去的交易或事项形成的。企业过去的交易或事项包括购买、生产、制造行为或者其他交易或事项。预期在未来发生的交易或事项不形成资产。

② 资产是由企业拥有或者控制的资源。由企业拥有或者控制,是指企业享有某项资源的所有权,或者虽然不享有某项资源的所有权,但该资源能被企业所控制。

③ 资产预期会给企业带来经济利益。预期会给企业带来经济利益,是指直接或间接导致现金和现金等价物流入企业的潜力。

资产按流动性分类,可分为流动资产和非流动资产。

流动资产是指预计在一个正常营业周期中变现、出售或耗用,或者主要为交易目的而持有,或者预计在资产负债表日起一年内(含一年)变现的资产以及自资产负债表日起一年内交换其他资产或清偿负债的能力不受限制的现金或现金等价物。流动资产主要包括货币资金、交易性金融资产、应收票据、应收账款、预付款项、应收利息、应收股利、其他应收款、存货等。

非流动资产是指流动资产以外的资产,主要包括长期股权投资、固定资产、在建工程、工程物资、无形资产、开发支出等。

2. 负债

负债是指过去的交易、事项形成的现时义务,履行该义务预期会导致经济利益流出企业。

负债的主要特征如下。

① 负债是企业过去的交易或事项形成的现时义务。现时义务是指企业在现行条件下已承担的义务。未来发生的交易或事项形成的义务,不属于现时义务,不应当确认为负债。比如企业目前承担着一笔应付账款的债务,这笔债务之所以形成,是因为企业在过去发生了购买一批材料或者其他货物等这一类交易。这一特征强调,负债必须是实际已经发生的债务。企业预期将来可能发生的债务,不能作为企业的负债列入资产负债表。

② 负债的清偿预期会导致经济利益流出企业。负债是企业现在承担的义务,这种义务在未来的某个时间必须予以清偿,除非债权人主动放弃这种要求予以清偿的权利。资产负债表上所列示的负债,既包括截至报表编制日止的债务本金,也包括截至报表编制日止债务人应当承担的债务利息。

负债按流动性分类,可分为流动负债和非流动负债。

流动负债是指预计在一个正常营业周期中清偿;或者主要为交易目的而持有;或者自资产负债表日起一年内(含一年)到期应予以清偿;或者企业无权自主地将清偿推迟至资产负债表日后一年以上的负债。流动负债主要包括短期借款、应付票据、应付账款、预收款项、应付职工薪酬、应交税费、应付利息、应付股利、其他应付款等。

非流动负债是指流动负债以外的负债,主要包括长期借款、应付债券等。

3. 所有者权益

所有者权益是指所有者在企业资产中享有的经济利益,其金额为资产减负债后的余额。公司的所有者权益又称为股东权益。

企业从事生产经营活动所需要的资金,或者来源于企业股东的投入,或者来源于企业债权人的投入。前者是所有者权益的一个组成部分,后者则形成企业的负债。虽然所有者权益与负债都是企业资金的来源渠道,但是这两者之间有着本质的区别。负债是对内或对外所承担的经济义务和经济责任,企业负有偿还的责任和义务;而所有者权益在一般情况下企业不需要归还给投资者,只有在企业终止经营进行清算时,才最后返还给投资者。企业使用债权人投入的资金必须按照双方事前约定的利率与约定的时间支付利息,到期必须偿还债务本金;而企业使用股东投入的资金,则没有必要承担这种责任,但是投资者可以凭借其对企业的股权分享利润。每个投资者利润分享额的多寡,一方面与他们投入资金的比重密切相关,另一方面与企业经营状况密切相关。当企业发生亏损,投资者也要按照其在企业中的持股比例承担相应的亏损责任。如果是独资企业或者合伙企业,这种责任是无限责任;如果是有限责任公司或者股份有限公司,这种责任的承担以其投资额为最大限度。企业向债权人支付的利息,可以作为费用在税前列支,而企业向投资者分发的利润则不能作为费用在税前列支,企业只能从税后利润中向股东分配利润。所有者权益既包括股东对企业的资金投入,也包括企业生产经营过程中历年累积的留存收益。

所有者权益包括实收资本(或者股本)、资本公积、盈余公积和未分配利润。其中,资本公积包括企业收到投资者出资超过其在注册资本或股本中所占份额的部分以及直接计入所有者权益的利得和损失等。盈余公积和未分配利润又合称为留存收益。

4. 收入

收益由收入和利得两部分内容组成,收入是企业在正常经营活动中得到的收益,利得是企业在偶发交易中得到的收益。

我国《企业会计准则》中将收入定义为"收入是指企业在销售商品、提供劳务及他人使用本企业资产等日常活动中所形成的经济利益的总流入。"

收入的特点主要表现在:

① 收入反映企业在一定时期所取得的成就。
② 收入能引起企业资产的增加或负债的减少,或两者兼而有之。
③ 收入能导致企业所有者权益的增加。

由于收入是指日常经营活动所形成的经济利益总流入,所以收入能引起所有者权益的增加。但要注意,收入与相关的成本费用配比后,则既可能增加所有者权益,也可能减少所有者权益。此外,衡量一项资金流入是不是收入,很关键的一点就是要看它有没有增加所有者权益,属不属于本企业的经济利益。

企业在日常生产经营活动中产生的收入,包括企业主营业务形成的主营业务收入和兼营业务形成的其他业务收入两类。企业因为偶然交易发生经济业务,如将不需用的固定资产出售以获取收入、罚款收入等,只能作为利得列入非常项目,而不能列入收入的范畴。

5. 费用

费用是企业在销售商品、提供劳务等日常活动中所发生的经济利益的流出。

企业在一定会计期间发生的所有费用分为制造成本和期间费用。制造成本包括直接制造费用和间接制造费用。直接制造费用直接计入产品的制造成本;间接制造费用运用一定的方法和程序分配计入产品的制造成本。期间费用又分为管理费用、销售费用和财务费用。

费用是收入的减项,收入增加所有者权益,费用则减少所有者权益。当然,费用减少所有者权益只是就其本质而言的,从费用发生的具体形式来看,它既可能表现为企业资产的减少,如购买原材料需要支付现金、制造产品需要耗用存货等;也可能表现为负债的增加,如负担长期借款的利息等;还可能既表现为资产的减少,同时又表现为负债的增加。

6. 利润

利润是将企业一定期间的收入与费用配比以后的余额,是企业生产经营活动的最终成果。

收入与费用配比以后可能有两种情况:一种是收入大于费用,配比结果为正,这就是企业的利润;另一种是收入小于费用,配比结果为负,说明企业产生了亏损。利润和亏损都属于利润要素的范畴。

作为反映企业经营成果的要素,利润应该是指企业的净利润,即利润总额减所得税之后的差额。利润总额由四部分组成,即营业利润、投资净收益、补贴收入和营业外收支净额。其中营业利润是指企业在销售商品、提供劳务等日常经营活动中所产生的利润,它等于主营业务收入减去主营业务成本和主营业务税金及附加,加上其他业务利润,减去管理费用、营业费用和财务费用之后的金额。

(二) 会计等式

会计等式也叫会计平衡式或会计方程式。基于会计要素的资产、负债和所有者权益三者的增减变化,其间的相互联系有一定的规律可循,形成了会计的基本方程式,即会计等式。

企业的资产来源于所有者的投入资本和债权人的借入资金,以及企业在生产经营中所产生效益的积累,资产来源于权益(包括所有者权益和债权人权益),归属于所有者的部分形成所有者权益;归属于债权人的部分形成债权人权益(即企业的负债)。资产与权益是同一资金的两个不同方面,它们两者始终保持平衡。所以存在会计的基本平衡式:

$$资产 = 负债 + 所有者权益$$

在某个特定的时点,资产、负债和所有者权益三者之间存在平衡关系,是复式记账法的理论基础,也是编制资产负债表的基础。

企业开展经营活动,在一定期间内实现了收入,但同时要付出一定的代价,即成本费用,两者相抵后,形成企业的损益。如果收入大于成本费用,则产生了利润;如果收入小于成本费用,则形成亏损。在不考虑调整因素(如直接计入当期利润的利得和损失等)的情况下,收入减去费用等于利润,所以出现了第二个会计等式:

$$收入 - 费用 = 利润$$

收入、费用和利润之间的上述关系,是编制利润表的基础。

三、会计方法

(一) 会计方法

会计方法是人们长期会计实践的经验总结,在特定的社会经济环境中,它既受特定会计原则的约束,又指导与监督着会计工作的具体展开。为了适应会计信息使用者的共同要求和社会经济环境的变化,会计方法亦经历了一个不断改进与完善的过程,并逐渐形成了一个较科学的方法体系。

会计方法主要包括设置账户、复式记账、填制和审核凭证、登记账簿、成本计算、财产盘存和编制会计报表等七种方法。

1. 设置账户

设置账户是对经营活动具体内容进行分类记录、计算所采用的一种专门方法。合理设置账户,有利于提供管理上所需的各种信息,并能积累编制会计报表所必需的数据。

2. 复式记账

复式记账法是以资产与权益平衡关系作为记账基础,对于每一笔经济业务,都要以相等的金额在两个或两个以上相互联系的账户中进行登记,系统地反映资金运动变化结果的一种记账方法。通俗地说,就是双向记账。例如,企业从银行存款中提取现金1 000元备作零星开支,这项经济业务的发生,一方面使企业的银行存款减少1 000元,另一方面使企业的库存现金增加1 000元。按照复式记账,这项经济业务应以相等的金额在"银行存款"和"现金"这两个相互联系的账户上登记。这样登记的结果,就能清楚地反映一项经济业务的来龙去脉,即资金从何处来,又往何处去。

由此可见，与单式记账法相比较，复式记账法有两个明显的特点：第一，对发生的每一项经济业务都要在两个或两个以上账户上相互联系地进行分类记录。这样，通过账户记录不仅可以全面、清晰地反映出经济业务的来龙去脉，还能全面、系统地反映经济活动的过程和结果；第二，对记录的结果，可以进行试算平衡，以检查账户记录是否正确。

（1）收付实现制和权责发生制。

在会计主体的经济活动中，经济业务的发生和货币的收支不是完全一致的，即存在着现金流动与经济活动的分离。由此而产生两个确认和记录会计要素的标准，一个标准是根据货币收支是否实现来作为收入确认、费用确认和记录的依据，称为收付实现制；另一个标准是以取得收款权利、付款责任作为记录收入或费用的依据，称为权责发生制。

① 收付实现制。收付实现制又称现金制或实收实付制，是以现金收到或付出为标准，来记录收入的实现和费用的发生。按照收付实现制，收入和费用的归属期间将与现金收支行为的发生与否紧密地联系在一起。换言之，现金收支行为在其发生的期间全部记作收入和费用，而不考虑与现金收支行为相关的经济业务实质上是否发生。

收付实现制是以款项的实际收付为标准来处理经济业务、确定本期收入和费用、计算本期盈亏的会计处理基础。在现金收付的基础上，凡在本期实际以现款付出的费用，不论其是否在本期收入中获得补偿，均应作为本期应计的费用处理；凡在本期实际收到的现款收入，不论其是否属于本期，均应作为本期应计的收入处理。反之，凡本期还没有以现款收到的收入和没有用现款支付的费用，即使它归属于本期，也不作为本期的收入和费用处理。例如，大同工厂1993年3月份收到1992年应收销货款50 000元，存入银行，尽管该项收入不是1993年3月份创造的，但因为该项收入是在3月份收到的，所以在现金收付基础上也作为1993年3月份的收入。这种处理方法的好处在于计算方法比较简单，也符合人们的生活习惯，但按照这种方法计算的盈亏不合理、不准确，所以《企业会计准则》规定企业不予采用，它主要应用于行政事业单位和个体户等。

在现金收付基础上，会计在处理经济业务时不考虑预收收入、预付费用以及应计收入和应计费用的问题，会计期末也不需要进行账项调整，因为实际收到的款项和付出的款项均已登记入账，所以可以根据账簿记录来直接确定本期的收入和费用，并加以对比以确定本期盈亏。

② 权责发生制。权责发生制又称应计制或应收应付制。它确定本期收入和费用的标准是应收应付。就是说，凡属应当由本期确认的收入，不管其现金是否收到，都作为本期的收入处理；凡属应当由本期负担的费用，不问现金是否付出，都作为本期的费用处理。反之，凡不应归属本期的收入，即使其现金已经收到并入账，都不作为本期的收入处理；凡不应归属本期的费用，即使其现金已经付出并入账，都不作为本期的费用处理。由于它不问现金的收付，而以收入和费用应否归属本期为准，或者说，以获得收款的权利或应当付款的责任为准，所以称为权责发生制。

权责发生制是依据持续经营和会计分期两个基本前提来正确划分不同会计期间资产、负债、收入、费用等会计要素的归属，并运用一些诸如应收、应付、预提、待摊等项目来记录由此形成的资产和负债等会计要素。企业经营不是一次而是多次，而其损益的记录又要分期进行，每期的损益计算理应反映所有属于本期的真实经营业绩，收付实现制显然不能完全做到这一点。因此，权责发生制能更加准确地反映特定会计期间实际的财务状况和经营业绩。

（2）复式记账法的种类。

复式记账原理形成以后，在实践中被各个国家广泛采用，并形成很多做法，这些做法后来就成为理论上所说的复式记账方法，主要有以下几种。

① 增减记账法。增减记账法是以"增"和"减"为记账符号，把发生的经济业务所引起会计要素的增减变动，以相等的金额，同时在两个或者两个以上的会计账户中，相互联系、相互制约地进行登记的一种复式记账方法。我国的商业企业曾经全面采用过这种方法。

② 收付记账法。收付记账法是以"收"和"付"为记账符号，把发生的经济业务所引起会计要素的增减变动，以相等的金额，同时在两个或者两个以上的会计账户中，相互联系、相互制约地进行登记的一种复式

记账方法。这个方法具体包括资金收付记账法(我国的事业单位曾经全面采用过)、现金收付记账法(我国的金融单位曾经采用过)、财产收付记账法等。

③ 借贷记账法。借贷记账法是目前世界上广泛采用的记账方法,我国 1992 年颁发的《企业会计准则》规定"会计记账采用借贷法记账",这是为了适应我国会计改革与国际会计惯例接轨的需要。从 1993 年 7 月 1 日起,我国各类企业包括其他行业全面采用借贷记账法。

3. 填制和审核凭证

填制和审核凭证是为了保证会计记录的客观真实性及对所发生的经济业务进行监督而采用的一种专门方法。因为会计凭证是记录经济业务的书面证明,所以只有对凭证内容的真实性、正确性、合法性进行审核后才能入账。填制和审核凭证是会计核算与监督不可缺少的方法。

4. 登记账簿

登记账簿是根据会计凭证,在账簿上连续、完整、系统地登记经济业务的一种专门方法。通过账簿的登记,可将分散的会计核算资料加以系统地反映,可为编制会计报表和经营管理提供系统而完整的资料。

5. 成本计算

成本计算是按照一定的计算对象归集生产经营过程中所发生的费用,借以确定其总成本和单位成本的一种专门方法。进行成本计算可以了解成本水平,考核成本计划的执行情况,并通过挖掘潜力来促使成本的进一步降低。

6. 财产盘存

财产盘存是通过盘存实物资产、核对货币资金及往来款项,保证账实相符的一种专门方法。通过财产盘存,可以了解实物资产在保管使用中存在的问题,掌握货币资金及债权、债务的实际情况,以便针对问题采取相应措施。所以财产盘存对保证会计核算资料的真实、正确,对保护社会主义财产物资的安全起着重要的作用。

7. 编制会计报表

编制会计报表是定期总括地反映企业的财务状况及经营结果的一种专门方法。通过会计报表的编制,能为报表使用者提供决策所需的会计信息,能为会计分析、会计检查及编制下期各项经营计划,为国民经济的综合平衡等提供重要依据,有利于加强经营管理。

以上的各种会计方法,是一个相互联系、紧密配合及完整的方法体系。其中,设置账户、复式记账作为这个方法体系的两个基础环节,在提高会计核算水平,完善会计信息系统方面起着主要的作用;填制和审核凭证、登记账簿、编制会计报表是这个方法体系的主要环节,它应用于会计工作的始末,并构成了会计工作的主要内容;成本计算是这个方法体系的中心环节;它构成了企业会计工作的核心内容;财产盘存是这个方法体系的必要补充,它在提高会计信息质量,保护财产物资安全、完整方面起着重要作用。所以,在组织会计工作时,应全面地、相互联系地使用这些方法。一般地说,发生每一项经济业务,都要先填制和审核凭证;然后再按规定的账户,采用复式记账的方法记入有关的账簿;月末,根据账簿的记录,计算成本,进行财产盘存;最后,在账实相符的基础上,编制会计报表。

四、会计核算

(一) 会计核算的内容

会计核算的内容就是要对企业发生的,影响企业资产、负债、权益、收入、费用和利润这六项要素变动的事项进行确认、计量、记录和报告。在过去,我们把会计简称为记账、算账和报账。现在我国会计已逐渐与国际会计惯例接轨,会计的国际语言是会计确认、会计计量、会计记录和会计报告。

1. 会计确认

会计确认是财务会计的一项重要程序,它是指交易、事项(会计业务)中的一个项目应否和应在何时、如何当作一项要素加以记录和计入会计报表内容的过程。

广义的确认包括在记录中的初始确认和在报表中的最终确认。狭义的确认仅指在报表中的确认。因为记录时的确认仍是为在报表中的确认服务,不进入财务报表,能成为最有用的会计信息。

2. 会计计量

会计计量也是财务会计的一项程序,它指的是用数量(主要是金额)对财务报表要素进行描述,即指入账的资产应按什么样的金额予以记录和报告。计量是一个模式,它由两个要素构成:一是计量单位,二是计量属性。

计量单位通常采用名义货币,即不考虑货币购买力的变动(通货膨胀的影响),一律按不同时期同种货币的面值为计量单位。在物价剧烈变动时,也可以采用一般物价水平或不变购买力作为计量单位。

3. 会计记录

会计记录指把已确认和已计量的企业资产、负债、所有者权益、收入、费用和利润以会计凭证为依据,正式地记录在会计账簿中的过程。

4. 会计报告

会计报告是指以恰当的形式汇总、再次确认日常确认、计量、记录的结果(会计账簿记录的结果),定期地向会计信息使用者通报企业的财务状况、经营成果和现金流量情况的过程。会计报告是会计信息使用者使用的主要会计信息。

(1) 会计报告的作用。

会计报告本身并非财务会计的目的,而是借助于财务会计报告提供财务信息给使用者,以便他们做出各自的决策。为此,先要明确财务会计报告的目标。财务会计报告的目标要通过其作用体现出来。概括而言,财务会计报告的具体作用包括以下几方面。

① 财务会计报告能够提供有助于投资者、债权人进行合理决策的信息。

② 财务会计报告能够提供管理当局受托经管责任的履行情况的信息。

③ 财务会计报告能够为外部用户评价和预测企业将来的财务趋势、现金流量等提供信息。

④ 财务会计报告能够为政府管理部门进行宏观调控和管理提供信息。

在企业日常的会计核算中,企业所发生的各项经济业务都已按照一定的会计程序,在有关的账簿中进行全面、连续、分类、汇总的记录和计算。企业在一定时期内的财务状况和经营成果,在日常会计记录里已经得到。但是,这些日常核算资料数量太多,而且比较分散,不能集中地、概括地反映企业的财务状况与经营成果。绝大多数人无法直接使用这些比较分散的会计记录,来分析评价企业的财务状况和经营成果。为此,就有必要定期地将日常会计核算资料加以分类调整、汇总,按照一定的表格形式编制会计报表,总括、综合地反映企业的经济活动过程和结果。理财师可以通过企业会计报表所提供的信息,为客户制定有关的投资策略。

(2) 编制会计报告的要求。

为了使企业所编制的会计报告能清楚地反映财务报表使用者所需的会计信息,便于他们理解和使用财务报表,企业在编制财务报表时应遵照如下要求。

① 合法性。企业编制对外提供的会计报告应该符合有关法律法规的规定,具体而言,应该遵守《企业财务会计报告条例》。它是国务院发布的、专门规范企业财务会计报告的法规,也是制定国家统一的会计制度中有关财务会计报告的规定的基础和指针。

② 真实性。企业的财务会计报告应该如实反映企业的生产经营情况及其成果,揭示经济事实,而不应该弄虚作假,造成会计信息严重失真。因此真实地反映企业在一定期间内的财务状况、经营成果和现金流量情况是会计人员应遵守的基本要求。真实性包括会计报告的内容和数字都要真实可靠。

③ 完整性。企业的财务会计报告必须完整地反映企业的生产经营情况及其经营成果,不能残缺不全,更不能隐瞒、遗漏。完整性主要是指会计报告的内容要完整。

④ 及时性。及时性指企业会计报告应按照会计制度的要求,按时报送,不得延误。延期报送的会计信息对于任何会计信息使用者来说都是无用信息或无效信息。

(二) 企业主要的会计报表

企业的财务报表包括资产负债表、利润表和现金流量表,也包括一些附表。根据我国现行的企业会计制度,主要的报表种类见表 4-1、表 4-2、表 4-3 和表 4-4。

表 4-1 我国企业会计制度规定的报表

编号	会计报表名称	编报期
会企 01 表	资产负债表	中期、年度
会企 02 表	利润表	中期、年度
会企 03 表	现金流量表	(至少)年度
会企 01 表附表 1	资产减值准备明细表	年度
会企 01 表附表 2	股东权益增减变动表	年度
会企 01 表附表 3	应交增值税明细表	中期、年度
会企 02 表附表 1	利润分配表	年度
会企 02 表附表 2	分部报表(业务分部)	年度
会企 02 表附表 3	分部报表(地区分部)	年度

资料来源:《企业会计制度(2001)》。

表 4-2 资产负债表

编制单位: 年度: 单位:千元

资产	期初数	本期数	负债及所有者权益	期初数	期末数
流动资产:			流动负债:		
货币资金			短期借款		
短期投资			应付账款		
应收票据			应付票据		
应收账款			其他应付款		
应收股利			应付工资		
应收利息			应交税金		
其他应收款			应付福利费		
存货			流动负债小计		
流动资产小计			长期负债:		
长期股权投资			长期借款		
长期债权投资			所有者权益:		
固定资产原值			股本		
减:累计折旧			资本公积		
固定资产净值			盈余公积		
无形资产			未分配利润		
其他资产			所有者权益小计		
资产合计			负债和权益合计		

表 4-3　利润表

编制单位：　　　　　　　　　　年度：　　　　　　　　　　单位：千元

项目	上年数	本年数
一、主营业务收入		
减：主营业务成本		
主营业务税金及附加		
二、主营业务利润		
加：其他业务利润		
减：营业费用		
管理费用		
财务费用		
三、营业利润		
加：投资收益		
营业外收入		
减：营业外支出		
四、利润总额		
减：所得税		
五、净利润		

表 4-4　现金流量表

编制单位：　　　　　　　　　　年度：　　　　　　　　　　单位：千元

项目	金额
一、经营活动产生的现金流量：	
销售商品、提供劳务收到的现金	
收到的税费返还	
收到的其他与经营活动有关的现金	
现金流入小计	
购买商品、接受劳务支付的现金	
支付给职工以及为职工支付的现金	
支付的各项税费	
支付的其他与经营活动有关的现金	
现金流出小计	
经营活动产生的现金流量净额	
二、投资活动产生的现金流量：	
收回投资所收到的现金	
取得投资收益所收到的现金	
处置固定资产、无形资产和其他长期资产所收回来的现金净额	
收到的其他与投资活动有关的现金	
现金流入小计	
购建固定资产、无形资产和其他长期资产所支付的现金	
投资所支付的现金	
支付的其他与投资活动有关的现金	

(续表)

项目	金额
现金流出小计	
投资活动产生的现金流量净额	
三、筹资活动产生的现金流量:	
吸收投资所收到现金	
借款所收到的现金	
收到的其他与筹资活动有关的现金	
现金流入小计	
偿还债务所支付的现金	
分配股利、利润或偿付利息所支付现金	
支付的其他与筹资活动有关的现金	
现金流出小计	
筹资活动产生的现金流量净额	
四、汇率变动对现金的影响	
五、现金及现金等价物净增加额	

1. 资产负债表

资产负债表是总括反映企业在一定日期(如年末、季末、月末)的全部资产、负债和所有者权益的会计报表,其基本特点如下。

① 反映一定时点的财务状况(月报、年报),因此有被修饰的可能。
② 按权责发生制填制,对未来的反映有一定程度的影响。
③ 反映资产与负债、所有者权益之间的关系,即资产＝负债＋所有者权益。
④ 反映资产、负债、所有者权益的存量及其结构等信息。

2. 利润表

利润表是总括反映企业在某一会计期间内(年度、季度、月份等)经营成果的一种会计报表,其基本特点如下。

① 反映一定期间的经营成果。
② 按权责发生制填制。
③ 反映利润的构成及实现,有利于管理者了解本期取得的收入和发生的产品成本、期间费用及税金,了解盈利总水平和各项利润的形成来源及其构成。

3. 现金流量表

现金流量表是以现金为基础编制的反映企业一定期间内由于经营、投资、筹资活动所形成的现金流量情况的会计报表。其基本特点如下。

① 反映一定期间现金流动的情况和结果。
② 按收付实现制填制,能够在很大程度上真实反映企业对未来资源的掌握。

第二节　财务管理基础知识

一、财务管理概述

(一) 财务管理概念

财务管理主要研究企业货币资源(资金)的获得和管理,具体地说,就是研究企业资金的筹集、使用和分配等财务活动,以及与这些财务活动有关的企业财务关系。财务管理就是研究怎样组织企业的财务活动、如何处理企业的财务关系。

企业的生产经营活动少不了资产,如固定资产、流动资产,而购置这些资产需要资金。企业可以用投入的本金(发行股票)即资本金和从企业外部单位借入资金(发行债券或从金融机构借入)的方式进行初次投资;在生产经营过程中,企业还可从自身经营所得中提取一定的留存或从金融机构借入用于再投资。企业财务管理人员在筹集资金过程中,要研究和设计最优的筹资方案,使企业的筹资成本最低,并要筹到满足企业生产经营所必需的资金量。

企业对所筹资金的有效运用和所投项目是否经济合理,投资收益是否高于资金成本,风险大小的控制是否得当等是财务管理的核心问题。

企业的一切财务活动与其外部环境息息相关。国家的经济发展周期、政府的财政政策对企业的财务管理策略有很大的影响。与企业筹资直接有关的金融市场及利率是企业财务人员必须熟悉和重点研究的领域。财务管理在企业和资本市场之间,企业与投资者、债权人以及其他利益团体和个人之间的关系处理方面的作用是显而易见的。财务管理就是在一定的外部环境下,寻求使企业资金运用尽可能有效的方法。

1. 企业财务活动

企业财务活动是以现金收支为主的企业资金收支活动的总称。在市场经济条件下,拥有一定数额的资金是企业进行生产经营活动的必要前提。企业的生产经营过程,一方面表现为物质的不断购进和售出,另一方面则表现为资金的支出和收回。企业的经营活动不断地进行,也就会不断地产生资金的支出和收回。

(1) 筹资活动。

筹资活动是指企业从其内外各方面筹集企业生产经营活动所需资金的过程。

从筹资范围看,财务筹资包括企业内部筹资与外部筹资两个方面。

从筹资方式看,财务筹资主要包括银行信用筹资、商业信用筹资、发行股票筹资、发行债券筹资、财务租赁筹资、企业留存收益、应计费用筹资等。

从筹资性质看,财务筹资包括短期筹资、中期筹资与长期筹资。

由于企业内外各种因素,包括企业生产周期性、供销季节性以及社会经济运行的周期性,尤其是资金市场供求状况的变化等的影响,会导致企业现金流出量与其流入量的经常性不平衡,时而亏绌,时而溢余。亏绌一旦发生,筹资便成必然。因此,财务筹资活动成为财务活动中一项经常性的工作。

(2) 投资活动。

投资活动是指将所筹资金在企业内部合理配置以及将闲置资金对外投放的过程。

从投资范围看,财务投资包括内部投资与外部投资两个方面。

从投资对象看,财务投资包括生产领域的投资与非生产领域的投资,证券投资与实物投资,货币性资产的投资与非货币性资产的投资等。

从投资的性质看,财务投资包括短期投资、中期投资与长期投资。企业中所拥有的各种类型的资产(从现金到固定资产)都是由财务投资引起的。也正因为如此,企业投资管理在一般形式上表现为所谓的"企业资产管理",如现金管理、有价证券管理(对外投资管理)、应收账款管理、存货管理、固定资产管理等。

我们这里讲的投资活动是一种广义的投资活动,它包括企业投资引起的财务活动(长期资产投资活动)和企业经营引起的财务活动(流动资产投资活动);而狭义的财务活动指的是长期资产的投资活动。

(3) 收益分配活动。

收益分配是指企业在一定时期内所创造的剩余价值总额在企业内外各利益主体之间分割的过程。

从收益分配范围看,收益分配包括内部分配与对外分配。

从收益分配方式看,收益分配包括实物分配与货币分配,其中以货币分配为主。

从收益分配对象看,收益分配主要包括对股东的分配、对债权人的分配、对职工的分配以及对企业本身的分配(留存收益)。

在实际工作中,企业收益分配具体表现为对企业净利润的分配。

2. 企业财务关系

企业财务关系是指企业在组织财务活动过程中与各方面发生的以价值表现的经济关系。企业组织财务活动时，与企业上下左右、内部外部有着广泛的联系。

（1）企业与投资者之间的财务关系。

企业与投资者（股东）之间的财务关系主要指企业的所有者向企业投入资金，企业向其所有者支付投资报酬所形成的财务关系。企业的所有者要按照投资合同、协议、章程的约定，履行其出资义务，以便及时形成企业的资本金。企业运用资本金进行经营，实现利润后，应按出资比例或合同、章程的规定，向其所有者分配利润。

企业与其投资者（股东）之间的财务关系不仅仅表现在股息、红利支付等直接的财务利益上，还表现在财务权力与财务责任上。一方面，股东以其所拥有股权的大小，对企业财权的运作施以不同程度的影响；另一方面，股东以其对企业投资额的大小，对企业偿债风险承担有限责任。

（2）企业与受资者之间的财务关系。

企业在经营活动中，可能用多余的闲置资金购买其他企业的股票或者以直接对外投资的形式向其他企业投资，形成企业与受资者（被投资者）之间的财务关系。这时企业应站在投资者的角度处理这一财务关系。企业向被投资单位投资，应按约定履行出资义务，参与被投资单位的利润分配，并根据持股比例的大小享有对被投资单位财务经营的决策权。

（3）企业与其债权人之间的财务关系。

企业与其债权人之间的财务关系主要指企业向债权人借入资金，并按借款合同的规定，按时支付利息和归还本金时所形成的财务关系。企业要进行正常的生产经营活动，除利用投资者投入的资本金外，还要向企业外部（债权人）借入一定量的资金，以便降低企业资金成本，扩大企业生产经营规模。

企业利用债权人的资金后，要按约定的利息率，及时向债权人支付利息；债务到期时，企业应合理调度资金，按时向债权人偿还本金。

（4）企业与其债务人之间的财务关系。

企业在经营活动中，可能将多余的闲置资金用以购买企业外部单位发行的债券，对外提供贷款和商业信用等形式，形成企业与债务人的财务关系。企业将资金借出后，有权要求其债务人按约定的条件支付利息和归还本金。为了提高企业资金的利用效率，减少被别人占用资金，控制坏账的发生，加速企业资金周转，企业应该处理好与其债务人之间的财务关系。

（5）企业与税务机关之间的财务关系。

企业要按照税法的规定依法纳税，形成企业与税务机关之间的财务关系。任何企业都必须按照国家税法的规定缴纳各种税款，以保证国家财政收入的实现。及时、足额地纳税是企业履行社会义务的表现。企业与税务机关的财务关系是依法纳税和征税的义务与权利的关系。

（6）企业与其内部各部门之间的财务关系。

企业与其内部各部门、各单位之间的财务关系主要是在企业利用财务资金所进行的生产要素的分配过程中形成的。它具体体现在企业内部各部门、各单位之间财权分割、财责分担、利益分享三个方面。企业财务部门根据各部门、各单位对资金的实际需要与资金筹集量的大小，遵循投资效益的原则，核准各部门、各单位资金的需要量计划。各部门、各单位按计划要求，节约而有效地使用被分配的资金。这种在企业内部形成的资金分配和资金结算关系，体现了企业内部各单位的利益关系。

（7）企业与其内部职工之间的财务关系。

企业与其内部职工之间的财务关系主要是在企业生产成果的分配过程中形成的。企业按照"各尽所能、按劳分配"的原则，主要以货币形式支付职工的劳动报酬，包括工资、补贴、奖金及福利等。职工报酬额的多少主要取决于劳动量的大小及其质量的高低。当然，职工的实际收入还受到工资支付方式以及通货膨胀等企业内外众多因素的影响。企业应本着不断提高职工生活水平的基本要求，正确处理好企业内部积累与消费之间的比例关系，极大地调动广大职工生产经营的积极性、创造性。

（二）财务管理的特点

1. 财务管理是一项综合性管理工作

企业管理在实行分工、分权的过程中形成了一系列专业管理，有的侧重于使用价值的管理，有的侧重于价值的管理,有的侧重于劳动要素的管理,有的侧重于信息的管理。社会经济的发展,要求财务管理主要是运用价值形式对经营活动实施管理。通过价值形式,把企业的一切物质条件、经营过程和经营结果都合理地加以规划和控制,达到企业效益不断提高、财富不断增加的目的。因此,财务管理既是企业管理的一个独立方面,又是一项综合性的管理工作。

2. 财务管理与企业各方面具有广泛联系

在企业中,一切涉及资金的收支活动,都与财务管理有关。事实上,企业内部各部门与资金不发生联系的现象是很少见的。因此,财务管理的触角,常常伸向企业经营的各个角落。每一个部门都会通过资金的使用与财务部门发生联系,每一个部门也都要在合理使用资金、节约资金支出等方面接受财务部门的指导,受到财务制度的约束,以此来保证企业经济效益的提高。

3. 财务管理能迅速反映企业生产经营状况

在企业管理中,决策是否得当,经营是否合理,技术是否先进,产销是否顺畅,都可迅速地在企业财务指标中得到反映。例如,如果企业生产的产品适销对路,质量优良可靠,则可带动生产发展,实现产销两旺,加快资金周转,增强盈利能力,并通过各种财务指标迅速地反映出来。这也说明,财务管理工作既有其独立性,又受整个企业管理工作的制约。财务部门应通过自己的工作,向企业领导及时通报有关财务指标的变化情况,以便把各部门的工作都纳入到提高经济效益的轨道,努力实现财务管理的目标。

(三) 财务管理的原则

财务管理的原则,是指人们对财务活动的共同的、理性的认识。它是企业财务管理工作必须遵循的准则。

1. 风险报酬权衡原则

财务管理中的风险,通常是指企业经营活动的不确定性影响财务成果的不确定性。风险按其形成的原因可分为经营风险和财务风险。经营风险是指由于企业生产经营上的原因而给经营成果带来的不确定性,它来源于企业外部环境的改变和企业的内部原因;财务风险是指企业由于筹措资金上的原因给企业财务成果带来的不确定性,它来源于企业资产报酬率与负债资金利息率差额上的不确定性和负债资金与权益资本比例的高低。

风险报酬权衡原则是指风险和报酬之间存在一个对应关系,任何投资必须进行风险和报酬之间的权衡。低风险往往带来低收益,而高风险不一定带来高收益,那么,人们之所以愿意冒着风险进行投资,就是为了获得超过平均收益的额外收益。但要实现此目的,就必须规避风险,化解风险(图 4-1)。

2. 投资分散原则

投资分散化原则是指不要把全部财富都投资于一个公司、一个项目或一种证券,而要分散投资。

投资分散化原则的理论依据是投资组合理论,这一原则来源于股票投资。由若干种股票组成的投资组合,其收益是这些股票收益的加权平均数,但其风险要小于这些股票的加权平均风险,所以投资组合能降低风险(图 4-2)。

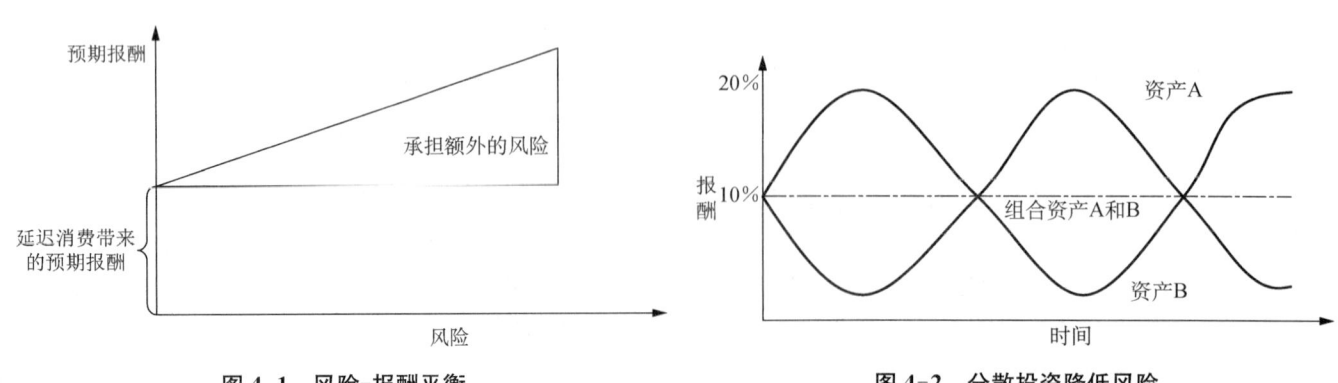

图 4-1 风险-报酬平衡

图 4-2 分散投资降低风险

3. 资本市场有效原则

资本市场有效原则是指在资本市场上频繁交易的金融资产的市场价格反映了所有可获得的信息,而且面对新信息完全能迅速地做出调整。

资本市场有效原则要求理财时重视市场对企业的估价,同时要求理财时慎重使用金融工具。如果资本市场是有效的,购买或出售金融工具的交易的净现值则为零。公司作为从资本市场上取得资金的一方,不要企图通过筹资获取正的净现值,而应当依靠生产经营及投资增加股东财富。

4. 货币时间价值原则

货币时间价值原则是指在财务计量时要考虑货币时间价值因素。货币时间价值是指货币在周转中由于时间因素而形成的差额价值。

货币时间价值的依据是货币投入市场后其数额会随着时间的延续而发生增值,这是一种普遍的客观经济现象。要想让投资者投资,市场必须给他们一定的报酬。这种报酬包括两部分:一部分是时间价值,即无风险投资的投资报酬;另一部分是风险价值,即因为冒风险而获得的投资报酬。

二、财务管理的目标

一般来说,财务管理的具体目标应确立如下。

1. 合理筹措资金,保证企业经营需要

筹集资金是企业资金运动的起点,是决定企业资金运动规模和生产经营发展速度的重要环节。如果企业不能获得其所需要的资金,企业经营就会因没有"血液"而不能正常运营,但是如果企业拥有过量的资金,也会造成资金浪费、影响企业资金的利用效果。因此,正确确定企业资金需要量,合理选择筹资方式,适时地筹集资金以满足企业的生产经营需要将成为企业财务管理的首要目标。

2. 做好投资决策分析,有效利用企业资源

企业筹集资金的目的是为了进行有效的投资。企业筹资后要尽快用于生产经营,以便获得盈利——资本增值。但任何投资决策都带有一定的风险性,因此在投资时财务管理部门应认真分析影响投资决策的各种因素,科学地进行可行性研究。对于新增的投资项目,一方面要考虑项目完成后将给企业带来的投资报酬,另一方面也要考虑投资项目可能给企业带来的风险,以便在风险与报酬之间进行权衡,不断提高企业效益,实现企业财务管理的整体目标。

3. 改善财务状况,提高企业的财务能力

企业在运用资金时,要讲究用财之道和投资效益。用财如用兵,资金的投向、投量、时机、风险都应权衡,注重用财的有效性。因此,有效地投放和运用资金,不断改善企业财务状况,提高企业偿债能力、营运能力、盈利能力将成为企业财务管理的另一个具体目标。

4. 制定收益分配政策、提供最佳分配方案

企业收益分配的核心内容是正确处理企业与投资者之间以及企业短期利益与长期利益之间的关系,从实际出发,确定股利支付率和利润留存比例。企业在制定收益分配政策时,要明确企业收益额与企业现金流量净增额的关系、企业收益分配与企业内部融资的关系以及企业收益分配对企业外部融资的影响。企业分配政策受企业的经营环境、经营方针、经营效益(如财务状况)以及股东要求等多方面因素的影响,各个企业或同一企业不同时期的股利分配政策不可能相同。因此,企业应该根据其经营环境、经营方针以及财务状况和经营成果,考虑股东的要求,正确制定收益分配政策,提供最佳分配方案。

三、财务管理的对象与内容

(一) 财务管理的对象

财务管理的对象是现金(或者资金)的循环和周转。

财务管理主要是资金管理,其对象是资金及其流转。资金流转的起点和终点是现金,其他资产都是现金在流转中的转化形式,因此,财务管理的对象也可以说是现金及其流转。财务管理也会涉及成本、收入和利润问题。从财务的观点来看,成本和费用是现金的耗费,收入和利润是现金的来源。财务管理主要在这种意义上研究成本和收入,而不同于一般意义上的成本管理和销售管理,也不同于计量收入、成本和利润的会计工作。

在建立一个新企业时,必须先要解决两个问题:一是制定规划,明确经营的内容和规模;二是筹集若干现金作为最初的资本。没有现金,企业的规划无法实现,不能开始运营。企业建立后,现金变为经营用的各种资产,在运营中又陆续变为现金。

在生产经营中,现金变为非现金资产,非现金资产又变为现金。这种流转过程称为现金流转。这种流转无始无终,不断循环,称为现金的循环或资金循环。

现金的循环有多条途径。例如,有的现金用于购买原材料,原材料经过加工成为产成品,产成品出售后又变为现金;有的现金用于购买固定资产,如机器等,它们在使用中逐渐磨损,价值进入产品,陆续通过产品销售变为现金。各种流转途径完成一次循环即从现金开始又回到现金所需的时间不同。购买商品的现金可能几天就可流回,购买机器的现金可能要许多年才能全部返回现金状态,现金变为非现金资产,然后又回到现金,所需时间不超过一年的流转,称为现金的短期循环。短期循环中的资产是流动资产,包括现金本身和企业正常经营周期内可以完全转变为现金的存货、应收账款、短期投资及某些待摊和预付费用等。

现金变为非现金资产,然后又回到现金,所需时间在一年以上的流转,称为现金的长期循环。长期循环中的非现金资产是长期资产,包括固定资产、长期投资、无形资产、递延资产等。

如果企业的现金流出量与流入量相等,财务管理工作将大大简化。实际上这种情况极少出现,不是收大于支,就是支大于收,绝大多数企业一年中会多次遇到现金流出大于现金流入的情况。现金流转不平衡的原因有企业内部的,如盈利、亏损或扩充等;也有企业外部的,如市场变化、经济兴衰、企业间竞争等。

(二) 财务管理的内容

企业的财务目标是股东财富最大化。股东财富最大化的途径是提高报酬率和减少风险,企业的报酬率高低和风险大小又决定于投资项目、资本结构和股利政策。因此,财务管理的主要内容是筹资管理、投资管理及利润分配管理。

1. 筹资管理

筹资是指筹集资金。例如,企业发行股票、发行债券、取得借款、赊购、租赁等。筹资决策要解决的问题是如何取得企业所需要的资金,包括向谁、在什么时候、筹集多少资金。筹资决策和投资、股利分配有密切关系,筹资的数量多少要考虑投资需要,在利润分配时加大保留盈余可减少从外部筹资。筹资决策的关键是决定各种资金来源在总资金中所占的比重,即确定资本结构,以使筹资风险和筹资成本相配合。

筹集的资金根据投资者权益不同分为负债资金和所有者权益资金两种。负债资金可以通过借款、发行债券筹集;所有者权益资金可以通过吸收直接投资、发行股票筹集。按资金占用时间长短分为短期资金和长期资金。

筹资管理的目标:满足资金需求,降低资金成本,合理安排资金结构。

2. 投资管理

投资是指以收回现金并取得收益为目的而发生的现金流出。例如,购买政府公债、购买企业股票和债券、购置设备、兴建工厂、开办商店、增加一种新产品等,企业都要发生货币性流出,并期望取得更多的现金流入。

按投资方向不同,投资可以分为对内投资和对外投资。对内投资包括固定资产、无形资产投资,流动资金投资;对外投资包括股权投资和债权投资。按形成资产不同可分为固定资产投资和营运资产投资。

投资管理的目标:提高投资收益率,降低风险。

3. 利润分配管理

利润分配是指在公司赚得的利润中,有多少作为股利发放给股东,有多少留在公司作为再投资。过高的股利支付率,影响企业再投资的能力,会使未来收益减少,造成股价下跌;过低的股利支付率,可能引起股东不满,股价也会下跌。

利润分配决策的制定受多种因素的影响,包括税法对股利和出售股票收益的不同处理、未来公司的投资机会、各种资金来源及其成本、股东对当期收入和未来收入的相对偏好等。每个公司根据自己的具体情况确定最佳的股利政策,是财务管理的一项重要内容。

利润分配管理的目标:制定合理的股利分配政策,降低筹资成本,满足投资者需求。

(三)财务管理的方法

财务管理的方法是理财主体(企业)为实现财务管理目标,在从事财务活动与处理财务关系时必须采取科学的理财方法。财务管理的方法是指企业为完成理财任务,在各个理财环节采用的各种技术和手段。

财务管理方法包括财务预测、财务决策、财务预算、财务控制和财务分析。

本章小结

本章主要分为会计核算和财务管理两大部分。

会计是对一个单位的经济活动进行确认、计量和报告,做出预测,参与决策,实行监督,旨在实现最佳经济效益的一种管理活动。会计分为财务会计和管理会计。会计的基本职能包括会计核算和会计监督。

会计有会计主体、持续经营、会计期间、货币计量四个基本前提。企业会计要素分为资产、负债、所有者权益、收入、费用和利润六大类。会计的基本平衡式:资产＝负债＋所有者权益。

会计方法主要包括设置账户、复式记账、填制和审核凭证、登记账簿、成本计算、财产盘存和编制会计报表等七种方法。会计核算的内容就是要对企业发生的,影响企业资产、负债、权益、收入、费用和利润这六项要素变动的事项进行确认、计量、记录和报告。企业的财务报表包括资产负债表、利润表和现金流量表。

财务管理就是研究怎样组织企业的财务活动、如何处理企业的财务关系。财务活动包括投资活动、筹资活动、利润分配活动。筹资管理的目标:满足资金需求,降低资金成本,合理安排资金结构;投资管理的目标:提高投资收益率,降低风险;利润分配管理的目标:制定合理的股利分配政策,降低筹资成本,满足投资者需求。财务管理的对象是现金(或者资金)的循环和周转。

财务管理必须遵循风险报酬权衡、投资分散、资本市场有效3个原则。

关键术语

会计　财务会计　管理会计　会计核算　会计监督　会计主体　持续经营　会计期间　货币计量　私人会计师　注册会计师　会计要素　资产　负债　所有者权益　收入　费用　利润　会计方法　收付实现制　权责发生制　会计计量　资产平衡表　利润表　现金流量表　财务管理　筹资活动　投资活动　收益分配活动　财务关系

第五章

风险管理基础

本章导读 >>>

风险是人类社会非常普遍的现象。天灾、人祸时有发生,使人们的财产遭受损失,生命面临着威胁。同时,风险又是促使保险产生和推动保险发展的根源和动力,一个没有风险的世界是枯燥乏味、死气沉沉的,当然也就不需要保险了。

本章共分为五节,第一节介绍了风险及其相关概念;第二节针对个人和家庭面临的财产风险、责任风险和人身风险进行了分析;第三节阐述了因个人的知识、能力、财富、风险偏好不同而导致的风险态度和风险承受能力的不同;第四节分析了风险管理的目标、一般程序和风险管理技术;第五节对保险的类型及基本原则进行了介绍。

本章重点在于掌握风险管理和保险。

第一节 风 险

一、风险概述

(一) 风险的概念

人们往往会把"高风险、高回报"作为一种追求,其实不然。"高风险、高回报"是针对人们的风险态度而言的,其基本认识是人们都不愿意承担风险,除非得到补偿。承担的风险越大,要求得到的补偿也就越高。对于不愿意承担风险的人来说,"低风险、高回报"是追求,"高风险、高回报"是无奈的选择,因为如果真的出现了"低风险、高回报"的机会,不愿承担风险的人就会趋之若鹜,这样的机会很快就会消失,以至可以忽略存在这样的机会的可能性(根据现代投资理论,如果市场是有效的,根本就没有人能够得到与风险不相称的回报)。如果想要得到高回报,将不得不承担高风险。

风险是指某种事件发生的不确定性。

从广义上讲,这种不确定性既包括盈利的不确定性,也包括损失发生的不确定性。只要某一事件的发生存在着两种或两种以上的可能性,那么就认为该事件存在着风险。

从狭义上讲,风险仅指损失的不确定性。它有两层含义,一是可能存在损失;二是这种损失是不确定的。所谓不确定性是指:是否发生不确定;发生的时间不确定;发生的空间不确定,即在什么地点发生不确定;发生的过程和结果不确定,即损失程度不确定。

在保险理论与实务中,通常从狭义的角度界定风险的含义。具体可以表述为风险是指保险标的损失发生的不确定性。风险的不确定性包括风险是否发生不确定、何时发生不确定和产生的结果不确定。

(二) 风险的种类

1. 依据风险产生的原因划分

依据风险产生的原因划分,可分为自然风险、社会风险、政治风险、经济风险与技术风险。

自然风险是指因自然力的不规则变化使社会生产和社会生活等遭受威胁的风险。如地震、水灾、火灾、风灾、雹灾、冻灾、旱灾、虫灾以及各种瘟疫等自然现象是经常的、大量发生的。

社会风险是指由于个人或团体的行为(包括过失行为、不当行为及故意行为)或不行为使社会生产及人们生活遭受损失的风险。如盗窃、抢劫、玩忽职守及故意破坏等行为将可能对他人财产造成损失或人身造成伤害。

政治风险(又称为"国家风险")是指在对外投资和贸易过程中,因政治原因或订约双方所不能控制的原因,使债权人可能遭受损失的风险。如因输入国家发生战争、内乱而中止货物进口;因输入国家实施进口或外汇管制,对输入货物加以限制或禁止输入;因本国变更外贸法令,使输出货物无法送达输入国,造成合同无法履行等。

经济风险是指在生产和销售等经营活动中由于受各种市场供求关系、经济贸易条件等因素变化的影响或经营者决策失误,对前景预期出现偏差等导致经营失败的风险。比如企业生产规模的增减、价格的涨落和经营的盈亏等。

技术风险是指伴随着科学技术的发展、生产方式的改变而产生的威胁人们生产与生活的风险。如核辐射、空气污染和噪音等。

2. 依据风险标的划分

依据风险标的划分,可分为财产风险、人身风险、责任风险与信用风险。

财产风险是指导致一切有形财产的损毁、灭失或贬值的风险。如厂房、机器设备、原材料、成品、家具等会遭受火灾、地震、爆炸等风险;船舶在航行中,可能遭受沉没、碰撞、搁浅等风险。财产损失通常包括财产的直接损失和间接损失两个方面。

人身风险是指导致人的伤残、死亡、丧失劳动能力以及增加费用支出的风险。如人会因生、老、病、死等生理规律和自然、政治、军事、社会等原因而早逝、伤残、年老无依靠等。人身风险所致的损失一般有两种：一种是收入能力损失；一种是额外费用损失。

责任风险是指由于个人或团体的疏忽或过失行为，造成他人财产损失或人身伤亡，依照法律、契约或道义应负法律责任或契约责任的风险。责任风险中所说的"责任"，少数属于契约责任，绝大部分是指法律责任，包括刑事责任、民事责任和行政责任，但保险人所承保的法律责任风险仅限于民事损害的经济赔偿责任。如对由于产品设计或制造上的缺陷所致消费者（或用户）的财产损失或人身伤害，产品的设计者、制造者、销售者依法要承担经济赔偿责任；合同一方违约使另一方遭受损失，违约一方依合同要承担经济赔偿责任等。

信用风险是指在经济交往中，权利人与义务人之间，由于一方违约或违法致使对方遭受经济损失的风险。如进出口贸易中，出口方（或进口方）会因进口方（或出口方）不履约而遭受经济损失。

3. 依据风险性质划分

依据风险性质划分，可分为纯粹风险和投机风险。

纯粹风险是指只有损失机会无获利可能的风险。比如房屋所有者面临的火灾风险，汽车主人面临的碰撞风险等，当火灾或碰撞事故发生时，他们便会遭受经济利益上的损失。人们通常概念中的风险——自然灾害以及意外事故，都属于纯粹风险，比如疾病、火灾、交通事故以及失窃等等。

投机风险是相对于纯粹风险而言的，是指既有损失机会又有获利可能的风险。这种风险所导致的结果有三种情况：获得收益；没有损失；遭受损失。比如，买一张彩票，有很少的概率获得大奖，较大的概率是损失掉买彩票的资金；买一个公司的普通股，有不确定的分红和股本升值的可能。上述的每一种行为都可能带来收益，也可能带来资金上的损失。

投机风险一般是个人主动选择而非在困境中被迫接受的。投机风险的发生常常与个人的决策密切相关，同时也与社会经济环境的变化紧密相连。

（三）风险对社会造成的负担

风险的出现带来了一些不利的社会和经济影响，特别是纯粹风险。纯粹风险给社会带来以下四种主要负担。

1. 风险事故发生后的实际损失

纯粹风险导致的损失对个人和社会都是一种实实在在的损失。纯粹风险导致的实际损失可能很大，比如，可能使企业遭受破产清算，可能使个人或家庭发生严重的财务困难或负债累累。世界各国每年因火灾、水灾等天灾人祸遭受成百上千亿元的财产损失和人员伤亡损失。这是纯粹风险最主要的成本要素。

2. 处理风险的费用

经济社会通常会自觉或不自觉地采取积极的手段和措施去处理各种纯粹风险，从而发生各种管理费用。比如，在生产车间或销售场所安装灭火器或洒水装置，以减少火灾损失的严重程度；在超市安装报警系统，以降低被盗窃的可能性；定期的常规体检有助于早期发现癌症等恶性疾病，以便及时抢救和治疗；购买第三者责任险可以为过失驾车造成的法律责任提供保障等等。但所有这些手段和措施都需要不同程度的费用支出，这些费用都是由于纯粹风险的存在而使个人或社会承担的成本。关于风险处理费用或保险成本还将在后面章节进一步阐述。

3. 资源的非优化配置

损失的可能性或风险将给个人、企业和社会的决策和行为造成不利的影响。在实际生活中，有很多时候需要我们估计损失的概率，但绝大多数人无法作出准确预测。有些人过于悲观，高估损失风险，导致为损失准备过于充分而浪费资源；有些人过于乐观，低估损失风险，导致为损失准备不足而发生严重的财务后果。比如去机场坐飞机，有的乘客考虑了各种误机的风险（如出门半小时等不到出租车、途中严重堵车、出租车故障等）而提前2小时甚至3小时赶到机场，这样，误机的风险几乎消除了，但造成一定的时间浪费；有的乘客比较乐观，通常只提前一刻钟，至多半小时到达机场，这些乘客在一般情况下能够按时赶上班机，而且不会浪费时间，但因某种意外的原因不能赶上班机的风险较大，一旦成为事实，就会导致严重的直接损失和间接损失。

风险或损失不确定性对投资资源的非优化配置影响显著。有些投资项目预期收益非常有吸引力，但由于潜在损失很高而被放弃;由于可能的损失或风险,本来可以获得更高收益的资金只能作为"应急资金"或投资到非常安全的项目,而这可能导致不必要的流动性、安全性,影响资源的最优配置。因此,风险将导致资源的非优化配置,从而发生成本。

4. 恐惧和焦虑

人的恐惧和焦虑是一种主观感觉,但它确实会影响我们的工作进度和效率,影响个人的精神状态和生活质量,其负面效应或成本是不容忽视的。面对实际的或预期的损失,我们身不由己地花费了大量的时间和精力去深思和应对,这些时间和精力是有"机会成本"的,即其本来可以用于考虑和从事其他事情,从而产生更大的经济效益和更高的工作效率。过多的紧张和焦虑必然会造成精神上的不安和挫折感,破坏个人的平和心态,影响身心健康,产生严重的非财务损失。随着我国居民生活水平的日益提高、"以人为本"思想的不断深入,这种难以量化的非财务损失将受到更多的关注。

二、风险的构成要素及其关系

(一) 风险的构成要素

1. 风险因素

风险因素是指促使某一特定风险事故发生或增加其发生的可能性或扩大其损失程度的原因或条件。风险因素是风险事故发生的潜在原因,是造成损失的间接原因。比如,对易燃易爆品管理不当、消防设施不齐全、相关人员消防意识不强等都是引起火灾的风险因素。根据风险因素的性质不同,通常可将其分为有形风险因素和无形风险因素两种类型。

有形风险因素也称实质风险因素,是指某一目标的本身所具有的足以引起风险事故发生或增加损失机会或加重损失程度的因素。它通常是指那些影响损失概率和损失程度的物理条件或因素。如一个人的身体健康状况;某一建筑物所处的地理位置、所使用的建筑材料的性质等;某一类汽车的刹车系统的可靠性;地壳的异常变化、恶劣的气候、疾病传染等都属于实质风险因素。人类对于这类风险因素,有些可以在一定程度上加以控制,有些在一定时期内还是无能为力的。

无形风险因素是与人的心理或行为有关的风险因素,通常包括道德风险因素和心理风险因素。

其中,道德风险因素是指与人的品德修养有关的无形因素,即由于人们不诚实、不正直或有不轨企图,故意促使风险事故发生,以致引起财产损失和人身伤亡的因素。如有人对社会或他人心怀不满,故而蓄意进行破坏活动,又如投保人或被保险人的欺诈、纵火行为等都属于道德风险因素。

心理风险因素是与人的心理状态有关的无形的因素,它指由于人的疏忽或过失以及主观上不注意、不关心、侥幸或存在依赖保险的心理,以致增加风险事故发生的概率和损失幅度的因素。如企业或个人投保了财产保险后放松对保险财产的保护措施;投保人身保险后忽视自己的身体健康等。

2. 风险事故

风险事故(也称"风险事件")是指造成人身伤害或财产损失的偶发事件,是造成损失的直接的或外在的原因,因此,风险事故是损失的媒介。即风险只有通过风险事故的发生,才能导致损失。例如,汽车刹车失灵酿成车祸而导致车毁人亡,其中刹车失灵是风险因素,车祸是风险事故。如果仅有刹车失灵而无车祸,就不会造成人员伤亡。火灾、暴风、爆炸、雷电、船舶碰撞、船舶沉没、地震、盗窃、汽车碰撞、人的死亡和残疾等都是风险事故。有些风险事故是与人的过失、过错或不当干预有关,属于人为事故,有些风险事故则属于自然灾害或天灾,比如,因为野炊活动导致的森林大火属于人为事故,由于闪电引起的森林大火则属于天灾。

3. 损失

在风险管理中,损失是指非故意的、非预期的、非计划的经济价值的减少,即经济损失,一般以丧失所有权、预期利益、支出费用和承担责任等形式表现,而像精神打击、政治迫害、折旧以及馈赠等行为的结果一般不能视为损失。

在保险实务中,通常将损失分为两种形态,即直接损失和间接损失。直接损失是指风险事故导致的财产损失和人身伤害,这类损失又可称为实质损失;间接损失则是指由直接损失引起的其他损失,包括额外费用损失、收入损失和责任损失等。在有些情况下,间接损失的金额很大,有时甚至超过直接损失。比如,在2001年发生于美国的"9·11"恐怖袭击事件中,直接损失主要是世贸中心被毁、楼内财产损失、人员伤亡等;而间接损失包括对美国经济乃至全球经济的负面影响、航空业旅客减少、美国签证拒签提高、盐湖城冬奥会防止恐怖活动较过去高得多的安全保障成本等,间接损失通常几倍、十几倍于直接损失。

(二)风险因素、风险事故及损失之间的关系

从风险因素、风险事故与损失三者之间的关系来看,风险因素引发风险事故,而风险事故导致损失。也就是说,风险因素只是风险事故产生并造成损失的可能性或使这种可能性增加的条件,它并不直接导致损失,只有通过风险事故这个媒介才产生损失。但是,对于某一特定事件,在一定条件下,风险因素可能是造成损失的直接原因,那它就是引起损失的风险事故;而在其他条件下,可能是造成损失的间接原因,那它就是风险因素。如因下冰雹使得路滑而发生车祸,造成人员伤亡,这时冰雹是风险因素,车祸是风险事故。若冰雹直接击伤行人,则它是风险事故。

三、风险的度量

(一)风险度量的理论基础

风险度量的理论基础如下。

1. 大数法则

大数法则认为只要被观察的风险单位足够多,就可以对损失发生的频率、损失的严重程度衡量出一定数值来。被观察的风险数量越多、预测的损失就越可能接近实际发生的损失。

2. 概率推理原理

单个风险事故是随机事件,事件发生的时间、空间、损失严重程度都是不确定的。但是,就总体而言,风险事故的发生又会呈现出某种统计的规律性。运用概率论和数理统计方法,可以推断出风险事故出现状态的各种概率。

3. 类推原理

数理统计学为从部分去推断整体提供了非常成熟的理论和众多有效的方法。在风险管理实务中,进行风险衡量时,往往没有足够的损失统计资料,而且由于时间、经费等许多条件的限制,很难甚至不可能取得所需要的足够数量的数据资料。根据事件的相似关系,从已经掌握的实际资料出发,运用科学的衡量方法而得到的数据,可以基本符合实际情况,满足风险衡量的需要。

4. 惯性原理

在风险事故发生作用的条件等大体相对稳定的条件下,利用事物发展的惯性原理,可以预测未来风险事故发生的损失和损害的程度。

值得注意的是,风险发生作用的条件并不是不变的,风险衡量的结果会同实际发生的状况存在一定的偏离,这就需要在风险衡量时不仅要考虑引起事故发生的稳定因素,还要考虑引发事故的偶然因素。

一般来说,投资收益率高的金融资产其风险也高,收益率低的金融资产其风险也低;但反之不一定成立,即风险高的投资收益率不一定高。

(二)方差和标准差

风险就是不确定性,而不确定性便可由一组数据与其平均值的偏离来衡量,偏离越严重,则不确定性越大。风险作为实际结果与期望结果的偏离,用方差(或标准差)表示正好可以反映这一特征,而这种表示方法也是比较简单的。

样本中各数据与样本平均数的差的平方的平均数叫做方差。方差的算术平方根叫做标准差。样本方差和标准差都是衡量一个样本波动大小的量,方差越大,这组数据就越离散,数据的波动也就越大;方差越小,这组数据就越聚合,数据的波动也就越小。

以预期收益率为例,预期收益率的方差越大,预期收益率的分布也越大,不确定性及风险也越大。将投资收益率视为一个随机变量($\tilde{R}$)。预期收益率是指投资前所能预期的所有可能的收益率的期望平均

值,用 $\bar{R}$ 或 $E(\tilde{R})$ 表示。收益率的方差或标准差表示收益率对于期望值的偏离程度,偏离程度越高,未来收益率越波动,风险也越大。

下面以股票投资的例子来说明投资收益率的这些指标是如何计算的。

例:假设股票A一年后的投资收益率会根据未来不同的经济情况而变化,具体预测情况见表5-1。

表5-1 股票A一年后预期收益率情况表

经济情况	发生概率(P)	股票A一年后预期收益率($\tilde{R}_A$)
经济繁荣	0.5	20%
经济稳定	0.1	5%
经济衰退	0.4	−10%

1. 股票A的期望收益率

$$\bar{R}_A = \sum_{i=1}^{n} P_i \times \tilde{R}_{A,i} = 0.5 \times 20\% + 0.1 \times 5\% + 0.4 \times (-10)\% = 6.5\%$$

2. 股票A的方差

$$Var_A = \sum_{i=1}^{n} P_i \times (\tilde{R}_{A,i} - \bar{R}_A)^2 = 0.020\,025$$

3. 股票A的标准差

$$\sigma_A = \sqrt{Var_A} = 0.141\,510 = 14.15\%$$

(三) 方差与标准差的意义

方差与标准差是表示一组数据离散程度的最好的指标。其值越大,说明离散程度大,其值小说明数据比较集中,它是统计描述与统计分析中最常应用的差异量数。它基本具备一个良好的差异量数应具备的条件。

(1) 反应灵敏,每个数据取值变化,方差或标准差都随之变化;
(2) 由一定的计算公式严密确定;
(3) 容易计算;
(4) 适合代数运算;
(5) 受抽样变动的影响小,即不同样本的标准差或方差比较稳定;
(6) 简单明了,这一点与其他差异量数比较稍有不足,但其意义还是比较明白的。

除上述之外,方差还具有可加性特点,它是对一组数据中造成各种变异的总和的测量,能利用其可加性分解并确定出属于不同来源的变异性(如组间、组内等),并可进一步说明每种变异对总结果的影响,是以后统计推论部分常用的统计特征数。在描述统计部分,只需要标准差就足以表明一组数据的离中趋势了。标准差比其他各种差异量数更具数学上的优越性,特别是当已知一组数据的平均数与标准差后,便可知占一定百分比的数据落在平均数上下各两个标准差,或三个标准差之内。对于任何一个数据集合,至少有$(1-1/h^2)$的数据落在平均数的h(大于1的实数)个标准差之内(切比雪夫定理)。例如某组数据的平均数为50,标准差是5,则至少有75%($=1-1/2^2$)的数据落在$(50-2\times5)$至$(50+2\times5)$即40至60之间,至少有88.9%($=1-1/3^2$)的数据落在$(50-3\times5)$至$(50+3\times5)$,即35至65之间。

如果数据呈正态分布,则数据将以更大的百分数落在平均数上下两个标准差之内(95%)或三个标准差之内(99%)。

第二节 家庭风险分析

个人与家庭面临着许多风险。从风险的载体来分析,每个人和每个家庭都面临着三种风险:财产风险、责任风险和人身风险(图 5-1)。这些风险会给个人和家庭造成经济损失或财务困难,甚至使将来的经济来源失去保障,而且这些风险都是典型的纯粹风险,所谓的纯粹风险是指只有损失机会而无获利可能的风险,它不同于既有损失机会又有获利可能的投机风险。

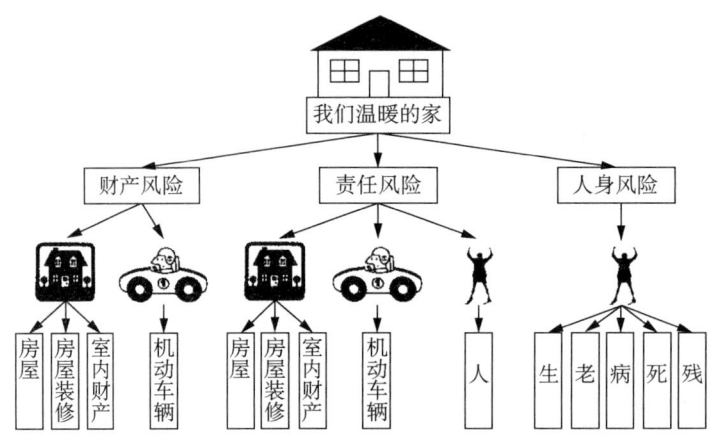

图 5-1 个人和家庭的风险

一、家庭的财产风险分析

个人和家庭都拥有或使用一定的财产,当这些财产被损坏或损毁时,就会遭受一定的财产损失风险。当发生财产损失时,个人或家庭可能面临财产的灭失,而这些财产是可以修复或重置的,也可能暂时或永久性丧失某些财产的使用权。财产损失通常包括财产的直接损失和间接损失两个方面。

(一) 家庭财产分类

家庭财产通常可分为不动产和个人财产两大类。不动产主要包括土地及其附属物,如房屋、树木等;而其他财产都属于个人财产。明确不动产和个人财产的区别对保险来说具有重要的意义。

1. 不动产

不动产又分为未改良土地和改良土地,未改良土地是指未施加永久性改良的不动产,未改良土地可能包括水、矿物质、可耕种土地、树木等有价值的资源。未改良土地的所有者可能因污染、腐蚀、洪水、地震、火灾(损害植物)等风险而遭受土地价值减损。改良土地是指包含某些永久性建筑设施的不动产,建筑设施不仅包括住房,还包括游泳池、固定设备、草坪地下浇水设施、管网线、车道、人行道等。永久性固定在土地或建筑物上的固定设备也属于不动产,比如插入地面并用混凝土固化的电视外天线杆。

2. 个人财产

除不动产以外的财产都属于个人财产,个人财产可以是有形的,也可以是无形的。有形财产是具有实物形态、可以触摸的个人财产,如家具、衣物、金钱、珠宝、证券、汽车、摩托车、船只等。无形财产是不具有实物形态、无法触摸的个人财产,如专利权、版权、保险人在保单中所作的保险承诺等。

个人财产可以是自有的,也可以是占有或租用的。当个人对某项财产具有排他性的使用权和享用权时就构成了对该项财产的所有权,所有者可以通过销售方式让渡财产所有权。

当然,个人合法占有某项财产未必要求拥有该项财产。在很多情况下,仅仅合法占有而非拥有的个人财产称为寄托。将某项财产出借给另一方的人称为寄托人,接受占有权而非所有权的一方称为受托人。比如,小张将自家的除草机借给邻居小李使用,小张就是寄托人,小李就是受托人。寄托的三个要件如下。

① 转让个人财产占有权而非所有权;
② 受托人接受占有权;
③ 受托人以明示或默示方式同意将财产归还寄托人或寄托人指定的个人。

关于家庭财产的分类可以由图 5-2 来直观显示。

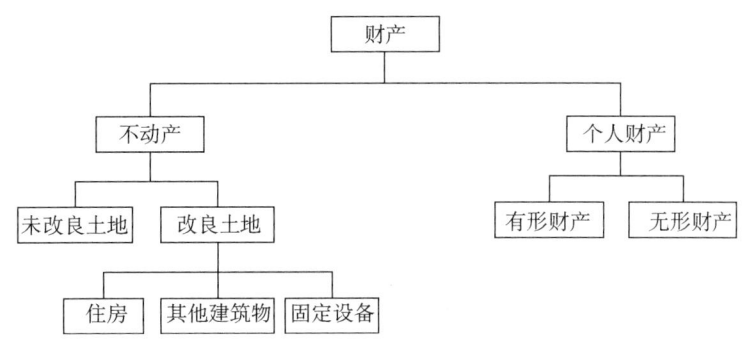

图 5-2 财产的分类

(二) 财产损失的原因

不论是不动产还是有形的个人财产均面临多种风险事故,并因此可能遭受损失,常见的风险事故包括火灾、水灾、暴风雨、地震、盗窃、碰撞、恶意破坏等。比如,火灾、水灾、地震是导致建筑物损失的常见原因;盗窃是导致有形个人财产(如金钱、珠宝、汽车等)损失的常见原因。

无形的个人财产没有实际形态,不存在物理损失原因,但仍然面临遭受损失的风险。无形个人财产的损失通常是因为他人行为干涉所致,影响所有者对财产的完全使用权和享用权。比如,王某总结多年的研究成果和工作经验,出版了一本热门的培训教材,版权归个人所有,如果某培训机构未经王某允许,大量翻印用于商业培训,王某的版权价值就受到严重减损,这种损失就属于无形个人财产损失。

财产损失可能是单一原因引起的,也可能是多种原因引起的,而后者又可能同时、连续或间断发生而导致损失,情况可能十分复杂,对于财产损失的认定可参见"近因原则"。

(三) 财产损失的后果

家庭财产面临着多种风险,这些风险可能导致的损失多种多样,但不外乎财产价值的直接损失和丧失财产使用权的相关损失。

1. 财产价值损失

当财产直接被损坏或损毁后,财产本身将遭受价值减损。比如,水灾可能冲毁住宅等建筑物,浸泡家具、电器等个人财产,财产所有者必须重建、重修和重置遭受损坏的财产。

2. 丧失使用权的相关损失

被损坏的财产可能无法继续正常使用,在某些情况下,财产遭受损坏或某些环境风险因素(如台风、水灾警报)可能导致财产不能正常使用。当财产不能正常使用时,必然会发生损失。比如,火灾导致家庭住宅受损而无法继续居住,或者因附近的建筑物受损而无法继续安全地住在本身没有受损的住宅内。在任何一种情况下,家庭成员必须寻找临时住所,直到重建或重修以后才能回到原来的住宅,这将导致额外生活费用的发生,以及遭受难以弥补的悲痛、紧张的精神损失,这些都是与住房不能继续使用相关的损失后果。此外,如果原有住宅的部分房间用于出租目的,则住房受损后,该家庭还将发生租金收入损失。

在实务中,损失通常分为两种形态,即直接损失和间接损失。直接损失是指风险事故导致的财产损失和人身伤害,这类损失又可称为实质损失;间接损失则是指由直接损失引起的其他损失,包括额外费用损失、收入损失和责任损失等。在有些情况下,间接损失的金额很大,有时甚至超过直接损失。

二、家庭的责任风险分析

责任损失风险的基础是个人、家庭或任何机构造成另一个人、家庭或机构的财产损失或人身伤亡,对受害方的经济损失后果负有法律责任,其中,伤害包括身体伤害、财产损坏、精神折磨、声誉损失、侵犯隐私等多种形式。除个人行为可能导致法律责任外,他人或机构的行为也可能导致个人承担法律责任。此外,在法律诉讼过程中,个人或家庭即使最后不负法律责任,也可能发生辩护费用等损失。

(一) 责任损失风险的来源

个人、家庭、企业及其他组织都可能成为责任损失风险的来源。责任损失风险既可以与有关当事人所拥有或控制的财产有关,也可以与他所从事的活动有关。个人和家庭容易产生责任风险的情形如下。

1. 源自房产的责任损失风险

拥有房产者必须对发生在房产内的许多事件负责。比如,某人在他人家中上楼时摔倒并受伤,房东将负责受害人的医疗费用和误工损失。不良的房产状况可能增加房产责任的可能性,比如人行道和台阶上冰雪堆积或年久失修、游泳池没有保护设施、随意抽烟并乱扔烟蒂、污水容易排到邻居财产的地形等。

2. 源自机动车的责任损失风险

在现代社会中,机动车辆(包括家用汽车、摩托车等)成为个人和家庭越来越重要的交通、娱乐工具。一旦拥有或驾驶机动车辆,就会产生一系列的责任损失风险,比如因操作不慎伤害行人或其他司机、损坏他人财产等。可能导致责任损失风险的常见行为包括倒车时未弄清车后是否有障碍、超速行驶、闯红灯、酒后驾车等。

3. 源自家政服务人员的责任损失风险

现在,越来越多的个人和家庭雇用家政服务人员承担家务杂事及照看受抚养人。家庭雇用家政服务人员可以转移许多家务负担,如照看房产,照顾老人、小孩或残疾人员,同时也带来一定的责任损失风险。个人或家庭必须对家政服务人员在雇佣期间受到的人身伤害负责,还要对家政服务人员伤害他人的行为负连带责任。

4. 源自诽谤及其他侵权行为的责任损失风险

个人或家庭之间经常因为个人恩怨而故意侵害他人的权利,如隐私权、维护声誉权、享用财产权等。这类行为可能使行为人承担相应的法律责任,常见的行为包括口头或书面形式的诽谤、房东未经房客允许私自进入已出租房间、夜间经常性制造噪音影响他人休息等。

5. 源自其他个人活动的责任损失风险

在日常生活中,我们还可以列举许多可能引起责任损失风险的个人活动,比如在运动或狩猎中伤及他人、放纵家养宠物狗在社区乱跑、照看邻居孩子、将某危险用品或工具不当借给他人等。

6. 源自产品设计或制造上的缺陷所致的责任损失风险

对由于产品设计或制造上的缺陷所致消费者(或用户)的财产损失或人身伤害,产品的设计者、制造者、销售者依法要承担经济赔偿责任。

(二) 责任损失的后果

责任损失风险至少会给个人或家庭造成三类经济损失,即损害赔偿金、法律费用和法院费用。

1. 损害赔偿金

(1) 民事责任的损害赔偿金。

损害赔偿金是指责任人对受害人的损失或损害给予补偿的金额。在民事责任案件中,损害赔偿金是对受害人身体伤害、财产损失、财务损失、情感伤害等方面的补偿。在多数简单的案例中,损害赔偿金的具体金额由双方当事人及其法律代表相互协商确定,称为庭外解决,但也有不少案件必须通过法院审理和判决来确定损害赔偿金额。

通过法律程序确定损害赔偿金额时,由受害人(原告)起诉责任人(被告),要求被告对原告所受伤害负责。法院判决可能要求被告支付名义损害赔偿金、补偿性损害赔偿金或惩罚性损害赔偿金,或者要求被告做出或停止特定行为。

名义损害赔偿金表明原告受到一定伤害,但该伤害不需要实质性的经济补偿。比如以口头诽谤为诉由的案件,法院可能认为,诽谤者对被诽谤者的伤害是轻微的,从而判定金额只有1元的名义损害赔偿金。该判决表明,诽谤行为是错误的,同时承认该行为所造成的伤害是微不足道的。

补偿性损害赔偿金是指对原告所受伤害的合理补偿金额,分特别损害赔偿金和一般损害赔偿金两类。特别损害赔偿金通常用于补偿受害人特定的、易确定的损失或费用,如实际发生的医疗费用、受害人的误工损失、被损坏财产的修理或重置成本等。一般损害赔偿金是由法院判定的、对不易量化的伤害给予的补偿金额,如疼痛或精神伤害等。

惩罚性损害赔偿金是指因被告对原告实施了恶意、欺骗或不公正行为,从而对被告所处的赔偿金。这是对被告进行的一次惩戒,以此防止他人再犯类似的错误。通常判决惩罚性损害赔偿金的案件只占所有案件的一小部分,但惩罚性损害赔偿金的数额可能是十分惊人的,有时远远超过原告的实际损失和补偿性损害赔偿金。

在许多案例中,仅仅要求被告向原告支付损害赔偿金进行补偿是不充分的或不适当的,此时法院还会依照具体案情要求被告做出或停止特定行为,比如,要求被告履行合同或提供特定服务或停止导致他人受伤害的行为。

(2) 对犯罪行为的惩罚。

依据刑法对犯罪行为进行惩罚,主要方式包括罚金、社区服务、监禁等。对于谋杀等重罪,可能判处极刑,即死刑;对于偷窃等轻罪,通常处以罚金、有期徒刑等惩罚。

2. 法律费用

由于许多责任案件需要聘请律师,责任损失还将包括起诉方和辩护方的律师费用。此外,还包括调查、记录、寻找证人、旅行查访费用以及其他一系列正常的诉讼辩护所需费用。

个人和家庭即使不必对对方所受伤害负责,也可能需要承担律师费用。当案件是针对无辜的当事人时,这些当事人必须证明自己确实是无辜的,而这就会发生类似的法律费用。

3. 法院费用

除了法律费用,还可能发生一些法院费用。比如,在关于财产争议中,原告可能需要对引起双方争议的财产进行登记备案。法院在不同审理阶段要求收取登记费,这些成本可能会包含在原告主张的赔偿金中。

在实务中,许多案情是复杂的,也是各异的,审理过程是长期的,此时,发生的法律费用、法院费用等诉讼费用是极为可观的。

三、家庭的人身风险分析

人身风险是指在日常生活以及经济活动过程中,个人或家庭成员的生命或身体遭受各种损害,或因此而造成的经济收入能力的降低或灭失的风险,包括死亡、残疾、生病、退休、衰老等损失形态。人身风险事故的发生可能导致个人或家庭经济收入减少、中断或利益受损,也可能导致相关当事人精神上的忧虑、悲哀、痛苦或创伤。

由于人身保险主要为人身损失风险提供某种程度的经济保障,因此,我们将着重分析人身风险可能导致的经济损失及相应的保险需求。我们首先介绍人的生命价值理论,即从经济学的角度来分析人的生命价值,然后从个人/家庭角度来分析人身损失风险。

(一) 人的生命价值理论

分析人身损失必然要涉及人的价值、人的价值是否可以衡量、人的经济价值是否可以衡量以及如何衡量等一系列问题。我们知道,每一个人都具有多方面的价值,无论是人的生命还是身体,在多数情况下是不可替代、也不易衡量的。这些价值通常建立在一定的宗教、道德和社会关系基础上。比如,从宗教角度来看,人的生命被赋予了一种普通人难以理解的价值,生命是永恒的、平等的和无价的;从社会关系角度来看,每个人与其他人之间逐步建立起来的精神或情感纽带是很难用金钱来衡量的,也是无法用任何其他东西来取代的;某人的艺术成就可能对其所属的国家或社会文化做出了独特的、无价的贡献。人身风险和人身保险不是以上述价值为基础的,而是基于生命经济价值的。生命价值理论在一定程度上回答了如何衡量生命经济价值(或生命价值)的问题,并构成了人身保险的经济学基础,是一个颇具影响力的学说。

生命价值理论认为,人的生命价值是指个人未来收入或个人服务价值扣除个人衣、食、住、行等生活费用后的资本化价值,包括以下主要论断。

(1) 人的生命价值应该谨慎评估和资本化;
(2) 人的生命价值在本质上应视为财产价值的创造者或源泉;
(3) 家庭是围绕其成员生命价值组织起来的基本经济单位;
(4) 生命价值及其保障应视为不同代人之间经济联系的纽带;
(5) 鉴于生命价值相对于财产价值的重要性,用于企业管理的科学原则也应当适用于生命价值。

生命价值理论是探讨个人未来净收入的资本化价值的学说。生命价值概念是一般人力资本理论的组成部分。关于人力资本的研究和讨论已经持续了四个多世纪,首先使用人的经济价值的概念的科学家是威廉·配第(William Petty);半个世纪后,经济学家理查德·坎蒂隆(Richard Cantilon)对人力资本做出了新的定义;自亚当·斯密(Adam Smith)以后的经济学家都将人作为国民财富的重要因素;1853年经济学家兼统计学家威廉·法尔(William Farr)提出了描述生命价值的一系列估算公式;19世纪80年代,在美国康涅狄格相互人寿保险公司董事长杰克布·格林(Jacob L. Green)的努力下,首次将生命价值概念应用到人寿保险中;直到1924年,美国保险学教授侯百纳(S. S. Huebner)提出了人的生命价值理论,标志着这一学说的真正确立。

从定性角度看,侯百纳将一个人拥有的财产分为两类,一是已获财产(acquired estate),二是潜在财产(potential estate)。前者是指一个人已经获得并被其拥有的财产;后者是指作为一个经济劳动力的货币价值,是个人赚取收入的能力,即人的性格、健康状况、教育程度、经验、技能、判断力和创造力以及实现理想的驱动力等。在定性描述基础上,侯百纳教授进一步从定量角度提出,生命价值是一个人预期净收入的资本化价值(或现值),其中资本化价值是指维持自身消费以外的余额。衡量该资本化价值的基本步骤如下。

(1) 确定个人的工作或服务年限;
(2) 估计未来工作期间的年收入;
(3) 从预期年收入中扣除税收、保险费及自我消费,得到净收入;
(4) 选择适当的贴现率计算预期净收入现值,得到个人的经济价值。

评估生命价值所需的个人预期收入将随着职业、年龄、性别、愿望、种族、住所、教育、迁移、婚姻状况、亲属数量等因素而变化。人的生命价值可能因早逝、残疾、疾病、退休或失业而丧失,任何影响个人收入能力的事件都会影响人的生命价值。在某种程度上,购买人身保险的根本目标就是谋求生命价值的保障。

生命价值理论明确了人身损失风险的基本衡量方法,阐明了人身保险的目的是保障生命价值可能遭受的损失,突破了长期以来人身保险保障对象的模糊性,在世界范围内产生了深远的影响,成为人身保险的经济学基础。

从分析生命价值的角度出发,一个人的出生、就业、退休和死亡是生命周期的关键时点。通常,我们可以假设,在就业之前,每个人只有消费支出而没有收入能力;在职业生涯(就业和退休两个时点之间)期间,收入能力先是逐渐增加,超过一定年龄后又将逐渐下降,并在收入能力下降到一定水平(在退休前夕,有些人年收入明显下降,而有些人下降不明显)后退休;退休期间只有消费支出,收入能力丧失(有些人退休后继续从事兼职工作而保持一

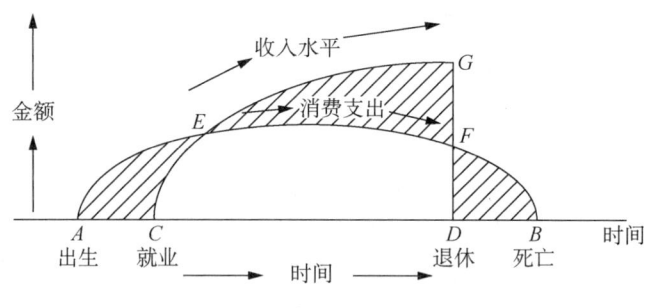

图 5-3 生命价值变化示意图

定的收入能力)。图5-3是一个典型的生命价值变化示意图,A、C、D、B依次表示出生、就业、退休和死亡的时点;线段AB表示人的一生;线段CD表示具有收入能力的职业生涯时期;弧线AEFB表示消费曲线;弧线CEG表示收入曲线。阴影部分ACE是指受抚养人从父母或家庭得到的消费支出;阴影部分EFG是工作期间的储蓄额;阴影部分BDF是退休赤字或负储蓄。由生命价值理论可知,人的经济价值是个人未来收入或服务价值扣除个人衣、食、住、行等生活费用后的资本化价值,因此,从开始就业起,随着时间的推移,潜在收入逐渐转化为实际收入,人的经济价值将逐渐减少,从而人身损失风险和保险需求也将相应地下降。

(二)人身损失风险分析

家庭是社会的基本单位,每个人在家庭中扮演着不同的角色,这既包括家庭收入来源,又包括纯粹的消费者或受抚养人。个人/家庭的人身损失风险主要表现在两方面:一是收入的终止或减少,在一个家庭中,收入来源者的生命价值相对较高,其死亡、残疾、疾病、失业(下岗)和退休都将导致家庭收入的终止或减少,从而对家庭生活造成重大的经济影响,这是主要的家庭人身损失风险;二是额外费用的增加,任一家

庭成员都可能因为死亡而发生丧葬费用,因为生病、受伤、残疾而发生医疗、护理等额外的费用。以下分别对死亡、退休、健康、失业等人身损失进行具体分析。

1. 死亡损失风险

家庭成员死亡对家庭产生的经济影响取决于该成员对家庭所提供的收入或贡献的多少,常用的损失衡量方法有生命价值法和家庭需求法两种。

(1) 生命价值法。

生命价值法以生命价值理论为基础,计算人的生命价值,并作为死亡损失的估计值。下面举例加以说明。

例:某公司经理,现年40岁,预计工作至65岁退休,当前年薪为12万元,个人消费支出为7万元,预计在未来工作期间年收入和个人消费支出均按每年5%递增。为简化计算,假设年贴现率为5%,求该经理40岁时的生命价值或死亡损失价值。

解答:根据前文计算生命价值的四个基本步骤如下。

① 该经理预期还能工作25年(65−40);

② 由于在未来工作期间的年收入按每年5%递增,所以,第t年($t=1,2,\cdots,25$)年收入为$12\times(1+5\%)^t$万元;

③ 由于在未来工作期间的个人消费支出也按每年5%递增,所以,第t年($t=1,2,\cdots,25$)对家庭的净收入为$(12-7)\times(1+5\%)^t$万元;

④ 假设贴现率$i=5\%$,求得第t年净收入的现值为

$$(12-7)\times(1+5\%)^t\times(1+5\%)^{-t}=5(万元)$$

因此,该经理的生命价值为125($=5\times25$)万元,即如果该经理在未来一年中死亡,其损失约为125万元。显然,当贴现率高于净收入增长率时,生命价值或死亡损失将减少;当贴现率低于净收入增长率时,生命价值或死亡损失将增加。

(2) 家庭需求法。

家庭需求法从另一个角度来分析死亡损失。家庭的主要收入来源者死亡后,家庭为恢复或维持原有的经济生活水准,会产生两项基本的财务需求:一是为了弥补死者给家庭造成的收入损失,二是为了弥补死者生前为家庭提供的家务劳动损失,这些损失构成该家庭成员的死亡损失。家庭需求法首先分析家庭的财务总需求,扣除可以用其他收入或资产满足的财务需求后,得出家庭财务净需求。

一般家庭的基本经济来源是正常收入。家庭主要收入者死亡后,影响家庭财务需求的主要因素包括:死者生前为家庭贡献的净收入水平、主要收入者死后家庭所需的年度支出水平以及需要支出的期限。年度支出水平取决于受抚养人的个数及家庭的生活水平;需要支出的期限取决于受抚养人的年龄及配偶的预期寿命。家庭财务需求主要可分为现金需求和收入需求两大类。

① 现金需求。现金需求是指家庭基于现金支出所需的一笔总金额,主要包括善后基金、抵押贷款基金、应急基金、教育基金等。

善后基金是指一个人即使生前没有负债,"死亡"本身仍会发生许多费用,如丧葬费。此外,还可能包括生前的各种医疗费用、住院费用、信用卡透支额、银行借款或其他债务,以及各种应付税款,如巨额的遗产税,在国外还有遗嘱检验费及遗嘱执行费等。这些费用和债务必须在死亡后立即清偿,设立善后基金就是为了满足这一需求。

抵押贷款基金是指家庭主要收入者意外死亡后,购房、买车抵押贷款的分期偿还能力将受到严重影响,甚至完全丧失,从而生前必须设立充足的抵押贷款基金,确保主要收入者死后有足够的资金偿还贷款,使住房、汽车免遭清算或拍卖。

应急资金是指家庭可能因为某些突发事件而陷入财务困境,为此,必须设立一定额度的应急基金。如美国金融理财师一般建议客户的应急储蓄应该相当于个人3—6个月的收入。

教育基金是指子女的教育费用,其金额主要取决于子女的个数、预期完成的教育程度以及每年所需的教育费用。

② 收入需求。收入需求是指一个家庭每月需要的现金收入,用以支付各项日常生活费用,主要包括家庭调整期收入、子女独立前所需收入、配偶终身所需收入等。

家庭调整期收入:主要收入者死亡导致家庭收入能力明显下降后,短期内无法改变原先的生活习惯和消费水平,通常要经过1—2年的调整期逐渐调整和适应。在调整期间所需的收入称为家庭调整收入。

子女独立前所需收入:一个家庭经过调整期后,由于子女尚未成年,经济上未能独立,仍然需要适量的定期收入来抚养他们,直到子女能够自立为止。

配偶终身所需收入:主要用于满足配偶的一般日常生活支出、医疗费用、养老金等财务需要。

假设某家庭收入者死亡时,其配偶33岁,孩子2岁,假设将孩子抚养到22岁,图5-4显示了该家庭经济需求变化的大致结构,横轴和纵轴分别表示年龄和每年财务总需求,后者的具体金额取决于不同家庭的经济状况,图示中的财务需求对高收入家庭往往偏低,而对低收入家庭偏高。

在分析家庭财务需求时,很容易被忽视的因素是雇佣劳力代替死者生前承担家务而发生的劳务费用。这些劳务对很多家庭来说是不可或缺的,对双职工家庭尤为突出,但代替这些劳务的市场成本是很高的。

满足家庭财务总需求的渠道是多种多样的,比如社会救济、社会保险、企业员工福利、个人商业保险、家庭拥有的动产和不动产,以及将来可能继承的动产或不动产等,扣除这些可能获得的经济来源后,就得出直接的、必要的家庭财务净需求。我们将在后面的章节详细介绍这些可以满足家庭财务需求的其他途径。家庭财务净需求是可以通过购买人身保险、养老金等方式作出事先安排而得以满足的。

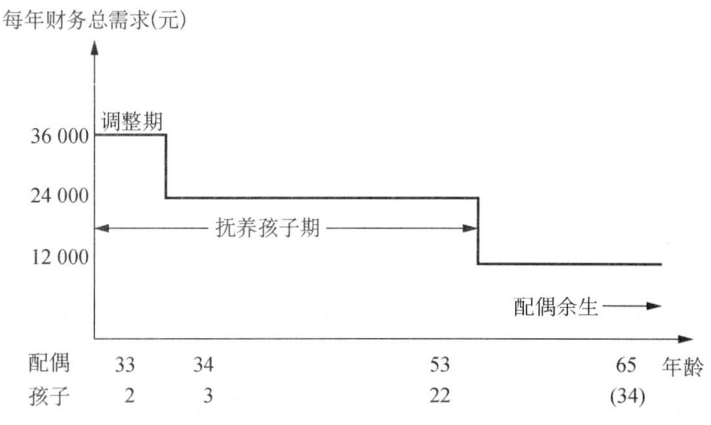

图5-4 家庭收入者死后的每年财务总需求

2. 退休后的风险

如同死亡一样,人的衰老也是难免的,到达国家规定的退休年龄后,就可以退休或者必须辞去工作,安度晚年生活,此外,有些人还可能提前退休。一般地,退休意味着收入能力的终止,其生命的经济价值已经非常有限,即死亡损失已经很小;同时,退休后的财务需求也将明显下降,比如,子女经济独立后不再需要父母提供教育经费,住房抵押贷款已经还清等,但退休以后仍可能发生严重的财务风险,主要原因是死亡时间是不确定的。随着科技的进步,生活的改善,人类的寿命期望不断提高。如果实际寿命远远高于预期寿命,则可能会因工作期间积累的退休资金不足而无法满足退休后个人和家庭的生活需要。另一方面,老年人所需要的社会服务成本也在不断提高。这就更加要求人们有效地作出预先的计划和安排。

退休往往是预先知道的,个人和家庭可以在退休前作出允分的财务准备和安排。比如,通过适当的个人投资、储蓄、购买养老金等方式来满足退休收入需求,社会保险和企业退休计划也是退休收入的两个重要来源。

3. 健康损失风险

健康损失风险包括疾病和残疾风险,它们对个人/家庭产生的经济影响主要表现在收入损失和医疗费用风险两个方面。收入损失风险是指疾病或残疾使个人失去收入能力,即丧失生命的经济价值;医疗费用风险是指个人遭遇疾病或身体伤害可能给家庭带来巨额医疗费用以及其他附加费用,如长期护理费用的可能性。

在人类所面临的各种人身风险中,疾病风险是一种直接危及个人生存利益、可能给家庭造成严重危害的特殊风险。首先,疾病会给个人的生活和工作带来困难、造成损失,甚至让人失去生命;其次,疾病对个人或家庭而言都是无法回避的;第三,疾病的种类繁多,引起疾病的原因复杂多变,生活方式、心理因素、环境污染、社会因素等多种因素都可能引起诸多难以认识和消除的疾病;第四,疾病风险往往具有社会性,某些疾病具有传染性,如艾滋病(AIDS)、非典型性肺炎(SARS)等,不仅危害个人健康,还会波及某些地区、某个国家,甚至全世界。残疾风险是指由于疾病、伤害事故等导致人的机体损失、组织器官缺损或出现功能障碍等的可能性。疾病和残疾都会使家庭面临收入损失和医疗费用增加的双重威胁。如果患病者或残疾者是家庭的主要收入者,则由此造成的家庭财务压力将远远高于死亡情形。图5-5直观显示了残疾对家庭财务的严重影响。在残疾期间,收入下降,费用增加,形成明显的剪刀差。通常,康复后收入低于残疾前收入,康复后费用高于残疾前费用;如果是永久全残,个人收入将完全丧失,残疾后费用将居高不下,对家庭财务的影响更为严重。疾病的情形与之类似。

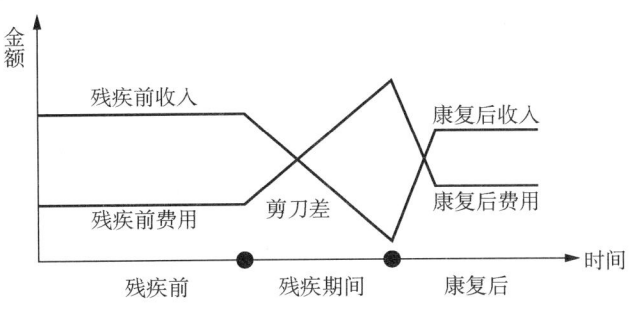

图5-5 残疾对家庭收入和费用形成的剪刀差

在现实生活中,由于多数残疾是短期的,通常不超过一个月,从而容易使人们轻视残疾风险,高估死亡风险。事实上,人们在不同年龄段致残的可能性通常高于死亡的可能性。基于数据的可获得性,这里借用美国的相关数据加以说明。图5-6显示了美国被保险人群特定年龄的长期残疾概率和死亡概率,其中,死亡概率是根据1980 CSO死亡率表计算得到的。长期残疾的定义是持续时间至少为90天的残疾;残疾概率是根据1985年监督官残疾表计算得到的。

图5-6横轴表示年龄,纵轴表示概率,其含义是:平均来说,25岁的人在到达65岁之前有54%的可能发生长期残疾,24%的可能死亡,前者是后者的2.25倍;30岁的人在到达65岁之前有52%的概率发生长期残疾,23%的概率死亡;其余依此类推。数据表明,除了60岁的人在65岁之前发生长期残疾和死亡的概率相等(均为9%)以外,其余年龄的人在65之前长期残疾的概率明显高于死亡概率。千万不要因为上述统计数据而误认为,年龄越高,残疾和死亡概率越低,要注意,这里的残疾概率和死亡概率都是条件概率,即一定年龄的人达到65岁之前的残疾概率和死亡概率,当前年龄越小,距离65岁的时间越长,发生残疾和死亡的可能性越大。

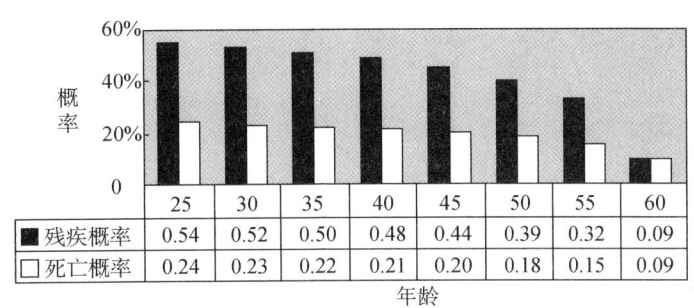

图5-6 美国65岁以前的长期残疾概率和死亡概率

4. 失业损失风险

家庭主要收入者失业意味着收入能力的终止或暂时终止,这会影响家庭的经济安全,但其影响程度低于疾病和残疾,因为失业不会发生高额的医疗费用,而且可以通过继续教育、职业培训等手段实现再就业。通常,社会保险为失业提供了一定的收入保障,可以缓解失业期间的财务困难,并有助于再就业。在保险市场中,商业性的失业保险是罕见的,因此,失业风险一般需要采取商业保险以外的风险处理技术。

第三节 风险态度与风险承受能力

一、风险态度

(一) 风险态度的含义

所谓风险态度是指人对风险所采取的态度,是基于对目标有影响的正面或负面的不确定性所选择的一种心智状态,或者说是对重要的不确定性认知所选择的回应方式。

家庭和社会的影响、遗产、宗教或者哲学信仰都会影响人们对待风险的态度。一般情况下,对于个人投资者而言,个人的生命周期会对其风险态度产生重要影响。从另一个角度来说,处在不同生命周期的人,其风险态度可能会发生变化。

以投资为例,在最初的工作累积期,考虑到流动性需求和为个人长远发展目标进行积累的需要,投资者会偏向风险高、收益高的产品。进入工作稳固期以后,收入相对而言高于需求,投资者会适当选择风险适中的产品以降低长期投资的风险。当进入退休期以后,支出高于收入,对长远资金来源的需求也开始降低,投资者会选择风险较低但收益稳定的产品,以确保个人累积的资产免受通货膨胀的负面影响。

(二) 风险态度分类

根据对风险的偏好或厌恶程度,我们可以将所有的人区分为风险厌恶型、风险中立型和风险追求型三大类。

风险厌恶型的人通常比较保守,不愿意承担风险;风险追求型的人通常比较激进,喜欢或愿意承担风险;风险中立型的人居于前两者之间。

我们可以借助效用理论,形象地区分这三类群体。效用是指从商品中获得的满足程度,效用函数描述了不同财富水平与满足程度之间的关系,通常表现为财富的增函数(用数学语言表达就是一阶导数大于零),即财富越多,个人所获得的效用越大,这一假设对绝大多数人都是合理的。

区分个人风险偏好程度的关键在于财富的边际效用,即个人财富每增加一单位所能获得的新增效用,在数学上可以用二阶导数来表示。风险厌恶型效用函数的二阶导数小于零,即随着个人财富的增加,因财富增加所能获得的边际效用逐渐下降;风险追求型效用函数的二阶导数大于零,即随着个人财富的增加,因财富增加所能获得的边际效用逐渐上升;而风险中立型效用函数的二阶导数等于零,即随着个人财富的增加,因财富增加所能获得的边际效用保持不变。

上述财富-效用函数关系可以用图5-7直观描述。

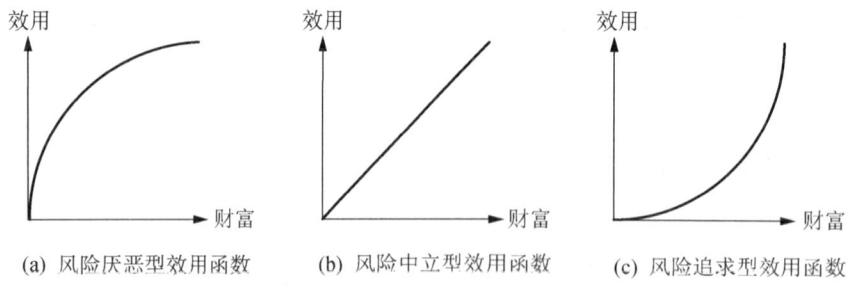

图5-7 风险态度与效用函数

人们对待风险的态度中最核心的部分是不愿意承担损失。如前所述,大多数人是风险厌恶者,但更确切地说,他们是损失厌恶者。研究表明,人们在确定与不确定的收益之间进行选择时,通常选择金额确定但相对较小的收益;而在金额确定但相对较小的损失与金额较大但可能发生也可能不发生的损失之间进行选择时,大多数人表现为愿意承担风险,即愿意承担较大损失的风险而不是较小的、确定的损失风险。

在日常生活中,我们不难发现风险厌恶者和风险追求者在许多方面存在明显的差异,如图5-8所示。

风险厌恶者	风险追随者
● 视风险为危险 ● 高估风险 ● 喜欢低波动性 ● 假设最差的情景(强调损失的可能性) ● 悲观主义者 ● 喜欢清晰	● 视风险为机遇或契机 ● 低估风险 ● 喜欢高波动性 ● 假设最好的情景(强调收益的可能性) ● 乐观主义者 ● 喜欢模糊

图 5-8　风险厌恶者与风险追求者对照图

二、风险承受能力

风险承受能力是指一个人承受风险的能力。对于一个投资者来说，也就是他能承受多大的投资损失而不至于影响正常生活。风险承受能力要综合衡量，与个人能力、资产状况、家庭情况、工作情况等都有关系。比如拥有同样资产的两个人，一个是单身，一个却上有老下有小，两者的风险承受能力就会相差很多。

风险态度不等同于风险承受能力。风险态度并不决定一个人的风险承受能力；反之，风险承受能力也不一定会改变风险态度。风险态度相反的两个人，也可能有着同样的风险承受能力。

不同的人由于家庭财力、学识、投资时机、个人投资取向等因素的不同，其投资风险承受能力也不同；同一个人也可能因不同的时期、不同的年龄阶段及其他因素的变化，而表现出不同的投资风险承受能力。因此风险承受能力是个人理财规划当中一个重要的依据。

风险态度是人们的主观考虑，这只是一个简单的个人喜好。投资者愿意承受更多的风险只能说明投资者是一个风险追求者，但这绝不等同于投资者具有较高的风险承受能力。如果一个投资者在高收益的诱惑之下，根本不考虑自己的风险承受能力，投资一些完全不符合自身收益风险特征的理财产品，一旦出现风险损失，则将会给投资者带来不良后果。

(一) 影响风险承受能力的人口统计学因素

许多研究表明，风险承受能力与个人财富、教育程度、年龄、性别、出生顺序、婚姻状况和职业等因素密切相关。

1. 财富

富人是否因为钱多而愿意承担更多的风险呢？在回答该问题之前，我们首先来区别绝对风险承受能力和相对风险承受能力这两个概念。绝对风险承受能力由一个人投入到风险资产的财富金额来衡量，而相对风险承受能力由一个人投入到风险资产的财富比例来衡量。一般地，绝对风险承受能力随着财富的增加而增加，因为富人将有更多的财富会投资到每项资产上，而相对风险承受能力未必随着财富的增加而增加。此外，财富的获得方式也是影响人们风险承受偏好的一个因素。财产继承人和财富创造者相比，后者的风险承受能力高于前者，而前者比后者更乐于听取理财师的建议。

2. 教育程度

一般地，风险承受能力随着正规教育程度的增加而增加。表 5-2 列示了美国关于教育程度与风险资产占总财富比重的调查结果。显然，学历与风险承受能力存在明显的正相关性，但这种正相关性还无法完全解释清楚，可能是由于教育程度与收入、财富的相关性导致高学历者具有较高的风险承受能力，而非学历本身所致，也可能是因为高学历者比较熟悉可供选择的各种投资渠道等。

表 5-2　风险承受能力与正规教育程度关系

教育程度	风险资产占总财富比例(%)
中学以下	2.0
中学毕业	3.4
大专	5.2
本科毕业	7.9
硕士以上	8.0

3. 年龄

风险承受能力通常与年龄呈负相关关系,即平均来说,年龄越大,风险承受能力越低。

4. 性别

对男性和女性心理差别的研究已有很长时间了。在妇女解放运动之前,几乎所有人都认为在生活诸多方面,男性的风险承受能力高于女性。然而,近期研究结果却有所不同,年老的已婚妇女确实比丈夫更不愿意承担财务风险,但年轻男性和女性之间对财务风险偏好的差异却很小或几乎没有。

5. 出生顺序

出生顺序对风险承受能力也有一定影响,长子(女)通常比其弟、妹更不愿意承担风险。一个合理的解释是,父母对长子(女)小时候的生活控制较多,并教育他们必须为人可靠和承担责任。对孩子来说,这意味着尽量不去承担不必要的风险。

6. 婚姻状况

未婚者的风险承受能力可能高于已婚者,也可能低于已婚者,关键在于是否考虑了已婚者双方的就业情况以及经济上的依赖程度。如果一个人觉得自己的行为将对能否继续依赖对方造成负面的影响,就会更加谨慎行事。在双职工家庭中,夫妻双方的风险承受能力将高于未婚者,因为双方都有相当的经济独立能力,双份收入可以增加风险承受水平。

7. 就业状况

个人的就业状况也会影响风险承受能力。风险承受能力的一个重要方面体现在对工作的安全性需要上,失业可能性越大,职业风险越大。安全保障程度高的职业,即使工资报酬较低,对风险厌恶者也可能很有吸引力。一般地,公共管理部门能够提供较高的安全保障,经验数据表明,将公共管理部门的职员与私营部门的职员相比,前者的风险厌恶程度较高。专业人员(如内科医生、律师、注册会计师、精算师)在投资决策上的风险偏好高于非专业人员(如农民、非熟练工、牧民)。通常,风险承受能力随着知识和熟练程度的增加而增加。

实践表明,一个人在同一职位待得时间越长,晋升机会就越小。由于对经济安全的需要,很多风险厌恶者一直待在同一单位的同一职位上,几乎没有任何提升机会;而风险追求者则经常改变工作,不断寻找条件更好的、符合个人发展的就业机会。风险厌恶者比较容易被那些提供固定收入的职位和公司所吸引;而风险追求者倾向于选择根据个人工作绩效提供浮动报酬的公司,愿意承担较大的风险。

(二) 影响投资风险承受能力的因素

投资者的年龄或投资周期、资产负债状况、财务变动状况与趋势、财富净值和风险偏好等因素会对其风险承受能力产生影响。具体来说,有以下几点。

(1) 年龄:一般而言,人的年龄越大,承受投资风险的能力越低。

(2) 资金的投资期限:如果资金可以长期投资而无须考虑短期内变现,这项投资可承受的风险能力就强。

(3) 理财目标的弹性:理财目标的弹性越大,可承受的风险也越高。

(4) 投资人主观的风险偏好:主观上可以承受本金损失风险的程度,往往因人而异。

(三) 个人风险承受能力评估

以上从不同角度讨论了个人风险承受能力的影响因素,接下来要考虑风险承受能力的评估问题,即如何衡量客户通常的风险承受能力,即没有受到上述各种因素的不当影响、符合个人一般性格特征的风险承受能力。

1. 评估目的

风险承受能力是个人风险管理和理财规划的重要考虑因素,理财师通常必须在相对较短的时间内评估客户的风险承受能力。以下将介绍一些快速评估客户风险承受能力的方法,这些方法要求理财师能够敏锐地捕捉客户的重要信息,并将其整合为对客户的总体印象。

无论采用何种方法,我们都必须认识到,整个评估过程就是帮助客户理解如何把握自己的风险承受水平。在现实生活中,一般人通常不清楚自己的风险承受能力或风险厌恶程度,或者说只有一个模糊的概念,他们需要理财师的解释和引导。对风险承受能力进行评估不是为了让理财师将自己的意见强加给客户,而是将可接受的风险水平评估出来由客户自己来确定。理财师的角色是帮助客户认识自我,以做出客观的评估和明智的决策。

2. 常见的评估方法

准确评估客户的风险承受能力是一项非常复杂的工作,它需要理财师投入大量的时间和精力。在评估过程中,常见的问题是使用不同的评估方法可能得出不同的甚至相对立的评估结果。比如,一种评估方法将被评估人确定为风险追求者,而另一种评估方法的结论却是风险厌恶者。某研究使用了16种不同的方法评估一组人群,评估结果差异显著,被确定为风险追求者的比例从0到94%不等。这也从某种程度上说明,对客户风险承受能力进行准确、可靠的评估需要使用两种或两种以上的方法。

(1) 定性方法与定量方法的比较。

评估方法可以是定性的,也可以是定量的。

定性评估方法主要通过面对面的交谈来搜集客户的必要信息,但没有对所搜集的信息加以量化。这类信息的收集方式是不固定的,对这些信息的评估是基于直觉或印象的,理财师的经验和技巧起着至关重要的作用。

定量评估方法通常采用有组织的形式(如调查问卷)来收集信息,进而可以将观察结果转化为某种形式的数值,用以判断客户的风险承受能力。在实务中,多数理财师会根据实际需要,将定性方法和定量方法有机结合起来,发挥它们各自的优势,其差别不在于完全依赖某一定性方法或定量方法,只是侧重点有所不同而已。

为评估客户风险承受能力而设计的调查问卷有助于启动理财师与客户之间的信息交流。调查问卷可以突出客户可能没有考虑过的问题。定量方法还有助于将评估过程标准化。定性方法则可能存在固有的局限性,因为理财师完全依靠客户的口头描述,并凭直觉理解这些描述的重要性。理财师与其他人一样,通常会高估自己的直觉判断能力,如果采用定量评估方法,就可以尽量减少主观性的影响。在使用定性方法对风险承受能力进行评估时,还要求理财师具备良好的面谈技巧。

定量评估方法也要求符合一定的标准。比如,设计调查问卷时,每一个问题都不应该对被调查者产生不当的误导倾向或暗示信息,但还必须论证各个问题之间的一致性,确保评估结果的逻辑性、合理性和准确性。在此基础上,还要求定量评估方法具有诸如均值之类的参照标准,以便理财师将被评估的个人与一个合理的基准进行比较。比如,使用标准化的指标可以判断某客户的风险承受能力是否高于或低于一般水平,或者可以将其在同年龄、同性别、同学历等不同群体之间进行比较。

评估客户风险承受能力的方法很多,有的偏重于定性方法,有的偏重于定量方法。下面就投资目标、对投资产品的偏好、实际生活中的风险选择、风险态度、概率与收益的权衡等方面介绍一些最常见的评估方法。

(2) 客户投资目标。

理财师首先必须帮助客户明确他们自己的投资目标。例如,可以询问客户对资金流动性、本金安全性、增值、避免通货膨胀、当前收益率和避税等方面的相对重视程度。客户所做的回答隐含着风险承受能力:如果客户最关心本金的安全性或流动性,则该客户很可能是风险厌恶者;如果客户的主要目标是避免通货膨胀或者避税,则该客户很可能是风险追求者。当然,我们不能仅仅根据投资目标去判断客户的风险承受能力。许多期望避税的人实际上是风险厌恶者;某人设定的投资目标可能不符合实际的风险承受水平,且没有注意两者之间的不相容性。从某种意义上说,客户的风险承受水平是评估其投资目标合理性的基础。如果理财师通过调查发现,客户的风险态度与其风险承受能力不相吻合,就应该根据职业道德和行为操守,引导客户适当调整个人的投资目标,使之更符合实际的风险承受能力,而不能简单地按客户要求给出投资建议,以确保自己的佣金收入。

(3) 对投资产品的偏好。

衡量客户风险承受能力最直接的方法是让客户回答自己所偏好的投资产品。实施该方法的步骤可以因人而异,最简单的一种形式是向客户展示各种可供选择的投资产品,然后询问他/她希望如何将可投金分配到不同的投资产品中去。这些投资产品往往按照风险程度高低进行排序。比如：

"如果你意外获得一笔巨额资金，在以下投资产品中，你将如何分配：银行定期存款__%、国债__%、储蓄性保险产品__%、企业债券__%、共同基金__%、不动产投资__%、股票__%等，各项之和要求等于100%"。

可供投资的资金可以是实际的，也可以是虚构的。一般来说，人们对于虚构资金的使用会比实际资金的使用更为大胆。理财师也可以让客户将可供投资的产品从最喜欢到最不喜欢进行排序，或者给每一产品进行评级，不同级别代表客户对其的偏好程度（如低、中、高）。

调查结果的准确性取决于客户对不同投资产品的风险和预期收益的熟悉程度。由于很多客户可能缺少这方面信息甚至最基础的知识，理财师最好向客户阐明不同投资产品的风险和预期收益水平的差异，而不能假设客户已经掌握足够的金融财务知识。许多调查表明，一般公众，包括高收入阶层在内，所具有的金融财务知识非常有限，甚至少得可怜。

（4）实际生活中的风险选择。

尽管过去的投资绩效并不能保证未来的投资绩效，但经验表明，用过去的行为表现预测未来不失为一种简单有效的方式。这是实际生活中的风险选择法的理论基础，即通过搜集客户生活中的实际信息来评估风险承受能力。以下一些生活方式特点可以用来评估特定客户对待经济风险的态度。

对于当前的投资组合构成，可以着重了解和分析该投资组合的风险有多大。总资产中存入银行、国债、保险、共同基金、股票等各占多少比例？如果购买年金，是买固定年金还是变额年金？客户对当前投资组合的满意程度如何？如果对该组合进行调整，是朝更稳健的方向还是更冒险的方向？

客户的负债与总资产比率，即负债比率，也是衡量风险承受能力的一项指标。如果负债比率较高，则该客户具有追求风险的倾向；如果负债比例较低，则为风险厌恶者，至于高、低界限，取决于特定的客户群体，要根据具体情况而定。从人寿保险金额与年薪的对比情况来看，两者之比越大，客户对风险的厌恶程度越高。从工作任期和变动频率来看，自主跳槽的意愿是判断风险承受能力的一个指标。因此，可以询问客户在过去10年或15年中变更过几次工作，如果超过三次，则很可能是风险追求型的。某人在找到新工作之前就辞去原有工作或在中年阶段跳槽都是非常重要的信息。从收入变化情况来看，风险追求者的年薪可能波动很大，并且不一定呈上升趋势。理财师还需要了解客户是否曾经下岗或失业，失业持续时间多长。在失业期间，该客户是接受了第一个工作机会，还是一直等到自己满意的工作为止？重新就业后该客户的薪水是多少？如果薪水低于原有水平，则可以认为该客户是风险厌恶者。从住房抵押贷款类型来看，愿意承担浮动利率抵押贷款而不是固定利率抵押贷款可能是追求风险的一种倾向。如果客户选择了固定利率，该项抵押贷款在清偿之前是否锁定在保证利率水平？如果是，则表明一种厌恶风险的倾向。

（5）风险态度的自我评估。

这种方法主要通过揭示或明确客户对待风险的态度来判断其风险承受能力，可以采取定性方法，也可以采取定量方法，提问方式也多种多样。

首先，可以询问客户整体性的问题，比如，"你认为自己是风险厌恶者还是风险追求者？如果采用10分制，你将给自己打几分？其中1表示完全的风险厌恶者，10表示完全的风险追求者"。其次，可以询问客户对特定风险所做出的反应。比如，做出风险投资决策后是否难以入睡？是否将风险视为机遇而非危险？投资决策是否经过深思熟虑？从风险投资中获得5 000元是否比从稳健投资中获得5 000元更觉得高兴？是否非常担心失去已有的财富？是否愿意借款进行金融投资或项目投资？是否认为不冒险就不可能获得成功？

用风险态度自我评估法来评估客户风险承受能力的主要问题在于，人们倾向于将自己最好的一面展示给他人，被人们崇尚的特征很可能会被夸大。比如，很多人可能认为厌恶风险是无能的表现，风险追求是勇敢、有活力的表现，从而很可能夸大自己的风险承受能力，对此，理财师在实务中必须给以足够的重视。

（四）风险属性与资产量化分析

1. 简易量化分析方法

简易量化分析方法只考虑年龄和冒险、积极、稳健、消极、保守五种风险态度，只考虑股票和存款两种工具。

(1) 年龄与投资股票比例。以100岁为人的一生来计算,公式如下:

$$风险投资比率=(100-实际年龄)\times 1\%$$

如果年龄为30,则可以将70%的资产进行高风险投资,30%用于低风险投资;而到50岁可以将50%的钱投资于股票,50%用于存款。

(2) 不同类型的投资者可以相应进行调整:冒险型投资者可以在原有比率的基础上再加上20%;积极型投资者可以在原有比率的基础上再加上10%;保守型投资者可以在原有比率的基础上再减去20%;消极型投资者可以在原有比率的基础上再减去10%;稳健者则维持在原有比率不变。如20岁的积极型投资者可以将90%的钱投资于股票,80岁的保守型投资者的资产应该100%放在银行里。

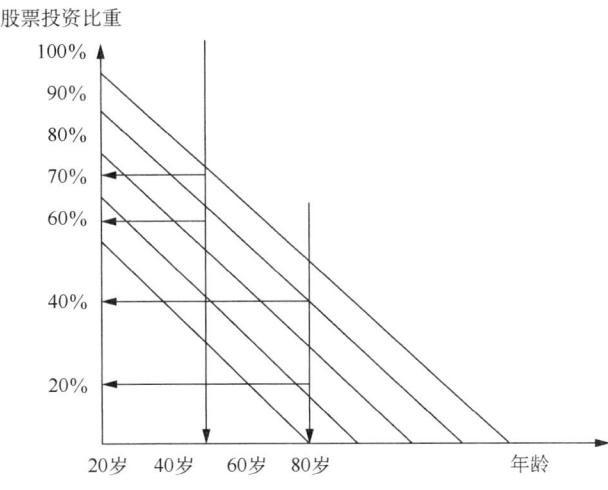

图5-9 年龄与股票投资比重关系图

注:图5-9中5条斜线从上到下依次代表冒险型、积极型、稳健型、消极型和保守型。

(3) 风险属性可以通过问卷或客户自己的陈述来确定。可以画出年龄和适当的股票投资比例,如图5-9所示,40岁的积极型投资者,应当投资股票$(100-40)\times 1\%+10\%=70\%$。

2. 风险矩阵量化分析方法

风险矩阵量化分析方法可以同时针对分析对象的风险承受能力和风险态度,以此来建议分析对象选择何种资产配置比例。

(1) 风险承受能力指标。

风险承受能力可依年龄、就业状况、家庭负担、置产状况、投资经验和投资知识估算得出。影响风险承受能力的因素可定义如下。

A. 年龄:总分50分,25岁以下者50分,每多1岁少1分,75岁以上者0分。

B. 其他因素:总分50分,如表5-3所示。

表5-3 风险承受能力评分表

分数	10分	8分	6分	4分	2分
就业状况	公职人员	工薪阶层	佣金收入者	自营事业者	失业者
家庭负担	未婚	双薪无子女	双薪有子女	单薪有子女	单薪养三代
置产状况	投资不动产	自用住宅无房贷	房贷<50%	房贷>50%	无自用住宅
投资经验	10年以上	6—10年	2—5年	1年以内	无
投资知识	有专业证照	财经类专业	自修有心得	懂一些	一片空白

总分为100分,最低为10分,得分越低者表示风险承受能力越低。可以定位为5个等级:20分以下为低风险承受能力,20—39分为中低风险承受能力,40—59分为中等风险承受能力,60—79分为中高风险承受能力,80分以上为高风险承受能力。年龄为风险承受能力最重要的考虑因素,因此在总分100分中就占了一半。例如,一个30岁、单身、无自用住宅的工薪阶层,有5年投资经验,懂一些投资,风险承受能力分数为年龄45分+就业8分+家庭10分+置产2分+经验6分+知识4分=75分,可承受中高风险。一个46岁、双薪有子女、有自用住宅无房贷、在投资顾问公司上班,15年投资经验,有专业证照者,风险承受能力为年龄29分+就业8分+家庭6分+置产8分+经验10分+知识10分=71分,可承受中高风险。两个例子虽然年龄差异16岁,但考虑其他条件后总分差别不大,有类似的风险承受能力。

(2) 风险态度指标。

风险态度可以依分析对象对本金可容忍的损失幅度,及其他心理测验估算出来。可定义影响风险态度的因素如下。

① 对本金损失的容忍程度:可承受亏损的百分比(以一年的时间为基准)。总分50分,不能容忍任何损失为0分,每增加一个百分点加2分,可容忍25%以上损失者为满分。

② 其他心理因素:总分50分,如表5-4所示。

总分为100分,最低8分。得分越低者表示风险态度越低。可以定位为5个等级:20分以下为低风险态度,20—39分为中低风险态度,40—59分为中等风险态度,60—79分为中高风险态度,80分以上为高风险态度。本金损失的容忍程度为风险态度最重要的考虑因素,因此在总分100分中就占了一半。

例如,一个投资者可以忍受本金最大损失为15%,得30分。投资首要考虑为获取长期资本利得,得8分;过去投资的绩效赚少赔多,得4分;赔钱影响情绪小,得6分;当前主要投资工具为股票,得8分;未来避险工具为期货,仍不排斥股票,得8分。风险态度总分为64分,属高风险态度。

表5-4 风险程度态度分表

分数	10分	8分	6分	4分	2分
首要考虑因素	赚短线差价	长期利得	年现金收益	对抗通胀保值	保本保息
过去投资绩效	只赚不赔	赚多赔少	损益两平	赚少赔多	只赔不赚
赔钱心理状态	学习经验	照常生活	影响情绪小	影响情绪大	难以入眠
当前主要投资	期货	股票	房地产	债券	存款
未来希望避免的投资工具	无	期货	股票	房地产	债券

3. 风险矩阵

在进行资产配置时应同时考虑到根据个人客观条件计算的风险承受能力,和依个人主观意愿计算的风险态度。可以综合成如表5-5所示的风险矩阵。

表5-5 风险矩阵表

风险承受	工具	低能力 <20分	中低能力 20—39分	中等能力 40—59分	中高能力 60—79分	高能力 80—100分
低态度 <20分	货币	70.0%	50.0%	40.0%	20.0%	0
	债券	20.0%	40.0%	40.0%	50.0%	50.0%
	股票	10.0%	10.0%	20.0%	30.0%	50.0%
	预期报酬率	3.4%	4.0%	4.8%	5.9%	7.5%
	标准差	4.2%	5.5%	8.2%	11.7%	17.5%
中低态度 20—39分	货币	50.0%	40.0%	20.0%	0	0
	债券	40.0%	40.0%	50.0%	50.0%	40.0%
	股票	10.0%	20.0%	30.0%	50.0%	60.0%
	预期报酬率	4.0%	4.8%	5.9%	7.5%	8.0%
	标准差	5.5%	8.2%	11.7%	17.5%	20.0%
中等态度 40—59分	货币	40.0%	20.0%	0	0	0
	债券	40.0%	50.0%	50.0%	40.0%	30.0%
	股票	20.0%	30.0%	50.0%	60.0%	70.0%
	预期报酬率	4.8%	5.9%	7.5%	8.0%	8.5%
	标准差	8.2%	11.7%	17.5%	20.0%	22.4%

(续表)

风险承受	工具	低能力 <20分	中低能力 20—39分	中等能力 40—59分	中高能力 60—79分	高能力 80—100分
中高态度 60—79分	货币	20.0%	0	0	0	0
	债券	30.0%	50.0%	40.0%	30.0%	20.0%
	股票	50.0%	50.0%	60.0%	70.0%	80.0%
	预期报酬率	5.9%	7.5%	8.0%	8.5%	9.0%
	标准差	11.7%	17.5%	20.0%	22.4%	24.9%
高态度 80—100分	货币	0	0	0	0	0
	债券	50.0%	40.0%	30.0%	20.0%	10.0%
	股票	50.0%	60.0%	70.0%	80.0%	90.0%
	预期报酬率	7.5%	8.0%	8.5%	9.0%	9.5%
	标准差	17.5%	20.0%	22.4%	24.9%	27.5%

第四节 风 险 管 理

一、风险管理概述

(一)风险管理的含义

风险管理是一种应对纯粹风险的科学方法,它通过预测可能的损失,设计并实施一些流程使这些损失发生的可能性最小化;而对确实发生的损失,使这些损失的经济影响最小化。

风险管理有两个重要的特征:一是降低风险就是消除或降低风险中的不确定性;二是必须考虑代价。事实上,损失控制的一切手段都是符合这两个特征的。因为通过控制损失发生的频率和大小,损失的分布更为集中,从而降低了不确定性;而对损失发生的频率和大小的控制又降低了预期损失。

风险管理是一个组织或者个人用以降低纯粹风险的消极结果的决策过程。通过风险识别、风险估测、风险评价,并在此基础上选择与优化各种风险管理技术组合,对风险实施有效控制和妥善处理风险所致损失的后果,从而以最小的成本获得最大的安全保障。

上述风险管理含义的具体内容包括:

(1)风险管理的对象是纯粹风险。

(2)风险管理的主体可以是任何组织和个人,包括个人、家庭、组织(包括营利性组织和非营利性组织)。

(3)风险管理的过程包括风险识别、风险估测、风险评价、选择风险管理技术和评估风险管理效果等。

(4)风险管理的基本目标是以最小的成本获得最大的安全保障。

(5)风险管理成为一个独立的管理系统,并成为一门新兴的学科。

(二)风险管理的目标

风险管理的基本目标是以最小成本获得最大安全保障。风险管理具体目标可以分为损失前目标和损失后目标。前者是指通过风险管理消除和降低风险发生的可能性,为人们提供较安全的生产、生活环境;后者是指通过风险管理在损失出现后及时采取措施,使受损企业的生产得以迅速恢复,或使受损家园得以迅速重建。

1. 损失前目标

(1)减小风险事故的发生机会。风险事故是造成损失发生的直接原因,减小风险事故的发生机会,直接有助于人们获得安全保障。

(2) 以经济、合理的方法预防潜在损失的发生。这需要对风险管理各项技术的运用进行成本和效益分析,力求以最少费用支出获得最大安全保障效果。

(3) 减轻企业、家庭和个人对风险及潜在损失的烦恼和忧虑,为企业提供良好的生产经营环境,为家庭提供良好的生活环境。

(4) 遵守和履行社会赋予家庭和企业的社会责任和行为规范,如交通管制、噪音限制、环境污染控制、公共安全等。企业、家庭和个人都要认真遵守和履行社会责任和行为规范。

2. 损失后目标

(1) 减轻损失的危害程度。损失一旦出现,风险管理者应及时采取有效措施予以抢救和补救,防止损失的扩大和蔓延,将已出现的损失后果降到最低限度。

(2) 及时提供经济补偿,使企业和家庭恢复正常的生产和生活秩序,实现良性循环。及时地向受灾企业提供经济补偿,可以保持企业经营的连续性,稳定企业收入,为企业的成长与发展奠定基础;及时地向受灾家庭提供经济补偿,使其能尽早获得资金,重建家园,从而保证社会生活的稳定。

(三) 风险经理

在企业中,并不是所有负责处理与保险有关事务的人都是风险经理,事实上,一些企业中负责有关保险的人与风险管理并不十分相关。

企业的风险管理职责可以由负责保险事务的人员负责,并把他们的工作拓展到整个风险管理领域,使他们成为风险经理。

从职责范围来看,风险经理是指所有从事风险管理工作的人员,无论他们是企业内部的职员还是外界的咨询专家,或者是经纪人、代理人。我们这里的风险经理特指由企业雇用的专司风险管理职责的员工。

了解风险经理的一个途径是看一下他们的职责范围。一般而言,风险经理的职责包含10个方面。

1. 协助制定风险管理政策

风险管理的目标和政策一般是由企业的最高决策机构作出的。但是,风险管理的具体目标是由风险经理确定的,并准备好政策文件,递交给最高管理层。

2. 识别和评价风险

风险的识别可能是风险管理工作中最为困难的一个部分。这不仅是因为风险识别工作没有尽头,而且还由于风险经理无法确切知道风险识别工作是否完整,是否有某些重大损失被忽略。

3. 选择风险应对的筹资计划

在决定风险自担后,一般先用损失预防和控制措施降低风险,但一般在这些措施都实施后仍然存在一些风险。风险经理在对企业的财务结构和财务能力了解的基础上可以建议采取适当的筹资方式,或在有些情况下进行选择。

4. 保险谈判

风险经理首先需要确定哪些风险可以通过购买保险来应对,然后进入保险市场,在保险责任范围和保险成本之间寻找最佳组合。这一工作很多情况下是通过保险经纪人或保险代理人完成的,当然有时候也由风险经理直接与保险人进行面对面的谈判。

5. 理赔管理

当保险事故发生后,风险经理需要与保险人商定赔偿事宜。有时这个过程是相当复杂而漫长的,特别是在巨额财产损失或导致经营中断的损失发生时。

6. 监督内部管理

这一工作包括监督损失统计和《风险管理手册》等与风险有关的记录系统的运行、监控保险单的更新、维护财产清单和估价记录等。

7. 与其他管理人员沟通

风险经理与企业内部其他管理人员和企业外部的有关各方沟通,方式多种多样。可以通过诸如《风险管理手册》这样正规的文件进行沟通,也可以通过定期的书面交流,还可以亲自拜访交谈。风险经理必须告诉其他管理人员企业保险计划的情况,要求他们提供风险识别所需的信息,并在防损和理赔等方面提供指导。

8. 对外工作中的风险管理

风险经理的管理工作往往是与企业的对外关系相联系的。例如,监督承包商的保险证明,监控保险的有效期,协助法律部门制定采购单、租约和其他合同的标准等。

9. 监督防损工作

风险经理不可能是防损工作各个环节的专家,但是,他们对企业损失的情况比较了解,因此在防损方面应该具有一定的知识。这些知识应该能使风险经理以最好的方式获取防损专家所要的情况。

10. 员工福利管理

在企业的风险经理中,大约有1/3的风险经理也负责职工的福利工作。一些人认为这属于风险管理的范畴,也有人不同意,认为员工福利不是风险,而是企业为商业目的而有意承担的成本。

二、风险管理技术

尽管风险管理方法种类繁多,但从其对风险处理的过程来看,风险管理的方法可以归为两个大类,即风险控制方法和风险的财务安排。前者直接对风险加以改变;而后者不试图改变风险,只是在风险损失发生时,保证有足够的财务资源来补偿损失。

(一) 控制型风险管理技术

1. 控制型风险管理技术的含义

控制型风险管理技术是指在风险分析的基础上,针对企业存在的风险因素,积极采取控制技术以消除风险因素,或减少风险因素的危险性。

控制型风险管理技术的实质是在风险分析的基础上,针对企业所存在的风险因素采取控制技术以降低风险事故发生的频率和减轻损失程度,重点在于改变引起自然灾害、意外事故和扩大损失的各种条件。主要表现为在事故发生前,降低事故发生的频率;在事故发生时,将损失减少到最低限度。

2. 控制型风险管理技术的方法

控制型风险管理技术包括风险回避、损失预防、损失抑制等。

(1) 风险回避。

风险回避是指有意识地回避某种特定风险的行为,即从根本上消除特定风险的单位和中途放弃某些既存风险的单位,采取主动放弃或改变该项活动的方式。风险回避是最彻底的风险管理措施,它能使得风险降为零。

避免风险的方法主要有两种,一种是放弃或终止某项活动的实施,另一种是虽然继续该项活动,但改变活动的性质。

避免风险的方法一般在某特定风险所致损失频率和损失程度相当高或处理风险的成本大于其产生的效益时采用,它是一种最彻底、最简单的方法,但也是一种消极的方法。比如,不购买汽车回避了汽车责任、损毁和被盗风险;不乘坐飞机可以避免因飞机坠毁而伤亡的风险;不到军事冲突不断的国家和地区旅游可以避免被误伤的风险等。但是,很多风险是无法回避的,已拥有汽车的个人和家庭无法回避汽车责任、损毁和被盗风险,没有人能够彻底消除疾病或受伤的可能性。避免方法虽然简单易行,但有些时候,回避风险可能丧失机会,显得过于消极和不思进取,且避免方法的采用通常会受到限制。因此在实际中不能过度使用。此外,采取避免方法有时在经济上是不适当的,或者避免了某一种风险,却有可能产生新的风险。

(2) 损失预防。

损失预防是指在风险事故发生前,为了消除或减少可能引起损失的各种因素而采取的处理风险的具体措施,其目的在于通过消除或减少风险因素而降低损失发生的频率。损失预防措施是一种行动或安全设备装置,在损失发生前将引发事故的因素或环境进行隔离。如果引发损失的是一系列风险事故,那么损失预防就是在损失之前切断这条事故链。这是事前的措施,即所谓"防患于未然"。如定期体检,虽不能消除癌症的风险,但可获得医生的劝告或及早防治,因而可以减少癌症发病的机会或减轻其严重程度。

在各种风险管理技术中,损失预防占有极其重要的地位。

(3) 损失抑制。

损失抑制是指在损失发生时或损失发生之后为降低损失程度而采取的各项措施。

损失抑制在事故发生时或发生后能减少损失发生的范围或损失严重的程度。一般情况下,损失抑制在损失幅度较大,而且无法进行风险转移或者风险回避的情况下运用。

损失抑制的目的是为了减少损失的潜在严重程度。它是处理风险的有效技术。如在汽车上安装安全气囊,就是一种损失抑制措施,气囊不能阻止损失发生,但如果事故真的发生了,它能减少驾驶员可能遭受的伤害。

(4) 分散风险。

分散风险指增加同类风险单位的数目来提高未来损失的可预测性,以达到降低风险的目的。分散风险是通过兼并、扩张和联营等手段,集合许多原来各自独立的风险单位,增加风险单位数目,提高风险的预测性,达到把握风险、控制风险、降低风险成本的目的。

(二) 财务型风险管理技术

1. 财务型风险管理技术的含义

由于受种种因素的制约,人们对风险的预测不可能绝对准确,而防范风险的各项措施都具有一定的局限性,所以某些风险事故的损失后果是不可避免的。财务型风险管理技术是以提供基金的方式,降低发生损失的成本,即通过事故发生前所作的财务安排,来解除事故发生后给人们造成的经济困难和精神忧虑,为恢复企业生产,维持正常生活等提供财务支持。

2. 财务型风险管理技术的方法

(1) 自留风险。

自留风险是指对风险的自我承担,即个人或企业单位自我承受风险损害后果的方法。自留风险是一种非常重要的财务型风险管理技术。自留可以是部分自留,也可以全部自留。部分自留是指一部分损失风险由自己承担,剩余部分通过保险或非保险转移出去。比如,保单通常设有免赔额和保单上限,免赔额以内的损失和超过保单上限的损失都由投保人自己承担。对于全部自留,个人或企业单位承担了所有的损失。

自留也可以分为自愿自留和非自愿自留两类。

自愿自留是指个人或企业单位已经意识到损失的可能性而决定自己承担风险,具有主动性,是一种常用的风险管理措施;自愿自留一个显著特点是伴随有其他的风险管理措施,如预先提取应急基金。

非自愿自留是因未能识别风险而导致的风险自留,有可能引起严重的经济问题。通常在风险所致损失频率和程度低、损失在短期内可以预测以及最大损失不影响企业或单位财务稳定时采用自留风险的方法。自留风险成本低,方便有效,可减少潜在损失,节省费用。但自留风险有时会因风险单位数量的限制或自我承受能力的限制,而无法实现其处理风险的效果,导致财务安排上的困难而失去作用。

(2) 转移风险。

转移风险是指个人或企业单位为避免承担损失,而有意识地将损失或与损失有关的财务后果转嫁给另一些个人或企业单位去承担的一种风险管理方式。转移风险又有财务型非保险转移和财务型保险转移两种方法。

① 财务型非保险转移风险。财务型非保险转移风险是指单位或个人通过经济合同,将损失或与损失有关的财务后果,转移给除保险公司或提供保险保障的政府机构以外的个人或组织的管理方法,如保证互助、基金制度等;或人们可以利用合同的方式,将可能发生的指明的不定事件的任何损失责任,从合同一方当事人转移给另一方,如销售、建筑、运输合同和其他类似合同的免责规定和赔偿条款等。

② 财务型保险转移风险。投保人交纳保费,将风险转嫁给保险人,保险人则在合同规定的责任范围内承担补偿或给付责任。保险作为风险转移方式之一,有很多的优越之处,是进行风险管理最有效的方法之一。

(三) 财务型风险管理技术与控制型风险管理技术的区别

控制型风险管理技术都属于"防患于未然"的方法,目的是避免损失的发生。但由于现实性和经济性等原因,很多情况下,人们对风险的预测不可能绝对准确,而损失控制措施也可能无法解决所有的风险问题,所以某些风险事故的损失后果仍不可避免,这就需要财务型风险管理技术来处理。

与控制型风险管理技术的事前防范不同,财务型风险管理技术的目的在于通过事故发生前所做的财务安排,使得在损失一旦发生后能够获取资金以弥补损失,为恢复正常经济活动和经济发展提供财务基础。财务型风险管理技术的着眼点在于事后的补偿。

三、风险管理程序

风险管理的基本程序分为风险识别、风险估测、风险评价、选择风险管理技术和评估风险管理效果五个环节。

1. 风险识别

风险识别是风险管理的第一步,它是指对企业、家庭或个人面临的和潜在的风险加以判断、归类和对风险性质进行鉴定的过程,即对尚未发生的、潜在的和客观存在的各种风险,系统地、连续地进行识别和归类,并分析产生风险事故的原因。风险识别主要包括感知风险和分析风险两方面内容。存在于企业、家庭或个人周围的风险多种多样、错综复杂,有潜在的,也有实际存在的;有静态的,也有动态的;有内部的,也有外部的。所有这些风险在一定时期和某一特定条件下是否客观存在,存在的条件是什么,以及损害发生的可能性等,都是风险识别阶段应予以解决的问题。

2. 风险估测

风险估测是在风险识别的基础上,通过对所收集的大量资料进行分析,利用概率统计理论,估计和预测风险发生概率和损失程度。风险估测不仅使风险管理建立在科学的基础上,而且使风险分析定量化,为风险管理者进行风险决策、选择最佳管理技术提供科学依据。

3. 风险评价

风险评价是指在风险识别和风险估测的基础上,对风险发生的概率、损失程度,结合其他因素进行全面考虑,评估发生风险的可能性及其危害程度,并与公认的安全指标相比较,以衡量风险的程度,并决定是否需要采取相应的措施。处理风险,需要一定费用,费用与风险损失之间的比例关系直接影响风险管理的效益。通过对风险的定性、定量分析和比较处理风险所支出的费用,来确定风险是否需要处理和处理程度,以判定为处理风险所支出的费用是否有效益。

4. 选择风险管理技术

根据风险评价结果,为实现风险管理目标,选择最佳风险管理技术是风险管理最为重要的环节。如前所述,风险管理技术分为控制型和财务型两大类,前者的目的是降低损失频率和减少损失幅度,重点在于改变引起意外事故和扩大损失的各种条件;后者的目的是以提供基金的方式,对无法控制的风险做财务上的安排。

5. 评估风险管理效果

评估风险管理的效果是指对风险管理技术适用性及收益性的分析、检查、修正和评估。风险管理效益的大小,取决于是否能以最小风险成本取得最大安全保障,同时,在实务中还要考虑风险管理与整体管理目标是否一致,是否具有可行性、可操作性和有效性。风险处理对策是否最佳,可通过评估风险管理的效益来判断。

第五节 保 险

一、保险概述

(一) 保险的起源与发展

自有人类以来,各种自然灾害、意外事故就时常威胁人类的生存与发展,为了寻求防灾避祸、安居乐业之道,在古代社会里就萌生了对付各种自然灾害、意外事故的保险思想和一些原始形态的保险做法,这在中外历史上都有记载。

中国是最早发明风险分散这一保险基本原理的国家。远在公元前,中国商人就将风险分散原理运用在货物运输中,历史悠久的各种仓储制度是我国古代原始保险的一个重要标志。

镖局是我国特有的一种货物运输保险的原始形式。镖局是一种类似保险的民间安全保卫组织,其经营的业务之一是承运货物。商人委托镖局承运货物,俗称"镖码"(相当于保险标的)。货物须经镖局检验,按贵贱分级,根据不同等级确定"镖力"(相当于保险费率),据此收费签发"镖单"(相当于保险单)。货到目的地,收货人按镖单验收后,在镖单上签注日期,加盖印章,交护送人带回,以完成手续。镖局的这些手续与现代保险的承保手续大致相同。

国外最早产生保险思想的并不是现代保险业发达的资本主义大国,而是处在东西方贸易要道上的文明古国,如古代的巴比伦、埃及和欧洲的希腊和罗马。据英国学者托兰纳利论证:"保险思想起源于巴比伦,传至腓尼基(今黎巴嫩境内),再传入希腊"。在古希腊,一些政治哲学或宗教组织由会员摊派形成一笔公共基金,专门用于意外情况下的救济补偿。到了中世纪,欧洲各国城市中陆续出现各种行会组织,这些行会具有互助性质,其共同出资救济的互助范围包括死亡、疾病、伤残、年老、火灾、盗窃、沉船、监禁、诉讼等不幸的人身和财产损失事故。

(二) 现代保险的形成

1. 海上保险

海上保险是各类保险中起源最早的一种,这同海上贸易发展和海上风险较大的缘故是分不开的。

现代海上保险发源于意大利。早在11世纪末,在经济繁荣的意大利北部城市特别是热那亚、佛罗伦萨、比萨和威尼斯等地,就已经出现类似现代形式的海上保险,英文中"保险单"一词就是源于意大利文"Polizza"。世界上最古老的保险单是一张船舶保险保单,该保单至今仍保存在热那亚的国立博物馆,但这份保单并不具备现代保单的基本形式。一份从形式到内容与现代保险几乎完全一致的最早的保单,是1384年3月24日开出的一张航程保单。所以现代保险的最早形式——海上保险,发源于14世纪中叶以后的意大利。但是,现代海上保险形成于英国。15世纪后,海上保险随着海上贸易中心的转移而从地中海区域转移至大西洋彼岸。17世纪开始,英国成为世界海上贸易中心的同时,海上保险的中心也开始转移到英国。第一家皇家交易所的开设,为海上保险提供了交易场所;保险商会在伦敦皇家交易所内的设立,又大大促进了海上保险的发展;《海上保险法》的颁布更使英国真正成为世界海上保险的中心,占据了海上保险的统治地位。另外,当代国际保险市场上最大的保险垄断组织之一的"劳合社"最初就是专营海上保险,其演变史也是英国海上保险发展的一个缩影。

2. 火灾保险

现在的火灾保险是在17世纪中叶以后逐渐发展起来的。在中世纪,手工业者按照各自行业结成的商行对其会员遭到的火灾损失给予救济补助,可以说这是相互保险的开始。冰岛在13世纪曾有法律规定村民必须组织火灾相互保险,但不久即告失效。至今在欧洲仍然存在16、17世纪组成的火灾相互保险公司,有1676年成立的汉堡火灾保险社与1543年成立的雪尔维格堆尔斯坦火灾公司。在英国,由于1666年伦敦大火,才出现由巴蓬博士开设的第一家专门承保房屋火灾保险的商行。

3. 人寿保险

埃德蒙·哈雷编制的生命表,奠定了现代人寿保险的数理基础。埃德蒙·哈雷不仅是一位著名的数学家和天文学家,同时还是人寿保险的一位先驱。1693年,哈雷以德国西里西亚勃来斯洛市1687—1691年按年龄分类的死亡统计资料为依据,编制了世界上第一张生命表,他精确表示了每个年龄的人的死亡率,并首次将生命表用于计算人寿保险费率,为现代人寿保险奠定了数理基础。因此,生命表的制定,在人寿保险发展史上是一个里程碑。

4. 责任保险

作为一类独成体系的保险业务,始于19世纪的欧美国家,发达于20世纪70年代以后。1855年英国开办了铁路承运人责任保险,但直到20世纪初责任保险才有了迅速发展,成为现代经济不可缺少的一部分,成为保险人的支柱业务之一。大多数国家还将多种公共责任做了强制投保的规定,如机动车辆第三者责任险、雇主责任险等。在西方非寿险保险公司中,责任保险的保费收入一般都占保费总收入的10%以上,在保险市场上有举足轻重的地位。

5. 信用保险

信用保险是随着资本主义商业信用风险和道德危险的频繁发生而发展起来的。1702年,英国开设了主人损失保险公司,承办诚实保险。1842年,英国保证保险公司成立。1876年,美国在纽约开办了诚实保证业务,于1893年又成立了专营信用保险的美国信用保险公司。第一次世界大战以后,信用危机使各国的信用保险业务大受打击。1934年,各国私营和国营出口信用保险机构在瑞士成立了国际信用保险协会,标志着国际信用保险的成熟和完善。目前,信用保险的承保范围已经相当广泛。

(三)中国现代保险的形成

我国现代形式的保险是伴随着帝国主义的入侵而传入的。19世纪初,西方列强开始了对东方的经济侵略,外商保险公司作为保险资本输出与经济侵略的工具进入中国。

鸦片战争以前,广州是我国南方对外贸易的唯一口岸,是西方商品输入的前哨,因而也就成为西方保险业进入中国的桥头堡。1805年,英商在广州设立广州保险公司(又译名"谏当保安行""广州保险社")。此后,怡和洋行收买了该公司,并更名为"广东保险公司"(1836年)。这是外商在中国开设的第一家保险机构,也是近代中国出现的第一家保险公司。直到20世纪之前中国保险市场一直被英国保险公司所垄断,当时所有保险条款、费率均由被英商控制的外国保险公司同业公会制定。与此同时,其他各外资列强也不甘心由英国独占中国的保险市场,20世纪,法国、瑞士、日本等相继在中国设立了保险公司或代理机构。外国保险公司基本上控制了近代中国的保险市场。

外商保险公司对中国保险市场的抢占及西方保险思想的影响,引起一些华商起而效仿。1824年广东某富商在广州城内开设张宝顺行,兼营保险业务,这是华人经营保险的最早记载;1865年中国第一家民族保险企业上海华商义和公司保险行创立,打破了外商保险公司独占中国保险市场的垄断局面,中国近代民族保险业正式诞生;1875年保险招商局成立,中国较大规模的民族保险企业诞生;1886年,"仁和""济和"两保险公司合并为"仁济和"水火保险公司,成为中国近代颇有影响的一家华商保险企业。以1875年保险招商局的创办为契机,中国民族保险业又相继成立了20多家水火险公司,并在民族资本主义工商业的大发展中得以迅速发展。

第一次世界大战开始,我国民族保险业进入发展时期。但是,1937年抗日战争爆发后,民族保险业的发展遭受沉重打击。战后保险市场虽一度呈现出繁荣,但也只不过是一时的虚假景象。

中华人民共和国成立后,首先是对旧中国保险市场进行管理与整顿,紧接着是创立与发展人民保险事业。1949年10月20日,中国人民保险公司正式挂牌开业,这标志着中国现代保险事业的创立,开创了中国保险的新纪元。保险市场上除传统的火险和运输险外,中国人民保险公司还积极开发新的险种;同时,在全国各地建立了自己的分支机构,并逐步开展了各种财产保险和人身保险业务。1958年10月国内保险业务被迫停办,中断20年,直到1980年恢复。

(四)世界保险业的发展趋势

1. 组织形式多样化

为了适应现代保险事业不断发展的需要,世界各国都根据本国的经济特点,分别采取了符合国情的保险组织形式。这些组织形式,既有国营保险公司,又有私营保险公司;既有公私合营的保险公司,又有合作形式的保险组织;此外还有一些专业自保的机构。

2. 展业领域广泛化

生产技术的日新月异,尖端科学的广泛应用,使各种新的风险因素不断增加,也给保险事业开辟了广阔的服务领域。如技术性较高的新险种:建筑工程险、安装工程险、石油开发险、卫星险等。国际贸易方式的多样化、合作企业不断兴办、联合开发资源的出现,使产品、职业、个人等责任保险和信用保证保险成为国际间普遍关注的保险业务。各种社会福利性的保险,作为国家和社会福利制度的补充,越来越受到人们重视。新兴的综合保险,由于把一些互相关联的险种结合在一起,实行一揽子保险,更能适应投保人的需要。此外,适应保险商业化的要求,各种名目繁多的险种不断出现,从承担"哥伦比亚"号航天飞机的风险,到保障"百老汇"芭蕾舞演员脚尖的安全,几乎无所不及。保险事业的飓风,已席卷人类生活的每一个角落。

拥有年保险费收入4 500亿美元,并拥有非常雄厚的保险基金为支柱的世界保险企业,已成为许多国家的金融核心之一,特别是在美国、日本和西欧工业发达国家,保险公司可以运用的资金力量已超过其他的金融组织,有的保险公司已成为许多工商企业的资金后台。如美国最大的埃脱那人寿和损害保险公司,是20世纪80年代美国15个大型企业之一。埃脱那公司通过其巨大的资金投资,渗透到许多重要金融、工业、商业、交通、石油企业中去,对其所投资的企业,有直接的控制权。

3. 保险市场自由化

保险市场的自由化,是为了适应市场经济的发展,满足投保人或被保险人的客观要求而采取的必要政策。保险市场的自由化主要体现在以下几个方面。

① 放宽费率管制。过高的保险费率必然损害被保险人的利益,使保险企业获得不合理的利润。适度地放宽费率管制,对于保险企业的竞争十分有利,除具有地域性的业务仍采用管制费率之外,凡是具有国际性的业务,其费率的厘定尽可能自由化。

② 保险服务自由化。由于民众保险意识的提高,消费者对保险商品的需求在内容和形式上都有很大变化。保险企业为了满足消费者的保险需求,必须开发新险种,为被保险人服务。这样,必须放宽对保险商品的管制,准许保险企业开辟新的保险服务领域。

③ 放宽保险公司设立的限制。根据保险业法的规定,只要符合设立条件的申请者,就应让其成立公司。特别是在保险业不发达的国家,增加保险市场的主体,有利于改变保险市场卖方垄断的局面,形成竞争势态。为适应国家经济往来的需要和世界贸易组织的要求,在发展本国保险业的同时,适当开放本国保险市场。

4. 国际竞争激烈化

近年来,由于作为主要国际货币的美元定期存款利率长期保持在一个较高的水平上,使保险公司从保险费的投资收入或存款利息中取得相当可观的好处,从而促进了保险公司的竞争,使得国际保险市场承保能力过剩,供大于求。竞争的结果,使得保险费率大幅度下降,保险业务本身出现连年亏损。

美国的财产险保险费收入占全世界财产险保险费收入的一半左右,美国保险业务的好坏,在国际保险市场上起着举足轻重的作用。保险公司激烈竞争的结果,使美国的财产保险在过去25年中,有15年是亏损的。美国的水险和航空险业务尤为糟糕,即使加上投资收入,也难以弥补保险业务本身的亏损。

为了避免在国际保险竞争中的损失,一些大的保险公司采取了一系列措施,如荷兰的欧洲再保险公司等相继自动宣布清理,从而减少了市场上的竞争者;日本保险公司决定从1983年起,减少水险业务,主要原因是迫于巨大未决赔款的负担,不敢继续轻易从事。

5. 从业人员专业化

保险业是专业性和技术性较强的行业,一般而言,为了在激烈竞争的保险市场上发展新业务,增加市场份额,除降低费率外,关键是在承保技术上进行创新。所以,保险组织的业务人员必须具有较高的专业技术知识水平。对于保险公司高级管理人员和核保、理赔和财务人员要经常进行专业训练。保险代理人和保险经纪人要经过专业考试并取得资格后才能开展业务。

6. 服务手段现代化

随着现代世界从工业社会过渡到信息社会,对保险业的工作效率提出了新要求。它要求保险业能够适应信息社会变幻多端的经济动态,提供最迅速的保险服务,使保险公司在竞争中立于不败之地,并且能更好地运用保险费收入进行投资收益。在经济发达的工业化国家中,使用电子计算机处理保险业务,已经成为保险公司巩固和发展业务的重要手段。

(五) 保险的定义

根据《中华人民共和国保险法》(以下简称《保险法》)第二条规定,保险是指投保人根据合同约定,向保险人支付保险费,保险人对于合同约定的可能发生的事故因其发生所造成的财产损失承担赔偿保险金责任,或者当被保险人死亡、伤残、疾病或达到合同约定的年龄、期限时承担给付保险金责任的商业保险行为。这一保险定义,实质上是从法律角度来界定的。

1. 从法律角度看,保险是一种合同行为

投保人购买保险、保险人出售保险实际上是双方在法律地位平等的基础上,经过要约与承诺的过程,达成一致意见并签订合同,确立保险人与投保人之间的权利义务关系。

2. 从风险管理角度看,保险是一种风险管理的方法,或是一种风险转移的机制

这种风险转移机制不仅体现在将风险转移给保险公司,而且表现为通过保险,将众多的单位和个人结合起来,将个体对付风险变为大家共同对付风险,能起到分散风险、补偿损失的作用。

3. 从经济角度看,保险是分摊意外事故损失和提供经济保障的一种非常有效的财务安排

投保人通过交纳保险费购买保险,将不确定的大额损失转变为确定性的小额支出(保费),或者将未来大额的或持续的支出转变成目前固定的或一次性的支出(保费),从而有利于提高投保人的资金效益。人寿保险中,保险作为一种财务安排的特性表现得尤为明显,因为人寿保险还具有储蓄和投资的作用,具有理财的特征。从这个意义上讲,保险公司属于金融机构,保险业是金融业的重要组成部分。

(六)保险的要素

1. 保险必须有特定风险即可保风险存在

可保风险是指保险人可以接受承保的风险,即符合保险人承保条件的风险。它包括几层含义:风险不是投机性的;风险的发生必须具有偶然性;风险必须是意外的;风险必须是大量标的均有遭受损失的可能性;风险应有发生重大损失的可能性,且损失必须是可以用货币计量的。

2. 保险必须对风险事故造成的损失给予经济补偿

经济补偿是货币补偿而不是原物和实物上的补偿。财产保险中的标的必须在经济上能计算价值,人身保险中对人的死亡和伤残导致的劳动力的丧失导致的经济损失。

3. 保险必须具有互助共济关系

保险将损失分散到众多单位分担的办法,可减少遭灾单位的损失。参加保险的单位越多,每个单位分摊的金额就越少,保险基金就越雄厚,损失赔偿的能力就更强。通过保险,投保人建立了共同缴纳保险费,建立保险补偿基金,共同取得保障的互助共济关系。

4. 保险分担金额必须科学合理

保险的基本职能是经济补偿,而保险履行其经济补偿职能是以多数人的结合为必要条件。只有多数面临同类风险的单位或个人结合在一起,才能使特定风险发生的频率接近其概率,表现并反映出其稳定性,这时大数法则才能发挥作用,而大数法则是保险经营的数理基础,即保险人只能承保多数单位或个人共同面临的那些风险,而只有个别单位或个人面临的风险因其无法分散,保险人通常是不予承保的。

5. 保险费率必须合理厘定

保险既是一种经济保障活动,同时也是一种商品交换行为,要遵守平等自愿有偿的原则。保险费率就是保险商品的价格,它由供求关系决定并影响供求关系。费率的合理厘定,是保险活动得以顺利持续进行的条件之一。所谓费率的合理厘定是指保险费率与保险标的的风险和损失程度相一致,与保险标的的保障程度相一致。费率过高,没有人买;费率过低,保险经营亏损,无法持续。同时,对风险程度不同的保险标的应实行差别费率。

6. 保险基金的建立

保险基金是通过商业保险形式建立起来的后备基金,是保险人履行其经济补偿职能的物质基础。主要来源于开业资金和收取的保险费。

保险基金在实际工作中是以各种准备金的形式提取的。如财产保险的保险基金包括未到期责任准备金、赔款准备金、总准备金和保险保障基金等;人身保险的保险基金包括未到期责任准备金、总准备金、保险保障基金等。

为确保保险基金与保险人承担的赔偿或给付责任相一致,各国均以法律形式规定了所要建立的保险基金的种类、提取标准和数额,并由专门的监管机构负责监督控制。

7. 订立保险合同

保险是对特定的标的在未来一定时间可能发生的特定的风险损失提供经济保障的有偿服务活动,保

险双方的权利义务关系的确立及履行是以双方订立的保险合同为标志和依据的,保险双方订立了保险合同,双方的权利义务关系才正式建立,并受保险合同的约束。因此,完整的保险关系是在双方订立保险合同的基础上形成的。

(七) 保险的特征

1. 互助性

保险具有"一人为众,众为一人"的互助特性。保险在一定条件下,分担了单位和个人所不能承担的风险,从而形成了一种经济互助关系。这种经济互助关系通过保险人用多数投保人交纳的保险费建立的保险基金对少数遭受损失的被保险人提供补偿或给付而得以体现。

2. 法律性

从法律角度看,保险是一种合同行为,是一方同意补偿另一方损失的一种合同安排,同意提供损失赔偿的一方是保险人,接受损失赔偿的一方是投保人或被保险人。

3. 经济性

保险是通过保险补偿或给付而实现的一种经济保障活动。其保障对象财产和人身都直接或间接属于社会再生产中的生产资料和劳动力两大经济因素;其实现保障的手段,大多最终都必须采取支付货币的形式进行补偿或给付;其保障的根本目的,无论从宏观的角度还是微观的角度,都是与社会经济发展相关的。

4. 商品性

保险体现了一种等价交换的经济关系,也就是商品经济关系。这种商品经济关系直接表现为个别保险人与个别投保人之间的交换关系,间接表现为在一定时期内全部保险人与全部投保人之间的交换关系,即保险人销售保险产品,投保人购买保险产品的关系;具体表现为,保险人通过提供保险的补偿或给付,保障社会生产的正常进行和人们生活的安定。

5. 科学性

保险是处理风险的科学有效措施。现代保险经营以概率论和大数法则等科学的数理理论为基础,保险费率的厘定、保险准备金的提存都是以科学的数理计算为依据的。

(八) 保险的职能

1. 保险的基本职能

保险的基本职能是保险原始的、固有的职能。关于保险的基本职能有两种:一是分散风险与补偿损失;二是经济补偿和保险金给付。

分散风险职能是指保险人通过向投保人收取保费来把集中在某一单位或个人身上的风险损失平均分摊给所有的被保险人。

补偿损失职能是把集中起来的保险费用于补偿被保险人因保险事故所致的经济损失。分散风险和补偿损失是手段与目的的统一,是保险本质特征最基本的反映。

经济补偿职能是在发生保险事故造成损失时,保险人根据保险合同所保标的的实际损失数额给予赔偿,这是财产保险的基本职能。

保险金给付职能是在保险事故发生时,保险人根据保险合同约定给付保险金,这是人身保险的基本职能。

2. 保险的派生职能

(1) 融资职能。

保险的融资职能是指保险人参与社会资金融通的职能,包括筹资和投资两个方面。保险人收取保费建立保险基金是为了应对未来的风险损失,保费的收取和使用在时间上是不一致的,必然有一部分资金闲置,而资金是有时间价值的,保险人为追求自身利益最大化,要使其保值增值,必然要进行投资。随着保险基金规模的增大,保险投资成为全社会重要的机构投资者,表现为一种对社会有影响的职能。

(2) 防灾防损职能。

保险是经营风险的专门活动,出于追求自身利益最大化的目的,它由防灾防损的利益驱动,除了搞好自身的风险管理,它还会帮助、鼓励和督促被保险人做好防灾防损工作,把这项工作由企业内部推广到全社会,就成为一种社会职能。

世界上第一家消防队就是由英国最早的火灾保险公司创办的。1935年,"英国火险公司委员会"兴建了"火险实验所",研究防火技术,制定防火器材的标准。在美国,财产和意外险公司资助成立了"全国安全委员会",寿险公司资助医药、保健项目研究等。

(九) 保险的作用

1. 有利于受灾企业及时恢复生产

无论何种性质的企业,它们在生产经营和流通过程中,都可能遭受自然灾害和意外事故的损害,造成经济损失,重大的损失甚至会影响企业的正常生产和流通。如果企业参加了保险,在它们遭受保险责任范围内的风险损害时,它们就可以从保险公司及时取得相应的赔偿,从而及时购买受损设备和原材料而恢复生产,保证企业生产和流通连续不断地进行。

2. 有利于企业加强经济核算

通过参加保险的方式,将企业难以预测的巨灾和巨额损失,化为固定的、少量的保险费支出,并列入营业费用,这样,便可平均分摊损失成本、保证经营稳定、加强经济核算,从而准确反映企业经营成果。

3. 促进企业加强风险管理

保险公司促进企业加强风险管理主要体现在保险经营活动中,包括:通过合同方式订明双方当事人对防灾防损负有的责任,促使被保险人加强风险管理;指导企业防灾防损;通过费率差异,促进企业减少风险事故;从保险费收入中提取一定的防灾基金,促进全社会风险管理工作的开展。

4. 有利于安定人们生活

当被保险人遭受各种天灾人祸时,保险公司通过保险公司通过对社会成员承保家庭财产险和各种人身意外伤害险,及时提供赔偿或给付保险金就可帮助被保险人重建家园,安定被保险人生活。

5. 提高企业和个人信用

在市场经济条件下,每个企业或个人均有遭受责任风险和信用风险的可能,被保险人通过购买责任保险便可为在保险责任范围内的损失取得经济保障;通过保证保险,则为义务人的信用风险提供经济保障。

二、保险的分类

(一) 社会保险和商业保险

按照经营性质,保险可分为社会保险和商业保险两大类。

1. 社会保险

社会保险是指通过国家立法形式,以劳动者为保障对象,以劳动者的年老、疾病、伤残、失业、死亡等特殊事件为保障内容,以政府强制实施、提供基本生活需要的一种保障制度。社会保险具有非营利性、社会公平性和强制性等特点。社会保险属法定保险,一般由社会保障立法予以规范,其费用主要来源于国家财政资金或企事业单位资金和经费。

社会保险的性质如下。

(1) 非营利性。政府组织社会保险不以营利为目的,而是为了稳定社会秩序,促进经济稳定和社会进步,具有明显的收入再分配功能。社会保险在发展初期往往是政府实现社会控制的有效手段。从世界各国的现实情况来看,大多数国家社会保险的经营主体是政府或政府指定的专门职能部门,但无论是采取政府集中管理,还是私营机构分散管理,政府均起着主导作用。

(2) 社会公平性。社会保险具有明显的再分配功能,将收入从高收入阶层转移到低收入阶层,从在职劳动者转移到退休劳动者,强调社会公平性。

(3) 强制性。社会保险关系是遵循国家费率的强制性规定而确立的。政府制定有关的社会保险法律法规,所有法律规定范围内的社会成员必须参加社会保险计划,社会保险经办机构也必须接受其参加社会保险计划,不得拒绝。社会保险的费率水平、给付金额、给付方式、享受资格等都是由政府立法来规范的,个人没有或只有有限的选择权。

2. 商业保险

商业保险是指社会保险以外的普通保险,它以营利为目的,其资金主要来源于投保人交纳的保险费,一般受保险法规范。我国《保险法》规定的保险,以商业保险为限。商业保险是基于自愿原则,将众多面临相同风险的投保人以签订保险合同的方式,将其风险转移给保险公司。保险公司以大数法则和概率统计为数理基础,利用保险精算技术和方法,预测风险单位未来的平均损失概率和损失幅度,向各投保人收取相应的保费,建立保险基金。当合同约定的保险事故发生时,利用累积的保险基金对遭遇损失的被保险人提供经济补偿或给付,从而将少数被保险人的损失在所有参加保险的投保人中进行分摊,实现风险的集中与分散。

商业保险具有营利性、个体平等性、自愿性等特点。

(1) 营利性。商业保险首先是一种商业活动,保险公司是以营利为目的的经济实体。商业保险的经营主体是保险公司,保险公司自主经营、自负盈亏,并依法纳税,政府监管部门负责监管保险公司的市场行为和偿付能力。除一些政策性保险外,国家财政对保险公司的负债并不提供资金支持。

(2) 个体平等性。在商业保险中,保险经济关系是由保险双方当事人以签订保险合同的方式确定的,双方的权利和义务是对等的,强调个体平等。

(3) 自愿性。商业保险经济关系是保险双方当事人在法律地位平等的基础上,经过自愿的要约和承诺,达成一致意见并订立保险合同而确立的,体现了平等主体之间的民事法律关系。虽然某些险种,如机动车辆第三者责任险,国家法律要求车主投保,但投保人可以自主选择保险公司。

(二) 财产保险和人身保险

按照保险标的的分类,可将保险分为财产保险与人身保险。

1. 财产保险

财产保险是以财产及其有关利益为保险标的的一种保险,包括财产损失保险、责任保险、信用保险等。

财产损失保险是以各类有形财产为保险标的的财产保险。其包括的业务种类主要有企业财产保险、家庭财产保险、运输工具保险、货物运输保险、工程保险、特殊风险保险和农业保险等。

责任保险是指以被保险人对第三者的财产损失或人身伤害依照法律和契约应负的赔偿责任为保险标的的保险。其业务种类主要有公众责任保险、产品责任保险、雇主责任保险和职业责任保险等。

信用保险是以各种信用行为为保险标的的保险。其主要业务种类有一般商业信用保险、出口信用保险、合同保证保险、产品保证保险和忠诚保证保险等。

2. 人身保险

人身保险是以人的寿命和身体为保险标的的保险,包括人寿保险、健康保险、意外伤害保险等。

人寿保险是以被保险人的寿命作为保险标的,以被保险人的生存或死亡为给付保险金条件的一种人身保险。其主要业务种类有定期寿险、终身寿险、两全寿险、年金保险、投资连结保险、分红寿险和万能寿险等。

健康保险是以被保险人的身体为保险标的,使被保险人因疾病或意外事故所致伤害发生的费用或损失获得补偿的一种人身保险业务。其主要业务种类有医疗保险、疾病保险和收入补偿保险等。

意外伤害保险是指以被保险人的身体为保险标的,以意外伤害而致被保险人身事故或残疾为给付保险金条件的一种人身保险。其主要业务种类有普通意外伤害保险、特定意外伤害保险等。

(三) 直接保险和再保险

按承保方式分类,可将保险分为直接保险、再保险。

1. 直接保险

直接保险(也称原保险)是保险人与投保人之间直接签订保险合同而建立保险关系的一种保险。在直接保险关系中,保险需求者将其风险转嫁给保险人,当保险标的遭受保险责任范围内的损失时,保险人直接对被保险人承担赔偿责任。

2. 再保险

再保险(也称"分保")是保险人将其所承保的风险和责任的一部分或全部,转移给其他保险人的一种保险。转让业务的是原保险人,接受分保业务的是再保险人。这种风险转嫁方式是保险人对原始风险的纵向转嫁,即第二次风险转嫁。

(四)自愿保险和强制保险

按实施方式分类,保险可分为强制保险和自愿保险。

1. 强制保险

强制保险(又称"法定保险")是由国家(政府)通过法律或行政手段强制实施的一种保险。强制保险的保险关系虽然也是产生于投保人与保险人之间的合同行为,但是,合同的订立受制于国家或政府的法律规定。强制保险的实施方式有两种选择:一是保险标的与保险人均由法律限定;二是保险标的由法律限定,但投保人可以自由选择保险人。强制保险具有全面性与统一性的特征。通常,社会保险都属于强制保险,但有些商业保险也可以是强制的,比如,机动车辆第三者责任险。

2. 自愿保险

自愿保险是指投保人和保险人在平等互利、协商一致和自愿的基础上,通过签订保险合同而建立保险关系的一种保险。自愿保险的投保人可以自主决定是否投保、向谁投保、中途退保等,也可以选择保障范围、保障程度和保险期限等;保险人可以自愿决定是否承保、如何承保,并能自由选择保险标的,设定承保条件等。国际与国内保险市场大多数保险业务都采取自愿保险方式。

自愿保险和强制保险在建立保险关系的依据、涉及危险的性质、保险实施的目标以及保险保障的水平等方面都存在较大的差别。我国《保险法》第11条规定:除法律、行政法规规定必须保险的以外,保险公司和其他单位不得强制他人订立保险合同。

三、保险的基本原则

根据1995年颁布的《中华人民共和国保险法》的规定,我国的保险活动主要适用四种基本原则:最大诚信原则、保险利益原则、损失分摊原则和近因原则。

(一)最大诚信原则

1. 最大诚信原则的含义

任何一项民事活动,各方当事人都应当遵循诚信原则,诚信即诚实守信。诚信原则是世界各国民事立法对民事、商事活动的基本要求。诚信原则起源古罗马裁判官所采用的一项司法制原则,即在处理民事案件时考虑当事人的主观状态和社会所要求的公平正义。《中华人民共和国民法通则》第4条规定:"民事活动应当遵循自愿、公平、等价有偿、诚实信用的原则。"所谓诚实,就是一方当事人对另一方当事人不得隐瞒、欺骗;所谓信用,就是任何一方当事人都得善意地、全面地履行自己的义务。

保险作为一种特殊的民事活动,对当事人诚信的要求较一般民事活动更为严格,要求当事人具有"最大诚信",从而形成了保险的最大诚信原则。这一原则是由于保险经营的特殊性质所决定的。保险的最大诚信原则源于海上保险。在海上保险中,投保人与保险人签订保险合同时,往往远离船舶和货物所在地,保险人一般无法对保险标的进行实地查勘,对保险标的的风险程度等情况,主要是根据投保人单方面的陈述或告知来了解,然后再据此决定是否承保以及确定承保条件。这种情况下,投保人的告知是否准确完整,对保险人承担的义务关系极大。投保人的任何欺骗或隐瞒行为,必然会严重侵害保险人的利益。因此,为了保护保险人的权益,在海上保险中,特别要求投保人必须诚信可靠。当然,诚信应该是相互的,最大诚信原则同样适用于保险人。英国《1906年海上保险法》第17条对最大诚信原则作了如下规定:"海上保险合同是基于最大诚信的合同,任何一方如果不遵守最大诚信原则,另一方可宣告合同无效。"我国《保险法》上也有对这一原则的规定:"订立保险合同,保险人应当向投保人说明保险合同的条款内容,并可以就保险标的或被保险人的有关情况提出询问,投保人应当如实告知。"(《保险法》第16条)

最大诚信原则的含义可表述为保险合同当事人订立合同及在合同有效期内,应依法向对方提供足以影响对方作出订约与履约决定的全部实质性重要事实,同时绝对信守合同订立的约定与承诺。否则,受到损害的一方,按民事立法规定可以此为由宣布合同无效,或解除合同,或不履行合同约定的义务或责任,甚至对因此而受到的损害还可要求对方予以赔偿。

2. 最大诚信原则的基本内容

最大诚信原则的基本内容包括告知、保证、弃权与禁止反言。

（1）告知。

告知是指双方当事人就标的物的有关情况如实地向对方加以陈述。

对保险人而言，告知是指保险人应主动向投保人说明保险合同条款内容，如果保险合同中规定有关于保险人责任免除条款的，在订立保险合同时应当向投保人明确说明。

对投保人而言，告知主要是指投保人在订立保险合同时将与保险标的有关的重要事实如实向保险人作的口头或书面的陈述。广义的告知义务还包括：保险期限内保险标的的风险程度增加时通知保险人的义务；保险事故发生时及时通知保险人的义务；保险标的出现重复保险时和保险标的发生所有权转让时必须通知保险人的义务。所谓重要事实是指足以影响一个正常的、谨慎的保险人决定是否承保；或者据以确定保险费率；或者是在保险合同中增加特别约定条款的情况，包括有关投保人和被保险人的情况，有关保险标的的情况，风险因素及以往遭到其他保险人拒保的事实。例如，房屋的结构及用途；汽车有无撞车的历史；船舶保险中船舶的船龄、船级、船籍以及是否有过海损记录情况；人寿保险中被保险人的年龄、性别、健康状况、既往病史、家族遗传病史、居住环境、职业、嗜好等等。

由于各国保险立法不同，告知的内容和方法各不相同。采用无限告知立法形式的，法律上不对告知的内容作具体规定，只要实际上与保险标的的风险状况有关的重要事实，投保人都有告知的义务。采用询问告知立法形式的，投保人仅就保险人对保险标的或者被保险人的有关情况提出的询问如实告知；凡保险人知道或应当知道的情况，保险人未询问的，投保人无需告知。这种立法形式对投保人较为有利。因为投保人只要尽其所知回答保险人的询问，就算履行了告知义务；对保险人未询问的事实，即便是重要事实，投保人不仅无义务告知，而且也不构成对告知的违反。我国《保险法》采用询问告知立法形式。

保险人的告知形式有明确列明和明确说明两种：明确列明是指保险人只需将保险的主要内容明确列明在保险合同之中，即视为已告知投保人。明确说明是指保险人不仅应将保险的主要内容明确列明在保险合同之中，还必须对投保人进行正确的解释。在国际保险市场上，一般只要求保险人做到明确列明保险合同的主要内容；我国则对保险人的告知形式采用明确列明与明确说明相结合的方式，要求保险人要对保险合同的主要条款尤其是免责条款不仅要明确列明，还要明确说明。

（2）保证。

一般意义的保证为允诺、担保。这里的保证是指保险人和投保人在保险合同中约定，投保人或被保险人在保险期限内担保对某种特定事项的作为或不作为，或担保其真实性。可见，保险合同保证义务的履行主体是投保人或被保险人。

保证是保险人接受承保或承担保险责任所需投保人或被保险人履行某种义务的条件。由于保险合同的生效是以某种促使风险增加的事实不能存在为先决条件，保险人所收取的保险费也是以被保险风险不能增加为前提，或不能存在其他风险标的为前提，如果被保险人未经保险人同意而进行风险较大的活动，必然会影响保险双方事先确定的等价地位。例如，某商店在投保企财险时，在合同内承诺不在店内放置危险品，此项承诺即保证。如果没有此项保证，则保险人将不接受承保，或将调整保单所适用的费率。因此，保证是影响保险合同效力的重要因素，保险保证的内容是合同的组成部分。

保证通常分为明示保证和默示保证。

明示保证是以条款形式在合同中载明的，这种条款可以作为保险单的一部分，被保险人必须遵守，否则保险人可以宣告保险合同无效。如汽车保险条款订明："被保险人或其雇用的司机，对被保险的汽车应当妥善维护，使其经常处于适宜驾驶状态，以防止发生事故。"又如，在家庭财产保险条款中列有："不准堆放危险品"的保证条款；在英国的保险单上则列有"证明我们填报的投保单各项事实属实，并作为合同的基础"这样的保证条款等。这些都属于明示保证。

默示保证则是指一些重要保证并未在保单中订明，但却为订约双方在订约时都清楚的保证。与明示保证不同，默示保证不通过文字来说明，而是根据有关的法律、惯例及行业习惯来决定。虽然没有文字规定，但是被保险人应按照习惯保证作为或不作为。默示保证实际上是法庭判例影响的结果，也是某行业习惯的合法化。因此,默示保证与明示保证具有同等的法律效力,对被保险人具有同等的约束力。例如,在海上保险合同中通常有三项默示保证,即船舶的适航保证、不改变航道的保证和航行合法的保证。

(3)弃权与禁止反言。

弃权是保险合同一方当事人放弃他在保险合同中可以主张的某种权利。通常是指保险人放弃合同解除权与抗辩权。构成弃权必须具备两个要件:首先,保险人须有弃权的意思表示。这种意思表示可以是明示的,也可是默示的。保险人弃权的意思表示,可从其行为中推断。其次,保险人必须知道有权利存在。除非保险人知道存在违背约定义务的情况及因此而可享有抗辩权或解约权,否则,作为或不作为均不得视为弃权。

禁止反言(也称"禁止抗辩")是指保险合同一方既然已放弃他在合同中的某种权利,将来不得再向他方主张这种权利。事实上,无论是保险人还是投保人,如果弃权,将来均不得重新主张。但在保险实践中,它主要用于约束保险人。弃权与禁止反言往往因保险代理人的原因产生。保险代理人出于增加保费收入以获得更多佣金的需要,可能不会认真审核标的的情况,而以保险人的名义对投保人作出承诺并收取保险费。一旦保险合同生效,即使发现投保人违背了保险条款,也不得解除合同。因为代理人放弃了本可以拒保或附加条件承保的权利。从保险代理关系看,保险代理人是以保险人的名义从事保险活动的,其在授权范围内的行为所产生的一切后果应由保险人来承担。所以,代理人的弃权行为即视为保险人的弃权行为,保险人不得为此拒绝承担责任。弃权与禁止反言的限定,仅可约束保险人的行为,要求保险人为其行为及其代理人的行为负责,同时也维护了被保险人的权益,有利于保险双方权利、义务关系的平衡。

3. 违反最大诚信原则的后果

在保险经营活动中,投保人或被保险人违反告知义务的情况有:告知不实即误告;不予告知即漏报;有意不报即隐瞒;虚假告知即欺诈等等。保险人未尽告知义务的情况主要有未对责任免除条款予以明确说明;隐瞒与保险合同有关的重要情况,欺骗投保人;拒不履行保险赔付义务;阻碍投保人履行如实告知义务;诱导投保人不履行如实告知义务等等。

(1)违反告知的法律后果。

由于保险合同双方当事人各自履行告知义务的形式和告知的内容不同,因而双方违反最大诚信原则而导致的法律后果也各不相同。

投保人违反告知的法律后果如下。

① 故意不履行如实告知义务。如果投保人故意隐瞒事实,不履行告知义务,保险人有权解除保险合同;若在保险人解约之前发生保险事故造成保险标的的损失,保险人可不承担赔偿或给付责任,同时也不退还保险费。

② 过失不履行如实告知义务。如果投保人违反告知义务的行为是因过失、疏忽而致,其未告知的事项足以影响保险人决定是否同意承保或者提高保险费率,保险人有权解除合同;如果未告知的事项对保险事故的发生有严重影响,保险人可以解除保险合同;对在合同解除之前发生保险事故所致损失,不承担赔偿或给付责任但可以退还保险费;如果过失未告知的事项对保险事故的发生没有影响或者有影响但不严重,保险人对合同解除前发生的保险事故应承担保险责任。

③ 制造虚假事故原因或扩大损失程度。保险事故发生后,投保人、被保险人或受益人以伪造、变造的有关证明、资料或其他证据,编造虚假的事故原因或者扩大损失程度的,保险人对其虚报的部分不承担赔偿或给付保险金的责任。

④ 未就保险标的的危险程度增加的情况通知保险人。在财产保险中,被保险人未按保险合同约定,将财产保险的保险标的的危险增加的情况及时通知保险人,对因保险标的的危险程度增加而发生的保险事故,保险人不承担赔偿责任。

⑤ 谎称发生了保险事故。在未发生保险事故的情况下,被保险人或者受益人,谎称发生了保险事故,向保险人提出赔偿或者给付保险金的请求的,保险人有权解除保险合同,并不退还保险费。

⑥ 申报的被保险人年龄不真实。投保人申报的被保险人年龄不真实,如果被保险人的真实年龄不符合合同约定的年龄限制,保险人可以解除合同,并在扣除手续费后,向投保人退还保险费,但是自合同成立

之日起逾2年的除外。如果被保险人的年龄符合保险合同约定,保险人依据具体的情况采取退还保费、增收保费或调整给付保险金的办法处理。

⑦ 故意制造保险事故。投保人、被保险人或者受益人故意制造保险事故,造成财产损失或被保险人死亡、伤残或者疾病等保险事故,进行欺诈活动,骗取保险金的,情节轻微、尚不构成犯罪的,依照国家有关规定给予行政处罚;构成犯罪的,依法承担刑事责任。

保险人未尽告知义务的法律后果如下。

① 未尽责任免除条款明确说明义务的法律后果。如果保险人在订立合同时未履行责任免除条款的明确说明义务,该责任免除条款无效。

② 隐瞒与保险合同有关的重要情况的法律后果。保险公司及其工作人员在保险业务中隐瞒与保险合同有关的重要情况,欺骗投保人、被保险人或者受益人,拒不履行保险合同约定的赔偿或者给付保险金的义务,构成犯罪的,依法追究刑事责任;尚不构成犯罪的,由保险监督管理机构对保险公司处以5万元以上30万元以下的罚款;对有违法行为的工作人员,处以2万元以上10万元以下的罚款;情节严重的,限制保险公司业务范围或者责令停止接受新业务。

(2) 违反保证的法律后果。

任何不遵守保证条款或保证约定、不信守合同约定的承诺或担保的行为,均属于破坏保证。保险合同涉及的所有保证内容都是重要的,无须判定其重要性,投保人与被保险人都必须严格遵守。如有所违背与破坏,其后果一般有两种情况:

① 保险人不承担赔偿或给付保险金的责任;

② 保险人解除保险合同。

(二) 保险利益原则

1. 保险利益原则的含义

保险利益是指投保人对保险标的所具有的法律上承认的利益。它体现了投保人与保险标的之间存在的利害关系,倘若保险标的安全,投保人可以从中获益;倘若保险标的受损,投保人必然会蒙受经济损失。这实质上说明了保险利益的主体是投保人。

保险利益原则是指在签订并履行保险合同的过程中,投保人(或被保险人)对保险标的必须具有保险利益。在人身保险合同中,规定投保人对保险标的具有保险利益是符合保险活动宗旨的。由于财产保险合同的投保人与被保险人在绝大多数情况下是同一人,要求投保人具有保险利益,也就等于要求被保险人具有保险利益。所以,财产保险合同保险利益的主体是投保人,也可以是指被保险人。但是,与人身保险合同不同的是,财产保险合同只要求被保险人在保险事故发生时对保险标的具有保险利益。这是财产保险合同对于保险利益规定的实质性要求。

投保人以不具有保险利益的标的投保,保险人可单方面宣布合同无效;保险合同生效后,若投保人失去对保险标的的保险利益,保险合同随之失效(人身保险合同除外);若保险标的发生保险责任事故,只有对该标的具有保险利益的人才具有索赔资格,但是所得到的赔偿或给付的保险金不得超过其保险利益额度,不得因保险而获得额外利益。

保险利益是保险合同是否有效的必要条件。确认某一项利益是否构成保险利益必须具备三个条件。

(1) 保险利益必须是合法的利益。

保险利益必须是被法律认可并受到法律保护的利益,它必须符合法律规定,与社会公共利益相一致。它产生于国家制定的相关法律、法规以及法律所承认的有效合同。具体而言,投保人对保险标的的所有权、占有权、使用权、收益权、维护标的的安全责任等必须是依法或依有法律效力的合同而合法取得、合法享有、合法承担的,凡是违法或损害社会公共利益而产生的利益都是非法利益,不能作为保险利益。

(2) 保险利益必须是确定的利益。

保险利益必须是已经确定或者可以确定的利益,包括现有利益和期待利益。已经确定的利益或者利害关系为现有利益,如投保人对已经拥有财产的所有权、占有权、使用权等而享有的利益即为现有利益。尚未确定但可以确定的利益或者利害关系为期待利益，这种利益必须建立在客观物质基础上，而不是主观臆断、凭空想象的利益。例如，预期的营业利润、预期的租金等属于合理的期待利益，可以作为保险利益。

（3）保险利益必须是经济利益。

保险利益必须是经济上已经确定的利益或者能够确定的利益，即保险利益的经济价值必须能够以货币来计算、衡量和估价。如果投保人对保险标的不具有保险利益，或者虽然具有利益但其经济价值不能用货币来计量，保险人的赔付责任就无法兑现。另一方面，某些古董、名人字画虽为无价之宝，但可以通过约定的货币数额来确定其经济价值。人的生命或身体是无价的，难以用货币来衡量，但可按投保人的需要和可能负担保险费的能力约定一个金额来确定其保险利益的经济价值。在某些情况下，人身保险的保险利益也可以直接用货币来计算，如债权人对债务人生命的保险利益。

2. 保险利益原则在财产保险中的应用

（1）财产保险的保险利益的确立。

财产保险合同保障的并非是财产本身，而是财产中所包含的保险利益。该保险利益是由投保人对保险标的具有某种利害关系而产生的。这种利害关系一般指的是因法律上或契约上的权利或责任而产生的利害关系，即凡因财产发生风险事故而蒙受经济损失或因财产安全而得到利益或预期利益者，均具有财产保险的保险利益。具体如下。

① 财产所有人、经营管理人对其所有的或经营管理的财产具有保险利益。例如，公司法定代表对公司财产具有保险利益；房主对其所有的房屋具有保险利益；货物所有人对其货物具有保险利益等等。

② 财产的抵押权人对抵押财产具有保险利益。对财产享有抵押权的人，对抵押财产具有保险利益。抵押是债务的一种担保，当债权不能得以清偿时，抵押权人有从抵押的财产价值中优先受偿的权利。但是，在抵押贷款中，抵押权人对抵押财产所具有的保险利益只限于他所贷出款项的额度，而且，在债务人清偿债务后，抵押权人对抵押财产的权益消失，其保险利益也就随之而消失。

③ 经营者对其合法的预期利益具有保险利益。如因营业中断导致预期的利润损失、租金收入减少、票房收入减少等等，经营者对这些预期利益都具有保险利益。

财产的保管人、货物的承运人、各种承包人、承租人等对其保管、占用、使用的财产在负有经济责任的条件下具有保险利益。

（2）财产保险的保险利益时效。

一般情况下，财产保险的保险利益必须在保险合同订立时到损失发生时的全过程中存在。当保险合同生效时，如果投保人无保险利益，那么，该合同就是自始无效合同。如果损失发生时，被保险人的保险利益已经终止或转移出去，也不能得到保险人的赔偿。如甲银行在进行抵押贷款时，对抵押品投保，当该行收回所放款项后，抵押品受损，尽管保险合同尚未过期，但甲银行不能得到保险人的赔款。但是在海上货物运输保险中，买方往往在投保时还未得到货物所有权，而货权的转移是必然的。为了便于保险合同的订立，此时，保险利益不必在保险合同订立时存在，但当损失发生时被保险人必须具有保险利益。

（3）财产保险的保险利益变动。

保险利益的存在并非一成不变，由于各种原因常使保险利益发生变化，如转移、消灭等。保险利益的转移是指在保险合同有效期间，投保人将保险利益转移给受让人，经保险人同意并履行合同变更的相关手续后，原保险合同继续有效。保险利益消灭是指投保人或被保险人对保险标的的保险利益随保险标的的灭失而消灭。在财产保险中，财产所有权人以其合法财产投保后，在保险合同有效期内，如果将财产所有权转移给他人，作为原所有权人，由于其丧失了对保险标的的所有权，其保险利益也就随之失去了；对于新的财产所有人，其与保险人并没有合同关系，原保险合同终止。但在保险实务中，因保险标的易主发生所有权让予时，经原所有权人与受让人在保险标的的所有权转让前提出申请，并获得保险人同意后可以对原保险合同进行批改变更被保险人，批改后由新的财产所有人取代原投保人的地位，原保险合同继续有效。这种情况即为保险利益的转移。保险利益发生转移往往发生在保险事故发生以前。此外，当被保险人死亡时，保险利益可依法转移给继承人；当被保险人破产时，其财产便转移给破产债权人和破产管理人，破产债权人和破产管理人对该财产具有保险利益。

3. 保险利益原则在人身保险中的应用

（1）人身保险的保险利益的确立。

人身保险的保险标的是人的生命或身体。只有当投保人对被保险人的生命或身体具有某种利害关系时，他才对被保险人具有保险利益，即当被保险人生存及身体健康时才能保证其投保人应有的经济利益；反之，如果被保险人死亡或伤残，将使其遭受经济损失。具体包括：

① 为自己投保。当投保人为自己投保时，投保人对自己的生命或身体具有保险利益。因其自身的安全健康与否与其自己的利益密切相关。

② 为他人投保。当投保人为他人投保时，即投保人以他人的生命或身体为保险标的进行投保时，保险利益的形成通常基于以下三种情况，这些关系都可构成人身保险的保险利益。

一是亲密的血缘关系。法律规定，投保人对与其具有亲密血缘关系的人具有保险利益。这里的亲密血缘关系主要是指父母与子女之间、亲兄弟姐妹之间、祖父母与孙子女之间。但不能扩展为较疏远的家族关系，如叔侄之间、堂（表）兄弟姐妹之间等。在英美等国，成年子女与父母之间、兄弟姐妹之间，是否存在保险利益是以其之间是否存在金钱利害关系为基准的。

二是法律上的利害关系。法律规定，投保人对与其具有法律利害关系的人具有保险利益。如婚姻关系中的配偶双方；不具有血缘关系，但具有法定扶养、抚养、赡养关系的权利义务方，如养父母与子女之间。

三是经济上的利益关系。法律规定，投保人对与其具有经济利益关系的人具有保险利益。如债权人与债务人之间、保证人与被保证人之间、雇主与其重要的雇员之间等。如在债权债务关系中，债务人的死亡对债权人的切身利益有直接影响，因此，债权人对债务人具有保险利益，但以其具有的债权为限。

（2）人身保险的保险利益时效。

与财产保险不同，人身保险的保险利益必须在保险合同订立时存在，而保险事故发生时是否具有保险利益并不重要。也就是说，在发生索赔时，即使投保人对被保险人失去保险利益，也不影响保险合同的效力。之所以必须在保险合同订立时存在保险利益，是为了防止诱发道德风险，进而危及被保险人生命或身体的安全。此外，由于人身保险具有长期性、储蓄性的特点，一旦投保人对被保险人失去保险利益，保险合同就失效的话，就会使被保险人失去保障。而且领取保险金的受益人是由被保险人指定的，如果合同订立之后，因保险利益的消失，而使受益人丧失了在保险事故发生时所应获得的保险金，无疑会使该权益处于不稳定的状态之中。因此，人身保险的保险利益是订立合同的必要前提条件，而不是给付的前提条件。保险事故发生时，无论投保人存在与否，也无论投保人是否具有保险利益，保险人均按合同中约定的条件给付保险金。

（3）人身保险的保险利益变动。

在人身保险中，投保人对被保险人的保险利益分为两种情况，即被保险人的保险利益专属投保人和非专属投保人。如果人身保险合同为债权债务关系而订立，这时被保险人的保险利益专属于投保人（债权人），当投保人死亡时保险利益可由投保人的合法继承人继承；如果人身保险合同为特定的人身关系而订立，如血缘关系、抚养关系等，这时被保险人的保险利益非专属投保人，保险利益一般不得转移。

（三）损失补偿原则

1. 损失补偿原则的含义

给予投保人经济补偿是保险最基本的原则之一，也是保险的出发点和归宿。如何在损失发生后获得合理的补偿，且使保险双方均能感到满意是保险的补偿原则所需解决的问题。确切地说，损失补偿原则是指保险合同生效后，如果发生保险责任范围内的损失，被保险人有权按照合同的约定，获得全面、充分的赔偿；赔偿应保证弥补的是被保险人因保险标的物损失而导致的那部分经济利益损失，被保险人不能因保险赔偿而获得超过其损失的其他利益。

损失补偿原则主要适用于财产保险以及其他补偿性保险合同。特别是在财产保险中，大多数财产保险合同是补偿性合同，它明确规定被保险人在遭受保险事故后，不应该获得超过实际损失的补偿，其目的是防止被保险人从保险事故中赢利,并减少道德风险,避免故意制造损失赔案。此类规定可以提高投保人的防灾、减损积极性,同时维护保险人的权利,使其避免偿付不诚实的、不必要的赔款。总之,保险合同的补偿原则应是使投保人在遭到损失后,经过补偿能恢复到他在发生损失前的经济状态。

人身保险合同属于给付性合同,人的生命价值无法以金额来确定,因此,人身保险单不适用补偿原则。

损失补偿原则的基本含义包含两层意思。

(1) 只有保险事故发生造成保险标的毁损致使被保险人遭受经济损失时,保险人才承担损失补偿的责任;否则,即使在保险期限内,发生了保险事故,但被保险人没有遭受损失,就无权要求保险人赔偿。这是损失补偿原则的质的规定。

(2) 被保险人可获得的补偿量,仅以其保险标的遭受的实际损失为限,即保险人的补偿恰好能使保险标的在经济上恢复到保险事故发生之前的状态,而不能使被保险人获得多于或少于损失的补偿,尤其是决不能使被保险人通过保险获得额外的利益。这是损失补偿原则的量的限定。损失补偿原则主要适用于财产保险以及其他补偿性保险合同。

坚持损失补偿原则,有利于防止被保险人通过保险获取额外利益,减少道德风险。损失补偿原则的质的规定性在于有损失则赔偿,无损失则不赔偿;其量的规定性将使被保险人因损失所获得的补偿,不能超过其所受到的实际损失,使被保险人只能获得与损失发生前相同经济利益水平的赔偿。因此,该原则可以防止被保险人利用保险而额外获利,有效抑制了道德风险的发生。

2. 影响保险补偿的因素

保险人在履行损失补偿义务过程中,会受到各种因素的制约,具体如下。

(1) 实际损失。

以被保险人的实际损失为限进行保险补偿,这是一个基本限制条件。即当被保险人的财产遭受损失后,保险赔偿应以被保险人所遭受的实际损失为限。在实际赔付中,由于财产的价值经常发生变动,所以,在保险理赔时,应以财产损失当时的实际价值或市价为准,按照被保险人的实际损失进行赔付。

例:企业投保财产综合险,确定某类固定资产保险金额 30 万元,一起重大火灾事故发生使其全部毁损,损失时该类固定资产的市价为 25 万元,保险人按实际损失赔偿被保险人 25 万元。

(2) 保险金额。

保险金额是保险人承担赔偿或给付责任的最高限额,赔偿金额不能高于保险金额。另外,保险金额是保险人收取保险费的基础和依据。如果赔偿额超过保险金额,则会使保险人处于不平等地位。即使在通货膨胀的条件下,被保险人的实际损失往往会超过保险金额,也必须受此因素的制约。

例:一栋新房屋刚投保不久便被全部焚毁,其保险金额为 50 万元,而房屋遭毁时的市价为 60 万元。虽然被保险人的实际损失为 60 万元,但因保单上的保险金额为 50 万元,所以被保险人只能得到 50 万元的赔偿。

(3) 保险利益。

发生保险事故造成损失后,被保险人在索赔时,首先必须对受损的标的具有保险利益,而保险人的赔付金额也必须以被保险人对该标的所具有的保险利益为限。

例:某银行开展住房抵押贷款,向某贷款人贷出款额 30 万元;同时,将抵押的房屋投保了 30 万元的 1 年期房屋火险。按照约定,贷款人半年后偿还了一半贷款。不久,该保险房屋发生重大火灾事故,贷款人也无力偿还剩余款额,这时由于银行在该房屋上的保险利益只有 15 万元,尽管房屋的实际损失及保险金额均为 30 万元,银行也只能得到 15 万元的赔偿。

3. 赔偿方法

在保险赔偿方法中,有一些赔偿方法对实际损失补偿额的确定会有影响,使被保险人得到的赔偿金额小于实际损失,或者根本得不到赔偿。

(1) 限额责任赔偿方法。

限额责任赔偿方法是指保险人只承担事先约定的损失额以内的赔偿,超过损失限额部分,保险人不负赔偿责任。这种赔偿方法多应用于农业保险中的种植业与养殖业保险。如农作物收获保险,保险人与投保人事先按照正常年景的平均收获量约定为保险人保障的限额,当实际收获量低于约定的保险产量时,保险人赔偿其差额;当实际产量已达到保险产量时,即使发生保险责任事故,保险人也不负赔偿责任。

例:某农场投保农作物收获保险,约定稻谷产量保障限额为150万吨。收获期发生水灾损失稻谷10吨,当年水稻实际产量为170万吨。采用限额责任赔偿方法,虽然发生了水灾,但水稻实际产量高于保障限额,所以保险公司不负责赔偿。

(2) 免赔额(率)赔偿方法。

免赔额(率)赔偿方法是指对免赔额(率)以内的损失保险人不予负责,而仅在损失超过免赔额(率)时才承担责任。特别是采用绝对免赔额(率)赔偿方法时,免赔额(率)以内的损失被保险人根本得不到赔偿。绝对免赔额(率)赔偿方法是指保险人规定一个免赔额或免赔率,当保险财产受损程度超过免赔限度时,保险人扣除免赔额(率)后,只对超过部分负赔偿责任。相对赔额(率)赔偿方法是指保险人规定一个免赔额或免赔率,当保险财产受损程度超过免赔赔额(率)时,保险人按全部损失赔偿,不作任何扣除。

例:小王为自己的房子投保了100万元的保险金额,保险人规定免赔率为30%,在一次属于保险责任的事故中,房子损失了50万元。如果采用绝对免赔额(率)赔偿法,保险人应扣除30万元的免赔额,只需赔偿20万元;如果采用相对免赔额(率)赔偿法,保险人将按全部损失赔偿,应赔付小王50万元。

4. 损失补偿原则的派生原则

损失补偿原则的派生原则主要有代位求偿原则和损失分摊原则。

(1) 代位求偿原则。

保险代位求偿原则是损失补偿原则派生出来的,它是指在财产保险中,保险标的发生保险事故造成推定全损,或者保险标的由于第三者责任导致保险损失,保险人按照合同的约定履行赔偿责任后,依法取得对保险标的的所有权或对保险标的损失负有责任的第三者的追偿权。

坚持代位求偿原则是为了防止投保人(被保险人)因保险事故的发生,从保险人和第三者责任方获取双倍赔偿而额外受益,从而确保损失补偿原则的贯彻执行。损失补偿原则要求投保人获取的补偿不得超过其所遭受的实际损失,当保险事故是由第三者责任造成时,投保人有权依据保险合同向保险人请求赔偿,也有权对造成损害的第三者请求赔偿。由于投保人同时拥有两项损害赔偿请求权,投保人行使请求权的结果,将使其就同一保险标的的损害获得双重的或者多于保险标的实际损害的补偿,不符合损失补偿原则,因此,当投保人取得保险赔偿后,应当将向第三者的请求赔偿权转移给保险人,由保险人代位追偿。

代位求偿原则包括代位求偿权(权利代位)和物上代位权。

① 代位求偿权。代位求偿权(又称"代位追偿权")是指当保险标的的因遭受保险事故而造成损失,依法应当由第三者承担赔偿责任时,保险人自支付保险赔偿金之日起,在赔偿金额的限度内,相应取得向对此损失负有责任的第三者请求赔偿的权利。

例:张先生的汽车被王先生撞坏后发生了5 000元的修复费用,因为张先生已投保,所以5 000元的修复费用可以从保险人处获得赔偿,根据保险代位求偿的原则,保险人在支付完保险金后,可以向王先生求偿。

代位求偿权是债权的代位,即保险人拥有代替被保险人向责任方请求赔偿的权利。保险人行使代位求偿权,需要具备三个前提条件。

第一,保险标的损失的原因是保险事故,同时又是由于第三者的行为所致。这样被保险人对保险人和第三者同时存在赔偿请求权,他既可以依据保险合同向保险人要求赔偿,也可以依据法律向第三者要求赔偿。

第二,被保险人未放弃向第三者的赔偿请求权。如果被保险人放弃了对第三者请求赔偿的权利,则保险人在赔偿被保险人的损失之后就无权行使代位求偿权。

第三,保险人取得代位求偿权是在按照保险合同履行了赔偿责任之后。因为,代位求偿权是债权的转移,在此项债权转移之前,被保险人与第三者之间特定的债的关系与保险人无关。保险人只有按照保险合同的规定向被保险人赔付保险金之后,才能依法取得对第三者请求赔偿的权利。

代位求偿权的实施对保险双方的要求如下。

第一,就保险人而言,其行使代位求偿权的权限只能限制在赔偿金额范围以内,即如果保险人向第三者追偿到的款额小于或等于赔付给被保险人的款额,那么追偿到的款额归保险人所有;如果追偿所得的款额大于赔付给被保险人的款额,其超过部分应归还给被保险人所有。其次,保险人不得干预被保险人就未取得保险赔偿的部分向第三者请求赔偿。《中华人民共和国保险法》第四十五条第三款规定:"保险人依照第一款行使代位请求赔偿的权利,不影响被保险人就未取得赔偿的部分向第三者请求赔偿的权利。"

第二,保险人为满足被保险人的特殊需要或者在法律的费用超过可能获得的赔偿额时,也会放弃代位求偿权。就投保人而言,不能损害保险人的代位求偿权并要协助保险人行使代位求偿权。首先,如果被保险人在获得保险人赔偿之前放弃了向第三者请求赔偿的权利,那么,就意味着他放弃了向保险人索赔的权利。其次,如果被保险人在获得保险人赔偿之后未经保险人同意而放弃对第三者请求赔偿的权利,该行为无效。

第三,如果发生事故后,被保险人已经从第三者取得赔偿或者由于过错致使保险人不能行使代位求偿权,保险人可以相应扣减保险赔偿金。

第四,在保险人向第三者行使代位求偿权时,被保险人应当向保险人提供必要的文件和其所知道的有关情况。

关于代位求偿原则的行使对象,根据代位求偿权的一般原理,任何对保险标的的损失负有赔偿责任的第三者都可以成为代位求偿权的行使对象。但是,在实践中,各国立法都规定保险人不得对被保险本人及其一定范围的亲属或雇员行使代位求偿权,除非保险事故是由上述人员故意造成的。因为,如果允许对上述对象行使代位求偿权,被保险人就得不到实际补偿,保险也就失去了意义。

② 物上代位权。物上代位权是指保险标的因遭受保险事故而发生全损时,保险人在全额支付保险赔偿金之后,依法拥有对该保险标的物的所有权,即代位取得受损保险标的物上的一切权利。

物上代位权的取得一般是通过委付实现的。委付是被保险人在保险标的处于推定全损状态时,用口头或书面形式提出申请,愿意将保险标的所有权转移给保险人,并请求保险人全部赔偿的行为。委付是被保险人放弃物权的法律行为,是一种经常用于海上保险的赔偿制度。在保险人接受委付的情况下,不仅取得保险标的物上的权利,而且包括标的物项下所应承担的义务。因此,保险人是否接受委付应谨慎从事。

物上代位是一种所有权的代位。与代位求偿权不同,保险人一旦取得物上代位权,就拥有了该受损标的的所有权。处理该受损标的所得的一切收益,归保险人所有,即使该利益超过保险赔款仍归保险人所有。但在不足额保险中,保险人只能按照保险金额与保险价值的比例取得受损标的的部分权利。

例:某保额为100万元的足额财产保险合同的被保险人在发生保险财产损失100万元后,向保险人提出委付,保险人接受委付并支付保险赔款100万元后,取得保险标的的全部所有权。保险人在处理保险标的物时获得利益110万元。根据物上代位原则,保险人可以取得处理该标的的全部利益110万元,对于超出的10万元也不需归还被保险人。

(2) 损失分摊原则。

损失分摊原则是在被保险人重复保险的情况下产生的补偿原则的一个派生原则,即在重复保险情况下,被保险人所能得到的赔偿金由各保险人采用适当的方法进行分摊,从而所得的总赔偿金额不得超过实际损失额。

损失分摊的方法具体如下。

在重复保险情况下,对于损失后的赔款保险人如何进行分摊,各国做法有所不同。主要有以下三种分摊方法。

① 比例责任制。比例责任制又称保险金额比例分摊制,该分摊方法是将各保险人所承保的保险金额进行加总,得出各保险人应分摊的比例,然后按比例分摊损失金额。比例责任制的计算公式为

$$某保险人责任 = (某保险人的保险金额 / 所有保险人的保险金额之和) \times 损失额$$

例:甲乙保险人承保同一财产,甲保单保额为40 000元,乙保单保额为60 000元,损失额为50 000元,采用比例责任制的计算方法,甲保险人应赔付款额为

$$[40\,000/(40\,000 + 60\,000)] \times 50\,000 = 20\,000(元)$$

乙保险人应赔付款额为

$$[60\,000/(40\,000+60\,000)]×50\,000=30\,000(元)$$

② 限额责任制。限额责任制又称赔款额比例责任制,即保险人分摊赔款额不以保额为基础,而是按照在无他保的情况下各自单独应负的责任限额进行比例分摊赔款。限额责任制计算公式为

某保险人责任 =（某保险人独立责任限额 / 所有保险人独立责任之和）× 损失额

例:甲乙保险人承保同一财产,甲保单保额为 40 000 元,乙保单保额为 60 000 元,损失额为 50 000 元,采用限额责任制的计算方法,甲保险人应赔付款额为

$$[40\,000/(40\,000+50\,000)]×50\,000=22\,222(元)$$

乙保险人应赔付款额为

$$[50\,000/(40\,000+50\,000)]×50\,000=27\,778(元)$$

③ 顺序责任制。顺序责任制又称主要保险制,该方法中各保险人所负责任依签订保单顺序而定,首先由其中先订立保单的保险人负责赔偿,当赔偿不足时再由其他保单依次承担不足的部分。但顺序责任制对有的保险人有失公平,因而各国实务中已不采用该法,多采用前两种分摊方法。

例:甲乙保险人承保同一财产,甲保单保额为 40 000 元,乙保单保额为 60 000 元,损失额为 50 000 元,采用顺序责任制的计算方法:

甲保险人应赔付款额为 40 000 元,

乙保险人应赔付款额为 10 000 元。

  专栏 5-1 保险代位追偿权:成都首例代客泊车理赔案中的代位追偿

一、案例背景

2008 年 6 月 24 日晚,邱某驾车前往某鱼翅馆就餐,鱼翅馆泊车员周某在为邱某取车时撞伤了路人刘某,车辆也受损。事发后,刘某住院至当年底,后经鉴定为二级伤残,智力重度缺损,需专人护理。另外,车主邱某在某保险公司投保了交强险和机动车第三者责任险。事后,受害人家属、周某、鱼翅馆、邱某及某保险公司就赔偿问题进行协商,因无法达成一致,刘某及其父母、妻子和儿子将周某、鱼翅馆、邱某和某保险公司告上了法庭,要求他们共同承担 194 万余元赔偿金。在诉讼过程中,保险公司提出对鱼翅馆及周某享有代位追偿权,而被告主张,邱某与保险公司之间订立的第三者责任险中明确约定:被保险人或其允许的合格驾驶员在使用保险车辆过程中发生保险事故的,保险人承担赔偿保险金的责任,因此保险公司不享有代位追偿权。

二、案例分析

本案争议焦点在于保险公司是否有权对鱼翅馆行驶代位追偿权。笔者认为,保险人有权在向被保险人赔偿保险金后向造成事故的鱼翅馆和周某追偿。理由如下。

1. 鱼翅馆违约——邱某对鱼翅馆享有赔偿请求权

本案中,邱某在鱼翅馆用餐,双方之间形成的是服务合同关系,根据双方的实际行为以及行业惯例可以推知,在该服务合同中,鱼翅馆应当履行的义务包括按照邱某的要求提供向其提供用餐、代邱某泊车并取回车辆,而该泊车和取回车辆的义务当然包含不得造成车辆损失、不得导致邱某对第三人承担责任。而对于周某在为邱某取车的行为,由于周某是鱼翅馆的员工,其取车的行为是代表鱼翅馆履行对邱某的义务。因此,在周某取车的过程中导致刘某受伤的事实,即是鱼翅馆对邱某合同义务的不履行。根据《中华人民共和国合同法》第一百零七条"当事人一方不履行合同义务或者履行合同义务不符合约定的,应当承担继续履行、采取补救措施或者赔偿损失等违约责任"的规定,鱼翅馆应当向邱某承担赔偿损失的责任,而该责任包括邱某对刘某的损害赔偿责任。

2. 保险公司对鱼翅馆行使代位追偿权有法可依

首先,根据前述分析,本案中邱某对鱼翅馆享有赔偿请求权,因此,保险公司具备对鱼翅馆行使代位追偿权的前提基础。

其次,邱某在保险公司投保的是机动车第三者责任险,而第三者责任险是指以被保险人对第三者依法应负的赔偿责任为保险标的的保险,现行《中华人民共和国保险法》将其规定在第二章第二节财产保险部分,因此其性质属于财产保险。而现行《中华人民共和国保险法》第四十五条对财产保险做了如下规定:因第三者对保险标的的损害而造成保险事故的,保险人自向被保险人赔偿保险金之日起,在赔偿金额范围内代位行使被保险人对第三者请求赔偿的权利。因此,根据法律解释的体系解释规则以及保险的损害填补原则可以肯定,第三者责任险中保险人对造成保险事故的第三人享有代位追偿权。

最后,《中华人民共和国保险法》第四十七条:除被保险人的家庭成员或者其组成人员故意造成本法第四十五条第一款规定的保险事故以外,保险人不得对被保险人的家庭成员或者其组成人员行使代位请求赔偿的权利。根据该条规定,保险人仅在保险事故由被保险人的家庭成员或者其组成人员非故意造成的情况下不享有代位追偿权。而本案中,鱼翅馆与邱某之间是平等的合同相对方,双方互不成为家庭成员和组织成员关系,因此,鱼翅馆不得以此主张保险公司不享有代位追偿权。

综上所述,在机动车第三者责任险中,因第三者的行为导致保险人承担赔偿保险赔偿金的,保险人自向被保险人赔偿保险金之日起,在赔偿金额范围内有权代位行使被保险人对第三者请求赔偿的权利。

但本案因法官的不懈努力最终以调解方式结案,使得这个备受争议的问题未能通过判决予以明确。

资料来源:郑书宏、卢宇,《成都首例代客泊车案引发的思考——机动车第三者责任险中保险人代位追偿权问题分析》,110法律资讯网,2009.7。

(四) 近因原则

1. 近因和近因原则

所谓近因并非指时间上或空间上与损失最接近的原因,而是指造成损失的最直接、最有效、起主导性作用的原因。例如,船舶因遭受鱼雷的袭击而进水,使船舶沉没。若以时间上最接近沉船事故为理由而判定海水的进入为近因是不合理的。因此,当损失的原因有两个以上,且各个原因之间的因果关系尚未中断的情况下,其最先发生并造成一连串损失的原因即为近因。

近因是一种原因,近因原则是一种准则。根据近因的标准去判定数个原因中,哪个是近因、哪个是确定保险责任的一项基本原则。具体来说,近因原则的基本含义有二:一是规定近因的认定方法;二是在风险与保险标的损失的关系中,如果近因属于被保风险,保险人就应负赔偿责任。也就是说,当被保险人的损失是直接由于保险责任范围内的事故造成时,保险人才给予赔付;近因若属于除外风险或未保风险,则保险人不负赔偿责任。

2. 近因的认定方法

① 从最初事件出发,按逻辑推理,判断下一个事件可能是什么;再从可能发生的第二个事件,按照逻辑推理判断最终事件即损失是什么。如果推理判断与实际发生的事实相符,那么,最初事件就是损失的近因。

② 从损失开始,按顺序自后向前追溯,在每一个阶段上按照"为什么这一事件会发生?"的思考,来找出前一个事件。如果追溯到最初的事件且没有中断,那么,最初事件即为近因。

例:暴风引起电线杆倒塌,电线短路引起火花,火花引燃房屋,从而导致财产损失。在暴风→电线杆倒塌→电线短路→引起火花→房屋燃烧→财产损失这一连串的事件中,暴风是近因。

3. 近因的认定与保险责任的确定

从近因的认定与保险责任的确定来看,主要包括下列几种情况。

① 单一原因。即损失由单一原因造成。如果事故发生所致损失的原因只有一个,显然该原因即为损失的近因。如果这个近因属于保险风险,保险人应对损失负赔付责任;如果这个近因是除外风险,保险人则不予赔付。如某人投保人身意外伤害保险,后来不幸死于癌症。由于其死亡的近因——癌症为人身意外伤害保险的除外责任,故保险人对其死亡不承担保险责任。

② 多种原因同时并存发生。即损失由多种原因造成,且这些原因几乎同时发生,无法区分时间上的先后顺序。如果损失的发生有同时存在的多种原因,且对损失都起决定性作用,则它们都是近因。而保险人是否承担赔付责任,应区分两种情况:

第一,如果这些原因都属于保险风险,则保险人承担赔付责任;相反,如果这些原因都属于除外风险,保险人则不承担赔付责任。

第二,如果这些原因中既有保险风险,也有除外风险,保险人是否承担赔付责任,则要看损失结果是否容易分解,即区分损失的原因。对于损失结果可以分别计算的,保险人只负责保险风险所致损失的赔付;对于损失结果难以划分的,保险人一般不予赔付。

例:某企业运输两批货物,第一批投保了水浸险,第二批投保了水浸险并加保了淡水雨淋险,两批货物在运输中均遭海水浸泡和雨淋而受损。显然,两批货物损失的近因都是海水浸泡和雨淋,但对第一批货物而言,由于损失结果难以分别计算,而其只投保了水浸险,因而得不到保险人的赔偿;而对第二批货物而言,虽然损失的结果也难以划分,但由于损失的原因都属于保险风险,所以保险人应予以赔偿。

③ 多种原因连续发生。即损失是由若干个连续发生的原因造成,且各原因之间的因果关系没有中断。如果损失的发生是由具有因果关系的连续事故所致,保险人是否承担赔付责任,也要区分两种情况:

第一,如果这些原因中没有除外风险,则这些原因即为损失的近因,保险人应负赔付责任。

第二,如果这些原因中既有保险风险,也有除外风险,则要看损失的前因是保险风险还是除外风险。如果前因是保险风险,后因是除外风险,且后因是前因的必然结果,则保险人应承担赔付责任;相反,如果前因是除外风险,后因是保险风险,且后因是前因的必然结果,则保险人不承担赔付责任。

例:一艘装有皮革与烟草的船舶遭遇海难,大量的海水侵入使皮革腐烂,海水虽未直接浸泡包装烟草的捆包,但由于腐烂皮革的恶臭气味,致使烟草变质而使被保险人受损。那么,据上述情况可知,海难中海水侵入是皮革腐烂损失的近因,而由于海难与烟草的损失之间存在着必然的不可分割的因果关系,所以烟草损失的近因也是海难,而非皮革的恶臭气味。

例:人身意外伤害保险(疾病是除外风险)的被保险人因打猎时不慎摔成重伤,因伤重无法行走,只能倒卧在湿地上等待救护,结果由于着凉而感冒高烧,后又并发了肺炎,最终因肺炎致死。此案中,被保险人的意外伤害与死亡所存在的因果关系并未因肺炎疾病的发生而中断,虽然与死亡最接近的原因是除外风险——肺炎,但它发生在保险风险——意外伤害之后,且是意外伤害的必然结果,所以,被保险人死亡的近因是意外伤害而非肺炎,保险人应承担赔付责任。

④ 多种原因间断发生。即损失是由间断发生的多种原因造成的。如果风险事故的发生与损失之间的因果关系由于另外独立的新原因介入而中断,则该新原因即为损失的近因。如果该新原因属于保险风险,则保险人应承担赔付责任;相反,如果该新原因属于除外风险,则保险人不承担赔付责任。

例:在人身意外伤害保险中,被保险人在交通事故中因严重的脑震荡而诱发癫狂与抑郁交替症。在治疗过程中,医生叮嘱其在服用药物巴斯德林时切忌进食干酪。但是,被保险人却未遵医嘱,服该药时又进食了干酪,终因中风而亡,据查中风确系巴斯德林与干酪所致。在此案中,食用相忌的食品与药物所引发的中风死亡,已打断了车祸与死亡之间的因果关系,食用干酪为中风的近因,故保险人对被保险人中风死亡不承担赔偿责任。

 专栏 5-2　保险理赔中的近因原则:殴打致死是否属于意外死亡?

一、案例背景

2017 年 4 月 23 日,侯某在某保险公司投保了人身意外伤害保险 1 份,保险金额为 30 万元,保险期限为 1 年,受益人为侯某自己。保险合同第 6 条除外责任第 12 款明确规定,由于被保险人犯罪、吸毒、自杀、故意自伤身体、殴斗、酒醉造成的意外伤害和医疗费支出,保险公司不负给付保险金的责任。2017 年 9 月 7 日早晨,侯某遇见刘某,意外地遭刘某殴打。侯某在反抗过程中,被刘某击中胸部,于是冠心病急性发作而死亡。侯某的继承人侯某某立即通知了保险公司,要求给付保险金。保险公司以此种情况是因侯某与刘某斗殴而致冠心病发作死亡,不属意外伤害为由拒付保险金。侯某某向法院提起诉讼,要求保险公司依法判令给付保险金 30 万元及经济损失 1 万元。保险公司辩称,侯某的直接死亡原因是冠心病急性发作,不属于意外伤害,其死亡诱因是与人斗殴,属于保险合同明确规定的除外责任。所以,保险公司不承担保险责任,请求法院依法驳回侯某某的诉讼请求。

二、案例事件审理经过及分析

一审法院经审理认为,虽然被保险人侯某是冠心病急性发作死亡,但其冠心病发作是与被人殴打有直接关系的,其意外地被人殴打这种情况不属于保险合同规定的除外责任。所以,保险公司应承担给付保险金的责任。侯某某要求保险公司给付保险金的诉讼请求符合法律规定,予以支持;其主张保险公司赔偿经济损失的请求,证据不足,不予支持。依照《中华人民共和国保险法》第23条第(1)项、第30条之规定,判决保险公司向侯某某给付保险金30万元,并驳回侯某某的其他诉讼请求。案件受理费由保险公司承担。保险公司不服,以原审法院认定侯某死亡与事实不符、适用法律错误为由,提起上诉,请求二审法院撤销原判决。

二审法院经审理认为,意外伤害是指遭受外来的、突发的、非本意的、非疾病的使身体受到伤害的客观事件。从侯某遭刘某殴打,侯某在反抗过程中,被刘某击中胸部,冠心病急性发作而死亡的过程看,其死亡并非是突发的,且死亡的主要原因是疾病。该种情况不属于意外伤害保险合同规定的承担责任的情形。上诉人上诉请求正确,原审法院判决上诉人支付保险金不当,应予以纠正。依据《中华人民共和国民事诉讼法》第153条第1款第(3)项、第158条之规定,判决撤销原判。

我们认为,二审法院的判决是正确的。因为侯某死亡的真正原因是冠心病,而不是殴打所致。殴打只是死亡的诱因,或者说是条件。二审法院依据意外伤害的定义,从侯某遭刘某殴打,侯某在反抗过程中,被刘某击中胸部,冠心病急性发作而死亡的过程分析,认定侯某死亡并非是突发的,且死亡的主要原因是疾病,不属于意外伤害保险合同规定的承担责任的情形。

本章小结

本章主要介绍了个人或家庭的风险管理和保险。

风险是指某种事件发生的不确定性。风险可从多个角度进行分类。风险的构成要素有风险因素、风险事故和损失,三者的关系是风险因素引发风险事故,而风险事故导致损失。用方差和标准差进行风险的度量。

每个人和每个家庭都面临着财产风险、责任风险和人身风险。家庭财产有不动产和个人财产两大类。财产损失的后果包括财产价值的直接损失和丧失财产使用权的相关损失。责任损失风险会给个人或家庭造成三类经济损失,即损害赔偿金、法律费用和法院费用。人身损失风险可以从死亡损失风险、退休后的风险、健康损失风险、失业损失风险四方面去分析。

风险态度是指对重要的不确定性认知所选择的回应方式。风险厌恶型、风险中立型和风险追求型的人,他们的风险态度是不一样的。风险承受能力是指一个人承受风险的能力。影响风险承受能力的因素有年龄、资金的投资期限、理财目标的弹性、投资人主观的风险偏好等。

风险管理有两个重要的特征:一是降低风险;二是必须考虑代价。风险管理具体目标可以分为损失前目标和损失后目标。风险管理技术有控制型风险管理技术和财务型风险管理技术。风险管理的程序分为风险识别、风险估测、风险评价、选择风险管理技术和评估风险管理效果五个环节。

从法律角度看,保险是一种合同行为。保险的基本职能:一是分散风险与补偿损失;二是经济补偿和保险金给付。保险活动的四种基本原则是最大诚信原则、保险利益原则、损失分摊原则和近因原则。

关键术语

风险　财产风险　人身风险　责任风险　信用风险　纯粹风险　投机风险　风险因素　风险事故　损失　风险态度　风险管理　控制型风险管理技术　财务型风险管理技术　保险　可保风险　社会风险　商业保险　财产保险　人身保险　直接保险　间接保险　自愿保险　强制保险　最大诚信原则　保险利益　保险利益原则　代位求偿原则　代位求偿权　物上代位权　损失分摊原则

第六章 法律基础

本章导读 >>>

当前,我国正在加快完善社会主义市场经济体制,市场经济要求按照经济规律、市场规则运行,而复杂的市场经济关系,正常的市场经济秩序离不开法律的规范和调整。所以,市场经济从某种意义上说,就是法治经济。只有在全体公民都知法、懂法,自觉运用法律规范个人行为,维护合法利益,协调经济关系时,才可能有完善和成功的市场经济。

本章分为三节,第一节概述了法的含义、作用及当代中国法的形式;第二节系统阐述了民法基础知识及其相关法律,如物权法、合同法、婚姻法、继承法、民事诉讼法;第三节分析了经济法的调整对象及其相关法律,如企业法、公司法、反不正当竞争法、消费者权益保护法等。

本章重点应掌握民法基础知识及相关法律。

第一节 法律概述

一、什么是法律

（一）法律的定义

法律是由国家制定、认可并依靠国家强制力保证实施的，以规定当事人权利和义务为内容，以人的行为及行为关系为调整对象，反映由特定物质生活条件所决定的统治阶级意志，以确认、保护和发展统治阶级所期望的社会关系和价值目标为目的的行为规范体系。

广义的法律是指法的整体，包括法律、有法律效力的解释及其行政机关为执行法律而制定的规范性文件（如规章）。

狭义的法律专指拥有立法权的国家机关依照立法程序制定的规范性文件。

法律是一系列的规则，通常需要经由一套制度来落实。法律以各种方式影响着每个人的日常生活与整个社会。契约法规定了从买车票到在衍生品市场上买卖利率交换选择权等各种事物的规则；物权法定义了买卖和租赁如房子和建筑物等不动产之类的权利与义务；信托法应用在如退休基金等投资的规定上；侵权行为法允许某人可以在其财产受到伤害时要求赔偿；且若此伤害在刑法中是犯罪的话，刑法也会有起诉的方法，并对犯罪者加以处罚。宪法提供了一个创造法律、保障人权以及选举的架构；而行政法则允许一般市民去质疑政府施政的作为；国际法规范了国家间从贸易到环境，乃至于军事行动等各项事件。

在一个典型的三权分立国家中，创造和解释法律的核心机构为政府的三大部门：公正不倚的司法、民主的立法和负责的行政。而官僚、军事和警力则是执行法律，并且是让法律为人民服务的相当重要的部分。除此之外，若要支持整个法律系统的运作，同时带动法律的进步，则独立自主的法律专业人员和充满生气的公民社会也是不可或缺的一部分。

（二）法的作用

法的作用泛指法对社会发生的影响。

法的作用可以分为规范作用与社会作用。这是根据法在社会生活中发挥作用的形式和内容，对法的作用的分类。从法是一种社会规范看，法具有规范作用，规范作用是法作用于社会的特殊形式；从法的本质和目的看，法又具有社会作用，社会作用是法规范社会关系的目的。这种对法的作用的划分使法与其他社会现象相区别，突出了法律调整的特点；同时，又明确了各个时期法律目的的差异。

1. 法的规范作用

法的规范作用可以分为指引、评价、教育、预测和强制五种。法的这五种规范作用是法律必备的，任何社会的法律都具有。但是，在不同的社会制度下，在不同的法律制度中，由于法律的性质和价值的不同，法的规范作用的实现程度是会有所不同的。

（1）指引作用。

指引作用是指法对本人的行为具有引导作用。在这里，行为的主体是每个人自己。对人的行为的指引有两种形式：一种是个别性指引，即通过一个具体的指示形成对具体的人的具体情况的指引；一种是规范性指引，是通过一般的规则对同类的人或行为的指引。个别指引尽管是非常重要的，但就建立和维护稳定的社会关系和社会秩序而言，规范性指引具有更大的意义。从立法技术上看，法律对人的行为的指引通常采用两种方式：一种是确定的指引，即通过设置法律义务，要求人们做出或抑制一定行为，使社会成员明确自己必须从事或不得从事的行为界限；一种是不确定的指引，又称选择的指引，是指通过宣告法律权利，给人们一定的选择范围。

（2）评价作用。

评价作用是指法律作为一种行为标准，具有判断、衡量他人行为合法与否的评判作用。这里，行为的对象是他人。在现代社会，法律已经成为评价人的行为的基本标准。

(3) 教育作用。

教育作用是指通过法的实施使法律对一般人的行为产生影响。这种作用又具体表现为示警作用和示范作用。法的教育作用对于提高公民法律意识,促使公民自觉遵守法律具有重要作用。

(4) 预测作用。

预测作用是指凭借法律的存在,可以预先估计到人们相互之间会如何行为。法的预测作用的对象是人们相互之间的行为,包括公民之间,社会组织之间,国家、企事业单位之间以及它们相互之间的行为的预测。社会是由人们的交往行为构成的,社会规范的存在就意味着行为预期的存在。而行为的预期是社会秩序的基础,也是社会能够存在下去的主要原因。

(5) 强制作用。

强制作用是指法可以通过制裁违法犯罪行为来强制人们遵守法律。这里,强制作用的对象是违法者的行为。制定法律的目的是让人们遵守,是希望法律的规定能够转化为社会现实。在此,法律必须具有一定的权威性。离开了强制性,法律就失去了权威;而加强法律的强制性,则有助于提高法律的权威。

2. 法的社会作用

法的社会作用是从法的本质和目的这一角度出发确定的法的作用,如果说法的规范作用取决于法的特征,那么,法的社会作用就是由法的内容决定的。法的社会作用主要涉及了三个领域和两个方向。三个领域即社会经济生活、政治生活、思想文化生活领域;两个方向即政治职能(通常说的阶级统治的职能)和社会职能(执行社会公共事务的职能)。

当然,尽管法在社会生活中具有重要作用,但是,法律不是万能的,原因在于:(1)法律是以社会为基础的,因此,法律不可能超出社会发展需要"创造"社会;(2)法律是社会规范之一,必然受到其他社会规范以及社会条件和环境的制约;(3)法律自身条件的制约,如语言表达力的局限。在实践活动中,法律必须结合自身特点发挥作用。

二、法的形式与分类

(一) 法的形式的概念

法的形式,以往也被称为法的渊源,是指由一定的有权国家机关制定的各种规范性法律文件的表现形式。

由于社会制度、国家管理形式和结构形式的不同及受政治思想、道德、历史与文化传统、宗教、科技发展水平、国际交往等的影响,在不同国家或不同历史时期,有各种各样的法的形式且是不断发展的。

(二) 当代中国法的形式

当代中国法的形式主要有:宪法、法律、行政法规、地方性法规、自治法规、部门规章、地方政府规章等。

1. 宪法

作为法的形式,宪法是国家最高权力机关经由特殊程序制定和修改的,综合性地规定国家、社会和公民生活的根本问题的,具有最高法的效力的一种法。

宪法的修改,由全国人民代表大会常务委员会或者五分之一以上的全国人民代表大会代表提议,并由全国人民代表大会以全体代表的三分之二以上的多数通过。

2. 法律

根据宪法和法律规定,全国人大及其常委会行使国家立法权。全国人大制定和修改基本法律,即刑事、民事、国家机构和其他概括性最强的法律。全国人大常委会制定基本法律以外的其他法律。全国人大常委会修改法律的权力可以分为两方面:一方面它可以修改自己制定的法律;另一方面可以对全国人大制定的基本法律进行部分补充和修改,但不得同该法律的基本原则相抵触。

3. 行政法规

行政法规是由国务院制定的规范性法律文件,是国家行政机关体系中最高的规范性文件。行政法规的目的或其事项范围主要有二:一是为执行法律,对某些行政管理事项作出规定,一般在有关法律中作出明确规定,要求国务院制定实施细则等,这被称为一般行政的授权立法;二是对宪法第89条规定的国务院职权范围内的事项,国务院可以直接制定行政法规,这被称为行政的职权立法。此外,立法法第9条规定还明确了对行政的特别授权立法,需制定法律予以规范的事项中,全国人大及其常委会还可以通过特别的授权决定;在某一尚未有法律规范的事项上由国务院制定行政法规,条件成熟后再行国家立法;但有关犯罪与刑罚、剥夺公民政治权利和限制人身自由的强制措施和处罚、司法制度等事项,不得授权国务院制定行政法规。

4. 地方性法规

省级人大及其常委会,较大的市级人大及其常委会即省级人民政府、经济特区和国务院批准的较大的市的人大及其常委会行使地方立法权。这些主体制定的规范性法律文件叫做地方性法规。但由于省与较大的市是两级行政区划,所以,不仅地方性法规的效力等级低于法律,而且它本身也分为两级。地方性法规如属于省级人大及其常委会制定的,其前提是不得与宪法、法律和行政法规相抵触;如属于较大的市级人大及其常委会制定的,其前提还包括不得与本省、自治区的地方性法规相抵触。省级地方性法规在完成立法程序且生效后,要立即报全国人大常委会和国务院备案。较大的市级地方性法规通过后,要报省级人大常委会批准后方能生效,并由后者立即报全国人大常委会和国务院备案。

此外,经济特区所在地的省、市人大及其常委会根据全国人大的授权决定制定经济特区法规在本经济特区范围内实施的法规。

5. 自治法规

自治法规是对民族区域自治地方人大及其常委会制定的与民族区域自治有关的法规的通俗称谓,包括自治条例和单行条例。自治条例是根据自治权制定的有关本地区实行民族区域自治的基本制度的规范性法律文件。单行条例是根据自治权制定的调整某一方面事项的规范性法律文件。

自治法规在我国法律体系中处于十分特殊的地位,本质上属于地方性法规的一种。一般而言,我国的规范性法律文件或可以称为广义的实在"法"的文件以较大的市为终止点,唯一的例外就是民族区域自治地方的县级,它们也可以制定法规,即县的自治法规。

自治区、自治州和自治县是我国的民族区域自治地方,它们可以制定自治条例和单行条例。其中自治区的自治法规报全国人大常委会批准后生效;自治州和自治县的自治法规报省、自治区、直辖市的人大常委会批准生效,并由后者报全国人大常委会和国务院备案。此外,自治区和自治区中较大的市在一般性问题上还可以制定地方性法规。

6. 规章

规章属于行政法律规范,包括两种:一种是国务院各部委、中国人民银行、审计署和具有行政管理职能的国务院直属机构,依据法律和国务院的行政法规、决定、命令,在本部门的权限范围内制定的规章,叫做部门规章,它与地方性法规基本上属于同一等级的规范性法律文件;另一种是省级和较大的市级人民政府根据法律、行政法规和本省或本市的地方性法规制定的规章,叫做地方规章,其效力等级低于地方性法规。

(三) 法的分类

1. 国内法与国际法

按照法的创制与适用主体的不同,法可以分为国内法与国际法。国内法是由特定国家创制并适用于该国主权管辖范围内的法,包括宪法、民法、诉讼法等。国内法的主体一般为公民、社会组织和国家机关,国家只能在特定的法律关系中成为主体。国际法是指在国际交往中,由不同的主权国家通过协议制定或公认的、适用于国家之间的法。国际法的主体一般是国家,在一定条件下或一定范围内,类似国家的政治实体以及由一定国家参加和组成的国际组织也可以成为国际法的主体。

2. 根本法与普通法

按照法的效力、内容和制定程序的不同,法可以分为根本法与普通法。根本法是宪法的别称,它规定了国家基本的政治制度和社会制度、公民的基本权利和义务、国家机关的设置、职权等内容,在一个国家中占据最高的法律地位。普通法是指宪法以外的其他法,它规定国家的某项制度或调整某一方面的社会关系。在制定和修改程序上,根本法比普通法更为严格。

3. 一般法与特别法

按照法的效力范围的不同,法可以分为一般法与特别法。一般法是指在一国范围内,对一般的人和事有效的法。特别法是指在一国的特定地区、特定期间或对特定事件、特定公民有效的法,如戒严法、兵役法、教师法等。一般情况下,在同一领域,法律适用遵循特别法优于一般法的原则。

4. 实体法与程序法

按照法规定的具体内容的不同,法可以分为实体法与程序法。实体法是规定主要权利和义务(或职权和职责)的法,如民法、刑法、行政法等。程序法是指为保障权利和义务的实现而规定的程序的法,如民事诉讼法、刑事诉讼法等。当然,这种划分并不是绝对的,实体法中也可能有一些程序内容。实体法与程序法有着密切的关系,实体法是主要的,一般称为主法;程序法保障实体法的实现,称为辅助法。但这并不意味着程序法不重要,程序法表明决定的形成必须经过法律所设定的步骤,并且向所有参加者开放,当事人有表达意见的机会,并将参加者、实施者的不同意愿和要求组织、整合为一个结果,这是基本的人权保护机制。人们可以通过法律程序对法律现象给予评判,实现形式正义,因而程序法具有独立的价值。

5. 成文法与不成文法

按照法的创制和表达形式的不同,法可以分为成文法与不成文法。成文法是指由特定国家机关制定和公布,以文字形式表现的法,故又称制定法。不成文法是指由国家认可的不具有文字表现形式的法。不成文法主要为习惯法。随着法的发展,成文法日益增多,已成为法的主要组成部分,而不成文法则逐渐减少。

三、法律体系

(一)法律体系的含义

法律体系,也称为部门法体系,是指一国的全部现行法律规范,按照一定的标准和原则,划分为不同的法律部门而形成的内部和谐一致、有机联系的整体。法律体系是一国国内法构成的体系,不包括完整意义的国际法即国际公法。法律体系是一国现行法构成的体系,反映一国法律的现实状况,它不包括历史上废止的已经不再有效的法律,一般也不包括尚待制定、还未制定和生效的法律。

法律体系是一种客观存在的社会生活现象,反映了法的统一性和系统性。研究法律体系对于科学地进行立法预测、立法规划,正确地适用法律解决纠纷,全面地进行法律汇编法典编纂,合理地划分法律学科、设置法学课程等都具有重要的意义。

(二)当代中国法律体系

1. 宪法

宪法作为一个法律部门,在当代中国的法律体系中具有特殊的地位,是整个法律体系的基础。宪法部门最基本的规范,主要反映在《中华人民共和国宪法》这样的规范性文件中。除了宪法这一主要的、居于主导地位的规范性法律文件外,宪法部门还包括主要国家机关组织法、选举法、民族区域自治法、特别行政区基本法、授权法、立法法、国籍法等附属的较低层次的法律。

2. 行政法

行政法是调整国家行政管理活动中各种社会关系的法律规范的总和。它包括规定行政管理体制的规范,确定行政管理基本原则的规范,规定行政机关活动的方式、方法、程序的规范,规定国家公务员的规范等。

我国一般行政法方面的规范性文件较少,主要有行政复议法、行政处罚法、行政监察法、政府采购法、国家公务员暂行条例等。

特别行政法方面有食品卫生法、药品管理法、治安管理处罚条例等。

3. 民法

民法是调整作为平等主体的公民之间、法人之间、公民和法人之间等的财产关系和人身关系的法律。我国民法部门的规范性法律文件主要由民法通则和单行民事法律组成。民法通则是民法部门的基本法;单行民事法律主要有合同法、担保法、婚姻法、继承法、收养法、商标法、专利法、著作权法等。此外,还包括一些单行的民事法规,如著作权法实施条例、商标法实施细则等。

4. 商法

在明确提出建立市场经济体制以后,商法作为法律部门的地位才为人们所认识。商法是调整平等主体之间的商事关系或商事行为的法律。从表现形式看,我国的商法包括公司法、证券法、票据法、保险法、企业破产法、海商法等。商法是一个法律部门,但民法规定的有关民事关系的很多概念、规则和原则也通用于商法。从这一意义讲,我国实行"民商合一"的原则。

5. 经济法

经济法是调整国家在经济管理中发生的经济关系的法律。作为法律部门的经济法是随着商品经济的发展和市场经济体制的逐步建立,适应国家宏观经济实行间接调控的需要而发展起来的一个法律部门。经济法这一法律部门的表现形式包括有关企业管理的法律,如全民所有制工业企业法、中外合资经营企业法、外资企业法、中外合作经营企业法、乡镇企业法等;有财政、金融和税务方面的法律、法规,如中国人民银行法、商业银行法、个人所得税法、税收征收管理法等;有关宏观调控的法律、法规,如预算法、统计法、会计法、计量法等;有关市场主体、市场秩序的法律、法规,如产品质量法、反不正当竞争法、消费者权益保护法等。

6. 劳动法与社会保障法

劳动法是调整劳动关系的法律,社会保障法是调整有关社会保障、社会福利的法律。这一法律部门的法律包括有关用工制度和劳动合同方面的法律规范,有关职工参加企业管理、工作时间和劳动报酬方面的法律规范,有关劳动卫生和劳动安全的法律规范;有关劳动保险和社会福利方面的法律规范;有关社会保障方面的法律规范;有关劳动争议的处理程序和办法的法律法规等。劳动法与社会保障法这一法律部门的主要规范性文件包括劳动法、工会法、矿山安全法、安全生产法等。

7. 自然资源与环境保护法

自然资源与环境保护法是关于保护环境和自然资源、防治污染和其他公害的法律,通常分为自然资源法和环境保护法。自然资源法主要指对各种自然资源的规划、合理开发、利用、治理和保护等方面的法律;环境保护法是保护环境、防治污染和其他公害的法律。

这一法律部门的规范性文件,属于自然资源法方面的,有森林法、草原法、渔业法、矿产资源法、土地管理法、水法、野生动物保护法等;属于环境保护方面的,有环境保护法、海洋环境保护法、水污染防治法、大气污染防治法、环境影响评价法等。

8. 刑法

刑法是规定犯罪和刑罚的法律,是当代中国法律体系中一个基本法律部门。在人们日常生活中,刑法也是最受人关注的一种法律。刑法这一法律部门中,占主导地位的规范性文件是刑法,一些单行法律、法规的有关条款也可能规定刑法规范(如文物保护法中有关文物犯罪的准用性条款的内容)。

9. 诉讼法

诉讼法,又称诉讼程序法,是有关各种诉讼活动的法律,它从诉讼程序方面保证实体法的正确实施,保证实体权利、义务的实现。诉讼法这一法律部门中的主要规范性文件为刑事诉讼法、民事诉讼法和行政诉讼法。同时,律师法、法官法、检察官法、仲裁法、监狱法等法律的内容也大体属于这个法律部门。

第二节 民法基础知识

一、民法概述

(一) 什么是民法

1. 定义

据考证,民法一词源于罗马法的市民法。罗马法以法律调整的社会关系是否具有权力属性,而将法律划分为政治国家的法和市民社会的法。前者具有权力属性,属公法;后者不具有权力属性,属私法。近代以来,世界各国逐渐用"民法"一词来表述以往所说的"市民法"。英语的表述为 Civil Law。

在我国的古代法制中,一直沿用"诸法合一"的体制,直至清朝末年,图强变法,才开始草拟"民律"。20世纪20年代末,民国政府制定了民法典,正式沿用了民法这一名称。

现阶段,我国通用的民法概念是:民法是调整平等主体的公民之间、法人之间、公民和法人之间的财产关系和人身关系的法律规范的总称。

2. 民法要解决的问题

民法涉及面十分广泛。它关系到国家的经济建设和每个公民的衣、食、行、用、生、养、病、死、葬等生产和生活的各个方面。民法是一个重要的部门法。它主要解决以下几方面的问题。

(1) 财产所有权。

这是指对财产的占有、使用、收益、处分的权利。当这种权利发生争议或者被侵犯的时候,可以通过人民法院予以确认和保护。保护合法所有权主要采取恢复原状、返还原物、排除妨害、赔偿损失、确认产权等方法。

(2) 财产流转中的合同关系。

合同,是产生财产流转的根据。依法签订的合同,具有法律效力,双方都必须遵循。如果一方不履行合同规定的义务,在法律上,要承担经济责任,会受到法律制裁,如扣罚违约金、罚款、赔偿损失等。合同制度在我国适用范围很广。常见的有买卖、供销、农副产品收购、信贷、借贷、租赁、借用、承揽、运输、基本建设包工、信托、保险等。

(3) 知识产权。

这是个人或集体对其智力成果享有的专有权,如著作权、发明权、专利权、商标权等。这些智力成果,本身是精神财富,没有直接的经济内容,但有些又与物质财产密切联系。我国通过发明奖励条例、技术改进奖励条例、专利法、商标法等法规,调整上述人身非财产关系,确保作者、发明人等对智力成果的专有权,以及转让和继承的权利。

(二) 民法的调整对象

法律调整的对象为社会关系。每一具体的法律部门都以一定范畴的社会关系为自己的调整对象。民法的调整对象,无论是在私有制为主导的社会还是在公有制为主导的社会,都概括为民事社会关系。民事社会关系包括民事财产关系和民事人身关系。

我国民法的调整对象包括以下两个方面:平等主体之间的财产关系;平等主体之间的人身关系。

1. 平等主体之间的财产关系

平等主体是指参与民事关系而处于平等地位的当事人,包括公民和法人。他们在法律上都是平等独立的民事主体,相互之间不存在隶属关系,任何一方都不得把自己的意志强加给另一方。

民法调整的财产关系是指人们在生产、分配、交换和消费过程中形成的具有经济内容的社会关系。

我国社会主义社会的财产关系的内容十分广泛,但根据法律调整对象的不同,可以分为两大类:一类是国家机关与企业事业单位之间所发生的财产关系,即纵向的财产关系,它不属于民法调整之列,主要由行政法、经济法来调整;另一类是平等主体之间发生的财产关系,即横向的财产关系,属于民法调整。

2. 平等主体之间的人身关系

民法调整的人身关系,是指与人身不可分离而又不具有直接经济内容的社会关系。

民法调整的人身关系包括人格权关系和身份权关系。

人格权关系是指因民事主体本身所固有的权利而产生的关系,如生命健康权、姓名权、名誉权、肖像权、名称权等。

身份权关系是指基于权利主体一定的身份而产生的关系,如因血缘、婚姻等身份而产生的扶养权、赡养权、监护权;因作者、发明者的身份而产生的署名权、发表权等。

人身关系在法律上表现为人身权利,虽然没有直接的经济内容,但与财产关系紧密相关,往往是财产关系产生的前提条件。因此,我国民法在调整平等主体之间的财产关系的同时,也调整着一定的人身关系。

(三) 民事法律关系

民事法律关系，指根据民事法律规范确立的以民事权利义务为内容的社会关系，是由民事法律规范调整而形成的社会关系。

人在社会生活中必然会结成各种各样的社会关系，这些社会关系受各种不同的规范调整。其中由民法调整形成的社会关系就是民事法律关系。因此，民事法律关系是民法调整的社会关系在法律上的表现。民事法律规范调整平等主体之间的财产关系和社会关系，也就是规定出现某种法律事实即发生某种法律后果，该法律后果即是在当事人之间产生的民事法律关系。

1. 民事法律关系的主体

民事法律关系的主体简称为民事主体，是指参与民事法律关系享受民事权利和负担民事义务的人。凡法律规定可成为民事主体的，不论其为自然人还是组织，都属于民法上的"人"。因此，自然人、法人和其他组织都为民事主体。国家也可以成为民事主体，例如，国家是国家财产的所有人，是国债的债务人。

（1）自然人。

自然人是与法人相对的法律概念，是基于自然出生而依法在民事上享有权利和承担义务的个人。自然人是在自然状态之下而作为民事主体存在的人，是抽象的人的概念，代表着人格，代表其有权参加民事活动，享有权利并承担义务。

公民属于政治学或公法上的概念，具有某一特定国家国籍的自然人叫做公民。所有的公民都是自然人，但并不是所有的自然人都是某一特定国家的公民。自然人还包括外国人和无国籍人。

① 自然人的民事权利能力。自然人的民事权利能力，是自然人成为民事主体，享受民事权利和承担民事义务的资格。我国《民法通则》第10条明确规定："公民的民事权利能力一律平等。"

A. 自然人民事权利能力的开始。

我国《民法通则》第9条规定："公民从出生时起到死亡时止，具有民事权利能力，依法享有民事权利，承担民事义务。"即自然人的民事权利能力始于自然人出生，并为自然人终身享有。

在我国，自然人民事权利能力开始的时间，以婴儿活着并离开母亲身体的时间为准。对此，我国最高人民法院《关于贯彻执行〈中华人民共和国民法通则〉若干问题的意见》第1条明确规定："公民的民事权利能力自出生时开始。出生的时间以户籍证明为准。没有户籍证明的，以医院出具的出生证明为准。没有医院证明的，参照其他有关证明认定。"

尚未出生的自然人（胎儿）不具备民事权利能力，不能享受民事权利、承担民事义务。

但是，为了使胎儿出生后的利益能够得到保护，我国《继承法》第28条规定："遗产分割时，应当保留胎儿的继承份额。胎儿出生时是死体的，保留的份额按照法定继承办理。"

B. 自然人民事权利能力的终止。

自然人的民事权利能力至自然人死亡时终止。

在民法上，自然人的死亡包括自然死亡和宣告死亡。

自然死亡又称生理死亡或绝对死亡，指自然人生命的结束。在我国，自然人死亡的时间一般应以自然人心脏停止跳动的时间为准。确定自然人死亡的时间对于继承关系具有重要的法律意义，对此，应以户籍簿登记的死亡时间予以认定。但户籍簿登记的死亡时间与自然人实际死亡的时间不一致时，应以实际死亡时间为准。

宣告死亡又称推定死亡或相对死亡，是法律对于长期失踪的自然人已经死亡的一种推定。宣告死亡产生与自然死亡相同的法律后果。

② 自然人的民事行为能力。自然人的民事行为能力是自然人以自己的行为设定民事权利义务的资格，即自然人依法独立进行民事活动的资格。

我国《民法通则》将自然人的民事行为能力分为三类。

A. 完全民事行为能力。

具有完全民事行为能力的自然人，可以独立地实施法律规定自然人有权实施的一切民事行为。根据我国《民法通则》的规定,年满十八周岁的自然人具有完全民事行为能力。此外,年满十六周岁、不满十八周岁,以自己的劳动收入为主要生活来源的自然人视为完全民事行为能力人。

B. 限制民事行为能力。

限制民事行为能力是指当事人的民事行为能力不完全,在法定范围内,当事人具有民事行为能力,可以独立地实施民事行为;但在法定范围之外,其民事行为能力有所欠缺,不能独立地实施民事行为。

在我国,限制民事行为能力人包括年满十周岁但不满十八周岁的自然人和不能完全辨认自己行为的精神病人,以及对比较重要的民事行为缺乏判断能力和自我保护能力,并且不能预见其行为后果的患痴呆症的人。

C. 无民事行为能力。

无民事行为能力是指无完全不具有以自己的独立行为从事民事行为活动的资格。无民事行为能力人,只对与其认识能力、行为能力相适应的民事行为承担责任,其他民事行为对其不产生法律上的后果。一般包括:幼年人;不能独立处理自己事务、经法院宣告为丧失行为能力的精神病患者。

《中华人民共和国民法通则》规定,不满10周岁的未成年人以及不能辨认自己行为的精神病人为无民事行为能力人,由他的法定代理人代理民事活动。同时规定,无行为能力人的监护人是他的法定代理人。

(2) 法人。

法人是具有民事权利能力和民事行为能力,依法独立享有民事权利和承担民事义务的组织。简言之,法人是具有民事权利主体资格的社会组织。

① 法人具备的条件。根据《民法通则》第37条规定,法人必须同时具备四个条件,缺一不可。

A. 依法成立。

即法人必须是经国家认可的社会组织。在我国,成立法人主要有两种方式:一是根据法律法规或行政审批而成立,如机关法人一般都是由法律法规或行政审批而成立的;二是经过核准登记而成立,如工商企业、公司等经工商行政管理部门核准登记后,成为企业法人。

B. 有必要的财产和经费。

法人必须拥有独立的财产,作为其独立参加民事活动的物质基础。独立的财产,是指法人对特定范围内的财产享有所有权或经营管理权,能够按照自己的意志独立支配,同时排斥外界对法人财产的行政干预。

C. 有自己的名称、组织机构和场所。

法人的名称是其区别于其他社会组织的标志符号。名称应当能够表现出法人活动的对象及隶属关系。经过登记的名称,法人享有专用权。法人的组织机构即办理法人一切事务的组织,被称作法人的机关,由自然人组成。法人的场所是指从事生产经营或社会活动的固定地点。法人的主要办事机构所在地为法人的住所。

D. 能够独立承担民事责任。

指法人对自己的民事行为所产生的法律后果承担全部法律责任。除法律有特别规定外,法人的组成人员及其他组织不对法人的债务承担责任,同样,法人也不对除自身债务外的其他债务承担民事责任。

② 法人的分类。法人的分类有如下几种。

A. 公法人与私法人。

依公法(如行政法)设立的法人为公法人,依私法(如民法)设立的法人为私法人。公法人主要指国家机构和地方自治团体,其他法人一般为私法人。

B. 社团法人与财团法人。

社团法人是人的集合体,其存在的基础是参加社团的人(社员、会员或股东)。社团法人多以营利为目的,但也可从事公益事业。财团法人是财产的集合体,其存在的基础是为一定目的而集合起来的财产。财团法人没有组织成员,只有来源于捐献的财产,如各慈善团体、基金会等。

C. 营利法人与公益法人。

以营利为目的的法人为营利法人,如公司、银行等。以公益为目的的法人为公益法人,如工会、农会、商会等。

根据《民法通则》第50条的规定,非企业法人又分为以下几类:机关法人、事业单位法人、社会团体法人。其中社会团体法人是指人民群众按照法定程序自愿组织起来进行非生产经营活动的一类社会组织,如工会、妇联、学联、各种学会及研究团体等。

2. 民事法律关系的内容

民事法律关系的内容是指民事主体在民事法律关系中所享有的权利和承担的义务,亦即当事人之间的民事权利和义务。民事权利是民事法律规范赋予民事主体满足其利益的法律手段。民事义务是指民事法律关系的义务主体为满足权利主体法律上的利益,依法应当为一定行为或不为一定行为的约束。权利和义务相互对立,又相互联系。权利的内容是通过相应的义务来表现的,义务的内容是由相应的权利来限定的。

民事权利可以按照不同的标准进行分类。

(1) 根据民事权利的客体有无财产价值可以分为财产权与人身权。

(2) 根据民事权利效力所涉及的范围可以分为绝对权与相对权。

(3) 主权利与从权利。

除此之外,有的民事法律关系的客体还可以是某种民事权利(如权利质押关系的客体是权利)或者民事义务(如债务移转合同的客体即是被移转的债务)。

(四) 民事法律行为

称谓严格的"法律行为",中国民法称为民事法律行为,是指公民或法人(民事主体)设立、变更、终止民事权利和民事义务的合法行为。

1. 民事法律行为的特征

(1) 民事法律行为以当事人的意思表示为要素。一个完整的民事法律行为,是由一些基本因素(要素)构成的。其中最重要的基本因素有三个:一是行为人;二是标的,即一定的内容;三是意思表示,而意思表示是最重要的基本因素。

(2) 民事法律行为以发生一定的民事后果为要素。这里的民事后果是指民事权利义务的产生、变更或者消灭。民事法律行为的这一特征由两个层次的内容所构成:①民事法律行为是行为人以引起预期的民事后果为目的而自愿实施的行为。②民事法律行为是合法行为。民事法律行为之所以能够引起行为人预期的法律效果,其根本原因就在于民事法律行为具有合法性质。

2. 民事法律行为的成立条件

根据我国《民法通则》第55条的规定,民事法律行为的成立应当具备以下条件。

(1) 行为人具有相应的民事行为能力。

具体而言,无民事行为能力的自然人应由其法定代理人代为实施民事法律行为;限制民事行为能力的自然人只能独立实施与其年龄、智力相适应的民事法律行为,其他民事法律行为的实施须经法定代理人的同意。

法人组织的民事行为能力范围与其民事权利能力范围一致。法人组织超越其经工商登记核准的营业范围实施民事行为,即不具备民事行为能力。但为了保护交易安全,我国合同法规定,法人组织超越经营范围订立的合同,如相对人为善意,即不知道法人组织的行为超越其经营范围的,该合同为有效。但法人组织超越经营范围实施的行为如果属于法律禁止从事或限制从事的经营活动,则其实施的行为无效。

(2) 意思表示真实。

民事法律行为是行为人自愿实施并且能够引起其预期的法律后果的行为。意思表示真实,是民事法律行为成立的必备条件。

民事法律行为的法律效果是由法律赋予的。因此,民事法律行为的内容不得违反法律的禁止性规定,不得违背社会公共利益。法律的禁止性规定,是法律为保护社会公共利益及他人的合法利益,就行为人不得实施的行为所作的规定。

3. 民事行为能力

民事行为能力,指民事主体能够以自己的行为参加民事活动,享有民事权利,承担民事义务的地位和资格。

根据自然人认识问题和判断问题的能力,将自然人分为三个阶段:已满18周岁的人,称为完全民事行为能力人;不满十周岁的人,称为无民事行为能力人;已满10周岁、不满18周岁的人,称为限制民事行为能力人。

完全民事行为能力人具有完全民事行为能力,能够完全认识和判断自己民事行为的后果,因此应对自己行为的后果承担法律责任。无民事行为能力人,只对与其认识能力、行为能力相适应的民事行为承担责任,其他民事行为对其不产生法律上的后果。限制民事行为能力人只能进行与其行为能力相适应的民事活动。

《中华人民共和国民法通则》规定:10周岁以上的未成年人是限制民事行为能力人,可以进行与他的年龄、智力相适应的民事活动;其他民事活动由他的法定代理人代理,或者征得他的法定代理人同意。该法还规定:不能完全辨认自己行为的精神病人是限制民事行为能力人,可以进行与他的精神状况相适应的民事活动;其他民事活动由他的法定代理人代理,或者征得他的法定代理人同意。

4. 无效民事行为

无效民事行为,从行为开始起就没有法律约束力。下列为无效民事行为。

① 无民事行为能力人实施的民事行为(其中,无民事行为能力人所为的纯获利民事行为有效,其他民事行为要经过其代理人的追认,因此可视为效力待定的民事行为);

② 限制民事行为能力人依法不能独立实施的(限制民事行为能力人依法不能独立实施的民事行为需要经过其法定、指定代理人的追认,在未追认期间效力待定);

③ 一方以欺诈、胁迫的手段或者乘人之危,使对方在违背真实意思的情况下所为的(其中,一方以欺诈、胁迫手段损害国家、集体利益的行为确定无效,损害个人利益的行为为可变更或者撤销的民事行为);

④ 恶意串通,损害国家、集体或者第三人利益的;

⑤ 违反法律或者社会公共利益的;

⑥ 经济合同违反国家指令性计划的;

⑦ 以合法形式掩盖非法目的的。

(五) 代理

代理是指代理人在代理权限内,以被代理人的名义实施民事法律行为,由此产生的民事权利、民事义务由被代理人享有和承担。

民法上的代理是指代理人在代理权限范围内,以被代理人名义与第三人为民事法律行为,从而对被代理人直接发生权利义务的行为。例如,甲委托乙代其购买某种物品,乙即以甲的名义与丙订立该种物品的买卖合同,由此而产生的合同权利义务,直接由甲承受。这里,甲是被代理人(又称"本人"),乙是代理人,丙是第三人(又称"相对人")。

代理人以被代理人的名义在代理权限内直接对被代理人进行发生效力的法律行为,包括民事代理、诉讼代理以及其他具有法律意义的行为,如纳税。

1. 代理的分类

依产生的根据不同,分为委托代理、法定代理、制定代理。

(1) 委托代理,又称意定代理,即代理人依照被代理人授权进行的代理;

(2) 法定代理,即根据法律直接规定而产生代理权的代理,如父母对未成年子女的代理;

(3) 指定代理,即代理人依照有关机关的指定而进行的代理,如在民事诉讼中,当事人一方为无行为能力人或限制行为能力人而没有法定代理人;或法定代理人之间相互推诿;或法定代理人与被代理人之间有利害冲突的,由法院另行指定代理人的代理。由于有关机关也是根据法律规定而指定代理,所以它实际上属于法定代理的范畴。

依代理人的人数,可分为一人代理或数人共同代理。除法律另有规定或被代理人另有意思表示外,数人共同代理时应当共同负责。依授权人的不同,又可分为代理及复代理。复代理指代理人在必要时将他代理事项的一部或全部转托他人代理,又称再代理。复代理人不是代理人的代理人,而是被代理人的代理人,他是以被代理人的名义为法律行为,其所为行为的法律后果直接由被代理人承受。复代理人的代理权限不能超过原代理人的权限。代理人为了保护被代理人的利益,需要转托他人复代理时,应当取得被代理人的同意;如在不得已的情况下,不能事先取得被代理人的同意时,事后应及时通知被代理人。如果被代理人不同意,代理人应对复代理人的行为负民事责任,但在紧急情况下,为了保护被代理人的利益而转托他人代理的除外。

2. 代理权和代理证书

代理人进行代理必须有代理权。代理证书是证明代理人有代理权的文件。在委托代理中,授权委托书是代理证书。授权委托书应载明代理人姓名、代理的事项和权限、有效期限和委托日期,并由被代理人签名或盖章。法律规定授权委托书需要公证或认证的,必须经过公证机关公证或有关机关证明。在法定代理中,代理人的身份证明文件就是代理证书。在指定代理中,有关机关的指定书(如法院指定诉讼代理人的裁定书)也就是代理证书。

无代理权而以他人的名义为法律行为称为无权代理。产生无权代理的原因很多,如未经授权,代理行为超越代理权限的范围中超越部分的代理、原代理权已消灭等。无权代理如经被代理人追认时有追溯力,代理即自始有效,无权代理即成为有效代理;如未经被代理人追认,则无权代理人应自己承担法律后果。未经追认的无权代理行为所造成的损害,由无权代理人承担赔偿责任。

二、物权法

(一) 物权法

物权法是确认财产、利用财产和保护财产的基本法律,是调整财产关系的重要法律。物权法通俗地说就是一个国家的基本财产法。

物权法最重要的任务就是界定产权,实际上就是要解决三个问题:

(1)"物"是谁的。

(2)对物享有什么样的权利,其他的人有什么样的义务。

(3)怎样保护物权,侵害物权的人要承担什么样的法律责任。

在国外,很多国家都有物权法,在德国,有关物权的法律得到了民众的广泛认同,一旦侵犯他人物权,将受到严厉处罚,这部法律对规范市场行为、吸引投资起到了促进作用,也为德国市场经济的有序运行提供了保障。而加拿大,尽管没有专门的物权法,但是他们的整个法律系统中,将物权分成不同的层次和种类,并分别用刑法、民法、著作权法、个人财产法和土地征用法等法律加以保护,对侵犯他人权益的行为进行惩罚。

(二) 我国的物权法

在我国,物权法是调整物权关系的基本准则,是所有制关系的法律体现。物权法是市场经济的基本法律,物权法有广义和狭义之分。狭义的物权法指集中调整物权关系的法典,即《中华人民共和国物权法》;广义的物权法除含狭义的物权法外,还包括散见于其他法律中有关物权关系的条款。我国的许多法律都规定有物权关系,这些法律共同构成广义的物权法。

《中华人民共和国物权法》是为了维护国家基本经济制度,维护社会主义市场经济秩序,明确物的归属,发挥物的效用,保护权利人的物权,根据宪法制定的法规。由第十届全国人民代表大会第五次会议于2007年3月16日通过,自2007年10月1日起施行。

(三) 物与物权

物权法是规范财产关系的民事基本法律。物权法上讲的物,主要指不动产和动产。不动产是指土地以及房屋、林木等土地附着物;动产是指不动产以外的物,比如汽车、电视机等。

以物与物之间是否具有从属关系为标准,可以把物区分为主物和从物。凡两种以上的物互相配合、按一定经济目的组合在一起时,起主要作用的物为主物;配合主物的使用而起辅助作用的物为从物。区分主物与从物,其意义在于:当事人没有特别约定时,对主物的处分及于从物。

物权是指权利人依法对特定的物享有直接支配和排他的权利,包括所有权、用益物权和担保物权。或者说,指自然人、法人直接支配不动产或者动产的权利。制定物权法,对明确物的归属,充分发挥物的效用,维护经济秩序,促进社会主义现代化建设,具有重要意义。

(四) 财产所有权

财产所有权是指所有人依法对自己的财产享有占有、使用、收益和处分的权利,包括占有权、使用权、收益权和处分权四项权能。

所有权意味着人对物最充分、最完全的支配,是最完整的物权形式。财产所有权在本质上是一定社会的所有制形式在法律上的表现。

财产所有权制度构成了民事法律制度的基石。我国《民法通则》对财产所有权作出了明确的规定。其中,财产所有权的类型主要包括国家所有权、劳动群众集体组织所有权、社会团体所有权和公民个人所有权。

1. 财产所有权的种类

所有权的种类就是指所有权的不同类型,所有权的种类是对所有制形式的反映。在我国,所有权的形式主要有国家所有权、集体组织所有权和公民个人所有权。这是我国现阶段财产所有权的三种基本形式。

(1) 国家所有权。

社会主义国家所有权作为社会主义条件下一种所有权形式,是国家对国有财产的占有、使用、收益和处分的权利,国家所有权本质上是社会主义全民所有制在法律上的表现。国家所有权作为一种法律关系,它是在全民所有制基础上,由特定的权利主体(国家)和不特定的义务主体(任何公民和法人)之间组成的权利和义务关系。

在确认和保护国家所有权方面,我国民法起着极为重要的作用。民法不仅确认国家所有权和全民所有制企业的经营权,明确国家和企业对国有财产享有的财产权利的内容,规定国家所有权的客体范围和行使国家所有权的一般准则,而且以其特有的方法保护着国有财产的完整,保障着国有财产的增值。运用民法的债权制度,保护在国有资产之上形成的债权关系;运用不履行债的责任方式,督促义务人履行义务和保障国家财产权利的实现,也是保护国有财产的重要措施。

(2) 集体组织所有权。

我国宪法规定,中华人民共和国的经济制度是生产资料的社会主义公有制,即全民所有制和劳动群众集体所有制,集体所有制经济是我国公有制经济的重要组成部分。

在我国,劳动群众集体组织所有权没有全国性的统一的主体。各个劳动群众集体组织都是独立的集体所有权的主体。它们相互之间是平等的相互合作关系,集体组织应该是具有法人资格的主体。劳动群众集体组织所有权不同于各种非法人团体的财产权。

民法通则第74条规定:"集体所有的财产受法律保护,禁止任何组织或者个人侵占、哄抢、私分、破坏或者非法查封、扣押、冻结、没收"。任何单位和个人不得非法干预集体组织的内部事务,不得以任何借口平调、挪用、侵吞或私分集体所有制企业的资金、利润、厂房、设备、原材料产品等一切资产,不得无偿调动集体所有制企业的劳动力。对于侵犯集体所有制企业的合法权益的行为,企业有权予以抵制,或依法提起诉讼和提出请求。

(3) 社会团体所有权。

社会团体所有权是指各类社会团体对其财产享有的占有、使用、收益和处分的权利。在我国,社会团体种类很多,包括人民群众团体、社会公益团体、文艺团体、学术研究团体、宗教团体等。我国民法通则第77条规定:"社会团体包括宗教团体的合法财产受法律保护。"任何组织和个人都不得随意侵占、破坏社会团体的合法财产。

社会团体在行使所有权时,必须遵循国家的法律和政策,不得超越登记批准的业务范围及活动地区进行活动。

(4) 公民个人所有权。

公民个人所有权是公民依法享有的占有、使用、收益和处分其生产资料和生活资料的权利,是公民个人所有制在法律上的表现。在我国,公民个人所有权分为两类:公民个人生产资料所有权和公民个人生活资料所有权。

我国民法通则第75条规定:"公民的合法财产受法律保护,禁止任何组织或个人侵占、哄抢、破坏或者非法查封、扣押、冻结、没收。"公民依法对其所有的生产资料和生活资料享有完全的占有、使用、收益和处分的权利。公民在法律规定的范围内行使其生产资料所有权,从事正当的生产经营活动,或利用其生活资料满足个人的需要,都受法律的保护。任何单位和个人都不得以任何方式无偿平调公民的财产。对于各种非法摊派和收费,公民有权予以拒绝。公民在其所有权受到侵犯时,有权要求侵权行为人停止侵害、返还财产、排除妨害、恢复原状、赔偿损失,或依法向人民法院提起诉讼。

2. 财产所有权的内容

财产所有权的权能包括占有、使用、收益和处分。

(1) 占有。

占有是指所有人对物的实际控制的事实状态。占有权即对所有物加以实际管领或控制的权利。

所有权的占有权既可以由所有人自己行使,也可以由他人行使。在民法理论和司法实践中通常把占有分成不同的种类,以区分不同的占有状态。

① 所有人占有和非所有人占有。所有人占有即所有人在行使所有权过程中亲自控制自己的财产。非所有人占有则指所有人以外的其他人实际控制和管领所有物。

② 合法占有和非法占有。这是对非所有人占有的进一步分类。合法占有是指基于法律的规定或所有人的意志而享有的占有权利;非法占有则指无合法依据亦未取得所有人同意的占有。

③ 善意占有和恶意占有。这是对非法占有的再分类。善意占有是指非法占有人在占有时不知道或不应当知道其占有为非法;恶意占有则指非法占有人在占有时已经知道或应当知道其占有为非法。

(2) 使用。

使用权是指依照物的属性及用途对物进行利用从而实现权利人利益的权利。

所有人对物的使用是所有权存在的基本目的,人们通过对物的使用来满足生产和生活的基本需要。所有人在法律上享有当然的使用权,另外,使用权也可依法律的规定或当事人的意思移转给非所有人享有。

(3) 收益。

收益是指民事主体通过合法途径收取物所生的物质利益。收益权即民事主体收取物所生利益的权利。

在民法上,物所生利益主要指物的孳息。孳息包括天然孳息和法定孳息两类。天然孳息是指因物的自然属性而生之物,如母牛所生牛仔;法定孳息是指依一定的法律关系而生之利益,如股票的股息。

天然孳息在没有与原物分离之前,由原物所有人所有;法定孳息的取得则需依据一定的法律规定进行。

(4) 处分。

处分权是指所有人依法处置物的权利。

处分包括事实上的处分和法律上的处分。事实上的处分是指通过一定的事实行为对物进行处置,如消费、加工、改造、毁损等;法律上的处分是指依照法律的规定改变物的权利状态。如转让、租借等。

处分权是所有权内容的核心,是拥有所有权的根本标志,是决定物之命运的一项权能。因此,在通常情况下,处分权均由所有人来行使,但在特殊情况下,处分权可以基于法律的规定和所有人的意志而与所有权分离,如国有企业依法处分国有财产。

占有、使用、收益、处分一起构成了所有权的内容。但在实际生活中,占有、使用、收益、处分都能够且经常地与所有人发生分离,而所有人仍不丧失对于财产的所有权。

三、合同法

(一) 什么是合同法

合同法是调整平等主体之间的交易关系的法律,它主要规范合同的订立、合同的效力、合同的履行、变更、转让、终止、违反合同的责任及各类有名合同等问题。在我国,合同法并不是一个独立的法律部门,而只是我国民法的重要组成部分。

合同法在为经济交易关系提供准则,保护合同当事人的合法权益,维护正常的交易秩序等方面具有重大意义,一部好的合同法能够促进一国经济的发展。

(二) 我国的合同法

我国统一的合同法颁布以前,调整交易关系的法律是"三足鼎立"的局面,即由《经济合同法》《涉外经济合同法》《技术合同法》三部合同法分别进行调整,再加上一系列的有关合同的行政法规。1981年12月,第五届全国人大第四次会议通过了《中华人民共和国经济合同法》,该法共分7章,57条,对经济合同的基本规则作出了一些规定。这是我国第一部专门的合同立法,标志着我国合同立法开创了一个新的历史时期,对促进我国刚刚启动的改革开放和社会主义商品经济的发展起到了重要作用。1985年,为适应我国对外贸易的需要,第六届全国人大第十次常委会通过了《中华人民共和国涉外合同法》,该法的通过也是我国合同立法的一项重要立法成果。1986年4月12日,第六届全国人大第四次会议通过了《中华人民共和国民法通则》,该法确认了民事活动的最基本准则,并且极大地完善了我国合同立法。其中关于民事法律行为和代理、债权、民事责任等制度的规定对合同法具有重要指导意义,成为合同法的主要渊源和基本规则。1987年6月,第六届全国人大第二十一次常委会通过了《中华人民共和国技术合同法》。至此,我国合同立法形成了三大合同法相互并存、一系列合同法规和规章同时存在的格局。

《经济合同法》《涉外经济合同法》和《技术合同法》的历史作用是不可低估的,但由于立法当时的各种主观和客观条件的限制,随着我国经济体制和经济关系发生的巨大变化,日益显现出它们与新的情况不相适应,很多条文规定或带有较明显的计划经济的痕迹(如强调经济合同的计划性),或过于原则与笼统而缺乏操作性(三部合同法加在一起,条文才154条),或相互之间交叉、重复、矛盾,或存在重大的遗漏之处,对很多新型的合同类型没有规定(如融资租赁合同、委托合同、居间合同、行纪合同等)。因此,迫切需要将三大合同法及有关合同的法规、规章统一起来,制定成一部体系完整、内容全面、符合中国国情的统一的合同法。1993年,在全国人大常委会通过《关于修改经济合同法的决定》后不久,全国人大常委会法制工作委员会根据第八届全国人大常委会的立法规划,着手新合同法的起草工作。经过大量的立法调研工作,法制工作委员会组织法律专家和实际工作者起草的新合同法征求意见稿于1997年5月印发各省、自治区、直辖市和中央部门以及法律院校和科研单位征求意见。根据各方面的意见,对征求意见稿进行了修改,形成了新合同法草案,提请第九届全国人大常委会审议,第九届全国人大常委会第四、第五、第六、第七次会议上,四次对合同法草案进行了审议,在此期间全国人大常委会还将新合同法草案在报纸上公布,在全国范围内广泛征求各方面的意见。1999年3月15日,第九届全国人大第二次会议通过了《中华人民共和国合同法》,根据该法第428条,该法于1999年10月1日生效,同时,《中华人民共和国经济合同法》《中华人民共和国涉外经济合同法》《中华人民共和国技术合同法》废止。

新的《合同法》的产生,是我国在合同立法上的一个里程碑,它必将为我国的市场交易提供良好的规则,大大地保护合同当事人的利益,并最终促进我国经济的发展。

(三) 什么是合同

合同是指平等主体的双方或多方当事人(自然人或法人)关于建立、变更、消灭民事法律关系的协议。此类合同是产生债的一种最为普遍和重要的根据,故又称债权合同。《中华人民共和国合同法》所规定的经济合同,属于债权合同的范围。合同有时也泛指发生一定权利、义务的协议,又称契约。

合同具有以下法律特征。

(1) 合同是双方的法律行为,即需要两个或两个以上的当事人互为意思表示(意思表示就是将能够发生民事法律效果的意思表现于外部的行为);

(2) 双方当事人意思表示须达成协议,即意思表示要一致;

(3) 合同系以发生、变更、终止民事法律关系为目的;

(4) 合同是当事人在符合法律规范要求条件下而达成的协议,故应为合法行为。

合同一经成立即具有法律效力,在双方当事人之间就发生了权利、义务关系;或者使原有的民事法律关系发生变更或消灭。当事人一方或双方未按合同履行义务,就要依照合同或法律承担违约责任。

(四) 合同的订立

《合同法》第 2 条中规定:"合同是平等主体的自然人、法人、其他组织之间设立、变更、终止民事权利义务关系的协议。"既然合同为一种协议,就须由当事人各方的意思表示一致即合意才能成立。当事人为达成协议,相互为意思表示进行协商到达成合意的过程也就是合同的订立过程。《合同法》第 13 条规定:"当事人订立合同,采取要约、承诺方式。"依此规定,合同的订立包括要约和承诺两个阶段,当事人为要约和承诺的意思表示均为合同订立的程序。

合同的订立是指两方以上当事人通过协商而于互相之间建立合同关系的行为。合同的订立是合同双方动态行为和静态协议的统一,它既包括缔约各方在达成协议之前接触和洽谈的整个动态的过程,也包括双方达成合意、确定合同的主要条款或者合同的条款之后所形成的协议。前者如要约邀请、要约、反要约等等,包括先合同义务和缔约过失责任;后者如承诺、合同成立和合同条款等。

1. 订立合同的形式

合同的形式,又称合同的方式,是当事人合意的表现形式。

《合同法》第 10 条规定,"当事人订立合同,有书面形式、口头形式和其他形式。法律、行政法规规定采用书面形式的,应当采用书面形式。当事人约定采用书面形式的,应当采用书面形式。"

(1) 口头形式。

口头形式,是指当事人只用口头语言为意思表示订立合同,而不用文字表达协议内容的形式。口头形式在日常生活中经常被采用。

(2) 书面形式。

书面形式,是指以文字表现当事人所订立的合同的形式。合同书以及任何记载当事人要约、承诺和权利义务内容的文件,都是合同的书面形式的具体表现。《合同法》第 11 条规定,"书面形式是指合同书、信件和数据电文(包括电报、电传、传真、电子数据交换和电子邮件)等可以有形地表现所载内容的形式。"

2. 合同订立的条件

(1) 订约主体存在双方或多方当事人。所谓订约主体是指实际订立合同的人,他们既可以是未来的合同当事人,也可以是合同当事人的代理人,订约主体与合同主体是不同的,合同主体是合同关系的当事人,他们是实际享受合同权利并承担合同义务的人。

(2) 双方当事人订立合同必须是"依法"进行的。所谓"依法"签订合同,是指订立合同要符合法律、行政法规的要求,由于合同约定的是当事人双方之间的权利和义务关系,而权利和义务是依照法律规定所享有和承担的,所以订立合同必须符合法律、行政法规的规定。如果当事人订立的合同违反法律、行政法规的要求,法律就不予承认和保护,这样,当事人达成协议的目的就不能实现,订立合同也就失去了意义。

(3) 当事人必须就合同的主要条款协商一致。即合同必须是经过双方当事人协商一致的。所谓协商一致,就是指经过谈判、讨价还价后达成的相同的、没有分歧的看法。

(4) 合同的成立应具备要约和承诺阶段。要约承诺是合同成立的基本规则,也是合同成立必须经过的两个阶段。如果合同没有经过承诺,而只是停留在要约阶段,则合同未成立。合同是从合同当事人之间的交涉开始,由合同要约和对此的承诺达成一致而成立。

以上只是合同的一般成立条件。实际上由于合同的性质和内容不同,许多合同都具有其特有的成立要件。

3. 合同的成立

(1) 合同成立的概念。

合同的成立是指订约当事人就合同的主要条款达成合意。如前所述,合同的本质是一种合意,合同的成立就是指各方当事人的意思表示一致,达成合意。

合同成立的时间是由承诺实际生效的时间所决定的。

根据《合同法》第 34 条规定,"承诺生效的地点为合同成立的地点",可见,承诺生效地就是合同成立地。

(2) 合同的实际成立。

我国《合同法》规定,法律、行政法规规定或者当事人约定采用书面形式订立合同,当事人未采用书面形式,但一方已经履行主要义务,对方接受的,该合同成立(《合同法》第36条)。采用合同书形式订立合同,在签字或者盖章之前,当事人一方不得以未采取书面形式或未签字盖章为由,否认合同关系的实际存在。

4. 合同的生效

合同的生效,是指已经成立的合同开始发生以国家强制力保障的法律约束力,即合同发生法律效力。

合同的效力主要体现在对当事人的约束力上。合同对当事人的约束力具体体现为权利和义务两方面。

(1) 从权利方面来说,合同当事人依据法律和合同的规定所产生的权利依法受到法律保护。合同的权利包括请求和接受履行的权利、抗辩权、代位权和撤销权,以及在一方不履行合同时所获得补救的权利、诉请强制执行的权利等,当事人因正当行使这些权利而获得的利益,也受到法律的保障。

(2) 从义务方面来说,合同对当事人的约束力表现在两个方面:一方面,当事人根据合同所产生的义务具有法律的强制性。根据《合同法》第60条的规定:"当事人应当按照约定全面履行自己的义务"。当事人拒绝履行和不适当履行义务或随意变更和解除合同,都是对法律的违背,因此在本质上属于违法行为。另一方面,如果当事人违反合同义务则应当承担违约责任。

根据合同相对性的原则,只有合同当事人才能享有基于合同所产生的权利并承担根据合同所产生的义务,而当事人一方只能向对方行使权利并要求其承担义务,不能请求第三人承担合同上的义务,第三人也不得向合同当事人主张合同上的权利和承担合同上的义务。从这个意义上说,合同不具有对第三人的约束力。但依法成立的合同所具有的约束力还包括了排斥第三人的非法干预和侵害的效力。

根据《合同法》的规定,合同的生效应当符合下列条件。

① 当事人具有相应的民事行为能力。《合同法》第9条规定:"当事人订立合同,应当具有相应的民事权利能力和民事行为能力。"

② 意思表示真实。所谓意思表示真实,是指表意人的表示行为应当真实地反映其内心的效果意思。意思表示真实要求表示行为应当与效果意思相一致。

③ 不违反法律和社会公共利益。合同不违反法律,是指合同不得违反法律的强制性规定,也不得规避法律。合同不仅应符合法律规定,而且在内容上不得违反社会公共利益。

5. 违约责任

违约责任也称为违反合同的民事责任,是指合同当事人因不履行合同义务或者履行合同义务不符合约定,而向对方承担的民事责任。违约责任与合同债务有密切联系。

(1) 违约责任的产生是以合同当事人不履行合同义务为条件的。合同义务又称为合同债务,它和违约责任是两个既相互联系又相互区别的概念。债务是责任发生的前提,债务是因,责任是果,无债务则无责任,责任是债务不履行的后果。责任的实现并不以违约当事人的意思为转移,不论违约者是否愿意,均不影响债务的实现。可见责任体现了强烈的国家强制性。正是由于责任制度的存在,才能有效地督促债务人履行债务,并在债务人不履行债务时,给予债权人充分的补救。

违约责任是合同当事人不履行合同义务所产生的责任。如果当事人违反的不是合同义务,而是法律规定的其他义务,则应负其他责任。例如,行为人违反了侵权法所规定的不得侵害他人财产和人身的义务,造成对他人的损害,则行为人应负侵权责任;再如,订约当事人在订约阶段,违反了依诚实信用原则产生的忠实、保密的义务,造成另一方信赖利益的损失,则将产生缔约上的过失责任。所以违反合同义务是违约责任与侵权责任、不当得利返还责任、缔约过失责任等责任相区别的主要特点。

(2) 违约责任具有相对性。如前所述,合同关系具有相对性,由于合同关系的相对性,决定了违约责任的相对性。这种相对性是指违约责任只能在特定的当事人之间即合同关系的当事人之间发生;合同关系以外的人,不负违约责任,合同当事人也不对其承担违约责任。例如,甲乙之间订立了买卖合同,在甲尚未交付标的物之前,该标的物被丙损毁,致使甲不能向乙交付该标的物,甲仍然应当向乙承担违约责任,而不得以标的物不能交付是因为第三人(丙)的侵权行为所致为由,要求免除其违约责任。

(3) 违约责任主要具有补偿性。违约责任的补偿性,是指违约责任旨在弥补或补偿因违约行为造成的损害后果。从中国合同立法的实际情况看,对违约责任性质的认识经过了一个过程,即从当初的以制裁为主演变到现在的以补偿为主。具体说,违反合同的当事人一方承担违约责任,主要目的在于消除由于其违约而给合同履行带来的不利影响,赔偿对方当事人因此所受到的经济损失。违约责任主要应体现补偿性,这符合现代国际立法的发展趋势。例如,约定的违约金或赔偿金不能过高,否则一方当事人有权要求法院减少数额。作为违约责任主要形式的赔偿损失应当主要用于补偿受害人因违约所遭受的损失,而不能将赔偿损失变成为一种惩罚。受害人也不能因违约方承担责任而获得额外的不应获得的补偿。违约责任具有补偿性,从根本上说是平等、等价原则的体现,也是商品交易关系在法律上的内在要求。根据平等、等价原则,在一方违约使合同关系遭到破坏,当事人利益失去平衡时,法律通过违约责任的方式要求违约方对受害人所遭受的损失给予充分的补偿,从而使双方的利益状况达到平衡。

当然,强调违约责任的补偿性不能完全否认违约责任所具有的制裁性。因为违约责任和其他法律责任一样都具有一定的强制性,此种强制性也体现了一定程度的制裁性。在债务人不履行合同时,强迫其承担不利的后果,本身就体现了对违约行为的制裁。正是通过这种制裁性,使得这种责任能够有效地促使债务人履行债务,保证债权实现。

(4) 违约责任可以由当事人约定。违约责任尽管具有明显的强制性特点,但是作为民事责任的一种,仍有一定的任意性,即当事人可以在法律规定的范围内,对一方的违约责任作出事先的安排。根据《合同法》第114条的规定,"当事人可以约定一方违约时应当根据违约情况向对方支付一定数额的违约金,也可以约定因违约产生的赔偿损失额的计算方法"。此外,当事人还可以设定免责条款以限制和免除其在将来可能发生的责任。对违约责任的事先约定,从根本上说是由合同自由原则决定的。此种约定避免了违约发生后确定赔偿损失的困难,有利于合同纠纷的及时解决,也有助于限制当事人在未来可能承担的风险。同时还可以弥补法律规定的不足。但是,承认违约责任具有一定的任意性,并不意味着否定和减弱违约责任的强制性。为了保障当事人设定违约责任条款的公正和合理,法律也要对其约定加以干预。如果约定不符合法律要求,也将会被宣告无效或被撤销。

(5) 违约责任是民事责任的一种形式。民事责任是指民事主体在民事活动中,因实施违法行为而依照民法应承担的民事法律责任。

6. 合同的变更与解除

合同变更指当事人约定的合同的内容发生变化和更改,即权利和义务变化的民事法律行为。合同变更有广义与狭义之分。广义的合同变更是指合同的主体和内容发生变更。合同主体的变更,是指合同债权或者债务的转让,即以新的债权人、债务人代替原来的债权人、债务人,但合同内容并未发生变化;合同内容的变更,是指合同的当事人保持不变,而对合同的内容予以改变。狭义的合同变更就是合同内容的变更,具体来说,是指在合同成立以后,尚未履行或尚未完全履行以前,合同当事人就合同的内容达成修改和补充的协议,或者依据法律规定请求人民法院或仲裁机构变更合同内容。我国《合同法》所称的合同的变更是指狭义上的合同变更,即合同内容的变更。至于合同主体的变更则属于合同转让的范畴。

合同解除是指在合同有效成立以后,当解除的条件具备时,因当事人一方或双方的意思表示,使合同自始或仅向将来消灭的行为,它也是一种法律制度。在适用情况变更原则时,合同解除是指履行合同实在困难,若履行即显失公平,法院裁决合同消灭的现象。这种解除与一般意义上的解除相比,有一个重要的特点,就是法院直接基于情事变更原则加以认定,而不是通过当事人的解除行为。

四、婚姻法

(一) 什么是婚姻法

婚姻法是调整一定社会的婚姻关系的法律规范的总和,是一定社会的婚姻制度在法律上的集中表现。其内容主要包括关于婚姻的成立和解除,婚姻的效力,特别是夫妻间的权利和义务等。从调整对象的性质看,婚姻法既包括因婚姻而引起的人身关系,又包括由此而产生的夫妻财产关系。

婚姻法在各个时代、各个国家的法律体系中处于不同的地位,其编制方法也不尽相同。古代法律多采取诸法合体的形式,不论中国、外国,都没有独立的婚姻法。有关婚姻家庭的规定,一般都包括在内容庞杂的统一法典内。长时期内,婚姻立法不够完备,因此,伦理规范和宗教教义在调整婚姻关系方面起着重要作用。

在资本主义各国法律体系中,婚姻法也不是一个独立的法律部门,而是作为亲属法的组成部分,附属于民法的。在立法形式上,大陆法系各国一般都把亲属法编入民法典。英美法系各国的亲属法,一般是由多数的单行法规构成的,如婚姻法、家庭法、已婚妇女财产法、离婚法等,名称不一,但它们都是该国家民法的组成部分。因为,在资本主义私有制的基础上,婚姻家庭关系实际上是从属于财产关系的。

在社会主义制度下,婚姻家庭关系摆脱了私有财产的支配,它主要是一种存在于特定成员间的人身关系,其中的财产关系只不过是上述人身关系引起的法律后果。因而婚姻法不再附属于民法,而是社会主义法律体系中的一个独立部门。1950年和1980年的《中华人民共和国婚姻法》,虽然条文不多,内容也较简要,但都是全面规定婚姻家庭制度的独立法律。

1. 中华人民共和国的婚姻立法

1950年5月1日公布施行的《中华人民共和国婚姻法》是中华人民共和国颁布的第一部法律。全文分为8章,包括原则、结婚、夫妻间的权利和义务、父母子女间的关系、离婚、离婚后子女的抚养和教育、离婚后的财产和生活及附则,共27条。内容以调整婚姻关系为主,同时涉及家庭关系方面的各种重要问题。"废除包办强迫、男尊女卑、漠视子女利益的封建主义婚姻制度。实行男女婚姻自由、一夫一妻、男女权利平等,保护妇女和子女合法利益的新民主主义婚姻制度",是该法在原则问题上所作的重要规定。为了肃清封建婚姻制度的残余,该法还明确规定禁止重婚、纳妾、收童养媳、干涉寡妇婚姻自由、借婚姻关系索取财物等。

1980年9月10日,第五届全国人民代表大会第三次会议通过了新的《婚姻法》;自1981年1月1日起施行,原婚姻法自新法施行之日起废止。

2001年4月28日,第九届全国人民代表大会常务委员会第二十一次会议通过《关于修改〈中华人民共和国婚姻法〉的决定》,并自公布之日起施行。

2. 婚姻法的基本原则

婚姻法的基本原则既是婚姻家庭法的立法指导思想,又是婚姻家庭法规的基本精神,也是婚姻家庭法操作适用的基本准则,贯穿于婚姻家庭法的始终,集中体现了以婚姻家庭法为主体内容的婚姻家庭制度的本质和特定。

我国婚姻家庭法的基本原则共有五项:婚姻自由;一夫一妻;男女平等;保护妇女、儿童和老人的合法权益;实行计划生育。

为保障这些基本原则及《婚姻法》的贯彻实施,《婚姻法》又做了六项禁止性规定:禁止包办、买卖婚姻和其他干涉婚姻自由的行为;禁止借婚姻索取财物;禁止重婚;禁止有配偶者与他人同居;禁止家庭暴力;禁止家庭成员间的虐待和遗弃。

《婚姻法》还从社会主义法律和道德的一致性、法律的宣言性与导向性作用出发,明确规定夫妻应当互相忠实,互相尊重;家庭成员间应当敬老爱幼,互相帮助,维护平等、和睦、文明的婚姻家庭关系。这不仅仅是婚姻家庭关系的主体相互之间的权利义务,而且是个人对国家、对社会、对家庭的共同责任,具有丰富的法律内涵和道德底蕴。

(二)结婚

结婚,又称婚姻的缔结,是男女双方按照法律的条件和程序确定夫妻关系的一种法律行为。

1. 结婚的条件

(1)男女双方完全自愿。《婚姻法》第5条规定:"结婚必须男女双方完全自愿,不许任何一方对他方加以强迫或任何第三者加以干涉。"

(2)达到法定年龄。《婚姻法》第6条规定:"结婚年龄,男不得早于二十二周岁,女不得早于二十周岁。晚婚晚育应予鼓励。"

2. 结婚的禁止条件

(1) 重婚。

重婚,是指有配偶的人又与他人结婚的违法行为。有配偶的人,未办理离婚手续又与他人登记结婚,即是重婚;虽未登记结婚,但事实上与他人以夫妻名义而公开同居生活的,亦构成重婚。明知他人有配偶而与之登记结婚,或者虽未登记结婚,但事实上与他人以夫妻名义同居生活,也构成重婚。不以夫妻名义共同生活的姘居关系,不能认为是重婚。

(2) 禁止结婚的血亲关系。

《婚姻法》第7条第一项规定:直系血亲和三代以内的旁系血亲禁止结婚。

① 直系血亲。包括父母子女间,祖父母、外祖父母与孙子女、外孙子女间,即父亲不能娶女儿为妻,母亲不能嫁儿子为夫。爷爷(姥爷)不能与孙女(外孙女)婚配,奶奶(姥姥)不能与孙子(外孙子)结合。

② 三代以内旁系血亲。包括:(a)同源于父母的兄弟姊妹(含同父异母、同母异父的兄弟姊妹),即同一父母的子女之间不能结婚。(b)不同辈的叔、伯、姑、舅、姨与侄(女)、甥(女),即叔叔(伯伯)不能和兄(弟)的女儿结婚;姑姑不能和兄弟的儿子结婚;舅舅不能和姊妹的女儿结婚;姨妈不能和姊妹的儿子结婚。

3. 结婚的程序与事实婚姻

结婚除必须符合法律规定的条件外,还必须履行法定的程序。根据法律规定,结婚登记是结婚的必经程序。

《婚姻法》第8条规定:"要求结婚的男女双方必须亲自到婚姻登记机关进行结婚登记。符合本法规定的,予以登记,发给结婚证。取得结婚证,即确立夫妻关系。"未办理结婚登记的,应当补办登记。

事实婚姻,指没有配偶的男女,未进行结婚登记,便以夫妻关系同居生活,群众也认为是夫妻关系的两性结合。

根据最高人民法院的司法解释"新《婚姻登记管理条例》施行之日(1994年10月1日)起未办结婚登记即以夫妻名义同居生活,按非法同居关系对待。"因此,修改后的婚姻法增加规定:符合本法规定的结婚条件,"未办理结婚登记的,应当补办登记。"

4. 无效婚姻

无效婚姻,是指欠缺婚姻成立的法定条件而不发生法律效力的男女两性的结合。

(1) 重婚。婚姻法规定,我国实行一夫一妻的婚姻制度。"有配偶的人与他人以夫妻名义同居生活的,或者明知他人有配偶而与之以夫妻名义同居生活的,仍应按重婚罪定罪处罚。"

(2) 有禁止结婚的亲属关系的。

(3) 婚前患有医学上认为不应当结婚的疾病,婚后尚未治愈的。需要注意的是,第一,婚姻当事人必须是婚前患有医学上认为不应当结婚的疾病;第二,导致婚姻无效的当事人所患的医学上认为不应当结婚的疾病,应当是当事人结婚前患有的,而不是结婚后患上的;第三,婚后尚未治愈。

5. 可撤销的婚姻

可撤销婚姻,是指当事人因意思表示不真实而成立的婚姻,或者当事人成立的婚姻在结婚的要件上有欠缺,通过有撤销权的当事人行使撤销权,使已经发生法律效力的婚姻关系失去法律效力。我国《婚姻法》第11条规定,"因受胁迫结婚的"为可撤销的婚姻。

提出请求撤销婚姻效力的申请需符合以下规定。

(1) 有权提出撤销婚姻效力的申请人只能是因胁迫结婚的被胁迫人。

(2) 受胁迫的一方撤销婚姻的请求,应当自结婚登记之日起一年内提出。被非法限制人身自由的当事人请求撤销婚姻的,应当自恢复人身自由之日起一年内提出。

(三) 家庭关系

夫妻关系在家庭关系中占有重要地位,夫妻关系是家庭关系的基础,没有夫妻关系就不会产生家庭关系。《婚姻法》第13条规定了夫妻关系最基本的原则,即"夫妻在家庭中地位平等。"

1. 夫妻人身关系

(1) 关于姓名权。

姓名权是自然人依法享有的决定、变更和使用自己姓名并排除他人干涉或者非法使用的权利。《民法通则》第99条第1款规定:"公民享有姓名权,有权决定、使用和依照规定改变自己的姓名,禁止他人干涉、盗用、假冒。"

《婚姻法》第14条规定:"夫妻双方都有各用自己姓名的权利。"

(2) 夫妻人身自由权。

《婚姻法》第15条规定:"夫妻双方都有参加生产、工作、学习和社会活动的自由,一方不得对他方加以限制或干涉。"

2. 夫妻财产关系

夫妻财产制,是规定夫妻财产关系的法律制度,包括夫妻婚前财产和婚后所得财产的归属、管理、使用、收益和处分,以及家庭生活费用的负担,夫妻债务的清偿,婚姻终止时夫妻财产的清算和分割等内容,其核心是夫妻婚前财产和婚后所得财产的所有权归属问题。

(1) 夫妻法定财产制。

法定财产制,是指在夫妻婚前或婚后均未对夫妻财产作出约定,或所作约定不明确时,依照法律规定直接适用的夫妻财产制。我国《婚姻法》法定财产制采用的是共同财产制。共同财产制,是指除夫妻个人特有财产外,夫妻在婚姻关系存续期间所得的财产,归夫妻共同所有的财产制。

① 夫妻共同财产。根据《婚姻法》第17条规定:"夫妻在婚姻关系存续期间所得的下列财产,归夫妻共同所有:(a)工资、奖金;(b)生产、经营的收益;(c)知识产权的收益。"

这项规定属于概括性规定。

《婚姻法》第17条第2款规定:"夫妻对共同所有的财产,有平等的处理权。"夫妻共同财产的性质是共同共有,不是按份共有,因此夫妻对全部共同财产,应当不分份额地享有同等的权利,承担同等的义务。

② 夫妻特有财产。夫妻特有财产,也称夫妻保留财产,是指夫妻在实行共同财产制的同时,依照法律规定或夫妻约定,夫妻各自保留的一定范围的个人所有财产。根据产生的原因不同,特有财产可分为法定的特有财产和约定的特有财产。法定的特有财产,是指依照法律规定所确认的夫妻双方各自保留的个人财产。约定的特有财产是夫妻在婚姻关系存续期间分别保留的个人财产,独立于夫妻共同财产之外,夫妻双方对各自的特有财产,享有独立的管理、使用、收益和处分权利,他人不得干涉。

根据《婚姻法》第18条的规定,有下列情形之一的,为夫妻一方的财产:(a)一方的婚前财产。婚前财产是指夫妻在结婚之前各自所有的财产,包括婚前个人劳动所得财产、继承或受赠的财产以及其他合法财产。婚前财产归各自所有,不属于夫妻共同财产。婚前财产属于夫妻个人财产,不能转化为夫妻共同财产,即使在离婚时,也不能作为共同财产进行分割,除非当事人另有约定。(b)一方因身体受到伤害获得的医疗费、残疾人生活补助费等费用。(c)遗嘱或赠与合同中确定只归夫或妻一方的财产。根据《婚姻法》第17条第(四)项的规定,因继承或赠与所得的财产,属于夫妻共同财产。但为了尊重遗嘱人或赠与人的个人意愿,保护公民对其财产的自由处分权,如果遗嘱人或赠与人在遗嘱或赠与合同中明确指出,该财产只遗赠或赠给夫妻一方,另一方无权享用,那么,该财产就属于夫妻特有财产,归一方个人所有。

(2) 夫妻约定财产制。

约定财产制,是指法律允许夫妻用协议的方式,对夫妻在婚前和婚姻关系存续期间所得财产的所有权的归属、管理、使用、收益、处分以及对第三人债务的清偿、婚姻解除时财产的分割等事项作出约定,从而排除或部分排除夫妻法定财产制适用的制度。

根据《婚姻法》第19条的规定,我国夫妻约定财产制的内容主要包括以下几个方面。

第一,约定的条件和方式。夫妻对财产关系的约定需要符合下列要件:①缔约双方必须具有合法的夫妻身份,未婚同居、婚外同居者对财产关系的约定,不属于夫妻财产约定。②缔约双方必须具有完全民事行为能力。③约定必须双方自愿。夫妻对财产的约定必须出于真实的意思表示,以欺诈、胁迫手段或乘人之危使对方在违背真实意思的情况下作出的约定,对方有权请求变更或者撤销。

关于约定的方式,《婚姻法》第19条规定:"约定应当采用书面形式。"

第二,约定的时间和范围。对约定的时间婚姻法未作限制。约定可以在婚前进行也可以在婚后进行。关于约定的范围,"夫妻可以约定婚姻关系存续期间所得的财产以及婚前财产归各自所有、共同所有或部分各自所有、部分共同所有。"

第三,约定的效力。约定的效力,分为对内效力(指夫妻之间)和对外效力(指对第三人)。

① 关于对内效力:"夫妻对婚姻关系存续期间所得的财产以及婚前财产的约定,对双方具有约束力。"夫妻对财产关系的约定,对双方具有约束力,双方按照约定享有财产所有权以及管理权等其他权利,并承担相应的义务。

② 关于对外效力:"夫妻对婚姻关系存续期间所得的财产约定归各自所有的,夫或妻一方对外所负的债务,第三人知道该约定的,以夫或妻一方所有的财产清偿。"

3. 夫妻间的扶养义务

《婚姻法》第 20 条规定:"夫妻有互相扶养的义务。一方不履行扶养义务时,需要扶养的一方,有要求对方付给扶养费的权利。"

4. 家庭中父母与子女之间抚养和赡养义务

《婚姻法》第 21 条规定,父母对子女有抚养教育的义务;子女对父母有赡养扶助的义务。

婚姻法关于抚养与赡养的规定适用于婚生父母子女之间、非婚生父母子女之间、继父母子女之间、养父母子女之间的关系。

5. 子女的姓氏

《婚姻法》第 22 条规定:"子女可以随父姓,可以随母姓。"

根据《中华人民共和国收养法》第 24 条规定,经当事人协商一致,养子女可以保留原姓。同时该条又规定,养子女可以随养父的姓,也可以随养母的姓,这与本条规定是一致的。

6. 父母保护教育未成年子女的权利和义务

《婚姻法》第 23 条规定,父母有保护和教育未成年子女的权利和义务。在未成年子女对国家、集体或他人造成损害时,父母有承担民事责任的义务。

《中华人民共和国未成年人保护法》第 2 条明确规定,未成年人指未满 18 周岁的公民。根据这些法律规定,本条所称的未成年子女是指未满 18 周岁的子女。

7. 夫妻、父母子女之间的相互继承权

《婚姻法》第 24 条规定,夫妻有相互继承遗产的权利。父母和子女有相互继承遗产的权利。

夫妻有相互继承遗产的平等权利,子女有继承父母遗产的平等权利,父母有继承子女遗产的平等权利。在同一亲等中,同一继承顺序中,不论是儿子,还是女儿,也不论是父亲,还是母亲,均有同等的继承权,不因性别的差异而有所区别。

8. 非婚生子女及父母权利和义务

非婚生子女是指没有婚姻关系的男女所生的子女。

《婚姻法》第 25 条规定:"非婚生子女享有与婚生子女同等的权利,任何人不得加以危害和歧视。不直接抚养非婚生子女的生父或生母,应当负担子女的生活费和教育费,直至子女能独立生活为止。"

(四)离婚

1. 协议离婚制度

协议离婚也叫"双方自愿离婚",是指婚姻关系当事人达成离婚合意并通过婚姻登记程序解除婚姻关系的法律制度。

《婚姻法》第 31 条规定,男女双方自愿离婚的,准予离婚。双方必须到婚姻登记机关申请离婚。婚姻登记机关查明双方确实是自愿并对子女和财产问题已有适当处理时,发给离婚证。

2. 诉讼外调解和诉讼离婚

诉讼外调解,其依据来源于《婚姻法》第 32 条规定的"男女一方要求离婚的,可由有关部门进行调解"。但其不是必经程序。

诉讼离婚,是婚姻当事人向人民法院提出离婚请求,由人民法院调解或判决而解除其婚姻关系的一项离婚制度。

(1)诉讼离婚的法院管辖。

依照我国《民事诉讼法》和最高人民法院《关于适用〈中华人民共和国民事诉讼法〉若干问题的意见》,

当事人提起的离婚诉讼,原则上由被告住所地人民法院管辖。但在下述情况下,采用特殊的地域管辖:①被告离开住所地超过一年的,由原告住所地人民法院管辖;双方离开住所地超过一年的,由被告经常居住地人民法院管辖,没有经常居住地的由原告起诉时居住地的人民法院管辖。②被告下落不明或者宣告失踪的,由原告住所地人民法院管辖;原告住所地与经常居住地不一致的,由原告经常居住地人民法院管辖。③被告被劳动教养或者被监禁的,由原告住所地人民法院管辖;原告住所地与经常居住地不一致的,由原告经常居住地人民法院管辖。④非军人对非文职军人提起离婚诉讼由原告住所地人民法院管辖;双方当事人都是军人的,由被告住所地或者被告所在的团级以上单位驻地的人民法院管辖。⑤被告不在中华人民共和国领域内居住的,由原告住所地人民法院管辖;原告住所地与经常居住地不一致的,由原告经常居住地人民法院管辖。⑥中国公民双方在国外但未定居,一方向人民法院起诉离婚的,由原告或者被告原住所地的人民法院管辖。

(2) 诉讼中的调解和判决。

① 诉讼中的调解。《婚姻法》第32条规定:"人民法院审理离婚案件,应当进行调解"。这表明调解是人民法院审理离婚案件的必经程序。

② 判决。调解不能久调不决,对于调解无效的案件,人民法院应当依法判决。判决应当根据当事人的婚姻状况,判决准予离婚或者不准予离婚。

一审判决离婚的,当事人在判决发生法律效力前不得另行结婚。当事人不服一审判决的,有权依法提出上诉。双方当事人在15天的上诉期内均不上诉的,判决书发生法律效力。第二审人民法院审理上诉案件可以进行调解。经调解双方达成协议的,自调解书送达时起原审判决即视为撤销。第二审人民法院作出的判决是终审判决。对于判决不准离婚或者调解和好的离婚案件,没有新情况、新理由,原告在6个月内又起诉的,人民法院不予受理。

(3) 诉讼离婚的条件。

根据《婚姻法》第32条的规定,诉讼离婚的条件是"感情确已破裂,调解无效"。并规定,有下列情形之一,调解无效的,应准予离婚:

① 重婚或有配偶者与他人同居的。有配偶者与他人同居,也称姘居,是指有配偶的人与他人过着隐蔽的同居生活,不以夫妻名义,也无永久共同生活目的的行为。

② 实施家庭暴力或虐待、遗弃家庭成员的。

③ 有赌博、吸毒等恶习屡教不改的。

此外,《婚姻法》还规定:"一方被宣告失踪,另一方提出离婚诉讼的,应准予离婚。"

3. 对离婚的限制性规定

(1) 关于现役军人离婚的特别规定。

《婚姻法》第33条规定,现役军人的配偶要求离婚,须得军人同意,但军人一方有重大过错的除外。

(2) 男方离婚请求权的限制。

《婚姻法》第34条规定,女方在怀孕期间、分娩后一年内或中止妊娠后六个月内,男方不得提出离婚。女方提出离婚的,或人民法院认为确有必要受理男方离婚请求的,不在此限。

法律还规定了该条的另一种例外情形,即在此期间,女方提出离婚的,不受此规定的限制。

4. 离婚的效力

(1) 离婚在身份法上的效力。

离婚导致夫妻身份关系消灭、姻亲关系消灭,但血亲关系仍然存续。离婚后男女双方均享有再婚权,男女双方可以复婚,但必须到婚姻登记机关进行复婚登记(《婚姻法》第35条)。

(2) 离婚在子女抚养教育上的效力。

① 离婚后父母与子女关系。《婚姻法》第36条第1款规定:"父母与子女间的关系,不因父母离婚而消除。离婚后,子女无论由父或母直接抚养,仍是父母双方的子女。"这是离婚后父母子女身份关系在法律上的基本界定。

② 关于离婚后子女的抚养归属。《婚姻法》第36条规定:"离婚后,父母对于子女仍有抚养和教育的

权利和义务。"离婚后,哺乳期内的子女,以随哺乳的母亲抚养为原则。哺乳期后的子女,如双方因抚养问题发生争执不能达成协议时,由人民法院根据子女的权益和双方的具体情况判决。

(3) 离婚后子女抚养费的负担。

根据《婚姻法》第37条的规定,离婚后,一方抚养的子女,另一方应负担必要的生活费和教育费的一部或全部,负担费用的多少和期限的长短,由双方协议;协议不成时,由人民法院判决。关于子女生活费和教育费的协议或判决,不妨碍子女在必要时向父母任何一方提出超过协议或判决原定数额的合理要求。

(4) 探望权。

① 探望的权利与对方的义务。《婚姻法》第38条第1款规定:"离婚后,不直接抚养子女的父或母,有探望子女的权利,另一方有协助的义务。"

② 探望的方式。《婚姻法》第38条第2款规定:"行使探望权利的方式、时间由当事人协议;协议不成时,由人民法院判决。"

③ 对探望权的限制。《婚姻法》第38条第一款规定:"父或母探望子女,不利于子女身心健康的,由人民法院依法中止探望的权利;中止的事由消失后,应当恢复探望的权利。"

(5) 离婚在夫妻财产关系上的效力。

① 离婚后的夫妻共同财产分割。离婚时的财产分割是离婚所产生的法律后果之一。根据《婚姻法》第39条的规定,法律允许夫妻双方在离婚时就财产问题自行协商处理。对于未达成协议的由法院根据具体情况,按照顾子女和女方权益的原则判决。《婚姻法》第47条规定:"离婚时,一方隐藏、转移、变卖、毁损夫妻共同财产,或伪造债务企图侵占另一方财产的,分割夫妻共同财产时,对隐藏、转移、变卖、毁损夫妻共同财产或伪造债务的一方,可以少分或不分。离婚后,另一方发现有上述行为的,可以向人民法院提起诉讼,请求再次分割夫妻共同财产。人民法院对前款规定的妨害民事诉讼的行为,依照民事诉讼法的规定予以制裁。"

② 离婚时的补偿制度。《婚姻法》第40条规定:"夫妻书面约定婚姻关系存续期间所得的财产归各自所有,一方因抚育子女、照料老人、协助另一方工作等付出较多义务的,离婚时有权向另一方请求补偿,另一方应当予以补偿。"

5. 离婚时的过错赔偿制度

《婚姻法》第46条规定,有下列情形之一,导致离婚的,无过错方有权请求损害赔偿:(1)重婚的;(2)有配偶者与他人同居的;(3)实施家庭暴力的。

五、继承法

(一) 什么是继承法

继承法,是指调整因自然人死亡而发生的继承关系的法律规范的总称。继承法是民法的重要组成部分,也是我国社会主义市场经济体制下社会制度的重要组成部分,担负着维护民众的人身权、财产权以及家庭稳定的重要职能。

我国的继承法——《中华人民共和国继承法》(以下简称《继承法》),是1985年4月10日第六届全国人民代表大会第三次会议通过,自同年10月1日施行的我国第一部民事单行法。《继承法》的颁布与实施,使我国的继承法律制度有了较系统、完整的法律,对保护公民财产继承权,增进家庭成员间的互助团结,推动社会经济发展,稳定社会秩序,起到了积极的作用。

(二) 遗产

1. 什么是遗产

遗产是指被继承人死亡时遗留的个人所有财产和法律规定可以继承的其他财产权益,包括积极遗产和消极遗产。积极遗产指死者生前个人享有的财物和可以继承的其他合法权益,如债权和著作权中的财产权益等;消极遗产指死者生前所欠的个人债务。

世界各国民法确定遗产的范围和价值,都是从继承开始时,即被继承人死亡或宣告死亡这一法律事实发生的时间确定的。在中国,一般在继承开始地点(即死亡人最后的住所或主要财产所在地)的继承人,负责通知不在继承地点的其他继承人和遗赠受赠人和遗嘱执行人关于被继承人死亡的事实；保存遗产的人应当负责保管好遗产，不得擅自处理、隐匿和侵吞。如果在继承人中无人知道被继承人死亡，或虽有继承人知道但该继承人无行为能力又无法定代理人进行通知和管理的，则应由被继承人生前所在单位或居住地基层组织或公证机关负责通知和保管遗产。

2. 遗产的构成要件

① 遗产必须是财产（包括消极财产即债务），不能是人身权及身份等，这是由现代继承法作为财产继承而决定的，此与古代社会的宗祧继承制相区别。

② 遗产必须是死者生前所有的合法财产。这里的所有是广义上的所有，既包括作为物权的所有权又包括债权，还包括知识产权、股权等各种财产权利。

③ 遗产必须是专属于死者的财产。有些财产不具有可转让性，因此不得继承。如养老保险金请求权，被保险人死亡后则该种权利归于消灭。

④ 遗产的形态不以死者死亡时遗留下的状态为限，从死者遗留下的财产衍生出的财产或替代财产均为遗产。

3. 遗产的特征

遗产包括以下几项内容。

① 公民的合法收入，如工资、奖金、存款利息、从事合法经营的收入、继承或接受赠予所得的财产。

② 公民的房屋、储蓄、生活用品。

③ 公民的树木、牲畜和家禽。树木，主要指公民在宅基地上自种的树木和自留山上种的树木。

④ 公民的文物、图书资料。公民的文物一般指公民自己收藏的书画、古玩、艺术品等。如果上述文物之中有特别珍贵的文物，应按《中华人民共和国文物保护法》的有关规定处理。

⑤ 法律允许公民个人所有的生产资料，如农村承包专业户的汽车、拖拉机、加工机具等。城市个体经营者、华侨和港、澳、台同胞在内地投资所拥有的各类生产资料。

⑥ 公民的著作权、专利权中的财产权利，即基于公民的著作被出版而获得的稿费、奖金，或者因发明被利用而取得的专利转让费和专利使用费等。

⑦ 公民的其他合法财产，如公民的国库券、债券、股票等有价证券，复员、转业军人的复员费、转业费、公民的离退休金、养老金等。

（三）继承与继承权的概念

继承是指自然人死亡后，由法律规定的一定范围内的人或遗嘱指定的人依法取得死者遗留的个人合法财产的法律制度。

继承权是指继承人依法取得被继承人遗产的权利。继承权的实现以被继承人死亡或宣告死亡时开始。

继承权包括两种含义。

（1）客观意义上的继承权。它是指继承开始前，公民依照法律的规定或者遗嘱的指定而接受被继承人遗产的资格，即继承人所具有的继承遗产的权利能力，享有客观意义上的可能性继承权。

（2）主观意义上的继承权。它是指当法定的条件（即一定的法律事实）具备时，继承人对被继承人留下的遗产已经拥有的事实上的财产权利，即已经属于继承人并给他带来实际财产利益的继承权。这种继承权同继承人的主观意志相联系，继承人不仅可以接受、行使继承权，而且还可以放弃继承权。

（四）法定继承

1. 法定继承的概念

法定继承是指在被继承人没有对其遗产的处理立有遗嘱的情况下，由法律直接规定继承人的范围、继承顺序、遗产分配的原则的一种继承形式。

2. 法定继承人的范围和继承顺序

（1）第一顺序法定继承人。

① 配偶。即有合法婚姻关系的夫或者妻，已经离婚的或者尚未结婚的不是配偶不享有继承权；依据婚姻法的规定构成事实婚姻的相互享有继承权。

② 子女。包括：(a)婚生子女、非婚生子女、养子女和相互之间形成抚养关系的继子女；(b)养子女与其亲生父母相互之间由于没有法律关系所以不具有继承权；(c)继子女与其继父母之间由于形成抚养关系而相互具有继承权的，不影响与其亲生父母之间的继承权。

③ 父母。包括生父母、养父母、有扶养关系的继父母。

丧偶儿媳对公、婆，丧偶女婿对岳父母，尽了主要赡养义务的，作为第一顺序继承人。

(2) 第二顺序法定继承人。

① 兄弟姐妹。兄弟姐妹包括同父母的兄弟姐妹、同父异母或者同母异父的兄弟姐妹、养兄弟姐妹、有扶养关系的继兄弟姐妹。

② 祖父母、外祖父母。

(3) 继承顺序的意义。

① 有第一顺序继承人的，第二顺序继承人不得继承；没有第一顺序继承人或者第一顺序继承人均丧失了继承权或者放弃了继承权，第二顺序继承人继承。

② 同一顺序继承人之间继承权平等，除了例外情形均平等地分配遗产。

(4) 代位继承。

① 代位继承的概念。代位继承是指被继承人的子女先于被继承人死亡的，死亡的子女的晚辈直系血亲代位继承被继承人遗产的制度。

② 代位继承的要件。被代位继承人须是被继承人的子女，包括养子女与形成抚养关系的继子女。A.必须被代位人先于被继承人死亡或宣告死亡。B.代位继承人只能是被代位人的晚辈直系血亲，但是没有代数的限制。C.被代位人必须没有丧失继承权。D.代位继承人只能继承被代位继承人应得的继承份额，代位人为两人以上的，则该两个以上的代位人平均分配被代位人应当继承的那一份遗产。

(5) 转继承。

转继承是指被继承人死亡后遗产分割前继承人又死亡的，由该死亡之继承人的继承人继承其应当继承的份额的法律制度。转继承实际上是发生了两次继承，即先由死亡之继承人继承，然后再根据法律规定或者该死亡之继承人的遗嘱确定其所继承之份额由何人继承。

(6) 法定继承中的遗产分配。

遗产分配原则是同一顺序继承人之间的平等继承，但是有两个例外。

一是同一顺序继承人之间不平等：①对生活特殊困难的缺乏劳动能力的继承人，分配遗产时，应当予以照顾；②对继承人尽了主要抚养义务或者与被继承人共同生活的继承人，在分配遗产时，可以多分；③有抚养能力和有抚养条件的继承人，不尽抚养义务的，分配遗产时，应当不分或者少分。

二是法定继承人以外之人分得遗产：①依靠被继承人抚养的缺乏劳动能力又没有生活来源的人；②对被继承人扶养较多的人。养子女对其亲生父母若尽了主要赡养义务的，可以依据这一规定适当分得其亲生父母的遗产。

(五) 遗嘱继承

与法定继承相对，指按照被继承人所立遗嘱继承其遗产的制度。设立遗嘱指自然人生前对其个人财产所作的处分，而在其死后生效的法律行为。在遗嘱中，自然人可以指定继承人继承其财产的一部或全部，也可以把自己的财产遗赠给国家、集体或其他人。

1. 遗嘱继承的法律特征

(1) 遗嘱是单方法律行为。自然人设立遗嘱不需征得继承人或遗赠受领人的同意，只要本人通过一定形式作出意思表示，即发生法律效力。并且根据本人的意愿，还可变更或撤销所立的遗嘱。

(2) 设立遗嘱必须由本人独立进行。遗嘱不同于一般的法律行为，是自然人生前对其个人财产所作的处分，它可以引起相应的法律后果。因此，必须由遗嘱人本人直接作出意思表示，而不能代理。

2. 遗嘱的有效条件

由于遗嘱是死者生前所作的处分，在他死后才予执行，故应具备必要的条件，才具有法律效力。

(1) 在设立遗嘱时，遗嘱人必须具有遗嘱能力。在国外，遗嘱能力并不等于行为能力，可以是达到一定年龄的未成年人。在中国,一般指行为能力,即达到成年年龄,精神健全,从而具有行为能力;而无行为能力或者行为能力受限制的人所立的遗嘱无效。但如在设立遗嘱后,遗嘱人丧失行为能力,不影响其已经设立的遗嘱的效力。

(2) 遗嘱人的意思表示必须真实。因受威胁、强迫、欺骗所立的遗嘱或伪造、篡改的遗嘱无效。

(3) 遗嘱的内容必须符合法律和社会道德。在中国,凡违背法律规定剥夺未成年人和无劳动能力的继承人的继承权的部分,归于无效。

(4) 遗嘱须具有一定的形式。各国对遗嘱形式都有具体规定,如大陆法系诸国规定了4种形式。

① 自书遗嘱,即由被继承人亲自书写的遗嘱;
② 公证遗嘱,即遗嘱必须经过公证机关公证才能生效;
③ 密封遗嘱,即遗嘱写好后,由被继承人亲自密封,交律师或其他合法保管人保管;
④ 代笔遗嘱,即被继承人授意他人代为书写的遗嘱,并经合法证明属实。

在中国,一般有公证、自书、代书三种形式;在生命垂危或者其他紧急情况下,可以口授遗嘱。口授遗嘱应当有两个以上见证人在场,并由见证人作出书面或口头证明。

3. 遗嘱的变更和撤销

遗嘱人在设立遗嘱以后,由于主客观原因可以依法变更遗嘱的某些具体内容,也可以撤销原立遗嘱的全部内容。遗嘱人变更或者撤销原立遗嘱,一般应当用原立遗嘱的方式、程序进行,也可以用新立遗嘱变更或撤销原立遗嘱。遗嘱人立有数份遗嘱,内容相互抵触的,原则上以最后所立的遗嘱为准。

六、民事诉讼法

(一) 民事诉讼

民事诉讼,是指人民法院在当事人和全体诉讼参与人的参加下,依法审理和解决民事纠纷的活动。民事诉讼是解决纠纷的重要手段之一。在人们的生产、生活和工作中不可避免地会发生各种各样的矛盾和纠纷,如房产纠纷、合同纠纷、继承纠纷、侵权纠纷、名誉权纠纷等。民事诉讼的作用,是通过民事诉讼制度和程序的运用,解决当事人之间的权利义务之争,保障民事主体所应享有和承担的权利义务关系得以实现。与社会生活中解决民事争议的其他方法(如和解、调解、仲裁)相比较,民事诉讼是在国家审判机关的主持下进行的,民事诉讼的进行应当依照严格的诉讼程序和诉讼制度,民事诉讼具有强制性。

民事诉讼法,是国家制定的、规范法院与民事诉讼参与人的诉讼活动,调整法院与诉讼参与人法律关系的法律规范的总和。狭义上的民事诉讼法,是指国家制定的民事诉讼法法典,即《中华人民共和国民事诉讼法》;广义上的民事诉讼法,不仅包括民事诉讼法法典,而且还包括宪法,其他法律、法规中有关民事诉讼的规范,以及最高人民法院作出的有关民事诉讼的规范性文件即司法解释。

(二) 民事诉讼法的基本制度

1. 合议制度

合议制度,是指由三名以上审判人员组成审判组织,代表人民法院对民事案件进行集体审理和裁判的制度。合议制度的组织形式是合议庭。

2. 回避制度

回避制度,是指审判人员和其他有关人员遇有法律规定不宜参加案件审理或参加有关诉讼活动的情形时,退出案件审理活动或有关诉讼活动的制度。

法定的回避情形包括:(1)是本案当事人或者当事人、诉讼代理人的近亲属;(2)与本案有利害关系。

适用回避的人员包括:审判人员(包括审判员和人民陪审员)、书记员、翻译人员、鉴定人、勘验人员等。

3. 公开审判制度

公开审判制度是指人民法院审理民事案件,除法律规定的情况外,审判过程及结果应当向群众、社会公开。

案件是否公开审判,一是决定于法律规定,二是在一定的情形下根据当事人的申请由人民法院决定。法定不公开审理的案件有两类:一是涉及国家秘密的案件,二是涉及个人隐私的案件;根据当事人申请由人民法院决定可以不公开审理的案件也有两类:一是涉及商业秘密的案件,二是离婚案件。

(三)民事诉讼当事人

民事诉讼当事人是指由于民事实体权利义务关系发生纠纷,以自己的名义进行诉讼,并受法院裁判约束的利害关系人。

1. 当事人的称谓

因不同的诉讼阶段和程序而有所不同。在第一审的普通程序和简易程序中,称原告、被告;特别程序中称申请人。在第二审程序中,称上诉人、被上诉人。在再审程序中,适用第一审程序的,称原告、被告;适用第二审程序的,称上诉人、被上诉人。在执行程序中,称申请人、被申请人。

2. 原告和被告

民事诉讼当事人包括原告和被告。以自己的名义提起诉讼,请求法院保护其权益,因而使诉讼成立的人,称为原告;与原告相对的一方,被控侵犯原告权益,需要追究民事责任,并经法院通知其应诉的人,称为被告。不以自己的名义,而以他人名义进行诉讼的人,如诉讼代理人,不是民事诉讼当事人。虽然以自己的名义参与诉讼,但不受法院裁判约束,没有利害关系的人,如证人、鉴定人,也不是民事诉讼当事人。

(四)诉讼管辖

民事诉讼管辖,是指确定上下级人民法院之间和同级人民法院之间受理第一审民事案件的分工和权限。

1. 级别管辖

级别管辖,是指人民法院系统内划分上下级人民法院之间受理第一审民事案件的分工和权限。

(1)基层人民法院管辖第一审民事案件,但民事诉讼法另有规定的除外。

(2)中级人民法院管辖下列第一审案件:(1)重大的涉外案件;(2)在本辖区内有重大影响的案件。

(3)高级人民法院管辖的第一审民事案件为在本辖区内有重大影响的第一审民事案件。

2. 地域管辖

地域管辖,是指确定同级而不同区域的人民法院受理第一审民事案件的分工和权限。

(1)一般地域管辖。

一般地域管辖,是指按照当事人所在地与人民法院辖区的隶属关系所确定的管辖。

① 被告是公民的,由被告的住所地人民法院管辖,被告住所地与经常居住地不一致的,由经常居住地的人民法院管辖。②被告是法人或其他组织的由被告住所地法院管辖。

(2)特殊地域管辖。

根据诉讼标的中所涉及的法律事实所在地、争议的标的物所在地、被告住所地与法院辖区之间的隶属关系确定的管辖。

3. 协议管辖

合同的双方当事人可以在书面合同中协议选择被告住所地、合同履行地、合同签订地、原告住所地、标的物所在地人民法院管辖,但不得违反民事诉讼法对级别管辖和专属管辖的规定。

4. 专属管辖

专属管辖具有强制性和排他性。

第一,因不动产纠纷提起的诉讼,由不动产所在地人民法院管辖。

第二,港口作业中发生纠纷提起的诉讼,由港口所在地人民法院管辖。

(五)证据

证据是能证明案件事实的客观情况。

我国民事诉讼法将证据分为七种:书证、物证、视听资料、证人证言、当事人陈述、鉴定结论和勘验笔录。

(六)民事诉状

民事诉状是公民、法人或其他组织作为民事原告在自己的民事权益受到侵害或者与他人发生争议时,为维护自身的民事权益,依据事实和法律,向人民法院提起诉讼,要求依法裁判时所提出的书面请求。

1. 民事诉状特性

一是任何国家机关、企事业单位、社会团体和公民,在认为自己的或者受自己保护的民事权益受到侵犯或与他人发生纠纷、争执时,都依法享有起诉权,都可制作民事诉状。

二是制作民事诉状,必须有明确的被告、具体的诉讼请求和事实根据。

三是民事诉状是一种书面形式,因此民事原告人或其法定代理人向人民法院提诉讼时,一般都要用书面提出。

2. 民事诉状的内容

民事诉状,应当按照民事诉讼法第一百一十条规定"起诉状应当记明以下事项:(1)当事人的姓名、性别、年龄、民族、职业、工作单位和住址,法人或者其他组织的名称、住所和法定代表人或主要负责人的姓名、职务;(2)诉讼请求和所根据的事实与理由;(3)证据和证据来源,证人姓名和住所。"这一法律规定高度概括了民事诉状的内容。

(七) 诉讼程序

在第一审民事诉讼案件中,除了简单的民事争讼案件适用简易程序审理以外,其他案件的审理都需要依照普通程序进行。

1. 起诉

(1) 起诉的实质条件。

起诉的实质条件是对起诉的当事人及其诉讼请求、受诉法院等作出的限定。

① 有适合的原告。原告必须是与本案有直接利害关系的公民、法人或其他组织。

② 有明确的被告。诉讼案件就意味着有民事权利义务之争,存在着利益相互对立的当事人。

③ 有具体的诉讼请求和事实、理由。具体的诉讼请求是指原告在起诉时请求人民法院保护的权利请求。原告在提出诉讼请求的同时,还应提出诉讼请求所依据的客观事实和权利应当受到保护的理由。这里所说的事实包括两个方面。

一是基础事实。即当事人之间权利义务关系发生、变更、消灭的事实。

二是民事权利受到侵害或与他人发生争议的事实。这是当事人请求司法救济和保护的原因和基础。

以上三个条件是原告起诉的必备条件,缺一不可。

(2) 起诉的形式条件。

起诉的形式条件是指当事人向人民法院起诉的方式。

根据我国法律的规定,原则上是书面起诉,但是在例外情况下,可口头起诉。

① 书面起诉。《民事诉讼法》第一百零九条第一款规定,原告起诉应当向人民法院递交起诉状,并按照对方当事人的人数提出副本。起诉状是原告表明其诉讼请求、事实和理由的文书,应当写明如下内容:

(a) 当事人的有关情况。如果当事人是自然人的,应写明其姓名、性别、年龄、民族、职业、工作单位和住所;当事人是法人或其他组织的,应写明其名称、单位所在地、法定代表人或主要负责人的姓名、职务。如果有电话和电传以及其他的联系方式也应列明,以便于人民法院告知诉讼事宜。

(b) 原告的诉讼请求以及所依据的事实和理由。

② 口头起诉。《民事诉讼法》第一百零九条第二款规定,书写起诉状确有困难的,可以口头起诉。这是为了更好地方便当事人起诉,充分地保障当事人的诉权。在这种情况下,原告按照起诉状应当具备的内容,向受诉人民法院口头陈述,由人民法院书记员记入笔录,并告知对方当事人。

2. 人民法院对当事人起诉的审查

(1) 审查的内容和范围。

① 对当事人的资格进行审查。

② 对原告的诉讼请求、事实和理由进行审查。

以上审查的内容是对原告起诉的形式上的审查,不涉及实体上的判断。

(2) 审查后的不予受理的情况及处理。

人民法院在审查后,认为不应受理的,应当在 7 日内作出不予受理的裁定,并按照不同的情况分别处理。若对于不予受理的裁定不服,当事人可以在收到裁定之日起 10 日内提起上诉。

3. 立案受理

受理是指人民法院对原告的起诉进行审查后,认为符合法律规定的起诉条件,决定立案受理,从而引起诉讼程序开始的行为。起诉是当事人的诉讼行为,受理是人民法院的审判行为,只有这两个行为的结合,才能导致诉讼程序的开始。人民法院在收到原告的起诉状或口头起诉,经过审查,认为符合起诉条件的,应当在 7 日内立案,并通知当事人。

人民法院受理后,会产生一系列的法律后果,主要表现在以下方面。

(1) 人民法院取得对该案的审判权。审判权包括审判上的职权和职责,一方面,人民法院有权通过对案件的审理,对当事人之间的权利义务之争作出评判,对当事人之间权利义务的分配作出处置;另一方面,人民法院审理案件时必须依照法律规定的程序和实体法的相关规定对案件进行审理,不得违反法定程序,枉法裁判。

(2) 当事人取得了相应的诉讼地位。

4. 审理期限

审理期限是人民法院对某一具体案件从立案受理到宣告判决的法定审理期间。审限的规定是防止人民法院拖延对案件的审理,及时、有效地保护当事人的合法权益。人民法院适用第一审普通程序审理案件,应当自立案之日起 6 个月内审结。有特殊情况需要延长的,报请本院院长批准,可以延长 6 个月;如果在延长期内仍无法审结,还需要延长的,报请上级人民法院批准,可以延长 3 个月。

5. 撤诉

(1) 撤诉的概念。

撤诉是人民法院在案件受理后到判决宣告前,原告撤回其起诉的行为;或者出现某种法定情形,人民法院不予继续审理的行为。

(2) 原告申请撤诉。

原告在人民法院立案受理后至判决宣告前,可以以书面或口头的方式向人民法院提出申请,撤回其起诉。但是原告申请撤诉须具备一定的条件:

① 主体上,有权申请撤诉的只能是原告。

② 申请撤诉必须是当事人自愿的行为。

③ 撤诉必须符合法律规定。

6. 缺席判决

缺席判决是对席判决的对称,是指在开庭审理时,一方当事人没有正当理由拒不到庭参加诉讼,人民法院就到庭的一方当事人进行询问、核对证据,并对未到庭的当事人提供的诉讼材料进行审核后依法作出判决的制度。平等的参与诉讼并发表自己意见是当事人保护自己合法权益的重要保障,也是当事人的诉讼权利。

缺席判决是在一方当事人没有到庭的情况下作出的判决,此判决会影响到当事人的实体权益,因此对缺席判决的适用范围要严格地进行限定,同时缺席判决也要保护未到庭一方当事人的合法权益。根据法律规定,缺席判决适用于以下情形。

(1) 被告经人民法院合法传票传唤,无正当理由拒不到庭,或者未经法庭许可中途退庭的。

(2) 原告经人民法院合法传票传唤,无正当理由拒不到庭,被告提起反诉的,对反诉可以缺席判决。

(3) 原告申请撤诉,人民法院裁定不准撤诉,原告经人民法院合法传票传唤,无正当理由拒不到庭。

(4) 被告为无民事行为能力人。其法定代理人经传票传唤,无正当理由拒不到庭,又不委托诉讼代理人的,可以比照第一条的规定,缺席判决。

7. 诉讼中止

根据我国《民事诉讼法》的规定,有下列情形之一的,中止诉讼。

(1) 一方当事人死亡,需要等待其继承人表明是否参加诉讼。

(2) 一方当事人丧失诉讼行为能力,尚未确定法定代理人的。

(3) 作为一方当事人的法人或其他组织中止诉讼,尚未确定权利义务承受人的。

(4) 一方当事人因不可抗拒的事由,不能参加诉讼的。

(5) 本案必须以另一案件的审理结果为依据,而另一案尚未审结的。

出现了导致诉讼中止的事由后,人民法院应作出中止诉讼的裁定。待中止诉讼原因消除后,由当事人申请或人民法院依职权恢复诉讼程序。在中止前进行的一切诉讼行为依然有效。

8. 诉讼终结

适用诉讼终结的情形如下。

(1) 原告死亡,没有继承人或者继承人放弃诉讼权利的。

(2) 被告死亡,没有遗产,也没有承担义务的人的。

(3) 离婚案件一方当事人死亡的。婚姻关系因任何一方当事人的死亡而自行消灭,因此有关婚姻关系变更、解除的诉讼没有必要继续进行,适用终结诉讼。

终结诉讼,人民法院应当作出裁定,但是该裁定仅解决程序问题,不能在裁定中决定实体权利义务的归属。此裁定不能上诉,自送达之日起发生法律效力。当事人不得就同一诉讼标的、同一事实、理由再行起诉。

(八) 判决和裁定

判决是指人民法院通过对民事案件的审理,在对案件的事实依法定程序进行了全面审查的基础上,依据法律、法规的规定,对双方当事人之间的实体问题所作的结论性的判定。

判决书应当写明内容。

(1) 案由、诉讼请求、争议的事实和理由;

(2) 判决认定的事实、理由和适用的法律依据;

(3) 判决结果和诉讼费用的负担。

判决书由审判人员、书记员署名,加盖人民法院印章。

裁定,是人民法院在审理案件过程中,对一些程序上应解决的事项所作的审判职务上的判定。

裁定适用于下列范围。

(1) 不予受理;

(2) 对管辖权有异议的;

(3) 驳回起诉;

(4) 财产保全和先予执行;

(5) 准许或者不准许撤诉;

(6) 中止或者终结诉讼;

(7) 补正判决书中的笔误;

(8) 中止或者终结执行。

对属于前三项的裁定,可以上诉。

裁定书由审判人员、书记员署名,加盖人民法院印章。口头裁定的,记入笔录。

第三节 经济法基础知识

一、经济法概述

(一) 什么是经济法

经济法是法律、法学体系中最年轻的"法种"。就世界范围看,不过八九十年的历史,在我国也只有十多年的历史。

经济法是调整国家对经济实行宏观调控和对经济活动进行协调的过程中所发生的经济关系的法律规范的总称。经济法是国家为促进和保障市场经济的健康发展,维护经济秩序而制定的,经济法的本质是国家对经济的干预和协调。

(二)经济法调整的对象

经济法调整的是特定的经济关系,是国家在宏观调控和协调社会经济运行的过程中发生的经济关系。具体有以下几种经济关系。

1. 市场主体的组织管理关系

市场主体的组织管理关系是指市场主体的设立、变更、终止和市场主体内部组织机构在管理过程中发生的经济关系。调整这一关系的法律主要有国有企业法、集体企业法、私营企业法、合伙企业法、个人独资企业法、"三资"企业法和公司法等。

2. 市场管理关系

市场管理关系是指国家为了建立社会主义市场经济秩序,维护国家、生产经营者和消费者的合法权益而干预市场所发生的经济关系。调整这些关系的法律主要有产品质量法、反不正当竞争法、广告法、消费者权益保护法、证券法等。

3. 政府宏观调控关系

政府宏观调控关系是指政府代表国家从长远利益和公共利益出发,在对国民经济全局所进行的组织、监督和协调过程中所发生的经济关系。调整这些关系的法律主要有计划法、金融法、税法、价格法、外汇管理法等。

4. 社会保障关系

社会保障是国家赋予社会成员的一项基本权利。社会保障关系是国家在从事社会保障各项事业的过程中,与劳动者及全体社会成员所形成的物质利益关系。调整这部分关系的法律主要有劳动法、社会保险法、妇女权益保障法、残疾人权益保障法、老年人权益保障法等。

二、企业法

(一)什么是企业法

企业法,是指调整企业在设立、组织形式、管理和运行过程中发生的经济关系的法律规范的总称。

从法律的角度讲,企业是依法成立,具有一定的组织形式,独立从事商品生产经营、服务活动的经济组织。企业法是以确认企业法律地位为主旨的法律体系,因此,广义企业法应当是规范各种类型企业的法律规范的总体,包括按企业资产组织形式划分的公司、合伙企业和独资企业;也包括按照所有制形式划分的国有企业、集体企业和私营企业;以及按照有无涉外因素划分的内资企业和外商投资企业等。目前我国现行企业法对上述不同类型的企业都有所调整。

企业一般指运用资本赚取利润的一种经济组织。西方国家通常依企业对债务承担责任的不同将企业划分为个人企业、合伙企业和公司企业。个人企业和合伙企业一般由民法调整,有些国家制定了合伙的单行法规,公司企业由公司法调整。也有的国家制定企业基本法,如日本1963年颁布的《中小企业基本法》。中国一般依企业不同所有制形态对企业进行分类,并制定不同的法律对其加以调整。1993年12月29日颁布的《中华人民共和国公司法》一改以往按所有制对企业进行划分并适用不同法律的做法,严格依照股东对公司债务所承担责任的不同对公司企业进行划分,由统一的公司法对其加以调整。

(二)我国企业立法的现状

涉及国有企业改革的法律法规主要有:《全民所有制工业企业法》(1988年颁布)、《全民所有制工业企业转换经营机制条例》(1992年颁布)。

涉及外商投资企业的法律主要有:《中外合资经营企业法》(1979年颁布,1990年第一次修订,2001年再次修订)、《中外合作经营企业法》(1988年颁布,2000年修订)、《外资企业法》(1986年颁布,2000年修订)。

涉及合伙企业与独资企业的法律主要有:《合伙企业法》(1997年颁布)、《个人独资企业法》(1999年颁布)。

涉及公司企业的法律主要有:《公司法》(1993年颁布),自1994年7月1日起施行。1999年12月25日和2004年8月28日分别经过两次修正。2005年10月27日第三次修正,并自2006年1月1日起施行。

涉及企业破产的法律主要有:《企业破产法》(2006年8月27日颁布),2007年6月1日起施行,《企业破产法》(试行)(1986年颁布)同时废止。另外,在《民事诉讼法》中对非全民所有制的法人企业破产做了规定。

三、公司法

(一) 公司法

1. 定义

公司法是指规定公司的设立、组织、经营、解散、清算以及其他对内、对外关系的法律规范的总称。公司法旨在确认公司的法律地位,保障其合法经营和正当权益,加强国家对公司的管理,促进国民经济的发展。从体系或规范结构上看,公司法有形式意义的公司法和实质意义的公司法之分。形式意义的公司法又称狭义的公司法,是指以公司法命名的、成文的公司法典;实质意义的公司法又称广义的公司法,是指与公司的组织和行为有关的法律、法规的总和。

2. 我国公司法的制定与实施

我国的《公司法》由第八届全国人大常委会第五次会议于1993年12月29日通过,自1994年7月1日起施行。

根据1999年12月25日第九届全国人民代表大会常务委员会第十三次会议《关于修改〈中华人民共和国公司法〉的决定》第1次修正。

根据2004年8月28日第十届全国人民代表大会常务委员会第十一次会议《关于修改〈中华人民共和国公司法〉的决定》第2次修正。

2005年10月27日第十届全国人民代表大会常务委员会第十八次会议修订。

2005年10月27日中华人民共和国主席令第四十二号公布,自2006年1月1日起施行。

新《公司法》共13章219条,原法中只有二十余条内容未变。其他条款内容均有所添加或删改。新法条款数量略有减少,但立法体系与法律结构更为合理严谨。

新《公司法》的立法理念更适应市场经济的需要,体现了鼓励投资,简化程序,提高效率的精神,取消了诸多不必要的国家干预的条款,废除了股份公司设立的审批制,减少了强制性规范,强化当事人意思自治,突出了公司章程的制度构建作用,为进一步完善公司治理结构,加强对股东权益的保护提供了制度保障。

此后,《公司登记管理条例》于2005年12月18日修订颁布,随《公司法》于2006年1月1日起施行。

(二) 公司

公司是依照公司法设立的企业法人。《公司法》第3条规定,公司是企业法人,有独立的法人财产,享有法人财产权。公司以其全部财产对公司的债务承担责任。

1. 公司的设立

公司设立是指公司设立人依照法定的条件和程序,为组建公司并取得法人资格而必须采取和完成的法律行为。

根据公司法第6条规定,设立公司,应当依法向公司登记机关申请设立登记。符合本法规定的设立条件的,由公司登记机关分别登记为有限责任公司或者股份有限公司;不符合本法规定的设立条件的,不得登记为有限责任公司或者股份有限公司。法律、行政法规规定设立公司必须报经批准的,应当在公司登记前依法办理批准手续。公众可以向公司登记机关申请查询公司登记事项,公司登记机关应当提供查询服务。

2. 公司章程的效力

公司章程是指公司所必备的,规定其名称、宗旨、资本、组织机构等对内对外事务的基本法律文件。

《公司法》第11条规定,设立公司必须依法制定公司章程。公司章程对公司、股东、董事、监事、高级管理人员具有约束力。

3. 公司的住所

《公司法》第10条规定,公司以其主要办事机构所在地为住所。

4. 公司的经营范围

《公司法》第12条规定,公司的经营范围由公司章程规定,并依法登记。公司可以修改公司章程,改变经营范围,但是应当办理变更登记。公司的经营范围中属于法律、行政法规规定须经批准的项目,应当依法经过批准。

5. 公司的法定代表人

《公司法》第 13 条规定,公司法定代表人依照公司章程的规定,由董事长、执行董事或者经理担任,并依法登记。公司法定代表人变更,应当办理变更登记。

6. 分公司与子公司

《公司法》第 14 条规定,公司可以设立分公司。设立分公司,应当向公司登记机关申请登记,领取营业执照。分公司不具有法人资格,其民事责任由公司承担。公司可以设立子公司,子公司具有法人资格,依法独立承担民事责任。

7. 公司对外投资

《公司法》第 15 条,公司可以向其他企业投资;但是,除法律另有规定外,不得成为对所投资企业的债务承担连带责任的出资人。

8. 公司的合并与分立

公司合并是指两个或两个以上的公司,订立合并协议,依照公司法的规定,不经过清算程序,直接结合为一个公司的法律行为。公司合并有两种形式:一是吸收合并,是指一个公司吸收其他公司后存续,被吸收的公司解散;二是新设合并,是指两个或两个以上的公司合并设立一个新的公司,合并各方解散。

公司分立是指一个公司通过依法签订分立协议,不经过清算程序,分为两个或两个以上公司的法律行为。公司分立有两种形式:一是派生分立,是指公司以其部分资产另设一个或数个新的公司,原公司存续;二是新设分立,是指公司全部资产分别划归两个或两个以上的新公司,原公司解散。

根据合同法的规定,法人分立后,除债权人和债务人另有约定的以外,由分立的法人对合同的权利和义务享有连带债权,承担连带债务。

9. 公司的解散和清算

公司的解散是指已成立的公司基于一定的合法事由而使公司消灭的法律行为。公司解散的原因如下。

(1)公司章程规定的营业期限届满或者公司章程规定的其他解散事由出现;出现此种情形的,可以通过修改公司章程而存续。依照此规定修改公司章程,有限责任公司须经持有三分之二以上表决权的股东通过,股份有限公司须经出席股东大会会议的股东所持表决权的三分之二以上通过。

(2)股东会或者股东大会决议解散;

(3)因公司合并或者分立需要解散。

清算是终结已解散公司的一切法律关系,处理公司剩余财产的程序。

(1)清算组的成立。

除了"因公司合并或者分立需要解散"的,应当在解散事由出现之日起 15 日内成立清算组,开始清算。有限责任公司的清算组由股东组成,股份有限公司的清算组由董事或者股东大会确定的人员组成。逾期不成立清算组进行清算的,债权人可以申请人民法院指定有关人员组成清算组进行清算。人民法院应当受理该申请,并及时组织清算组进行清算。

(2)清算组的职权。

清算组在清算期间行使下列职权:①清理公司财产,编制资产负债表和财产清单;②通知、公告债权人;③处理与清算有关的公司未了结的业务;④清缴所欠税款以及清算过程中产生的税款;⑤清理债权、债务;⑥处理公司清偿债务后的剩余财产;⑦代表公司参与民事诉讼活动。

(3)申报债权。

清算组应当自成立之日起 10 日内通知债权人,并于 60 日内在报纸上公告。债权人应当自接到通知书之日起 30 日内,未接到通知书的自公告之日起 45 日内,向清算组申报其债权。

在申报债权期间,清算组不得对债权人进行清偿。

(4)清理财产清偿债务。

公司财产在分别支付清算费用、职工的工资、社会保险费用和法定补偿金,缴纳所欠税款,清偿公司债务后的剩余财产,有限责任公司按照股东的出资比例分配,股份有限公司按照股东持有的股份比例分配。

清算期间,公司存续,但不得开展与清算无关的经营活动。公司财产在未依照前款规定清偿前,不得分配给股东。

四、反不正当竞争法

(一) 反不正当竞争法的含义

反不正当竞争法的概念有广义和狭义两种理解。广义的反不正当竞争法,是指调整发生在市场竞争中的不正当竞争行为的法律规范的总称。狭义的反不正当竞争法,专指《中华人民共和国反不正当竞争法》,1993年9月2日第八届全国人民代表大会常务委员会第三次会议通过,自1993年12月1日起施行。

(二) 不正当竞争行为的表现形式

1. 采用欺骗性标志从事交易行为

经营者不得采用下列不正当手段从事市场交易,损害竞争对手:(1)假冒他人的注册商标;(2)擅自使用知名商品特有的名称、包装、装潢,或者使用与知名商品近似的名称、包装、装潢,造成和他人的知名商品相混淆,使购买者误认为是该知名商品。

2. 强制交易行为

公用企业或者其他依法具有独占地位的经营者,限定他人购买其指定的经营者的商品,以排挤其他经营者的公平竞争。

3. 滥用行政权力强制交易行为

政府及其所属部门不得滥用行政权力,限定他人购买其指定的经营者的商品,限制其他经营者正当的经营活动。政府及其所属部门不得滥用行政权力,限制外地商品进入本地市场或者本地商品流向外地市场。

4. 商业贿赂行为

经营者不得采用财物或者其他手段进行贿赂以销售或者购买商品。在账外暗中给予对方单位或者个人回扣的,以行贿论处;对方单位或者个人在账外暗中收受回扣的,以受贿论处。经营者销售或者购买商品,可以以明示方式给对方折扣,可以给中间人佣金。经营者给对方折扣、给中间人佣金的,必须如实入账。接受折扣、佣金的经营者必须如实入账。

5. 虚假宣传行为

经营者不得利用广告或者其他方法,对商品的质量、成分、性能、用途、生产者、有效期限、产地等作引人误解的虚假宣传。广告的经营者不得在明知或者应知的情况下,代理、设计、制作、发布虚假广告。

6. 侵犯商业秘密的行为

商业秘密的特征是:(1)商业性,具有实用价值能为经营者带来经济利益;(2)秘密性,不为公众所知悉,并且权利人采取了保密措施维持秘密性的经营信息。

经营者不得采用下列手段侵犯商业秘密:①以盗窃、利诱、胁迫或者其他不正当手段获取权利人的商业秘密;②披露、使用或者允许他人使用以前项手段获取的权利人的商业秘密;③违反约定或者违反权利人有关保守商业秘密的要求,披露、使用或者允许他人使用其所掌握的商业秘密。第三人明知或者应知前款所列违法行为,获取、使用或者披露他人的商业秘密,视为侵犯商业秘密。

7. 压价排挤竞争对手的行为

经营者不得以排挤竞争对手为目的,以低于成本的价格销售商品。但有下列情形之一的,不属于不正当竞争行为:①销售鲜活商品;②处理有效期限即将到期的商品或者其他积压的商品;③季节性降价;④因清偿债务、转产、歇业降价销售商品。

8. 搭售和附加不合理交易条件的行为

经营者销售商品,不得违背购买者的意愿搭售商品或者附加其他不合理的条件。

五、消费者权益保护法

消费者权益保护法是调整在保护公民消费权益过程中所产生的社会关系的法律规范的总称。一般情况下,我们所说的消费者权益保护法是指1993年10月31日颁布、1994年1月1日起施行的《中华人民共和国消费者权益保护法》。该法的颁布实施,是我国第一次以立法的形式全面确认消费者的权利。此举对保护消费者的权益,规范经营者的行为,维护社会经济秩序,促进社会主义市场经济健康发展具有十分重要的意义。

(一)消费者权益保护法的适用对象

根据消费者权益保护法第2、第3、第54条的规定,该法的适用对象可以从以下三方面理解。

(1)消费者为生活消费需要购买、使用商品或者接受服务的,适用消费者保护法。所谓消费者,是指为个人生活消费需要购买、使用商品和接受服务的自然人。这与国际上的通说是一致的。国际标准化组织消费者政策委员会将消费者定义为"为了个人目的购买或者使用商品和接受服务的个体社会成员"。因为,分散的、单个的自然人,在市场中处于弱者地位,需要法律的特殊保护。所以,从事消费活动的社会组织、企事业单位不属于消费者保护法意义上的"消费者"。

(2)农民购买、使用直接用于农业生产的生产资料时,参照消费者保护法执行。消费者保护法的宗旨在于保护作为经营者对立面的特殊群体——消费者的合法权益。农民购买直接用于农业生产的生产资料,虽然不是为个人生活消费,但是作为经营者的相对方,其弱者地位是不言而喻的。所以,消费者保护法第54条将农民购买、使用直接用于农业生产的生产资料行为纳入该法的保护范围。

(3)经营者为消费者提供其生产、销售的商品或者提供服务,适用消费者保护法。消费者保护法以保护消费者利益为核心,在处理经营者与消费者的关系时,经营者首先应当遵守该法的有关规定;该法未做规定的,应当遵守其他有关法律、行政法规的规定。

(二)消费者权益保护法的作用

消费者权益保护法的作用,是与其立法的目的和宗旨相一致的,主要表现在以下几方面。

1. 保护消费者的合法权益

通过消费者权益保护法的颁布,明确了消费者的权利,确立和加强了保护消费者权益的法律基础,弥补了原有法律、法规在保障消费者权益方面调整作用不全的缺陷。我国现有法律、法规中有不少内容涉及保护消费者权益,如民法通则、产品质量法、食品卫生法等等,但是对于因提供和接受服务而发生的消费者权益受损害的问题,只在消费者权益保护法中做出了全面而明确的规定。

2. 维护社会经济秩序

消费者权益保护法通过规范经营者应对维护消费者权益承担何种义务,特别是着重规范经营者与消费者的交易行为,即必须遵循自愿、平等、公平、诚实信用的原则,从而也对社会经济秩序产生重要的维护作用。

3. 促进社会主义市场经济健康发展

保护消费者权益不是消费者个人之事,当代社会的生产和消费的关系密不可分,结构合理、健康发展的消费无疑会促进生产的均衡发展。没有消费,也就没有市场。保护消费者权益成为贯彻消费政策的重要内容,因此有利于社会主义市场经济的健康发展。

(三)消费者的权利

1. 安全权

消费者在购买、使用商品和接受服务时享有人身、财产安全不受损害的权利。消费者有权要求经营者提供的商品和服务,符合保障人身、财产安全的要求。

2. 知情权

消费者享有知悉其购买、使用的商品或者接受的服务的真实情况的权利。消费者有权根据商品或者服务的不同情况,要求经营者提供商品或服务的有关情况。

3. 选择权

消费者享有自主选择商品或者服务的权利。消费者在自主选择商品或者服务时,有权进行比较、鉴别和挑选。

4. 公平交易权

消费者享有公平交易的权利。消费者在购买商品或者接受服务时,有权获得质量保障、价格合理、计量正确等公平交易条件,有权拒绝经营者的强制交易行为。

5. 获得赔偿权

消费者因购买、使用商品或者接受服务受到人身、财产损害的,享有依法获得赔偿的权利。

6. 结社权

消费者享有依法成立维护自身合法权益的社会团体的权利。

7. 获得有关知识的权利

消费者享有获得有关消费和消费者权益保护方面的知识的权利。

8. 人格尊严权

消费者在购买、使用商品和接受服务时,享有其人格尊严、民族风俗习惯得到尊重的权利。

(四) 经营者的义务

经营者的义务包含如下方面。

(1) 遵守法律和履行合同义务;
(2) 接受监督的义务;
(3) 保障消费者安全的义务;
(4) 提供真实信息的义务;
(5) 出具凭证或单据的义务;
(6) 保证质量的义务。

(五) 争议的解决

消费者和经营者发生消费者权益争议的,可以通过下列途径解决:(1)与经营者协商和解;(2)请求消费者协会调解;(3)向有关行政部门申诉;(4)根据与经营者达成的仲裁协议提请仲裁机构仲裁。

消费者在购买、使用商品时,其合法权益受到损害的,可以向销售者要求赔偿。销售者赔偿后,属于生产者的责任或者属于向销售者提供商品的其他销售者的责任的,销售者有权向生产者或者其他销售者追偿。消费者或者其他受害人因商品缺陷造成人身、财产损害的,可以向销售者要求赔偿,也可以向生产者要求赔偿。属于生产者责任的,销售者赔偿后,有权向生产者追偿;属于销售者责任的,生产者赔偿后,有权向销售者追偿。消费者在接受服务时,其合法权益受到损害的,可以向服务者要求赔偿。

消费者在购买、使用商品或者接受服务时,其合法权益受到损害,因原企业分立、合并的,可以向变更后承担其权利义务的企业要求赔偿。

使用他人营业执照的违法经营者提供的商品或者服务,损害消费者合法权益的,消费者可以向其要求赔偿,也可以向营业执照的持有人要求赔偿。

消费者在展销会、租赁柜台购买商品或者接受服务,其合法权益受到损害的,可以向销售者或者服务者要求赔偿。展销会结束或者柜台租赁期满后,也可以向展销会的举办者、柜台的出租者要求赔偿。展销会的举办者、柜台的出租者赔偿后,有权向销售者或者服务者追偿。

消费者因经营者利用虚假广告提供商品或者服务,其合法权益受到损害的,可以向经营者要求赔偿。广告的经营者发布虚假广告的,消费者可以请求行政主管部门予以惩处。广告的经营者不提供经营者的真实名称、地址的,应当承担赔偿责任。

六、社会保障法律制度

(一) 社会保障与社会保障法

社会保障是指公民因年老、疾病、残疾、失业等原因发生生活困难时,由国家、社会或有关部门给予一定物质帮助,维持其基本生活需要的保障制度。

社会保障法是调整社会保障关系的法律规范的总称。社会保障关系是国家在对不能维持基本生活需要的公民提供各种基本生活保障过程中所发生的社会关系,包括社会保险关系、社会救济关系、社会福利关系、社会优抚关系等。社会保障法具有广泛的社会性,它所规定的权利与义务涉及全体社会成员,公民从出生到死亡都是社会保障的受益人。社会保障法体现了尊老爱幼、扶弱济贫的伦理道德原则。社会保障法还具有实现社会公平的职能,通过社会保障,使社会成员能够在基本生活得到保障的前提下参与社会的竞争,不至于因先天不足或生活无保障而生存困难,丧失平等参与社会公平竞争的机会。

我国目前没有统一的社会保障法,有关社会保障的法律规定主要见于《中华人民共和国宪法》《中华人民共和国劳动法》《中华人民共和国劳动合同法》《中华人民共和国老年人权益保障法》《中华人民共和国妇女权益保障法》《中华人民共和国残疾人保障法》,国务院颁布的《中华人民共和国劳动保险条例》《军人优抚优待条例》《农村五保户供养工作条例》《失业保险条例》《社会保险费征缴暂行条例》等法律、法规中,以及有关社会保障法律、法规的实施细则等。

(二) 社会保险法

1. 社会保险与社会保险法

社会保险是社会保障制度的主要内容,它是指国家通过立法建立的,对劳动者在其生、老、病、死、伤、残、失业以及发生其他生活困难时,给予物质帮助的制度。广义的社会保险对象涉及全体社会成员,是国家在其患病、伤残、失业、年老等情况下给予物质帮助的各种制度的总称;狭义的社会保险对象仅涉及企业、事业单位职工和国家机关工作人员等,主要包括生育保险、疾病保险、工伤保险、失业保险和养老保险。我国的社会保险制度,实行国家基本保险、单位补充保险、个人储蓄保险的多层次社会保险制度。

社会保险法是调整社会保险法律关系的法律规范的总称。它具体规定社会保险的项目体系、实施范围与实施对象、经费来源、待遇标准、发放办法等,以及明确社会保险机构的性质与职能、社会保险的组织形式与地位、社会保险的管理与监督等事项。社会保险法具有维护社会稳定,调节国民收入的分配与再分配,促进社会发展及精神文明建设的作用。

2010年10月28日,第十一届全国人民代表大会常务委员会第十七次会议通过了《中华人民共和国社会保险法》,并于2011年7月1日起实施。

(三) 社会保险的内容

我国社会保险的主要内容是养老保险、失业保险、疾病保险、工伤保险和生育保险。

1. 养老保险

养老保险,又称老年社会保险或年金保险,是指劳动者在达到法定年龄并从事某种劳动达到法定年限后,依法领取一定数额费用的一种社会保险制度。养老保险区别于其他社会保险的主要特征是劳动者达到法定年龄,并从事某种劳动达法定年限,被依法解除法定劳动义务。养老保险的宗旨是国家和社会依法提供一定的物质帮助给被解除劳动义务的劳动者,以维持其老年生活。

养老保险的保障对象应为全体劳动者,即每个劳动者都有权获得他们年老时所需要的生活帮助和补偿。但是,由于受社会经济发展状况等多种因素的影响,并非全体劳动者都能同时享受到养老保险待遇,这有一个渐进发展的过程。我国目前养老保险制度正在进行改革,目标是将基本养老保险的实行范围扩大到城镇各类企业的全部劳动者,包括所有的固定工、劳动合同工(含农民工)、订立了劳动合同的临时工,以及各类企业的离退休人员;扩大到城镇个体工商户及其帮工;扩大到城镇私营企业主及自由职业者;扩大到农民劳动者,最终扩大到全体劳动者。

2. 失业保险

失业是指具有劳动能力并有劳动意愿的劳动者得不到劳动机会或者就业后又失去工作的状态。失业保险是指国家通过建立失业保险基金,使因失业而暂时中断生活来源的劳动者在法定期间内获得失业保险金,以维持其基本生活水平的一项社会保险制度。失业保险是社会保险制度的重要组成部分。

建立失业保险制度,有利于建立社会主义市场经济体制和培育统一的劳动力市场,有利于保证失业劳动者的基本生活,有利于促进失业劳动者的再就业。失业保险的对象是有劳动能力并有劳动意愿但无劳动岗位的失业劳动者,失业保险只能在法定期限内享受,超过法定期限,劳动者即使仍处于失业状态,也不能再享受失业保险。

《失业保险条例》规定我国劳动者领取失业保险金的最长期限为24个月。失业保险费由企业和劳动者缴纳。失业保险制度的重要内容是建立失业保险基金。失业保险金是指失业保险经办机构按规定支付给符合条件的失业人员的基本生活费用,它是最主要的失业保险待遇。

3. 疾病保险

疾病保险，有广义和狭义之分。广义的疾病保险包括生育保险、死亡保险在内；狭义的疾病保险仅指劳动者及其供养亲属患病或非因工负伤后在生活和医疗方面获得物质帮助的一种社会保险制度，包括被保险人医疗期间的休养、工资、病伤救济和医疗服务。其中在医疗方面获得物质帮助，被称为医疗保险。我们这里所讲的疾病保险是指狭义的疾病保险。

实行疾病保险可以为劳动者在非因工负伤而生病、致残时提供医疗费用，弥补收入损失，恢复劳动能力提供帮助；对于保障劳动者个人的身体健康、保障劳动者本人及其家庭生活都具有重要意义。它有利于促进生产发展，维护社会安定。

医疗保险是疾病保险的主要内容，目前我国正在进行医疗保险改革，建立新的医疗保障体系，满足各层次人员的不同医疗需求。新的医疗保障体系具有以基本医疗保险制度为基础，以大额医疗互助制度、企业补充医疗保险、公务员医疗补助、社会救助、商业医疗保险等为补充内容，满足不同层次、不同人群的医疗需求的特征。

4. 工伤保险

工伤保险，又称职业伤害保险，是指劳动者在工作中或法定的特殊情况下发生意外事故，或因职业性有害因素危害而负伤(或患职业病)、致残、死亡时，对其本人或供养亲属给予物质帮助和经济补偿的一项社会保险制度。在现实生活中，由于工伤和职业病给职工造成的打击和经济损失，职工个人往往难以承受。

建立工伤保险制度，设立工伤保险基金，实行工伤保险基金社会统筹，对工伤职工提供物质帮助、经济补偿和社会化管理服务，具有重要意义。它可以保障遭受工伤事故和患职业病的职工获得医疗救治、经济补偿和职业康复的权利；保障工伤职工及其供养亲属获得物质帮助的权利；有利于社会安定、分散用人单位的工伤风险；有利于促进用人单位积极加强劳动安全卫生工作，改善劳动条件，减少工伤危险造成的损害。

5. 生育保险

生育保险，是指女职工因怀孕和分娩所造成的暂时丧失劳动能力、中断正常收入来源时，从社会获得物质帮助的一种社会保险制度。生育保险是对女职工专门建立的社会保险，是对女职工生育子女全过程的物质保障。它不仅包括对女职工生育时所花费的生育的检查费、接生费、手术费、住院费和药费等费用的补偿，还包括女职工在规定的生育假期内因未从事劳动而不能获得工资收入时的补偿。实行生育保险制度，对于保护妇女身体健康和保障劳动力再生产，都有积极的作用和重要的意义。

〈本章小结〉

本章主要涉及法、民法和经济法三方面的法律基础知识。

法律有广义、狭义之分。广义的法律是指法的整体，包括法律、有法律效力的解释及其行政机关为执行法律而制定的规范性文件(如规章)；狭义的法律是指拥有立法权的国家机关依照立法程序制定的规范性文件。法的作用可以分为规范作用与社会作用。当代中国法的形式主要有宪法、法律、行政法规、一般地方性法规、自治法规、部门规章、地方政府规章等。

民法是调整平等主体的公民之间、法人之间、公民和法人之间的财产关系和人身关系的法律规范的总称。法律调整的对象为社会关系，民事社会关系包括民事财产关系和民事人身关系。自然人的民事行为能力分为完全民事行为能力、限制民事行为能力、无民事行为能力三类。民事法律行为，是指公民或法人(民事主体)设立、变更、终止民事权利和民事义务的合法行为。民事法律行为的成立条件是行为人具有相应的民事行为能力和意思表示真实。

物权法是确认财产、利用财产和保护财产的基本法律，是调整财产关系的重要法律。物权法通俗地说就是一个国家的基本财产法。财产所有权是指所有人依法对自己的财产享有占有、使用、收益和处分的权利。财产所有权的类型主要包括国家所有权、劳动群众集体组织所有权、社会团体所有权和公民个人所有权。

合同法是调整平等主体之间的交易关系的法律,它主要规范合同的订立、合同的效力、合同的履行、变更、转让、终止,违反合同的责任及各类有名合同等问题。当事人订立合同,有书面形式、口头形式和其他形式。

婚姻法是调整一定社会的婚姻关系的法律规范的总和,是一定社会的婚姻制度在法律上的集中表现。其内容主要包括关于婚姻的成立和解除,婚姻的效力,特别是夫妻间的权利和义务等。我国婚姻家庭法的基本原则有:婚姻自由;一夫一妻;男女平等;保护妇女、儿童和老人的合法权益;实行计划生育。

继承法是指调整因自然人死亡而发生的继承关系的法律规范的总称。遗产是指被继承人死亡时遗留的个人所有财产和法律规定可以继承的其他财产权益,包括积极遗产和消极遗产。积极遗产指死者生前个人享有的财物和可以继承的其他合法权益,如债权和著作权中的财产权益等;消极遗产指死者生前所欠的个人债务。

民事诉讼,是指人民法院在当事人和全体诉讼参与人的参加下,依法审理和解决民事纠纷的活动。民事诉讼法的基本制度有合议制度、回避制度、公开审判制度。

经济法是调整国家对经济实行宏观调控和对经济活动进行协调的过程中所发生的经济关系的法律规范的总称。企业法,是指调整企业在设立、组织形式、管理和运行过程中发生的经济关系。消费者权益保护法是调整在保护公民消费权益过程中所产生的社会关系的法律规范的总称。公司法是指规定公司的设立、组织、经营、解散、清算以及其他对内、对外关系的法律规范的总称。反不正当竞争法,是指调整发生在市场竞争中的不正当竞争行为的法律规范的总称。

社会保障是指公民因年老、疾病、残疾、失业等原因发生生活困难时,由国家、社会或有关部门给予一定物质帮助,维持其基本生活需要的保障制度。社会保障法是调整社会保障关系的法律规范的总称。社会保险法是调整社会保险法律关系的法律规范的总称。我国社会保险的主要内容是养老保险、失业保险、疾病保险、工伤保险和生育保险。

关键术语

法律　法律体系　宪法　民法　民事法律体系　法人　公法人　私法人　社团法人　财团法人　营利法人　公益法人　民事法律行为　民事行为能力　代理　物权法　财产所有权　合同法　合同　婚姻法　继承法　遗产　继承权　民事诉讼　合议制度　回避制度　民事诉讼管辖　经济法　企业法　公司法　公司　公司合并　公司分立　反不正当竞争法　消费者权益保护法　社会保障　社会保障法　社会保险　社会保险法

第七章
税收基础

本章导读 >>>

税收是国家财政收入的主要来源。国家依靠社会公共权力,根据法律法规,对纳税人强制无偿征收,纳税人依法纳税,以满足社会公共需求和公共商品的需要。随着对外开放的进一步扩大和社会主义市场经济的发展,税收在国民经济中的地位和作用日益增强。税收是国家实行宏观经济调控的重要经济杠杆之一,具有调节收入分配、促进资源配置、促进经济增长的作用。

本章分为两节。第一节主要阐述了税收的概念、特征、分类、术语等基础知识;第二节介绍了个人所得税、增值税、房产税、城镇土地使用税、车辆购置税、车船税、印花税、契税、消费税、资源税、城市维护建设税等11个税种。

本章重点应掌握个人所得税、增值税等主要税种的内容。

第一节 税收基础知识

一、税收概论

(一) 税收

税收是政府获得财政收入最主要的形式。

税收是国家为实现其职能,凭借其政治权力,依法参与单位和个人的财富分配,强制、无偿地取得财政收入的一种形式。国家的存在是税收产生的前提,实现国家职能是税收存在和发展的根本原因。

(二) 税收的基本特征

税收具有三项基本特征:强制性、无偿性和固定性。这是税收区别于其他财政收入形式的最重要的标志。

1. 税收的强制性

税收的强制性是指税收参与社会物品的分配,是依据国家的政治权力,而不是财产权力征收的,即和生产资料的占有没有关系。税收的强制性具体表现在税收是以国家法律的形式规定的,而税收法律作为国家法律的组成部分,对不同的所有者都是普遍适用的,任何单位和个人都必须遵守,不依法纳税者要受到法律的制裁。税收的强制性说明,依法纳税是人们不应回避的法律义务。我国宪法就明确规定,我国公民"有依法纳税的义务"。正因为税收具有强制性的特点,所以它是国家取得财政收入的最普遍、最可靠的一种形式。

2. 税收的无偿性

税收的无偿性是就具体的征税过程来说的,表现为国家征税后税款即为国家所有,并不存在对纳税人的偿还问题。

税收的无偿性是相对的。对具体的纳税人来说,纳税后并未获得任何报酬。从这个意义上说,税收不具有偿还性或返还性。但若从财政活动的整体来看,税收是对政府提供公共物品和服务成本的补偿,这里又反映出有偿性的一面。当然,就某一具体的纳税人来说,他所缴纳的税款与他从公共物品或劳务的消费中所得到的利益并不一定是对称的。

3. 税收的固定性

税收的固定性是指课税对象及每一单位课税对象的征收比例或征收数额是相对固定的,而且是以法律形式事先规定的,只能按预定标准征收,而不能无限度地征收。纳税人取得了应纳税的收入或发生了应纳税的行为,也必须按预定标准如数缴纳,而不能改变这个标准。

税收具有的三个特征是互相联系、缺一不可的,同时具备这三个特征的才叫税收。税收的强制性决定了征收的无偿性,而无偿性同纳税人的经济利益关系极大,因而要求征收的固定性,这样对纳税人来说比较容易接受,对国家来说可以保证收入的稳定。

(三) 税收相关法律责任

1. 违反税务管理基本规定行为的处罚

《中华人民共和国税收征收管理法》(以下简称《征管法》)第60条规定:"纳税人有下列行为之一的,由税务机关责令限期改正,可以处2 000元以下的罚款;情节严重的,处2 000元以上1万元以下的罚款。"

(1) 未按照规定的期限申报办理税务登记、变更或者注销登记的;

(2) 未按照规定设置、保管账簿或者保管记账凭证和有关资料的;

(3) 未按照规定将财务、会计制度或者财务、会计处理办法和会计核算软件报送税务机关备查的;

(4) 未按照规定将其全部银行账号向税务机关报告的;

(5) 未按照规定安装、使用税控装置,或者损毁或擅自改动税控装置的。

纳税人不办理税务登记的,由税务机关责令限期改正;逾期不改正的,由工商行政管理机关吊销其营业执照。

纳税人未按照规定使用税务登记证件,或者转借、涂改、损毁、买卖、伪造税务登记证件的,处2 000元以上1万元以下的罚款;情节严重的,处1万元以上5万元以下的罚款。

2. 扣缴义务人违反账簿、凭证管理的处罚

《征管法》第61条规定:"扣缴义务人未按照规定设置、保管代扣代缴、代收代缴税款账簿或者保管代扣代缴、代收代缴税款记账凭证及有关资料的,由税务机关责令限期改正,可以处2 000元以下的罚款;情节严重的,处2 000元以上5 000元以下的罚款。"

3. 纳税人、扣缴义务人未按规定进行纳税申报的法律责任

《征管法》第62条规定:"纳税人未按照规定的期限办理纳税申报和报送纳税资料的,或者扣缴义务人未按照规定的期限向税务机关报送代扣代缴、代收代缴税款报告表和有关资料的,由税务机关责令限期改正,可以处2 000元以下的罚款;情节严重的,可以处2 000元以上1万元以下的罚款。"

4. 对偷税的认定及其法律责任

《征管法》第63条规定:"纳税人伪造、变造、隐匿、擅自销毁账簿、记账凭证,或者在账簿上多列支出或者不列、少列收入,或者经税务机关通知申报而拒不申报或者进行虚假的纳税申报,不缴或者少缴应纳税款的,是偷税。对纳税人偷税的,由税务机关追缴其不缴或者少缴的税款、滞纳金,并处不缴或者少缴的税款50%以上5倍以下的罚款;构成犯罪的,依法追究刑事责任。

扣缴义务人采取前款所列手段,不缴或者少缴已扣、已收税款,由税务机关追缴其不缴或者少缴的税款、滞纳金,并处不缴或者少缴的税款50%以上5倍以下的罚款;构成犯罪的,依法追究刑事责任。"

《中华人民共和国刑法》(以下简称《刑法》)第201条规定:"纳税人采取伪造、变造、隐匿、擅自销毁账簿、记账凭证,在账簿上多列支出或者不列、少列收入,经税务机关通知申报而拒不申报或者进行虚假的纳税申报的手段,不缴或者少缴应纳税款,偷税数额占应纳税额的10%以上不满30%并且偷税数额在1万元以上不满10万元的,或者因偷税被税务机关给予二次行政处罚又偷税的,处3年以下有期徒刑或者拘役,并处偷税数额1倍以上5倍以下罚金;偷税数额占应纳税额的30%以上并且偷税数额在10万元以上的,处3年以上7年以下有期徒刑,并处偷税数额1倍以上5倍以下罚金。

扣缴义务人采取前款所列手段,不缴或者少缴已扣、已收税款,数额占应缴税额的10%以上并且数额在1万元以上的,依照前款的规定处罚。对多次犯有前两款行为,未经处理的,按照累计数额计算。"

5. 进行虚假申报或不进行申报行为的法律责任

《征管法》第64条规定:"纳税人、扣缴义务人编造虚假计税依据的,由税务机关责令限期改正,并处5万元以下的罚款。纳税人不进行纳税申报,不缴或者少缴应纳税款的,由税务机关追缴其不缴或者少缴的税款、滞纳金,并处不缴或者少缴税款50%以上5倍以下的罚款。"

6. 逃避追缴欠税的法律责任

《征管法》第65条规定:"纳税人欠缴应纳税款,采取转移或者隐匿财产的手段,妨碍税务机关追缴欠缴的税款的,由税务机关追缴欠缴的税款、滞纳金,并处欠缴税款50%以上5倍以下的罚款;构成犯罪的,依法追究刑事责任。"《刑法》第203条规定:"纳税人欠缴应纳税款,采取转移或者隐匿财产的手段,致使税务机关无法追缴欠缴的税款,数额在1万元以上不满10万元的,处3年以下有期徒刑或者拘役,并处或者单处欠缴税款1倍以上5倍以下罚金;数额在10万元以上的,处3年以上7年以下有期徒刑,并处欠缴税款1倍以上5倍以下罚金。"

7. 抗税的法律责任

《征管法》第67条规定:"以暴力、威胁方法拒不缴纳税款的,是抗税,除由税务机关追缴其拒缴的税款、滞纳金外,依法追究刑事责任。情节轻微,未构成犯罪的,由税务机关追缴其拒缴的税款、滞纳金,并处拒缴税款1倍以上5倍以下的罚款。"《刑法》第202条规定:"以暴力、威胁方法拒不缴纳税款的,处3年以下有期徒刑或者拘役,并处拒缴税款1倍以上5倍以下的罚金;情节严重的,处3年以上7年以下有期徒刑,并处拒缴税款1倍以上5倍以下的罚金。"

8. 在规定期限内不缴或者少缴税款的法律责任

《征管法》第68条规定:"纳税人、扣缴义务人在规定期限内不缴或者少缴应纳或者应缴的税款,经税务机关责令限期缴纳,逾期仍未缴纳的,税务机关除依照本法第四十条规定采取强制执行措施追缴其不缴或者少缴的税款外,可以处不缴或者少缴税款50%以上5倍以下的罚金。"

9. 不配合税务机关依法检查的法律责任

《征管法》第70条规定:"纳税人、扣缴义务人逃避、拒绝或者以其他方式阻挠税务机关检查的,由税务机关责令改正,并处以1万元以下的罚款;情节严重的,处1万元以上5万元以下的罚款。"

二、税收的分类

由于对不同的税种可以按照不同的标准、从不同的角度进行比较研究。因此,税收分类的方法是多种多样的。这里介绍税收分类的几种主要方法。

(一) 按税收计征标准分类

按税收计征标准的不同,可将税种分为从价税和从量税。从价税是指按征税对象及其计税依据的价格或金额为标准计征的税,这类税一般实行比例税率或累进税率,故又称为从价定率计征的税收。从价税是现代税收的基本税种,它包含大部分流转税和所得税。从量税是指按征税对象的重量、件数、容积、面积等数量作为计税依据的税,这类税一般实行定额税率,又称为从量定额计征的税收。在我国,如盐税、车船税和耕地占用税等,均属此列。

(二) 按税收管理和受益权限划分

按税收管理和受益权限的不同,可将税种划分为中央税、地方税,以及中央和地方共享税。中央税是指属于中央财政固定收入,归中央政府支配和使用的税种,如我国现行税制中的关税、中央企业所得税等;地方税是指属于地方财政固定收入,归地方政府支配和使用的税种,如我国现行税制中的地方企事业所得税、个人所得税等。中央和地方共享税则是指属于中央政府和地方政府共同享有,按一定比例分成的税种,如我国现行税制中的增值税、资源税和证券交易税等。

(三) 按税收负担能否转嫁划分

按照税收负担的最终归宿,即税负能否转嫁为标准,税收可分为直接税和间接税。直接税是指税负不能由纳税人转嫁出去,必须由自己负担的各税种,如所得税、财产税和社会保险税等;间接税是指税负可以由纳税人转嫁出去,由他人负担的各税种,如消费税和关税等。

(四) 按税收与价格的组成关系划分

按税收与价格的关系,可将税种分为价内税和价外税。凡税金构成商品或劳务价格组成部分的,称为价内税。凡税金不构成商品或劳务价格组成部分的,而只是作为其价格之外的一个附加额,就称为价外税。

(五) 按课税对象的不同性质划分

按征税对象的性质划分,可将税种分为流转税、所得税、资源税、财产税和行为税五大类。这种分类方式是世界各国在进行税收分类时采用的一种最基本、最重要的方式。

1. 流转税

流转税是以商品或劳务流转额为征税对象的税种的统称。流转税的经济前提是存在商品的交换和劳务的提供,其计税依据是商品或劳务流转额。商品流转额指的是在商品交换过程中发生的交易额。劳务流转额指的是经济主体在向社会提供交通运输、邮电通讯、金融保险、文化体育、娱乐服务等劳务服务时所取得的各项劳务性收入额。流转税的课征既可以全部流转额为课税对象,也可以部分流转额作为课税对象,如增值税就是以全部流转额中新增加的那一部分流转额为课税对象的。我国现行税制中的增值税、消费税关税等都属于流转税系。流转税属于间接税,具有税源稳定、征收及时便利、税负隐蔽等特点。

2. 所得税

所得税是以所得额为课税对象的税种的统称。纳税人的应税所得通常是指自然人或法人在一定期间内,由于劳动、经营、投资或把财产提供给他人使用而获得的继续性收入,扣除为取得收入所需费用后的余额。因此,纳税人的应税所得总体上可以分为经营所得、财产所得、劳动所得、投资所得和其他所得。我国现行税制中的企业所得税、外商投资企业和外国企业所得税、个人所得税、农业税、牧业税都属于所得税系。所得税为直接税,税负不易转嫁,通常采用累进税率,税负具有弹性,具有"内在稳定器"的特征。

3. 资源税

资源税是以资源的绝对收益和级差收益为课税对象的税种的统称。这里作为课税对象的资源指的是那些具有商品属性的自然资源,即具有交换价值和使用价值的资源。资源税可分为一般资源税和级差资源税两种类型。一般资源税是以自然资源的开发和利用为前提,无论资源的好坏和收益的多少,都对开发利用者所获取的绝对收益进行征税;级差资源税则是根据开发和使用自然资源的等级以及收益的多少所形成的级差收入为课税对象来进行征税。资源税具有征税范围固定、采用差别税额、实行从量定额征收的特点。我国现行税制中的资源税、城镇土地使用税、土地增值税、耕地占用税都属于资源税系。

4. 财产税

财产税是以财产价值为课税对象的税种的统称。作为课税对象的财产包括不动产和动产两类。不动产指的是不能移动或移动后会损失其经济价值的财产,如土地和地上附着物;动产指的是除不动产以外的,各种可能移动的财产,包括有形动产和无形动产。有形动产如车辆、船舶等;无形动产如股票、债券、银行存款等。一般说来,各国的财产税并不是对所有的财产都征税,而只是选择某些特定的财产进行征税,其中主要是以对不动产征税为主。财产税具有征税范围固定、税负难以转嫁的特征。我国现行税制中的房产税、契税等都属于财产税系。

5. 行为税

行为税是以某些特定的行为作为课税对象的税种的统称。行为税具有课税对象单一、税源分散、税种灵活的特点。开征行为税,主要是为了加强对某些特定行为的监督、限制和管理,或者是对某些特定行为的认可,从而实现国家政治上或经济上的特定目的或管理上的需要。同时也可开辟财源,增加财政收入。从世界范围来看,各国开征的行为税名目繁多,如一些国家开征的赌博税、彩票税、狩猎税等。我国现行税制中的车船税、印花税、城市维护建设税、证券交易税都属于行为税系。

(六)中国的税制结构

中国现行税收制度共设有23种税,按照性质大致可以分为以下7个大类。

1. 流转税类

流转税类包括增值税、消费税和关税。这些税种通常在生产、流通或者服务中,按照纳税人取得的销售收入或者营业收入征收。

2. 所得税类

所得税类包括企业所得税和个人所得税。这些税种按照生产、经营者取得的利润或个人取得的收入征收。

3. 资源税类

资源税类包括资源税和城镇土地使用税。这些税种对从事资源开发或者使用城镇土地者征收。

4. 特定目的税类

特定目的税类包括城市维护建设税、耕地占用税、固定资产投资方向调节税和土地增值税。这些税种是为了达到特定的目的,对特定对象进行调节而设置的。

5. 财产税类

财产税类包括房产税、契税、城市房地产税和车船税。

6. 行为税类

行为税类包括车辆购置税、印花税。这些税种是对特定的行为征收的。

7. 农业税类

农业税类包括农业税(含农业特产税)和牧业税。这些税种是对取得农业收入或者牧业收入的企业、单位和个人征收的。2006年1月1日起废止《农业税条例》，目前，只剩下农业特产税中的烟叶税。

三、税收基本术语

(一) 纳税人

纳税人又称纳税主体，具体指税法规定的负有纳税义务的单位和个人。税法规定纳税人，是要解决国家对谁征税或由谁纳税的问题。从法律角度看，纳税人包括自然人和法人，自然人是基于出生并能独立行使法定权利和履行法定义务的个人；法人是依照法定程序成立，具有独立财产并能独立行使法定权利和承担法定义务的团体、企业、公司及其他经济组织或单位。每一种税都规定有各自的纳税人。如增值税的纳税人包括在我国境内销售、进口货物、提供加工、修理、修配劳务的各类企业、单位、个体经营者和其他个人；企业所得税的纳税人包括我国境内的实行独立经济核算的各类企业和组织(不包括外商投资企业和外国企业)。纳税人必须依法履行纳税义务，违者要受到法律制裁。

(二) 扣缴义务人

法律、行政法规规定负有代扣代缴、代收代缴税款义务的单位和个人为扣缴义务人。扣缴义务人必须依照法律、行政法规的规定代扣代缴、代收代缴税款。确定扣缴义务人，有利于加强税收的源泉控制，简化征税手续，减少税款流失。

(三) 征税对象

征税对象又称课税对象、课税客体。征税对象是指税法规定的税收课征的目的物，表明国家对什么征税。征税对象的种类较多，如商品、财产、资源、特定目的或行为，乃至人身等。按照征税对象不同，税收可以分为流转课税、所得课税、财产课税、资源课税、行为课税和特别目的课税。在税法中，为了具体计算税额，还必须对征税对象做出具体规定。征税对象随社会生产力的发展而变化。自然经济中，土地和人丁是主要的征税对象。商品经济中，商品的交易额、企业利润和个人所得等是主要的征税对象。

(四) 计税依据

计税依据即计算应纳税额的根据，征税对象量的表现。在税率不变的情况下，计税依据的数额同应纳税额成正比例，计税依据的数额越多，应纳税额也越多。

计税依据可以分为计税金额和计税数量两类。

(1) 计税金额，具体种类有：以销售(营业)收入金额为计税依据，如消费税、营业税等；以增值额为计税依据，如增值税；以所得额为计税依据，如企业所得税和个人所得；以财产价值为计税依据，如房产税等。

(2) 计税数量，即以课税对象的自然实物量为计税依据，具体计量标准有数量、重量、面积、容积等，如车船税以车辆的辆数和船舶吨位为标准计税，城镇土地使用税以平方米为标准计税，汽油、柴油以升为标准计征消费税。

在某些情况下，上述两类计税依据可以并用，如对白酒征收的消费税以斤数和出厂价格为计税依据。

(五) 税目

税目又称课税品目，是税法规定的课税对象的具体征税项目。设置税目的目的主要是为了明确某一种税的征收范围，规定征税的广度。凡属于列举税目之内的产品或收入即为应税对象，反之则为非应税对象。

确定税目的方法主要有两种。

(1) 列举法。按照课税对象的经营项目或收入项目分别设置税目，必要时还可以在税目之下划分若干个子目。列举法的优点是界限清楚，便于掌握；缺点是税目过多时不便查找。

(2) 概括法。按照课税对象的类别设计税目，即按商品大类或行业设计税目。概括法的优点是税目较少，查找方便；缺点是税目过粗，不利于体现国家政策。

因此，设置税目时通常同时运用这两种方法。

(六) 税率

税率是应纳税额与征税对象之间的比例,是应纳税额计算的尺度。它体现征税的深度,反映国家有关的经济政策与社会政策,它直接关系着国家的财政收入和纳税人的税收负担,是税收制度的中心环节,也是设计税制的主要议题。

我国现行税率大致可分为以下三种。

1. 比例税率

比例税率是指应征税额与征税对象数量之间的等比关系。这种税率,不因征税数量多少而变化,即对同一征税对象不论数额大小,只规定同一比率征收。比例税率在具体运用上可分为以下几种。

(1) 单一比例税率。即一种税只采用一种税率,如企业所得税采用税率为25％。

(2) 差别比例税率。即一个税种规定不同比率的比例税率。按使用范围可分为:

① 产品差别比例税率,即对不同产品规定不同税率,如消费税;

② 行业差别比例税率,按行业的区别规定不同的税率,如营业税;

③ 地区差别比例税率,按照不同地区实行差别税率,如农业税。

(3) 幅度比例税率。国家只规定最低税率和最高税率,各地可以在此幅度内自行确定一个比例税率,如契税。

(4) 有起征点或免征额的比例税率。即对同一征税对象规定达到起征点后全额课征,或扣除免征额后,按同一比例税率课征。

2. 累进税率

累进税率是随征税对象数额增大而提高的税率,即按征税对象数额的大小,划分若干等级,每个等级由低到高规定相应的税率,征税对象数额越大,税率越高。累进税率与征税数量的比,表现为税额增加幅度大于征税数量增长幅度。累进税率的计算方法和依据的差别,又可分为以下几种。

(1) 全额累进税率。即对征税对象的全额按照与之相同等级的税率计算税额,在征税对象数额提高一个级距时,对征税对象全额都按提高一级的税率征税。

(2) 超额累进税率。即把征税对象按数额大小划分为若干等级,每个等级由低到高规定相应的税率,在征税对象数额提高一级距时,只是超过部分按照提高一级的税率征税,每个等级分别按该等级的税率计税。

(3) 全率累进税率。它与全额累进税率的原理相同,只是税率累进的依据不同,全率累进税率的对象是某种比率,如销售利润率、资金利润率等。

(4) 超率累进税率。它与超额累进税率的原理相同,只是税率累进的依据不是征税对象的数额,而是征税对象的某种比率。

全额累进税率和全率累进税率的优点是计算简便,但在两个级距的临界点处会出现税负增加超过应税所得额增加的现象,使税收负担极不合理。超额累进税率和超率累进税率计算较复杂,但累进程度缓和,税收负担较为合理。

3. 定额税率

定额税率亦称固定税额,是税率的一种特殊形式。它按征税对象的一定计量单位规定固定税额,而不是规定征收比例。定额税率一般适用于从量计算的某些税种,在具体运用上又可分为以下几种。

(1) 地区差别定额。即为了照顾不同地区的自然资源、生产水平和盈利水平的差别,根据各地区经济发展的不同情况对各地区分别制定不同的税额。如原盐税规定每吨盐的税额为辽宁141元,山东130元。

(2) 幅度定额。即税法只规定一个税额幅度,由各地根据本地区实际情况,在税法规定的幅度内,确定一个执行税额。如土地使用税,每平方米年税额15—30元。

(3) 分类分级定额。把征税对象划分为若干个类别和等级,对各类各级由低到高规定相应的税额,等级高的税额高,等级低的税额低,具有累进税的性质。

定额税率的优点,一是它从量计征,而不是从价计征,有利于鼓励企业提高产品质量和改进包装。在优质优价、劣质劣价的情况下,优质优价的产品相应税负轻,劣质劣价的产品相对税负重。企业在改进包装后,售价提高而税额不增,避免了从价税这方面的缺点;二是计算简便;三是税额不受征税对象价格变化的影响,负担相对稳定。但是,由于税额一般不随征税对象价值的增长而增长,不能使国家财政收入随国民收入的增长而同步增长,在调节收入和适用范围上有局限性。

4. 名义税率与边际税率

为了分析的需要,税率还可分作名义税率与实际税率、边际税率与平均税率等。名义税率即法定税率,也就是税法所规定的税率;实际税率是税收实际负担率,名义税率和实际税率之间,由于存在税前的大量扣除、优惠、经济的通货膨胀等因素,会产生比较大的差异。边际税率是指最后一个计税依据所适用的税率;平均税率是全部应纳税额与收入之间的比率,边际税率与平均税率之间存在紧密的联系。在累进税制情况下,平均税率随边际税率的提高而提高,但平均税率低于边际税率;在比例税制情况下,边际税率就是平均税率。

(七) 税收附加

税收附加是随正税附征的一种税收,又称为附加税。税收附加不构成独立的税种,一般以某一税种的税额为计税依据。我国先后征收过工商营业税附加、工商所得税附加、工商统一税附加、城市房地产税附加等税收附加,目前征收的税收附加有牧业税地方附加。征收税收附加是一种简便易行的获得税收收入的方法,国内外多有采用。

(八) 加成征收

加成征收是指对课税对象在依据税率计算应纳税额的基础上,对税额再加征一定成数的税款。加征一成就是在原税率(税额)上加征10%,加征二成就是在原税率(税额)上加征20%,依次类推。

加成征收实质是税率的延伸,是税率的补充形式,是税法规定对纳税人或课税对象加重征税的措施。实行加成征收的目的在于配合党和国家的方针政策,调节纳税人某些过高的收入,或限制某些不利于社会经济发展的经营活动。例如《个人所得税法实施细则》规定,对于个人一次取得劳动报酬,其应纳税所得额超过2万元的实施加成征收;应纳税所得额超过2万元至5万元的部分加征5成,超过5万元的部分加征10成。

在我国,加成征收的运用有两种情况:一种是为了限制纳税人的某些经济活动所采取的加重课税的方式;另一种是对个别利润(收入)较高的纳税人所采取的调节收入的措施,如现行个人所得税法规定,对劳务报酬所得一次收入畸高的,可以实行加成征收。

(九) 减税与免税

减税、免税是对纳税人的应纳税款给予部分减征或全部免征。税收减免是国家根据经济发展的需要,对征税项目所做的某些局部的、以法律形式规定的税收优惠措施,是税收优惠的重要形式之一。

税收的减免方式大致有三种。

1. 从时间上可分为定期减免和不定期减免

前者限于在规定的期限内给予减税、免税,过期一般不再继续减免照顾;后者是对特定纳税人或特定征税对象在一定范围内给予的减税、免税,没有固定的减免时间限制。

2. 从性质上可划分为政策减免、困难减免和一般减免

政策减免,指配合国家有关政策所给予的减税、免税;困难减免,指对纳税人因特殊情况纳税有困难而给予的减税、免税;一般减免,指其他一般性的减税、免税。

3. 从与税法的关系上可划分为法定减免和非法定减免

前者指税法明文规定的减税、免税;后者是根据有关法律规定,省、自治区、直辖市、财政部和国家税务总局等部门,根据具体情况和实际需要,在不与法律、行政法规相抵触的前提下,按照有关的法律程序和规定制定某些减税、免税规定。

(十) 起征点

起征点又称征税起点,是指税法规定对课征对象数额所达到的应当征税的起点。

起征点的规定主要是为了照顾应税收入额较少的纳税人,贯彻合理负担的原则。征税对象数额达不到起征点的不征税,达到起征点的按全部数额征税。

(十一)免征额

免征额是税法规定准予从课税对象数额中扣除,免予征税的数额。

在实行免征额时,纳税人可以从全部征税对象中,首先扣除免征额,然后就其剩余的部分纳税。实行免征额,可以把一部分收入较低者排除在征税范围以外,或者给予一部分免税,有利于缩小征税面,实现合理负担税收的目的。

(十二)纳税环节

纳税环节指对处于运动过程中的课税对象,选择应当交纳税款的环节。

任何一种税都要确定纳税环节,有的税种纳税环节比较明确、固定,有的税种则需要在许多流转环节中选择和确定适当的纳税环节。商品从生产到消费要经过许多流转环节,从总的方面看,包括生产、运输、批发、零售等。对一种商品,可以选择只在一个环节征税,称为"一次课征制";也可以选择在两个环节征税,称为"两次课征制";还可以实行在所有流转环节都征税,称为"多次课征制"。

确定纳税环节,是课税制度的一个重要问题。它关系到税制结构和税种的布局,关系到税款能否及时足额缴入国库,关系到地区间税收收入的分配,同时也关系到企业的经济核算是否便利,以及纳税人缴纳税款等问题。所以,选择确定纳税环节的原则是:一要有利于及时稳妥地集中税款;二要符合纳税人的纳税规律,便于征纳;三要有利于经济发展和控制税源。

(十三)纳税期限

纳税期限是税法规定纳税人、扣缴义务人发生纳税义务或扣缴税款义务后,应该缴纳税款或解缴税款的期限。

纳税期限是根据纳税人的生产、经营规模和应纳税额的大小以及各个税种的不同特点确定的。纳税期限包括纳税计算期和税款缴库期。

纳税计算期一般可分为两种情况:①按次计算。即以纳税人从事生产、经营活动的次数作为纳税计算期,一般适用于对某些特定行为的课税或对临时经营者的课税,如印花税、契税和屠宰税等,都是在发生纳税义务后按次计算应纳税额;②按期计算。即以纳税人、扣缴义务人发生纳税义务或扣缴税款义务的一定期间作为纳税计算期。

税款缴库期是指纳税计算期届满后,纳税人、扣缴义务人报缴税款的法定期限,如增值税暂行条例规定,增值税的纳税期限分别为1日、3日、5日、10日、15日或者1个月。纳税人以1个月为一期纳税的,自期满之日起10日内申报纳税;以1日、3日、5日、10日或者15日为一期纳税的,自期满之日起5日内预缴税款,于次月1日起10日内申报纳税并结清上月应纳税款。

规定纳税期限,对于保证国家财政收入的稳定及时和促进纳税人加强经营管理,认真履行纳税义务,具有重要意义。

(十四)纳税地点

纳税地点是税法规定纳税人申报缴纳税款的具体地点。

国家根据各个税种纳税对象的纳税环节和有利于对税款的源泉控制的原则,规定纳税人的具体纳税地点。总的原则是纳税人在其所在地申报纳税,同时考虑到某些纳税人生产、经营和财务核算的特殊情况。一般来讲,规定的具体纳税地点有就地纳税、口岸纳税、集中纳税、营业行为所在地纳税和汇总缴库等。

规定纳税人申报纳税的地点,既有利于税务机关实施税源控管,防止税收流失,又便于纳税人缴纳税款。

1. 增值税的纳税地点

(1)固定业户应当向其机构所在地主管税务机关申报纳税。总机构和分支机构不在同一县(市)的,应当分别向各自所在地主管税务机关申报纳税;经国家税务总局或其授权的税务机关批准,可以由总机构汇总向总机构所在地主管税务机关申报纳税。

(2)固定业户到外县(市)销售货物的,应当向其机构所在地主管税务机关申请开具外出经营活动税收管理证明,向其机构所在地主管税务机关申报纳税。未持有其机构所在地主管税务机关核发的外出经营活动税收管理证明,到外县(市)销售货物或者应税劳务的,应当向销售地主管税务机关申报纳税;未向销售地主管税务机关申报纳税的,由其机构所在地主管税务机关补征税款。

(3) 固定业户临时到外省、市销售货物的,必须向经营地税务机关出示"外出经营活动税收管理证明"回原地纳税,需要向购货方开具专用发票的,亦回原地补开。

(4) 非固定业户销售货物或者应税劳务,应当向销售地主管税务机关申报纳税。

(5) 非固定业户到外县(市)销售货物或者应税劳务,未向销售地主管税务机关申报纳税的,由其机构所在地或者居住地主管税务机关补征税款。

(6) 进口货物,应当由进口人或其代理人向报关地海关申报纳税。

2. 消费税的纳税地点

(1) 纳税人销售的应税消费品,以及自产自用的应税消费品,除国家另有规定的外,应当向纳税人核算地主管税务机关申报纳税。

(2) 委托加工的应税消费品,除受托方是个体经营者外,由受托方向所在地主管税务机关解缴消费税税款;如果受托方是个体经营者,一律由委托方收回后在委托方所在地缴纳消费税。

(3) 进口的应税消费品,由进口人或者其代理人向报关地海关申报纳税。

(4) 纳税人到外县(市)销售或委托外县(市)代销自产应税消费品的,应事先向其所在地主管税务机关提出申请,并于应税消费品销售后,回纳税人核算地或所在地缴纳消费税。

(5) 纳税人的总机构与分支机构不在同一县(市)的,应在生产应税消费品的分支机构所在地缴纳消费税。但经国家税务总局及所属省国家税务局批准,纳税人分支机构应纳消费税税款也可由总机构汇总向总机构所在地主管税务机关缴纳。对纳税人的总机构与分支机构不在同一省(自治区、直辖市)的,如需改由总机构汇总在总机构所在地纳税的,需经国家税务总局批准;对纳税人的总机构与分支机构在同一省(自治区、直辖市)内,而不在同一县(市)的,如需改由总机构汇总在总机构所在地纳税的,需经省级国家税务局批准。

3. 营业税的纳税地点

(1) 纳税人提供应税劳务,应当向应税劳务发生地主管税务机关申报纳税;纳税人从事运输业务,应当向其机构所在地主管税务机关申报纳税。

(2) 纳税人转让土地使用权,应当向土地所在地主管税务机关申报纳税;纳税人转让其他无形资产,应当向其机构所在地主管税务机关申报纳税。

(3) 纳税人销售不动产,应当向不动产所在地主管税务机关申报纳税。

(4) 纳税人提供的应税劳务发生在外县(市),应向应税劳务发生地主管税务机关申报纳税;如未向应税劳务发生地申报纳税的,由其机构所在地或者居住地主管税务机关补征税款。

(5) 纳税人承包的工程跨省、自治区、直辖市的,向其机构所在地主管税务机关申报纳税。

各航空公司所属分公司,无论是否单独计算盈亏,均应作为纳税人向分公司所在地主管税务机关缴纳营业税。

(6) 纳税人在本省、自治区、直辖市范围内发生应税劳务,其纳税地点需要调整的,由省、自治区、直辖市人民政府所属税务机关确定。

(7) 扣缴义务人应当向其机构所在地的主管税务机关申报缴纳其扣缴的营业税税款。但建筑安装工程业务的总承包人,扣缴分包或者转包的非跨省(自治区、直辖市)工程的营业税税款,应当向分别转包工程的劳务发生地主管税务机关解缴。

(8) 单位和个人出租土地使用权、不动产的营业税纳税地点为土地、不动产所在地;单位和个人出租物品、设备等动产的营业税纳税地点为出租单位机构所在地或个人居住地。

(9) 在中华人民共和国境内的电信单位提供电信业务的营业税纳税地点为电信单位机构所在地。

(10) 在中华人民共和国境内的单位提供的设计(包括在开展设计时进行的勘探、测量等业务,下同)、工程监理、调试和咨询等应税劳务的,其营业税纳税地点为单位机构所在地。

(11) 在中华人民共和国境内的单位通过网络为其他单位和个人提供培训、信息和远程调试、检测等服务的,其营业税纳税地点为单位机构所在地。

4. 城市维护建设税的纳税地点

(1) 代征代扣"三税"的单位和个人,其城建税的纳税地点在代征代扣地。

(2) 跨省开采的油田,下属生产单位与核算单位不在一个省内的,其生产的原油,在油井所在地缴纳增值税,其应纳税款由核算单位按照各油井的产量和规定税率,计算汇拨各油井缴纳。所以,各油井应纳的城建税,应由核算单位计算,随同增值税一并汇拨油井所在地,由油井在缴纳增值税的同时,一并缴纳城建税。

(3) 对管道局输油部分的收入,由取得收入的各管道局于所在地缴纳营业税。所以,其应纳城建税,也应由取得收入的各管道局于所在地缴纳营业税时一并缴纳。

(4) 对流动经营等无固定纳税地点的单位和个人,应随同"三税"在经营地按适用税率缴纳。

5. 关税的纳税地点

纳税人向进出境地海关申报。

6. 资源税的纳税地点

(1) 凡是缴纳资源税的纳税人,都应当向应税产品的开采地或生产所在地主管税务机关缴纳。

(2) 纳税人在本省、自治区、直辖市范围内开采或者生产应税产品,其纳税地点需要调整的,由所在地省、自治区、直辖市税务机关决定。

(3) 如果纳税人应纳的资源税属于跨省开采,其下属生产单位与核算单位不在同一省、自治区、直辖市的,对其开采的矿产品一律在开采地纳税。其应纳税款由独立核算、自负盈亏的单位,按照开采地的实际销售量(或自用量)及适用的单位税额计算划拨。

(4) 扣缴义务人代扣代缴资源税,也应当向收购地主管税务机关缴纳。

7. 土地增值税的纳税地点

纳税人应向房地产所在地主管税务机关办理申报纳税。纳税人转让的房地产坐落在两个或两个以上地区的,应按房地产所在地分别申报纳税。

(1) 纳税人是法人的,当转让的房地产坐落地与其机构所在地或经营所在地一致时,可在办理税务登记的原管辖税务机关申报纳税;如果转让的房地产坐落地与其机构所在地或经营所在地不一致时,则应在房地产坐落地的主管税务机关申报纳税。

(2) 纳税人是自然人的,当转让的房地产坐落地与其居住所在地一致时,则在住所所在地税务机关申报纳税;当转让的房地产坐落地与其居住所在地不一致时,在办理过户手续所在地的税务机关申报纳税。

8. 城镇土地使用税的纳税地点

纳税人在土地所在地缴纳。当纳税人使用的土地不属于同一省、自治区、直辖市管辖的,由纳税人分别向土地所在地的税务机关缴纳;在同一省、自治区、直辖市管辖范围内的,纳税人跨地区使用的土地,其纳税地点由各省、自治区、直辖市地方税务局确定。

9. 房产税的纳税地点

纳税人在房地产所在地缴纳。

10. 车船税的纳税地点

纳税人在其所在地缴纳车船税。

11. 印花税的纳税地点

印花税实行就地缴纳。

12. 契税的纳税地点

纳税人在取得的土地、房屋所在地缴纳契税。

13. 企业所得税的纳税地点

企业所得税由纳税人向其所在地主管税务机关缴纳,其所在地是指纳税人的实际经营管理所在地。其分支机构或集团子公司与总机构不在同一县(市)的,经国家税务总局批准,可以实行汇总或合并纳税办法。

14. 外商投资企业和外国企业所得税的纳税地点

(1) 当地税务机关。

(2) 外国企业在中国境内设立两个或者两个以上的营业机构,可以选择一个对其他营业机构有监督管理责任、会计资料完整准确的营业机构合并纳税。各营业机构在同一省、自治区、直辖市的,由省级税务机关审批;不在同一省、自治区、直辖市的,由国家税务总局审批。

15. 个人所得税的纳税地点

(1) 一般向收入来源地主管税务机关缴纳。

(2) 纳税人从两处或两处以上取得工资、薪金所得的,可选择并固定在其中一地税务机关申报纳税。

(3) 从境外取得所得的,应向境内户籍所在地或经常居住地税务机关申报纳税。

(4) 个人独资企业或合伙企业投资者应向企业实际经营管理所在地主管税务机关申报缴纳个人所得税。投资者从合伙企业取得的生产经营所得,由合伙企业向企业实际经营管理所在地主管税务机关申报缴纳投资者应纳的个人所得税,并将个人所得税申报表抄送投资者。投资者兴办两个或两个以上企业的,应分别向企业实际经营管理所在地主管税务机关预缴税款。年度终了后办理汇算清缴时,根据不同情况分别处理:

① 投资者兴办的企业全部是个人独资性质的,分别向各企业的实际经营管理所在地主管税务机关办理年度纳税申报,并依所有企业的经营所得总额确定适用税率,以本企业的经营所得为基础,计算应缴税款,办理汇算清缴。

② 投资者兴办的企业中含有合伙性质的,投资者应向经常居住地主管税务机关申报纳税,办理汇算清缴,但经常居住地与其兴办企业的经营管理所在地不一致的,应选定其参与兴办的某一合伙企业的经营管理所在地为办理年度汇算清缴所在地,并在5年内不得变更。5年后需要变更的,须经原主管税务机关批准。

(十五) 税收滞纳金

税收滞纳金是按照税法规定,对延误期限缴纳税款的纳税人所加收的款项。这是对违反税法的纳税人的一种经济制裁方式。

各国税法中普遍规定了滞纳金的制裁方式:纳税单位和个人不按期缴纳税款,税务机关除限期追缴外,还要从滞纳之日起,按日并按滞纳税款以一定比例加收滞纳金。滞纳金的计算公式为

$$滞纳金金额 = 滞纳税款 \times 滞纳金比例 \times 滞纳天数$$

我国《税收征收管理法》规定:纳税人、扣缴义务人按照法律、行政法规规定或者税务机关依照法律、行政法规的规定确定的期限,缴纳或者解缴税款。纳税人未按照规定期限缴纳税款的,扣缴义务人未按照规定期限解缴税款的,税务机关除责令限期缴纳外,从滞纳税款之日起,按日加收滞纳税款0.5‰的滞纳金。

(十六) 税收罚款

税收罚款是税务机关对违反国家税法和税务管理制度的纳税人所强制征收的一定数量货币,这是对违反税收有关规定的纳税人的一种经济制裁措施。

如根据我国《税收征收管理法》的规定,对纳税人偷税的,除了由税务机关追缴其不缴或者少缴的税款、滞纳金以外,并处不缴或者少缴的税款50%以上5倍以下的罚款。

(十七) 税收罚金

税收罚金是对违反税收法律的行为,强制犯罪分子在一定期间内缴纳一定数额的罚款。

在我国,罚金是附加刑的一种形式,可以独立适用或附加适用。罚金的数额根据犯罪情节和犯罪分子的经济状况确定。税收罚金有两种形式:一种是按应纳税款数额,处以若干倍数的罚金;另一种是直接处以一定数额的罚金。

(十八) 税务登记

税务登记又称纳税登记,是指纳税义务人就其开业、变动、歇业以及生产经营范围变化,按照规定的期限向所在地税务机关办理书面登记的一种制度。它是纳税人履行纳税义务的必要法律手续。税务登记的种类一般分为开业登记、变更登记、重新登记和注销登记。

(十九) 纳税申报

纳税申报是指纳税人按照税法规定,向税务机关报送纳税申报表、财务会计报表及其他有关资料。纳税申报也是税务机关办理征收业务、核实应征税款、开具完税凭证的主要依据。

(二十) 查账征收

查账征收是指税务机关对账务健全的纳税人,依据其报送的纳税申报表、财务会计报表和其他有关纳税资料,经审查核实后,计算应纳税款,填写缴款书或完税证,由纳税人到银行划解税款的征收方式。这是我国现行最主要的征收方式。

(二十一) 核定征收

核定征收是指税务机关对不能完整、准确提供纳税资料的纳税人采用特定方法确定其应纳税收入及应纳税额,纳税人据以缴纳税款的一种征收方式。

(二十二) 税务检查

税务检查,又叫税务稽查,是税务机关根据国家税收法律、法规以及财务会计制度的规定,对纳税人是否正确履行纳税义务的情况进行检查和监督,以充分发挥税收职能作用的一种管理活动。

第二节 常见税种介绍

一、个人所得税

(一) 个人所得税的概念

个人所得税是调整征税机关与自然人(居民、非居民人)之间在个人所得税的征纳与管理过程中所发生的社会关系的法律规范的总称。凡在中国境内有住所,或者无住所而一个纳税年度内在中国境内居住累计满一百八十三天的个人,从中国境内和境外取得所得的,以及在中国境内无住所又不居住或者无住所而一个纳税年度内在中国境内居住累计不满一百八十三天的个人,从中国境内取得所得的,都要缴纳个人所得税。

2018年8月31日第十三届全国人民代表大会常务委员会第五次会议通过了《关于修改〈中华人民共和国个人所得税法〉的决定》(第七次修正),并于2019年1月1日起实施。

根据决定个人所得税征收范围包括:工资薪金所得;劳务报酬所得;稿酬所得;特许权使用费所得;经营所得;利息、股息、红利所得;财产租赁所得;财产转让所得;偶然所得。

与《个人所得税法》(2011年版)相比较,将"个体工商户的生产、经营所得"和"对企事业单位的承包经营、承租经营所得"合并为"经营所得";同时取消了"经国务院财政部门确定征税的其他所得"。至此,个人所得税的应税所得,由原来的11项,缩减为9项。

(二) 个人所得税的征税对象

个人所得税的征税对象主要包括以下9项内容。

1. 工资、薪金所得

工资、薪金所得,是指个人因任职或受雇而取得的工资、薪金、奖金、年终加薪、劳动分红、津贴、补贴以及与任职或受雇有关的其他所得。这就是说,个人取得的所得,只要是与任职、受雇有关,不管其单位的支付渠道或支付形式,都是工资、薪金所得项目的课税对象。

2. 劳务报酬所得

劳务报酬所得,是指个人从事设计、装潢、安装、制图、化验、测试、医疗、法律、会计、咨询、讲学、新闻、广播、翻译、审稿、书画、雕刻、影视、录音、录像、演出、表演、广告、展览、技术服务、介绍服务、经济服务、代办服务以及其他劳务取得的所得。

3. 稿酬所得

稿酬所得,是指个人因其作品以图书、报纸形式出版、发表而取得的所得。这里所说的"作品",是指包括中外文字、图片、乐谱等能以图书、报刊方式出版、发表的作品;"个人作品",包括本人的著作、翻译的作品等。个人取得遗作稿酬,应按稿酬所得项目计税。

4. 特许权使用费所得

特许权使用费所得,是指个人提供专利权、著作权、商标权、非专利技术以及其他特许权的使用权取得的所得。提供著作权的使用权取得的所得,不包括稿酬所得。作者将自己的文字作品手稿原件或复印件公开拍卖(竞价)取得的所得,应按特许权使用费所得项目计税。

5. 经营所得

个体工商户的生产、经营所得包括四个方面。

(1) 经工商行政管理部门批准开业并领取营业执照的城乡个体工商户,从事工业、手工业、建筑业交通运输业、商业、饮食业、服务业、修理业及其他行业的生产、经营取得的所得;

(2) 个人经政府有关部门批准,取得营业执照,从事办学、医疗、咨询以及其他有偿服务活动取得的所得;

(3) 其他个人从事个体工商业生产、经营取得的所得,即个人临时从事生产、经营活动取得的所得;

(4) 上述个体工商户和个人取得的与生产、经营有关的各项应税所得。

对企事业单位的承包经营、承租经营所得,是指个人承包经营、承租经营以及转包、转租取得的所得,包括个人按月或者按次取得的工资、薪金性质的所得。

6. 利息、股息、红利所得

利息、股息、红利所得,是指个人拥有债权、股权而取得的利息、股息、红利所得。利息是指个人的存款利息、贷款利息和购买各种债券的利息。股息,也称股利,是指股票持有人根据股份制公司章程规定,凭股票定期从股份公司取得的投资利益。红利,也称公司(企业)分红,是指股份公司或企业根据应分配的利润按股份分配超过股息部分的利润。股份制企业以股票形式向股东个人支付股息、红利即派发红股,应以派发的股票面额为收入额计税。

7. 财产租赁所得

财产租赁所得,是指个人出租建筑物、土地使用权、机器设备、车船以及其他财产取得的所得。财产包括动产和不动产。

8. 财产转让所得

财产转让所得,是指个人转让有价证券、股权、建筑物、土地使用权、机器设备、车船以及其他自有财产给他人或单位而取得的所得,包括转让不动产和动产而取得的所得。对个人股票买卖取得的所得暂不征税。

9. 偶然所得

偶然所得,是指个人取得的所得是非经常性的,属于各种机遇性所得,包括得奖、中奖、中彩以及其他偶然性质的所得(含奖金、实物和有价证券)。个人购买社会福利有奖募捐奖券、中国体育彩票,一次中奖收入不超过 10 000 元的,免征个人所得税;超过 10 000 元的,应以全额按偶然所得项目计税。

(三) 个人所得税的纳税人

我国个人所得税的纳税义务人是在中国境内居住有所得的人,以及不在中国境内居住而从中国境内取得所得的个人,包括中国国内公民,在华取得所得的外籍人员和港、澳、台同胞。

1. 居民纳税义务人

在中国境内有住所,或者无住所而一个纳税年度内在中国境内居住累计满一百八十三天的个人,为居民个人。居民个人从中国境内和境外取得的所得,依法缴纳个人所得税。

2. 非居民纳税义务人

在中国境内无住所又不居住,或者无住所而一个纳税年度内在中国境内居住累计不满一百八十三天的个人,为非居民个人。非居民个人从中国境内所得,依法缴纳个人所得税。

作为中国的居民纳税人和非居民纳税人,分别负有不同的纳税义务。一般来说,居民纳税人应就来源于中国境内、境外的所得缴纳个人所得税;非居民纳税人仅就来源于中国境内的所得缴纳个人所得税。究竟什么是来源于中国境内的所得呢？税法规定，下列所得，不论支付地点是否在中国境内，均为来源于中国境内的所得。

（1）因任职、受雇、履约等在中国境内提供劳务取得的所得；

（2）将财产出租给承租人在中国境内使用而取得的所得；

（3）转让中国境内的建筑物、土地使用权等财产或者在中国境内转让其他财产取得的所得；

（4）许可各种特许权在中国境内使用而取得的所得；

（5）从中国境内的公司、企业以及其他经济组织或者个人取得的利息、股息、红利所得。纳税人的境外所得，包括现金、实物和有价证券。

（四）个人所得税的计税依据

个人所得税的计税依据为纳税人取得的应纳税所得额，即纳税人取得的收入总额中扣除税法规定的费用扣除额后的余额。确定应纳税所得额，是正确计算应纳税额的基础和依据。

个人取得的应纳税所得，包括现金、实物和有价证券。所得为实物的，应当按照取得的凭证上所注明的价格计算应纳税所得额；无凭证的实物或者凭证上所注明的价格明显偏低的，由主管税务机关参照当地的市场价格核定应纳税所得额。所得为有价证券的，由主管税务机关根据票面价格和市场价格核定应纳税所得额。各项所得的计算，以人民币为单位，所得为外国货币的，按照国家外汇管理机关规定的外汇牌价折合成人民币缴纳税款。

在计算应纳税所得额时，除特殊项目（包括利息、股息、红利所得和偶然所得等）外，一般允许纳税人从收入总额中扣除一些必要的费用，这是征收个人所得税的一项基本原则，也是世界各国的普遍做法。一般来说，允许从个人收入中扣除的费用大体可分为两部分：一部分是纳税人取得应税项目收入而必须支付的费用；一部分是纳税人本人及其赡养人口的生计费用。

《个人所得税法》（2018年版）明确规定：居民个人取得的"工资、薪金所得、劳务报酬所得、稿酬所得、特许权使用费所得"为综合所得，按纳税年度合并计算个人所得税；非居民个人取得的这四项所得，按月或者按次分项计算个人所得税。

《个人所得税法》第六条规定，应纳税所得额的计算：

（1）居民个人的综合所得，以每一纳税年度的收入额减除费用六万元以及专项扣除、专项附加扣除和依法确定的其他扣除后的余额，为应纳税所得额。

（2）非居民个人的工资、薪金所得，以每月收入额减除费用五千元后的余额为应纳税所得额；劳务报酬所得、稿酬所得、特许权使用费所得，以每次收入额为应纳税所得额。

（3）经营所得，以每一纳税年度的收入总额减除成本、费用以及损失后的余额，为应纳税所得额。

（4）财产租赁所得，每次收入不超过四千元的，减除费用八百元；四千元以上的，减除百分之二十的费用，其余额为应纳税所得额。

（5）财产转让所得，以转让财产的收入额减除财产原值和合理费用后的余额，为应纳税所得额。

（6）利息、股息、红利所得和偶然所得，以每次收入额为应纳税所得额。

劳务报酬所得、稿酬所得、特许权使用费所得以收入减除百分之二十的费用后的余额为收入额。稿酬所得的收入额减按百分之七十计算。

个人将其所得对教育、扶贫、济困等公益慈善事业进行捐赠，捐赠额未超过纳税人申报的应纳税所得额百分之三十的部分，可以从其应纳税所得额中扣除；国务院规定对公益慈善事业捐赠实行全额税前扣除的，从其规定。

居民个人综合所得中要进行专项扣除和专项附加扣除，专项扣除包括居民个人按照国家规定的范围和标准缴纳的基本养老保险、基本医疗保险、失业保险等社会保险费和住房公积金等；专项附加扣除，包括子女教育、继续教育、大病医疗、住房贷款利息或者住房租金、赡养老人等支出。

（五）个人所得税的税率

1. 综合所得

适用7级超额累进税率，税率为3%—45%，税率如表7-1所示。

表 7-1 个人所得税税率表一（综合所得适用）

级数	全年应纳税所得额	税率(%)	速算扣除数
1	不超过 36 000 元的	3	0
2	超过 36 000 元至 144 000 元的部分	10	2 520
3	超过 144 000 元至 300 000 元的部分	20	16 920
4	超过 300 000 元至 420 000 元的部分	25	31 920
5	超过 420 000 元至 660 000 元的部分	30	52 920
6	超过 660 000 元至 960 000 元的部分	35	85 920
7	超过 960 000 元的部分	45	181 920

（注：本表中的全年应纳税所得额是指居民个人取得综合所得以每一纳税年度收入额减除费用六万元以及专项扣除、专项附加扣除和依法确定的其他扣除后的余额。）

2. 经营所得

适用 5 级超额累进税率，税率为 5%—35%，税率如表 7-2 所示。

表 7-2 个人所得税税率表二（经营所得适用）

级数	全年应纳税所得额	税率(%)	速算扣除数
1	不超过 30 000 元的	5	0
2	超过 30 000 元至 90 000 元的部分	10	1 500
3	超过 90 000 元至 300 000 元的部分	20	10 500
4	超过 300 000 元至 500 000 元的部分	30	40 500
5	超过 500 000 元的部分	35	65 500

（注：本表适用于个体工商户的生产、经营所得和对企事业单位的承包经营、租赁经营所得。表中的全年应纳税所得额是指以每一纳税年度的收入总额减除成本、费用以及损失后的余额。）

（六）个人所得税的扣缴方法

国家税务总局规定了新个税的计算方法，包括个人工资、薪金、劳务报酬、稿酬、特许权使用费，具体内容如下。

1. 居民个人的扣缴方法

为了便于个人所得税的收缴，居民个人所得税采取预扣预缴的做法。明确规定居民个人的工资、薪金所得个人所得税，日常采取累计预扣法进行预扣预缴；劳务报酬所得、稿酬所得、特许权使用费所得个人所得税，采取基本平移现行规定的做法预扣预缴（见表 7-3）。

（1）工资、薪金。

应预扣预缴税额 =（累计预扣预缴应纳税所得额 × 预扣率 − 速算扣除数）− 累计减免税额
　　　　　　　　− 累计已预扣预缴税额

累计预扣预缴应纳税所得额 = 累计收入 − 累计免税收入 − 累计减除费用 − 累计专项扣除
　　　　　　　　　　　　　− 累计专项附加扣除 − 累计依法确定的其他扣除

累计减除费用：按照 5 000 元/月乘以纳税人当年截至本月在本单位的任职受雇月份数计算。

表 7-3 居民个人工资、薪金所得预扣预缴表

级数	累计预扣预缴应纳税所得额	预扣率(%)	速算扣除数
1	不超过 36 000 元的	3	0
2	超过 36 000 元至 144 000 元的部分	10	2 520

(续表)

级数	累计预扣预缴应纳税所得额	预扣率(%)	速算扣除数
3	超过144 000元至300 000元的部分	20	16 920
4	超过300 000元至420 000元的部分	25	31 920
5	超过420 000元至660 000元的部分	30	52 920
6	超过660 000元至960 000的部分	35	85 920
7	超过960 000元的部分	45	181 920

(2) 劳务报酬所得。

每次取得劳务报酬先预交个税,年末时将工资、劳务报酬、稿酬、特许权使用费合并起来计算个人所得税(见表7-4)。

$$应预扣预缴税额=预扣预缴应纳税所得额×预扣率-速算扣除数$$

$$预扣预缴应纳税所得额=每次收入额-减除费用$$

(不超过4 000元,减除费用按800元算,超过4 000的按20%算)

表7-4 居民个人劳务报酬所得预扣预缴表

级数	预扣预缴应纳税所得额	预扣率(%)	速算扣除数
1	不超过20 000元的	20	0
2	超过20 000元至50 000元的部分	30	2 000
3	超过50 000元的部分	40	7 000

(3) 稿酬所得。

$$预扣预缴应纳税额=预扣预缴应纳税所得额×20\%$$

$$预扣预缴应纳税所得额=每次收入额×70\%$$

(4) 特许权使用费所得。

$$预扣预缴应纳税额=预扣预缴应纳税所得额×20\%$$

$$预扣预缴应纳税所得额=每次收入额-减除费用$$

(不超过4 000元,减除费用按800元算,超过4 000的按20%算)

2. 非居民个人的扣缴方法

非居民个人不预扣预缴,按月计算个人所得税(见表7-5)。

$$应纳税额=应纳税所得额×税率-速算扣除数$$

(1) 工资、薪金。

$$应纳税所得额=每月收入额-5 000元$$

(2) 劳务报酬所得、特许权使用费所得。

$$应纳税所得额=每次收入额×80\%$$

(3) 稿酬所得。

$$应纳税所得额=每次收入额×70\%$$

表 7-5 非居民个人的所得税税率表

级数	应纳税所得额	税率(%)	速算扣除数
1	不超过 3 000 元的	3	0
2	超过 3 000 元至 12 000 元的部分	10	210
3	超过 12 000 元至 25 000 元的部分	20	1 410
4	超过 25 000 元至 35 000 元的部分	25	2 660
5	超过 35 000 元至 55 000 元的部分	30	4 410
6	超 55 000 元至 80 000 的部分	35	7 160
7	超过 80 000 元的部分	45	15 160

注:适用于非居民个人工资、薪金所得、劳务报酬所得、稿酬所得、特许权使用费所得。

 专栏 7-1　中华人民共和国个人所得税法(2018 年修正市)

2018 年 8 月 31 日第十三届全国人民代表大会常务委员会第五次会议通过了《关于修改〈中华人民共和国个人所得税法〉的决定》(第七次修正)。

第一条　在中国境内有住所,或者无住所而一个纳税年度内在中国境内居住累计满一百八十三天的个人,为居民个人。居民个人从中国境内和境外取得的所得,依照本法规定缴纳个人所得税。在中国境内无住所又不居住,或者无住所而一个纳税年度内在中国境内居住累计不满一百八十三天的个人,为非居民个人。非居民个人从中国境内取得的所得,依照本法规定缴纳个人所得税。

纳税年度,自公历一月一日起至十二月三十一日止。

第二条　下列各项个人所得,应当缴纳个人所得税:

(一)工资、薪金所得;(二)劳务报酬所得;(三)稿酬所得;(四)特许权使用费所得;(五)经营所得;(六)利息、股息、红利所得;(七)财产租赁所得;(八)财产转让所得;(九)偶然所得。居民个人取得前款第一项至第四项所得(以下称综合所得),按纳税年度合并计算个人所得税;非居民个人取得前款第一项至第四项所得,按月或者按次分项计算个人所得税。纳税人取得前款第五项至第九项所得,依照本法规定分别计算个人所得税。

第三条　个人所得税的税率:

(一)综合所得,适用百分之三至百分之四十五的超额累进税率;

(二)经营所得,适用百分之五至百分之三十五的超额累进税率;

(三)利息、股息、红利所得,财产租赁所得,财产转让所得和偶然所得,适用比例税率,税率为百分之二十。

第四条　下列各项个人所得,免征个人所得税:

(一)省级人民政府、国务院部委和中国人民解放军军以上单位,以及外国组织、国际组织颁发的科学、教育、技术、文化、卫生、体育、环境保护等方面的奖金;(二)国债和国家发行的金融债券利息;(三)按照国家统一规定发给的补贴、津贴;(四)福利费、抚恤金、救济金;(五)保险赔款;(六)军人的转业费、复员费、退役金;(七)按照国家统一规定发给干部、职工的安家费、退职费、基本养老金或者退休费、离休费、离休生活补助费;(八)依照有关法律规定应予免税的各国驻华使馆、领事馆的外交代表、领事官员和其他人员的所得;(九)中国政府参加的国际公约、签订的协议中规定免税的所得;(十)国务院规定的其他免税所得。前款第十项免税规定,由国务院报全国人民代表大会常务委员会备案。

第五条　有下列情形之一的,可以减征个人所得税,具体幅度和期限,由省、自治区、直辖市人民政府规定,并报同级人民代表大会常务委员会备案:(一)残疾、孤老人员和烈属的所得;(二)因自然灾害遭受重大损失的。国务院可以规定其他减税情形,报全国人民代表大会常务委员会备案。

第六条　应纳税所得额的计算:

(一)居民个人的综合所得,以每一纳税年度的收入额减除费用六万元以及专项扣除、专项附加扣除和依法确定的其他扣除后的余额,为应纳税所得额。

(二)非居民个人的工资、薪金所得,以每月收入额减除费用五千元后的余额为应纳税所得额;劳务报酬所得、稿酬所得、特许权使用费所得,以每次收入额为应纳税所得额。

(三)经营所得,以每一纳税年度的收入总额减除成本、费用以及损失后的余额,为应纳税所得额。

(四)财产租赁所得,每次收入不超过四千元的,减除费用八百元;四千元以上的,减除百分之二十的费用,其余额为应纳税所得额。

(五)财产转让所得,以转让财产的收入额减除财产原值和合理费用后的余额,为应纳税所得额。

(六)利息、股息、红利所得和偶然所得,以每次收入额为应纳税所得额。

劳务报酬所得、稿酬所得、特许权使用费所得以收入减除百分之二十的费用后的余额为收入额。稿酬所得的收入额减按百分之七十计算。

个人将其所得对教育、扶贫、济困等公益慈善事业进行捐赠,捐赠额未超过纳税人申报的应纳税所得额百分之三十的部分,可以从其应纳税所得额中扣除;国务院规定对公益慈善事业捐赠实行全额税前扣除的,从其规定。

本条第一款第一项规定的专项扣除,包括居民个人按照国家规定的范围和标准缴纳的基本养老保险、基本医疗保险、失业保险等社会保险费和住房公积金等;专项附加扣除,包括子女教育、继续教育、大病医疗、住房贷款利息或者住房租金、赡养老人等支出,具体范围、标准和实施步骤由国务院确定,并报全国人民代表大会常务委员会备案。

第七条 居民个人从中国境外取得的所得,可以从其应纳税额中抵免已在境外缴纳的个人所得税税额,但抵免额不得超过该纳税人境外所得依照本法规定计算的应纳税额。

第八条 有下列情形之一的,税务机关有权按照合理方法进行纳税调整:

(一)个人与其关联方之间的业务往来不符合独立交易原则而减少本人或者其关联方应纳税额,且无正当理由;(二)居民个人控制的,或者居民个人和居民企业共同控制的设立在实际税负明显偏低的国家(地区)的企业,无合理经营需要,对应当归属于居民个人的利润不作分配或者减少分配;(三)个人实施其他不具有合理商业目的的安排而获取不当税收利益。

税务机关依照前款规定作出纳税调整,需要补征税款的,应当补征税款,并依法加收利息。

第九条 个人所得税以所得人为纳税人,以支付所得的单位或者个人为扣缴义务人。

纳税人有中国公民身份号码的,以中国公民身份号码为纳税人识别号;纳税人没有中国公民身份号码的,由税务机关赋予其纳税人识别号。扣缴义务人扣缴税款时,纳税人应当向扣缴义务人提供纳税人识别号。

第十条 有下列情形之一的,纳税人应当依法办理纳税申报:

(一)取得综合所得需要办理汇算清缴;(二)取得应税所得没有扣缴义务人;(三)取得应税所得,扣缴义务人未扣缴税款;(四)取得境外所得;(五)因移居境外注销中国户籍;(六)非居民个人在中国境内从两处以上取得工资、薪金所得;(七)国务院规定的其他情形。扣缴义务人应当按照国家规定办理全员全额扣缴申报,并向纳税人提供其个人所得和已扣缴税款等信息。

第十一条 居民个人取得综合所得,按年计算个人所得税;有扣缴义务人的,由扣缴义务人按月或者按次预扣预缴税款;需要办理汇算清缴的,应当在取得所得的次年三月一日至六月三十日内办理汇算清缴。预扣预缴办法由国务院税务主管部门制定。

居民个人向扣缴义务人提供专项附加扣除信息的,扣缴义务人按月预扣预缴税款时应当按照规定予以扣除,不得拒绝。

非居民个人取得工资、薪金所得,劳务报酬所得,稿酬所得和特许权使用费所得,有扣缴义务人的,由扣缴义务人按月或者按次代扣代缴税款,不办理汇算清缴。

第十二条 纳税人取得经营所得,按年计算个人所得税,由纳税人在月度或者季度终了后十五日内向税务机关报送纳税申报表,并预缴税款;在取得所得的次年三月三十一日前办理汇算清缴。

纳税人取得利息、股息、红利所得,财产租赁所得,财产转让所得和偶然所得,按月或者按次计算个人所得税,有扣缴义务人的,由扣缴义务人按月或者按次代扣代缴税款。

第十三条 纳税人取得应税所得没有扣缴义务人的,应当在取得所得的次月十五日内向税务机关报送纳税申报表,并缴纳税款。

纳税人取得应税所得,扣缴义务人未扣缴税款的,纳税人应当在取得所得的次年六月三十日前,缴纳税款;税务机关通知限期缴纳的,纳税人应当按照期限缴纳税款。

居民个人从中国境外取得所得的,应当在取得所得的次年三月一日至六月三十日内申报纳税。

非居民个人在中国境内从两处以上取得工资、薪金所得的,应当在取得所得的次月十五日内申报纳税。

纳税人因移居境外注销中国户籍的,应当在注销中国户籍前办理税款清算。

第十四条 扣缴义务人每月或者每次预扣、代扣的税款,应当在次月十五日内缴入国库,并向税务机关报送扣缴个人所得税申报表。

纳税人办理汇算清缴退税或者扣缴义务人为纳税人办理汇算清缴退税的,税务机关审核后,按照国库管理的有关规定办理退税。

第十五条 公安、人民银行、金融监督管理等相关部门应当协助税务机关确认纳税人的身份、金融账户信息。教育、卫生、医疗保障、民政、人力资源社会保障、住房城乡建设、公安、人民银行、金融监督管理等相关部门应当向税务机关提供纳税人子女教育、继续教育、大病医疗、住房贷款利息、住房租金、赡养老人等专项附加扣除信息。

个人转让不动产的,税务机关应当根据不动产登记等相关信息核验应缴的个人所得税,登记机构办理转移登记时,应当查验与该不动产转让相关的个人所得税的完税凭证。个人转让股权办理变更登记的,市场主体登记机关应当查验与该股权交易相关的个人所得税的完税凭证。

有关部门依法将纳税人、扣缴义务人遵守本法的情况纳入信用信息系统,并实施联合激励或者惩戒。

第十六条 各项所得的计算,以人民币为单位。所得为人民币以外的货币的,按照人民币汇率中间价折合成人民币缴纳税款。

第十七条 对扣缴义务人按照所扣缴的税款,付给百分之二的手续费。

第十八条 对储蓄存款利息所得开征、减征、停征个人所得税及其具体办法,由国务院规定,并报全国人民代表大会常务委员会备案。

第十九条 纳税人、扣缴义务人和税务机关及其工作人员违反本法规定的,依照《中华人民共和国税收征收管理法》和有关法律法规的规定追究法律责任。

第二十条 个人所得税的征收管理,依照本法和《中华人民共和国税收征收管理法》的规定执行。

第二十一条 国务院根据本法制定实施条例。

第二十二条 本法自公布之日起施行

二、增值税

(一) 增值税的纳税人

1. 纳税义务人与扣缴义务人

(1) 纳税义务人。在中华人民共和国境内销售货物或者加工、修理修配劳务(以下简称劳务)、销售服务、无形资产、不动产以及进口货物的单位和个人,为增值税的纳税人。在这里,"单位"是指国有企业、集体企业、私人企业、股份制企业、其他企业和行政单位、事业单位、军事单位、社会团体和其他单位,还包括外商投资企业和外国企业;"个人"是指个体经营者和其他个人,包括中国公民和外国公民。企业租赁或承包给他人经营的,以承包人或承租人为纳税人。

(2) 扣缴义务人。境外的单位或个人在我国境内销售应税劳务而在境内未设有机构的纳税人,其应纳税款以代理人为代扣代缴义务人;没有代理人的,以购买者为代扣代缴义务人。

2. 一般纳税人与小规模纳税人

为了配合增值税专用发票的管理,我国将增值税的纳税人划分为一般纳税人和小规模纳税人两类。根据现行税法规定,对这两类纳税人在税款的计算方法、适用税率以及管理办法上都有所不同,即对一般纳税人实行凭增值税专用发票扣税的计征方法;对小规模纳税人则实行按征收率计算的简易征管方法。划分一般纳税人与小规模纳税人的基本依据,原则上是纳税人的年应税销售额的大小和会计核算的健全程度。但实际上,对一般纳税人与小规模纳税人的具体认定,除了经营规模、会计核算水平标准外,还有其他标准。

（1）一般纳税人。

即指经营规模达到规定标准、会计核算健全的纳税人,通常为年应征增值税的销售额超过财政部规定的小规模纳税人标准的企业和企业性单位。具体地说,凡是从事货物生产或提供应税劳务,以及以从事货物生产或提供应税劳务为主并兼营货物批发或零售,年应征增值税的销售额在 100 万元以上的企业和企业性单位;或者从事货物批发或零售,年应征增值税的销售额在 180 万元以上的企业和企业性单位,都为一般纳税人。现行制度还规定:非企业性单位如果经常发生增值税应税行为,并且符合一般纳税人条件的,可以认定为一般纳税人;年应税销售额未超过标准的小规模企业,其会计核算健全,能准确核算并提供销项税额、进项税额的,可申请认定为一般纳税人。

（2）小规模纳税人。

即指经营规模较小、会计核算不健全的纳税人。确定小规模纳税人的标准主要如下。

① 从事货物生产或提供应税劳务的纳税人,以及从事货物生产或提供应税劳务为主并兼营货物批发或零售的纳税人,年应征增值税的销售额在 100 万元以下的;

② 从事货物批发或零售的纳税人,年应税销售额在 180 万元以下的;

③ 年应税销售额超过小规模纳税人标准的个人、企业性单位、不经常发生应税行为的小企业,视同小规模纳税人。

应注意的是,根据财税字〔1998〕第 3 号通知的规定,自 1998 年 7 月 1 日起,凡年应税销售额在 180 万元以下的小规模商业企业,无论财务核算是否健全,一律不得认定为一般纳税人,均应按照小规模纳税人的规定征收增值税。而从事货物生产或提供应税劳务的企业、企业性单位,以及以从事货物生产或提供应税劳务为主,并兼营货物批发或零售的企业、企业性单位,年应征增值税销售额在 100 万元以下 30 万元以上的,如果财务核算健全,仍可认定为一般纳税人。

认定一般纳税人与小规模纳税人的权限在县级以上国家税务局机关。

（二）增值税的征收范围

目前,各国增值税的征收范围存在较大差异。有些国家增值税的征收范围仅限于工业生产环节,有些国家包括工业生产和商业批发环节,有些国家包括工业生产、商业批发和零售以及服务业,还有些国家（如欧洲共同体成员国）则覆盖工业、商业、服务业与农业。不过,大部分国家增值税的征收范围都已延伸到了商业零售环节,但将征收范围仅限于工业环节或工业、商业批发环节的国家不多,将征收范围延伸到农业环节的国家也较少。一些国家将增值税征收范围延伸到农业环节,主要是由于这些国家的农业商品化程度及资本有机构成高,对农业若不实行增值税,其重复征税问题就较为突出。

2017 年 11 月 19 日国务院发布了关于废止《中华人民共和国营业税暂行条例》和修改《中华人民共和国增值税暂行条例》（第二次修订）的决定。根据新修订的增值税条例规定,在中华人民共和国境内销售货物或者加工、修理修配劳务（以下简称劳务）,销售服务、无形资产、不动产以及进口货物,都属于增值税的征收范围。

由此可见,增值税的征收范围不仅包括货物的生产、批发、零售三个环节和货物进口环节,也包括提供加工、修理修配劳务。增值税上述征收范围的基本内容如下所述。

1. 销售货物

这是指有偿转让货物的所有权。"有偿"包括从购买方取得货币、货物或其他经济利益。货物是指有形动产,即除土地、房屋和其他建筑物外的一切货物,包括电力、热力、气体在内。境内销售货物是指在我国税收行政管理境内所销售货物的所在地或起运地。

2. 提供加工、修理修配劳务

这是指有偿提供相应的劳务服务性业务。"有偿"包括从劳务购买方（委托方）取得货币、货物或其他经济利益。提供加工劳务,指的是受托加工以改变货物的物理或化学性质,由委托方提供原料及主要材料,受托方按照委托方的意愿制造货物并相应收取加工费的业务;提供修理修配劳务,指的是受托方对损伤或丧失自身使用功能的货物进行修复,使其恢复原状或功能的业务。应注意的是,这里的"提供加工、修理修配劳务"都是指有偿提供加工、修理修配劳务,单位或个体经营者聘用的员工为本单位服务或受雇为雇主提供加工、修理修配劳务的不包括在内,且不属于增值税的征收范围。境内提供加工、修理修配劳务是指在我国税收行政管理境内的业务活动。

3. 销售服务、无形资产、不动产

这是指销售交通运输、邮政、基础电信、建筑、不动产租赁服务,销售不动产,转让土地使用权。

4. 进口货物

这是指从我国境外移送至我国境内的货物。确定一项货物是否属于进口货物,关键要看其是否办理了报关进口手续。通常情况下,境外货物要输入我国境内,必须向我国海关申报进口,并办理相应的报关手续。我国现行税法规定,凡经报海关进入我国国境或关境的货物,包括国外产制和我国已出口又转内销的货物、进口者自行采购的货物、国外捐赠的货物、进口者用于贸易行为的货物以及自用或用于其他方面的货物,都属于增值税的征收范围(免税的除外),其进口方必须向海关缴纳增值税。

(三) 增值税的税率

1. 我国增值税税率的一般规定

为实现简化税制、规范管理的目标,我国现行增值税除了对一般纳税人设置17%的基本税率和出口零税率外,由于"营改增"新增设了11%和6%两档低税率,还对小规模纳税人规定了3%的征收率。按照规定,现行增值税的税率以及小规模纳税人适用的征收率的调整由国务院决定。

(1) 适用17%的基本税率。

销售或者进口货物(另有列举的货物除外);提供加工、修理修配劳务;有形动产租赁服务。

(2) 适用11%的税率。

交通运输服务(陆路运输服务、水路运输服务、航空运输服务、管道运输服务);邮政服务;基础电信;建筑服务(工程服务、安装服务、修缮服务、装饰服务、其他建筑服务);不动产租赁服务;销售不动产(建筑物、构筑物);转让土地使用权。销售或者进口下列货物,税率也为11%。

① 粮食等农产品、食用植物油、食用盐;

② 自来水、暖气、冷气、热水、煤气、石油液化气、天然气、二甲醚、沼气、居民用煤炭制品;

③ 图书、报纸、杂志、音像制品、电子出版物;

④ 饲料、化肥、农药、农机、农膜;

⑤ 国务院规定的其他货物。

(3) 适用6%的税率。

① 销售服务。包括增值电信服务;金融服务(贷款服务、直接收费金融服务、保险服务和金融商品转让);研发和技术服务;信息技术服务;文化创意服务;物流辅助服务;鉴证咨询服务;广播影视服务;商务辅助服务;生活服务(文化体育、教育医疗、旅游娱乐、餐饮住宿)等;

② 销售无形资产。包括技术;商标;著作权;商誉;其他权益性无形资产(如经销权、名誉权等);自然资源使用权(除土地使用权外)等。

(4) 适用3%的税率。

对小规模纳税人销售货物或者加工、修理修配劳务;销售应税服务及无形资产,按3%计征。考虑到小规模纳税人的经营规模小,而且会计核算不健全,自2009年1月1日至今小规模纳税人按简易计税方法计税。

(5) 零税率。

① 适用于出口货物。由于增值税按"扣税法"计算确定纳税人的应纳税额,因而对出口货物实行零税率,就意味着不仅在货物报关出口销售时不征税,而且还要将该出口货物在报关出口以前各经营环节所承担的增值税予以全部退还。

② 境内单位和个人跨境销售国务院规定范围内的服务、无形资产。

(四)增值税应纳税额的计算

1. 一般纳税人

(1) 纳税人销售货物。

一般纳税人销售货物、劳务、服务、无形资产、不动产(以下统称应税销售行为),应纳税额为当期销项税额抵扣当期进项税额后的余额。

应纳税额计算公式:

$$应纳税额 = 当期销项税额 - 当期进项税额$$

其中,

$$销项税额 = 销售额 \times 税率$$

销售额为纳税人发生应税销售行为收取的全部价款和价外费用,但是不包括收取的销项税额。

纳税人购进货物、劳务、服务、无形资产、不动产支付或者负担的增值税额,为进项税额。

下列进项税额准予从销项税额中抵扣:

① 从销售方取得的增值税专用发票上注明的增值税额。

② 从海关取得的海关进口增值税专用缴款书上注明的增值税额。

③ 购进农产品,除取得增值税专用发票或者海关进口增值税专用缴款书外,按照农产品收购发票或者销售发票上注明的农产品买价和11%的扣除率计算的进项税额,国务院另有规定的除外。进项税额计算公式:

$$进项税额 = 买价 \times 扣除率$$

④ 自境外单位或者个人购进劳务、服务、无形资产或者境内的不动产,从税务机关或者扣缴义务人取得的代扣代缴税款的完税凭证上注明的增值税额。

准予抵扣的项目和扣除率的调整,由国务院决定。

(2) 纳税人进口货物。

纳税人进口货物,按照组成计税价格和本条例第二条规定的税率计算应纳税额。组成计税价格和应纳税额计算公式:

$$组成计税价格 = 关税完税价格 + 关税 + 消费税\quad 应纳税额 = 组成计税价格 \times 税率$$

2. 小规模纳税人

小规模纳税人发生应税销售行为,实行按照销售额和征收率计算应纳税额的简易办法,并不得抵扣进项税额。应纳税额计算公式:

$$应纳税额 = 销售额 \times 征收率。$$

小规模纳税人增值税征收率为3%。

专栏7-2 关于我国的营业税改增值税

2017年10月30日,国务院常务会议通过《国务院关于废止〈中华人民共和国营业税暂行条例〉和修改〈中华人民共和国增值税暂行条例〉的决定(草案)》,标志着实施60多年的营业税正式退出历史舞台。

一、营改增的意义

营业税改增值税(简称营改增)是指以前缴纳营业税的应税项目改成缴纳增值税,增值税只对产品或者服务的增值部分纳税,减少了重复纳税的环节。

营改增的最大特点就是减少重复征税,可以促使社会形成更好的良性循环,有利于企业降低税负。营改增可以说是一种减税的政策。在当前经济下行压力较大的情况下,全面实施营改增,可以促进有效投资带动供给,以供给带动需求。对企业来讲,如果提高了盈利能力,就有可能进一步推进转型发展。每个个体企业的转型升级,无疑将实现产业乃至整个经济体的结构性改革,这也是推动结构性改革尤其是供给侧结构性改革和积极财政政策的重要内容。

"营改增"最大的变化,就是避免了营业税重复征税、不能抵扣、不能退税的弊端,实现了增值税"道道征税,层层抵扣"的目的,能有效降低企业税负。更重要的是"营改增"改变了市场经济交往中的价格体系,把营业税的"价内税"变成了增值税的"价外税",形成了增值税进项和销项的抵扣关系,这将从深层次上影响到产业结构的调整及企业的内部架构。

二、营改增的进程

营业税和增值税,曾是我国两大主体税种。"营改增"在全国的推行,大致经历了以下三个阶段。2011年,经国务院批准,财政部、国家税务总局联合下发营业税改增值税试点方案。从2012年1月1日起,在上海交通运输业和部分现代服务业开展营业税改增值税试点。自2012年8月1日起至年底,国务院将扩大营改增试点至8省市;2013年8月1日,"营改增"范围已推广到全国试行,将广播影视服务业纳入试点范围。2014年1月1日起,将铁路运输和邮政服务业纳入营业税改征增值税试点,至此交通运输业已全部纳入营改增范围;2016年国务院决定,自2016年5月1日起,中国全面推开"营改增"试点,将建筑业、房地产业、金融业、生活服务业全部纳入营改增试点;2017年10月营业税被废止。至此,营业税退出历史舞台,增值税制度将更加规范。这是自1994年分税制改革以来,财税体制的又一次深刻变革。

三、征收范围和税率

(一)征收范围

营业税改增值税主要涉及的范围是交通运输业以及部分现代服务业。交通运输业包括:陆路运输、水路运输、航空运输、管道运输;现代服务业包括:研发和技术服务、信息技术服务、文化创意服务、物流辅助服务、有形动产租赁服务、鉴证咨询服务。

(二)税率

根据试点方案,在现行增值税17%和13%两档税率的基础上,新增设11%和6%两档低税率。新增试点行业的原有营业税优惠政策原则上延续,对特定行业采取过渡性措施,对服务出口实行零税率或免税政策。

新增的四大行业"营改增"的实施:

(1)建筑业:一般纳税人征收11%的增值税;小规模纳税人可选择简易计税方法征收3%的增值税。

(2)房地产业:房地产开发企业征收11%的增值税;个人将购买不足2年住房对外销售的,按照5%的征收率全额缴纳增值税;个人将购买2年以上(含2年)的住房对外销售的,免征增值税。

(3)生活服务业:6%。免税项目:托儿所、幼儿园提供的保育和教育服务,养老机构提供的养老服务等。

(4)金融业:6%。免税项目:金融机构农户小额贷款、国家助学贷款、国债地方政府债、人民银行对金融机构的贷款等的利息收入等。

四、增值税与营业税的区别

增值税是世界上最主流的流转税种,与营业税相比具有许多优势。增值税与营业税是两个独立而不能交叉的税种,即所说的:交增值税时不交营业税、交营业税时不交增值税。两者在征收的对象、征税范围、计税的依据、税目、税率以及征收管理的方式都是不同的。

(1)征税范围不同:凡是销售不动产、提供劳务(不包括加工修理修配)、转让无形资产的交营业税;凡是销售动产、提供加工修理修配劳务的交纳增值税。

(2)计税依据不同:增值税是价外税,营业税是价内税。所以在计算增值税时应当先将含税收入换算成不含税收入,即计算增值税的收入应当为不含税的收入。而营业税则是直接用收入乘以税率即可。

资料来源:根据国家有关营改增资料整理。

专栏7-3 2018年深化增值税改革政策解读

2018年3月28日召开的国务院常务会议,决定进一步深化增值税改革,推出了三项重大改革措施:一是降率,将17%和11%两档税率各下调1个点;二是统一标准,将小规模纳税人的年应税销售额标准统一到500万元及以下;三是试行留抵退税,对装备制造等先进制造业、研发等现代服务业符合条件的企业,和电网企业的进项留抵税额,予以一次性退还。这三项增值税改革措施,是党中央、国务院综合把握当前国际国内经济形势作出的重要决策。

为了贯彻落实国务院常务会议精神,按照深化增值税改革后续工作安排,税务总局会同财政部联合下发《财政部 税务总局关于调整增值税税率的通知》(财税〔2018〕32号)、《财政部 税务总局关于统一增值税小规模纳税人标准的通知》(财税〔2018〕33号),针对政策调整涉及的征管操作问题,国家税务总局配套发布了《国家税务总局关于调整增值税纳税申报有关事项的公告》(2018年第17号)和《国家税务总局关于统一小规模纳税人标准等若干增值税问题的公告》(2018年第18号),现将相关政策和操作问题解读如下。

一、此次增值税税率调整的主要内容

自2018年5月1日起,(1)纳税人发生增值税应税销售行为或者进口货物,原适用17%和11%税率的,税率分别调整为16%、10%;(2)纳税人购进农产品,原适用11%扣除率的,扣除率调整为10%;(3)纳税人购进用于生产销售或委托加工16%税率货物的农产品,按照12%的扣除率计算进项税额;(4)原适用17%税率且出口退税率为17%的出口货物,出口退税率调整至16%。原适用11%税率且出口退税率为11%的出口货物、跨境应税行为,出口退税率调整至10%。

二、如何确定适用老税率还是新税率

以"纳税义务发生时间"为衡量标准,凡是纳税义务发生在5月1日之前的,适用原来的17%、11%的税率开票、纳税;相反,凡是纳税义务发生在5月1日以后的,则适用调整后的16%、10%的新税率开票、纳税。

三、税率调整前后发票开具问题

5月1日以后,纳税人在税率调整前已按照原税率开具发票的业务,如果发生销售折让、中止或者退回的,纳税人按照原税率开具红字发票;如果因为开票有误需要重新开具发票的,先按照原税率开具红字发票,然后再重新开具正确的蓝字发票。纳税人在税率调整前没有开具发票的业务,如果需要补开发票,也应当按照原税率补开。

需要注意的是,纳税人需及时将开票软件升级至最新版本,5月1日零点以后,税率栏会自动出现16%、10%的新税率,如果没有升级至最新版本将无法开具新税率的发票。同时,税控开票软件的税率栏,默认显示的是调整后的税率。如果纳税人发生前述需要开具老税率发票的业务,需要手工选择税率。

资料来源:税屋网,2018-07-03。

三、房产税

(一)房产税的概念

房产税是以房产为征税对象,依据房产价格或房产租金收入向房产所有人或经营人征收的一种财产税。

房产税的作用在于:房产税税源稳定,作为地方财政收入的重要来源,可以支持地方市政建设;房产税税负不易转嫁,可调节纳税人的收入水平;通过征收房产税来加强对房屋的管理,提高房屋的使用权效益。

(二)房产税的纳税人

《中华人民共和国房产税暂行条例》规定:"房产税的纳税人为房屋的产权所有人。"具体为产权属于国家所有的,其经营管理单位和个人是纳税人;产权出典的,承典人为纳税人;产权所有人、承典人不在房产所在地的,或者产权未确定及租典纠纷未解决的,房产代管人或使用人为纳税人。

综上所述,房产税的纳税人包括产权所有人、经营管理人、承典人、房产代管人或者使用人。产权所有人,简称"产权人""业主"或"房东",是指拥有房产的单位和个人,即房产的使用、收益、出卖、赠送等权利归其所有。承典人,是指以押金形式并付出一定费用,在一定期限内享有房产的使用、收益之权的人。代管人,是指接受产权所有人、承典人的委托代为管理房产或虽未受委托而在事实上已代管房产的人。使用人,是指直接使用房产的人。

(三)房产税的征税范围

房产税的征税范围是指开征房产税的地理区域。《中华人民共和国房产税暂行条例》规定:"房产税在城市、县城、建制镇和工矿区征收。"城市是指国务院批准设立的市,其征税范围为市区、郊区和市辖县城;县城是指县人民政府所在地;建制镇是指经省、自治区、直辖市人民政府批准设立的建制镇;工矿区是指工商业比较发达、人口比较集中、符合国务院规定的建制镇标准、但未设立建制的大中型工矿企业所在地。

坐落农村的房产暂不征税。

房产税的征税范围不包括农村,这主要是为了减轻农民的负担。因为农村的房屋,除农副业生产用房外,大部分是农民居住用房。不把农村房屋纳入房产税的征税范围,有利于发展农业,繁荣农村经济,有利于社会稳定。

(四)房产税的征税对象

房产税的征税对象是房产。所谓房产,是指有屋面和围护结构(有墙或两边有柱),能够遮风避雨,可供人们在其中生产、学习、工作、娱乐、居住或储藏物资的场所。

(五)房产税的计税依据

房产税的计税依据为房产的计税价值或房产的租金收入。按房产计税价值征收的,称为从价计征;按房产租金收入计征的,称为从租计征。

1. 从价计征

所谓房产税从价计征,是指以房产余值为计税依据。房产余值是房产原值减除10%—30%后的余值。具体减除幅度,由省、自治区、直辖市人民政府决定。减除幅度的确定既要考虑到房屋的自然损耗,又要考虑到房屋的增值因素。所谓房产原值,是指纳税人按照会计制度规定,在账簿"固定资产"科目中记载的房屋造价(或原价)。值得注意的是,纳税人未按会计制度记载原值的,在计征房产税时,应按规定调整房产原值;对房产原值明显不合理的,应重新予以评估;对没有房产原值的,应由房屋所在地的税务机关参考同类房屋的价值核定。

2. 从租计征

所谓从租计征,是指以房屋出租取得的租金收入为计税依据。租金收入是房屋产权所有人出租房产使用权所得的报酬,包括货币收入和实物收入。如果是以劳务或者其他形式为报酬抵付房租收入的,应根据当地同类房产的租金水平,确定一个标准租金额从租计征。

对于出租房屋的租金收入申报不实或申报数与同一地段同类房屋的租金收入相比明显不合理的,税务部门可按照《中华人民共和国税收征收管理法》的有关规定,采取科学合理的方法核定其应纳税款。具体办法由省、自治区、直辖市地方税务机关结合当地实际情况制定。

此外,还应注意以下两个问题。

(1)对投资联营的房产,应区别确定房产税的计税依据。对于以房产投资联营,投资者参与投资利润分红,共担风险的,按房产原值作为计税依据;对于房产投资,收取固定收入,不承担联营风险的,实际是以联营名义取得房产租金,应根据暂行条例的有关规定由出租方按租金收入计缴房产税。

(2)对融资租赁房屋,由于租赁费包括购进房屋的价款、手续费、借款利息等,与一般房屋出租的"租金"内涵不同,且租赁期满后,当承租方偿还最后一笔租赁费时,房屋产权要转移到承租方,这实际是一种变相的分期付款购买固定资产的形式。所以,在计征房产税时应以房产余值计算征收,至于租赁期内房产税的纳税人,由当地税务机关根据实际情况确定。

(六)房产税的税率

房产税采用比例税率。税率分为两种:一种是按房产原值一次减除10%—30%后的余值计征的,税率为1.2%;二是按房屋出租的租金收入计征的,税率为12%。

四、城镇土地使用税

(一)城镇土地使用税的概念

城镇土地使用税是对占用城镇土地的单位和个人,以其实际占用土地面积为计税依据,按照规定税额计算征收的一种税。

我国人多地少,珍惜土地、节约用地是一项基本国策。1988年9月27日国务院颁布《中华人民共和国城镇土地使用税暂行条例》,同年11月1日起正式施行。此条例于2007年1月1日修改。

开征城镇土地使用税具有重要意义:可促进土地资源的合理配置和节约使用,提高土地使用效益;有利于调节土地级差收益,为土地使用者创造公平竞争环境,并促进企业加强经济核算;有利于理顺国家与土地使用者之间的分配关系。

(二) 城镇土地使用税的纳税人

城镇土地使用税的纳税人为在城市、县城、建制镇和工矿区范围内使用土地的单位和个人。具体包括。

(1) 拥有土地使用权的单位和个人。

(2) 拥有土地使用权的单位和个人不在土地所在地的,其土地的实际使用人和代管人为纳税人。

(3) 土地使用权未确定或权属纠纷未解决的,其实际使用人为纳税人。

(4) 土地使用权共有的,共有各方都是纳税人,由共有各方分别纳税。

(5) 城镇土地使用税的征税范围。

(6) 城镇土地使用税的征税范围是城市、县城、建制镇和工矿区。

(三) 城镇土地使用税的计税依据

城镇土地使用税的计税依据为纳税人实际占用的土地面积。纳税人实际占用的土地面积按下列办法确定。

(1) 凡由省、自治区、直辖市人民政府确定的单位组织测定土地面积的,以测定的面积为准;

(2) 尚未组织测量,但纳税人持有政府部门核发的土地使用证书的,以证书确认的土地面积为准;

(3) 尚未核发土地使用证书的,应由纳税人申报土地面积,据此纳税,待核发土地使用证以后再作调整。

(四) 城镇土地使用税的税率

城镇土地使用税采用地区差别幅度定额税率,按大、中、小城市和县城、建制镇、工矿区分别规定每平方米土地使用税年应纳税额。具体标准如表7-6所示。

大、中、小城市以公安部门登记在册的非农业正式户口人数为依据,按照国务院颁布的《城市规划条例》中规定的标准划分。各省、自治区、直辖市人民政府可以在上述税额幅度内,根据市政建设状况,经济繁荣程度等条件,确定所辖地区的适用税额幅度。市、县人民政府可根据实际情况,将本地区划分若干等级,在省、自治区、直辖市人民政府确定的税额幅度内,制定相适应的税额标准。经济落后地区可适当降低税额,但降低额不得超过最低税额的30%;经济发达地区可适当提高税额,但须报财政部批准。

表7-6 城镇土地使用税税率

1	大城市	0.5—10 元/m²
2	中等城市	0.4—8 元/m²
3	小城市	0.3—6 元/m²
4	县城、建制镇、工矿区	0.2—4 元/m²

(五) 城镇土地使用税的减免规定

按规定,下列土地免征城镇土地使用税。

(1) 国家机关、人民团体、军队自用的土地。

(2) 由国家财政部门拨付事业经费的单位自用的土地。

(3) 宗教寺庙、公园、名胜古迹自用的土地。

(4) 市政设施、街道、广场、绿化地带等公共用地。

(5) 直接用于农、林、牧、渔业的生产用地。

(6) 经批准开山填海整治的土地和改造的废弃土地,从使用的月份起免缴城镇土地使用税5—10年。

(7) 由财政部另行规定免税的能源、交通、水利设施用地和其他用地。

五、车辆购置税

(一) 车辆购置税的概念

我国的车辆购置税是对购置的车辆征收的一种税收。

现行的《中华人民共和国车辆购置税暂行条例》是国务院于2000年10月22日发布,从2001年1月1日起施行的。

(二) 车辆购置税的纳税人

车辆购置税纳税人是指在我国境内购置应税车辆的单位和个人。单位包括国有企业、集体企业、私营企业、股份制企业、外商投资企业、外国企业以及其他企业和事业单位、社会团体、国家机关、部队以及其他单位;个人包括个体工商户以及其他个人。

(三) 车辆购置税的征税范围

车辆购置税的征收范围包括汽车、摩托车、电车、挂车、农用运输车。车辆购置税征收范围的调整,由国务院决定并公布。车辆购置,包括购买、进口、自产、受赠、获奖或者以其他方式取得并自用应税车辆的行为。

(四) 车辆购置税的税率

车辆购置税的税率为10%。车辆购置税税率的调整,由国务院决定并公布。车辆购置税实行从价定率的办法计算应纳税额。应纳税额的计算公式为

$$应纳税额 = 计税价格 \times 税率$$

六、车船税

(一) 车船税的概念

车船税是指对在我国境内应依法到公安、交通、农业、渔业、军事等管理部门办理登记的车辆、船舶,根据其种类,按照规定的计税依据和年税额标准计算征收的一种财产税。从2007年7月1日开始,有车族在投保交强险时缴纳车船税。

《中华人民共和国车船税暂行条例》已经2006年12月27日国务院第162次常务会议通过,自2007年1月1日起施行。1951年9月13日原政务院发布的《车船使用牌照税暂行条例》和1986年9月15日国务院发布的《中华人民共和国车船使用税暂行条例》同时废止。

《车船税暂行条例》规定,省、自治区、直辖市人民政府可以根据当地实际情况,对城市、农村公共交通车辆给予定期减税、免税。

《中华人民共和国车船税暂行条例实施细则》经财政部、国家税务总局审议通过,于2007年2月1日公布并自公布之日起实施。

(二) 车船税的纳税人

按《中华人民共和国车船税暂行条例》第1条规定,车船税的纳税人是在中华人民共和国境内,车辆、船舶(以下简称车船)的所有人或者管理人,应当依照本条例的规定缴纳车船税。该条例所称的车船,是指依法应当在车船管理部门登记的车船。

根据《条例》规定,车船税的纳税人是车辆、船舶的所有人或管理人,即在我国境内拥有车船的单位和个人。单位是指行政机关、事业单位、社会团体以及中外各类企业。个人是指我国境内的居民和外籍个人。同时,《条例》规定,应税车船的所有人或者管理人未缴纳车船税的,应由使用人代缴。

(三) 车船税的征税范围

车船税的征税对象是依法应在公安、交通、农业等车船管理部门登记的车船,具体可分为车辆和船舶两大类。其中,车辆为机动车,包括载客汽车、载货汽车、三轮汽车、低速货车、摩托车、专项作业车和轮式专用机械车;船舶为机动船和非机动驳船。

(四) 车船税的计税依据

按照规定,车船的适用税额,依照条例所附的《车船税税目税额表》(表7-7)执行。国务院财政部门、税务主管部门可以根据实际情况,在《车船税税目税额表》规定的税目范围和税额幅度内,划分子税目,并明确车辆的子税目税额幅度和船舶的具体适用税额。车辆的具体适用税额由省、自治区、直辖市人民政府在规定的子税目税额幅度内确定。

《车船税税目税额表》中的载客汽车,划分为大型客车、中型客车、小型客车和微型客车4个子税目。

其中,大型客车是指核定载客人数大于或者等于20人的载客汽车;中型客车是指核定载客人数大于9人且小于20人的载客汽车;小型客车是指核定载客人数小于或者等于9人的载客汽车;微型客车是指发动机气缸排气量小于或者等于1升的载客汽车。载客汽车各子税目的每年税额幅度如下。

大型客车:480元至660元每辆;

中型客车:420元至660元每辆;

小型客车:360元至660元每辆;

微型客车:60元至480元每辆。

表7-7 车船税税目税额表

税 目	计税单位	每年税额	备 注
载客汽车	每辆	60元至660元	包括电车
载货汽车	按自重每吨	16元至120元	包括半挂牵引车、挂车
三轮汽车低速货车	按自重每吨	24元至120元	
摩托车	每辆	36元至180元	
船舶	按净吨位每吨	3元至6元	拖船和非机动驳船分别按船舶税额的50%计算

注:专项作业车、轮式专用机械车的计税单位及每年税额由国务院财政部门、税务主管部门参照本表确定。

七、印花税

(一) 印花税的概念

印花税是对经济活动和经济交往中书立、使用、领受的凭证征收的一种税。印花税是一种具有行为性质的凭证税,凡发生书立、使用、领受应税凭证的行为,就必须依照印花税法的有关规定履行纳税义务。

(二) 印花税的特点

1. 征税面广

改革开放以来,我国的经济立法工作逐步建立和健全,经济活动和经济交往中依法书立各种凭证已成为普遍现象,为印花税提供了广泛的财源。印花税规定的征税范围广泛,凡税法列举的合同或具有合同性质的凭证、产权转移书据、营业账簿及权利、许可证照等,都必须依法纳税。印花税的应税凭证共有5大类,13个税目,涉及经济活动的各个方面。

2. 税率低,税负轻

印花税最高税率为千分之二,最低税率为万分之零点五;按定额税率征税的,每件5元。与其他税种相比,印花税税率确实要低得多,其税负也要轻得多。税负轻是印花税一大优点,易为纳税人所接受,也因此而得以在世界各国广泛推行。

3. 纳税人自行完税

印花税主要通过纳税人自行计算、自行购花、贴花并注销或画销完成,即"三自"的纳税办法。即纳税人在书立、使用、领受应税凭证、发生纳税义务的同时,先根据凭证所载计税金额和应适用的税目税率,自行计算其应纳税额;再由纳税人自行购买印花税票,并一次足额粘贴在应税凭证上;最后由纳税人按《印花税暂行条例》的规定对已粘贴的印花税票自行注销或者画销。至此,纳税人的纳税义务才算履行完毕。这也是与其他税种的不同之处。至于其他税种,则一般先由纳税人办理申报纳税,再由税务机关审核确定其应纳税额,然后由纳税人办理缴纳税款手续。

(三) 印花税的纳税人

印花税的纳税人是按税法规定,在我国境内书立、使用、领受应税凭证的单位和个人。所称单位和个人,是指国内各类企业、事业、机关、团体、部队以及中外合资企业、合作企业、外资企业、外国公司和其他经济组织及其在华机构等单位和个人。上述单位和个人,按照书立、使用、领受应税凭证的不同,纳税人具体可划分为以下5种。

(1) 立合同人。是指合同的当事人,即指对凭证有直接权利义务关系的单位和个人,但不包括合同的担保人、证人、鉴定人。当事人的代理人有代理纳税义务,他与纳税人负有同等的税收法律义务和责任。一份合同由两方或两方以上当事人共同签订的,签合同的各方均为纳税人。

(2) 立据人。是指书立产权转移书据的单位和个人。

(3) 立账簿人。是指开立并使用营业账簿的单位和个人。

(4) 领受人。是指领取并持有权利许可证照的单位和个人。

(5) 使用人。是指在国外书立或领受,在国内使用应税凭证的单位和个人。

值得注意的是,应税凭证凡由两方或两方以上当事人共同书立的,其当事人各方均为印花税纳税人。

(四) 印花税的征税范围

印花税的征税范围,在《印花税暂行条例》中已明确规定了应当纳税的项目,即税目。一般地说,列入税目的就要征税,未列入税目的就不征税。其征税范围如下。

(1) 购销合同。包括供应、预购、采购、购销结合及协作、调剂、补偿、贸易等合同。此外,还包括出版单位与发行单位之间订立的图书、报纸、期刊和音像制品的应税凭证,例如订购单、订数单等。

(2) 加工承揽合同。包括加工、定做、修缮、印刷、广告、测绘、测试等合同。

(3) 建设工程勘察设计合同。包括勘察、设计合同。

(4) 建筑安装工程承包合同。包括建筑、安装工程承包合同。承包合同又分为总承包合同、分包合同和转包合同。

(5) 财产租赁合同。包括租赁房屋、船舶、飞机、机动车辆、机械、器具、设备等合同,还包括企业、个人出租门店、柜台等签订的合同。

(6) 货物运输合同。包括民用航空、铁路运输、海上运输、公路运输和联运合同,以及作为合同使用的单据。

(7) 仓库保管合同。包括仓储、保管合同,以及作为合同使用的仓单、栈单等。

(8) 借款合同。包括银行及其他金融组织与借款人(不包括银行同业拆借)所签订的合同,以及只填开借据并作为合同使用、取得银行借款的借据。银行及其他金融机构经营的融资租赁业务,是一种以融物方式达到融资目的的业务,实际上是分期偿还的固定资产借款,因此融资租赁合同也属于借款合同。

(9) 财产保险合同。包括财产、责任、保证、信用保险合同,以及作为合同使用的单据。它具体分为企业财产保险、机动车辆保险、货物运输保险、家庭财产保险和农牧业保险5大类。"家庭财产两全保险"属于家庭财产保险性质,其合同在财产保险合同之列,应照章纳税。

(10) 技术合同。包括技术开发、转让、咨询、服务等合同,以及作为合同使用的单据。

(11) 产权转移书据。包括财产所有权和版权、商标专用权、专利权、专有技术使用权等转移书据。所谓产权转移书据是指单位和个人产权的买卖、继承、赠与、交换、分割等所立的书据。"财产所有权"转移书据的征税范围,是指经政府管理机关登记注册的动产、不动产的所有权转移所立的书据,以及企业股权转让所立的书据。

(12) 营业账簿。营业账簿是指单位或者个人记载生产经营活动的财务会计核算账簿。营业账簿按其反映内容的不同,可分为记载资金的账簿和其他账簿。记载资金的账簿是指反映生产经营单位资本金数额增减变化的账簿;其他账簿是指除上述账簿以外的有关其他生产经营活动内容的账簿,包括日记账簿和各明细分类账簿。

(13) 权利、许可证照。权利、许可证照包括政府部门发给的房屋产权证、工商营业执照、商标注册证、专利证、土地使用证。

(五) 印花税的税率

印花税的税率有比例税率和定额税率两种形式。

1. 比例税率

对各类经济合同及合同性质的凭证、记载资金的账簿、产权转移书据等,都采用比例税率。这些凭证一般都载有金额,可按比例计算应纳税额。这既能保证财政收入又能体现合理负担原则。

比例税率分为5个档次,分别为万分之零点五、万分之三、万分之五、千分之一、千分之二。适用万分之零点五税率的为"借款合同";适用万分之三税率的为"购销合同""建筑安装工程承包合同""技术合同";适用万分之五税率的为"加工承揽合同""建筑工程勘察设计合同""货物运输合同""产权转移书据""营业账簿"中记载资金的账簿;适用千分之一税率的为"财产租赁合同""仓储保管合同""财产保险合同";适用千分之二税率的为"股权转让书据"(注:此税率属于后增加的,《税目税率表》上没有此税率)。

2. 定额税率

权利、许可证照和营业账簿中的其他账簿适用定额税率,税额均为每件5元。这些凭证没有金额记载或无法计算金额或虽记载有金额但不宜作为计税依据。采用定额税率,便于纳税人缴纳税款,也便于税务机关征管。

印花税税目税率表见表7-8。

表7-8 印花税税目税率表

税目	范围	税率	纳税人	说明
1. 购销合同	包括供应、预购、采购、购销结合及协作、调剂、补偿、易货等合同	按购销金额万分之三贴花	立合同人	
2. 加工承揽合同	包括加工订做、修缮、修理、印刷、广告、测绘、测试等合同	按加工或承揽收入万分之五贴花	立合同人	
3. 建设工程勘察设计合同	包括勘察、设计合同	按收取费用万分之五贴花	立合同人	
4. 建筑安装工程承包合同	包括建筑、安装工程承包合同	按承包金额万分之三贴花	立合同人	
5. 财产租赁合同	包括租赁房屋、船舶、飞机、机动车辆、机械、器具、设备等合同	按租赁金额千分之一贴花。税额不足1元,按1元贴花	立合同人	
6. 货物运输合同	包括民用航空运输、铁路运输、海上运输、内河运输、公路运输和联运合同	按运输费用万分之五贴花	立合同人	
7. 仓储保管合同	包括仓储、保管合同	按仓储保管费用千分之一贴花	立合同人	
8. 借款合同	银行及其他金融组织和借款人(不包括银行同业拆借)所签订的借款合同	按借款金额万分之零点五贴花	立合同人	单据作为合同使用的,按合同贴花
9. 财产保险合同	包括财产、责任、保证、信用等保险合同	按保险费收入千分之一贴花	立合同人	单据作为合同使用的,按合同贴花
10. 技术合同	包括技术开发、转让、咨询、服务等合同	按所载金额万分之三贴花	立合同人	
11. 产权转移书据	包括财产所有权和版权商标专用权、专利权、专有技术使用权等转移书据	按所载金额万分之五贴花	立合同人	
12. 营业账簿	生产、经营用账	记载资金的账簿,按实收资本和资本公积金的合计金额万分之五贴花。其他账簿按件贴花5元	立账簿人	
13. 权利、许可证照	包括政府部门发给的房屋产权证、工商营业执照、商标注册证、专利证、土地使用证	按件贴花5元	立合同人	

从2008年9月19日起,将买卖、继承、赠与所书立的A股、B股股权转让书据按1‰的税率对双方当事人征收证券(股票)交易印花税,调整为单边征税,即对买卖、继承、赠与所书立的A股、B股股权转让书据的出让方按1‰的税率征收证券(股票)交易印花税,对受让方不再征税。

八、契税

(一) 契税的概念

契税是指在土地使用权、房屋所有权的权属转移过程中,向取得土地使用权、房屋所有权的单位和个人征收的一种税。

开征契税可以增加地方财政收入,为地方经济建设积累资金;调控房地产市场,规范市场交易行为;保障产权人的合法权益,减少产权纠纷。

(二) 契税的纳税人

契税的纳税人是指境内转移土地、房屋权属承受的单位和个人。境内是指中华人民共和国实行实际税收行政管辖范围内;土地、房屋权属是指土地使用权和房屋所有权;单位是指企业单位、事业单位、国家机关、军事单位和社会团体以及其他组织;个人是指个体经营者及其他个人,包括中国公民和外籍人员。

(三) 契税的征税对象

契税的征税对象是境内发生使用权转移的土地、发生所有权转移的房屋。具体包括以下五项内容。

1. 国有土地使用权出让

国有土地使用权出让是指土地使用者向国家交付土地使用权出让费用,国家将国有土地使用权在一定年限内让与土地使用者的行为。

2. 土地使用权的转让

土地使用权的转让是指土地使用者以出售、赠与、交换或者其他方式将土地使用权转移给其他单位和个人的行为。土地使用权的转让不包括农村集体土地承包经营权的转移。

3. 房屋买卖

房屋买卖是指房屋所有者将其房屋出售,由承受者交付货币、实物、无形资产或者其他经济利益的行为。

4. 房屋赠与

房屋赠与是指房屋所有者将其房屋无偿转让给受赠者的行为。

5. 房屋交换

房屋交换是指房屋所有者之间相互交换房屋的行为。以下述方式转移土地、房屋权属,视同土地使用权转让、房屋买卖或者房屋赠与征税。

① 以土地、房屋权属作价投资入股;
② 以土地、房屋权属抵债;
③ 以无形资产方式承受土地、房屋权属;
④ 以获奖方式承受土地、房屋权属;
⑤ 以预购方式或者预付集资建房款方式承受土地、房屋权属;
⑥ 财政部根据契税暂行条例确定的其他转移土地、房屋权属方式。

(四) 契税的计税依据

契税的计税依据为不动产的价格。由于土地、房屋权属转移方式不同,定价方法不同,因而具体契税的计税依据也不同,具体有以下几种情况。

1. 国有土地使用权出让、土地使用权出售、房屋买卖的计税依据

国有土地使用权出让、土地使用权出售、房屋买卖,以成交价格为计税依据。成交价格是指土地、房屋权属转移合同确定的价格,包括承受者应交付的货币、实物、无形资产或者其他经济利益。

2. 土地使用权赠与、房屋赠与的计税依据

土地使用权赠与、房屋赠与的计税依据,由征收机关参照当地土地使用权出售、房屋买卖的市场价格核定。

3. 土地使用权交换、房屋交换的计税依据

土地使用权交换、房屋交换的计税依据为所交换的土地使用权、房屋的价格差额。就是说,交换价格

相等时,免征契税;交换价格不相等时,由多交付的一方交纳契税。

4. 以划拨方式取得土地使用权,经批准转让房地产的计税依据

以划拨方式取得土地使用权,经批准转让房地产的计税依据为补交的土地使用权出让费用或者土地收益。由房地产转让者补交契税。

为防止瞒价逃税,《中华人民共和国契税暂行条例》规定,成交价格明显低于市场价格并且无正当理由的,或者所交换土地使用权、房屋的价格差额明显不合理并且无正当理由的,征收机关可以参照市场价格确定计税依据。

(五) 契税的税率

契税实行3%—5%的比例税率。这主要是考虑我国经济发展不平衡,各地经济差别较大的实际情况。具体适用税率由省、自治区、直辖市人民政府在3%—5%的幅度内根据各地实际情况确定。

(六) 契税的减免

根据《中华人民共和国契税暂行条例》规定,契税的减免政策主要有以下几方面。

(1) 国家机关、事业单位、社会团体、军事单位承受土地、房屋用于办公、教育、医疗、科研和军事设施的,免征契税;

(2) 城镇职工按规定第一次购买公有住房,免征契税;

(3) 因不可抗力灭失住房而重新购买住房的,酌情减免;

(4) 土地、房屋被县级以上人民政府征用、占用后,重新承受土地、房屋权属的,由省级人民政府确定是否减免;

(5) 承受荒山、荒沟、荒滩土地使用权,并用于农、林、牧、渔业生产的,免征契税;

(6) 经外交部确认,依照我国有关法律规定以及我国缔结或参加的双边条约或协定,应当予以免税的外国驻华使馆、领事馆、联合国驻华机构及其外交代表、领事官员和其他外交人员承受土地、房屋权属;

以上经批准减免税的纳税人改变有关土地、房屋的用途,不在减免税之列,应当补缴已经减免的税款。纳税义务发生时间为改变有关土地、房屋用途的当天。

符合减免税规定的纳税人,要在签订转移产权合同后10天内向土地、房屋所在地的征收机关办理减免税手续。

九、消费税

(一) 消费税的概念

消费税是以消费品和消费行为的流转额为课税对象而征收的一种税。消费税不仅在中外历史上都曾发挥过重要作用,而且目前仍然受到世界各国的普遍重视,现阶段大约有120个国家和地区征收消费税。

从税收实践看,由于社会经济发展水平、传统习惯等国情因素的影响,各国消费税的征收范围并不完全相同,甚至存在较大的差异。根据征收范围的大小,消费税可以区分为一般消费税和特别消费税。一般消费税是对所有消费品和消费行为的流转额普遍征收;特别(或特种)消费税则是对某些特定的消费品和消费行为的流转额有选择性地征税。为了发挥其特定的调节作用,目前各国开征的消费税基本上都属于特别消费税,即一般都是选择对某些特定的消费品或消费行为征税,只是具体的征税范围有大小之分。如有的国家将消费税的征收范围主要限于烟草制品、酒精制品、石油资源类制品、机动车辆等传统货物,征税范围一般不超过10种货物类别,属于所谓有限型消费税;有的国家则除了对诸如上述传统货物征税外,还对食物制品、奢侈品等征税,征税范围不超过30种货物类别,属于所谓中间型消费税;有的国家将更多的货物纳入消费税的征收范围,征税品目超过30种货物类别,属于延伸型消费税。通常,发展中国家开征消费税所选择的征税范围要比发达国家选择的征税范围宽一些。

根据各国征收消费税时在税收立法上的不同做法,消费税的征收形式有两种。一种是对所有征税品目统一制定税法,即综合设置一种税,然后通过列举税目的方式,明确规定哪些消费品或消费行为属于征税范围,凡被列举的都征税,未被列举的则不征税,如我国现行的消费税;另一种征收形式是对各个征税品目分别制定税法,也就是对每种应税消费品或消费行为单独设置一个税种,如烟税、酒税、矿物油税、赌博

税、电话税等。

实行单一环节一次课征制是各国征收消费税的通行做法,但对具体征税环节的选择则不完全一致,据此可将消费税区分为直接消费税和间接消费税。直接消费税是对消费者在购买应税消费品时直接征税,通过价外加税的形式,由消费者直接承受税收负担;间接消费税则是对生产或销售应税消费品的经营者征税,通过将税额计入应税消费品销售价格的形式,由消费者间接承受税收负担。消费税主要采取在生产或进口环节计征。

(二)消费税的纳税人

依据国务院1993年12月发布的《中华人民共和国消费税暂行条例》(以下简称《消费税暂行条例》)的规定,凡在中华人民共和国境内从事生产、委托加工和进口应税消费品的单位和个人,都是我国消费税的纳税人。

消费税纳税人中的"单位"具体包括国有企业、集体企业、股份制企业、私营企业、外商投资企业、外国企业、其他企业以及行政单位、事业单位、军事单位、社会团体和其他单位。纳税人中的"个人"则具体包括个体经营者、中国公民和外国公民。"中华人民共和国境内"是指生产、委托加工和进口应税消费品的起运地或所在地在我国境内。

为了加强对税收之源的控制,简化税收征管手续,我国现行消费税制度规定,对委托加工的应税消费品,以委托方为纳税人,受托方为代收代缴义务人;对进口的应税消费品,以进口人或其代理人为纳税人。

此外,按照现行制度规定,对在我国境内生产的金银首饰,以从事零售业务的单位和个人作为消费税的纳税人。

(三)消费税的征收范围

我国现行消费税实行单一环节课征制,并采取对所有征税品目统一制定税法的征收形式。因此,对消费税的征收范围可以从两方面理解:一是在生产、流通经营的诸环节中,课征消费税的实施范围;二是在税目税率表中列举的消费税具体征税项目。

从对应税消费品实施课税的具体环节看,为了方便征收管理,加强对税源的控制,减少税款的流失,我国目前采取了以在应税消费品生产经营的起始环节征收为主的办法,即我国现行消费税在总体上属于间接消费税。也就是说,现行消费税除了只对金银首饰在其最终使用的消费环节(零售)征外,对其余应税消费品都是在其生产经营的起始环节(包括生产环节、进口环节)征收。

从消费税的具体征收项目看,考虑到我国现阶段的经济发展状况、消费政策、居民消费水平和消费结构及财政需要,并借鉴其他国家征收消费税的成功经验与通行做法,我国选择了五种类型的11种消费品作为消费税的征收范围:第一类是一些过度消费会对人身健康、社会秩序、生态环境造成危害的特殊消费品,包括烟、酒及酒精、鞭炮和焰火;第二类是非生活必需品中的一些奢侈品,包括化妆品、贵重首饰及珠宝玉石;第三类是高能耗及高档消费品,包括摩托车、小汽车;第四类是不可再生且不易替代的稀缺性资源消费品,包括汽油、柴油;第五类是一些税基宽广、消费普遍、征税后不影响居民基本生活并具有一定财政意义的消费品,包括护肤护发用品、汽车轮胎。

是否以及如何调整和扩大我国消费税的征收范围,近年来已引起理论界、政府部门和一般公民的广泛关注。应当说,现阶段我国消费税的征收范围比其他发展中国家窄小,属于有限型消费税。一些人认为,目前我国经济发展水平还不高,消费税收入在整个商品流转税收入中所占比重较低,在社会经济生活已出现发展变化的情况下,应适当调整和扩大消费税的征收范围,把不符合国家消费政策的超前性消费品,特别是一些超前性消费行为纳入征税范围,如将麻将、扑克牌等具有一定赌博工具性质的消费品以及会造成环境污染的燃料列入征收范围,将保龄球、高尔夫球、电子游戏机、歌舞厅等娱乐消费纳入征收范围,以扩大消费税发挥调节作用的力度,进一步促进社会公平分配并增加财政收入。

(四)消费税的税率

我国现行消费税的税率水平,是根据1994年开征消费税时的国家财政需要而设计的,其目的主要是兼顾新旧税制转换过程中的财政收入和应税消费品原有的税负水平。对消费税的税率形式,则根据不同应税消费品的具体情况分别规定了比例税率和定额税率两种。现行消费税制度除了对税率适用做出一般规定外,还对某些消费品的税率适用作了特殊规定。

1. 我国消费税税率适用的一般规定

根据《消费税暂行条例》对税率适用做出的一般规定,我国现行消费税设置了 10 个档次的比例税率、4 个档次的定额税率。其中,比例税率最高为 45%,最低为 3%。

(1) 比例税率。根据上述原则,我国现行消费税制度规定适用比例税率的应税消费品,包括烟、酒及酒精(黄酒和啤酒两个子目除外)、化妆品、护肤护发品、鞭炮和焰火、贵重首饰及珠宝玉石、汽车轮胎、摩托车、小汽车共 9 个税目。其中,烟、酒及酒精、小汽车 3 个税目分别设置了 4、6、3 个子目。

(2) 定额税率。我国现行消费税制度规定适用定额税率的应税消费品,包括汽油、柴油两个税目及酒与酒精税目中的黄酒、啤酒两个子目。在对这些实行从量定额征收的液体应税消费品计算应纳消费税时,要依据不同的换算标准。啤酒:1 吨=988 升;黄酒:1 吨=962 升;汽油:1 吨=1 388 升;柴油:1 吨=1 176 升。

(3) 复合税率。比如卷烟和白酒。自 2009 年 5 月 1 日起,在卷烟批发环节加征一道 5% 的从价税。自 2015 年 5 月 10 日起,将卷烟批发环节从价税税率由 5% 提高至 11%,并按 0.005 元/支加征从量税。

2. 我国消费税税率适用的特殊规定

《消费税暂行条例》及财政部、国家税务总局对消费税的应税消费品的适用税率做出的特殊规定主要包括。

(1) 兼营不同税率应税消费品的税率适用。纳税人兼营(生产销售)两种税率以上的应税消费品,应当分别核算不同税率应税消费品的销售额、销售数量;未分别核算销售额、销售数量或者将不同税率的应税消费品组成成套消费品销售的,从高适用税率。例如,某日用化工厂既生产化妆品又生产护肤护发品(两种应税消费品的税率分别为 30% 和 17%),如果不分别核算这两种应税消费品的销售额,则应按化妆品 30% 的高税率计算应纳税额;如果该企业将化妆品、护肤护发品、小工艺品等组成成套消费品销售,则应按该套消费品全额 30% 的高税率征税。

(2) 卷烟适用税率的特殊规定。由于将应税卷烟分为甲、乙两类且税率明显不同,所以对甲、乙两类卷烟必须准确划分,并据以确定相应的适用税率。甲类卷烟和乙类卷烟的划分标准一般为每大箱销售价格在 780 元以上的,按甲类卷烟的适用税率征税;每大箱销售价格在 780 元以下的,按乙类卷烟的适用税率征税。但当卷烟因放开销售价格而经常发生价格上下波动时,应以该牌号规格卷烟销售当月的加权平均价格确定征税类别和适用税率。甲类卷烟的实际适用税率从 1994 年 1 月 1 日起,由 45% 减为按 40% 的税率征税;自 1998 年 7 月 1 日起,又对卷烟类产品的税率进行了调整,即将甲类卷烟的实际适用税率由原来的 40% 调高为 50%(雪茄烟的适用税率由 40% 调减为 25%,烟丝由 30% 调减为 25%)。

(3) 酒及酒精适用税率的特殊规定。由于应税酒及酒精产品税目也设置了若干个子目,因而同样需要进一步明确征税类别,以便确定适用税率。其中,主要是对粮食白酒和薯类白酒的划分,具体划分标准为以外购白酒加浆降度或以外购散装酒装瓶出售的,以及外购白酒以曲香和香精调香、调味生产的白酒,按照外购白酒所用原料确定适用税率。凡白酒所用原料无法确定的,一律按照粮食白酒的税率征税;对用粮食、薯类、糠壳等多种原料混合生产的白酒,一律按照粮食白酒的税率征税;对用薯类和粮食以外的其他原料混合生产的白酒,一律按照薯类白酒的税率征税。

(4) 其他应税消费品适用税率的特殊规定。《消费税暂行条例》及《消费税暂行条例实施细则》颁布后,财政部、国家税务总局对个别应税消费品的属类作了适当调整。除甲类卷烟、雪茄烟、烟丝的实际适用税率作了上述调整外,还规定香皂和金银首饰均暂减为按 5% 的税率征税(香皂属护肤护发品税目,原适用 17% 的税率;金银首饰原来则适用 10% 的税率)。自 1999 年 7 月 1 日起,护肤护发品的税率调整为 8%。由于各个应税消费品的具体适用税率可能发生调整,在实际工作中应注意以有关规定为准。

十、资源税

(一) 资源税的纳税人

资源税的纳税义务人是在中华人民共和国境内开采应税资源的矿产品或生产盐的单位和个人。中华人民共和国境内是指不包括台湾、香港和澳门地区在内,能有效行使税收征收管辖权的地区。开采应税资源的矿产品或生产盐是指现行税法列举的矿产品或生产盐。单位是指国有企业、集体企业、私有企业、股份制企业、其他企业和行政单位、事业单位、军事单位、社会团体、外商投资企业和外国企业。个人是指个体经营者和外籍人员。

中外合作开采石油、天然气,按照现行规定征收矿区使用费,暂不征收资源税。

独立矿山、联合企业和其他收购未税矿产品的单位为资源税的扣缴义务人。扣缴人有义务在收购未税矿产品原矿时,按省级(自治区、直辖市)人民政府核定的代扣税额标准,依据收购的数量代扣代缴资源税。在现行盐的产销体制下,盐的纳税环节确定在出场(厂)环节,由生产者缴纳;有些地区由运销或公收单位统一销售的,则盐的运销或公收单位为扣缴义务人,代扣代缴盐的资源税;凡盐场(厂)自销的盐,均由盐场(厂)直接向当地税务机关缴纳资源税。

(二)资源税的征税对象

从理论上讲,为了更好地保护、开发和使用资源,资源税的征税对象应当包括一切开发和利用的国有资源。但在实际征税过程中,资源税的征税对象仅以税法上列举的、在我国境内开采的矿产资源和盐资源作为征税对象。

(三)资源税的税目和税率

1. 税目

根据现行税法,资源税税目包括7大类别,分别是:原油、天然气、煤炭、其他非金属矿原矿、黑色金属矿原矿、有色金属矿原矿和盐。对于未列入税法的有色金属和非金属原矿,是否征收资源税,可由省一级(自治区、直辖市)人民政府决定,同时报财政部和国家税务总局备案。

2. 税率

根据"普遍征收,级差调节"的思路,资源税采取从量定额的办法征收。所谓"普遍征收"是指对在我国境内开采的所有应税资源征收资源税;所谓"级差调节"则指对因资源品质优劣、开采条件、地理位置等客观存在的差别而产生的资源级差收入,在设计税率时采取差别税额进行调节。一般而言,能取得级差收入多的资源,对其征收的税额要高一些;相反,征收税额就要低一些。

资源税适用幅度定额税率,具体的税目税率情况可见表7-9。

表7-9 资源税税目税率表

税目	税额幅度	单位
原油	8—30	元/吨
天然气	2—15	元/千立方米
煤炭	0.3—5	元/吨
其他非金属原矿	0.5—20	元/吨或者千立方米
黑色金属矿原矿	2—30	元/吨
有色金属矿原矿	0.4—30	元/吨
固体盐	10—60	元/吨
液体盐	2—10	元/吨

《资源税暂行条例》中公布的税目税率表,只是原则上的规定,资源税税目的具体适用税额须按照更为详细的实施细则等文件执行。对于在实施细则等文件中没有列举的资源的税额确定,由省一级(自治区、直辖市)人民政府参照邻近矿山的税额标准,在浮动30%的幅度内核定。

此外,如果开采资源的价格、开采条件等因素因市场或时间发生了变化,纳税人缴纳资源税的标准,可根据税法有关规定,在一定的幅度内每隔一定时期调整一次。这样做的目的,是为了更加合理地保持资源税税额与资源级差收入状况相适应。

十一、城市维护建设税

(一)城市维护建设税的概念

城市维护建设税是对缴纳增值税、消费税的单位和个人,按其实际缴纳的税额的一定比例征收,专门用于城市维护建设的一种税收。

《中华人民共和国城市维护建设税暂行条例》是国务院于1985年2月8日发布的,并于同年1月1日在全国施行。城市维护建设税属于特定税目的税,是国家加强城市的维护建设而征收的一种税。因此,城市维护建设税具有以下特点。

(1) 具有附加性质,它以纳税人实际缴纳的增值税、消费税的税额为计税依据,附加于其之上,本身并没有特定的、独立的征税对象;

(2) 具有特定目的,其税款专门用于城市的公用事业和公共设施的维护建设。

开征城市维护建设税具有重要意义:为开发建设新兴城市、扩展改造旧城市、发展公用事业和维护公共设施等提供了稳定的资金来源,使城市的维护建设随着经济的发展而不断发展,有利于发展生产、繁荣经济。

(二) 城市维护建设税的纳税人

城市维护建设税的纳税人是指缴纳增值税、消费税的单位和个人。包括国有企业、集体企业、私营企业、股份制企业、其他企业和行政单位、事业单位、军事单位、社会团体、其他单位以及个体工商户及其他个人。但对外商投资企业和外国企业不征收城市维护建设税。

(三) 城市维护建设税的征税范围

城市维护建设税在全国范围征收,不仅包括城市、县城和建制镇,而且包括广大农村,即只要征纳增值税、消费税的地方,除税法另有规定者外,都属于其征税的范围。

(四) 城市维护建设税的计税依据

城市维护建设税的计税依据是纳税人实际缴纳的增值税、消费税的税额。因纳税人违反有关规定而加收的滞纳金和罚款,不包括在其计税依据内,但纳税人被查补的增值税、消费税的税额包括在内。

(五) 城市维护建设税的税率

城市维护建设税实行地区差别税率。根据纳税人所在地不同而适用不同档次的税率,具体如下。

(1) 纳税人所在地为市区的,税率为7%;

(2) 纳税人所在地为县城、建制镇的,税率为5%;

(3) 纳税人所在地不在市区、县城或者镇的,税率为1%。

城市维护建设税的适用税率按纳税人所在地的规定税率执行。但对下列两种情况,可按缴纳增值税、消费税所在地的规定税率就地缴纳。

(1) 由受托方代征代扣增值税、消费税的单位和个人,其代征代扣的城市维护建设税按受托方所在地适用税率;

(2) 流动经营等无固定纳税地点的单位和个人,在经营地缴纳增值税、消费税的,按经营地适用税率。

(六) 城市维护建设税的减免规定

城市维护建设税原则上不单独减免,其减免规定具体有以下情况。

(1) 城市维护建设税按减免后实缴的增值税、消费税的税额计征,即随增值税、消费税的减免而减免;

(2) 对于因减免税而需进行增值税、消费税退库的,城市维护建设税也可以同时退库;

(3) 对个别缴纳城市维护建设税确有困难的企业和个人,由市县人民政府审批,酌情给予减免税照顾。

城市维护建设税原则上不单独减免,但以下两种情况除外。

(1) 海关对进口产品代征的增值税、消费税,不征收城市维护建设税;

(2) 对外商投资企业和外国企业,暂不征收城市维护建设税。

本章小结

本章主要介绍了税收基础知识及主要税种。

税收是国家为实现其职能，凭借其政治权力，依法参与单位和个人的财富分配，强制、无偿地取得财政收入的一种形式。税收具有三项基本特征：强制性、无偿性和固定性。按征税对象的性质划分，可将税种分为流转税、所得税、资源税、财产税和行为税五大类。纳税人又称纳税主体，具体指税法规定的负有纳税义务的单位和个人。征税对象又称课税对象、课税客体。征税对象是指税法规定的税收课征的目的物，表明国家对什么征税。

个人所得税是调整征税机关与自然人（居民、非居民人）之间在个人所得税的征纳与管理过程中所发生的社会关系的法律规范的总称。个人所得税征收范围包括：工资薪金所得；劳务报酬所得；稿酬所得；特许权使用费所得；经营所得；利息、股息、红利所得；财产租赁所得；财产转让所得；偶然所得。

在中华人民共和国境内销售货物或者加工、修理修配劳务、销售服务、无形资产、不动产以及进口货物的单位和个人，为增值税的纳税人。

房产税是以房产为征税对象，依据房产价格或房产租金收入向房产所有人或经营人征收的一种财产税。

城镇土地使用税是对占用城镇土地的单位和个人，以其实际占用土地面积为计税依据，按照规定税额计算征收的一种税。

车辆购置税是对购置的车辆征收的一种税。车船税是指对在我国境内应依法到公安、交通、农业、渔业、军事等管理部门办理登记的车辆、船舶，根据其种类，按照规定的计税依据和年税额标准计算征收的一种财产税。

印花税是对经济活动和经济交往中书立、使用、领受的凭证征收的一种税。

契税是指在土地使用权、房屋所有权的权属转移过程中，向取得土地使用权、房屋所有权的单位和个人征收的一种税。

消费税是以消费品和消费行为的流转额为课税对象而征收的一种税。

资源税的纳税义务人是在中华人民共和国境内开采应税资源的矿产品或生产盐的单位和个人。

城市维护建设税是对缴纳增值税、消费税的单位和个人，按其实际缴纳的税额的一定比例征收，专门用于城市维护建设的一种税收。

关键术语

税收　从价税　从量税　直接说　间接税　价内税　价外税　流转税　所得税　资源税　财产税　行为税　纳税人　征税对象　计税依据　税目　税率　比例税率　累进税率　全额累进税率　超额累进税率　定额税率　名义税率　实际税率　边际税率　平均税率　个人所得税　增值税　房产税　城镇土地使用税　车辆购置税　车船税　印花税　契税　消费税　资源税　城市维护建设税

第八章 房地产基础

本章导读 >>>

随着我国经济的发展,国民经济水平得到了大幅度提升,人们对于住房的需求呈现基本需求、改善需求和投资需求多元化的态势,房地产已和人们的生活密切相关。房地产具有不可移动、价格昂贵等特点,这使得房地产投资离不开金融的支持。因此,掌握一些房地产经济、房地产金融以及物业管理方面的知识就显得尤为重要。

本章共分为五节。第一节阐述了房地产、房地产市场、房地产消费的概念、分类及特点;第二节介绍了土地、土地市场及建筑相关知识;第三节介绍了房地产产权、房地产价格、房地产交易方面的知识;第四节分析了房地产交易的税费、房地产贷款、房地产保险等房地产金融问题;第五节对物业、物业管理公司、业主与业主大会等物业管理知识进行了阐述。

本章重点应掌握房地产市场、分类和房地产贷款。

第一节 房地产概述

一、什么是房地产

(一) 房地产的概念

房地产具体是指土地、建筑物及其地上的附着物,包括物质实体和依托于物质实体上的权益。房地产由于其固定不可移动性又被称为不动产,是房产与地产的总称;是房屋和土地的社会经济形态;是房屋和土地作为一种财产的总称。

在物质形态上,房屋与土地密不可分(广义上的土地即指土地及其地上建筑物及其他地面附着物,当然也就包括房屋在内),房依附于地,房地相连。因此在经济形态上,房产与地产的经济内容和运行过程也具有内在整体性与统一性。

房地产有三种存在形式。

(1) 单纯的土地,如一块无建筑物的城市空地;

(2) 单纯的建筑物,如在特定的情况下把地上的建筑物单独看待时;

(3) 土地和建筑物结合的"房地",如把建筑物和其坐落的土地作为一个整体来考虑,这也就是说,土地和建筑物既有各自独立的物质内容,又是一个密不可分的整体,不论土地和建筑物是以独立的形式存在或是以结合的形式存在,都属于房地产,是房地产的一个部分。

房地产按用途可划分为居住房地产、商业房地产、旅游房地产、工业房地产和农业房地产等五种。

(二) 房产类型

房产是指各种明确了权属关系的房屋及与之相连的构筑物或建筑物。房产是房屋经济形态,在法律上有明确的权属关系,在不同的所有者和使用者之间可以进行出租、出售或作其他用途。

房产包括以下类型。

(1) 住宅建筑物:可细分为普通住宅、高级公寓、花园别墅等。

(2) 生产用房:指社会各类物质生产部门作为基本生产要素使用的房屋。包括工业、交通运输和建筑业等生产活动中所使用的厂房、仓库、实验室等。

(3) 办公用房:指政府行政部门、事业部门、社会团体以及企业公司等处理日常事务和从事社会经济活动提供服务的房屋,亦称写字楼。

(4) 其他楼宇:以上各类楼宇以外的各种用途的房屋,如外国驻华机构用房、宗教用房等。

(三) 地产类型

我国房地产业内人士常把房地产简称为地产。因此广义来说,地产是房地产的简称,是指土地、建筑物及其他地上定着物,包括物质实体和依托与物质实体上的权益。

狭义来说,地产指土地财产,是土地的经济形态,即一定土地所有制关系下作为财产的土地,或者说是指能够为其权利人带来收益或满足其权利人工作或生活需要的土地资产。

地产是指明确了土地所有权的土地,既包括住宅或非住宅附着物的土地,又包括已开发和待开发土地。我国的地产是指有限期的土地使用权。

地产包括以下类型。

(1) 居住用地:指住宅区内的居住建筑本身用地,以及与建筑有关的道路用地、绿化用地和相关的公共建筑用地。

(2) 工业用地:主要是指工业生产用地,包括工厂、动力设施及工业区内的仓库、铁路专用线和卫生防护地带等。

(3) 仓库用地:指专门用来存放各种生活资料和生产资料的用地,包括国家储备仓库、地区中转仓库、市内生活供应服务仓库、危险品仓库等。

(4) 交通用地:指城市对外交通设施用地,包括铁路、公路线路及相关的防护地带等用地。

(5) 市政用地：指用于建造各种公共基础设施的用地，包括城市供水、排水、道路、桥梁、广场、电力、电讯、供热等基础设施使用的用地。

(6) 商业服务用地：指为整个城市或小区提供各种商业和服务业的用地。包括商店、超级市场、银行、饭店、娱乐场所等等。

(7) 公共绿化用地：指城市区域内的公园、森林公园、道路及街心的绿化带等占用的地产。这类用地主要是为改善城市生态环境和供居民休憩所用。

(8) 教科文卫设施用地：这类用地包括各类大、中、小学校，独立用地的科学研究机构、实验站、体育活动场所、卫生医疗机构等的地产。

(9) 港口码头用地：主要是货运、客运码头、民用机场等用途的地产。

(10) 军事用地：指提供为军事活动服务的用地，属特殊用地。

(11) 其他用地：不属于以上项目的其他城市用地，包括市区边缘的农田、牧场、空地等。

（四）房地产的特征

房地产有如下特征。

(1) 资源的有限性；

(2) 物业的差异性；

(3) 位置固定，不能移动；

(4) 开发建造周期长，达数月至数十年；

(5) 使用期限更长，达数十年至数百年；

(6) 投资数额大，具有保值性和增值性；

(7) 价格不仅取决于本身投入，还取决于其所处位置和周围环境；

(8) 受政府规划和政策管制，政府有征用权。

（五）房地产业

房地产业是以土地和建筑物为经营对象，从事房地产开发、建设、经营、管理以及维修、装饰和服务的集多种经济活动为一体的综合性产业，属于第三产业，是具有先导性、基础性、带动性和风险性的产业。

1. 房地产业的内容

房地产业的内容包括如下。

(1) 国有土地使用权的出让；

(2) 房地产的开发、再开发：征用土地，拆迁安置，委托规划设计，对旧城区的开发与再开发；

(3) 房地产经营：土地使用权的转让、出租、抵押以及房屋的买卖、抵押等经济活动；

(4) 房地产中介服务：房地产咨询中介，房地产评估中介，房地产代理中介；

(5) 物业管理：房屋公用设备设施的养护维修并为使用者提供安全、卫生、优美的环境；

(6) 房地产的调控与管理：建立房地产市场、资金市场、技术市场、劳务市场、信息市场，制定合理的房地产价格体系，建立健全房地产法规，实现国家对房地产市场的宏观调控。

2. 房地产业的分类

房地产业可以细分为房地产投资开发业和房地产服务业。

(1) 房地产投资开发业。

房地产投资开发是指在依法取得国有土地使用权的土地上进行基础设施、房屋建设的行为。

房地产投资开发除了取得土地、建造房屋，然后预售或出售新建的房屋这种方式外，还有购买房屋后出租，购买房屋后出租一段时间再转卖，或者购买房地产后等待一段时间再转卖；开发也不仅仅是建造新房屋，还包括把土地变为建设熟地之后出售，对旧房屋进行装修改造，接手在建工程后继续开发等。

(2) 房地产服务业。

房地产服务业又分为房地产咨询、房地产价格评估、房地产经纪和物业管理等。其中，又将房地产咨询、房地产价格评估、房地产经纪归为房地产中介服务业。

① 房地产中介服务业。房地产中介服务是指在房地产投资、建设、交易、消费等各个环节中为当事人提供居间服务的经营活动，是房地产咨询、房地产价格评估、房地产经纪等活动的总称。

房地产咨询是指为有关房地产活动的当事人提供法律法规、政策、信息、技术等方面服务的经营活动，如房地产市场调查研究、房地产开发项目可行性研究、房地产开发项目策划等。

房地产价格评估是指以房地产为对象，由专业估价人员，根据估价目的，遵循估价原则，按照估价程序，选用适宜的估价方法，在综合分析影响房地产价格因素的基础上，对房地产在估价时点的客观合理价格或者价值进行估算和判定的活动。

房地产经纪是指向进行房地产投资开发、转让、抵押、租赁的当事人提供房地产居间介绍、代理和经纪的经营活动。目前主要包括代理新旧房买卖、租赁等业务。

② 物业管理。物业管理是指专业化的物业管理企业，受业主委托，按照国家法律法规，依据合同，对已竣工验收投入使用的各类房屋及其附属配套设施，运用现代管理科学和先进的维修养护技术，以经营方式进行管理，为客户提供高效、优质、经济的全方位服务，使物业发挥最大的使用效益和经济效益。

二、房地产市场

(一) 什么是房地产市场

狭义概念：房地产商品进行交易活动的地方或场所。

广义概念：包括土地的出让、转让、抵押、开发、房地产买卖、租赁、转让、互换、抵押以及一些与房地产有关的开发、建筑、修缮、装饰等劳务活动。

(二) 房地产市场分类

1. 房地产一级市场

是指国家土地管理部门按土地供应计划，采用协议、招标、拍卖的方式，以土地使用合同的形式，将土地使用权以一定的年限、规定的用途及一定的价格出让给房地产发展商或其他土地使用者所形成的市场。房地产一级市场是土地交易市场，是土地所有者与使用者间的纵向交流，由政府直接控制和垄断经营。

2. 房地产二级市场

一般指商品房首次进入流通领域进行交易而形成的市场。房地产二级市场是房地产开发市场，其经营主体为房地产开发公司，其经营内容是按照城市总体规划和小区建设规划，对土地进行初级开发和再次开发，然后将开发出来的房地产出售给用地、用房单位或个人。房地产二级市场具体对商品房来说，就是商品房的一级市场。

3. 房地产三级市场

是指在房地产二级市场的基础上再转让或出租的房地产交易，是单位、个人之间的房地产产权转让、抵押、租赁的市场，它是在二级市场基础上的第二次或多次转让房地产交易活动的市场。房地产三级市场即存量房地产交易市场，是房地产所有者将房地产使用权或所有权再转让的市场，是消费者间的横向交易，属于消费市场的重新配置。

(三) 房地产市场的特点

1. 经营对象的非流动性

房地产主要经营对象是房产和土地的使用权，而房屋和土地都是不动产，具有不能空间位移的物理属性。

2. 流通形式的多样性

即房地产流通的具体形态和方法的多样性。城市房屋流通形式主要有买卖、抵押、典当、信托等；城市土地使用权的流通形式主要有出让、转让、出租等。

3. 市场的统一性

指房产市场和地产市场的融合性。在房地产交易中，任何一笔房产商品交易都必然是房地合一的交易。

4. 市场的区域性

此区域性是由房地产商品的差异性决定的。由于其性质和其所处的城市区域不同，其市场供求状况和价格水平也往往会有大的落差。

5. 供给的稀缺性

指房地产市场是一个供给稀缺的市场。一方面是人口的不断增加，需求也相应增长。另一方面是土地作为不可再生资源，其数量基本上恒定。

6. 不完全开放性

由于土地使用权和房屋所有权两种不同权益在同一市场流通，为保证市场的有效供给，国家需要采取强有力的措施抑制不合理的市场需求来干预市场。因此，房地产市场活动在某些环节受到政府严格限制，具有不完全开放性。

7. 市场的不充分性

由于房地产市场与完全自由竞争市场四个条件相差甚远，因而房地产市场只是一个不充分市场。

8. 房地产市场投机的巨大可能性

房地产市场与其他市场相比具有更大的投机性。房地产商品供给的有限性和需求的无限性，对房地产的不断投资、城市基础设施建设和社会设施投资引起的相邻效益以及房地产的保值和增值特性都决定着房地产投机的巨大可能性。

9. 房地产市场是房地产权益的交易市场

房地产市场交易的对象实际上是附着在每一宗具体房地产上的权益（或权力）而不是土地或物业本身。这种权益可以是所有权（包括占有权、使用权、收益权和处置权），也可以是部分所有权。

（四）房地产消费类型

1. 投资型

房地产的消费主体对房地产消费主要不是为了自己使用，而是为了作为投资对象，通过投入资金、劳动力、技术等要素改变原有的房地产性能、结构和形式，通过出售或出租来获取利润。

2. 生产型

对房地产的消费不是为了用于消费，而是作为生产和经营场所，为生产和经营提供活动空间或场地。

3. 消费型

主要是由国家机关、事业单位和个人为了消费使用。此类物业主要是住宅和办公用房等。

（五）房地产消费特点

1. 普遍性

房地产既是生活资料，又是生产资料，是人们生活必不可少的空间条件和活动基地。

2. 多样性

房地产可以用于工业生产，可以用于商业经营活动及办公楼等，也可作为城市居民居住的地方等。其多种使用价值和多种效用为房地产消费者提供了多种选择的机会，满足了房地产各方面的消费。

3. 不可替代与差别性

房地产为人们提供的空间和基地是其他产品无法替代的。其不可再生的性质决定了消费的不可替代性，其位置的固定不动性决定了房产间的差别性。

4. 连续性与间断性

房地产消费的普遍性和不可替代性以及其使用价值的耐久性决定了房地产消费的连续性和间断性。从社会整体看只要社会在发展，人口在增长，需求就会存在，体现出其连续性。但从个人来说，由于房地产是耐用消费品，一次购买可以满足长期的消费，不会像其他消费品一样需要不断地、反复地和连续地到市场购买，它是间断的。

5. 消费弹性的差异性

由于房地产的特性及它的功能和用途的不同，决定着不同的房地产具有不同的消费弹性。在市场经济条件下，房地产的消费是与收入水平是呈正比的。

6. 增长性

一般情况下对房地产的消费总是不断增长的,这是由社会进步和居民生活水平的提高决定的。此消费可以分为几个层次:生理上的消费、安全的消费、社会交往的消费、价值欲望的消费等。

(六) 影响房地产消费的因素

1. 经济社会发展及城市化的水平

经济社会越发展、城市化水平越高,对房地产的消费也就越大。随着城市的发展,城市土地面积的不断增加,城市对土地和住宅的消费也就越来越大。

2. 城市人口增长及生活水平

城市发展,其人口也会相应增加,加之生活水平的提高,对城市土地的消费就越来越大。

3. 房地产价格水平

与其他市场一样,价格的高低对于房地产的消费有很大的影响。价格高,就会限制对房地产的消费;价格低,就会增加对房地产的消费。

4. 国家政策

国家的政策对房地产的生产性消费和消费性消费都会有巨大的影响。特别是对房地产的总量平衡和结构平衡有着重大的调节作用。对于居民住房消费影响最大的是国家的住房政策以及与住房有关的各项优惠政策。

5. 城市产业结构

城市产业结构发展的状况,不仅决定着城市对房地产消费的总量,而且决定着房地产产业的消费结构。

6. 消费者对经济发展形势的预测

消费者的消费会受到外部环境的制约,外部环境影响着现实支付能力能否得到实现。如果消费者对未来经济发展的预测是乐观的,房地产消费就会增长;如果是悲观的,消费会减少。

第二节　房屋建筑知识

一、土地相关知识

(一) 土地

土地是一种基本的自然资源,是由气候、地貌、岩石、土壤植物和水文组成的一个独立的自然综合体。从管理和利用的角度看,土地就是国土,是一个国家所有的地球上的陆地和水域及其向上或向下的空间。土地是一种有限的资源。

(二) 土地所有制

土地所有制是指在一定社会生产方式下,由国家确认的土地所有权归属的制度。土地所有制是生产资料所有制的重要组成部分,是土地制度的核心和基础。

我国实行土地的社会主义公有制,分为全民所有制(即国家所有)和劳动群众集体制(即集体所有)两种形式。其中,城市市区的土地全部属于国家所有;农村和城市郊区的土地法律规定属于国家所有的以外,属于集体所有;宅基地和自留地、自留山,属于集体所有;矿物、水流、森林、山岭、草原、荒地、滩涂等自然资源,属于国家所有,但由法律规定属于集体所有的森林、山岭、草原、荒地、滩涂除外。地上建筑物既可以为国家所有,也可以为集体、单位和个人所有。因此,同一宗房地产,其土地与地上建筑物的所有权可以是不一致的。

我国社会主义土地公有制的内容主要包括如下。

(1) 我国全部土地实行社会主义公有制,即全民所有制和劳动群众集体所有制。

(2) 土地的全民所有制采取社会主义国家所有的形式,国家代表全体劳动人民占有属于全民的土地,行使占有、使用、收益和处分的权利。

(3) 土地的社会主义劳动群众集体所有制,采取农村集体经济组织的农民集体所有的形式,农村集体经济组织代表该组织的全体农民占有属于该组织的农民集体所有的土地,并对该集体所有的土地行使经营、管理权。

(4) 城市市区的土地全部属于国家所有。

(5) 农村和城市郊区的土地,除法律规定属于国家所有的以外,属于农民集体所有(包括村农民集体和乡(镇)农民集体)。

(6) 实行国有土地有偿使用制度。

另外,国家还实行以下土地制度。

(1) 国家实行土地登记制度。属于国有土地的,核发《国有土地地使用证》;属于集体土地的,核发《集体土地所有证》。

(2) 国家实行国有土地有偿有期限使用制度。除国家核准的划拨土地以外,凡新增土地和原使用的土地改变用途或使用条件、进行市场交易等,均实行有偿有期限使用制度。

(3) 国家实行土地用途管制制度。根据土地利用总体规划,将土地用途分为农用地、建设用地和未利用土地。土地用途变更须经有批准权的人民政府核准。

(4) 另外,国家还实行耕地保护制度。

(三) 土地所有权

土地所有权是指土地所有者依法对自己的土地所享有的占有、使用、收益和处分的权利。土地所有者这种占有、使用、收益和处分权利,是土地所有制在法律上的体现。在我国,土地所有权的权利主体只能是国家和农民集体,其他任何组织和公民个人都不享有土地所有权,这是由我国土地的社会主义公有制决定的。土地所有权含四项权能即占有、使用、收益和处分。

国家土地所有权是指国家对国有土地占有、使用、收益和处分的权利。国家土地所有权的四项权能的实现是通过法律规定的形式将其中占有、使用、收益的权利让渡给使用者,从而与土地的所有权分离,国家仅保留最终的处分权。在一般情况下,由于国家本身不使用土地,因此,除了未利用的土地以外,占有和使用国有土地的权利一般由具体的单位和个人取得。国有土地的收益权能一部分由土地使用者享有,一部分由国家通过收取土地使用税(费)和土地使用权有偿出让的形式来实现。国有土地的处分权主要由国家来行使。由于我国法律禁止土地买卖,国家土地所有权不能流转(与集体所有的土地交换除外),因而国家对国有土地的处分权主要是对土地的使用权而言。

农民集体土地所有权是指农民集体依法对其所有的土地占有、使用、收益和处分的权利。集体土地所有权的主体是农村集体经济组织的农民集体。集体土地所有权的各项权能可以结合,也可独立。集体土地所有者有权依法使用自己拥有的土地,集占有、使用、收益和处分的权能于一身;集体土地所有者也可以依法把土地划拨给集体内部成员使用,还可以用土地使用权作为条件与全民所有制或城市集体所有制企业联营举办企业等,使土地的所有权与使用权分离。集体所有的土地在国家征用或其他农民集体依法使用时,集体土地的所有者有要求依法得到补偿的权利。从某种意义上来说,这就是土地所有权中处分权权能的实现。

(四) 土地使用权

土地使用权是指国家机关、企事业单位、农民集体和公民个人,以及三资企业,凡具备法定条件者,依照法定程序或依约定对国有土地或农民集体土地所享有的占有、利用、收益和有限处分的权利。土地使用权是外延比较大的概念,这里的土地包括农用地、建设用地、未利用地的使用权。

土地使用权可以出让、转让、出租、买卖。

1. 出让

土地使用权出让是国家以土地所有人的身份将土地使用权在一定期限内让与土地使用者,由土地使用者向国家支付土地使用权出让金的行为。土地使用权出让有拍卖、招标和协议三种方式。

2. 转让

土地使用权转让是指通过出让方式取得国有土地使用权的单位和个人,将土地使用权再转移的行为,如出售、交换、赠与等。土地使用权的出让构成土地使用权流转的一级市场,土地使用权的转让构成土地使用权流转的二级市场。集体土地使用权的转让,目前情况比较复杂,在法律中并无系统的规定,各地的做法也不一致。从原则上讲,农民集体所有的土地使用权不得出让、转让或者出租用于非农建设。因此,集体土地使用权的转让,目前一般是指不改变农用地性质的承包和转包。通过土地划拨及建设用地程序取得的使用权是无限期的,通过土地使用权出让取得使用权的,按照土地的用途不同,使用权的年限也不同。

3. 出租

土地使用权出租是指土地使用者作为出租人将土地使用权随同地上建筑物、其他附着物租赁给承租人使用,由承租人向出租人支付租金的行为。未按土地使用权出让合同规定的期限和条件投资开发、利用土地的,土地使用权不得出租。

4. 买卖

土地使用权买卖是土地使用权人以获取价款为目的将自己的土地使用权转移给其他公民或法人,后者获得土地使用权并支付价款的行为。

(五)土地使用年限

中国的土地所有权属于国家,市民在购房时,只购买了房屋所占用土地的使用权。而土地使用权是有严格的时间限制的。具体的土地使用年限根据不同类型的土地,有不同的使用年限规定。

中国的土地出让使用年限分别有如下几种。

(1)居宅用地(也就是人们常说的商品房用地)。全国统一执行的土地使用年限为 70 年。
(2)工业用地(也就是人们常说的工厂、工业区)。全国统一执行的土地使用年限为 50 年。
(3)教育、文化、体育、卫生等带有福利性质的用地。全国统一执行的土地使用年限为 50 年。
(4)商业、旅游、娱乐等盈利性项目用地。全国统一执行的土地使用年限为 40 年。
(5)其他综合类性质用地。全国统一执行的土地使用年限为 50 年。

(六)开发商获取土地的方式

所谓土地使用权的获取是指开发商通过出让、转让或其他合法方式,有偿有期限取得国有土地使用权的行为。

目前存在着土地配给的双轨制,即政府划拨和市场机制并存。在运用市场机制配置土地时又有协议、招标和拍卖几种方式。对于原先已划拨的土地,开发商可以通过补地价的方式获取。简单地说,现阶段取得国有土地使用权的途径有以下四种方式。

(1)行政划拨方式。
(2)国家出让方式(招标、拍卖、协议出让等)。
(3)房地产转让方式(买卖、赠与等方式)。
(4)土地或房地产租赁方式。

(七)土地使用权出让金

土地使用权出让金,又叫土地出让金,是政府将土地使用权出让给土地使用者,并向受让人收取的政府放弃若干年土地使用权的全部货币或其他物品及权利折合成货币的补偿。

土地出让金不是简单的地价。对于住宅等项目,采用招标、拍卖的方式,可通过市场定价,土地出让金就是地价。可是对于经济适用房、廉租房、配套房等项目,以及开发园区等工业项目,往往不是依靠完全的市场调节,土地出让金就带有税费的性质,是定价。

土地出让金,实际上就是土地所有者出让土地使用权若干年限的地租之总和。现行的土地出让金的实质,可概括为它是一个既有累计若干年的地租性质,又有一次性收取的似税非税性质的矛盾复合体。土地出让金具有地租而非税性质。税收是国家作为管理者对纳税人为国家缴纳的经济义务,具有强制性、无偿性和固定性。土地出让金,将累计若干年地租总和,采取一次性收取,则又似有税收的非税性质。土地出让金自身就是这样一个内在矛盾的复合体。

土地出让金的支付方式,如果是外商投资或中资企业开发外销房的,要以外汇支付,如是中资企业开发内销房或外资企业开发内销房的,可以人民币支付。也有实物支付的方式,如投资者得到一块土地,以建造一座立交桥、一条道路或一个停车库等建筑物来偿还地价。

土地出让金根据批租地块的条件,可以分为以下两种:一种是"熟地价",即提供"七通一平"的地块,出让金包括土地使用费和开发费;另一种是"毛地"或"生地"价,即未完成"七通一平"的地块,出让金仅为土地有偿使用的部分,投资者需自行或委托开发公司进行受让土地的开发工作。例如上海北京东路71号地块面积为2.38万平方米,有20多家单位和1 000多户居民,新加坡长立国际开发公司与上海黄浦资产经营公司以460万美元的毛地价获得50年的使用权,并投资5 300万美元。旧区的动迁和市政配套费用一般要占到熟地总价的50%—70%左右。

土地出让金又可分为地面价与楼面价两种计算方法,地面价为每平方米土地的单价,即以出让金总额除以土地总面积;楼面价为摊到每平方米建筑面积的地价,即以出让金总额除以规划允许建造的总建筑面积。投资者往往以楼面价来计算投资效益。因为地面价不能反映出土地成本的高低,只有把地价分摊到每平方建筑面积上去核算,才有可比性,也易于估算投资成本,估算投资效益。一般认为建高层可摊属地价,实际上并非如此。因为土地出让金是按建筑面积计收的。

(八) 土地市场

土地市场是指土地交易活动和场所的总称。土地交易包括土地出让、土地转让、土地抵押和土地出租等活动。土地交易市场一般划分为土地一级市场、土地二级市场和土地三级市场。

土地一级市场是土地使用权的出让市场,其主要市场活动是国家以土地所有者的身份,将土地使用权按规划要求和投资计划及使用年限,出让给土地使用者或开发商。由土地所有制所决定,土地一级市场是国家垄断的市场。政府通过土地供应计划和规划,对出让土地的建设规模、土地开发计划、土地的位置及面积、土地的使用要求做出规定,并根据这些规定和需要,对土地出让活动实行直接调控。

土地二级市场即土地使用权转让市场,其主要市场活动是开发商根据政府有关规定和出让合同要求,对土地进行开发和建设,并将经过开发的土地使用权连同地上建筑物进行转让、出租、抵押等。其受让方可以是二手的开发经营者,也可能是直接的土地使用者。二级市场是国家调控下的以市场调节为主的市场。

土地三级市场是土地使用者之间进行的土地转让、租赁、抵押、交换等交易活动。它是市场调节的开放市场。土地的价格原则上是根据市场供求状况,由交易双方议定,交易总量由市场供求决定。

二、建筑相关知识

(一) 建筑分类

按建筑层数主要可以分成低层建筑、多层建筑和高层建筑三类。

1. 低层建筑

低层建筑是指高度小于10米的建筑。低层居住建筑为1至3层。这类建筑用地较多,不设电梯;常采用砖墙承重,土建造价低。

2. 多层建筑

多层建筑是指高度大于10米,小于24米的建筑。多层居住建筑为4至7层。这类住宅用地较省。一般六层以下可不设电梯,可采用砖墙式壁式框架承重,造价较低,日常维修及运行费用也较经济,是家庭房产首选。

3. 高层建筑

高层建筑是指高度大于24米的建筑。高层居住建筑一般为9层以上。

根据层数和防火要求不同,习惯上又可分为①小高层住宅,层数一般在8至11层。单元式住宅可采用一般楼梯间,不单独设消防电梯。②中高层住宅,层数在12层至18层,靠外墙设有天然采光和自然通风的封闭楼梯间。③高层住宅,层数在19层以上,应设防烟楼梯间。高层住宅建筑用地经济,在容积率相同情况下小区环境一般均比纯多层小区好。垂直交通主要依靠电梯,承重结构主要为钢筋混凝土,造价较高,日常运行费用较高。高层建筑由于垂直交通、消防疏散通道及公共使用面积增加,每户套内实际得房率比多层建筑减少10%左右。

(二) 建筑单体结构

1. 开间

在住宅设计中,住宅的宽度是指一间房屋内一面墙皮到另一面墙皮之间的实际距离。因为是就自然间的宽度而言,故称为开间。根据有关规定,砖混结构住宅建筑的开间常采用下列参数:2.1米、2.4米、3.0米、3.3米、3.6米、3.9米、4.2米。但就我国目前大量建造的砖混住宅来说,住宅开间一般不超过3.3米。规定较小的开间尺度,可有效缩短楼板的空间跨度,增强住宅结构整体性、稳定性和抗震性。

2. 进深

住宅的长度和进深,在建筑学中是指一间独立的房屋或一幢居住建筑从前一墙皮到后一墙皮之间的实际长度。根据有关规定,住宅的进深常采用下列参数:3.0米、3.3米、3.6米、3.9米、4.2米、4.5米、4.8米、5.1米、5.4米、5.7米、6.0米。为了保证住宅具有良好的天然采光和通风条件,从理论上讲,住宅的进深不宜过大。在住宅的高度(层高)和宽度(开间)确定的前提下,设计的住宅进深过大,就使住房成狭长型,距离门窗较远的室内空间自然光线不足;如果人为地将狭长空间分隔,则分隔出的一部分房间就成为无自然光的黑房间。黑房间当然不适于人们居住,补救的措施之一是将黑房间用于次要的生活区,如储藏室、走道等,用人工照明来弥补自然光的不足;另一措施是在住宅内部建造内天井,将光线不足的房间布置于内天井四周,通过天井来解决采光、通风不足的问题。但内天井住宅也存在厨房串味、传声、干扰大、低层采光不足的问题。

3. 层高

层高是指下层地板表面或楼板表面到上层楼板表面之间的距离。《住宅建筑模数协调标准》规定,砖混结构住宅建筑的层高采用下列参数:2.6米、2.7米、2.8米。住宅的层高在不同时期、不同国家或相同国家的不同地区、不同历史文化背景之下都是有差异的。例如,我国传统的民居都造得比较高大,古代将相官邸或皇宫更是以不同的高度来区分等级的高低。而一些地震频繁、多火山的国家或地区,为抵御灾害,往往层高较低。据测,层高每降低0.1米,造价就降低1%左右。一般来说,层高设计规律是层数越少,层高可相应提高;层数越多,层高可相应压缩。

4. 净高

净高是指下层地板表面或楼板上表面到上层楼板下表面之间的距离。层高和净高的关系可用公式"净高=层高-楼板厚度"来表示,即层高和楼板厚度的差叫做净高。

(三) 居住小区经济技术指标

1. 规划建设用地面积和建筑面积

小区的规划建设用地面积是指项目用地规划红线范围内的土地面积,一般包括建设区内的道路面积、绿化面积、建筑物构筑所占面积、运动场所等。小区的建筑面积是指住宅建筑外墙外围线测定的各层水平面积之和。它是用于反映小区建设规模的重要经济指标,计算时应依据建筑平面图,按国家现行统一规定量算。

2. 建筑容积率和建筑密度

建筑容积率也称建筑面积毛密度,简称容积率,是指项目规划建设用地范围内全部建筑面积与规划建设用地之比,附属建筑物也计算在内,但注明不计算面积的附属建设物除外。例如,在1万平方米的土地上,有4 000平方米的建筑总面积,其容积率为0.4。

多层容积率一般控制在1.3以下,小高层的容积率可以达到2左右,高层视情况一般在4或5左右。对于开发商来讲,容积率越高,出的建筑面积就越多,土地成本就越容易摊薄,利润空间自然就越大。而对于购房者来讲,容积率越低,说明楼与楼之间的空地越大,视野、采光就越好。

建筑密度又称建筑覆盖率,是指居住区用地内各类建筑的基底总面积与居住区用地的比率(%),它可以反映出一定用地范围内的空地率和建筑密集程度。除特别注明外,计算时一般包括附属建设物。

一般情况下,容积率越高,建筑总面积就越大,土地利用率高,经济性好,但小区的环境就会受影响。在相同的容积率下,建筑密度越低,说明小区内建筑物平均层数高,地面空间大,绿地率高,环境条件好。上海示范居住小区要求容积率控制在每公顷1万平方米左右,同时其中高层住宅占15%—20%,多层住宅占 80%—85%。

3. 居住区配套公建

居住区配套公建设置水平,必须与居住人口规模相对应。居住区配套公建设施建筑用地面积一般占居住区总用地面积的 18.7%—22%,人均为 4.4 平方米。居住区配套公建建筑总面积与居住区建筑总面积的比例为 17.6:100,人均建筑面积为 3.5 平方米。居住区配套公建应包括行政管理、金融、邮电、文化体育、医疗卫生、商业服务、社区服务、市政公用和教育等八类设施。新建居住区的配套公建应与住宅同步规划、同步建设和同时投入使用。对分期建成的居住区,其配套公建可采用过渡措施。

4. 居住小区绿地

居住小区绿地是指满足规定的日照要求,适合于安排游憩活动设施、供居民共享的游憩绿地,应包括居住区公园、小游园和组团绿地及其他块状带状绿地,屋前屋后、街坊道路两侧以及规定的建筑间距内的零星绿地。居住小区内所有绿地总面积占居住小区总用地面积比率称绿地率,这是衡量小区环境优劣的重要指标之一,绿地率越高,环境越优美舒适。上海示范居住小区要求绿地率达 35% 以上,其中公共绿地不少于 15%。有的优良居住小区其绿化率已超过 40%,有的甚至高达 50%。在购房时,除了注意地段、房型、房价之外,还会将居住小区环境选择放在十分重要位置,因为只有这些优质房地产才具有保值增值的潜力。

5. 绿地率与绿化覆盖率

我们平常叫惯了的绿化率专业术语应称作"绿地率",它和开发商一般许诺的"绿化率"有很大区别,开发商常说的其实是"绿化覆盖率"。

绿地率是指小区用地范围内各类绿地的总和与小区用地的比率。国家对绿地率的要求非常严格。根据相关技术规范、法规,长草的地方并不一定都能算作绿地,绿地率所指的"居住区用地范围内各类绿地"主要包括公共绿地、宅旁绿地、配套公建所属绿地和道路绿地等。

在计算时,要求距建筑外墙 1.5 米和道路边线 1 米以内的用地,不得计入绿化用地。此外,还有几种情况也属于不能计入绿地率的绿化面积,如地下车库、化粪池,这些设施的地表覆土一般达不到 3 米的深度,也就是说在上面种植的大型乔木成活率较低,所以计算绿地率时不能计入。

绿化覆盖率是指绿化垂直投影面积和小区用地的比率。绿化覆盖率相对而言比较宽泛,大致长草的地方都可以算作绿化,树的影子、露天停车场、可以中间种草的方砖都可算入绿化覆盖率。所以绿化覆盖率一般要比绿地率高一些。购房时要注意房地产商在销售楼盘时宣传的绿化率实际不少是绿化覆盖率。计算绿化覆盖率所指的绿地,简单地说,就是只要有块草皮就可以计入,所以绿化覆盖率有时能做到 60% 以上。

6. 日照标准

日照标准是根据各地区的气候条件和居住卫生要求确定的,居住建筑正面向阳的房间规定的日照标准日获得的日照量。

1994 年 2 月 1 日执行的《城市居住区规划设计规范》中规定,住宅建筑日照标准:冬至日住宅底层日照时间不少 1 小时或大寒日住宅底层日照时间不少于 2 小时。

(四) 房地产面积计算

1. 销售面积

商品房按"套"或"单元"出售,商品房的销售面积即为购买房者所购买的套内或单元内建筑面积(以下简称内建筑面积)与应分摊的公用建筑面积之和。

销售者销售商品房,必须明示商品房的销售面积,并注明该商品房的套内建筑面积及应当分摊的共有建筑面积。

商品房销售面积的标注单位应当是平方米。

商品房的销售面积与实际面积之差不得超过国家计量技术规范《商品房销售面积测量与计算》规定的商品房面积测量限差。按套或者单元销售的商品房,各套或者各单元销售面积之和不得大于整幢商品房的实际总面积。

2. 套内建筑面积

商品房的套内建筑面积是指成套商品房(单元房)的套内使用面积、套内墙体面积和阳台建筑面积之和。套内建筑面积不等于销售面积,完全属于买房人个人私有;与套内使用面积相比,更能完事地反映买房人个人私有部分的产权。套内建筑面积的计算公式为

$$套内建筑面积 = 套内使用面积 + 套内墙体面积 + 阳台建筑面积$$

3. 套内使用面积

套内房屋使用面积为套内房屋使用空间的面积,按以下规定计算:
① 套内使用面积为套内卧室、起居室、过道、厨房、卫生间、贮藏间、壁柜等空间面积的总和;
② 套内楼梯按自然层数的面积总和计入使用面积;
③ 不包括在结构面积内的套内烟囱、通风道、管道井均计入使用面积;
④ 内墙面装饰厚度计入使用面积。

4. 公用建筑面积

商品房公用建筑面积的分摊以幢为单位。分摊的公用建筑面积为每幢楼内的公用建筑面积。与本幢楼房不相连的公用建筑面积不得分摊给本幢楼房的住户,由该幢楼各套商品房分摊;为局部范围服务的公用建筑面积,则由受益的各套商品房分摊。各套商品房应分摊的公用建筑面积,为每户分摊公用建筑面积之和。

公用建筑面积由两部分组成。
① 大堂、公共门厅、走廊、过道、公用厕所、电梯前厅、楼梯间、电梯井、电梯机房、垃圾道、管道井、消防控制室、水泵房、水箱间、冷冻机房、消防通道、变电室、煤气调压室、卫星电视接收机房、空调机房、热水锅炉房、电梯工休息室、值班警卫室、物业管理用房以及其他为该建筑服务的专用设备用房。
② 套(单元)与公用建筑空间之间的分隔墙以及外墙(包括山墙)墙体水平投影面积的一半。

$$\frac{公用建筑面积}{全幢建筑面积} = \frac{全幢建筑面积 - 全幢各套套内建筑面积之和 - 单独具备使用功能的独立使用空间的建筑面积(如地下车库、仓库、人防工程等)}{}$$

另外,购房人所受益的其他非经营性用房,需要进行分摊的,要在销(预)售合同中写明房屋名称,需分摊的总建筑面积。

仓库、机动车库、非机动车库、车道、供暖锅炉房、用于人防工程的地下室、单独具备使用功能的独立使用空间、售房单位自营自用的房屋,以及为多幢房屋服务的警卫室、管理(包括物业管理)用房不计入公用建筑面积。

5. 公摊面积

商品房分摊的公用建筑面积主要由两部分组成。
① 电梯井、楼梯间、垃圾道、变电室、设备室、公共门厅和过道等功能上为整楼建筑服务的公共用房和管理用房的建筑面积。
② 各单元与楼宇公共建筑空间之间的分隔以及外墙(包括山墙)墙体水平投影面积的50%。

6. 得房率

得房率是指套内建筑面积与套(单元)建筑面积之比。

$$套内建筑面积 = 套内使用面积 + 套内墙体面积 + 阳台建筑面积$$
$$套(单元)建筑面积 = 套内建筑面积 + 分摊的公用建筑面积$$

三、房屋相关知识

(一) 房屋与住宅

房屋,一般是指上有屋顶,周围有墙,能防风避雨,御寒保温,供人们在其中工作、生活、学习、娱乐和储藏物资,并具有固定基础,层高一般在2.2米以上的永久性场所。但根据某些地方的生活习惯,可供人们

常年居住的窑洞、竹楼等也应包括在内。

住宅是指专供居住的房屋,包括别墅、公寓、职工家属宿舍和集体宿舍(包括职工单身宿舍和学生宿舍)等,但不包括住宅楼中作为人防用、不住人的地下室等,也不包括托儿所、病房、疗养院、旅馆等具有专门用途的房屋。

(二) 房屋的种类

(1) 按楼体高度分类,主要分为低层、多层、小高层、高层、超高层等。

(2) 按楼体结构形式分类,主要分为砖木结构、砖混结构、钢混框架结构、钢混剪刀墙结构、钢混框架-剪刀墙结构、钢结构等。

(3) 按楼体建筑形式分类,主要分类低层住宅、多层住宅、中高层住宅、高层住宅、其他形式住宅等。

(4) 按房屋型分类,主要分为普通单元式住宅、公寓式住宅、复式住宅、跃层式住宅、花园洋房式住宅、小户型住宅(超小户型)等。

(5) 按房屋政策属性分类,主要分为廉租房、已购公房(房改房)、经济适用住房、住宅合作社集资建房等。

(6) 房屋还可以按售卖对象不同,可分为外销房和内销房;按使用功能的不同,可分为公寓、纯办公楼、商场、综合楼和别墅等等。

① 外销房。外销房是指房地产开发企业按政府外资工作主管部门的规定,通过实行土地批租形式,报政府计划主管部门列入正式项目计划,建成后用于向境外出售的住宅、商业用房及其他建筑物。

② 内销房。内销房是指房地产开发企业通过土地使用权出让形式,经过政府主管部门审批,建成后用于在国内范围(目前不包括香港、澳门特别行政区和台湾地区)出售的住宅、商业用房及其他建筑物。外销房和内销房的主要区别仅在于它的土地成本不一样,销售对象不一样。

③ 公寓。公寓是指两层以上供多户家庭居住的楼房建筑。

④ 纯办公楼。纯办公楼是指专为各类公司的日常营运提供办公活动空间的大楼。

⑤ 商场。商场是指规划为对外公开进行经营的建筑物。

⑥ 综合楼。综合楼是指兼有住家、办公甚至商场的大楼。

⑦ 别墅。别墅是指在郊区或风景区建造的供住宿休养用的花园住宅。其中三户或三户以上连体的别墅为连栋别墅,二户连体的别墅为双排别墅,单楼独栋的则为独栋别墅。

(三) 商品房

商品房主要是指由各房地产开发公司投资建设,以营利为目的,按市场规律经营的房屋。它有别于各地政府为解决住房困难,实施"安居工程"而建造的"安居房""解困房""解危房",从1998年年底开始兴建的经济适用住房也是特殊的商品房。

(四) 经济适用房

经济适用房是指根据国家经济适用住房建设计划安排建设的住宅。由国家统一下达计划,用地一般实行行政划拨的方式,免收土地出让金,对各种经批准的收费实行减半征收,出售价格实行政府指导价,按保本微利的原则确定。

我国在1998年房改的同时就实行了经济适用房政策。

经济适用房享受的优惠政策包括:免征城市基础设施配套费和商业网点建设费以及契税,减半征收水电增容费等各种税费。建设用地采取行政划拨方式供应,优先给予办理有关手续。另外,经济适用房建设管理费只限于1%—3%,市场利润被限在3%以下。

居民个人购买的经济适用房产权归个人。房屋的产权分四部分:使用权、占有权、处置权和收益权,与商品房相比经济适用房的产权只在收益权上与它们不同。商品房上市出售后,收益全部归个人所有。

(五) 廉租房

廉租房是指政府和单位在住房领域实施社会保障职能,向具有城镇常住居民户口的最低收入家庭提供的租金相对低廉的普通住房。廉租房是在新出台的国家房改政策中首次提出的一种概念。我国的廉租房只租不售,出租给城镇居民中最低收入者。廉租房的来源主要是腾退的旧公房等。

(六) 私房

私房也称私有住宅,私产住宅。它是由个人或家庭购买、建造的住宅。在农村,农民的住宅基本上是自建私有住宅。公有住房通过住宅消费市场出售给个人和家庭,也就转为私有住宅。

(七) 公房

公房也称公有住宅、公产住房、国有住宅,在国外也称公共住宅、公营住宅。它是指国家(中央政府或地方政府)以及国有企业、事业单位投资兴建、销售的住宅。在住宅未出售之前,住宅的产权(拥有权、占有权、处分权、收益权)归国家所有。目前居民租用的公有住房,按房改政策分为两大类:一类是可售公有住房,一类是不可售公有住房。上述两类房均为使用权房。

公房与私房的最大区别在于产权,公房没有产权人,业主只有承租权,没有转让权,所以公房不是想卖给谁就能卖给谁,也无法继承或办理婚前公证。

(八) 二手房

二手房即旧房。新建的商品房进行第一次交易时为"一手",第二次交易则为"二手"。一些无房的人,可以买一套别人多余的房;而另一些手里有些积蓄又有小房子居住的,可以卖掉旧房买新房;而那些住房富余户,也能卖掉自己的多余住房换取收益。

(九) 期房

期房是指开发商从取得商品房预售许可证开始至取得房地产权证大产证为止,在这一期间的商品房称为期房,消费者在这一阶段购买商品房时应签预售合同。期房在港澳地区称作为买"楼花",这是当前房地产开发商普遍采用的一种房屋销售方式。购买期房也就是购房者购买尚处于建造之中的房地产项目。而在成都市通常对期房的理解是未修建好,尚不能入住的房子。

(十) 现房

所谓现房是指开发商已办妥房地产权证(大产证)的商品房,消费者在这一阶段购买商品房时应签出售合同。在成都市通常意义上的现房是指项目已经竣工可以入住的房屋。

(十一) 准现房

准现房是指房屋主体已基本封顶完工,小区内的楼宇及设施的大致轮廓已初现,房型、楼间距等重要因素已经一目了然,工程正处在内外墙装修和进行配套施工阶段的房屋。

(十二) 户型

1. 按房屋面积分

按房屋面积可分为大户型和小户型。现在随着住宅建设的多样化,每套住宅面积的差别越来越大,从几十平方米到几百平方米的都有,即使同样是两居室户,小的只有56平方米左右,大的可达120平方米左右。现在把平均每套住宅面积在80平方米以下的都叫做小户型,超过120平方米的叫大户型。

2. 按户室配比分

户室比就是人们通常所说的一居室户、两居室户和三居室户,或叫做一房一厅、两房一厅、三房一厅,等等。同样是100平方米左右的一套住宅,可以设计成两居室,也可以设计成三居室、四居室,而一套房子需要几个居室则主要是看需要住多少口人。

3. 按房屋建筑的标准分类

按房屋建筑的标准分类可分为普通住宅、中档住宅及高档住宅。

(1)普通住宅。根据实现小康居住目标的要求,按房改政策出售、出租给广大中、低收入家庭职工而建造的大批家庭房屋称为普通住宅。普通住宅按套型设计,每套必须是独立独户,低、多层住宅每户平均建筑面积在55—65平方米;中高层住宅每户平均建筑面积在60—70平方米;高层住宅每户平均建筑面积在70—80平方米。住宅平面布置应做到(厅、厨房、卫生间)三明。厨房净面积不小于4.5平方米,卫生间净面积不小于4.0平方米。主卧室不小于12平方米,单人卧室不小于6平方米,起居室应大于12平方米。每套住宅至少有一间卧室或起居室向南或南偏东35度至南偏西35度。

(2)中档住宅。中档住宅每套住宅标准高于普通住宅,每户平均建筑面积一般在80—120平方米。厨房净面积大于5.5平方米,一般在6—8平方米。户型较大的住宅一般每套配有2个卫生间。厅的设计常常分为1个餐厅1个客厅。卧室一般有2—4个不等。目前房地产市场上由房地产开发商开发建造的大量多层、高层公寓住宅属于中档住宅。中高档公寓住宅消费对象主要为中、高收入的家庭,价格完全放开,受市场调节,以满足社会部分消费层次的需要。

(3) 高档住宅。高档住宅每户建筑面积都在120平方米以上,各项设施齐全,小区环境优雅,大量别墅建筑及一些高标准外销商品房都属于高档住宅。别墅建筑可分为独立式别墅和联列式别墅两大类。每户为单元独立建筑,并按家庭现代化生活功能需要独立自成体系的低层建筑,周围都有一小块属每户所拥有的绿地,这类建筑称为独立式别墅。若干幢别墅联列建造在一起称为联列式别墅。别墅一般为低层建筑,多为2—3层。每幢别墅建筑面积大小不等,一般在200—400平方米。每幢别墅有几个带卫生间的卧室、书房、厨房、餐厅、客厅、储藏室、露台,一般还设有独家使用的汽车库、健身房和保姆房等特需使用空间。高档别墅价格非常昂贵,主要适应社会少数高收入家庭消费需求,目前政府对这一类商品房开发用地有适当限制。

第三节 房地产交易知识

一、房地产产权

(一) 什么是房地产产权

房地产产权是将房地产这一不动产作为一种重要的特殊的财产而形成的物权,是依照国家法律对其所有的房地产享有直接管理支配并享受其利益以及排除他人干涉的权利,包括房地产所有权和房地产他物权。

房地产产权具有绝对性和排他性。绝对性是指只有产权人才具有对房地产的充分、完整的控制、支配权,以及从而享有的利益。排他性,是指产权人排除他人占有、干涉的权利。这种权利包括直接的物权,也包括由此派生的典权、抵押权等他项权利。

房地产的所有权一般包括对房屋的占有、使用、收益、处分四个方面,这四个方面也构成了房地产所有权的四项基本内容。

房地产的使用权和占有权是密不可分的,没有占有权,使用权就失去了存在的基础,而使用权又可以从所有权中分离出来,即有使用权不一定就有所有权,但却一定有占有权。房屋的使用权是指对房屋拥有的享用权。房屋租赁活动成交的是房的使用权,房屋的使用权不能出售、抵押、赠与、继承等,它包含在房屋的所有权之中。

所谓收益,是指房地产所有权人按照法律规定,从履行权利义务关系中得到的收益。如出租房屋收取的租金。房地产收益是房地产所有权的内在固有的要求,它是所有权实现的重要途径之一。

所谓处分,是指房屋所有权人在法律允许的范围内,根据自己的意志,对房地产进行处置的权利,如依法对自己所有的房地产出售、赠与、变换等。

(二) 房地产权证

房屋属于不动产,与其他商品的买卖不同,国家对此有明确的规定。购房者买了房子后能否顺利取得合法的房屋所有权证,关键在于开发商能否首先取得房屋所有权证。开发商开发的房地产项目竣工后,应到房地产权属管理部门申请房地产权属登记,由登记部门通知房地产测绘部门进行现场勘测,待勘测数据确定后,权属管理部门需要通知土地管理部门最后核定地价,还要审核该项目是否按规划批准的用途使用土地、是否按规划的面积建房、地价款最终缴纳的情况,以及拆迁安置结案情况等。在上述内容全部审核无误后,房地产管理部门应当在受理登记申请起30天内做出准予登记的决定,颁发房地产权证,即大产证。

对新建商品房,法律规定可由合同一方申请小产证。小产证即将房地产开发商取得大产证的房地产分割以后,由购房者取得的房地产权证。

(三)房地产权登记

房地产登记,即房地产产权登记,它是国家为健全法制,加强城镇房地产管理,依法确认房地产产权的法定手续。城市房地产权属都必须向房地产所在地的房地产管理机关申请登记。经审查确认产权后,由房地产管理机关发给《房地产产权证》。产权登记是房地产管理的行政手段,只有通过产权登记,才能对各类房地产权属实施有效的管理。

房地产登记时要对权利人、权利性质、权属来源、取得时间、产权变化情况和房地产面积、结构、用途、价值、等级、坐落、坐标、形状等进行记载。房地产登记可以起到明确房地产边界、面积,明确房地产权利人,明确房地产产权状况等三方面的作用。

(四)房屋权属证书

房屋权属证书,是权利人依法拥有房屋所有权并对房屋行使占有、使用收益和处分权利的唯一合法凭证,房屋权属证书受到国家法律保护。房屋权属证书包括《房屋所有权证》《房屋共有权证》《房屋他项权证》或者《房地产权证》《房地产共有权证》《房地产他项权证》。

所有权证是指由县级以上房产管理部门向房屋所有人核发的对房屋拥有合法所有权的证书。

共有权证是指由县级以上房产管理部门对共有的房屋向共有权人核发的每个共有权人各持一份的权利证书。

他项权证是指在他项权利登记后,由房管部门核发,由抵押权人持有的权利证书。

(五)产权证书

产权证书是指"房屋所有权证"和"土地使用权证"的合二为一,是房地产权的法律凭证。房屋产权证书包括产权类别、产权比例、房产坐落地址、产权来源、房屋结构、间数、建筑面积、使用面积、共有数纪要、他项权利纪要和附记,并配有房地产测量部门的分户房屋平面图。

根据权威部门的建议,1998年建设部统一设计、监制,由中国人民银行北京印钞厂独家印制新的房屋产权证。新的房屋产权证所用材料为进口护照面料,封面为红色,印有国徽。内页为粉红色印钞纸,采用护照和钞票的刷工艺,增加了防伪功能,规范了发证机关和用印。

(六)共有产权

共有产权指一家房地产有两个或两个以上的权利主体,即共有人,在实践中又有按份共有和共同共有之分。前者是指共有人分别按自己所拥有的份额的大小,对共有房地产享有一定的利益,并承担相应的义务;后者是指两个以上权利人对全部共有的房地产享受同等的权利,并承担相等的义务。

(七)何时办产权证

房屋买卖当事人签订的商品房预(出)售合同或房屋买卖合同依法生效后30天内双方应到房地产登记管理部门办理房地产权证。只需卖方同意,买方未付清房价款也可以办理产权过户手续,申请房产证。

(八)产权证办理的基本程序

(1)买卖房屋双方当事人在房屋买卖合同签订后的30天内持房屋权属证书(卖方提供)、当事人合法证明向房地产管理部门提出申请并申报在交价格。

(2)房地产管理部门审查有关文件,在接到申请之日起30日内做出准予登记、暂缓登记、不予登记的决定并书面通知当事人。

(3)房地产管理部门核实申报的成交价格并根据需要对买卖的房地产进行现场查看评估。

(4)房地产买卖双方当事人按规定交纳有关税费。

(5)由房地产管理部门核发过户单。

(6)买方凭过户单,依照《中华人民共和国房地产管理法》领取产权证。

(九)办理产权证的必备文件

(1)购房合同。

(2)身份证明文件、图章。

(3)营业执照(单位购房)。

(4)当事人如不能亲自来办理,可以出具书面委托书托他人代办。如当事人在外地的还需出具公证委托书,同时受委托人需要身份证明文件及图章。

(十) 办理产权登记时应交纳的费用
(1) 登记费。收费标准按每建筑平方米0.3元。
(2) 房屋所有权证工本费。收费标准按每证4元。
(3) 印花税。按每件5元。

二、房地产价格

(一) 房地产价格的构成
房地产价格由以下各项费用组成。

(1) 土地征用及拆迁补偿费。这种费用是为了取得土地使用权而支出的费用,包括土地使用权出让金、征地费、原有建筑拆迁补偿补助费等。

(2) 前期工程费。这种费用是为商品房建设做准备所发生的费用,包括可行性研究、勘察设计费用等。

城市基础设施配套费。这种费用是指商品房建设所必需的城市基础设施配套费用,包括道路、供水、供气、通信、绿化、环卫设施等建设费用。

(3) 公共配套设施费。这种费用是指为商品房小区服务的、独立的、非营业性的、按规定应计入商品房成本的公共配套设施建设费用,如建托儿所、幼儿园、锅炉房、水塔等。

(4) 建安工程费。这种费用是为商品房建造所发生的建筑安装工程费用,它是由直接费、间接费、设备费、税金和施工企业利润等组成的。

(5) 管理费。即开发商为组织商品房建设和销售所必须支出的费用,包括管理人员工资、办公费、差旅费、交通费、印花税等几十项费用,其中也包括销售费。

(6) 销售费是指商品房的销售费用,包括广告、保险、保管、代销手续费等,它是在售卖阶段的生产性劳动耗费的费用,应计入商品房的价值,成为价格的组成部分。为明显突出起见,有时把销售费从管理费中拿出来单列。

(7) 行政性事业性收费。它指开发商依法向政府有关部门缴纳的以上各项中未包括的各项行政性及事业性收费。

(8) 税金。税金是指按国家规定纳入商品房价格的各种税金。如营业税、城市建设维护税等。

(9) 利润。开发商按国家规定应计取的利润。

(二) 房地产价格的特点
房地产价格与一般物价既有共同之处,也有不同之处。房地产价格的特征主要有下列四个。

1. 房地产价格既可表示为代价的价格,同时也可表示为使用和收益代价的租金

房地产价格与租金的关系,犹如本金与利息的关系。若要求取价格,只要能把握纯收益和资本化率,依照收益法将纯收益资本化即可。相反,若要求取租金,只要能把握价格及期待的资本化率,即可求得。

2. 房地产价格实质上是房地产权益的价格

由于房地产的自然地理位置有不可移动性,其可以转移的并非是房地产实物本身,而是有关该房地产的所有权、使用权或其他权益,所以房地产价格实质上是这些无形的权益的价格。房地产的实物状态与其权益状况并不总是一致的。因此,房地产估价与对房地产权益的了解、分析之间有密切关系是必然的。由于每种权益均会影响价格,同一宗房地产转移的权益不同,估价结果也会不同。

3. 房地产价格是在长期考虑下形成的

一宗房地产通常与周围其他宗房地产构成某一地区,但该地区并非固定不变,尤其是社会经济位置经常在不断变化,所以房地产价格是考虑该房地产过去如何使用,将来能作何种使用,总结这些考虑结果后才能形成房地产的今日价格(或某特定时间的价格)。在估价时,应密切注意把握今日的价格为昨日的展开、明日的反映这一事实。

4. 房地产现实价格一般随着交易的必要而个别形成,交易主体间的个别因素容易起作用

这是由于不可移动性、数量固定性、个别性等土地的自然特性,使房地产不同于一般物品。一般商品可以开展样品交易、品名交易,其价格可以在交易市场上形成。而房地产则不能搬到一处作比较,要认识房地产,只有亲自到所在地观察。

(三)房地产价格影响因素

房地产价格水平,是众多影响房地产价格的因素相互作用的结果,或者说,是这些因素交互影响汇聚而成的。

影响房地产价格的因素多而复杂,通常需要进行归纳分类。为讨论分析的方便起见,现将影响房地产价格的因素分为如下10类:供求状况、自身条件、环境因素、人口因素、经济因素、社会因素、行政因素、心理因素、国际因素、其他因素。各类影响因素中还包括若干具体的影响因素。下面就对各种影响房地产价格的因素作一一分析。此处值得一提的是,许多影响因素之间并不是完全独立的,但在分析某一因素对房地产价格的影响时是假定其他因素不变的,虽然实际生活中不可能不变。

1. 供求状况

供给和需求是形成价格的两个最终因素。其他一切因素,要么通过影响供给,要么通过影响需求来影响价格。房地产的价格也是由供给和需求决定的,与需求呈正相关,与供给呈负相关。供给一定,需求增加,价格上升;需求减少,则价格下跌。需求一定,供给增加,价格下跌;供给减少,则价格上升。房地产的供求状况可分为如下四种类型。

(1)全国房地产总的供求状况;

(2)本地区房地产总的供求状况;

(3)全国本类房地产总的供求状况;

(4)本地区本类房地产总的供求状况。

由于房地产的不可移动性及变更使用功能的困难性,决定某一房地产价格水平高低的,主要是本地区本类房地产的供求状况。至于其他类型房地产的供求状况对该房地产的价格水平有无影响及其影响的程度,要看这些供求状况的波动性如何而定。

2. 自身条件

房地产自身条件的好坏,直接关系到其价格高低。所谓自身条件,是指那些反映房地产本身的自然物理性状态的因素。这些因素分别如下。

(1)位置。

各种经济活动和生活活动对房地产位置都有所要求。房地产位置的优劣直接影响其所有者或使用者的经济收益、生活满足程度或社会影响,因此,房地产坐落的位置不同,价格有较大的差异。无论是坐落在城市或乡村、中心商业区或住宅区、街角或田地、向阳面或背阳面均如此。尤其是城市土地,其价格高低几乎为位置优劣所左右。

房地产价格与位置优劣呈正相关。商业房地产的位置优劣,主要是看繁华程度、临街状态。居住房地产的位置优劣,主要是看周围环境状况、安宁程度、交通是否方便,以及与市中心的远近。其中别墅的要求是接近大自然,环境质量优良,居于其内又可保证一定的生活私密性。"一步差千金"对于商业来讲永远是个真理,但对于营造别墅则是个误区。工业房地产的位置优劣,通常视其产业的性质而定。一般来说,要使其位置有利于原料与产品的运输,便利于废料处理及动力的取得,其价格必有趋高的倾向。

房地产的位置从表面上看是个几何概念,但实际上并不是一个简单的几何概念,而是与特定的区位相联系的自然因素与人文因素的总和。故房地产的位置有自然地理位置与社会经济位置之别。房地产的自然地理位置虽然固定不变,但其社会经济位置却会发生变动,这种变动可能是因城市规划的制定或修改、交通建设或改道,也可能是其他建设引起的。但房地产的位置由劣变优时,则价格会上升;相反,则价格会下跌。

(2)地质。

不同类型的建筑物对地基承载力有不同的要求,不同的土地有不同的承载力。地质条件决定着土地

的承载力。地质坚实、承载力较大,有利于建筑使用。在城市土地中,尤其是在现代城市建设向高层化发展的情况下,地质条件对地价的影响较大。地价与地质条件成正相关;地质条件好,地价就高;反之,地质条件差,地价则低。

(3) 地形地势。

地形是指同一块土地内的地面起伏状况。地势是指本块土地与相邻土地的高低关系,特别是与相邻道路的高低关系,如高于或低于路面。一般来说,土地平坦,地价较高;土地高低不平,地价较低;在其他条件相同时,地势高的房地产的价格要高于地势低的房地产的价格。

(4) 土地面积。

同等位置的两块土地,由于面积大小不等,价格会有高低差异。一般来说,凡面积过于狭小而不利于经济使用的土地,价格较低。地价与土地面积大小的关系是可变的。一般来说,在城市繁华地段对面积大小的敏感度较高,而在市郊或农村则相应较低。土地面积大小的合适度还因不同地区、不同消费习惯而有所不同。例如,某地方市场若普遍接受高层楼房,则该地方较大面积土地的利用价值要高于较小面积土地的利用价值,因而较大面积土地的价格会大大高于较小面积土地的价格。相反,如果地方市场仅能接受小型建筑型态,则较大面积土地的价格与较小面积土地的价格,差异不会很大。

(5) 土地形状。

土地形状是否规则,对地价也有一定的影响。土地形状有正方形、长方形、三角形、菱形、梯形等。形状不规则的土地由于不能有效利用,价格一般较低。土地经过调整或重划之后,利用价值提高,地价立即随之上涨。地价与土地形状成正相关:土地形状规则,地价就高;土地形状不规则,地价就低。

(6) 日照。

日照有自然状态下的日照和受到人为因素影响下的日照两种。房地产价格与日照的关系具有下列特征:一方面与日照呈正相关;另一方面与日照呈负相关。一般来说,受到周围巨大建筑物或其他东西遮挡的房地产的价格(尤其是住宅),必低于无遮挡情况下的同等房地产的价格。日照对房地产价格的影响还可以从住宅的朝向对其价格的影响中看到。

(7) 通风、风向、风力。

一般情况下,风力越大或时常出现风灾的地方,房地产价格越低。房地产价格与风向的关系在城市中比较明显,在上风地区房地产价格一般较高,在下风地区房地产价格一般较低。

(8) 气温、湿度、降水量。

这三者极端过剩或极端贫乏,均不利于生产和生活,因此会降低房地产价格。把降水量与地势结合起来看,其对房地产价格的影响更明显。地势虽然低洼,但若降水量不大,则不易积水,从而地势对房地产价格的影响不大,但在地下水位高的地区例外;反之,降水量大,地势对房地产价格的影响力就大。

(9) 天然周期性灾害。

凡是天然周期性灾害的地带,土地利用价值必然很低,甚至不能利用。但这类土地一旦建设了可靠的防洪工程,不再受周期性灾害的影响,其价格会逐渐上涨。甚至由于靠近江、河、湖、海的缘故,可以获得特别的条件,如风景、水路交通,从而这类土地的价格要高于其他土地。

(10) 建筑物外观。

建筑物外观包括建筑式样、风格和色调,对房地产价格有很大影响。凡建筑物外观新颖、典雅,可以给人们舒适的感觉,则价格就高;反之,单调、俗气,很难引起人们强烈的享受欲望,甚至令人压抑、厌恶,则价格就低。

(11) 建筑物朝向、建筑结构、内部格局、设备配置状况、施工质量等。

3. 环境因素

影响房地产价格的环境因素,是指那些对房地产价格有影响的房地产周围的物理性因素。这方面的因素如下。

(1) 声觉环境。

噪声大的地方,房地产价格必然低下;噪声小、安静的地方,房地产价格通常较高。

(2) 大气环境。

房地产所处的地区有无难闻的气味、有害物质和粉尘等,对房地产价格影响也很大。凡接近化工厂、屠宰厂、酒厂、厕所等地方的房地产价格较低。

(3) 水文环境。

地下水、沟渠、河流江湖、海洋等污染程度如何,对其附近的房地产价格也有较大的影响。

(4) 视觉环境

房地产周围安放的东西是否杂乱,建筑物之间是否协调,公园、绿化等形成的景观是否赏心悦目,这些对房地产价格都有影响。

(5) 卫生环境。

清洁卫生情况如何,对房地产价格也有影响。

4. 人口因素

房地产的需求主体是人,人的数量、素质如何,对房地产价格有着很大的影响。人口因素对房地产价格的影响,具体可分为人口数量、人口素质、家庭规模三个方面。

(1) 人口数量。

房地产价格与人口数量的关系非常密切。就一国而言如此,一地区或一市的情况也如此。特别是在城市,随着外来人口或流动人口的增加对房地产的需求必然加大,从而促进房地产价格的上涨。人口高密度地区,一般而言,房地产求多于供,供给相对匮乏,因而价格趋高。

(2) 人口素质。

人们的文化教育水平、生活质量和文明程度,可以引起房地产价格高低的变化。人类社会随着文明程度的提高、文化的进步,公共设施必然日益完善和普遍,对居住环境也必然力求宽敞舒适,凡此种种都足以增加房地产的需求,从而导致房地产价格趋高。如果一个地区中的居民素质低,组成复杂,秩序欠佳,人们多不愿在此居住,房地产价格必然低落。

(3) 家庭规模。

是指全社会或某一地区的家庭平均人口数。家庭规模发生变化,即使总数不变,也将引起居住单位数的变动,从而引起需要住宅数量的变动,随之导致房地产需求的变化而影响房地产价格。一般而言,随着家庭规模小型化,即家庭平均人口数的下降,房地产价格有上涨的趋势。

5. 经济因素

影响房地产价格的经济因素主要有经济发展状况,储蓄,消费,投资水平,财政收支以及金融状况,物价(特别是建筑材料价格),建筑人工费,利息率,居民收入,房地产投资等。

(1) 经济发展。

经济发展预示着投资、生产活动活跃,对厂房、办公室、商场、住宅和各种文娱设施等的需求增加,引起房地产价格上涨,尤其是引起地价上涨。

(2) 物价。

房地产价格与物价的关系非常复杂。通常物价普遍波动,房地产价格也将随之变动;如果其他条件不变,则物价变动的百分比相当于房地产价格变动的百分比,而两者的动向也应一致。

就单独一宗房地产而言,物价的变动可以引起房地产价格的变动,如建筑材料价格上涨,引起建筑物建造成本增加,从而推动房地产价格上涨。

从一段较长时期来看,房地产价格的上涨率要高于一般物价的上涨率和国民收入的增长率。

(3) 居民收入。

通常居民收入的真正增加显示人们的生活水平将随之提高,从而促使对房地产的需求增多,导致房地产价格上涨。如果居民收入的增加,是中、低等收入水平者的收入增加,对居住房地产的需求有大的增加,促使居住房地产的价格上涨;如果居民收入的增加,是高收入水平者的收入增加,对房地产价格的影响不大。不过,如果利用剩余的收入从事房地产投资(尤其是投机),则必然会引起房地产价格变动。

6. 社会因素

（1）政治安定状况。

政治安定状况,是指现有政权的稳固程度,不同政治观点的党派和团体的冲突情况等。一般来说,政治不安定,意味着社会动荡,影响人们投资、置业的信心,造成房地产价格低落。

（2）社会治安程度。

社会治安程度,是指偷盗、抢劫、强奸、杀人等方面的犯罪情况。房地产所处的地区,如若经常发生此类犯罪案件,则意味着人们的生命财产缺乏保障,因此造成房地产价格低落。

（3）房地产投机。

房地产投机,简言之就是瞅准时机,利用房地产价格的涨落变化,通过在不同时期买卖房地产,从价差中获取利润的行为。

一般来说,房地产投机对房地产价格的影响可能出现下列三种情况。

① 引起房地产价格上涨;

② 引起房地产价格下跌;

③ 起着稳定房地产价格的作用。

当房地产价格节节上升时,那些预计房地产价格还会进一步上涨的投机者纷纷抢购,造成一种虚假需求,无疑会促使房地产价格进一步上涨。而当情况相反时,那些预计房地产价格还会进一步下跌的投机者纷纷抛售房地产,则会促使房地产价格进一步下跌。当房地产价格低落时,持有日后房地产价格会上涨心理的投机者购置房地产,以待日后房地产价格上涨时抛出,这样,就会出现当房地产需求小的时候,投机者购置房地产,造成房地产需求增加;而在房地产价格上涨时投机者抛出房地产,增加房地产供给,从而平抑房地产价格。

（4）城市化。

一般来说,城市化意味着人口向城市地区集中,造成城市房地产需求不断增加,带动城市房地产价格上涨。

7. 行政因素

影响房地产价格的行政因素,是指影响房地产价格的制度、政策、法规、行政措施等方面的因素,主要有土地制度、住房制度、房地产价格政策、行政隶属变更、特殊政策、城市发展战略、城市规划、土地利用规划、税收政策、交通管制等。

（1）土地制度。

土地制度对土地价格的影响也许是最大的。例如,在中国传统的土地制度下,严禁买卖、出租或者以其他形式非法转让土地,可能使地租、地价根本不存在。

（2）住房制度。

住房制度与土地制度一样,对房地产价格的影响也是最大的。实行低租金、福利制,必然造成房地产价格低落。

（3）房地产价格政策。

房地产价格政策,有两类:一类是高价格政策,一类是低价格政策。所谓高价格政策,一般是指政府对房地产价格放任不管,或有意通过某些措施抬高房地产的价格;低价格政策,一般是指政府采取种种措施抑制房地产价格上涨。因此,高价格政策促进房地产价格上涨,低价格政策造成房地产价格下落。

（4）特殊政策。

在某些地方建立经济特区,实行特殊的政策、特殊的体制、特殊的对外开放措施,往往会提高该地区的房地产价格。

（5）城市发展战略、城市规划、土地利用规划。

这些对房地产价格有很大的影响,特别是城市规划中的规定用途、容积率、覆盖率、建筑高度等指标。

具体表现为下列两个方面:①就某一块土地而言,它会降低地价;②从总体上看,由于有利于土地的健康协调利用,因此有提高地价的作用。

(6) 税收政策。

直接或间接地对房地产课税,实际上是减少了利用房地产的收益,因而造成房地产价格低落。

(7) 交通管制。

某些房地产所处的位置看起来交通便利,但实际上并不便利,这就是受到了交通管制的限制。实行某种交通管制也许会降低该房地产的价格,但对另一些房地产来讲,实行这种交通管制则可能会提高房地产的价格。如果住宅区内的道路上禁止货车通行,可以减少噪声和行人行走的不安全感,因此会提高房地产的价格。

8. 心理因素

心理因素对房地产价格的影响有时是一个不可忽视的因素。影响房地产价格的因素主要有下列七个。

(1) 购买或出售心态;
(2) 欣赏趣味(个人偏好);
(3) 时尚风气;
(4) 接近名家住宅心理;
(5) 讲究门牌号码,楼层数字或土地号数;
(6) 讲究风水;
(7) 价值观的变化。

9. 国际因素

国际经济、军事、政治等环境如何,对房地产价格也有很大影响。影响房地产价格的主要因素有下列四个。

(1) 经济状况。经济状况发展良好,一般有利于房地产价格上涨。

(2) 军事冲突情况。一旦发生战争,则战争地区的房地产价格会陡然下落,而那些受到战争威胁或影响的地区,其房地产价格也有所下降。

(3) 政治对立状况。如若国与国之间发生政治对立,则不免会出现实行经济封锁、冻结贷款、终止往来等,这些一般会导致房地产价格下跌。

(4) 国际竞争状况。这主要是国与国之间为吸引外资而进行的竞争,竞争激烈时,房地产价格一般较低落。

10. 其他因素

除了上述列举的九大因素之外,还有一些影响房地产价格的因素。如:有时房地产购买者出于自身的急迫需要,使得他急于得到房地产,从而抬高价格等。

(四) 关于房地产价格的常见名词概念

1. 均价

均价是指将各单位的销售价格相加之后的和数除以单位建筑面积的和数,即得出每平方米的均价。均价一般不是销售价。

2. 基价

基价也叫基础价,是指经过核算而确定的每平方米商品房基本价格。商品房的销售价一般以基价为基数增减楼层、朝向差价后而得出。

3. 起价

起价也叫起步价,是指某物业各楼层销售价格中的最低价格。多层住宅,不带花园的,一般以一楼或顶楼的销售价为起价;带花园的住宅,一般以二楼或五楼作为销售的起价。高层物业,以最低层的销售价为起步价。房产广告中"×××元/平方米起售",以较低的起价来引起消费者的注意。

4. 预售价

预售价也是商品房预(销)售合同中的专用术语;预售价不是正式价格,在商品房交付使用时,应按有批准权限部门核定的价格为准。

5. 一次性买断价

一次性买断价是指买方与卖方商定的一次性定价。一次性买断价属房产销售合同中的专用价格术语,确定之后,买方或卖方必须按此履行付款或交房的义务,不得随意变更。

6. 定金

定金是指当事人约定由一方向对方给付的,作为债权担保的一定数额的货币,它属于一种法律上的担保方式,目的在于促使债务人履行债务,保障债权人的债权得以实现。根据我国发法通则和《担保法》第89条规定,定金应当以书面形式约定,当事人在定金合同中应约定交付定金的期限。定金合同从实际交付定金之日起生效,定金的数额由当事人约定,但不得超出合同标的额的20%。如果购房者交了定金之后改变主意决定不买,开发商有权以购房者违约为由不退定金;如果开发商将房屋卖给他人,应当向购房者双倍返还定金。

7. 违约金

违约金是指违约方按照法律规定和合同的约定,应该付给对方的一定数量的货币。违约金是对违约方的一种经济制裁,具有惩罚性和补偿性,但主要体现惩罚性。只要当事人有违约行为且在主观上有过错,无论是否给对方造成损失,都要支付违约金。

三、房地产交易与合同

(一) 房产信息来源

1. 媒体广告

媒体广告包括报纸、杂志上的广告、广播电视的广告和招贴广告等。通过各种媒体广告来宣传预售和销售的房屋,是房地产开发商最普遍采用的市场宣传手段。房地产广告一般包括预售和销售房屋的位置、面积大小、装修标准、产权性质、销售价格,是否有金融机构提供按揭,预售许可证号码以及代理商和开发商电话号码、售楼处地址等内容。

2. 开发商或代理商的宣传品

房地产开发商或代理商通常把给潜在的房地产消费者邮寄或发送宣传品作为媒体广告的辅助手段。其邮寄工作一般由开发商委托物业代理机构或专门代理邮寄业务的公司,针对根据有关线索筛选出来的潜在买主来做。发送宣传品主要是在某些公共场所散发有关的宣传材料。这种方法与做广告相比,成本相对低一些,购房者通过阅读这类宣传材料,一般能比广告获得更多的信息。

3. 售楼书

售楼书是有关房地产的详细介绍材料,这类材料通常由开发商或代理商直接寄送给那些对广告、邮寄宣传材料有反应的客户,或直接寄送给那些已知的对租买该房地产有兴趣的人,购房者也可以在开发商的售楼处得到售楼书。售楼书一般是请专业设计师设计的,通常印刷成精美考究的小册子,图文并茂,富有吸引力。

4. 现场广告牌

现在大多数房地产施工现场都树立一块或若干块广告牌来介绍正在施工的项目的情况。广告牌的内容通常包括项目规划模型图、位置图、项目介绍以及经过精心选择的具有宣传性的广告词。另外,开发公司、承建公司、监理公司、代理公司、设计公司的名称也是广告牌中必不可少的内容。此外,将《施工许可证》《建设用地规划许可证》《建设施工规划许可证》等证件的号码列在广告牌上,也可增加购房者的信任度。

5. 现场样板间

建筑物施工完毕后,开发商会提供样板房展示给购房者。样板房通常经过精心装修,并配齐家具设备和必要的装饰品。购房者通过参观样板房,听取售楼人员的现场讲解,可增加感性认识,对欲购买的房屋留下较深的印象。

6. 地产交易会

房地产交易展示会一般由房地产行政管理部门或大型房地产代理公司举办,会上展示交易的房地产项目数量较多,一般还有行政主管部门和专家接待购房者的咨询并处理相关业务,购房者参加房地产展示会可以获得较多的房源信息和书面材料,在会上购房者可对参会的各家房地产公司和代理公司的资源情况进行调查、比较,从中选择信誉好、实力强的房地产开发项目。

7. 直接与营销人员的交流

购房者在对广告、售楼书等书面材料有所了解,初步确定欲购买的房屋后,还要向开发商或代理商的售楼人员进行直接咨询,从中了解购买房屋的各方面的具体情况,包括入住者的手续,购房款之外的其他费用、房屋保险公司、价款支付方式、合同公证情况等。

(二) 购房分析

1. 估算家庭可动用的资金

购房者要对自己到底可以拿出多少钱来买房有一个大致的估计,做到心里有数。购房者首先要计算一下自己家庭的平均月收入,包括每一个家庭成员的薪金所得、利息收入和各种货币补贴等,再计算家庭的日常开支,包括家庭成员的饮食、穿着、交通、文化娱乐以及教育费用等方面的开支;然后还要留下一笔用于医疗、保险、预防意外灾害等方面的预备资金。将家庭平均月收入扣除日常生活开支预备资金,得到家庭每月可以灵活运用的资金,加上家庭以前的积累存款,就可以估算出自己的购房能力。

2. 了解房屋价格中的地价

土地的价格是商品房价格构成中的重要组成部分,据有关资料统计,目前我国城镇商品房价格构成中,土地费用占 20%—30%。在城市中,一般处于市中心的地段或交通方便的景点、开发区、商务中心、文化中心等处的地价相对较高。城市的房地产管理部门公布的基础地价、标定地价以及处于不同地区的同一类型的商品房价格上的差别,是了解有关地价的资料来源。

3. 考虑欲购房屋的面积

购房者要根据自己的家庭人口数量和住房需要,来考虑欲购房屋的面积。房屋面积的大小直接关系到房屋的售价。房屋面积多一平方米,购房者就可能要多付几千元,甚至上万元。购房者在买房时,要了解一座建筑物的有效面积系数(即"得房率"),所谓有效面积系数是指建筑物内可使用面积与总建筑物面积的比例,有效面积系数越大,可使用面积就越大。一般情况下,多层的砖混结构住宅楼的有效面积系数为 0.7—0.8;而高层住宅楼的有效面积系数在 0.7—0.75 左右,低的只有 0.65。由于购房者都是根据建筑面积付款的,因此,有效面积系数的大小,意味着购房者花同样的钱,买到的房子的使用面积的多少可能差别很大。

4. 调查有关物业管理的各项支出

目前新建的住宅小区都实施了物业管理服务,物业管理服务收费的项目包括公共设施和设备日常运行,维修及保养费,绿化管理费,清洁卫生费,保安费,管理和服务人员的工资及福利费,物业管理公司固定资产折旧费等。购买者一旦购买了房屋就要支出物业管理的费用,这笔开支一年中少则数百元,多则数几千元。

5. 衡量家庭偿还贷款的能力

为了增强普通收入者的购房能力,国家将大力推行购房贷款业务,以解决购买力与现实住房需求的矛盾。购房者利用银行贷款购房时,要考虑银行贷款利率的高低、银行可借贷金额、首期付款金额、分期付款的期限,每月付款等因素。

6. 确定购房及抵押贷款时的税费支出

购买房产时购房者要按照国家有关规定交纳一定的税费,包括房产税、契税、印花税、土地使用税和一些行政性收费等。按照国家税收规定,房产税的税率为房产值的 1.2%;契税的税率为房屋成交价的 3%;印花税为合同售价的 1‰;大中城市的土地使用税为每平方米 0.4 元至 10 元;各地区有关房地产的行政性收费项目各不相同,收费额也不一样。

7. 准备必要的咨询服务费用

由于购买房产涉及多方面的专业知识,购买房屋的程序、手续比较复杂繁琐,为了使自己的合法利益受到保护,购房者应树立"在专家指导下购房"的观念,把必要的咨询服务费、律师费等列入自己的购房预算之中，花这笔钱可以接受专家提供的专业服务，聘请律师可以给自己把关，避免以后可能出现的巨额经济损失，还是很值得的。

（三）挑选房产应考虑的问题

1. 交通

评定地段的优劣，往往是以便捷的交通为主要参照物的。

最理想的楼盘是从居住点到主要活动地点的交通出行时间为15至30分钟。住房当然离上班地点越近越好，如果由于各种原因不得不在远离上班地点的地段购房，则应了解是否有便捷的交通，或者目前交通不很方便，不远的将来将会得到缓解。因工作需要经常出差的人员，住房最好与火车站、公共汽车站和码头有方便的交通。

2. 房型

随着生活水平的提高，购房时应不再单纯地考虑住得下的问题，而要求住得好，住得舒服。四明结构，食寝分离，居寝分离，功能分区明确，空间布局合理，采光、通风、私密性的房型，将成为购楼时选择的目标。

功能要求：凡成套单元住宅，必须具备如下的功能空间——卧室（居室）、厅（门厅、餐厅）、厨房、卫生间、储藏室、过道、阳台（二层以上）。各类功能空间既有满足基本要求的面积指标，也有达到最佳的使用效果的面积指标。

现代住宅的户型特点：住宅户型设计受制于功能化要求，建筑结构、进深（跨度）及各单元的户型比（各户型的数目比例）。

现代住宅户型设计发生一些变化。

（1）户型逐步扩大；

（2）强调厅的重要性，扩大厅的使用面积，变暗厅为明厅，减少厅的内部交通功能；

（3）适当增加厨房、卫生间的使用面积，完善内部功能，提高舒适性；

（4）居室外的面积不求大，要求面积指标适当，大小卧室比例合适，严格区分主卧、次卧；

（5）高级住宅增加了卫生间的数目，在主卧设置卫生间，别墅基本上每层都有卫生间。

3. 朝向与楼层

住宅位置已经固定，不存在质量问题的情况下，房子住着是否舒适，将取决于以下因素。

（1）朝向：任何一个购房者在选房过程中，都会注意所购住宅的朝向问题，住宅朝向直接影响人的生活。良好的朝向可以保证大量的阳光通过窗户直射入室内，改善住宅室内环境，对居住者的身心非常有利。

传统观念上，以南北朝向为正，东西朝向为偏，朝南的房间为正房，是位尊的表示。通常认为，住宅朝向以正南最佳，东西次之，朝北最次。除朝向外，还应考虑开窗时所面对的环境，即窗景，窗景应趋利避害，趋优避劣。

（2）层次：选择层次要考虑以下几个因素。

第一，采光情况。

第二，生活的便利程度。

第三，环境要求。

第四，家庭人口年龄构成及健康情况。

第五，住宅楼的总层数。

一般来说，在不考虑个人因素的情况下，住宅楼在总层数的1/3以上，2/3以下为较好的层次，此外对层次的选择还与购房者对数字的偏好有关。

4. 采光、通风与层高

采光可分为直接采光与间接采光，前者是指采光窗户直接向外开设，后者是指采光窗户朝向封闭式的走廊（一般为外廊），有的虽称直接采光，但厨房、厅、卫生间利用小天井采光，采光效果如同间接采光。

选购住宅时，其主要房间朝向阳面，采光良好的住宅可以节约能源，使人心情舒畅，便于住宅内部各使用功能的布置，否则将会长期生活在昏暗之中，依靠人工照明，对人的身心健康都不利。

住宅的通风要满足对空气流动的基本要求，开启门窗时保证室内外空气顺利流动，特别是在炎热的夏季要有穿堂风。这就要求一套住宅最好占据住宅楼的两个朝向,如板式住宅的南与北、东与西,塔式住宅的东与南,南与西等,只占据一个朝向时(如板式住宅的"眼镜房")通风效果要差一些。通风的另一个要求是能迅速排除房间内部的异味,包括利用门窗、通风井、天井及机械装置通风。

北京地区对普通住宅的层高要求最低为2.7米,适当提高层高,对使用者都有利,特别是大空间的层高及净空高度一定要保证。降低层高,就等于压缩了生活空间,对使用人的心理感受、家具布置都有不利影响。

5. 居住环境

居住环境的舒适程度往往是衡量住宅价值的最重要的因素,也决定着商品住宅升值潜力的大小。住房周围的环境包括居住环境和生活环境两大类。住房最好不要选在工厂特别是污染严重的工厂附近,工厂及其噪声,排出的废气、废水将严重污染居住环境质量;也不要在城市干道旁,更不宜在飞机的航线之下,来往车辆或飞机的噪声,会干扰正常的休息睡眠。生活环境是指住房周围是否有商业网点,是否有幼儿园、学校,是否医院诊所、邮电通讯、文化娱乐等公共设施。

6. 建筑质量

在选购商品房过程中,最难以把握的就是质量问题;在日后使用过程中,使人感到烦恼最多的也是质量问题。房屋质量问题主要起因于设计、施工和使用。房屋质量好坏主要体现在结构、材料、功能设置、施工管理及质量监督几个方面。凡建成后未取得《质检合格证书》的建筑,不得交付使用。因此,一栋建成的商品住宅楼是否有《质检合格证书》,也是其质量好坏的一个标志。购房者应认真查看《质检合格证书》,并查清该证是否是所购住宅的合格证,发放单位是否是有权发证的质检部门,内容中是否有特殊说明。在此过程中若有疑问应及时向有关专业主管部门进行咨询并寻求指导。

7. 物业管理状况

安居的首要条件是有屋可居,但若没有良好的物业管理,只能是有居而不安。所谓安居,关键不仅在于物业硬件的有无,而在于营造、保持和提高整洁、文明、高雅、安全、方便、舒适的软环境。这一切只有专业、规范的物业管理才能提供。

购房者在选择房屋的同时,往往会选择一家好的物业管理企业,以确保居住时的舒适、安全和方便。在商品房预售阶段,购房者通过其他方面来了解该商品房的物业管理状况,如向开发商询问日后管理的物业管理公司名称、情况;询问与物业管理有关的硬件设施是否到位等。如果所购买的商品房已部分交付使用或全部交付使用,则可直接到该小区去实地考察一番。主要从该小区的治安状况、清洁状况、收费水平等方面了解住宅小区的物业管理状况,因这三点是物业管理中最基本的内容,它体现着物业管理的水平。

8. 开发商实力

在购买房产,消费者会认准信誉好的开发商,认准品牌。具体到购房时,消费者一般采用一问、二看、三考察的方法。

(1) 询问房产公司的主管部门。购房者往往通过各种渠道了解选中住房的开发公司开办的时间、开发的项目、资信情况、一些工程质量检测情况等,如发现这家房地产开发公司在各方面都表现较好时,会考虑购买该公司的商品房。

(2) 观看房地产公司的办公处。按照通常的市场规则,实力雄厚、信誉好的房地产开发公司,在各方面都注重自己的企业形象,无论是对消费者,还是对其他供货单位,都有良好的信誉。

(3) 考察已开发的住宅区。购房者会到该公司已开发建成的住宅区去了解。一般会先看周围环境,如果环境好,则这家公司在物业管理上较负责;如果垃圾遍地,环境差,则物业管理有缺陷。再到住户中去探问,管理是否好,收费是否合理。最后到已经入住的房中看质量如何。

9. 其他考虑因素

除以上应考虑因素外,在选房过程中还应考虑到其余众多因素,如地区升值潜力、社会治安、文化环境、亲情因素等。

(四)房地产合同种类

1. 预售合同

预售合同指房地产开发企业在取得预售许可证后将正在建设中的房屋预先出售给承购人,由承购人支付定金或价款的合同。

商品房预售的一般流程如下。

（1）预购人通过中介、媒体等渠道寻找中意楼盘；

（2）预购人查询该楼盘的基本情况；

（3）预购人与开发商签订商品房预售合同；

（4）办理预售合同文本登记备案；

（5）商品房竣工后，开发商办理初始登记，交付房屋；

（6）与开发商签订房屋交接书；

（7）办理交易过户、登记领证手续。

2. 商品房销售合同

商品房销售合同是指房地产开发商将其依法开发并已建成的商品房通过买卖转移给他人的合同。

商品房销售的一般流程如下。

（1）购房人通过中介、媒体等渠道寻找中意楼盘；

（2）购房人查询该楼盘的基本情况；

（3）购房人与商品房开发商订立商品房买卖合同；

（4）交易过户登记。

3. 房屋买卖合同

房屋买卖合同指房屋产权人将其依法拥有产权的房屋（但不包括通过商品房开发而取得产权的房屋）通过买卖转让给他人的合同。

房屋买卖的一般流程如下。

（1）购房人或卖房人通过中介或媒体等渠道寻找交易对象；

（2）交易双方签订房屋买卖合同；

（3）交易过户登记。

4. 房屋租赁合同

房屋租赁合同指出租人在一定期限内将房屋转移给承租人占有、使用、收益的协议。

5. 居间合同

居间合同指居间人向委托人报告订立合同的机会或者提供订立合同的媒介服务，委托人支付报酬的合同。

第四节 房地产金融知识

一、房地产交易税费

（一）房地产相关税费

我国涉及房地产的主要税种，可分五个类别共计 12 种，具体如下。

（1）财产税系列：城镇土地使用税、土地增值税、房产税、契税。

（2）行为税系列：印花税、固定资产投资方向调节税。

（3）流转税系列：城市维护建设税。

（4）资源税系列：耕地占用税。

（5）所得税系列：个人所得税、企业所得税、外商投资企业和外国企业所得税。

下面主要介绍房地产交易过程中的税金。

1. 契税

根据法律规定，凡房屋的买卖、典当、赠与或交换的承受人均应凭房地产所有权证和当事人双方订立的契约交纳契税，具体契税的税率如下。

(1) 买卖契税,按买价征收6%(地方补贴3%);

(2) 典契税率,按典价征收3%;

(3) 赠与契税,按现值价格征收6%(地方补贴3%)。

2. 印花税

印花税是对因商事活动、产权转移、权利许可证照授受等行为而制定、领受的应税征收的一种税。

印花税的纳税人为应税凭证的书立人、领受人或使用人。

印花税的征收范围主要是经济活动中最普遍、最大量的各种商事和产权凭证,具体包括以下几项。

(1) 购销、加工承揽、建设工程勘探设计、建筑安装工程承包、财产租赁、货物运输、仓储保管、借款、财产保险、技术等合同或者具有合同性质的凭证。

(2) 产权转移书据。

(3) 营业账簿。

(4) 权利许可证照。

(5) 经财政部确定征税的其他凭证。

印花税的税率采用比例税率和定额税率两种。

(1) 对一些载有金额的凭证,采用比例税率。税率共分五个档次:分别为所载金额的1‰、0.5‰、0.3‰、0.05‰、0.03‰。

(2) 对一些无法计算金额的凭证,或者虽载有金额,但作为计税依据明显不合理的凭证,每件缴纳一定数额的税款。

房屋买卖合同印花税为0.03%,交易印花税为0.05%,房屋租赁印花税为0.1%。

3. 土地增值税

土地增值税是国家为了规范土地和房地产交易秩序,调节土地增值收益而采取的一项税收调节措施。

作为普通消费者个人所购房产,如果仅用于自己居住使用,不用缴纳土地增值税;只有在购房者再转让经营此房产,并获得一定的增值收益时,才有必要缴纳土地增值税。个人因工作调动或改善居住条件而转让原自用住房,经向税务机关申报核准,凡居住满五年或五年以上的,免予征收土地增值税;居住满3年未满5年的,减半征收土地增值税;居住未满3年的,按规定计征土地增值税。

土地增值税的征收实行四级超额累进税率。

(1) 增值额未超过扣除项目金额50%的部分,税率为30%;

(2) 增值额超过扣除项目金额50%,未超过100%的部分,税率为40%;

(3) 增值额超过扣除项目金额100%,未超过200%的部分,税率为50%;

(4) 增值额超过扣除项目金额200%的部分,税率为200%。

4. 土地使用税

土地使用税或称城镇土地使用税,是以城镇的国有土地为征税对象,以使用土地的面积为计税依据,向使用国家土地的单位和个人征收的税种。

土地使用税在批准建制的城市和县人民政府所在地的城镇开征,在这些行政区域国有土地的使用单位和个人,都是土地使用税的纳税人。

土地使用税以纳税人所使用的土地面积为计税依据,实行幅度定额税率(即固定税额)。国家规定大、中、小城市每平方米土地的幅度税额,由各省、自治区、直辖市在这个幅度内确定个体的固定税额。新修定后的《中华人民共和国城镇土地使用税暂行条例》规定:"土地使用税每平方米年税额如下:(1)大城市1.5元至30元;(2)中等城市1.2元至24元;(3)小城市0.9元至18元;(4)县城、建制镇、工矿区0.6元至12元。"

5. 房产税

房产税是在城镇内向房产的产权所有人征收的一种税。

房产税的纳税义务人是房屋的产权所有人。产权属于国家的,由经营管理单位缴纳;产权出典的,由承典人缴纳;房产所有人、承典人不在房产所在地的,或产权未确定及租典纠纷未解决的,由房产代管人或者使用人缴纳。因此,除房屋产权人外,承典人、房产代管人、使用人也能成为房产税的义务纳税人。

房产税的计税依据为房产原值一次扣减10%至30%的余值,具体减除幅度由省、自治区、直辖市人民政府规定。房屋如出租,则可以年租金为房产税的计税依据,税率为12%。

(二)房地产交易费

房地产交易费是国家依法征收的,相关费用各地征收的项目基本相似。但不同时间,税费政策和标准常有调整,以北京市为例,见表8-1。

表8-1 北京市的房地产交易费一览表

序号		税费项目	新建商品房	新建经济适用房
交易过程	1	公共设施设备维修基金	国家规定按购房款2%—3%的比例交纳。北京市规定比例为2%(公房出售,购房者按购房款2%的比例交纳)	
	2	房屋买卖手续	120 m²以下,每件500元;121—5 000 m²,每件1 500元;5 001 m²以上,每件5 000元。(公房出售,免收房屋买卖手续费)	120 m²及以下,减半收取,每件250元
产权登记	3	房屋产权变更登记费	每m²建筑面积0.3元	
	4	房屋所有权证工本费	每证4元	
	5	所有权权证印花税	每件5元	

这里着重介绍一下公共设施设备维修基金。公共设施设备维修基金是指住宅楼房的公共部位和公用设施、设备的维修养护基金。其基金由售房单位和购房人共同筹集,所有权人为交纳人,在银行专户存储,专款专用,其利息用于住宅楼公共部位和公共设施、设备的维修、养护。建设部《住宅公用部位公共设施设备维修基金管理办法》(建住房〔1998〕第213号,1999年1月1日起实行)规定:新建商品住房(包括经济适用住房)和公有住房出售后都应建立住宅公共部位、公用设施设备维修基金。商品住房在销售时,购房者与售房单位应当签订有关维修基金缴费约定;购房者应当按购房款的2%—3%的比例向售房单位缴纳维修基金,售房单位代为收取的维修基金属全体业主共同所有,不计入住房销售收入。

二、房地产贷款

(一)购房支付方式

目前购房客户支付房款的主要方式如下。

1. 一次性付款

购房客户在签订合同后的一定期限内(通常是一个月左右),向开发商一次性付清全部房款。一次性付款对于收入丰厚,手头比较宽裕,且具有足够的购房款的购房客户是比较合算的。一次性全额付款的,不仅能得到较大的优惠(一般在10%左右),并且一旦付足房款,就彻底拥有了房屋的产权,可以自主处理房子。另外,一次性全额付款手续比较简单,节省了时间,减少了麻烦。缺点是占用了大量资金,且资金的安全性较差。一旦开发商发生问题,则会损失惨重。

2. 分期付款

分期付款即按工程进度分期付款,至交楼后付清全部房款。分期付款又分为免息分期付款和低息分期付款。免息分期付款对购房客户来说最有利,而且时间越长越好;但对开发商来说却很不利,损失点利息倒是小事,可要实现资金回笼就不知要等到哪年哪月了。免息分期付款是在淡市比较吸引人的销售方式。对购房客户来说,分期付款每期只需付少量资金,资金压力小且资金风险分散。当工程进度慢时,能对开发商施以较大的压力。但分期付款费时、费力,对一些公务繁忙、经常出差的购房客户来说有诸多不便。分期付款的付款总额高于一次性付款,所能拿到的折扣也较低(甚至没折扣)。在房款未付清之前,房子的产权还不能完全属于购房客户所有。当遇到意想不到的情况时,亦无权随心所欲地处置住房。

3. 银行按揭贷款

银行按揭贷款的全称是个人住房抵押贷款,是购房者以所购房屋的产权作抵押,由银行先支付房款给开发商,以后购房者按月向银行分期支付本息。银行按揭的成数通常由三到九成不等,期限由 5 年到 30 年不等。银行按揭贷款,便于购房者在不具备购房能力的情况下,在银行的帮助下购买商品房,提前享受更好的住房条件。买卖双方之间多了一个银行,银行会监督买卖双方的行为,使开发商保证工程进度和交楼质量,使购房者的利益得以保障。银行按揭还有助于消除楼价上涨对购房者的压力。楼价上涨是一个长期趋势,而一旦购房后,楼价对购房者而言就已经固定下来,无需担心日后房价上涨。银行按揭一般要求购房者每月向银行交纳一笔固定的资金。这样,越到后面,由于收入的提高,资金压力也就越小。但办理银行按揭手续比较复杂,且对申请人的资格审查较严格,而且供楼期越长,利息负担越重。在供楼期间,房屋产权掌握在银行手中,如想转手卖出,手续比较复杂。一般来说,用低息的政策性住房公积金贷款买房比一次性付款合算,而一般的银行贷款则就不如一次性付款合算了。

(二)购房贷款的主要方式

贷款购房是目前购房的主要支付方式,目前可供客户选用的购房贷款方式主要如下。

1. 住房公积金贷款

如果缴存了住房公积金,应首选住房公积金低息贷款。它具有政策补贴性质,贷款利率不仅低于同期商业银行贷款利息,而且低于同期商业银行存款利率,在办理抵押和保险等相关手续时收费减半,因此应最大限度、最长期限地申请住房公积金贷款。

2. 个人住房组合贷款

当住房公积金不足以支付时,可向银行申请商业性贷款。两种合并使用,称为个人住房组合贷款,它由一个银行的房地产信贷部统一办理,利率较为适中,可满足大额贷款需要。

3. 个人住房担保贷款

未缴存公积金的居民可申请银行个人住房担保贷款,即银行按揭贷款。只要在贷款银行的存款余额占购房所需资金额的比例不低于 30%,并以此作为购房首期付款,且有贷款银行认可的资产作为抵押或质押,或有足够代偿能力的单位或个人作为偿还贷款本息并承担连带责任的保证人,那么就可申请使用银行按揭贷款。贷款期限越长,还款总额中利息比例越大。由于贷款还贷年限、每月还款额均按目前利率签订,一旦通货膨胀率上升,即可以少量的货币价值偿付,实际得到了增值。

4. 住房储蓄贷款

主要有两种,一类是"存一贷二"买房抵押贷款,即购房者只需在提供该业务的银行存入一笔定期存款,并提出信贷申请,且以所购房产作抵押物,银行就会给予定期存款额 2 倍的贷款;另一类是,只要在开办此项业务的银行先存够一定数额的存款,即可得到存款数 5 倍以下的贷款。

5. 存单抵押贷款

定期储蓄存款未到期,提前支取会大量损失利息,而国库券、企业债券暂时无法变现,可持身份证到存款所在银行申请办理"个人定期储蓄存单抵押贷款",利息与银行贷款利息差不多,最高限额一般不超过人民币 10 万元。

(三)购房贷款的担保方式

客户向银行贷款购买房地产,银行是需要担保的。我国担保法规定担保的方式主要有保证、抵押、质押、留置和定金等 5 种。客户购房贷款大多数是以抵押的方式取得,因此贷款又被说成"抵押贷款"。中国人民银行《个人住房贷款管理办法》规定,借款人必须是有贷款人认可的资产作为抵押或质押,或有足够代偿能力的单位或个人作为保证人。这就是说,个人住房贷款的法定担保方式,可以用抵押方式、质押方式,也可以用保证方式等。实际运用中,可以把多种不同形式的担保结合起来。各种不同资金性质的贷款,可以用多种不同形式的担保。究竟用什么形式,需贷款银行同意才算数。

1. 抵押

抵押可以以所购自用住房作为贷款抵押物,"借款人以所购自用住房作为贷款抵押物的,必须将住房价值金额用于贷款抵押。""以房地产作抵押的,抵押人和抵押权人应当签订书面抵押合同,并于放款前向县级以上地方人民政府规定的部门办理抵押登记手续。"抵押是指债务人或第三人以符合规定条件的房地产、机器、交通工具以及其他财产,以不转移占有权的方式,作为债权的担保。债务人不履行债务时,债权人有权依法将抵押财产折价或者以拍卖、变卖该财产的价款优先受偿。

2. 质押

质押是指出质人或第三人将其或权利(如汇票、支票、本票、债券、存款单、仓单、提单,可以转让的股份、股票,可以转让的商标专用权、专利权、著作权动产中的财产权等),交由质权人占有,作为债权的担保。债务人不履行债务时,债权人可依法处分,优先受偿或提前清偿。质押中的出质人和质权人必须签订书面质押合同,《中华人民共和国担保法》规定需要办理登记的质押品应当办理登记手续。

3. 保证及开发商连带责任担保

借款人不能足额提供抵押(质押)时,应有贷款人认可的第三方提供承担连带责任的保证。保证人是法人的,必须具有代为偿还全部贷款本息的能力,且在银行开立有存款账户。保证人为自然人的,必须有固定经济来源,具有足够代偿能力,并且在贷款银行存有一定数额的保证金。

保证人与债权人应当以书面形式订立保证合同。由开发商为购房者提供连带责任保证担保的方式,有全额全程连带责任保证担保和全额阶段性连带责任保证两种方式。

(1)"全额全程"是指担保期限自借款合同生效之日起至借款人还清全部贷款本息及相关费用止。

(2)"全额阶段性"是指担保期限自借款合同生效之日起至借款人取得《房屋所有权证》并办妥抵押登记之后。

借款人还款能力强、个人资信好时,贷款银行可以为其办理全额阶段性连带责任保证担保贷款。有的贷款行在向借款人发放购买经济适用住房贷款时,采取以上保证担保方式。

4. 住房置业担保

住房置业担保是指依法设立的住房置业担保公司(以下简称担保公司),在借款人无法满足贷款人要求提供担保的情况下,为借款人申请个人住房贷款而与贷款人签订保证合同,提供连带责任保证担保的行为。住房置业担保是我国法律、法规上规定的个人住房贷款担保方式的补充方式。担保公司是为借款人办理个人住房贷款提供专业担保,收取服务费,具有法人地位的房地产中介服务企业。担保服务费标准报经同级物价部门批准。担保服务费由借款人向担保公司支付,各地收费方式和标准有差异,如上海则按每户 800 元收担保费。担保公司为借款人办理贷款手续时,还要收取手续费,每户 230—400 元。

(四) 贷款偿还方式

1. 等额偿还的按揭方式

等额偿还的按揭方式是指利息率和月偿还额在一定年限里保持不变的按揭偿还方式。大多数住房贷款都是以等额偿还方式进行的。这种方式一经计算确定,今后保持不变,操作简单,购房客户对每次该还的贷款额心中有数,对不精于计算或不想去费脑筋的购房客户是比较适合的,同时也有利于银行操作。等额偿还方式要受购房客户的可支付能力的局限,因为许多人虽然可能支付得起整个贷款期间的平均成本,但付不起首期付款。而对于那些能付得起首期付款的人,通常又发现他们虽在偿还期间,可支付能力绰绰有余,当收入增加时,他们的月偿还额占他们收入的百分比越来越低。从某种角度来说,这对借贷双方都可能有利。对借款人来说,其可支付能力可得到改善;对贷款人来说,可减少借款人违约的损失和保障将来的潜在收益;对政府而言,可以促使人们在银行里的存款"出笼"。等额偿还的按揭方式也有缺陷。

(1)利率变化风险。这对借贷双方都存在。降低利率,对借款人不利;提高利率,对贷款人不利。10—20 年的购房按揭时间很长,利率难免发生变化,因此,对双方都有较大的风险。

(2)借款人前期压力大。人们通过按揭来买房,主要是因为钱不够多。而等额偿还按揭方式,不仅要支付首期付款,还要每月偿还。这对收入较低的年轻人不利,因为年轻时期生活压力大。虽然这也可以促使年轻人奋斗,但最好不要让他们背太重的包袱。

2. 不等额偿还的按揭方式

不等额偿还的按揭方式是各期偿还贷款数额不相等的按揭偿还方式。不等额偿还的按揭方式主要是面向目前处于低收入时期而又对住宅有较高需求的购房客户。一般说来,这类购房客户收入较低,在头几年的偿还期内,偿还贷款的金额规定得低一些;以后随着家庭收入的增加,合同规定的偿还金额定得高一些,这样,各次分期偿还贷款的金额形成越来越大的阶梯形状。

3. 定期定额偿还的按揭方式

定期定额偿还的按揭方式规定借款人在合同的一定期限内定额偿还贷款,不允许提前支付。就像银行定期存款,在这种情况下提前支付将受罚。这种情况在国际上已有使用,主要用于政府限制提前支付,控制商品房炒作。这种模式不利于贷款双方的资金流动,甚至还会妨碍购房客户因工作、婚姻等需要进行的乔迁。

4. 定期变额偿还的按揭方式

变额偿还的按揭允许按揭借款人在合同规定的一定期限内不定额偿还贷款,允许提前支付和适当延期支付。就像银行存款中的活期存款,这是一种很灵活的按揭方式,但这种方式的计算十分复杂。虽然计算机的广泛使用可以克服计算上的困难,但是公式很多,对于一般的购房客户来说,操作起来不方便,现在使用得也不多。不过从灵活、方便的金融服务发展趋势讲,这种模式还是有生命力的。

(五) 个人住房贷款

个人住房贷款指贷款人向借款人发放的用于购买自用普通住房的贷款。这里的贷款人是指经中国人民银行批准设立的商业银行和住房储蓄银行;借款人是指具有完全民事行为能力的自然人。个人住房贷款是一种担保性贷款,可采取抵押、质押、保证或上述三种担保方法并用的方式。目前,个人住房贷款主要是采取抵押担保的方式,因此,个人住房贷款又称为个人住房抵押贷款。在实际操作中,个人住房贷款往往是买房者以购房合同作抵押,在交纳一定数额的首付款后,从银行获得购买所需其余数额的贷款向开发商付购房款,然后购房者再以分期付款的形式向银行还本付息,因此,个人住房贷款又称为按揭贷款。

1. 贷款对象和条件

个人住房贷款的资金来源于商业存款,是向购买自用住房的城镇居民发放的贷款。只要是具备完全民事行为能力的居民或在常住地有居留权的外地居民,无论是不是公积金交存者,都可以申请此项贷款。但贷款人必须具备稳定的职业和收入,有偿还贷款本息的能力,具有购买住房的合同、协议或有关证明文件。具体来说,要具备以下条件。

(1) 具有城镇常住户口或有效居留身份。

(2) 有稳定的职业和收入,信用良好,有按期偿还贷款本息的能力。

(3) 不享受购房补贴的,不低于购买住房全部价款的 20% 作为购房的首期付款;享受购房补贴的,以个人承担部分的 20% 作为购房首期付款。

(4) 有贷款人认可的资产作为抵押或质押,或有足够代偿能力的单位或个人作为偿还贷款本息、并承担连带责任的保证人。

(5) 具有购房合同或协议,所购住房价格基本符合贷款人或贷款人委托的房地产估价机构的评估价值。

(6) 贷款人规定的其他条件。

2. 贷款形式

(1) 按揭。

按揭即个人住房商业性贷款。它是由银行、房地产开发商和购房者三方共同参与买卖住房的融资行为,实际上是为了帮助供房者(开发商)和购买者完成住房买卖而由银行提供贷款支持的融资业务活动。

① 按揭的前提条件是:购房者必须将购入的房屋作抵押,房地产开发商必须提供回购担保。

② 按揭中的三方关系是通过三份不同的合同协议确定的。

③ 申办个人购房抵押贷款应具备的条件。第一,借款人必须是具有独立民事行为能力的个人。第二,购房者持有居住地合法的身份证明。第三,与开发商签订了购房协议,并已支付首期购房款。第四,同意以所购房产作抵押。第五,具备令贷款银行满意的财务状况。

④ 购房贷款的额度、期限与利率。银行根据借款者的资信程度、收入状况、申请借款金额等确定额度,额度即按揭率,最高为七成,期限最长为 20 年。期限越长,利率越高。第一,可贷额度=家庭月收入总额×(40%−50%)×12 个月×贷款年数。第二,可贷额度即根据借款人的收入情况测算的贷款还款能力。第三,按揭贷款不超过所购房产合同价格的 70%。第四房产开发商与银行订有《商品房销售贷款合

作协议》,银行将根据协议条款规定的贷款成数和年限,结合借款人的还款能力计算可贷额度。

(2) 住房储蓄贷款。

选择了银行的住房储蓄就能在得到存款利息的同时得到将来申请购房抵押贷款的权利。

参加住房储蓄满半年以上,其存款达到规定数额和期限即可获得申请购房抵押贷款的资格,规定数额和期限为存款达到一万元以上(含一万元),实际存期满一年以上(含一年);或存款达到二万元以上(含二万元),实际存期满半年以上(含半年)。住房储蓄和购房抵押贷款的存、贷的比例为存一贷五,贷款期可相当于存款实际已存期限的五倍。

购房抵押贷款的最高额度为 40 万元,贷款最长期限为 20 年。

通过住房储蓄申请住房抵押贷款的商品房房源没有什么限制,只要开发商能提供相应的《商品房注册登记表》(现房)或《商品房预售许可证》(期房),并同意协办贷款手续和产权抵押手续的,都能通过住房储蓄申请住房抵押贷款。另外,购买上海市市级、区级房产交易市场出售的二手产权房也可通过住房储蓄申请住房抵押贷款。

已办理过住房抵押贷款的住房储蓄存单可以提前支取,也可以到期支取、续存或转存。存款利息分别按提前支取或到期支取计算支付。

(六) 选择贷款形式应考虑的问题

1. 贷款期长短的选择

贷款期长短的选择,主要取决于购房者的经济能力及投资偏好。一般而言,贷款期越长,每月还款额越少;贷款期越短,每月还款额越高。不少专家认为,假如选择一个期限较长的抵押贷款,每月还款额相对就少,因此就有较多的资金累积用于改善生活品质或做其他方面的投资,而且购房者还可以根据自己的收入状况提前付清抵押贷款的余款,以避免长期的利息负担。但是并不是选择抵押贷款期限越长的就越好,期限越长的抵押贷款所支付的利息越多。

2. 首期付款额的选择

银行规定,购房贷款最高不得超过房价的 70%,这意味着必须自备 30% 的首期付款。如果抵押贷款比例不到 30%,则首期付款额会更高。在目前房价较高,收入相对较低的情况下,对于工薪阶层而言,储蓄够首期付款额也有困难,因而选择最高的抵押贷款比例是明智的。在负债能力范围内,选择最高的抵押率,最小的首期额,是明智之举。

3. 房抵押贷款合同的签订

申请购房抵押贷款应由借款人与贷款人签订两份合同,即抵押合同和抵押贷款合同。根据有关法规,房地产抵押合同应当载明下列内容:抵押人、抵押权人的名称或个人姓名、住所;主债权种类、数额;抵押房地产的处所、名称、状况、建筑面积以及用地面积等;抵押房地产的价值;抵押房地产的占用管理人、占用管理方式、占用管理责任以及意外损毁、灭失的责任;抵押期限;抵押权灭失的条件;违约责任;争议解决方式;抵押合同订立的时间与地点;双方约定的其他事项。以预购商品房贷款抵押的,须提交生效的房屋预售合同,抵押权人要求抵押房地产保险的,以及要求在房地产抵押后限制抵押人出租、转让抵押房地产或者改变抵押房地产用途的,抵押当事人应当在抵押合同中载明。同时在申请抵押贷款时还应签订借款合同,借款合同应当约定贷款金额、利率、支付方式、还本付息方式、还款期、贷款用途、违约责任以及双方约定的其他事项。

(七) 住房公积金贷款概述

我们以北京为例,住房公积金贷款(以下简称贷款)是指由北京住房公积金管理中心运用住房公积金,委托银行向购买、建造、翻建、大修自住住房的住房公积金缴存人和在职期间缴存住房公积金的离退休职工发放的贷款。

贷款须由借款人或第三人提供符合北京住房公积金管理中心要求的担保。

住房公积金贷款的利率、期限、额度规定如下。

(1) 目前,1—5 年期限贷款年利率为 4.05%,6—30 年期限贷款年利率为 4.59%。

(2) 借款人的贷款期限最长可以计算到借款人 70 周岁,同时不得超过 30 年。砖混和钢混可以贷款

47年,木混的可以贷款37年。

(3) 住房公积金贷款额度与借款人公积金缴存额、申请借款年限、首付款金额、所购房屋建筑面积都有关系。目前,单笔贷款最高额度为80万元;个人信用评估机构评定的信用等级为AA级的可上浮15%,即92万元,AAA级的借款申请人,贷款金额可上浮30%,即104万元。

住房公积金贷款是由住房资金管理部门利用归集的住房公积金,委托银行发放的政策性个人住房贷款,也称个人住房担保委托贷款。为什么称"个人住房担保委托贷款",是因为必须有担保,由住房资金管理部门(住房公积金管理部门)批准后,委托银行发放。住房公积金贷款最大的特点和优越性是低息。

1. 贷款对象和条件

凡具有完全民事行为能力,其个人和所在单位按月及时足额向住房公积金管理中心缴交住房公积金单位的职工,同时具备以下条件就可以申请住房公积金贷款。

(1) 连续缴存住房公积金12个月以上。

(2) 在市区购买自用普通住房,房屋坐落的具体部位已确定,已订立购房合同。

(3) 已付清扣除贷款金额以外的购房款(不低于购房总金额30%),并有已缴款收据。

(4) 有稳定的经济收入和偿还贷款本息能力。

(5) 同意以贷款所购住房价值全额作为抵押。

(6) 销售房屋的房地产开发经营企业愿意为申请人提供有关承诺保证。

贷款人必须提供以下资料。

(1) 申请人及配偶住房公积金缴存手册、身份证、户口簿、结婚证及与原件相符的复印件。

(2) 购房合同、已付购房款收据。

(3) 房地产开发企业出具的保证承诺书、商品房预售许可证、营业执照副本(复印件)。

(4) 其他应提供的材料。

2. 公积金贷款的额度、期限与利息

购买商品住房、集资房、经济适用住房、自建住房等新房,贷款额度不超过所购买住房总房款的70%,个人首付不低于30%,最高额度目前暂定30万元,最长贷款期限20年;二手房贷款金额以契税发票金额为依据,有住房置业担保公司的70%,没有住房置业担保公司的50%,最高额度每户15万元,最长贷款期限15年(须在法定的房屋使用年限内);有价证券质押贷款额度可按贷款额度70%质押,单笔贷款额度不超过住房公积金管理分中心规定的最高贷款额度。借款人年龄与申请贷款期限之和原则上不得超过其法定退休年龄,但对距法定退休年龄5年以内的职工,经本人申请,可延长至法定退休年龄后5年。

国家对职工购建自住住房使用公积金贷款实行低息优惠政策,2017年,人民银行最新规定的住房公积金贷款利率为5年以下年利率为2.75%,5年以上年利率为3.25%。遇国家法定利率调整,住房公积金贷款按届时人民银行制定的住房公积金贷款利率,于下年1月1日开始,按相应利率档次执行新的利率。

贷款期限在一年内(含一年)实行到期一次还本付息,利随本清;贷款期限在一年以上的,采用等额本息的还款方式,即贷款期内每月以相等的额度偿还贷款本息。

三、房地产保险

(一) 房地产保险的种类

1. 房地产财产保险

房地产财产保险属于财产保险的一种,投保人可以是团体、法人、自然人等,与居民有关的主要是商品住宅保险和自购公有住房保险。

商品住宅保险是为购买商品住宅的人提供的使其在所购住宅遇到意外损失时能及时得到经济补偿的险种。自购公房保险是对居民因房改从而购买原租住的公房的险种。两种险种的责任相同,都是对因自然灾害而造成的保险财产的损失进行赔偿。所保的财产只能是房屋及其附属设备和室内装修材料等财产。保险期一般为一年,可续保。

2. 房地产责任保险

主要强调房屋所有人、出租人和承租人的责任保险，一般称为房地产公众责任保险，它主要承保在房屋使用过程中产生的赔偿责任。

3. 房地产人身保险

主要指房屋被保险人遭受因房屋造成的意外伤害而死亡或永久致残，由保险人支付保险金额的险种。

4. 房屋抵押贷款保险

属于房地产融资保险的一种，是为了保障贷款资金安全而由借款人作相关投保的一种房地产保险。所谓房屋抵押贷款保险，就是申请房屋抵押贷款的人应贷款银行的要求，用以保证贷款资金安全而将抵押房屋投保的险种。

房屋抵押贷款的保险内容如下。

（1）投保人是办理房屋抵押贷款的房屋所有人；

（2）保险财产为抵押贷款所购买的房屋；其他因装修、购置而附属于房屋的有关财产不属投保范围；

（3）保险期限与贷款期限一致，在抵押期间，如果借款人中断保险，贷款银行有权代保，一切费用由借款人负担；

（4）保险金额及保险费，以所购房屋价格确定保险金额，保险费每年计收一次；

（5）被保险人义务；

（6）损失赔偿。

第五节 物业管理知识

一、物业与物业管理

（一）物业

物业指建成并投入使用的各类建筑物及其附属的设备、设施和场地等。

物业的特性如下。

（1）固定性：不动产、有地域限制。

（2）耐久性：开发流通周期较长。

（3）特定性：每个物业（单元房、单房、住宅小区等）所处的空间位置绝不雷同，这是一种特定物，而不是同一种类物。因此，在交易过程中，凡物业都必须通过合同或契约来明确该物业的特定性质，即在该物业所处的地域、位置、层次、影响的同时，必须注明具体是哪一个单元等。

（4）投资性：物业在使用过程中具有保值与增值的可能，是值得投资的，但物业本身受供求关系市场因素的影响，也有贬值的风险。

（二）物业管理

房产物业管理是指专业化的机构受业主和使用人的委托，依照合同和契约，运用专业化管理和社会化服务的模式，以有偿服务的经营方式对房屋以及周围的环境卫生、安全保卫、园林绿化、公共设施和道路养护等统一实施专业化管理，并向使用人提供多方面的服务，从而促进各类物业的蓬勃发展和发挥其最大的经济效益，使物业既发挥其使用价值，又保值和增值。

物业管理的特点如下。

（1）物业管理是通过对物业及其设备、设施的管理来为业主和使用人（包括自然人和法人）服务。

（2）物业管理是一种经济行为，通过提供有偿服务以获取经济效益。

（3）物业管理是以合同、契约为中介的信托管理。

（4）物业管理与社区建设有着密切的关联。

（三）物业管理的内容

物业管理的主要对象是住宅小区、高层与多层住宅楼、综合办公楼、商业大厦、旅游宾馆、标准化工业厂房、仓库等。它的内容相当广泛，服务项目呈多元化、全方位的态势，除房屋的使用及出租管理，房屋及设备、设施的维修养护管理外，还有住宅小区内的清扫保洁管理、治安消防管理、交通及车辆管理、环境绿化管理以及居民生活方面的多种服务，包括合同式常规性公共服务、非合同的零星委托性特约服务和经营性多种服务。概括地讲，物业管理可包括以下内容。

（1）对一物业及其配套设施的维护保养。对一宗物业来说，机电设备、供水供电系统、公共或共用设施等都必须处于良好的工作状态，不能等出了故障后再去修理。防患于未然，经常性的维护和保养可使物业延长使用寿命。

（2）做好日常维修工作，确保物业的正常运行，为业主和租户提供基本的使用保证。

（3）加强保安和消防管理，向业主和租户提供生活和办公安全保障。良好的治安和消防安全可消除业主和租用者的后顾之忧，必须认真做好治安管理和消防设备的养护工作，确保消防设备处于良好使用状态。

（4）搞好物业及周围环境的清洁，向业主和租户提供一个整洁舒适的居住、办公环境。整洁的环境为人们带来视觉上的美感和心理上的舒适感。

（5）做好绿化草地和花木的养护工作，努力营造优美宜人的环境。

（6）加强车辆管理，防止车辆丢失、损坏或酿成事故；要求小区、大厦行车路线有明显标志，车辆限速行驶、定点停放等。

（7）搞好维修基金以及储备金的核收管理，为用户的长远利益作早期的筹划。

（8）及时办理物业及附属设备的财产保险，避免由于自然灾害给业主造成巨大的财产损失。

（9）做好管理费的核收和使用管理，保证物业管理工作健康顺利进行。

（10）搞好多种配套服务经营，为业主和租户提供尽可能全面的服务。

（11）搞好社区管理，创造健康文明的社区文化，为建立友好融洽的新型人际关系而尽心尽力。

（12）协助政府进行社会管理，如在所管物业范围内从事人口统计、计划生育、预防犯罪等方面的工作，以推动全社会的文明和进步。

（13）就公共市政设施方面的有关事务与政府和公共事业部门联系。

（14）建立物业档案，随时掌握产权变动情况，维护物业的完善及统一管理。

（四）物业管理的费用

物业管理服务收费项目包括以下内容。

（1）管理费，用于物业管理区域的日常管理，包括物业管理区域内的巡视、检查、物业维修、更新费用的账务管理，物业档案资料的保管和其他有关物业管理服务。

（2）房屋设备运行费，用于电梯、水泵等房屋设备运行服务所需的费用。

（3）保洁费，用于物业管理区域内日常保洁服务所需的费用。

（4）保安费，用于物业管理区域内日常安全保卫服务所需费用。

（5）维修费，用于物业维修服务所需的费用。

除房屋设备运行费和维修费按实计算外，其余三项收费由区、县物价部门会同房地产管理部门规定基准价及浮动幅度。

物业管理服务收费应遵循遵守合同、公开以及与管理服务水平相适应的原则，不同物业收费标准按照政府的规定确定。

（1）已售公有住宅的收费标准，由物价部门及房地产管理部门制定。在物业管理区域内，公有住宅的承租人除按月缴纳房租外，不另付管理费和电梯、水泵运行费。售后公房的房屋所有人，应每月缴纳管理费和电梯、水泵运行费。居住用房的管理费：多层每户每月 4.5—7.5 元，高层每户每月 5—10 元；高层住宅电梯、水泵运行费每月每平方米建筑面积 0.55 元，其中由房屋业主直接支付 0.15 元，从住宅修缮基金中列支 0.40 元。底层业主、使用人不承担电梯运行费。上述两种情况如有清洁、保安服务内容的，一般可按照公有住宅售后的保洁、保安费收取，该两项费用各为每户 3—6 元。

（2）普通内销商品住宅的收费标准，由物业管理企业与业主或业主委员会在区、县物价部门会同房地产管理部门规定的基准价的浮动幅度内协商确定。市区以建筑面积为核定单位,按照不同的地段制定不同的收费标准。一般多层每月每平方米为 0.50—2.00 元,高层每月每平方米为 2.00—5.00 元。

(3) 高标准内销商品住宅和外销商品住宅的收费标准,由物业管理企业与业主委员会协商确定,并报当地物价部门备案。协商不成的,由房屋所在地物价部门协调裁定,双方对物价部门裁定不服的,可向房屋所在地法院申请仲裁。其他服务项目的收费,由物业管理企业与业主委员会或者业主、使用人协商确定。

简言之,物业管理服务收费的价格实行政府定价、政府指导价和经营者定价三种方式,按不同情况分别对待。物业管理服务费用由物业管理企业按照物业管理服务合同的约定向业主收取;业主与使用人交纳物业管理费用的,从其约定;物业管理服务费用经约定,可以预收,预收期限不得超过 3 个月。物业管理企业收费的项目和标准应当公布。未经业主委员会或者业主、使用人委托,物业管理企业自行提供服务收费的,业主或者使用人可以不支付。

(五) 物业管理收费项目的构成

(1) 房屋建筑及其设备、设施的自有部位、自用设备的维护、维修、保养费用。

(2) 共用部位、共用设备设施的日常运营和管理费用。

(3) 物业范围内的市政设施道路维护维修费用。

(4) 物业所有人、使用人在使用物业过程中,为维护公共环境的安全、清洁、秩序、优美,而要求物业经营人所进行的管理和服务的费用。

(5) 物业所有人、使用人要求物业经营人提供的特殊和专业的服务项目而付出的费用。

二、物业管理公司

(一) 物业管理公司的资质

根据物业管理公司的技术资质、规模和业绩,可将物业管理公司划分为一级、二级、三级三个资质等级和临时资质。一级、二级、三级企业的资质标准如下。

1. 一级资质企业

(1) 注册资本 500 万元以上。

(2) 具有中级以上职称的管理人员、工程技术人员不少于 30 人,企业经理取得建设部颁发的物业管理企业经理岗位证书,80% 以上的部门经理、管理员取得从业人员岗位证书。

(3) 管理两种类型以上的物业。

(4) 管理各类物业的建筑面积分别占下列相应计算基数的百分比之和不低于 100%。计算基数是:多层住宅 200 万平方米;高层住宅 100 万平方米;独立式住宅(别墅)15 万平方米;办公楼宇、工业区内及其他物业 50 万平方米。

(5) 20% 以上的管理项目获得建设部授予的"全国城市物业管理优秀小区(大厦、工业区)"称号,20% 以上的管理项目获得省级城市物业管理优秀住宅小区(大厦、工业区)称号。

(6) 具有健全的企业管理制度和符合国家规定的财务管理制度。

(7) 建立了维修基金管理与使用制度。

2. 二级资质企业

(1) 注册资本 300 万元以上。

(2) 具有中级以上技术职称的管理人员、工程技术人员不少于 20 人,企业经理取得建设部颁发的物业管理企业经理岗位证书,60% 以上的部门经理、管理员取得从业人员岗位证书。

(3) 管理两种类型以上的物业。

(4) 管理各类物业的建筑面积分别占计算基数的百分比之和不低于 100%。计算基数是:多层住宅 80 万平方米;高层住宅 40 万平方米;独立式住宅(别墅)6 万平方米;办公楼宇、工业区内及其他物业 20 万平方米。

(5) 10% 以上的管理项目获得建设部授予的"全国城市物业管理优秀住宅小区(大厦、工业区)"称号,

10%以上的管理项目获得省级城市物业管理优秀住宅小区(大厦、工业区)称号。

(6) 具有健全的企业管理制度和符合国家规定的财务管理制度。

(7) 建立了维修基金管理与使用制度。

3. 三级资质企业

(1) 注册资本50万元以上。

(2) 具有中级以上技术职称的管理人员、工程技术人员不少于8人,企业经理取得建设部颁发的物业管理企业经理岗位证书,50%以上的部门经理、管理员取得从业人员岗位证书。

(3) 有委托的物业管理项目。

(4) 具有比较健全的企业管理制度和符合国家规定的财务管理制度。

(5) 建立了维修基金管理与使用制度。

(二) 物业管理公司的权利

(1) 独立经营,拒绝不合理摊派。

(2) 依照物业管理合同收取物业管理服务费并提取酬金。

(3) 制止违反物业管理制度、业主公约的行为。

(4) 法律法规规定的权利。

(三) 物业管理公司应承担的义务

(1) 全面履行物业管理合同,对房产消费者委托管理的房屋、设施及其公共部位进行维护、修缮,承担居住小区及小区内物业的保安、防火、绿化、清扫保洁以及房产消费者日常生活必需的便民服务。

(2) 接受物业管理委员会和居民的监督。

(3) 重大的管理措施提交物业管理委员会审议决定。

(4) 接受房屋土地管理机关、其他行政管理机关及当地街道办事处的指导监督。

(5) 发现违反法律、法规和规章的行为,要及时向有关行政管理机关报告。

有关物业管理公司应根据国家规定,结合所管辖小区实行情况,制定较具体的义务和责任条款并公之于众,以方便房产消费者的了解和监督。

三、业主与业主大会

(一) 业主

业主是指依法享有对物业共有部分和共同事务进行管理的权利,并承担相应的义务的个人或单位。其身份为物业的所有权人;办理商品房预售合同登记且所购房屋已入住使用的单位和个人;持有空置物业的建设单位。

1. 业主的主要权利

(1) 参加业主委员会。

(2) 享有业主委员会的选举权和被选举权。

(3) 表决与通过业主公约和业主委员会章程。

(4) 决定有关业主利益的重大事项。

(5) 监督业主委员会的管理工作。

2. 业主的主要义务

(1) 执行业主大会和业主委员会的有关决议、决定。

(2) 遵守业主公约。

(3) 遵守有关物业管理的制度、规定。

(4) 按时交付分摊的物业管理、维修等费用。

(二) 业主大会

召开首次业主大会或业主代表大会,选举产生业主委员会,必须符合下列其中之一的情况。

(1) 物业已交付使用的建筑面积达到50%以上。

(2) 物业已交付使用的建筑面积达到30%以上不足50%,且使用超过1年的。

(三) 业主大会的职责和职权

业主大会或者业主代表大会行使下列职权。

(1) 选举、罢免业主委员会委员。

(2) 审议通过业主委员会章程和业主公约。

(3) 听取和审议物业管理服务工作报告。

(4) 决定物业管理的其他重大事项。

(四) 业主委员会

1. 业主委员会委员应当具备的条件

(1) 属于物业管理区域内的业主。

(2) 具有良好的道德品质,责任心强,有一定的组织能力和必要的工作时间。

(3) 按时缴交管理费、物业维修基金,模范遵守物业管理制度。

(4) 未发生不适宜担任业主委员会委员的其他情形。

2. 业主委员会的构成、任期及检查制度

(1) 业主委员会委员不得少于5人。业主委员会设主任1名,副主任1—2名,由业主委员会委员选举产生。

(2) 业主委员会委员每届任期两年,可以连任。

(3) 区、县级市物业行政主管部门对业主委员会实行年度工作检查制度。

3. 业主委员会的核准登记手续

业主委员会应当自选举产生之日起15日内,持下列文件向区、县级市物业行政主管部门办理核准登记手续。

(1) 业主委员会登记申请表。

(2) 业主委员会章程。

(3) 业主委员会委员选举产生的报告及其资料。

(4) 业主公约。

(5) 其他相关资料。

4. 业主委员会的相关事项

(1) 业主委员会会议每年度至少召开两次。经业主委员会主任提议或者1/3以上业主委员会委员提议,可以召开会议。

(2) 业主委员会召开会议应当有过半数委员出席,做出的决定应经过全体委员过半数以上通过,并予以公布。

(3) 业主委员会委员不符合上述应当具备的条件的,区、县级市物业行政主管部门可责令业主委员会罢免其委员资格,并按有关规定和业主委员会章程补选委员。

业主委员会不履行其职责或无正当理由推迟、拒绝组织换届改选的,区、县市级物业管理行政主管部门可以组织召开业主大会或业主代表大会进行换届改选。

(五) 业主委员会的职责

业主委员会应当维护全体业主的合法权益,履行下列职责。

(1) 召开业主大会或者业主代表大会,报告物业管理的实施情况。

(2) 选聘或者解聘物业管理企业,与物业管理企业订立、变更或者解除物业管理服务合同。

(3) 设立物业维修基金的,负责该基金的筹集、使用和管理。

(4) 审定物业管理企业提出的物业管理服务年度计划、财务预算和决算。

(5) 听取业主、使用人的意见和建议,监督物业管理企业的管理服务活动。

(6) 监督公共建筑、公共设施的合理使用。

(7) 业主大会或者业主代表大会赋予的其他职责。

本章小结

本章主要介绍了房地产建筑、交易及其相关的金融、物业管理等方面的知识。

房地产具体是指土地、建筑物及其地上的附着物，包括物质实体和依托于物质实体上的权益。房地产按用途可划分为居住房地产、商业房地产、旅游房地产、工业房地产和农业房地产等五种。

房地产业是以土地和建筑物为经营对象，从事房地产开发、建设、经营、管理以及维修、装饰和服务的集多种经济活动为一体的综合性产业，属于第三产业，是具有先导性、基础性、带动性和风险性的产业。房地产业可以细分为房地产投资开发业和房地产服务业。

房地产市场是指包括土地的出让、转让、抵押、开发、房地产买卖、租赁、转让、互换、抵押以及一些与房地产有关的开发、建筑、修缮、装饰等劳务活动。房地产市场有一级、二级、三级市场的分类。

影响房地产消费的因素主要有：经济社会发展及城市化的水平、城市人口增长及生活水平、房地产价格水平、国家政策、城市产业结构、消费者对经济发展形势的预测等。

土地所有制是指在一定社会生产方式下，由国家确认的土地所有权归属的制度。我国实行土地的社会主义公有制，分为全民所有制（即国家所有）和劳动群众集体制（即集体所有）两种形式。土地所有权是指土地所有者依法对自己的土地所享有的占有、使用、收益和处分的权利。土地使用权可以出让、转让、出租、买卖。

房屋的种类主要有：商品房、经济适用房、廉租房、公房、私房、二手房等。

影响房地产价格的因素有：供求状况、自身条件、环境因素、人口因素、经济因素、社会因素、行政因素、心理因素、国际因素、其他因素。购房客户在房地产交易中要交纳的税金主要有：契税、印花税、土地增值税、土地使用税、房产税。

购房客户支付房款的方式主要有：一次性付款、分期付款、银行按揭贷款。可供客户选用的购房贷款方式主要有：住房公积金贷款、个人住房组合贷款、个人住房组合贷款、个人住房担保贷款、住房储蓄贷款。客户向银行申请贷款购买房地产需要担保，担保的方式主要有：抵押、质押、保证、住房置业担保。

个人住房贷款主要有按揭和住房储蓄贷款两种形式。住房公积金贷款是由住房资金管理部门利用归集的住房公积金，委托银行发放的政策性个人住房贷款。住房公积金贷款最大的特点和优越性是低息。

房地产保险有房地产财产保险、责任保险、人身保险和房屋抵押贷款保险。

房地产物业管理服务收费的价格实行政府定价、政府指导价和经营者定价三种方式。物业管理公司的资质分为一级、二级、三级三个等级和临时资质。业主是指依法享有对物业共有部分和共同事务进行管理的权利，并承担相应的义务的个人或单位。通过召开业主大会选举产生业主委员会。

关键术语

房地产　地产　房地产业　房地产投资开发业　房地产服务业　房地产市场　土地所有制　土地所有权　土地使用权　土地出让金　土地市场　建筑面积　建筑容积率　建筑密度　套内建筑面积　绿地率　住宅　商品房　经济适用房　廉租房　房地产产权　按揭贷款　抵押　质押　保证　个人住房贷款　住房公积金贷款　物业管理　业主

第九章

信 托 基 础

本章导读 >>>

在银行、信托、保险、证券、基金等金融领域,只有信托具有连接货币、资本、实业三大市场的综合优势。这也是在激烈的市场竞争中,信托业能有出色表现的制度或功能优势。近年来,随着国家对信托的治理整顿及制度规范,信托业有了长足发展,信托资产规模超过了保险、证券业,成为继银行业务之后的第二大金融部门,信托不论在经济中还是在人们生活中,发挥着越来越重要的作用。

本章分为两节。第一节概括介绍信托的基本理论;第二节阐述了信托业务及信托机构的管理。

本章学习应从信托的起源开始,认真领悟信托的内涵、特征。重点掌握信托关系人及其权利、义务;信托设立条件;信托业务主要种类;信托公司设立条件;信托公司管理等知识。

第一节　信托基本原理

一、信托概述

(一) 信托的起源与发展

信托是指委托人基于对受托人(信托投资公司)的信任,将其合法拥有的财产委托给受托人,由受托人按委托人的意愿以自己的名义,为受益人的利益或者特定的目的,进行管理或者处分的行为。概括地说就是"受人之托,代人理财"。

信托制度起源于英国,是在英国"尤斯制"(Use)的基础上发展起来的,距今已有几个世纪了。英国"尤斯制"是信托制度的前身。尤斯制的创设,要追溯到 13 世纪的英国封建社会。那时候宗教教徒习惯死后把自己的土地捐献给教会,这使得教会的土地不断增多。但根据英国当时的法律规定,教会的土地是免征税收的。教会土地的激增,意味着国家税收收入的逐渐减少,这无疑影响到了国王和封建贵族的利益。于是,13 世纪初英王亨利三世颁布了一个《没收条例》,规定凡把土地赠与教会团体的,要得到国王的许可,凡擅自出让或赠与者,要没收其土地。作为对这个新规定的回应,宗教徒对他们的捐献行为进行了变通。他们在遗嘱中把土地赠与第三者所有,但同时规定教会对此土地有实际使用权和收益权,这就是"尤斯制"。

现代信托制度是 19 世纪初传入美国的,在传入美国后信托得到快速的发展和壮大。美国是目前信托制度最为健全,信托产品最为丰富、发展总量最大的国家。

我国的信托制度最早诞生于 20 世纪初,但在当时中国处于半殖民地半封建的情况下,信托业得以生存与发展的经济基础极其薄弱,信托业难以有所作为。

我国信托业的真正发展开始于改革开放,是改革开放的产物。1978 年改革初期,百废待兴,许多地区和部门对建设资金产生了极大的需求,为适应全社会对融资方式和资金需求多样化的需要,1979 年 10 月我国第一家信托机构——中国国际信托投资公司经国务院批准同意诞生了。它的诞生标志着我国现代信托制度进入了新的纪元,也极大促进了我国信托行业的发展。

2001 年 10 月 1 日,《中华人民共和国信托法》(以下简称《信托法》)开始实施,这标志着我国信托制度初步确立。《信托法》实施之前,信托制度建设滞后且极不完备,信托业的发展步入歧途。信托公司主要从事银行存贷业务、证券业务和实业投资业务,没有集中到"受人之托,代人理财"的主业上来。《信托法》的颁布与实施,使信托公司的发展得到规范,业务范围得到明确,信托业的发展进入到规范发展的阶段。

(二) 信托当事人

1. 委托人

委托人是委托信托公司管理其自有财产的人。委托人应为财产的合法拥有者;具有完全民事行为能力的法人、自然人和依法成立的其他组织。

2. 受托人

受托人是接受信托,按照信托合同的规定管理或处分信托财产的人。但能够经营信托业务的受托人必须是经银保监会批准成立的信托投资公司。

3. 受益人

受益人是享受信托利益(信托受益权)的人。可以是自然人、法人或者是依法成立的其他组织。可以是委托人自己,也可以是他人。

(三) 信托财产的管理

1. 信托财产的定义

信托财产是指委托人通过信托行为,转移给受托人并由受托人按照一定的信托目的进行管理或处分的财产,以及经过管理、运用或处分后取得的财产收益。

法律、行政法规禁止流通的财产,不得作为信托财产;法律、行政法规限制流通的财产,依法经有关主管部门批准后,可以作为信托财产。信托财产包括资金、动产、不动产及其他财产权。

2. 信托财产具有独立性

(1) 信托财产与委托人的自有财产和受托人的固有财产相区别,不受委托人和受托人财务状况恶化,甚至破产的影响。

(2) 信托设立后,信托财产脱离委托人的控制,让具有理财经验的受托人进行管理,能有效保证其保值增值。

(3) 受托人因信托财产的管理运用或其他情形取得的信托财产,都归入信托财产。

(4) 除法律规定的情况外,对信托财产不得强制执行。

3. 信托财产的管理

(1) 受托人按照信托合同的约定,以受益人的利益最大化为原则处理信托事务。

(2) 受托人将信托财产与固有财产分别管理、分别记账,并将不同委托人的信托财产分别管理、分别记账。

(四) 信托的基本特征

信托是英国衡平法精心培育的产物,在长期的实践中,形成了基本的特征。后来引进信托的国家和地区,虽然结合各自情况对信托进行了不同程度的调整,但均以承继信托的基本特征为前提,从而使信托经数百年流传而仍能保持其本色。信托有以下基本特征。

1. 信托财产权利与利益分离

信托是以财产为中心设计的一种财产转移与管理制度。设立信托时,委托人须将其拥有的财产所有权转移给受托人,使委托人财产所有权转化为信托财产所有权。信托财产所有权的性质十分特殊,表现为信托财产所有权在受托人和受益人之间进行分离。信托财产权利与利益的这种分离,使受益人无需承担管理之责就能享受信托财产的利益,这正是信托成为一种优良的财产管理制度的奥秘所在,是信托制度的重要特征。

2. 信托财产的独立性

信托财产的独立性,是指一旦信托成立,信托财产就从委托人、受托人和受益人的固有财产中分离出来,成为一种独立的财产整体。这种独立性使信托超然于各方当事人的固有财产以外,其出发点是维护信托财产的安全,确保信托目的得以圆满实现。

3. 信托的有限责任

在信托关系中,由于受托人按委托人的意愿以自己的名义,为受益人的利益或特定目的,对信托财产进行管理或处分,受托人自身并不享有任何信托利益,因此受托人因处理信托事务所发生的财产责任(包括对受益人和第三人),原则上仅以信托财产为限负有限清偿责任。

4. 信托管理的连续性

信托的管理具有连续性特点,不会因为意外事件的出现而终止。信托管理的连续性安排,使信托成为一种具有长期性和稳定性的财产转移与财产管理的制度。

(五) 信托的一般分类

1. 自益信托与他益信托

委托人以自己为唯一受益人而设立的信托,是自益信托。自益信托的委托人与受益人是同一人,只能是私益信托。委托人以他人为受益人而设立的信托,是他益信托。他益信托可以是私益信托或者公益信托。根据定义,委托人同时以自己和他人为共同受益人而设立的信托,也属于他益信托。

2. 私益信托与公益信托

委托人为自己、亲属、朋友或者其他特定个人的利益而设立的信托,是私益信托。私益信托可以是自益信托或者他益信托。委托人为了不特定的社会公众的利益或者社会公共利益而设立的信托,是公益信托(类似于英美法系国家的慈善信托)。公益信托只能是他益信托。设立公益信托不得有确定的受益人,只能以社会公众或者一定范围内的社会公众作为受益人,并且必须得到税务机关或者公益事业管理机构的批准或者许可。各国均对设立公益信托给予鼓励,例如,在信托法或税法中规定,公益信托享受一定的税收优惠。

3. 生前信托与遗嘱信托

委托人在生前设立并发生法律效力的信托,是生前信托。生前信托通常采取信托合同的方式,可以是自益信托,也可以是他益信托。委托人以遗嘱方式设立、并于委托人去世后生效的信托,是遗嘱信托。遗嘱信托只能是他益信托。委托人设立遗嘱信托的,除遵守信托法的规定外,还应当符合继承法对有效遗嘱的形式和内容的规定。

4. 营业信托与非营业信托

这一分类只适用于私益信托。委托人为自己和他人的利益,委托专门经营信托业务的商业机构为受托人从事商事活动而设立的信托,是营业信托,也称商事信托。委托人为自己和他人的利益,委托自然人为受托人从事一般民事活动而设立的信托,是非营业信托,通常也称为民事信托。

5. 固定信托与自由裁量信托

委托人设立信托时已经确定了受益人及各受益人的受益权份额或者数额的,称为固定信托。每个受益人按照自己的份额或者数额对信托财产享有权益。委托人设立信托时只确定了一类受益人,比如"我的子女",实际的受益人及其受益权数额授权受托人自由裁量做出决定的,称为自由裁量信托。

6. 意定信托与法定信托

依委托人的意思表示而人为设立的信托,是意定信托,也称设定信托。意定信托可以是自益信托和他益信托,也可以是生前信托和遗嘱信托等。法定信托是指依法律规定、不依委托人的意思而成立的信托。

二、信托的设立、变更和终止

(一) 信托的设立

1. 信托有效要件

我国《信托法》对信托的设立作了如下的规定。

(1) 必须有合法的信托目的。

委托人实施信托都有一定的目的,只有在其目的不违反法律规定时,信托行为才有效。

(2) 必须有确定的信托财产。

设立信托,必须有确定的信托财产,并且该信托财产必须是委托人合法所有的财产,包括合法的财产权利。

(3) 信托文件应当采用书面形式。

书面形式包括信托合同、遗嘱或者法律、行政法规规定的其他书面文件等。采取信托合同形式设立信托的,信托合同签订时,信托成立。采取其他书面形式设立信托的,受托人承诺信托时,信托成立。

(4) 依法办理信托登记。

设立信托的财产,有关法律、行政法规规定应当办理登记手续的,应当依法办理信托登记。

2. 信托无效

(1) 信托绝对无效。

有下列情形之一的,信托无效。

① 信托目的违反法律、行政法规或者损害社会公共利益;
② 信托财产不能确定;
③ 委托人以非法财产或者信托法规定不得设立信托的财产设立信托;
④ 专以诉讼或者讨债为目的设立的信托;
⑤ 受益人或者受益人范围不能确定;
⑥ 法律、行政法规规定的其他情形。

(2) 信托相对无效。

委托人设立信托损害其债权人利益的,债权人有权申请人民法院撤销该信托。债权人的申请权,自债权人知道或者应当知道撤销原因之日起一年内不行使的,归于消灭。

(二) 信托的变更

1. 主体变更

(1) 委托人的变更。

委托人是唯一受益人的,委托人或者其继承人可以解除信托。信托文件另有规定的,从其规定。委托人的变更是指委托人地位的继承,委托人的地位可以由其继承人继承。

(2) 受益人的变更。

设立信托后,有下列情形之一的,委托人可以变更受益人或者处分受益人的信托受益权:①受益人对委托人有重大侵权行为;②受益人对其他共同受益人有重大侵权行为;③经受益人同意;④信托文件规定的其他情形。

(3) 受托人变更。

信托是委托人基于对受托人的个人的信赖而设定的。设定后的信托财产与受托人分别独立存在。信托关系为了实现信托目的而存续。特定的受托人职责终止时,信托本身并不当然终止,新受托人选任后产生受托人变更,目的就是为了信托关系的存续。

2. 内容变更

由于出现委托人所不知或者无法预见的事由,致使信托条款的履行无法实现信托目的,或将使信托目的遭受重大损害,委托人有权要求变更信托条款,使信托法律关系的内容变更,即信托主体原来享有的权利和承担的义务将发生一定的变化。

3. 客体变更

这是指信托财产的变更。信托财产可因委托人的追加财产而增加,也可因受托人的管理不善而减少。

(三) 信托的终止

信托是以信托财产为中心的超个人、客观的法律关系,同时委托人在设立信托行为中指示的财产管理的目的实现时,或已经无法实现时,或其他信托终止的规定事由发生时,其作为法律存在而存续的根据丧失了,信托当然终止。

1. 信托终止的原因

有下列情形之一的,信托终止。

(1) 信托文件规定的终止事由发生。

(2) 信托的存续违反信托的目的。

(3) 信托目的已经实现或者不能实现。

(4) 信托当事人协商同意终止。

(5) 信托被撤销。

(6) 信托被解除。

2. 信托终止的法律后果

(1) 信托财产归属权利人。

信托终止的,信托财产归属于信托文件规定的人;信托文件未规定的,按下列顺序确定归属:①受益人或者其继承人;②委托人或者其继承人。

(2) 归属权利人的权利保全。

信托财产的归属确定后,在该信托财产转移给权利归属人的过程中,信托视为存续,权利归属人视为受益人。

(3) 信托财产中的债务归属。

信托终止后,法院依法对原信托财产进行强制执行的,以权利归属人为被执行人。

(4) 受托人报酬与费用补偿权。

信托终止后,受托人依照信托法规定行使请求给付报酬、从信托财产中获得补偿的权利时,可以留置信托财产或者对信托财产的权利归属提出请求。

第二节 信托业务与信托机构的管理

一、中国信托业务的类型和业务范围

2007年3月1日起,由银监会发布的《信托公司管理办法》正式施行。该办法大规模调整了信托公司的基本业务,要求信托公司回归其主营业务。停止经营债券、贷款业务等银行类业务,而从事如企业年金、资产证券化之类的受托理财的主业。

(一)四大类信托业务

信托的适用性非常广泛,所以信托业务的分类也比较复杂。在这里根据信托财产的初始形态和信托目的进行一级分类,将信托业务分为资金信托、财产信托、权利信托、特定目的信托四大类,具体如下。

1. 资金信托

资金信托是以货币为信托财产,以资金增值为信托目的的信托业务。主要包括:股权投资信托、权益投资信托、债券投资信托、证券投资信托、融资租赁信托、组合投资信托、养老年金信托、形成财产信托、其他类型基金等。

2. 财产信托

财产信托是以管理、运用、处分不动产、动产及其他实物(如金、银等贵重物品)为目的的信托。包括动产信托和不动产信托。

3. 权利信托

权利信托是信托标的物以各类权利形态出现的各种信托业务品种的统称。包括:债券信托(含人寿保险信托、住房贷款债券信托)、有价证券信托、表决权信托(商务信托)、附担保公司债信托、专利信托等。

4. 特定目的信托

特定目的信托是指设立的信托具有特定目的的各种信托业务的总称。包括:公益信托、国有资产管理信托、企业重整信托、企业清算信托、员工持股信托(ESOP)、管理层收购信托(MBO)等。

(二)目前市场上主要的信托业务种类及范围

1. 基础设施信托

基础设施信托是指信托公司以受托人的身份,通过信托形式,接受委托人的信托资金,以自己的名义,将信托资金运用于交通、通讯、能源、市政、环境保护等基础设施项目,为受益人利益或者特定目的进行管理或者处分的经营行为。

基础设施信托是一种风险较小的信托业务,主要用于地方政府的基础设施建。由于有政府信用作保障,甚至得到当地立法机关的认可,批准同意将信托计划还贷资金本金和利息纳入同期年度财政预算。因此,此类信托具有风险较小、收益稳定、市场影响力大等特点。

2. 房地产信托

房地产信托是指信托公司以受托人的身份,通过信托形式,接受委托人的信托财产,以自己的名义为受益人的利益或特定目的,以房地产项目或其经营企业为主要运用标的,对信托财产进行管理、运用和处分的经营行为。房地产信托的钱最后投向房地产企业建房、修房、卖房。在产品设计中一般会把已建成房产或土地进行超值抵押,把房产建成后的销售收入或租金收入作为信托收益。随着国内房地产政策的调整,此类产品的风险较大。

3. 证券投资信托

证券投资信托是指将信托计划或者单独管理的信托产品项下的资金投资于依法公开发行并符合法律规定的交易场所公开交易的证券经营行为。证投资信托的钱最后投向股票、债券、期货等证券市场。

证券投资信托业务种类包括以下几类。

(1) 普通股基金:全部或大部份基金资产投资于普通股。

(2) 债券优先股基金:全部或大部份基金资产投资于获利率稳定的债券或优先股,以求稳健。

（3）均衡型基金：基金资产分散投资于普通股、优先股及各种债券。

（4）货币市场基金：基金资产主要运用于货币市场上高收益的短期票券，如国库券、商业本票、银行定期存单。

（5）成长基金：以追求买卖证券的涨价利益所得为目标。

（6）收益基金：以获取股利收入为目标等。

4. 家族信托

家族信托是一种信托机构受个人或家族的委托，代为管理、处置家庭财产的财产管理方式，以实现客户的理财规划及传承为目标。这种信托是把财产过户给信托基金，由信托基金打理，按照委托人和信托公司一起拟定的信托文件所设定的处置方式分配收益或者传承家产。

5. 员工持股信托（ESOP）

由同一企业员工组成员工持股会，以取得及管理自己公司股票为目的，每月固定由入会员工（委托人兼受益人）薪资所得中提存一定金额，加上企业依一定比例提拨奖励金一并交附受托人（信托机构），并由员工持股会代表人代表全体会员与受托人签订信托合同。由于员工持股信托委托人人数较多，每月所提拨的信托资金系以集合运用、分别管理方式，并以定期投资取得管理委托人所服务公司股票为目的，以分批投资、风险分散来追求稳定的投资报酬。由于该项业务有助于员工长期储蓄投资达到累积财富的目的，颇受劳资双方肯定。

员工持股信托的优点：股权管理规范、专业理财服务、股权安排便捷、维护职工权益

6. 股权信托

它是指委托人将其持有的某公司的股权移交给受托人，或委托人将其合法所有的资金交给受托人，由受托人以自己的名义，按照委托人的意愿将该资金定向投资于某公司，受托人因持有某公司的股份而取得的收益，归属于受益人即委托人自身或委托人指定的其他人。受益人取得收益的条件由委托人确定。股权信托中，如果受益人为企业的员工或经营者，则称员工持股信托或经营者持股信托。

股权信托可以信托的方式解决企业股权激励中的不规范做法，并作为专业的咨询机构为企业的股权激励方案提供建议。

7. 企业托管

企业托管是指企业法人财产权以契约形式部分或全部让渡，即作为委托方的企业财产权法人主体，通过一定的契约规定，在一定期限内按一定条件将本企业法人财产的部分或全部让渡给受托方，从而实现财产经营权和处置权的有条件转移，并以此达到企业资产保值、增值的目的。企业托管在本质上属于金融信托范畴，所不同的是托管职能主要集中于企业债权和物权的管理和处置，其直接目的在于有效实现资产的保值、增值。在金融信托的经济关系上，托管是通过契约形式而缔结的信托关系，体现着一种特殊的经济关系，即在托管关系中各方关系人之间的关系。就我国情况来看，托管的主要内容和具体方式可以归纳如下。

（1）接受国有资产管理部门或投资机构的委托，在一定期限内保证受托国有资产保值、增值为前提条件，决定托管企业的有关资产重组或处置方式。

（2）按契约约定的条件和方式，在受托的有效期限内，由受托方分阶段获得委托方有关资产处置权，最终实现受托资产法人主体的变更或消除。

（3）受托方按约定条件接受委托方委托，进行受托财产的经营管理、代理、出售、拍卖。

（4）受托方以接受受托企业全部或部分债务和职工安置义务为条件，无偿受让有关企业；受托方按约定条件接受债权人的债权委托，并以相应经营手段使债权人得以兑现或改善。企业托管的具体模式主要有：委托代理模式、风险金抵押模式、期权模式和回购模式。

8. 公益信托

公益信托也被称为慈善信托，是指出于对公共利益的目的，为使全体社会公众或者一定范围内的社会公众受益而设立的信托。公益信托通常由委托人提供一定的财产并将其作为信托财产委托给受托人管理，将信托财产用于信托文件规定的公益目的。

9. 管理层收购信托(MBO)

管理层收购信托(MBO)是指目标公司的管理层或经理层融资购买本公司的股份,从而改变本公司所有者结构、控股权和资产结构,进而达到重组目的公司并获得预期收益的一种收购行为。

MBO信托即是通过信托的方式实施MBO方案,由信托公司提供方案设计、融资、股权管理等全套服务。

管理层收购信托的优势:简便易行、整体服务、管理规范、公正有效、收购主体隐密。

二、信托机构的设立

信托机构是现代信托受托人的主要形式。在分业经营的金融管理体制下,信托公司有着严格的准入条件及行业管理规范。即便是混业经营,对于承揽信托业务的信托机构的管理也是独具特色。

信托公司是以信任委托为基础、以货币资金和实物财产的经营管理为形式,融资和融物相结合的多边信用行为的公司。它与银行信贷、保险并称为现代金融业的三大支柱,是受银保监会监管的非银行类金融机构。根据《信托公司管理办法》第八条,设立信托公司,必须具备符合银保监会规定的入股资格的股东。信托公司的股东必须是"境内非金融机构、境内金融机构、境外金融机构和银保监会认可的其他出资人"。此外,根据该办法的规定,信托公司的最低注册资本要求是3亿元人民币,并且不得分期缴纳,必须以货币一次性付清。信托牌照是银保监会通过审核合格后发放的,信托公司必须要有信托牌照才能发放产品。

中国信托业协会最新数据显示,截至2017年年末,全国68家信托公司管理的信托资产规模达26.25万亿元。

(一)信托公司设立的条件

经营信托业必须具备一定条件。主要包括:资本充足、符合社会公众对信信托投资机构管理托业务的要求、具有经营管理能力等。在中国,设立信托投资公司限于经济发达的大中城市,并具备下列条件。

(1)确属经济发展需要。

(2)具有合格的金融业务管理人员。

(3)具有法定的实收货币资本金。

(4)符合经济核算原则。

(5)具有组织章程等。

(二)信托公司的管理

和其他经济组织一样,信托公司的管理是由计划、组织、监督和调控等管理要素所构成的循环组成,建立有科学的组织架构、内控机制、监督机制,具体如下。

(1)建立有以股东大会、董事会、监事会、高级管理层等为主体的组织架构,各自有明确的职责划分,保证了相互之间独立运行、有效制衡,形成科学高效的决策、激励与约束机制。

(2)按照职责分离的原则设立相应的工作岗位,保证了公司对风险能够进行事前防范、事中控制、事后监督和纠正,形成了健全的内部约束机制和监督机制。

(3)制订了相关信托业务及其他业务的规则,建立、健全本公司的各项业务管理制度和内部控制制度。

(4)有健全的财务会计制度,真实记录并全面反映其业务活动和财务状况。公司年度财务会计报表应当经具有良好资质的中介机构审计。

(5)中国银行保险业监督管理委员会定期或者不定期对信托公司的经营活动进行检查。要求信托公司提供有关业务、财务等报表和资料,有时甚至提供由具有良好资质的中介机构出具的相关审计报告。

三、信托公司的业务管理

信托公司在其业务管理中,除了遵循一般的管理要求外,还要受到金融法规环境的严格约束,在日常业务的经营管理中应严格贯彻金融法规的原则和精神。

(一)信托资金的法律规定

《信托公司管理办法》和《信托公司集合资金信托计划管理办法》规定,信托公司接受的信托资金,应当符合下列规定。

(1) 投资一个信托计划的最低金额不少于100万元人民币的自然人、法人或者依法成立的其他组织。

(2) 个人或家庭金融资产总计在其认购时超过100万元人民币,且能提供相关财产证明的自然人。

(3) 个人收入在最近3年内每年收入超过20万元人民币或者夫妻双方合计收入在最近3年内每年收入超过30万元人民币,且能提供相关收入证明的自然人。

(二)信托业务的经营规则

《信托公司管理办法》立足于信托的本质和特点,从保护受益人利益的角度,确定了信托业务的一些基本经营规则,主要有以下内容。

(1) 忠诚于受益人。信托公司应当以受益人的最大利益为宗旨处理信托事务。必须恪尽职守,履行诚实、信用、谨慎、有效管理的义务。不得利用信托财产为自己谋取利益。

(2) 分别管理。信托公司应当将信托财产与其固有财产分别管理、分别记账,并将不同委托人的信托财产分别管理、分别记账。

(3) 亲自执行。信托公司应当亲自处理信托事务。

(4) 利益冲突之防范。信托公司在处理信托事务时应当避免利益冲突,在无法避免时,应向委托人、受益人予以充分的信息披露,或拒绝从事该项业务。

(5) 信托管理的延续性。信托财产不属于信托公司的自有资产,不参与清算。信托公司如经营不善、倒闭、破产,信托财产应移交给其他公司,使得信托财产的管理连续有效。

四、信托公司的风险监管

1. 信托资金业务的比例限制

《信托公司管理办法》规定了信托资金总额的最高比例,存放银行和购买政府债券的最低比例,投资于股票、公司债券和不动产总额的最高比例,以及单项投资的最高比例等指标。

2. 自有资金及有关兼营业务的比例限制

《信托公司管理办法》规定了非自用不动产总额的最高比例,对单个非金融企业股权投资的最高比例,提供担保的最高比例及同业拆入的最高比例等指标。

3. 赔偿准备金

信托赔偿准备金指从事信托业务的金融企业按规定从净利润中提取,用于赔偿信托业务损失的风险准备金。我国《信托公司管理办法》规定:信托公司每年应当从税后利润中提取5%作为信托赔偿准备金,信托赔偿准备金累计总额达到公司注册资本的20%时,可不再提取。信托公司的赔偿准备金应存放于经营稳健、具有一定实力的境内商业银行,或者用于购买国债等低风险高流动性证券品种。

五、信托公司风险管理的重点

对于一家金融机构而言,风险管理是永恒的主题,也是永远的难题。由于信托业务可以横跨货币市场、资本市场和实业投资三大领域,其风险管理的复杂多样性特点就尤为突出。信托公司的风险管理,重点在于做好以下工作。

(一)树立正确客观的风险管理理念

信托公司应当建立良好的风险管理架构和体系,培养专业的风险管理团队,不断提升风险识别、计价和管理能力,形成良好的风险文化,结合行业特点、自身能力、发展目标等,找准风险控制和业务发展的平衡点,积极管理和经营风险,赚取相应的风险收益,不应简单的排斥和厌恶风险,而是积极面对风险。

(二)建立完善的风险管理运作体系

通常情况下,信托公司的风险管理组织体系,由风险评审、法律合规和投后运营管理等部门组成。信托公司经营中应该建立完善的风险管理运作体系,实现风险管理职能部门的一体化运作、专业化分工、多层次协调、多角度防范的风险管理职能。

一体化运作是强调风险评审、法律合规、投后运营管理等多部门协同工作,业务信息实现无缝对接,降低信息不对称带来的操作风险和道德风险。

专业化分工是指不同的风险管理组成部门从各自专业角度开展风险管理工作,分工明确、边界清晰,在各自的风险控制环节实现专业化、精细化、规范化的工作管理,提高整体风险体系运作的高度和精度。

多角度防范是指各个风险职能部门从不同角度识别和管理风险,基于专业分工和协同配合,从交易对手选择、交易方案设计、协议文本、增信措施、人员监管、资金监控、资产控制等多维度提出风险控制措施,提高风险管理体系的覆盖面和广度。

(三)深入市场研究,贴近客户需求

由于不同客户群体的业务需求差异较大,个性化金融诉求突出,靠几款产品打遍天下、通吃客户的策略无法持久,这就需要信托公司在产品设计及风险管理方面做到量体裁衣,提高适用性、针对性,强化产品市场竞争力。为了与展业需求相匹配,风险管理的思路、手法、节奏等都需要适应客户需求多元复杂的特点,为开拓新客群提供有效助力。

(四)慎重选择业务合作对手

信托公司的经营管理,特别是业务创新中的风险管理,应该把合作对手的选择放在突出位置。应该根据业务特点、发展目标、产品定位,确定合作对手标准,将白名单与黑名单结合,准入标准与禁入标准有机衔接,善于取舍,敢于选择,前瞻控制。

(五)务实和可操作的风险控制措施

在具体项目落地实操中,风险管理工作体现为一系列风控措施,诸如合同约束条款、日常监控、资金监管、现场检查、决策控制等众多手段。风险管理者应该客观认识自身的局限性、市场的复杂性,以谦虚务实的态度面对市场变化,理解客户需求,提出切实有效、实操性强的风控措施,切忌教条主义、本位主义等不良作风。

(六)多层次、多纬度的差异化投后管理

信托公司应该结合自身资产结构和风险敞口特点,根据行业、产品、客户的差异,设计有针对性、差异化的投后管理方案。特别是处于转型发展期的信托公司,在进入新的业务领域时,更应该结合客户与产品特点,设计多层次、多维度的投后管理方案,在人员控制、信息披露、资金监管、资产控制、经营决策、重大事项决策等方面搭配组合,体现差异化,提高针对性。

本章小结

本章主要介绍了信托基础知识、信托业务和信托机构。

信托是指委托人基于对受托人(信托投资公司)的信任,将其合法拥有的财产委托给受托人,由受托人按委托人的意愿以自己的名义,为受益人的利益或者特定的目的,进行管理或者处分的行为。信托当事人有委托人、受托人和受益人。

信托财产是指委托人通过信托行为,转移给受托人并由受托人按照一定的信托目的进行管理或处分的财产,以及经过管理、运用或处分后取得的财产收益。信托财产包括:资金、动产、不动产及其他财产权。信托财产具有独立性。信托的基本特征有:信托财产权利与利益分离、信托财产的独立性、信托的有限责任、信托管理的连续性。

信托公司是以信任委托为基础、以货币资金和实物财产的经营管理为形式,融资和融物相结合的多边信用行为的公司。信托业务分为资金信托、财产信托、权利信托、特定目的信托四大类。

关键术语

信托　信托财产　自益信托　他益信托　私益信托　公益信托　生前信托　遗嘱信托　营业信托　非营业信托　固定信托　自由裁量信托　意定信托　法定信托　信托公司　资金信托　财产信托　权利信托　特定目的信托　基础设施信托　房地产信托　证券投资信托　家族信托　员工持股信托（ESOP）　股权信托　企业托管　管理层收购信托（MBO）

图书在版编目(CIP)数据

国际注册理财师资格认证教材.上册/牛淑珍,梁辉主编.—上海:复旦大学出版社,2019.8(2021.10 重印)
ISBN 978-7-309-14507-6

Ⅰ.①国… Ⅱ.①牛…②梁… Ⅲ.①金融投资-资格认证-教材 Ⅳ.①F830.59

中国版本图书馆 CIP 数据核字(2019)第 164466 号

国际注册理财师资格认证教材.上册
牛淑珍 梁 辉 主编
责任编辑/姜作达

复旦大学出版社有限公司出版发行
上海市国权路 579 号 邮编:200433
网址:fupnet@fudanpress.com　http://www.fudanpress.com
门市零售:86-21-65102580　团体订购:86-21-65104505
出版部电话:86-21-65642845
上海新艺印刷有限公司

开本 890×1240　1/16　印张 23.25　字数 700 千
2021 年 10 月第 1 版第 3 次印刷

ISBN 978-7-309-14507-6/F・2604
定价:98.00 元

如有印装质量问题,请向复旦大学出版社有限公司出版部调换。
版权所有　侵权必究